*The Wordsworth
English-Russian
Russian-English
Dictionary*

D1234863

The Wordsworth
English-Russian
Russian-English
Dictionary

—

O. P. Benyuch & G. V. Chernov

Wordsworth Reference

The edition published 1997 by Wordsworth Editions Ltd
Cumberland House, Crib, Street, Ware, Hertfordshire SG12 9ET

Text copyright © Russky Yazyk Publishers, Moscow

ISBN 1 85326 398 2

Printed and bound in Great Britain by
Mackays of Chatham plc, Chatham, Kent

NOTE FROM THE PUBLISHERS

This dictionary is intended for the use of Russian- and English-speakers. It is designed primarily as an aid to communication and focuses on general vocabulary. Its word-list, therefore, is confined to the most frequently used lexical items from everyday life, travel, culture, entertainment, professional and scientific exchanges, etc. The entries are illustrated by a limited number of commonly used collocations and phrases. Since the aim of the dictionary is not to assist language-learning but to serve as a reference source for communication, the grammar notes supplied have been minimized.

ОТ ИЗДАТЕЛЬСТВА

Данный словарь, в основном, ставит своей целью помочь советским гражданам и иностранцам, говорящим на английском языке, при устном общении и поэтому ориентирован на разговорную лексику. В словарь включено ограниченное число слов, наиболее употребительных в быту, в путешествии, необходимых при посещении культурных, научных, хозяйственных учреждений, организаций и т. д. При словах даётся небольшое количество широко распространенных словосочетаний готовых фраз.

Так как словарь такого типа не ставит своей целью помочь в овладении языком, а служит только справочным пособием при живом общении представителей разных народов, грамматические сведения даны минимально.

ENGLISH ALPHABET
& PHONETIC EQUIVALENTS

A a [eɪ]	G g [dʒiː]	N n [en]	U u [juː]
B b [biː]	H h [eɪtʃ]	O o [əu]	V v [viː]
C c [siː]	I i [aɪ]	P p [piː]	W w [ˈdʌbljuː]
D d [diː]	J j [dʒeɪ]	Q q [kjuː]	X x [eks]
E e [iː]	K k [keɪ]	R r [ɑː]	Y y [waɪ]
F f [ef]	L l [el]	S s [es]	Z z [zed, амер. ziː]
	M m [em]	T t [tiː]	

Part 1

АНГЛО-РУССКИЙ СЛОВАРЬ

ENGLISH-RUSSIAN DICTIONARY

О ПОЛЬЗОВАНИИ СЛОВАРЕМ

Все основные английские слова расположены в словаре в строго алфавитном порядке.

Тильда (~) заменяет основное (черное) слово или первую часть производного или сложного слова, отделенную от второй его части параллельными линиями (‖), напр.:

violent [ˈvaɪələnt] сильный, неистовый; ~ **struggle** ожесточённая борьба

wall‖-painting [ˈwɔːlˌpeɪntɪŋ] роспись стен; ~**paper** [-ˌpeɪpə] обои *мн.*

Если в одном из значений слово пишется с прописной буквы, то вместо тильды в скобках дается соответствующая прописная буква с точкой. В примерах прописная буква дается без скобок, напр.:

congress [ˈkɔŋgres] 1) съезд *м;* конгре́сс *м;* Pа́rty C. съезд па́ртии 2) (С.) конгре́сс США

При ведущем слове словарного гнезда в квадратных скобках дается его произношение по международной фонетической системе. При последующих основных словах словарной статьи транскрипция, как правило, дается частично, напр.:

build [bɪld] (built) стро́ить; ~ **in** встра́ивать; ~**er** [-ə] строи́тель *м;*

yacht [jɔt] я́хта *ж;* ... ~**-club** [-klʌb] яхт-клу́б *м;* ...

При омонимах транскрипцией снабжается только первое слово. Ударение в транскрипции дается перед ударным слогом.

На двусложных и многосложных английских и русских словах, а также на английских двусложных словах со слоговым l или r даются ударения, напр.: wórker, англи́йский, márble. На поясняющих (курсивных) словах ударение не дается. На русских односложных словах ударение ставится лишь в тех случаях, когда оно переходит со значащего слова на служебное, напр.: по́д руку, а также в некоторых оборотах, напр.: не́ за что. Если в слове возможны два варианта ударения, даются оба, напр.: о́бщи́на.

Омонимы выделяются в отдельные гнезда и обозначаются полужирными римскими цифрами, напр.:

ball I [bɔːl] 1) шар *м* 2) мяч *м*
ball II бал *м*

Внутри гнезда разные части речи обозначаются полужирными арабскими цифрами с точкой. Разные значения одного и того же слова обозначаются светлыми арабскими цифрами со скобкой. Разные значения фразеологических и глагольно-наречных словосочетаний — русскими буквами со скобкой, напр.:

warm [wɔːm]... **2.** *v* гре́ть(ся), нагрева́ть(ся); ~ **up** а) подогрева́ть; б) *спорт.* де́лать разми́нку;...

В тех случаях, когда английское слово (или одно из его значений) чаще всего употребляется в определенном словосочетании, а также когда для данного словаря важно дать его лишь в определенном словосочетании, после этого слова (или после соответствующей цифры) ставится двоеточие, за которым следует словосочетание и его перевод, напр.:

ball-point [ˈbɔːlpɔɪnt]: ~ pen ша́риковая ру́чка

Для разграничения британского и американского употребления и произношения слов в словаре используются пометы *брит.* и *амер.*

Отдельные словосочетания, не относящиеся ни к одному из значений, данных в словарной статье, помещаются за знаком ромб (◊), напр.:

bit I [bɪt] кусо́чек *м* ◊ wait a ~ подожди́те немно́го; not a ~ ничу́ть

При переводе слова близкие значения отделяются друг от друга запятой, более далекие значения — точкой с запятой.

Слово, часть слова или выражения, взятые в круглые скобки, являются факультативными (необязательными), напр.:

afford [əˈfɔːd]... I can't ~ (to buy) it э́то для меня́ сли́шком до́рого

В круглых скобках дается также вариант перевода или вариант словосочетания с соответствующим переводом, напр.:

hail II ... 2) оклика́ть; ~ a tа́xi останови́ть (подозва́ть) такси́
winter [ˈwɪntə] зима́ *ж*; last (next) ~ про́шлой (бу́дущей) зимо́й; ...

В ряде случаев значение слова или отдельное выражение снабжается стилистической пометой или пометой, указывающей область применения, напр.:

baton [ˈbætən, *амер.* bəˈtɒn] 1) *муз.* дирижёрская па́лочка 2) *спорт.* эстафе́тная па́лочка; ...

В случае перевода английского слова многозначным русским словом при последнем дается пояснение или пример, напр.:

9

bulletin [ˈbulɪtɪn] бюллете́нь м *(официальное сообщение)*

Для того чтобы облегчить пользование словарем людям, говорящим по-английски, но слабо знающим русский язык, к различным значениям многозначных английских слов и омонимам даны пояснения на английском языке, напр.:

virtue [ˈvəːtʃuː] 1) доброде́тель ж 2) досто́инство с *(merit)*
Иногда вместо пояснения дается короткий пример.

В помощь иностранцам даётся также расшифровка русских условных сокращений на английском языке (см. стр. 14).

Перевод глаголов, как правило, дается в несовершенном виде.

Неправильно образующиеся формы глаголов, степеней сравнения прилагательных и наречий, а также формы множественного числа имен существительных приводятся в скобках непосредственно после черного слова или соответствующей части речи в словарном гнезде, напр.:

come [kʌm] (came; come)...

good [gud] **1.** *a* (bétter; best)...

goose [guːs] (*pl* geese)...

Эти формы приводятся на своем алфавитном месте со ссылкой на основное слово.

При глаголах точкой с запятой разделены формы past и past participle, при наречиях и прилагательных — сравнительная и превосходная степени.

Если при глаголе дана лишь одна форма, это значит, что формы past и past participle совпадают.

Грамматическая помета множественного числа (*pl*) дается при тех английских существительных, которые согласуются с глаголами во множественном числе.

Предложное управление приводится лишь тогда, когда оно представляет трудность для перевода.

При русских словах указывается род.

NOTE TO THE ENGLISH USER
OF THE DICTIONARY

Every head-word is given in the dictionary in its alphabetical order. The tilde (~) substitutes the head-word, or the first part of a derivative and a compound, followed by the sign (‖), e. g.:

wall‖-painting ['wɔːl,peɪntɪŋ] роспись стен; **~paper** [-,peɪpə] обои *мн.*

If the word is capitalized when used in one of its senses, the capital letter is given in parentheses instead of the tilde. In phrases parentheses are omitted, e. g.:

congress ['kɔŋgres] 1) съезд *м*; конгресс *м*; Párty C. съезд партии 2) (C.) конгресс США

Pronunciation of every head-word is given in the international phonetic transcription, the derivatives and compounds being transcribed as a rule only partly, e. g.:

build [bɪld] (built) строить; **~ in** встраивать; **~er** [-ə] строитель *м*; ...

The stress-mark in transcription is put before the syllable to be accented.

The stress is applied both to Russian and English two-syllable and polysyllabic words as well as to English words with syllabic consonants, e. g.: wórker, английский, márble. A monosyllabic preposition, when stressed in a phrase, bears the stress-mark, e. g.: под руку, as well as other monosyllabic words in certain phrases, e. g.: не за что. Whenever either of the two stress variants is possible in a Russian word both are indicated, e. g.: общи́на.

The senses given are marked by Arabic numbers: 1)... 2)... Whenever a phrase or a complex verb * is given in more than one sense, the senses are indicated by letters of the Russian alphabet: а)... б)...

It proves to be useful sometimes to include in the Dictionary a phrase in which a certain word is used most often. In this case the translation is given only of the phrase, e. g.:

ball-point ['bɔːlpɔɪnt] : ~ pen шариковая ручка

---

*) verb and an adverb, e. g. make up.

Specific usages of words and phrases are preceded by the sign (◇), e. g.:

bit I [bɪt] кусо́чек *м* ◇ wait a ∼ подожди́те немно́го; not a ∼ ничу́ть

When the head-word in one of its senses is translated by more than one Russian word synonyms in the translation are separated by a comma, otherwise by a semi-colon.

To save space a possible version in phrase translation is sometimes given in parentheses e. g.:

hail II ... 2) оклика́ть; ∼ a táxi останови́ть (подозва́ть) такси́

The entry in which parentheses are used both in the English sentence and its Russian translation, e. g.:

winter [ˈwɪntə] зима́ *ж*; last (next) ∼ про́шлой (бу́дущей) зимо́й;...

should read as follows:

last ∼ про́шлой зимо́й,
next ∼ бу́дущей зимо́й.

Italics are used to indicate notes and abbreviations.

The Russian verbs are as a rule given in the "imperfective aspect" (несовершенный вид).

The Russian nouns are supplied with indications of gender (see Abbreviations Used in the Dictionary).

The choice of the correct Russian equivalent by the English user who has a poor command of the Russian language, is facilitated by a number of notes, examples of usage, and other indications, with which every polysemantic word is supplied.

The reader should consult the Abbreviations Used in the Dictionary to find their translations.

УСЛОВНЫЕ СОКРАЩЕНИЯ

ABBREVIATIONS USED IN THE DICTIONARY

Russian — русские

ав. авиация — aeronautics

австрал. употребительно в Австралии — used in Australia

авто автомобилизм, автотуризм — car travel

амер. американизм — American usage

анат. анатомия — anatomy

астр. астрономия — astronomy

биол. биология — biology

бокс бокс — boxing

бот. ботаника — botany

брит. употребляется в Великобритании — British usage

воен. военное дело, военный термин — military

г. город — city

геогр. география — geography

дат. п. дательный падеж — dative case

дип. дипломатический термин — diplomacy

ед. единственное число — singular

ж женский род — feminine gender

ж.-д. железнодорожный транспорт — railway

иск. искусство — arts

карт. термин карточной игры — used in the game of cards

кино кинематография — cinematography

ком. коммерческий термин — commercial

косв. п. косвенный падеж — objective case

косм. космонавтика — space technology

л. лицо — person

лат. латинский (язык) — Latin

м мужской род — masculine gender

мат. математика — mathematics

мед. медицина — medicine

мин. минералогия — mineralogy

мн. множественное число — plural

мор. морское дело, морской термин — nautical

муз. музыка, музыкальный — music, musical

накл. наклонение — mood

наст. настоящее время — present tense

нескл. несклоняемое слово — indeclinable

обыкн. обыкновенно — usually

о-в остров — island

особ. особенно — especially

парл. парламентский термин — Parliament(ary)

перен. в переносном значении — used figuratively

полит. политический термин — politics

превосх. ст. превосходная степень — superlative degree

преим. преимущественно — chiefly

прош. прошедшее время — past tense

р. река — river

радио радиотехника — radio

разг. разговорное слово, выражение — colloquial(ly)

рел. религия — religion

род. п. родительный падеж — genitive case

с средний род — neutral gender

см. смотри — see

собир. собирательное (существительное), собирательно — collective(ly)

спорт. физкультура и спорт — sports

сравн. ст. сравнительная степень — comparative degree

сущ. имя существительное — noun

с.-х. сельское хозяйство — agriculture

тв. п. творительный падеж — instrumental case

театр. театральный термин — theatrical

текст. текстильное дело — textiles

тех. техника — engineering

тж. также — also

тлв. телевидение — television

физ. физика — physics

филос. философия — philosophy

фин. финансовый термин — finance

фото фотография — photography

хим. химия — chemistry

шахм. шахматы — chess

эк. экономика — economics

эл. электротехника — electrical engineering

юр. юридический термин — law

English — английские

a adjective — имя прилагательное

adv adverb — наречие

cj conjunction — союз

conjunct conjunctive (pronoun) — соединительное (местоимение)

demonstr demonstrative (pronoun) — указательное (местоимение)

etc et cetera — и так далее

inf infinitive — неопределённая форма глагола

interj interjection — междометие

interrog interrogative (pronoun) — вопросительное (местоимение)

n noun — имя существительное

num numeral — имя числительное

pl plural — множественное число

pp past participle — причастие прошедшего времени

prep preposition — предлог

pres p present participle — причастие настоящего времени

pron pronoun — местоимение

relat relative (pronoun) — относительное (местоимение)

smb somebody — кто-либо

smth something — что-либо

v verb — глагол

A

a [eɪ] *неопределённый артикль (не переводится)* ◊ once a day (a year) раз в день (в год)

A 1): A blood type вторáя грýппа крóви 2): grade A вы́сшего сóрта, вы́сшей категóрии, кáчества 3) *муз.* ля; A mínor ля минóр

AB [ˌeɪ'biː]: ~ blood type четвёртая грýппа крóви

abandon [ə'bændən] 1) покидáть, оставля́ть (*foresake*) 2) откáзываться от (*give up*)

abbey ['æbɪ] аббáтство *с*; Wéstminster ~ Вестми́нстерское аббáтство

abbreviation [əˌbriːvɪ'eɪʃn] сокращéние *с*, аббревиатýра *ж*

ABC [ˌeɪbiː'siː] 1) алфави́т *м*, áзбука *ж* 2) оснóвы *мн.*; ~ of chémistry оснóвы хи́мии; ~-**book** [-buk] буквáрь *м*

abdomen ['æbdəmen] брюшнáя пóлость, живóт *м*

abduct [æb'dʌkt] похищáть

ability [ə'bɪlɪtɪ] спосóбность *ж*; умéние *с*

able ['eɪbl] 1) спосóбный 2): be ~ мочь, быть в состоя́нии; смочь; will you be ~ to come? вы смóжете прийти́?

ABM [eɪbiː'em] (antiballístic míssile) противоракéта; ~ Tréaty Договóр по противоракéтной оборóне

aboard [ə'bɔːd] на бортý; на кораблé; *амер.* в пóезде; all ~! *амер.* посáдка окóнчена!

abolish [ə'bɔlɪʃ] отменя́ть, упраздня́ть

abolition [ˌæbəu'lɪʃn] отмéна *ж*, упразднéние *с*

A-bomb [ˌeɪ'bɔm] áтомная бóмба

abound [ə'baund] изоби́ловать; the Rússian lánguage ~s in dífficulties в рýсском языкé мнóго трýдностей

about [ə'baut] 1. *adv* 1) кругóм; поблизости; sómewhere ~ гдé-то здесь 2) óколо, приблизи́тельно; it's ~ two o'clock сейчáс óколо двух часóв 2. *prep* 1) о, относи́тельно 2) по; walk ~ the streets броди́ть по ýлицам ◊ be ~ to+*inf* собирáться (*что-л. сдéлать*); I am ~ to go я собирáюсь уходи́ть; what ~ dinner? как насчёт обéда?; I'll see ~ it я позабóчусь об э́том

above [ə'bʌv] 1. *prep* 1) над; ~ the sea lével над ýровнем мóря 2) свы́ше; сверх; ~ méasure сверх мéры ◊ ~ all сáмое глáвное; в пéрвую óчередь 2. *adv* навéрх

abroad [ə'brɔːd] за грани́цей; за грани́цу; he's néver been ~ он никогдá нé был за грани́цей; go ~ пое́хать за грани́цу; from ~ из-за грани́цы

abrupt [ə'brʌpt] 1) ре́зкий, внеза́пный; ~ turn ре́зкий (круто́й) поворо́т 2) круто́й, обры́вистый *(steep)*

absence ['æbsəns] отсу́тствие *с*

absent ['æbsənt] отсу́тствующий; be ~ отсу́тствовать; ~-minded [-'maındıd] рассе́янный

absolute ['æbsəlu:t] 1) абсолю́тный, неограни́ченный; ~ mónarchy абсолю́тная (неограни́ченная) мона́рхия 2) по́лный; ~ trust по́лное дове́рие; ~ly [-lı] совсе́м; соверше́нно

abstain [əb'steın] возде́рживаться; ~ from vóting воздержа́ться при голосова́нии

abstract ['æbstrækt] **1.** *a* отвлечённый, абстра́ктный **2.** *n* резюме́ *с*; an ~ of a páper те́зисы докла́да

absurd [əb'sə:d] неле́пый, смешно́й; ~ity [-ıtı] неле́пость *ж*

abundance [ə'bʌndəns] изоби́лие *с*

abundant [ə'bʌndənt] оби́льный; ~ in smth изоби́лующий чем-л.

abuse [ə'bju:z] злоупотребля́ть

AC [ˌeı'si:] (álternating cúrrent) эл. переме́нный ток

academic [ˌækə'demık] академи́ческий; университе́тский; ~ fréedoms академи́ческие свобо́ды *(права́ университе-*

тов и свобо́да студе́нческого волеизъявле́ния) ◊ this quéstion is púrely ~ э́то вопро́с чи́сто теорети́ческий

academy [ə'kædəmı] 1) акаде́мия *ж*; the A. Ло́ндонская Акаде́мия Худо́жеств 2) (специа́льное) учи́лище; Mílitary A. вое́нное учи́лище

accelerate [ək'seləreıt] ускоря́ть(ся)

accelerator [ək'seləreıtə] *авто* акселера́тор *м*

accent ['æksənt] 1) ударе́ние *с* 2) произноше́ние *с*, акце́нт *м*; foreign ~ иностра́нный акце́нт

accept [ək'sept] принима́ть; ~ a gift приня́ть пода́рок (дар); ~ed [-ıd] общепри́нятый

access ['ækses] до́ступ *м*; ~ible [ək'sesəbl] досту́пный

accident ['æksıdənt] (несча́стный) слу́чай; meet with (be in) an ~ попа́сть в ава́рию (катастро́фу), потерпе́ть ава́рию; by ~ случа́йно, неча́янно; ~al [ˌæksı'dentl] случа́йный; ány coíncidence is púrely ~al любо́е схо́дство явля́ется чи́сто случа́йным; ~ally [ˌæksı'dentəlı] случа́йно, неча́янно

accommodation [əˌkɔmə'deıʃn] помеще́ние *с*; do you províde ~? предоставля́ете ли вы жильё?

accompaniment [ə'kʌmpənımənt] аккомпанеме́нт *м*; to the ~ (of) под аккомпанеме́нт

accompanist [ə'kʌmpənıst]

аккомпаниа́тор *м*, концерт-
ме́йстер *м*

accompany [əˈkʌmpənɪ] 1)
сопровожда́ть 2) *муз.* аккомпани́ровать

accomplish [əˈkɔmplɪʃ] вы-
полня́ть; заверша́ть; ~ed [-t]
зако́нченный, совершённый;
~ed musícian зако́нченный
(о́пытный) музыка́нт

accordance [əˈkɔːdəns]: in ~
with согла́сно, в соотве́т-
ствии с

according [əˈkɔːdɪŋ]: ~ to со-
гла́сно; ~ly [-lɪ] соотве́тствен-
но

accordion [əˈkɔːdjən] аккор-
део́н *м*

account [əˈkaunt] **1.** *n* 1) счёт
м; cúrrent ~ теку́щий счёт;
séttle ~s оплати́ть счета́; рас-
счита́ться 2) отчёт *м*; néwspaper ~ отчёт в газе́те ◊ on ~
of из-за; take ínto ~ прини-
ма́ть во внима́ние **2.** *v* счи-
та́ть; ~ for объясня́ть; is
éverybody ~ed for? все ли
налицо́?

accuracy [ˈækjurəsɪ] то́ч-
ность *ж*, пра́вильность *ж*

accurate [ˈækjurɪt] 1) то́ч-
ный; ~ translátion то́чный пе-
рево́д 2) ме́ткий *(in shooting)*

accusation [ˌækjuːˈzeɪʃn]
обвине́ние *с*

accuse [əˈkjuːz] обвиня́ть;
~ smb of smth обвини́ть кого́-
-л. в чём-л.; he is ~d of... он
обвиня́ется в ...

accustom [əˈkʌstəm] при-
уча́ть; get ~ed to привыка́ть к

ace [eɪs] 1) *карт.* туз *м* 2)

первокла́ссный лётчик, ас *м*

ache [eɪk] боль *ж*

achieve [əˈtʃiːv] достига́ть;
~ment [-mənt] достиже́ние *с*

acid [ˈæsɪd] *хим.* кислота́ *ж*
◊ ~ test *перен.* ла́кмусовая
бума́жка

acknowledge [əkˈnɔlɪdʒ] 1)
признава́ть; ~ one's mistáke
призна́ть оши́бку 2) под-
твержда́ть; ~ the recéipt под-
тверди́ть получе́ние; ~ment
[-mənt] призна́ние *с*

acoustics [əˈkuːstɪks] аку́сти-
ка *ж*

acquaint [əˈkweɪnt] знако́-
мить; get ~ed with познако́-
миться с; ~ance [-əns] 1)
знако́мство *с*; make sómeone's
~ance познако́миться с кем-
-л.; I'm véry háppy to make
your ~ance о́чень прия́тно
познако́миться 2) знако́мый
м; an ~ance of mine мой зна-
ко́мый

acre [ˈeɪkə] акр *м*; ~age
[-rɪdʒ] *с.-х.* пло́щадь *ж*

acrobat [ˈækrəbæt] акроба́т
м; ~ic [ˌækrəuˈbætɪk] акроба-
ти́ческий; ~ic act акробати́-
ческий но́мер; ~ics [ˌækrəu-
ˈbætɪks] акроба́тика *ж*

across [əˈkrɔs] **1.** *prep* че́рез;
сквозь ◊ help *(smb)* ~ the
street помо́чь *(кому́-л.)* перей-
ти́ у́лицу; the néighbourhood
you séek is ~ the ríver микро-
райо́н, кото́рый вы и́щете, на
друго́й стороне́ (на друго́м бе-
регу́) реки́ **2.** *adv* попе́рёк ◊
we came ~ by férry мы пере-
е́хали на паро́ме

act [ækt] **1.** *n* 1) посту́пок *м*; ~ of cóurtesy акт ве́жливости 2) постановле́ние *с*; зако́н *м* (*document*) 3) *театр.* акт *м* ◊ ~ of God *юр.* форс мажо́р; стихи́йное бе́дствие **2.** *v* 1) де́йствовать 2) игра́ть; who's ~ing Hámlet кто игра́ет Га́млета?; ~ as выступа́ть в ка́честве; ~ for замеща́ть; ~ing [-ɪŋ] **1.** *a* вре́менно исполня́ющий обя́занности; ~ing mánager исполня́ющий обя́занности дире́ктора **2.** *n театр.* игра́ *ж*

action ['ækʃn] 1) де́йствие *с* 2) *юр.* иск *м*; bring an ~ agáinst smb возбуди́ть де́ло про́тив кого́-л. ◊ killed in ~ пал на по́ле бо́я

active ['æktɪv] де́ятельный, акти́вный

activity [æk'tɪvɪtɪ] 1) акти́вность *ж* 2) *pl* де́ятельность *ж*

actor ['æktə] актёр *м*

actress ['æktrɪs] актри́са *ж*

actual ['æktʃuəl] действи́тельный, факти́ческий; ~ly [-lɪ] 1) факти́чески, на са́мом де́ле 2) в настоя́щее вре́мя (*now*)

acute [ə'kju:t] о́стрый; ~ pain о́страя боль

A. D. [ˌeɪ'di:] (Ánno Dómini) *лат.* н. э. (на́шей э́ры)

ad [æd] = advértisement

adapt [ə'dæpt] 1) приспоса́бливать; ~ for telwvísion перерабо́тать для телеви́дения; ~ onesélf приспосо́биться 2) адапти́ровать; ~ed book адапти́рованная кни́га

add [æd] прибавля́ть; добавля́ть ◊ this ítem has been ~ed on э́тот вопро́с внесён за́ново; that just doesn't ~ up тут концы́ с конца́ми не схо́дятся; your státement ~s up to the fóllowing... ва́ше заявле́ние сво́дится к сле́дующему...

addition [ə'dɪʃn] 1) добавле́ние *с* 2) *мат.* сложе́ние *с* ◊ in ~ to сверх, вдоба́вок

address [ə'dres] **1.** *n* 1) а́дрес *м*; give me your ~, please да́йте мне, пожа́луйста, ваш а́дрес 2) обраще́ние *с*; речь *ж* (*speech*) **2.** *v* 1) адресова́ть, направля́ть; how do you ~ a létter in Rússian? как написа́ть а́дрес по-ру́сски? 2): ~ smb обраща́ться к кому́-л.; ~ee [ˌædre'si:] адреса́т *м*

adequate ['ædɪkwɪt] доста́точный, удовлетвори́тельный

adhesive [əd'hi:sɪv]: ~ tape кле́йкая ле́нта

adjourn [ə'dʒɜːn] 1) отсро́чивать, откла́дывать; ~ed game *шахм.* отло́женная па́ртия 2) закрыва́ть (*данное заседание в серии заседаний*); the méeting is ~ed заседа́ние объявля́ется закры́тым 3) де́лать переры́в (*в заседаниях*); the méeting is ~ed till... объявля́ется переры́в до...

adjust [ə'dʒʌst] 1) приводи́ть в поря́док; ~ your tie! попра́вьте га́лстук! 2) приспособля́ть (*adapt*); регули́ровать; ~ the brakes отрегули́ровать тормоза́

administration [əd‚mɪnɪs‑ˈtreɪʃn] 1) управле́ние *с*; администра́ция *ж* 2) *амер.* прави́тельство *с*

admiral [ˈædmərəl] адмира́л *м*; ~ty [-tɪ] адмиралте́йство *с*; the Ádmiralty Морско́е мини́стерство *(Великобритания)*

admiration [‚ædməˈreɪʃn] восхище́ние *с*, восто́рг *м*

admire [ədˈmaɪə] восхища́ться

admission [ədˈmɪʃn] 1) допуще́ние *с* 2) призна́ние *с* *(acknowledgement)* 3) вход *м*; "no ~!" ‹посторо́нним вход воспрещён!› *(надпись)*; ~ free вход беспла́тный

admit [ədˈmɪt] 1) принима́ть *(to school, etc)* 2) допуска́ть, пропуска́ть; this ticket will ~ two to the cóncert э́то биле́т на конце́рт на двои́х 3) допуска́ть, признава́ть; I ~ that... признаю́, что...

adopt [əˈdɔpt] 1) усыновля́ть 2) принима́ть; ~ a méthod приня́ть ме́тод

adorn [əˈdɔːn] украша́ть

adult [ˈædʌlt] взро́слый; "~s only" ‹то́лько для взро́слых› *(надпись)*

advance [ədˈvɑːns] **1.** *n* 1) прогре́сс *м*, подъём *м* *(of science, education, etc)* 2) *фин.* ава́нс *м* ◊ in ~ зара́нее **2.** *v* 1) продвига́ть(ся); успе́шно развива́ть(ся) 2): the date of the cónference is ~d to... конфере́нция перено́сится на... *(более ранний срок)* 3) вы́дать, ава́нс; дава́ть ссу́ду;

can you ~ me some móney? не мо́жете ли вы одолжи́ть мне де́нег? **3.** *a* предвари́тельный, зара́нее подгото́вленный; ~ cópy предвари́тельно разо́сланный текст *(речи, выступле́ния)*; ~ párty передово́й отря́д; ~d [-t] передово́й

advantage [ədˈvɑːntɪdʒ] преиму́щество *с*; have the ~ име́ть преиму́щество (óver — над); take ~ of *(smth)* воспо́льзоваться *(чем-л.)*

adventure [ədˈventʃə] 1) приключе́ние *с* 2) авантю́ра *ж* *(political, etc)*

advertise [ˈædvətaɪz] реклами́ровать; ~ment [ədˈvəːtɪsmənt] объявле́ние *с*; рекла́ма *ж*

advice [ədˈvaɪs] сове́т *м*; take my ~ после́дуйте моему́ сове́ту; give ~ дать сове́т; on his ~ по его́ сове́ту

advise [ədˈvaɪz] сове́товать; ~ on *(smth)* консульти́ровать по *(проблеме, вопросу и т. п.)*; ~r [-ə] сове́тник *м*, консульта́нт *м*; légal ~r юриско́нсульт *м*

advisory [ədˈvaɪzərɪ] консультати́вный

advocate 1. *n* [ˈædvəkɪt] сторо́нник *м*; защи́тник *м* *(тж. юр.)* **2.** *v* [ˈædvəkeɪt] выступа́ть за; защища́ть; he ~s the idéa of péaceful séttlement он сторо́нник ми́рного урегули́рования

aerial [ˈɛərɪəl] **1.** *n* анте́нна *ж* **2.** *a* возду́шный

aerobics [ɛəˈrɔbɪks] аэробика ж, ритми́ческая гимна́стика

"Aeroflot" [ˈɛərəflɔt] ‹Аэро-
фло́т› м (*советское агентство
воздушных сообщений*)

aerospace [ˈɛərəuspeɪs]: ~ industry авиацио́нно-косми́че-
ская промы́шленность

aesthetic [iːsˈθetɪk] эстети́-
ческий; ~s [-s] эсте́тика ж

affair [əˈfɛə] де́ло с (*matter*);
state of ~s состоя́ние дел

affection [əˈfekʃn] привя́зан-
ность ж; ~ate [-ɪt] лю́бящий;
не́жный; ~ately [-ɪtlɪ]: yours
~ately... лю́бящий вас (тебя́)...
(*в письме*)

affirm [əˈfəːm] утвержда́ть;
~ative [-ətɪv] утверди́тель-
ный; ánswer in the ~ative
отве́тить утверди́тельно

afford [əˈfɔːd] быть в состоя́-
нии, позволя́ть себе́; I can't ~
(to buy) it э́то для меня́
сли́шком до́рого

afraid [əˈfreɪd]: be ~ боя́ть-
ся (of *smb, smth* — кого́-л.,
чего́-л.; for *smb, smth* — за
кого́-л., что-л.)

afresh [əˈfreʃ] за́ново, ещё
раз

African [ˈæfrɪkən] 1. *a* африка́-
нский 2. *n* африка́нец м, аф-
рика́нка ж

Afro [ˈæfrəu] (причёска)
‹а́фро› (*hairdo*); ~-**American**
[-əˈmerɪkən] 1. *a* афроамери-
ка́нский, негритя́нский 2. *n*
америка́нский негр

after [ˈɑːftə] 1. *prep* 1) по́сле;
~ bréakfast по́сле за́втрака
2) за; day ~ day день за днём
◇ ~ all всё-таки, в конце́
концо́в 2. *adv* пото́м, зате́м 3.
cj по́сле того́ как; ~ we arríved... по́сле того́, как мы
прие́хали...

afternoon [ˌɑːftəˈnuːn] после-
полу́денное вре́мя; this ~
сего́дня днём; in the ~ во вто-
ро́й полови́не дня, по́сле обе́-
да; ~ méeting дневно́е засе-
да́ние; good ~! до́брый
день!

afterwards [ˈɑːftəwədz] по-
то́м, впосле́дствии

again [əˈgen] опя́ть, сно́ва;
once ~ ещё раз

against [əˈgenst] про́тив; be
~ a propósal вы́ступить про́-
тив предложе́ния; those ~?
кто про́тив?

age [eɪdʒ] 1) во́зраст м;
what is your ~ and occupátion? ваш во́зраст и род за-
ня́тий?; be únder ~ быть не-
совершенноле́тним 2) век м;
the Míddle Áges сре́дние века́

agency [ˈeɪdʒənsɪ] аге́нтство
с; news ~ телегра́фное аге́нт-
ство; UN spécialized ~ спе-
циализи́рованное учрежде́ние
ООН

agenda [əˈdʒendə] пове́стка
дня; be on the ~ стоя́ть на
пове́стке дня; ítem of the ~
пункт пове́стки дня

agent [ˈeɪdʒənt] аге́нт м;
представи́тель м

aggravate [ˈægrəveɪt] усу-
губля́ть, отягоща́ть, ухуд-
ша́ть

aggression [əˈgreʃn] агре́с-
сия ж

agitate I [ˈædʒɪteɪt]: be ~d

волноваться, быть возбуждённым

agitate II агити́ровать (for—за)

agitation I [ˌædʒɪ'teɪʃn] волне́ние *c* (*excitement*)

agitation II агита́ция *ж*

ago [ə'gəu] тому́ наза́д; two days ~ два дня тому́ наза́д

agrarian [ə'grɛərɪən] агра́рный; ~ refórm земе́льная рефо́рма

agree [ə'gri:] соглаша́ться; догова́риваться; I ~ with you я согла́сен с ва́ми; I don't ~ to this я не согла́сен на э́то; let's ~ on the fóllowing дава́йте договори́мся о сле́дующем; ~**able** [ə'grɪəbl] прия́тный; ~**ment** [-mənt] 1) соглаше́ние *c*, согла́сие *c*; come to an ~ment прийти́ к соглаше́нию 2) соглаше́ние *c*, догово́р *м*; trade ~ment торго́вое соглаше́ние

agricultural [ˌægrɪ'kʌltʃərəl] сельскохозя́йственный

agriculture [ˈægrɪkʌltʃə] се́льское хозя́йство; I'm engáged in ~ я занима́юсь се́льским хозя́йством

ahead [ə'hed] вперёд; впереди́; go straight ~ иди́те пря́мо вперёд; who's ~? *спорт.* кто выи́грывает?, кто ведёт? ◊ go ~! продолжа́йте!

aid [eɪd] 1. *n* по́мощь *ж* 2. *v* помога́ть

AIDS [eɪdz] (acquíred immúne defíciency sýndrome) СПИД (синдро́м приобретённого иммунодефици́та) *м*

aim [eɪm] 1. *n* цель *ж*; наме́рение *c*; take ~ це́литься 2. *v* 1) прице́ливаться (*in shooting*) 2) стреми́ться (at — к) (*strive*)

air [ɛə] 1. *n* 1) во́здух *м*; go by ~ лете́ть самолётом; post by ~ посла́ть авиапо́чтой 2) *муз.* а́рия *ж* ◊ what's on the ~ todáy? что сего́дня передаю́т по ра́дио? 2. *a* возду́шный; авиацио́нный; ~ sérvice возду́шное сообще́ние; ~ líner пассажи́рский (ре́йсовый) самолёт; ~ mail авиапо́чта *ж* 3. *v* прове́тривать; ~**bus** [-bʌs] аэро́бус; ~-**conditioning** [-kən'dɪʃənɪŋ] кондициони́рование во́здуха; ~**craft** [-krɑːft] 1) самолёт *м*; "IL-86" ~craft самолёт «Ил-86» 2) авиа́ция *ж*; the énemy ~craft авиа́ция проти́вника; ~**field** [-fiːld] аэродро́м *м* (*небольшой*)

air‖line ['ɛəlaɪn] авиали́ния *ж*; ~-**pocket** [-'pɔkɪt] *ав.* возду́шная я́ма; ~**port** [-pɔːt] аэропо́рт *м*

aisle [aɪl] *амер.* прохо́д *м* (*между ряда́ми*)

alarm [ə'lɑːm] 1. *n* трево́га *ж* 2. *v* (вс)трево́жить; ~-**clock** [-klɔk] буди́льник *м*

album ['ælbəm] 1) альбо́м *м* 2) (граммофо́нная) пласти́нка (*или* пласти́нки) (*в одно́м паке́те*); her látest ~ of folk songs is all sold óut после́дняя пласти́нка наро́дных пе́сен в её исполне́нии распро́дана

alcohol ['ælkəhɔl] спирт *м*, алкоголь *м*

alderman ['ɔːldəmən] *брит.* 1) член городско́го управле́ния *(in a city)* 2) член сове́та гра́фства *(in a county)*

ale [eɪl] эль *м*, све́тлое пи́во

alert [ə'ləːt] трево́га *ж* ◊ be on the ~ быть насторожé

alien ['eɪlɪən] 1. *n* инопо́дданный *м* 2. *a* чу́ждый; иноземный *(foreign)*

alike [ə'laɪk] 1. *a:* be ~ быть похо́жим(и) 2. *adv* равно́, одина́ково

alive [ə'laɪv] 1) живо́й *(living)* 2) бо́дрый *(active)*

alkali ['ælkəlaɪ] *хим.* щёлочь *ж*; ~ne [-aɪn] *хим.* щелочно́й

all [ɔːl] 1. *a* 1) весь, вся, всё, все; ~ my friends все мои́ друзья́ 2) вся́кий; beyónd ~ doubt вне вся́кого сомне́ния 2. *n* всё, все; ~ of them (us) все они́ (мы); that's ~ это всё; in ~ всего́ 3. *adv* всеце́ло, по́лностью ◊ ~ alóne оди́н; ~ óver повсю́ду; ~ óver agáin всё снача́ла; ~ the bétter тем лу́чше; ~ the same всё равно́; at ~ совсе́м, соверше́нно; I'll be there befóre eight if at ~ я бу́ду там к восьми́, е́сли я вообще́ приду́; thank you! — Not at ~ спаси́бо! — Не́ за что

allege [ə'ledʒ] утвержда́ть *(обычно без доказа́тельств)*; an ~d violátion наруше́ние, я́кобы, име́вшее ме́сто

allergy ['ælədʒɪ] аллерги́я *ж*

alley ['ælɪ] 1) алле́я *ж* 2) у́зкая у́лица, переу́лок *м (lane)*

alliance [ə'laɪəns] сою́з *м*

allow [ə'lau] разреша́ть, позволя́ть; ~ no deviátions не допуска́ть отклоне́ний; ~ance [-əns] годово́е (ме́сячное) содержа́ние, посо́бие ◊ make ~ances for учи́тывать, де́лать ски́дку на

all right [ˌɔːl'raɪt]: ~! хоро́шо!, ла́дно! (согла́сен!); it's ~ всё в поря́дке; I'm quite ~ у меня́ всё в поря́дке; я цел и невреди́м

allude [ə'luːd] намека́ть, ссыла́ться (to *smth* — на *что-л.*)

allusion [ə'luːʒn] 1) намёк *м (hint)* 2) ссы́лка *ж (reference)*

ally 1. *n* ['ælaɪ] сою́зник *м* 2. *v* [ə'laɪ]: be allíed with вступа́ть в сою́з; объединя́ться

almond ['æmənd] минда́ль *м*

almost ['ɔːlməust] почти́; едва́ не; ~ all почти́ все

alone [ə'ləun] оди́н, одино́кий; can you do it ~ ? вы мо́жете это сде́лать са́ми?; you ~ can do it то́лько вы мо́жете это сде́лать

along [ə'lɔŋ] вдоль, по; let's walk ~ the street (дава́йте) пройдёмся по у́лице ◊ come ~ ! пошли́!; get ~ with smb ла́дить с кем-л.; get ~ with smth де́лать успе́хи в чём-л.; get ~ without smth обходи́ться без чего́-л.; ~side [-'saɪd] вдоль ◊ ~side with наряду́ с

aloud [ə'laud] гро́мко, вслух

alphabet [ˈælfəbɪt] алфавит *м*

Alpine [ˈælpaɪn]: ~ skíing горнолы́жный спорт

already [ɔlˈredɪ] уже́; the train has ~ left по́езд уже́ ушёл

also [ˈɔlsəu] та́кже, то́же

altar [ˈɔltə] алта́рь *м*

alter [ˈɔltə] (видо)изменя́ть(ся); ~ the itínerary изменить маршру́т; ~ a skirt переши́ть ю́бку; ~ation [ˌɔltəˈreɪʃn] переде́лка *ж*

alternative [ɔlˈtə:nətɪv] альтернати́ва *ж*, вы́бор *м*; I've got no ~ у меня́ нет вы́бора; I am in fávour of the third ~ я за тре́тий вариа́нт

although [ɔlˈðəu] хотя́, несмотря́ на

altitude [ˈæltɪtju:d] высота́ *ж* (*тж.* над у́ровнем мо́ря); at high (low) ~ на большо́й (небольшо́й) высоте́

alto [ˈæltəu] *муз.* 1) контра́льто *с* (*lowest female voice*) 2) альт *м* (*highest male voice*)

altogether [ˌɔltəˈgeðə] вполне́, всеце́ло; it's ~ dífferent э́то соверше́нно друго́е де́ло; it's ~ bad э́то никуда́ не годи́тся

always [ˈɔlweɪz] всегда́

a.m. [ˌeɪˈem] (ánte merídiem) до полу́дня; 5. a.m. 5 часо́в утра́; 1 a.m. 1 час но́чи

am [æm] *1 л. ед. ч. наст. от* be

amalgamated [əˈmælgəmeɪtɪd] объединённый, соединённый

amateur [ˈæmətə:] 1. *n* люби́тель *м*, непрофессиона́л *м*; 2. *a* люби́тельский; ~ perfórmances самоде́ятельность *ж*; ~ théatricals самоде́ятельный спекта́кль

amaze [əˈmeɪz] изумля́ть; ~ment [-mənt] изумле́ние *с*

ambassador [æmˈbæsədə] посо́л *м*; A. Extraórdinary and Plenipoténtiary Чрезвыча́йный и Полномо́чный Посо́л

ambiguous [æmˈbɪgjuəs] нея́сный; двусмы́сленный

ambition [æmˈbɪʃn] 1) честолю́бие *с* 2) стремле́ние *с* (*strong desire*)

ambitious [æmˈbɪʃəs] честолюби́вый; ~ plan грандио́зный план

ambulance [ˈæmbjuləns] ско́рая по́мощь (*автомашина*)

amendment [əˈmendmənt] попра́вка *ж* (*to a document*)

American [əˈmerɪkən] 1. *a* америка́нский; ~ eagle америка́нский орёл (*особ. на госуда́рственной печа́ти США*); ~ Índian (америка́нский) инде́ец; ~ plan на по́лном пансио́не (*система оплаты за гостиницу*) 2. *n* америка́нец *м*, америка́нка *ж*

amiable [ˈeɪmjəbl] дружелю́бный, ми́лый, любе́зный

amnesty [ˈæmnɪstɪ] амни́стия *ж*

among [əˈmʌŋ] ме́жду, среди́; you're ~ friends вы среди́ друзе́й

amount [ə'maunt] **1.** *n* 1) сýмма *ж*, итóг *м* (*total*) 2) колѝчество *с* (*quantity*) **2.** *v*: ~ to равня́ться, составля́ть сýмму; what does the bill ~ to? на какýю сýмму счёт?

amphitheatre ['æmfɪθɪətə] амфитеáтр *м*

ample ['æmpl] пóлный, достáточный; простóрный; there is ~ time yet ещё мнóго врéмени

amplifier ['æmplɪfaɪə] *радио* усилѝтель *м*

amuse [ə'mju:z] забавля́ть, развлекáть; ~ment [-mənt] развлечéние *с*; ~ment park парк с аттракциóнами

amusing [ə'mju:zɪŋ] забáвный, смешнóй

an [æn] *см.* a

anaesthe‖sia [,ænɪs'θiːzɪə] наркóз *м*, анестезѝя *ж*; ~tize [ə'niːsθɪtaɪz] давáть наркóз, обезбóливать

analyse ['ænəlaɪz] анализѝровать, разбирáть

analysis [ə'næləsɪs] (*pl* anályses) анáлиз *м*

ancestor ['ænsestə] прéдок *м*

anchor ['æŋkə] я́корь *м*; cast (drop) ~ брóсить я́корь; ~ man *радио, тлв.* ведýщий прогрáмму (*особ., прогрáмму новостéй*)

ancient ['eɪnʃənt] старѝнный, дрéвний; ~ art дрéвнее искýсство; ~ coin старѝнная монéта

and [ænd] 1) и; peace ~ friendship мир и дрýжба; ~ so

on и так дáлее 2) a; I'll go ~ you stay here я пойдý, а вы оставáйтесь здесь ◊ go ~ see пойдѝ(те) посмотрѝ(те)

anew [ə'nju:] снóва; зáново, по-нóвому

angel ['eɪndʒəl] áнгел *м*

anger ['æŋgə] гнев *м*

angle I ['æŋgl] *мат.* ýгол *м*; acúte (right, obtúse) óстрый (прямóй, тупóй) ýгол

angle II **1.** *n* крючóк (*рыболóвный*) **2.** *v* удѝть рыбу; ~r [-ə] рыболóв *м*

Anglican ['æŋglɪkən] *рел.* англикáнский

Anglo-Saxon [,æŋgləu'sæksən] **1.** *a* англосаксóнский **2.** *n* англосáкс *м*

angry ['æŋgrɪ] сердѝтый; be ~ with smb сердѝться на когó-л.

animal ['ænɪməl] **1.** *n* живóтное *с* **2.** *a*: ~ húsbandry животновóдство *с*; ~ hóspital *амер.* ветеринáрная лечéбница

ankle ['æŋkl] лоды́жка *ж*, щѝколотка *ж*

annex **1.** *n* ['æneks] приложéние (*to a paper, a book, etc*) **2.** *v* [ə'neks] присоединя́ть; аннексѝровать; ~ation [,ænek'seɪʃn] присоединéние *с*; аннéксия *ж*

annihilation [ə,naɪə'leɪʃn] уничтожéние *с*

anniversary [,ænɪ'vɜ:sərɪ] годовщѝна *ж*

announce [ə'nauns] 1) объявля́ть; it is officially ~d ... официáльно объя́влено...; ~ the

resúlts объяви́ть результа́ты 2) докла́дывать (о посетите-
лях); ~ Mr. Smith доложи́ть о прихо́де г-на Сми́та;
~ment [-mənt] объявле́ние c; ~r [-ə] ди́ктор м

annoy [ə'nɔɪ] досажда́ть, раздража́ть

annual ['ænjuəl] 1) годово́й; ~ íncome годово́й дохо́д 2) ежего́дный; ~ cónference еже-
го́дная конфере́нция

another [ə'nʌðə] 1) друго́й; I don't like this room, may I have ~ ? мне не нра́вится э́тот но́мер, мо́жно получи́ть дру-
го́й? 2) ещё оди́н; please give me ~ cup of cóffee пожа́-
луйста, да́йте мне ещё (одну́) ча́шку ко́фе

answer ['ɑːnsə] 1. n отве́т м; in ~ to your létter of Jánuary first... в отве́т на ва́ше письмо́ от пе́рвого января́... 2. v отве-
ча́ть; ~ a quéstion (a létter) отве́тить на вопро́с (на пись-
мо́)

ant [ænt] мураве́й м

antagonism [æn'tægənɪzm] вражда́ ж

antarctic [æn'tɑːktɪk] ан-
таркти́ческий

anthem ['ænθəm] гимн м; nátional ~ госуда́рственный гимн

antibiotic [ˌæntɪbaɪ'ɔtɪk] ан-
тибио́тик м

anticipate [æn'tɪsɪpeɪt] ожи-
да́ть, предви́деть

anticipation [æn,tɪsɪ'peɪʃn] ожида́ние c; предвкуше́ние c; in ~ of в ожида́нии; thánking

you in ~ зара́нее благода́р-
ный (в письме́)

antidote ['æntɪdəut] проти-
воя́дие c

antifreeze ['æntɪfriːz] анти-
фри́з м

antique [æn'tiːk] 1) дре́вний, стари́нный; ~ shop антиква́р-
ный магази́н 2) анти́чный (of ancient Greece and Rome)

anxiety [æŋ'zaɪətɪ] беспо-
ко́йство c, трево́га ж

anxious ['æŋkʃəs] 1) озабо́-
ченный; встрево́женный (dis-
turbed) 2) стра́стно жела́ю-
щий (eager)

any ['enɪ] како́й-нибудь; лю-
бо́й; in ~ case в любо́м слу́-
чае, при любы́х обстоя́тель-
ствах; have you ~ móney? у вас есть (каки́е-нибудь) де́ньги?

any‖body ['enɪ,bɔdɪ] кто́-ни-
будь; will ~ be at the státion to meet me? кто́-нибудь встре́-
тит меня́ на вокза́ле?; ~how [-hau] 1) ка́к-нибудь 2) всё-
-таки; ~how, I don't belíeve it и всё-таки я не ве́рю; ~one [-wʌn] любо́й, вся́кий; кто́-
-нибудь; ~thing [-θɪŋ] 1) что́-
-нибудь; is there ~thing for me? есть ли что́-нибудь для меня́? 2) что уго́дно; choose ~thing you like выбира́йте то, что вам нра́вится; ~way [-weɪ] всё равно́; так и́ли ина́-
че; ~where [-wɛə] 1) где́-
-нибудь, куда́-нибудь 2) где уго́дно, куда́ уго́дно; you may come across it ~where вы мо́жете встре́тить э́то повсю́ду

apart [ə'pɑːt] 1) в стороне́; set ~ отложи́ть 2) врозь, по́рознь; pack them ~, please запаку́йте их, пожа́луйста, отде́льно ◊ ~ from не счита́я, кро́ме; take *smth* ~ разобра́ть *что-л.*

apartment [ə'pɑːtmənt] 1) *брит. обыкн. pl* меблиро́ванные ко́мнаты *мн.* 2) *амер.* кварти́ра *ж*; ~ house (*building*) многокварти́рный дом

ape [eɪp] обезья́на *ж (человекообра́зная)*

aperture ['æpətʃə] *фото* диафра́гма *ж*

apiece [ə'piːs] 1) за шту́ку; how much is it ~? ско́лько сто́ит шту́ка? 2) на ка́ждого; it will be five dóllars ~ э́то бу́дет по пять до́лларов с ка́ждого

apologize [ə'pɔlədʒaɪz] извиня́ться (for *smth* — за *что-л.*; to *smb* — пе́ред *кем-л.*)

apology [ə'pɔlədʒɪ] извине́ние *с*; make (óffer) an ~ принести́ извине́ние, извини́ться

apparatus [,æpə'reɪtəs] 1) прибо́р *м*, аппара́т *м* 2) *спорт.* снаря́д *м*

apparent [ə'pærənt] очеви́дный, я́вный; ~ly [-lɪ] очеви́дно, по-ви́димому

appeal [ə'piːl] **1.** *n* 1) призы́в *м*; обраще́ние *с* 2) *юр.* апелля́ция *ж* ◊ have ~ нра́виться; the film has géneral ~ фильм нра́вится широ́кой пу́блике **2.** *v* (to *smb* for *smth*) взыва́ть (к *кому-л.* о *чём-л.*) (*call upon*)

appear [ə'pɪə] 1) выходи́ть, появля́ться; this páper ~s évery óther day э́та газе́та выхо́дит че́рез день 2) каза́ться (*seem*) 3) выступа́ть (*on the stage, etc*); ~ance [ə'pɪərəns] 1) появле́ние *с* 2) нару́жность *ж*, (вне́шний) вид (*outward look*) 3) выступле́ние *с* (*on the stage, etc*)

appendicitis [ə,pendɪ'saɪtɪs] аппендици́т *м*

appendix [ə'pendɪks] 1) приложе́ние *с* (*to a book*) 2) *мед.* аппе́ндикс *м*

appetite ['æpɪtaɪt] аппети́т *м*; I have no ~ left у меня́ пропа́л аппети́т

appetizer ['æpɪtaɪzə] заку́ска *ж*

applaud [ə'plɔːd] аплоди́ровать

applause [ə'plɔːz] аплодисме́нты *мн.*

apple ['æpl] я́блоко *с*; ~ juice я́блочный сок; ~-pie [-'paɪ] я́блочный пиро́г; ~-tart [-tɑːt] *брит.* я́блочный пиро́г; ~-tree [-triː] я́блоня *ж*

appliance [ə'plaɪəns] приспособле́ние *с*, прибо́р *м*; eléctrical ~s электроприбо́ры; home ~s бытова́я те́хника

applicant ['æplɪkənt] проси́тель *м*; челове́к, претенду́ющий на ме́сто (до́лжность); кандида́т *м*

application [,æplɪ'keɪʃn] 1) заявле́ние *с* 2) примене́ние *с*, употребле́ние *с* (*use*)

applied [ə'plaɪd] прикладно́й; ~ arts прикладно́е иску́сство; ~ scíence прикладны́е нау́ки

apply [ə'plaɪ] 1) (to *smb* for *smth*) обраща́ться (к *кому-л.* по по́воду *чего-л.*) 2) (to *smth*) прилага́ть, применя́ть (к *чему-л.*); ~ a new méthod примени́ть но́вый ме́тод

appoint [ə'pɔɪnt] (to *a post*) назнача́ть (на *должность*); **~ment** [-mənt] 1) назначе́ние с 2) до́лжность ж (*post*) 3) (делово́е) свида́ние, (делова́я) встре́ча; I have an ~ment at six у меня́ встре́ча в шесть (часо́в); can you give me an ~ment for tomórrow? не смогли́ бы вы приня́ть меня́ за́втра?; keep (break) an ~ment прийти́ (не прийти́) в назна́ченное вре́мя

appreciate [ə'priːʃɪeɪt] 1) понима́ть; I ~ your próblems я понима́ю ва́ши тру́дности 2) цени́ть; быть благода́рным; I would ~ your co-operátion я был бы призна́телен вам за соде́йствие

apprentice [ə'prentɪs] учени́к м, подмасте́рье м; **~ship** [ə'prentɪʃɪp] учени́чество с, уче́ние с

approach [ə'prəutʃ] 1. v приближа́ться; подходи́ть (*come near*) 2. n 1) приближе́ние с; ~ of wínter приближе́ние зимы́ 2) подхо́д м; ~ to a quéstion подхо́д к вопро́су

appropriate 1. a [ə'prəuprɪɪt] подходя́щий, соотве́тствующий 2. v [ə'prəuprɪeɪt] 1) при-

сва́ивать 2) (for) ассигнова́ть (на це́ли)

approval [ə'pruːvəl] одобре́ние с

approve [ə'pruːv] одобря́ть; ~ the repórt утверди́ть докла́д; not to ~ his cónduct не одобря́ть его́ поведе́ние

approximate [ə'prɔksɪmɪt] приблизи́тельный

apricot ['eɪprɪkɔt] абрико́с м

April ['eɪprəl] апре́ль м

apron ['eɪprən] фа́ртук м

apt [æpt] 1) подходя́щий 2) спосо́бный; ~ púpil спосо́бный учени́к 3) скло́нный, подве́рженный (*likely to*); **~itude** ['æptɪtjuːd]: ~ test прове́рка спосо́бностей

aquatics [ə'kwætɪks] *pl* во́дный спорт

Arab ['ærəb] 1. a ара́бский 2. n ара́б м; **~ian** [ə'reɪbɪən] арави́йский; "~ian Nights" ‹Ты́сяча и одна́ ночь› (*сказки*); **~ic** ['ærəbɪk] 1. a ара́бский 2. n ара́бский язы́к

arable ['ærəbl] па́хотный; ~ land па́хота ж

arbitrary ['ɑːbɪtrərɪ] произво́льный; ~ decísion необосно́ванное (произво́льное) реше́ние

arch [ɑːtʃ] а́рка ж

archaeology [ˌɑːkɪ'ɔlədʒɪ] археоло́гия ж

archaic [ɑː'keɪɪk] устаре́лый, архаи́ческий

archbishop [ˌɑːtʃ'bɪʃəp] архиепи́скоп м

archipelago [ˌɑːkɪ'peləgəu] архипела́г м

architect [ˈɑːkɪtekt] архите́ктор м; **~ure** [ˈɑːkɪtektʃə] архитекту́ра ж

arctic [ˈɑːktɪk] поля́рный, аркти́ческий

ardent [ˈɑːdənt] 1) горя́чий; ~ heat зной м 2) горя́чий, ре́вностный; ~ suppórter горя́чий сторо́нник

ardour [ˈɑːdə] жар м, пыл м; рве́ние с

arduous [ˈɑːdjuəs] тяжёлый, напряжённый; ~ jobs тяжёлые рабо́ты

are [ɑː] 2-е лицо ед. и мн. наст. времени глагола be

area [ˈɛəгɪə] 1) простра́нство с, пло́щадь ж 2) райо́н м, о́бласть ж; in the Lóndon ~ в райо́не Ло́ндона ◊ ~ code амер. (телефо́нный) код (го́рода или райо́на)

arena [əˈriːnə] аре́на ж; on the internátional ~ на междунаро́дной аре́не

aren't [ɑːnt] разг. = are not

argue [ˈɑːgjuː] 1) спо́рить (dispute) 2) дока́зывать; убежда́ть (try to prove)

argument [ˈɑːgjumənt] 1) до́вод м, аргумента́ция ж (reason) 2) спор м (controversy)

aria [ˈɑːгɪə] а́рия ж

arid [ˈærɪd] засу́шливый, сухо́й

arise [əˈraɪz] (aróse; arísen) возника́ть, появля́ться; **~n** [əˈrɪzn] pp от arise

arithmetic [əˈrɪθmətɪk] арифме́тика ж

arm I [ɑːm] рука́ ж (от кисти до плеча); take smb's ~ взять по́д руку ◊ at ~'s length хо́лодно (относиться к кому-л.); with open ~s с распро́стёртыми объя́тиями

arm II 1. n обыкн. pl ору́жие с; ~s race (drive) го́нка вооруже́ний 2. v вооружа́ться; ~ed fórces вооружённые си́лы; **~ament** [-əmənt] вооруже́ние с

arm-chair [ˈɑːmtʃɛə] кре́сло с

armistice [ˈɑːmɪstɪs] переми́рие с

army [ˈɑːmɪ] а́рмия ж

arose [əˈrəuz] past от arise

around [əˈraund] 1. prep вокру́г; ~ the cíty вокру́г го́рода 2. adv: let's go ~ обойдём(те) круго́м ◊ is there a phone ~ here? здесь где́-нибудь есть телефо́н?

arouse [əˈrauz] буди́ть, пробужда́ть; ~ the ínterest вы́звать интере́с

arrange [əˈreɪndʒ] 1) приводи́ть в поря́док (put in order) 2) устра́ивать; can you ~ this trip? вы мо́жете устро́ить э́ту поéздку?; **~ment** [-mənt] 1) устро́йство с, расположе́ние с 2) pl приготовле́ния мн.

arrest [əˈrest] 1. n аре́ст м 2. v аресто́вывать

arrival [əˈraɪvəl] прибы́тие с; on her ~ по её прибы́тии

arrive [əˈraɪv] прибыва́ть (at, in); when did you ~ ? когда́ вы прие́хали?

arrogance [ˈærəgəns] высокоме́рие с, надме́нность ж

arrow [ˈærəu] стрела́ ж

art [ɑːt] иску́сство с

article [ˈɑːtɪkl] 1) статья́ ж; néwspaper ~ газе́тная статья́ 2) пункт м, пара́граф м; ~ of the Constitútion статья́ конститу́ции; main ~s of trade основны́е статьи́ торго́вли 3) *грам.* арти́кль м, член м

artificial [ˌɑːtɪˈfɪʃəl] иску́сственный; ~ intélligence иску́сственный интелле́кт; ~ respirátion иску́сственное дыха́ние; ~ skáting-rink ле́тний като́к

artist [ˈɑːtɪst] худо́жник м; ~ic [ɑːˈtɪstɪk] худо́жественный

as [æz] **1.** *cj* 1) так как; I must go as it is late я до́лжен идти́, так как уже́ по́здно 2) в то вре́мя как, когда́; did you see the mónument as we passed the square? вы ви́дели па́мятник, когда́ мы проходи́ли по пло́щади? ◊ as if как бу́дто; as to что каса́ется **2.** *adv* как; do as you please де́лайте, как вам уго́дно ◊ as well та́кже; as well as так же как

ascent [əˈsent] восхожде́ние с, подъём м

ash I [æʃ] 1) зола́ ж; пе́пел м 2) *pl* прах м (*remains of human body*)

ash II я́сень м

ashamed [əˈʃeɪmd]: be ~ (of) стыди́ться (чего́-л.)

ashore [əˈʃɔː] к бе́регу (*to the shore*); на берегу́ (*at the shore*); come ~ приста́ть к бе́регу

ash-tray [ˈæʃtreɪ] пе́пельница ж

Asian [ˈeɪʃn] азиа́тский; ~ cóuntries стра́ны А́зии

Asiatic [ˌeɪʃɪˈætɪk] азиа́тский

aside [əˈsaɪd] в сто́рону; take smb ~ отвести́ кого́-л. в сто́рону

ask [ɑːsk] 1) спра́шивать; may I ~ your name? скажи́те, пожа́луйста, как вас зову́т? 2) осведомля́ться (abóut, áfter — о) 3) проси́ть; I ~ you to post the létter прошу́ вас, отпра́вьте э́то письмо́; ~ one to dínner пригласи́ть кого́-л. на обе́д

asleep [əˈsliːp]: be ~ спать; fall ~ засну́ть

aspect [ˈæspekt] 1) вид м (*view*) 2) аспе́кт м, сторона́ ж; ~ of the próblem сторона́ вопро́са

aspen [ˈæspən] оси́на ж

asphalt [ˈæsfælt] **1.** *n* асфа́льт м **2.** *v* асфальти́ровать

ass [æs] осёл м

assault [əˈsɔːlt] **1.** *n* 1) нападе́ние с; ата́ка ж; штурм м 2) *юр.* оскорбле́ние де́йствием; наси́лие с **2.** *v* напада́ть; штурмова́ть

assemble [əˈsembl] 1) собира́ть(ся) 2) *тех.* собира́ть, монти́ровать

assembly [əˈsemblɪ] 1) собра́ние с; ассамбле́я ж 2): ~ line сбо́рочный конве́йер

assert [əˈsəːt] 1) утвержда́ть 2) отста́ивать, защища́ть; ~

oneself отста́ивать свои́ права́;
~ion [əʹsə:ʃn] утвержде́ние *с*
   asset [ʹæset] 1) иму́щество
с 2) *pl фин.* акти́вы; ~s and
liabílities акти́в и пасси́в 3)
перен. бла́го *с*; he is an ~ to his
team он — большо́е приобре-
те́ние для кома́нды
   assign [əʹsaın] 1) назнача́ть;
~ a day назна́чить день 2)
дава́ть *(зада́ние)*; ~ a task (to
smb) дать зада́ние *(кому́-л.)*,
поста́вить зада́чу *(пе́ред кем-
-л.)*; ~ment [-mənt] 1) назна-
че́ние *с* 2) зада́ние *с (task)*
   assist [əʹsıst] помога́ть; со-
де́йствовать; ~ance [-əns] по́-
мощь *ж*; соде́йствие *с*; rénder
~ance ока́зывать по́мощь (со-
де́йствие); ~ant [-ənt] помо́щ-
ник *м*, ассисте́нт *м*; ~ant
proféssor доце́нт *м*
   associate [əʹsəuʃıeıt] 1) партнёр *м*, компаньо́н *м (in business)* 2) сотру́дник *м*, колле́-
га *м*; ~ proféssor адъю́нкт-
-профе́ссор *м*; ~ translátor
мла́дший перево́дчик
   association [əˌsəusıʹeıʃn] о́б-
щество *с*; ассоциа́ция *ж*; A.
fóotball *брит.* футбо́л *м*
   assume [əʹsju:m] 1) брать на
себя́; присва́ивать себе́; an ~d
name псевдони́м *м*, вы́мыш-
ленное и́мя 2) предполага́ть,
допуска́ть *(suppose)*
   assure [əʹʃuə] уверя́ть
   astonish [əʹstɔnıʃ] удивля́ть,
изумля́ть; ~ment [-mənt]
удивле́ние *с*, изумле́ние *с*
   astrakhan [ʹæstrəkən] кара́-
куль *м*

   astronaut [ʹæstrənɔ:t] кос-
мона́вт *м*
   asylum [əʹsaıləm] 1) прию́т
м; убе́жище *с*; grant political
cal ~ предоста́вить полити́-
ческое убе́жище 2) *(тж.* lúna-
tic asýlum) психиатри́че-
ская лече́бница
   at [æt] 1) в; at noon в по́л-
день 2) на; at a fáctory на
заво́де 3) за; at dínner за
обе́дом 4) при; у; at the door
у двере́й ◊ at first снача́ла;
at last наконе́ц; at least по
кра́йней ме́ре; at once сейча́с
же, неме́дленно
   ate [et] *past от* eat
   atheist [ʹeıθııst] атеи́ст *м*
   athlete [ʹæθli:t] спортсме́н
м; атле́т *м*
   athletic [æθʹletık]: ~ competítions спорти́вные состяза́-
ния; ~s [-s] *pl* атле́тика *ж*;
гимна́стика *ж*
   atlas [ʹætləs] *геогр.* а́тлас *м*
   atmosphere [ʹætməsfıə] ат-
мосфе́ра *ж*
   atom [ʹætəm] а́том *м*; ~ic
[əʹtɔmık] а́томный; cívil
(péaceful) úses of ~ic énergy
ми́рное примене́ние а́томной
эне́ргии; ~ic pile я́дерный
реа́ктор
   atrocity [əʹtrɔsıtı] звер́-
ство *с*
   attach [əʹtætʃ] 1) при-
крепля́ть, присоединя́ть; ~ a
stamp прикле́ить ма́рку 2):
~ impórtance (to) придава́ть
значе́ние
   attaché [əʹtæʃeı] атташе́ *м*
нескл.; ~ case (пло́ский) че-

модáнчик для бумáг, ‹дипло-
мáт›

attachment [ə'tætʃmənt]
привя́занность ж

attack [ə'tæk] 1. *n* 1) атáка
ж; нападéние *с* 2) припáдок *м*, при́ступ *м (болéзни)*;
~ of appendicítis при́ступ ап-
пендици́та; heart ~ сердéчный
при́ступ 2. *v* атаковáть; на-
падáть

attain [ə'teɪn] достúгнуть;
добúться

attempt [ə'tempt] 1. *n* 1)
попы́тка ж; make an ~ сдéлать попы́тку 2) покушéние *с*
(on, upón — на) 2. *v* пытáться

attend [ə'tend] 1) забóтиться; will you ~ to the mátter? позабóтьтесь, пожáлуйста, об э́том дéле 2) прислýживать (on, upón) 3) при-
сýтствовать; did you ~ the
cónference? вы бы́ли на кон-
ферéнции?; ~ance [-əns] 1)
ухóд *м*; médical ~ance медн-
ци́нский ухóд 2) посещáемость
ж; large ~ance многочи́слен-
ная аудитóрия; ~ant [-ənt]
служи́тель *м*

attention [ə'tenʃn] внимáние
с; рау ~ to... обратúть внимáние на...

attentive [ə'tentɪv] внимá-
тельный

attic ['ætɪk] чердáк *м*

attitude ['ætɪtju:d] 1) отношéние *с*, позиция ж 2) пó-
за ж *(posture of body)*

attorney [ə'tə:nɪ] 1) повé-
ренный *м*; адвокáт *м* 2) *амер.*
прокурóр *м*; A. Géneral a)

минúстр юстúции *(в США)*;
б) генерáльный прокурóр *(в
Великобритáнии)*

attract [ə'trækt] притя́ги-
вать, привлекáть; ~ atténtion привлéчь внимáние; ~ion
[ə'trækʃn] *физ.* притяжéние *с*;
~ive [-ɪv] привлекáтельный;
замáнчивый

auction ['ɔkʃn] аукциóн *м*

audible ['ɔdəbl] слы́шный;
слы́шимый

audience ['ɔdɪəns] 1) аудитóрия ж, пýблика ж, слýша-
тели *мн.* 2) аудиéнция ж;
grant an ~ дать аудиéнцию

audit ['ɔdɪt] 1. *n фин.* реви́-
зия ж 2. *v фин.* проводúть
реви́зию

audition [ɔ'dɪʃn] *теáтр.* про-
слýшивание *с*

August ['ɔgəst] áвгуст *м*

aunt [ɑ:nt] тётя ж, тётка ж

auspice ['ɔspɪs] под эги́-
дой; únder the ~s of the
United Nátions при ООН

author ['ɔθə] áвтор *м*, писá-
тель *м*

authority [ɔ'θɔrɪtɪ] 1)
власть ж, полномóчия *мн.*
(power) 2) *pl* влáсти *мн.* 3) авторитéт *м (prestige)*

authorize ['ɔθəraɪz] уполно-
мóчивать

autobiography [.ɔtəubaɪ-
'ɔgrəfɪ] автобиогрáфия ж

autograph ['ɔtəgrɑ:f] автó-
граф *м*; may I have your ~,
please дáйте, пожáлуйста, ав-
тóграф

automatic [.ɔtə'mætɪk] авто-
мати́ческий; ~ pílot автопи-

лóт *м*; ~ transmission *авто* автоматическая трансмиссия

automation [ˌɔtə'meiʃn] автоматизация *ж*

automobile ['ɔtəməubiːl] *амер.* машина *ж*, автомобиль *м*; ~ inspéction *авто* техосмотр *м*; ~ repáirs ремонт автомобилей

autonomous [ɔ'tɔnəməs] автономный

autonomy [ɔ'tɔnəmɪ] автономия *ж*

autumn ['ɔtəm] осень *ж*

auxiliary [ɔg'ziljərɪ] вспомогательный

available [ə'veɪləbl] доступный; наличный, имеющийся в распоряжении; all ~ méasures все возможные меры; is he ~ for the job? а будет ли у него возможность взяться за эту работу?

avalanche ['ævəlɑːnʃ] (снежная) лавина

avenue ['ævɪnjuː] 1) *амер.* проспект *м* 2) аллея *ж* (*in a park*)

average ['ævərɪdʒ] 1. *n*: at (on) an ~ в среднем 2. *a* средний

avert [ə'vəːt] предотвращать

aviation [ˌevɪ'eɪʃn] авиация *ж*; cívil ~ гражданская авиация

avoid [ə'vɔɪd] избегать

awake [ə'weɪk] 1. *v* (awóke; awóke, awáked) будить 2. *a*: be ~ бодрствовать, не спать

award [ə'wɔːd] 1. *v* присуждать; награждать; ~ the first prize присудить первую премию 2. *n* награда *ж*; peace ~ премия мира

aware [ə'wɛə]: be ~ of знать; I am ~ that... мне известно (я знаю), что...

away [ə'weɪ] 1) прочь; throw ~ выбросить 2): be ~ отсутствовать

awful ['ɔful] ужасный; ~ly [-lɪ]: I'm ~ly glad я очень рад

awkward ['ɔkwəd] неуклюжий, неловкий

awoke [ə'wəuk] *past и pp от* awáke

axe [æks] топор *м*

axis ['æksɪs] (*pl* áxes) ось *ж*

B

B [biː] 1) B blood type третья группа крови 2) *муз.* си; B májor си мажор

BA [ˌbiː'eɪ] (Brítish Áirways) "Бритиш Эруэйз" (*британская авиакомпания*)

B.A. [ˌbiː'eɪ] (Báchelor of Arts) бакалавр искусств (*первая университетская степень по гуманитарным наукам*)

baby ['beɪbɪ] ребёнок *м*, младенец *м*; ~ cárriage *амер.* детская коляска; ~-sitter [-sɪtə] приходящая няня

bachelor I ['bætʃələ] холостяк *м*

bachelor II бакала́вр *м*; B. of Arts (Médicine) бакала́вр иску́сств (медици́ны)

back [bæk] **1.** *n* 1) спина́ *ж*; behínd one's ~ за спино́й кого́-л. 2) спи́нка *ж*; the ~ of a chair спи́нка сту́ла 3) *спорт.* защи́тник *м* ◊ ~ of the head заты́лок *м* **2.** *a* за́дний; ~ éntrance чёрный ход **3.** *adv* наза́д; the way ~ обра́тный путь **4.** *v* 1): (up) поддёрживать, подкрепля́ть *(support)* 2) *(брит. тж.* back off; *амер. тж.* back up) оса́живать, отводи́ть; please ~ off a bit пожа́луйста, пода́йте наза́д (маши́ну) ◊ ~ down идти́ на попя́тный; ~ out (of) уви́ливать; выкру́чиваться *(не выполня́ть обеща́ния)*

back-bencher [ˌbæk'bentʃə] *брит.* заднескаме́ечник *(в парламенте)*

back‖bone ['bækbəun] позвоно́чник *м*; ~-**drop** [-drɔp] *театр.* за́дник *м*; ~-**fire** [-faɪə] уда́рить бумера́нгом (по *кому-л.*); ~**ground** [-graund] фон *м*, за́дний план; agáinst the ~ground of на фо́не *(чего́-л.)*; ~**ground** informátion спра́вочный материа́л; ~-**lash** [-læʃ] *амер. полит.* отве́тный уда́р, «бумера́нг»; ~-**log** [-lɔg] отстава́ние от пла́на; несде́ланные дела́; we have a huge ~-log of unfílled órders у нас накопи́лась ку́ча невы́полненных зака́зов; ~-**stage** [-steɪdʒ] за кули́сами; ~-**stage** deal закули́сная сде́лка; ~**stop** [-stɔp] *спорт.* подстрахова́ть; подстрахо́вывать

back-up ['bækʌp] **1.** *n* резе́рв *м* **2.** *a* резе́рвный, запасно́й

backward ['bækwəd] отста́лый; ~ cóuntry отста́лая страна́; ~s [-z] наза́д

bacon ['beɪkən] беко́н *м*

bad [bæd] (worse; worst) 1) плохо́й, скве́рный; ~ lánguage брань *ж* 2) испо́рченный; go ~ по́ртиться 3) больно́й; ~ knee больна́я коле́нка 4) си́льный, о́стрый; ~ pain о́страя боль; ~ cold си́льная просту́да

bad(e) [bæd (beɪd)] *past от* bid

badge [bædʒ] значо́к *м*

badger ['bædʒə] барсу́к *м*

badly ['bædlɪ] (worse; worst) 1) пло́хо; play ~ пло́хо игра́ть 2) о́чень, кра́йне; I want it ~ мне э́то о́чень ну́жно

badminton ['bædmɪntən] бадминто́н *м*

bag [bæg] 1) мешо́к *м* *(sack)* 2) су́мка *ж* *(handbag)*; чемода́н *м* *(suitcase)*

baggage ['bæɡɪdʒ] *амер.* бага́ж *м*; ~-**car** [-kɑː] *амер.* бага́жный ваго́н; ~-**rack** [-ræk] *амер.* бага́жная по́лка; *авто* бага́жник *м* *(на кры́ше автомоби́ля)*

bag-pipe ['bæɡpaɪp] *муз.* волы́нка *ж*

bail I [beɪl] *юр.* **1.** *n* зало́г *м* **2.** *v*: (out) внести́ зало́г для освобожде́ния до суда́

bail II: ~ out 1) вы́прыгнуть с парашютом 2) *перен.* отказа́ться от *(идеи, плана)*

bait [beɪt] прима́нка ж

bak‖e [beɪk] печь *(что-л.)*; ~ed púdding запека́нка ж; ~ing sóda питьева́я со́да; ~er [-ə] бу́лочник м; ~er's (shop) *брит.* бу́лочная ж ◊ ~er's dózen чёртова дю́жина; ~ery [-гɪ] *амер.* бу́лочная ж

balance ['bæləns] **1.** *n* 1) весы́ *мн.* *(scales)* 2) равнове́сие *с;* ~ of pówer *полит.* равнове́сие сил; ~ of trade (of páyments) *эк.* торго́вый (платёжный) бала́нс; ~ of térror *полит.* ◄равнове́сие стра́ха► **2.** *v* баланси́ровать

balcony ['bælkənɪ] 1) балко́н м *(тж. театр.)* 2) *амер. театр.* бельэта́ж м

bald [bɔːld] лы́сый; ~ spot лы́сина ж; ~ eagle *см.* Américan eagle

ball I [bɔːl] 1) шар м 2) мяч м; a dífficult ~ тру́дный мяч; ~ game *амер. особ.* бейсбо́л м; ~ pláyer *амер.* бейсболи́ст м 3): ~ of the eye глазно́е я́блоко; ~ of the knee коле́нная ча́шечка

ball II бал м; give a ~ дать бал; fáncy-dress ~ бал-маска-ра́д м

ballad ['bæləd] балла́да ж

ballerina [ˌbælə'riːnə] балери́на ж

ballet ['bæleɪ] бале́т м; ~-dancer [-ˌdɑːnsə] арти́ст(ка) бале́та; ~-master [-ˌmɑːstə] балетме́йстер м

balloon [bə'luːn] возду́шный шар

ballot ['bælət] 1) баллоти-ро́вка ж 2) = bállot páper; ~ box избира́тельная у́рна; ~ paper избира́тельный бюлле-те́нь

ball-point ['bɔːlpɔɪnt]: ~ pen ша́риковая ру́чка

ball-room ['bɔːlrum] танце-ва́льный зал; ~ dánces совре-ме́нные та́нцы

bamboo [bæm'buː] бамбу́к м

ban [bæn] **1.** *n* запре́т м, запреще́ние *с;* ~ on ... запре́т на ... **2.** *v* запреща́ть, нала-га́ть запре́т; ~ núclear wéapons запрети́ть термо-я́дерное ору́жие

banana [bə'nɑːnə] бана́н м

band I [bænd] 1) ле́нта ж *(strip)* 2): ~-aid *амер.* лейко-пла́стырь м *(бактерици́дный)*

band II 1) (духово́й) орке́стр 2) ба́нда ж; ~ of róbbers ба́н-да граби́телей

bandage ['bændɪdʒ] **1.** *n* 1) бинт м *(strip of gauze)* 2): adhésive ~ лейкопла́стырь м 3) повя́зка ж **2.** *v* перевя́зы-вать, бинтова́ть

bangle ['bæŋgl] брасле́т м, запя́стье *с*

banisters ['bænɪstəz] *pl* пери́-ла *мн. (ле́стницы)*

banjo ['bændʒəu] *муз.* ба́нд-жо *с нескл.*

bank I [bæŋk] бе́рег м *(реки́);* on the ~ на берегу́

bank II банк м; have a ~ accóunt име́ть счёт в ба́нке; ~er [-ə] банки́р м

bankrupt [ˈbæŋkrʌpt] банкрóт *м*; go ~ обанкрóтиться

bankruptcy [ˈbæŋkrəpsɪ] банкрóтство *с*

banner [ˈbænə] знáмя *с*; флаг *м* ◊ Star-Spángled B. *амер.* a) *(flag)* «Звёздное знáмя» *(государственный флаг США)*; б) *(anthem)* «Звёздное знáмя» *(государственный гимн США)*

banquet [ˈbæŋkwɪt] банкéт *м*

bantam-weight [ˈbæntəm-ˌweɪt] *спорт.* легчáйший вес *(бокс)*

baptize [bæpˈtaɪz] крестúть

bar I [bɑː] **1.** *n* 1) брусóк *м*; ~ of chócolate плúтка шоколáда 2) препя́тствие *с*; let down the ~s устраня́ть препя́тствия **2.** *v* преграждáть

bar II 1) *(тж.* snáck-bar) закýсочная *ж*; бар *м* 2) стóйка бáра *(counter)*

bar III *юр.* 1) (the B.) адвокатýра *ж* 2) *перен.* суд *м*

barbecue [ˈbɑːbɪkjuː] **1.** *n* 1) гриль *м*, мангáл *м*; an eléctric ~ электрúческая жарóвня 2) жáреный цыплёнок (барáн *и т. п.* — на углях) 3): invíte to a ~ пригласúть на пикнúк *(шашлык, жаркое и т. п.)* **2.** *v* жáрить на ýглях

barber [ˈbɑːbə] парикмáхер *м (мужской)*; ~ shop парикмáхерская *ж (мужская)*

bare [bɛə] гóлый; ~footed [-ˈfutɪd] босóй

barely [ˈbɛəlɪ] едвá, лишь *(hardly)*; ~ enóugh в обрéз; he

is ~ áble to hear он éле слы́шит

bargain [ˈbɑːgɪn] **1.** *n* сдéлка *ж*; strike a ~ прийтú к соглашéнию; that's a ~! по рукáм! ◊ at that price it is a ~ за такýю цéну э́то óчень дёшево **2.** *v* торговáться

barge [bɑːdʒ] бáржа *ж*

baritone [ˈbærɪtəun] баритóн *м*

bark I [bɑːk] корá *ж (дерева)*

bark II 1. *n* лай *м* **2.** *v* лáять

barley [ˈbɑːlɪ] ячмéнь *м*

bar‖maid [ˈbɑːmeɪd] буфéтчица *ж*; ~**man** [-mən] буфéтчик *м*; бáрмен *м*

barn [bɑːn] амбáр *м*

barometer [bəˈrɒmɪtə] барóметр *м*; the ~ is rísing (fálling) барóметр поднимáется (пáдает)

barrel [ˈbærəl] бóчка *ж*

barren [ˈbærən] 1) бесплóдный; неплодорóдный 2) *перен.* бессодержáтельный, скýчный

barrier [ˈbærɪə] барьéр *м*; прегрáда *ж* (to)

barrister [ˈbærɪstə] *брит.* адвокáт *м*

bartender [ˈbɑːˌtendə] *амер.* бáрмен *м*

base I [beɪs] 1) основáние *с (foundation)* 2) бáза *ж*; nával ~ воéнно-морскáя бáза

base II пóдлый, нúзкий *(mean)*

baseball [ˈbeɪsbɔːl] *спорт.* бейсбóл *м*

basement [ˈbeɪsmənt] 1) фунда́мент *м*, основа́ние *с* 2) подва́л *м* (*cellar*); first (sécond) ~ пе́рвый (второ́й) подва́льный эта́ж (*считая от уровня земли*)

basic ['beɪsɪk] основно́й; ~ prínciples основны́е при́нципы

basin ['beɪsn] 1) таз *м*; ми́ска *ж* (*vessel*) 2) водоём *м* 3) бассе́йн *м*; coal ~ каменноу́гольный бассе́йн

basis ['beɪsɪs] (*pl* báses) 1) основа́ние *с*, ба́зис *м* (*foundation*) 2) ба́за *ж* (*base*)

basket ['bɑːskɪt] корзи́н(к)а *ж*

basketball ['bɑːskɪtbɔːl] баскетбо́л *м*; ~ pláyer баскетболи́ст *м*

bas-relief ['bæsrɪ,liːf] барелье́ф *м*

bass [beɪs] 1) бас *м* (*voice and singer*) 2) басы́ *мн.* (*low-pitched tones*); ~ drum большо́й бараба́н *м;* ~ guitár бас-гита́ра *ж*

bassoon [bə'suːn] *муз.* фаго́т *м*

bath [bɑːθ] *брит.* ва́нна *ж*; have (take) a ~ приня́ть ва́нну; room with a ~ но́мер с ва́нной

bathe [beɪð] купа́ться

bathhouse ['bɑːθ,haus] ба́ня *ж*

bathing ['beɪðɪŋ] купа́ние *с*; ~ suit купа́льный костю́м; ~ trunks *pl* купа́льные трусы́, пла́вки *мн.*

bath‖robe ['bɑːθrəub] *амер.* (купа́льный) хала́т; ~**room** (-rum) ва́нная (ко́мната);

~**tub** [-tʌb] *амер.* ва́нна *ж*

baton ['bætən, *амер.* bə'tɔn] 1) *муз.* дирижёрская па́лочка 2) *спорт.* эстафе́тная па́лочка; pass (hand) the ~ (to) переда́ть эстафе́ту *кому-л.*

battle ['bætl] би́тва *ж*, бой *м*

bay I [beɪ] *геогр.* бу́хта *ж*; зали́в *м*

bay II 1) лавр *м*; ~ leaf лавро́вый лист 2) *pl перен.* ла́вры *мн.*

bayonet ['beɪənɪt] штык *м*

BBC [,biːbiː'siː] (Brítish Bróadcasting Corporátion) Би-би-си́ (Брита́нская радиовеща́тельная корпора́ция)

B.C. [,biː'siː] (befóre Christ) до н. э. (до на́шей э́ры)

be [biː] (*ед. ч.* was *мн. ч.* were; been) 1) быть; существова́ть; находи́ться; "to be or not to be — that is the quéstion" ‹быть и́ли не быть — вот в чём вопро́с›; he is in his room now он сейча́с у себя́ в ко́мнате 2) побыва́ть; I've been to the cínema todáy я сего́дня был в кино́ 3) находи́ться; where is it? где э́то нахо́дится? 4) *глагол-связка* (*в наст. не переводится*): he is a dóctor он врач 5) *служит для образования глаго́льных форм:* I am léaving tomórrow за́втра я уезжа́ю; he was sent here by his trade únion он напра́влен сюда́ профсою́зом 6) *выража́ет долженствова́ние, возмо́жность, наме́рение:* I am to go there tonight я до́лжен пойти́ туда́ сего́дня вéчером; the cóuntry-house is to let сдаётся дáча; **be about** собирáться; **be after** *(smth)* искáть, *(smb)* преслéдовать; **be away** отсýтствовать; **be back** вернýться; I'll be back in a mínute я вернýсь чéрез минýту; be in находи́ться дóма (на мéсте); he is not in at the móment он вы́шел; **be on** идти́ *(о представлении и т. n.)*; what is on tonight? что сегóдня идёт?; **be out** вы́йти, появи́ться; **be over** пройти́, окóнчиться ◊ how are you? как вы поживáете?; sólid as it was the wall gave a crack сколь ни былá стенá прóчной, тем не мéнее онá далá трéщину; will you be so kind as... бýдьте (так) добры́...; be góing собирáться; be well awáy *спорт.* оторвáться на стáрте; оторвáться от проти́вника; be in for *спорт.* учáствовать; is he in for the 100 métres? он бежи́т стометрóвку?

beach [biːtʃ] морскóй бéрег, пляж *м;* взмóрье *с*

beacon ['biːkən] 1) сигнáльный огóнь *(signal-fire)* 2) маяк *м (lighthouse)*

bead [biːd] 1) бýсина *ж* 2) *pl* бýсы *мн.* 3) *pl рел.* чётки *мн.*

beak [biːk] клюв *м*

beam [biːm] 1) луч *м (of light)* 2) *спорт.* бревнó *с*

bean [biːn] боб *м*

bear I [bɛə] медвéдь *м*

bear II (bore; borne) 1) вы-носи́ть, терпéть; ~ pain выноси́ть боль 2) носи́ть, нести́; you should ~ it in mind! слéдует имéть э́то в видý! 3) *(pp born)* рождáть

beard [bɪəd] бородá *ж*

beast [biːst] зверь *м;* ~ of prey хи́щный зверь; ~ly [-lɪ] ужáсный; ~ly héadache (wéather) ужáсная головнáя боль (погóда)

beat [biːt] 1. *v* (beat; béaten) 1) бить 2) победи́ть *(overcome)* 3) би́ться *(throb);* ~ **back** отрази́ть; ~ **off** отби́ть 2. *n* ритм *м;* miss the ~ сби́ться с ри́тма

beaten ['biːtn] *pp от* beat 1

beautiful ['bjuːtəful] краси́вый, прекрáсный

beauty ['bjuːtɪ] 1) красотá *ж;* ~ párlour *особ. амер.* космети́ческий кабинéт 2) красáвица *ж (beautiful woman)*

beaver ['biːvə] бобр *м*

became [bɪ'keɪm] *past от* becóme

because [bɪ'kɔz] потомý что; так как; ~ of из-за, вслéдствие; ~ of the heat из-за жары́

become [bɪ'kʌm] (becáme; becóme) 1) станови́ться, дéлаться; ~ a téacher стать учи́телем; what has ~ of him? что с ним стáло? 2) идти́, быть к лицý; this dress ~s her ей идёт э́то плáтье

bed [bed] 1) постéль *ж,* кровáть *ж;* dóuble (síngle) ~ двуспáльная (односпáльная) кровáть; go to ~ ложи́ться спать 2) клýмба *ж;* грядка *ж;* а flówer ~ (цветóчная) клýмба

bedding ['bedɪŋ] постéльные принадлéжности

bedroom ['bedruːm] спáльня ж; ~ commúnity (сугýбо) жилóй райóн, «Спáльный городóк»

bee [biː] пчелá ж

beech [biːtʃ] бук м

beef [biːf] говя́дина; ~burger = hámburger; ~ tea мяснóй бульóн

beehive ['biːhaɪv] ýлей м

bee-keeping ['biːˌkiːpɪŋ] пчеловóдство с

been [biːn] *pp от* be

beer [bɪə] пи́во с; stein of ~, please крýжку пи́ва, пожáлуйста

beet [biːt] свёкла ж; white ~ сáхарная свёкла

beetle ['biːtl] жук м

before [bɪ'fɔː] **1.** *prep* 1) пéред (*in front of*) 2) до; ~ you arríve до вáшего приéзда **2.** *adv* 1) впереди́ 2) рáньше; long ~ задóлго до **3.** *cj* прéжде чем; ~hand [-hænd] зарáнее

beg [beg] проси́ть; ~ párdon проси́ть прощéния ◊ I ~ to díffer позвóлю себé не согласи́ться

began [bɪ'gæn] *past от* begín

beggar ['begə] ни́щий м

begin [bɪ'gɪn] (begán; begún) начинáть(ся) ◊ to ~ with во-пéрвых

beginning [bɪ'gɪnɪŋ] начáло с; in the ~ вначáле; at the ~ в начáле, вначáле; from the véry ~ с сáмого начáла

begun [bɪ'gʌn] *pp от* begín

behalf [bɪ'hɑːf]: on (in) ~ of а) от и́мени; б) для, рáди, в пóльзу

behave [bɪ'heɪv] вести́ себя́, поступáть; ~ yoursélf! веди́те себя́ как слéдует!

behaviour [bɪ'heɪvɪə] поведéние с

behind [bɪ'haɪnd] **1.** *prep* за; ~ the státion за вокзáлом **2.** *adv* позади́, сзáди; leave ~ обогнáть

beige [beɪʒ] беж (*цвет*)

belfry ['belfrɪ] колокóльня ж

belief [bɪ'liːf] 1) вéра ж, вéрование с (*faith*) 2) убеждéние с; мнéние с; to the best of my ~ наскóлько мне извéстно 3) довéрие с (*trust*)

believe [bɪ'liːv] 1) вéрить 2) дýмать, полагáть; I ~ so я так дýмаю

bell [bel] 1) кóлокол м 2) звонóк м; ring the ~, please прóсьба звони́ть; ~-bottom [-bɔtəm]: ~-bottom tróusers брю́ки клёш; ~boy [-bɔɪ] посы́льный м (*в гости́нице*); коридóрный м

belles-lettres [ˌbel'letr] *pl* худóжественная литератýра, беллетри́стика ж

bellow ['beləu] мычáние с

belly ['belɪ] 1) живóт м 2) желýдок м (*stomach*)

belong [bɪ'lɔŋ] принадлежáть; ~ings [-ɪŋz] *pl* вéщи мн., пожи́тки мн., принадлéжности мн.

below [bɪ'ləu] **1.** *adv* ни́же, внизý **2.** *prep* ни́же, под; ~ zéro ни́же нуля́

belt [belt] 1) пояс м; ремень м; sáfety ~ ремень безопасности 2) зона ж; the fórest ~ зона лесов 3) *амер.* конвейер м (*conveyer*)

bench [bentʃ] 1) скамейка ж 2) верстак м, станок м (*working table*) 3) (the B.) *собир. юр.* судьи *мн.*

bend [bend] (bent) сгибать (-ся); ~ **down** нагибаться; ~ óver наклоняться

beneath [bɪˈniːθ] 1. *prep* под, ниже 2. *adv* внизу

beneficial [ˌbenɪˈfɪʃəl] благотворный

benefit [ˈbenɪfɪt] 1) милость ж (*favour*) 2) выгода ж (*advantage*); польза ж (*profit*) 3) *театр.* бенефис м ◊ ~ socíety общество (касса) взаимопомощи

benevolence [bɪˈnevələns] 1) благосклонность ж (*goodwill*) 2) благотворительность ж (*charity*)

bent [bent] *past u pp om* bend

benzene [ˈbenziːn] *хим.* бензол м

berry [ˈberɪ] ягода ж

berth [bɜːθ] 1) спальное место; úpper (lówer) ~ верхнее (нижнее) место 2) *мор.* койка ж

beside [bɪˈsaɪd] рядом, около (*close to*); ~s [-z] кроме (того)

best [best] 1. *a* (*превосх. ст. om* good 1, well II 2) (наи)лучший; ~ inténtions наилучшие намерения 2. *adv* (*превосх. ст. om* well II 1) лучше всего;

больше всего ◊ at ~ в лучшем случае; do one's ~ очень стараться; ~ of luck! (желаю вам) всех благ!; ~-seller [-ˈselə] бестселлер м

bet [bet] 1. *n* пари *с нескл.*; make a ~ держать пари 2. *v* (bet) держать пари; ~, you did it держу пари, вы это сделали ◊ you ~! *разг.* конечно!, ну ещё бы!

betray [bɪˈtreɪ] предавать; ~al [-əl] предательство с

better [ˈbetə] 1. *a* (*сравн. ст. om* good I, well II 2) лучший ◊ the ~ part (half) большая часть 2. *adv* (*сравн. ст. om* well II 1) лучше; so much the ~, all the ~ тем лучше; you had ~ ... вы бы лучше...

between [bɪˈtwiːn] между; ~ two and three с (от) двух до трёх (часов)

beverage [ˈbevərɪdʒ] напиток м

beware [bɪˈweə] остерегаться; "~ of the car!" «берегись автомобиля!» (*надпись*)

beyond [bɪˈjɔnd] 1) по ту сторону, за; ~ the ríver за рекой 2) вне, сверх; ~ hope безнадёжно

bias [ˈbaɪəs] 1. *n* предубеждение с 2. *v*: ~(s)ed предубеждённый, тенденциозный; ~(s)ed opínion предвзятое мнение

Bible [ˈbaɪbl] Библия ж

bibliography [ˌbɪblɪˈɔɡrəfɪ] библиография ж

bicycle [ˈbaɪsɪkl] велосипед м

bicyclist [ˈbaɪsɪklɪst] велосипеди́ст *м*

bid [bɪd] (bad(e), bid; bídden, bid) 1) предлага́ть це́ну (*offer price*) 2) прика́зывать (*command*)

bidden [ˈbɪdn] *pp от* bid

big [bɪg] большо́й; ~ toe большо́й па́лец (*ноги*) ◊ ~ shot ва́жная персо́на, ши́шка

bike [baɪk] *разг.* = bícycle

bill [bɪl] 1) законопрое́кт *м*; билль *м*; B. of Rights Билль о права́х 2) *амер.* счёт *м*; pay the ~ оплати́ть счёт 3) спи́сок *м* (*list*); ~ of fare меню́ *с;* ~ of health каранти́нное свиде́тельство 4) (*тж.* pláybill) афи́ша *ж* 5) *амер.* банкно́та *ж*; dóllar ~ оди́н (бума́жный) до́ллар

billiards [ˈbɪljədz] билья́рд *м*

billion [ˈbɪljən] биллио́н *м*; *амер.* миллиа́рд *м*

bind [baɪnd] (bound) 1) завя́зывать, привя́зывать 2) переплета́ть; ~ a book переплета́ть кни́гу 3) обя́зывать (*oblige*); ~ing [-ɪŋ] 1. *n* переплёт *м* 2. *a* (on *smb*) обя́зывающий (*кого-л.*), обяза́тельный (*для кого-л.*)

binoculars [bɪˈnɔkjuləz] *pl* бино́кль *м*

biographic [ˌbaɪəˈgræfɪk] биографи́ческий

biography [baɪˈɔgrəfɪ] биогра́фия *ж*

biologist [baɪˈɔlədʒɪst] био́лог *м*

biology [baɪˈɔlədʒɪ] биоло́гия *ж*

birch [bɜːtʃ] берёза *ж*

bird [bɜːd] пти́ца *ж*; ~ of prey хи́щная пти́ца

birth [bɜːθ] 1) рожде́ние *с* 2) ро́ды *мн.*; give ~ (to) роди́ть (*кого-л.*) 3) происхожде́ние (*descent*); ~day [-deɪ] день рожде́ния; ~place [-pleɪs] ме́сто рожде́ния; ~rate [-reɪt] рожда́емость *ж*

biscuit [ˈbɪskɪt] *особ. брит.* пече́нье *с*

bishop [ˈbɪʃəp] 1) епи́скоп *м* 2) *шахм.* слон *м*

bit I [bɪt] кусо́чек *м* ◊ wait a ~ подожди́те немно́го; not a ~ ничу́ть

bit II удила́ *мн.* (*bridle*)

bit III *past и pp от* bite 1

bite [baɪt] 1. *v* (bit; bit, bítten) куса́ть; ~ off откуси́ть 2. *n* уку́с *м* ◊ let's have a ~ дава́йте переку́сим

bitten [ˈbɪtn] *pp от* bite 1

bitter [ˈbɪtə] 1. *a* 1) го́рький 2) си́льный, жесто́кий (*холод и т. n.*); ~ wind си́льный ве́тер; ~ strúggle упо́рная борьба́ 2. *n* брит. (го́рькое) бо́чковое пи́во

black [blæk] 1. *a* чёрный; ~ cóffee чёрный ко́фе; ~ and white TV (photógraphy) чёрно-бе́лое телеви́дение (чёрно-бе́лая фотогра́фия) 2. *n* негр *м*, негритя́нка *ж*; the Blacks не́гры *мн.*, негритя́нское населе́ние

blackboard [ˈblækbɔːd] кла́ссная доска́

blackmail [ˈblækmeɪl] 1. *n* шанта́ж *м* 2. *v* шантажи́ровать

blackout ['blækaut] затемнéние *c* (*тж. театр.*); we had a twó-hour ~ in our néighbourhood в нáшем райóне два часá нé было свéта

blacksmith ['blæksmıθ] кузнéц *м*

bladder ['blædə] 1) пузы́рь *м* 2) кáмера *ж* (*мяча*); a fóotball ~ футбóльная кáмера

blade [bleıd] 1) лéзвие *c* 2) лóпасть *ж*; ~ of an oar лóпасть веслá

blame [bleım] 1. *n* 1) порицáние *c*, упрёк *м* (*reproof*) 2) отвéтственность *ж*; винá *ж*; bear (take) the ~ взять вину́ на себя́ 2. *v* осуждáть, вини́ть; порицáть; who's to ~? кто виновáт?

blank [blæŋk] 1. *n* 1) пустóе, свобóдное мéсто 2) пробéл *м* 2. *a* пустóй, незапóлненный; ~ form чи́стый бланк

blanket ['blæŋkıt] (шерстянóе) одея́ло

blast [blɑːst] 1. *n* 1) поры́в *м* 2) взрыв *м* (*explosion*) ◊ at full ~ пóлным хóдом 2. *v* взрывáть (*blow up*); ~-furnace [-ˌfɜːnıs] дóменная печь; ~-off [-'ɔf] зáпуск *м* (*ракеты, космического корабля*)

blaze [bleız] 1. *n* плáмя *c*; ~ of lights мóре огнéй 2. *v* пылáть, горéть, сверкáть; ~r [-ə] блéйзер *м*, спорти́вный пиджáк

bleach [bliːtʃ] отбéливать

bled [bled] *past и pp. от* bleed

bleed [bliːd] (bled) истекáть

крóвью; кровотóчить; ~ing [-ıŋ] кровотечéние *c*

blend [blend] смесь *ж*; ~er [-ə] «блéндер» *м* (*кухонная машина для перемáлывания и перемéшивания пищевых продуктов*)

bless [bles] благословля́ть

blew [bluː] *past от* blow II

blind [blaınd] 1. *n* штóра *ж*; please pull down the ~ опусти́те, пожáлуйста, штóру 2. *a* слепóй; ~ man слепóй *м* ◊ ~ álley тупи́к *м*

blink [blıŋk] мигáть; щу́риться

blister ['blıstə] волды́рь *м*, водянóй пузы́рь

blizzard ['blızəd] метéль *ж*, пургá *ж*

bloc [blɔk] блок *м*, объединéние *c*

block [blɔk] 1. *n* 1) чурбáн *м*; ~ of ice льди́на *ж* 2) квартáл *м*; one ~ fúrther одни́м квартáлом дáльше 3): ~ létter печáтная бу́ква; write in ~ létters (~ létters, please) пиши́те (заполня́йте) печáтными бу́квами (*в анкете*) 2. *v* прегражáть; ~ up загороди́ть; прегради́ть

blockade [blɔ'keıd] блокáда *ж*

blond [blɔnd] 1. *a* белоку́рый 2. *n* блонди́н *м*

blonde [blɔnd] блонди́нка *ж*

blood [blʌd] кровь *ж*; ~ préssure кровянóе давлéние; ~ test (count) анáлиз крóви; ~ transfúsion переливáние крóви ◊ in cold ~ хладнокро́вно; преднаме́ренно; ~shed [-ʃed] кровопроли́тие *с*; ~-vessel [-vesl] кровено́сный сосу́д; ~y [-ı] крова́вый ◊ ~y Máry кокте́йль «Крова́вая Мэ́ри» (*во́дка, разведённая тома́тным со́ком, со специями и кусочками льда*); two ~y Máries, please! две «Крова́вых Мэ́ри», пожа́луйста!

bloom [bluːm] **1.** *n* цвете́ние *с*; расцве́т *м* **2.** *v* цвести́, расцвета́ть

blossom [ˈblɔsəm] **1.** *n* цвет *м* (*на деревьях, куста́х*); цвете́ние *с* **2.** *v* расцвета́ть; распуска́ться

blot [blɔt] 1) пятно́ *с* 2) кля́кса *ж* (*ink spot*)

blouse [blauz] блу́з(к)а *ж*

blow I [bləu] уда́р *м*; at a ~ одни́м уда́ром, сра́зу; deal (strike) a ~ нанести́ уда́р

blow II (blew; blown) дуть; ~ away сдуть; ~ out заду́ва́ть; туши́ть; ~ up а) взрыва́ть (*explode*); б) надува́ть; в) *фо́то* увели́чивать

blown [bləun] *pp от* blow II

blue [bluː] **1.** *a* 1) голубо́й, си́ний 2): be ~ хандри́ть **2.** *n* 1): get the ~s, be in the ~s хандри́ть 2) *pl муз.* блюз *м*

blue‖bell [ˈbluːbel] колоко́льчик *м*; ~print [-ˈprınt] 1) си́нька *ж* (*чертёж*) 2) план *м*, прое́кт *м*

blunder [ˈblʌndə] (гру́бая) оши́бка

blunt [blʌnt] 1) тупо́й 2) ре́зкий, прямо́й (*outspoken*)

blur [bləː] затума́нивать, затеня́ть

blush [blʌʃ] (по)красне́ть

board [bɔːd] **1.** *n* 1) доска́ *ж* 2) стол *м*, пита́ние *с*; ~ and lódging кварти́ра и стол, пансио́н *м* 3) правле́ние *с*; мини́сте́рство *с*; ~ of diréctors Сове́т директоро́в, правле́ние *с*; B. of Trade торго́вая пала́та (*в США*); министе́рство торго́вли (*в Великобрита́нии*) 4) *мор., ав.* борт *м*; on ~ the ship на борту́ корабля́ **2.** *v* столова́ться

boarding‖-house [ˈbɔːdıŋhaus] пансио́н *м*; ~-school [-skuːl] интерна́т *м*, пансио́н *м* (*школа*)

boast [bəust] **1.** *n* хвастовство́ *с* **2.** *v* хва́стать(ся) (*of smth — чем-л.*)

boat [bəut] **1.** *n* 1) ло́дка *ж*; rówing ~ гребна́я ло́дка 2) су́дно *с*; the next ~ sails tomórrow сле́дующий рейс за́втра **2.** *v*: go ~ing ката́ться на ло́дке

boat‖-house [ˈbəuthaus] *спорт.* анга́р для ло́док и шлю́пок; ~swain [ˈbəusn] бо́цман *м*; ~-train [-ˈtreın] специа́льный по́езд, подвозя́щий пассажи́ров к парохо́ду

bobby [ˈbɔbı] бо́бби *м*, полисме́н *м*

body [ˈbɔdı] 1) те́ло *с* 2) организа́ция *ж*, о́рган *м*; públic bódies обще́ственные организа́ции 3) *авто* ку́зов *м* ◊ in a ~ в по́лном соста́ве

boil I [bɔıl] фуру́нкул *м*

boil II кипе́ть; кипяти́ть(ся); вари́ть(ся); ~ing wáter кипято́к *м*; ~ed [-d] варёный; ~er [-ə] котёл *м*

bold [bəuld] 1) сме́лый; 2) на́глый (*shameless*)

bologna [bə'ləunjə] (*тж.* bológna sáusage) боло́нья *ж*, варёная колбаса́

bolt [bəult] (*тж.* thúnderbolt) уда́р гро́ма

bomb [bɔm] **1.** *n* бо́мба *ж* **2.** *v* бомби́ть; ~er [-ə] (*самолёт*) бомбардиро́вщик *м* (*aircraft*)

bonanza [bə'nænzə] золото́е дно

bond [bɔnd] 1) у́зы *мн*; ~s of fríendship у́зы дру́жбы 2) *фин.* облига́ция *ж*

bone [bəun] кость *ж*

bonfire ['bɔn,faɪə] костёр *м*

bonnet ['bɔnɪt] 1) ка́пор *м*; да́мская шля́па 2) *брит. авто* капо́т *м*

bonus ['bəunəs] пре́мия *ж*

book [buk] **1.** *n* кни́га *ж*; ~ of mátches «кни́жечка» спи́чек **2.** *v* зака́зывать (билет); ~ two tíckets for tomórrow, please пожа́луйста, закажи́те на за́втра два биле́та; ~case [-keɪs] кни́жный шкаф

booking office ['bukɪŋ,ɔfɪs] *брит.* биле́тная ка́сса

book‖keeper ['buk,kiːpə] бухга́лтер *м*; ~keeping [-,kiːpɪŋ] бухгалте́рия *ж*; отчётность *ж*

booklet ['buklɪt] брошю́ра *ж*; кни́жечка *ж*

book‖seller's ['bukseləz],

~shop [-ʃɔp] *брит.* кни́жный магази́н; ~store [-stɔː] *амер.* кни́жный магази́н

boom [buːm] 1) бум *м* (*prosperity*) 2) шуми́ха *ж*, шу́мная рекла́ма (*hullabaloo*)

boost ['buːst] подта́лкивать, дава́ть толчо́к (*чему-л.*); ~er [-ə] 1) раке́та-носи́тель *ж* 2) *мед.* (*тж.* ~er shot) повто́рная приви́вка ◊ ~ cable *авто* провода́-«прику́риватель» (*для авари́йной заво́дки автомоби́ля*)

boot [buːt] 1) боти́нок *м*; сапо́г *м* 2) *pl спорт.* бу́тсы *мн.*

booth [buːð] 1) бу́дка *ж*; каби́на *ж* (*in simultaneous interpretation*); пала́тка *ж*, кио́ск *м* (*stall*) 2) каби́на для голосова́ния (*at election*)

border ['bɔːdə] **1.** *n* 1) грани́ца *ж* 2) край *м* (*edge*) **2.** *v* грани́чить (on, upón *smth* — с *чем-л.*)

bore I [bɔː] 1) сверли́ть 2) бури́ть; ~ hole бурова́я сква́жина

bore II 1. *v* надоеда́ть ◊ I'm ~d! надое́ло! **2.** *n:* he is a ~! вот зану́да!

bore III *past от* bear

boring ['bɔːrɪŋ] ску́чный, зану́дный

born [bɔːn] **1.** *pp от* bear II 3); be ~ роди́ться; I was ~ in Lóndon я роди́лся в Ло́ндоне **2.** *a* рождённый; (при)рождённый; урождённая

borne [bɔːn] *pp от* bear II 1) и 2)

borrow ['bɔrəu] занима́ть; ~ móney занима́ть де́ньги

bosom ['buzəm] грудь ж; ~ fríend закады́чный друг

boss [bɔs] хозя́ин м, босс м

botanical [bɔ'tænɪkəl] ботани́ческий; ~ gárden ботани́ческий сад

botanist ['bɔtənɪst] бота́ник м

botany ['bɔtənɪ] бота́ника ж

both [bəuθ] 1. *pron* о́ба, о́бе; ~ of them они́ о́ба 2. *adv, cj*: he speaks ~ Énglish and Gérman он говори́т как по-англи́йски, так и по-неме́цки

bother ['bɔðə] беспоко́ить (-ся); надоеда́ть (*annoy*); don't ~! не беспоко́йтесь!

bottle ['bɔtl] буты́лка ж; ~neck [-nək] у́зкое ме́сто

bottom ['bɔtəm] дно с; ~s up! пей до дна!

bought [bɔːt] *past и pp от* buy

boulevard ['buːlvɑːd] бульва́р м

bounce ['bauns] 1) отта́лкивать(ся); подпры́гивать; ~ ínto the room ворва́ться в ко́мнату 2) выта́лкивать (*expel by force*) 3) верну́ться неопла́ченным (*о чеке*)

bound I [baund]: be ~ for направля́ться; the train is ~ for Lóndon по́езд сле́дует до Ло́ндона

bound II *past и pp от* bind

boundary ['baundərɪ] грани́ца ж

boundless ['baundlɪs] безграни́чный

bountiful ['bauntɪful] ще́дрый; оби́льный

bounty ['bauntɪ] 1) ще́дрость ж (*generosity*) 2) (ще́дрый) дар (*gift*), вознагражде́ние с

bouquet [buːˈkeɪ] буке́т м

bourgeois ['buəʒwɑː] 1. *n* буржуа́ м нескл. 2. *a* буржуа́зный

bourgeoisie [ˌbuəʒwɑːˈziː] буржуази́я ж

bow I [bau] 1. *n* покло́н м 2. *v* кла́няться

bow II [bəu] 1) лук м 2) *муз.* смычо́к м 3) бант м; tie it in a ~, please завяжи́те, пожа́луйста, ба́нтом

bow III [bau] нос м (*корабля*)

bowels ['bauəlz] *pl* кише́чник м; move one's ~ *мед.* име́ть стул

bowl [bəul] 1) ча́ша ж; ку́бок м (*сир*) 2) ва́за ж; flówer ~ цвето́чная ва́за

bowling ['bəulɪŋ] кегельба́н м, бо́улинг м; игра́ в ке́гли

bow tie [ˌbəuˈtaɪ] га́лстук-ба́бочка м

box I [bɔks] 1) я́щик м; коро́бка ж; ~ of sweets коро́бка конфе́т; ~ of mátches коро́бка спи́чек 2) *театр.* ло́жа ж; seats in the ~ места́ в ло́же 3) бу́дка ж; télephone ~ телефо́нная бу́дка

box II 1. *n* 1) уда́р м; ~ on the ear пощёчина ж 2) *спорт.* бокс м 2. *v* бокси́ровать; ~er [-ə] боксёр м; ~ing [-ɪŋ] бокс м

boxing‖-gloves ['bɔksɪŋglʌvz] *pl* боксёрские перча́тки;

~**-weights** [-weɪts] *pl* бокс весовы́е катего́рии

box‖**-keeper** [ˈbɔksˌkiːpə] капельди́нер *м*; ~ **office** [ˌɔfɪs] театра́льная ка́сса ◊ ~-office móvie «ка́ссовый» фильм

boy [bɔɪ] ма́льчик *м*, па́рень *м*; ~ friend кавале́р *м*, покло́нник *м* ◊ Oh, boy! *разг.* го́споди!

boycott [ˈbɔɪkət] **1.** *n* бойко́т *м* **2.** *v* бойкоти́ровать

bracelet [ˈbreɪslɪt] брасле́т *м*

braces [ˈbreɪsɪz] *pl брит.* подтя́жки *мн.*

bracket [ˈbrækɪt] ско́бка *ж*

Brahmin [ˈbrɑːmɪn] брами́н *м*

braid [breɪd] **1.** *n* коса́ *ж* (*волос*) **2.** *v* плести́, заплета́ть

brain [breɪn] 1) мозг *м* 2) *pl разг.* у́мственные спосо́бности; rack one's ~s лома́ть себе́ го́лову; ~ drain [dreɪn] «уте́чка умо́в», отъе́зд специали́стов (*из страны*)

brake [breɪk] **1.** *n* то́рмоз *м*; put the ~ on тормози́ть **2.** *v* тормози́ть

branch [brɑːntʃ] 1) ветвь *ж*, ве́тка *ж* 2) о́трасль *ж*; a ~ of scíence о́трасль нау́ки 3) филиа́л *м*; a ~ (of a) líbrary филиа́л библиоте́ки ◊ ~ line железнодоро́жная ве́тка

brand [brænd] 1) фабри́чная ма́рка (*trade-mark*) 2) сорт *м*; of the best ~ вы́сшего со́рта; ~-**new** [-ˈnjuː] соверше́нно но́вый, с иго́лочки

brandy [ˈbrændɪ] конья́к *м*; нали́вка *ж*; насто́йка *ж*; chérry

~ вишнёвая нали́вка (насто́йка)

brass [brɑːs] жёлтая медь, лату́нь *ж*; ~ band духово́й орке́стр

brave [breɪv] хра́брый, сме́лый; ~**ry** [ˈbreɪvərɪ] хра́брость *ж*; му́жество *с*

bravo! [ˌbrɑːˈvəu] бра́во!

breach [briːtʃ] 1) брешь *ж*; отве́рстие *с* 2) наруше́ние *с* (*закона и т. n.*); ~ of prómise наруше́ние обеща́ния

bread [bred] хлеб *м*; frésh-baked ~ све́жий хлеб; (our) dáily ~ хлеб (наш) насу́щный

breadth [bredθ] ширина́ *ж*

break [breɪk] **1.** *n* 1) переры́в *м*; cóffee ~ коро́ткий переры́в (*в работе*), переку́р *м* 2) *бокс* брек *м* **2.** *v* (broke; bróken) 1) лома́ть(ся); разруша́ть(ся); разбива́ть(ся); ~ a glass разби́ть стака́н 2) наруша́ть (*закон и т. n.*); ~ the rules нару́шить пра́вила; ~ the world récord поби́ть мирово́й реко́рд; ~ **away** *полит.* отка́лываться; a ~-awáy group отколо́вшаяся группиро́вка; ~ **off** отла́мывать(ся); ~ **out** разрази́ться; вспы́хнуть; ~ **up** 1) лома́ть(ся), разруша́ть(ся) 2) расходи́ться (*о собрании*); ~**down** [-daun] 1) упа́док сил; nérvous ~down не́рвное расстро́йство, перенапряже́ние *с* 2) *тех.* поло́мка *ж*

breakfast [ˈbrekfəst] (у́тренний) за́втрак

breakneck [ˈbreɪknek]: at ~

speed с головокружи́тельной быстрото́й

break-through ['breɪk'θruː] 1) *воен.* проры́в *м* 2) *перен.* проры́в *м*, переворо́т *м* (*в нау́ке и т. п.*)

breakwater ['breɪk‚wɔːtə] мол *м*

breast [brest] грудь *ж*; ~-**stroke** [-strəuk] *спорт.* брасс *м*

breath [breθ] дыха́ние *с*; вздох *м*; be out of ~ запыха́ться; catch one's ~ перевести́ дух

breathe [briːð] дыша́ть; ~ déeper дыши́те глу́бже; ~ in вдыха́ть

breathing ['briːðɪŋ] дыха́ние *с*; ~ space (spell) передышка *ж*

bred [bred] *past и pp от* breed 2

breed [briːd] 1. *n* поро́да *ж* 2. *v* (bred) разводи́ть, выводи́ть; ~ cáttle разводи́ть скот

brevity ['brevɪtɪ] кра́ткость *ж*, лакони́чность *ж*

brew [bruː] вари́ть пи́во ◊ what's ~ing? чтó тут твори́тся?; ~ery [-ərɪ] пивова́ренный заво́д, пивова́рня *ж*

bribe [braɪb] 1. *n* взя́тка *ж* 2. *v* подкупа́ть; ~ry ['braɪbərɪ] взя́точничество *с*

brick [brɪk] 1. *n* кирпи́ч *м* 2. *a* кирпи́чный; ~**layer** [-‚leɪə] ка́менщик *м*

bridal ['braɪdl]: ~ shop мага́зин для новобра́чных

bride [braɪd] неве́ста *ж*, но-

вобра́чная *ж*; ~**groom** [-grum] жени́х *м*

bridge I [brɪdʒ] 1) мост *м* 2) перено́сица *ж* (*of the nose*)

bridge II бридж *м* (*карто́чная игра́*)

bridle ['braɪdl] 1. *n* узда́ *ж* 2. *v* взну́здывать; ~ a horse взну́здывать ло́шадь

brief [briːf] кра́ткий; in ~ в двух слова́х; ~-**case** [-keɪs] портфе́ль *м*

briefs [briːfs] *pl* (коро́ткие) трусы́; пла́вки *мн.*

brigade [brɪ'geɪd] 1) *воен.* брига́да *ж* 2) кома́нда *ж*, отря́д *м* (*group*)

bright [braɪt] 1) я́ркий; све́тлый 2) блестя́щий; it's a ~ idéa! блестя́щая мысль! 3) смышлёный, у́мный (*clever*)

brilliant ['brɪlɪənt] блестя́щий; it's a ~ score *спорт.* счёт превосхо́дный

brim [brɪm] 1) край *м*; full to the ~ напо́лненный до краёв 2) поля́ *мн.* (*напр.*, *шля́пы*)

bring [brɪŋ] (brought) 1) приноси́ть 2) влечь за собо́й (*cause*); ~ about влечь за собо́й (*result in*); ~ **down**: ~ down prices снижа́ть це́ны; ~ **out** а) выявля́ть; б) опублико́вывать (*publish*); ~ **to** приводи́ть в чу́вство; ~ **up** а) воспи́тывать; б) поднима́ть вопро́с; ~ it up when you talk to him когда́ бу́дете говори́ть с ним, подними́те э́тот вопро́с ◊ ~ to smb's notice довести́ до чьего́-л. све́дения; ~ smth to an end положи́ть коне́ц чему́-л.

brisk [brɪsk] 1) живо́й; прово́рный; ~ trade бо́йкая торго́вля 2) прохла́дный, бодря́щий; the wéather is ~ todáy сего́дня свежо́

British ['brɪtɪʃ] 1. *a* брита́нский; ~ delegátion англи́йская делега́ция; ~ súmmer time ле́тнее вре́мя (*на час впереди́ вре́мени по Гри́нвичу*) 2. *n* (the ~) *собир.* англича́не

brittle ['brɪtl] хру́пкий, ло́мкий

broad [brɔːd] 1. *a* 1) широ́кий; ~ smile широ́кая улы́бка 2) я́сный; in ~ dáylight среди́ бе́ла дня; ~ hint недвусмы́сленный намёк 3): ~ áccent характе́рный акце́нт ◊ ~ jump *спорт. амер.* прыжо́к (прыжки́) в длину́ 2. *n разг.* ба́ба ж

broadcast ['brɔːdkɑːst] 1. *n* 1) радиопереда́ча ж 2) телепереда́ча ж 2. *v* 1) передава́ть по ра́дио 2) пока́зывать по телеви́дению

broke [brɔuk] 1. *past от* break 2 2. *a разг.* без гроша́; I'm ~ у меня́ ни гроша́ в карма́не

broken ['brɔukən] 1. *a* 1) разби́тый; сло́манный 2) нару́шенный; ~ prómise нару́шенное обеща́ние 3) ло́маный (*о языке́*); in ~ French на ло́маном францу́зском языке́ 2. *pp от* break 2

broker ['brɔukə] ма́клер м

bronchitis [brɔŋ'kaɪtɪs] бронхи́т м

bronze [brɔnz] 1. *n* бро́нза ж 2. *a* бро́нзовый

brooch [brɔutʃ] брошь ж

brook [bruk] руче́й м

broom [bruːm] метла́ ж

broth [brɔθ] бульо́н м

brother ['brʌðə] брат м; ~hood [-hud] бра́тство с

brother-in-law ['brʌðərɪnlɔ] зять м (*husband of a sister*); шу́рин м (*brother of a wife*)

brought [brɔːt] *past и pp от* bring

brow [brau] 1) бровь ж; don't knit your ~s не хму́рьтесь 2) лоб м (*forehead*)

brown [braun] кори́чневый, бу́рый; ~stone ['braunstəun] *амер.* городско́й дом в стари́нном сти́ле (*в 2-3 этажа́*)

bruise [bruːz] синя́к м; уши́б м

brunette [bruːˈnet] брюне́тка ж

brush I [brʌʃ] 1. *n* щётка ж 2. *v* 1) чи́стить щёткой; please ~ my coat почи́стите, пожа́луйста, моё пальто́ 2) причёсывать; ~ one's hair причеса́ть во́лосы; ~ aside отмахну́ться, отде́латься; ~ up приводи́ть в поря́док, ‹причеса́ть›

brush II (ме́лкий) куста́рник; ~ fire пожа́р в подле́ске

brutal ['bruːtl] жесто́кий, гру́бый

B.S. [ˌbiːˈes] (Báchelor of Scíence) бакала́вр нау́к

bubble ['bʌbl] пузы́рь м; ~ gum *амер.* жева́тельная ре-

зйнка «с пузырями» (*из кото-
рой выдуваются пузыри*)

buck [bʌk]: pass the ~ *разг.*
«отфутбо́ливать»

bucket ['bʌkɪt] ведро́ *с* ◊ ~
seat *авто* спорти́вное сиде́нье
(*по форме тела*)

buckle ['bʌkl] **1.** *n* пря́жка *ж*
2. *v:* ~ **up** застегну́ть пря́жку;
пристегну́ться

buckwheat ['bʌkwiːt] гречи́-
ха *ж*

bud [bʌd] **1.** *n* 1) по́чка *ж*
(*of a tree*) 2) буто́н *м* (*of a
flower*) **2.** *v* дава́ть по́чки;
пуска́ть ростки́

Buddhism ['budɪzm] будди́зм
м

budget ['bʌdʒɪt] бюдже́т *м*;
~ store *амер.* магази́н (от-
де́л) дешёвых това́ров

buffalo ['bʌfələu] бу́йвол *м*

buffet 1) ['bufeɪ] буфе́т *м*
(*refreshment bar*); ~ lúncheon
приём «а-ля́ фурше́т», где по-
даю́тся холо́дные заку́ски 2)
буфе́т *м* (*sideboard*); буфе́тная
сто́йка (*bar*)

bug [bʌg] 1) (*тж.* béd-bug)
клоп *м* 2) насеко́мое *с* (*insect*)
3) *амер.* жук *м*

bugle ['bjuːgl] горн *м*, рог *м*,
фанфа́ра *ж*

build [bɪld] (built) стро́ить;
~ in встра́ивать; ~er [-ə]
строи́тель *м*; ~ing [-ɪŋ] 1)
строе́ние *с*, зда́ние *с* 2) строи́-
тельство *с* (*construction*);
~-up [-ʌp] нара́щивание *с*;
mílitary ~-up нара́щивание
вооруже́ний

built [pɪlt] *past, pp от* build;

~-in [-ɪn] встро́енный; ~-up
[-ʌp] застро́енный; ~-up área
брит. авто городска́я зо́на
(*зона ограничения скорости*)

bulb .[bʌlb] 1) лу́ковица *ж*
2) электри́ческая ла́мпочка;
the ~ fused ла́мпочка перего-
ре́ла

bulk [bʌlk] (основна́я) ма́с-
са; the ~ of the populátion
основна́я часть населе́ния; in
~ нава́лом (*без упаковки*);
~у [-ɪ] большо́й; громо́здкий

bull [bul] бык *м*

bullet ['bulɪt] пу́ля *ж*

bulletin ['bulɪtɪn] бюллете́нь
м (*официальное сообщение*)

bully ['buli] наха́л *м*, хули-
га́н *м*

bulwark ['bulwək] 1) вал *м*;
бастио́н *м* 2) опло́т *м*; ~ of
peace опло́т ми́ра

bump [bʌmp] 1) уда́р *м*,
толчо́к *м* 2) ши́шка *ж*; a ~ on
the fórehead ши́шка на лбу;
~er [-ə] *амер. авто* ба́мпер *м*

bun [bʌn] бу́лочка *ж*

bunch [bʌntʃ] 1) свя́зка *ж*;
a ~ of keys свя́зка ключе́й
2) пучо́к *м*; буке́т *м*; a ~ of
flówers буке́т цвето́в; a ~ of
grapes *преим. амер.* гроздь
виногра́да

bundle ['bʌndl] 1) у́зел *м*,
паке́т *м* (*a parcel*) 2) свя́зка *ж*,
вяза́нка *ж*; a ~ of wood вя-
за́нка дров

bungalow ['bʌŋgələu] (одно-
эта́жная) да́ча, бу́нгало *с*
нескл.

bunk [bʌŋk] ко́йка *ж*, (спа́ль-
ное) ме́сто (*в вагоне поез-*

да и т. п.); lówer (úpper) ~ нѝжнее (вѐрхнее) мѐсто

burden ['bəːdn] **1.** *n* нѝша *ж*; тѝжесть *ж*; брѐмя *с*; ~ of taxátion налѝговое брѐмя **2.** *v* нагружѝть; обременѝть

bureau ['bjuərəu] 1) контѝра *ж*, отдѐл *м*; trável ~ туристѝческое агѐнтство 2) бюрѝ *с нескл.*, контѝрка *ж* (*desk*) 3) бюрѝ *с нескл.*, презѝдиум *м* (*конференции*)

bureaucratic [ˌbjuərəuˈkrætɪk] бюрократѝческий

burger ['bəːgə] *амер. см.* hámburger

burglar ['bəːglə] взлѝмщик *м*

burial ['berɪəl] пѝхороны *мн.*

burn [bəːn] **1.** *v* (burnt) 1) горѐть 2) жечь, сжигѝть; do not ~ your steak не сожгѝ(те) бифштѐкс 3) обжигѝть; the mústard ~s my tongue горчѝца ѝчень злѝя **2.** *n* ожѝг *м*; ~ out выгорѝть (дотлѝ); ~ing [-ɪŋ] горѝщий; жгѝчий; ~ing quéstion животрепѐщущий (жгѝчий) вопрѝс

burnt [bəːnt] *past и pp от* burn 1

burst [bəːst] **1.** *n* взрыв *м*; вспѝшка *ж*; ~ of appláuse взрыв аплодисмѐнтов **2.** *v* (burst) 1) лѝпаться; the tire ~ шѝна лѝпнула 2) взрывѝть (-ся) (*explode*); ~ **into** разразѝться; ~ ínto láughter разразѝться смѐхом; ~ **out** вспыхивать (*о войне, эпидемии*)

bury ['berɪ] 1) хоронѝть 2) прѝтать (*hide away*)

bus [bʌs] автѝбус *м* (*рейсовый, городской*); go by ~, take the ~ (по)ѐхать на автѝбусе

bush [buʃ] куст *м*, кустѝрник *м* ◊ live in the ~ жить в глушѝ

bushel ['buʃl] бѝшель *м* (*мера объёма*)

business ['bɪznɪs] 1) дѐло *с*; ~ súit *амер.* «деловѝй» костѝм; ány óther ~ рѝзное *с* (*пункт повестки дня*) 2) коммѐрческое предприѝтие (*enterprise*) 3) занѝтие *с*; what's his ~ ? чем он занимѝется?; ~**man** [-mæn] бизнесмѐн *м*, делѐц *м*

bust [bʌst] бюст *м*

busy ['bɪzɪ] занятѝй; зѝнятый; I'm ~ todáy сегѝдня я зѝнят; the line is ~ лѝния занятѝ; ~ street шѝмная ѝлица (*с большим движением*)

but [bʌt] **1.** *cj* а, но, однѝко; I want ~ I can't хочѝ, но не могѝ **2.** *prep* крѝме, за исключѐнием; all ~ you все, крѝме вас **3.** *adv* тѝлько, лишь ◊ ~ for ѐсли бы не

butcher ['butʃə] мяснѝк *м*

butter ['bʌtə] **1.** *n* мѝсло *с* (*сливочное*); bread and ~ хлеб с мѝслом **2.** *v* намѝзывать мѝслом

butterfly ['bʌtəflaɪ] 1) бѝбочка *ж* 2) *спорт.* баттерфлѝй *м*

buttermilk ['bʌtəmɪlk] (обезжѝренный) кефѝр

button ['bʌtn] **1.** *n* 1) пѝговица *ж* 2) кнѝпка *ж*; push the ~! нажмѝ(те) кнѝпку! **2.** *v*:

(up) застёгивать(ся); ~hole [-həul] пéтля ж

buy [baɪ] (bought) покупáть ◊ come alóng, I'll ~ you a lunch *амер. разг.* пошлú пообéдаем, я угощáю; ~ out выкупáть; ~ up скупáть; ~er [-ə] покупáтель м

buzz [bʌz] **1.** *v* жужжáть; гудéть **2.** *n* (телефóнный) звонóк; I'll give you a ~ *разг.* я вам звякну (позвоню); ~er [bʌzə] гудóк м, зýммер м

by [baɪ] **1.** *prep* 1) у, при, óколо; by the ráilway státion óколо вокзáла 2) посрéдством; can we get there by rail? тудá мóжно попáсть по желéзной дорóге? 3) по; by the rules по прáвилам 4) к; by Súnday к воскресéнью ◊ by far намнóго; by the by (way) кстáти, между прóчим **2.** *adv* 1) рядом; поблúзости; near by поблúзости 2) мúмо; the bus went by автóбус проéхал мúмо

bye-bye ['baɪbaɪ] *разг.* покá, всего (*до свидáния*)

by-election ['baɪɪ,lekʃn] дополнúтельные вýборы

bystander ['baɪ,stændə] свидéтель м, зрúтель м; наблюдáтель м

bystreet ['baɪstriːt] переýлок м

C

C [siː] *муз.* до; C májor до мажóр

cab [kæb] 1) наёмный экипáж 2) таксú *с* (*taxi*)

cabbage ['kæbɪdʒ] капýста ж

cabin ['kæbɪn] 1) хúжина ж; log ~ бревéнчатый дом 2) каюта ж; please resérve ~ class pássage зарезервúруйте, пожáлуйста, билéты вторóго клáсса

cabinet ['kæbɪnɪt] 1) кабинéт м; the French ~ францýзское правúтельство 2) шкаф м, шкáфчик м; сервáнт м; chína ~ гóрка ж 3) кóрпус м; rádio in a wálnut ~ радиоприёмник в кóрпусе из орéхового дéрева

cable ['keɪbl] **1.** *n* 1) кáбель м; ~ TV кáбельное телевúдение 2) телегрáмма ж; send us a ~ when you arríve протелеграфúруйте нам по приéзде **2.** *v* телеграфúровать

cafe ['kæfeɪ] кафé *с нескл.*

cafeteria [,kæfɪ'tɪərɪə] кафетéрий м; закýсочная ж

cage [keɪdʒ] клéтка ж

cajole [kə'dʒəul] льстить (*кому-л.*); улáмывать (*кого-л.* — *into doing smth*)

cake [keɪk] 1) торт м, пирóжное *с* 2) кусóк м, брусóк м; ~ of soap кусóк мýла

calculate ['kælkjuleɪt] вычислять

calculator ['kælkjuleɪtə]: electrónic (pócket) ~ электрóнный (кармáнный) калькулятор

calendar ['kælɪndə] 1) календáрь м 2) календáрный план; the ~ of the competítions програ́мма спорти́вных соревнова́ний

calf I [kɑːf] телёнок *м*

calf II икра́ (*ноги́*); ~-length skirt ю́бка сре́дней длины́, ю́бка «ми́ди»

calico [ˈkælɪkəu] 1) коленко́р *м*; миткáль *м* 2) *амер.* си́тец *м*

call [kɔːl] **1.** *n* 1) зов *м*, о́клик *м* 2) (телефо́нный) вы́зов; ánswer the ~ ! подойди́те к телефо́ну! 3) визи́т *м*; pay (retúrn) a ~ нанести́ (отда́ть) визи́т ◊ ~ing card визи́тная ка́рточка, визи́тка *ж* **2.** *v* 1) звать, оклика́ть; would you ~ the pórter for me? бу́дьте добры́, позови́те мне носи́льщика 2) называ́ть; what do you ~ this in Rússian? как э́то называ́ется по-ру́сски? 3) созыва́ть; ~ a méeting созва́ть собра́ние 4) буди́ть; please ~ me at séven o'clóck пожа́луйста, разбуди́те меня́ в семь часо́в 5) призыва́ть (*appeal*); ~ on the next spéaker предоста́вить сло́во сле́дующему ора́тору; ~ for заходи́ть за кем-л.; ~ off отменя́ть; ~ on посеща́ть; навеща́ть; ~ up а) звони́ть (*по телефо́ну*); б) *воен.* призыва́ть ◊ ~ a méeting to órder откры́ть собра́ние

call-box [ˈkɔːlbɔks] *брит.* телефо́нная бу́дка

callisthenics [ˌkælɪsˈθenɪks] *спорт.* заря́дка *ж*, гимна́стика *ж*

calm [kɑːm] ти́хий; споко́йный

came [keɪm] *past от* come

camel [ˈkæməl] верблю́д *м*

camera [ˈkæmərə] 1) фотоаппара́т *м*; where càn I buy some ~ equípment? где мо́жно купи́ть фотообору́дование? 2) (*тж.* móvie-cámera) киноаппара́т *м*; ~**man** [-mæn] киноопера́тор *м*; опера́тор телеви́дения

camp [kæmp] **1.** *n* ла́герь *м*, прива́л *м* **2.** *v* располага́ться ла́герем; ~ out ночева́ть в пала́тке

campaign [kæmˈpeɪn] кампа́ния *ж*; *воен.* похо́д *м*

camper [ˈkæmpə] тури́ст *м*

camping [ˈkæmpɪŋ]: ~ equípment тури́стские принадле́жности

campus [ˈkæmpəs] *амер.* университе́тский *или* шко́льный двор (городо́к)

can I [kæn] **1.** *n* 1) бидо́н *м*; кани́стра *ж* 2) жестяна́я коро́бка 3) *амер.* ба́нка консе́рвов (*of fish, etc*); ~ ópener *амер.* консе́рвный нож **2.** *v* консерви́ровать; ~ned food консе́рвы *мн.*; ~ned fruit (meat, fish) фрукто́вые (мясны́е, ры́бные) консе́рвы

can II (could) 1) мочь, быть в состоя́нии; ~ you do it? вы смо́жете э́то сде́лать?; I can't hear you я вас не слы́шу; ~ you show me the way..? вы не ска́жете, как пройти́..? 2) уме́ть; I can't speak Rússian я не говорю́ по-ру́сски; ~ you drive? вы уме́ете води́ть маши́ну? 3) мочь, име́ть пра́во; you ~ go мо́жете идти́

Canadian [kə'neɪdɪən] **1.** *a* кана́дский **2.** *n* 1) кана́дец *м*, кана́дка *ж* 2) *спорт.* кано́э *с*

canal [kə'næl] кана́л *м* (*искусственный*)

cancel ['kænsəl] 1) отменя́ть; аннули́ровать; ~ an órder а) отмени́ть прика́з; б) аннули́ровать зака́з 2) погаша́ть; ~ a stamp погаси́ть ма́рку

cancer ['kænsə] *мед.* рак *м*

candid ['kændɪd] открове́нный; ~ cámera *амер. тлв.* скры́тая ка́мера

candidate ['kændɪdɪt] кандида́т *м*

candle ['kændl] свеча́ *ж*

candy ['kændɪ] *амер.* конфе́та *ж*; ~ box коро́бка конфе́т

cane [keɪn] 1) камы́ш *м*, трости́к *м* 2) трость *ж* (*walking-stick*)

cannon ['kænən] пу́шка *ж*, ору́дие *с*

cannot ['kænɔt]: I ~ я не могу́

canoe [kə'nu:] 1) чёлн *м* 2) кано́э *с*; ~ing [-ɪŋ] гре́бля на байда́рках и кано́э

can't [kɑnt] *разг.* = cánnot

cantaloupe ['kæntəlu:p] канталу́па *ж* (*сорт дыни*)

canteen [kæn'ti:n] столо́вая *ж*; fáctory ~ заводска́я столо́вая

canvas ['kænvəs] 1) паруси́на *ж*; холст *м* 2) карти́на *ж*, холст *м* (*painting*) 3) паруса́ *мн.*; únder ~ под паруса́ми

cap [kæp] фура́жка *ж*; ша́пка *ж*

capable ['keɪpəbl] спосо́бный; she is a ~ týpist она́ спосо́бная машини́стка; he is ~ of ánything он спосо́бен на всё

capacity [kə'pæsɪtɪ] 1) ёмкость *ж*, вмести́мость *ж*; fílled to ~ запо́лненный до отка́за 2) *тех.* мо́щность *ж*; unúsed capácities неиспо́льзуемые мо́щности 3): in the ~ of в ка́честве *кого-л.*; in my ~ as a díplomat I must ... как диплома́т я до́лжен...

cape [keɪp] *геогр.* мыс *м*

capital I ['kæpɪtl] **1.** *a* 1) гла́вный; ~ létter загла́вная бу́ква 2): ~ púnishment сме́ртная казнь 3) *разг.* превосхо́дный **2.** *n* столи́ца *ж*

capital II капита́л *м*; monópoly ~ монополисти́ческий капита́л; ~ goods *эк.* сре́дства произво́дства; ~-intensive [-ɪn'tensɪv] *эк.* капиталоёмкий; ~ism ['kæpɪtəlɪzm] капитали́зм *м*; ~ist ['kæpɪtəlɪst] **1.** *n* капитали́ст *м* **2.** *a* капиталисти́ческий

captain ['kæptɪn] капита́н *м*; ~ of the crew *ав.* команди́р корабля́

capture ['kæptʃə] захва́тывать

car [kɑ:] 1) автомоби́ль *м*, маши́на *ж*; ~ wash мо́йка *ж* 2) ваго́н *м* (*трамвая, амер. тж. железнодорожный*); Púllman ~ пу́льмановский ваго́н

carat ['kærət] 1) кара́т *м* 2): 14-~ (18-~) gold зо́лото 583-й (750-й) про́бы

caravan ['kærəvæn] 1) карава́н м 2) *брит.* прице́п-да́ча м
carbon ['ka:bən] *хим.* углеро́д м ◇ ~ со́ру ко́пия ж; ~ ра́рег копирова́льная бума́га
card [ka:d] 1) ка́рточка ж 2) *карт.* ка́рта ж 3) (*тж.* póstcard) откры́тка ж 4) биле́т м; mémbership ~ чле́нский биле́т; ~**board** [-bɔ:d] картон м
cardigan ['ka:dɪɡən] кардига́н м, (вя́заный) жаке́т
cardinal ['ka:dɪnl] 1. *a* основно́й, гла́вный ◇ ~ points стра́ны све́та 2. *n* (С). кардина́л м
care [kɛə] 1. *n* забо́та ж ◇ ~ of (*сокр.* с/о) для переда́чи (*на письмах*); Mr. Ivanóv, c/o Commíttee of Youth Organizátions of the USSR Комите́т молодёжных организа́ций СССР, для переда́чи г-ну Ивано́ву; take ~ (of) забо́титься 2. *v* пита́ть интере́с (любо́вь) (for); I don't ~ мне всё равно́
career [kə'rɪə] 1) карье́ра ж 2) род заня́тий, профе́ссия ж (*profession*)
careful ['kɛəful] 1) забо́тливый (for, of) 2) то́чный; ~ estimátion то́чная оце́нка 3) осторо́жный; be ~ ! осторо́жно!
careless ['kɛəlɪs] 1) беззабо́тный 2) небре́жный; ~ áttitude небре́жное отноше́ние
caress [kə'res] 1. *n* ла́ска ж 2. *v* ласка́ть
cargo ['ka:ɡəu] (корабе́льный) груз; ~ módule грузово́й отсе́к (*космического корабля*)
carnation [ka:'neɪʃn] гвозди́ка ж
carnival ['ka:nɪvəl] карнава́л м
carp [ka:p] карп м
car-park ['ka:pa:k] *брит.* автостоя́нка ж
carpenter ['ka:pɪntə] пло́тник м
carpet ['ka:pɪt] ковёр м; mágic ~ ковёр-самолёт м
carriage ['kærɪdʒ] 1) экипа́ж м 2) вагон м; sécond-class ~ вагон второ́го кла́сса 3) перево́зка ж; ~ of goods перево́зка гру́зов 4) сто́имость перево́зки (доста́вки); what is the ~ on it? ско́лько сто́ит доста́вка э́того (гру́за)?; ~-free [-fri:] с беспла́тной доста́вкой
carrier ['kærɪə] 1) носи́льщик м; the expedítion had to hire a score of ~s экспеди́ция была́ вы́нуждена наня́ть два деся́тка носи́льщиков 2) перево́зчик м, тра́нспортная фи́рма; "Pan-Am" will be your ~ ваш груз бу́дет доста́влен компа́нией «Пан-Американ»
carrot ['kærət] морко́вь ж ◇ ~ and stick pólicy поли́тика кнута́ и пря́ника
carry ['kærɪ] 1) везти́, перевози́ть 2) носи́ть; the pórter will ~ your bags ва́ши чемода́ны возьмёт носи́льщик 3) принима́ть; the mótion is cárried предложе́ние принима́ется; ~ **away** уноси́ть; ~ **on**

продолжа́ть; ~ out выпол-
ня́ть, осуществля́ть

cart [kɑːt] теле́га ж; повоз-
ка ж

carton [ˈkɑːtən] (карто́нная)
коро́бка; ~ of beer я́щик
пи́ва; ~ of cigaréttes блок
сигаре́т

cartoon [kɑːˈtuːn] 1) карика-
ту́ра ж 2) мультфи́льм м;
~ist [-ɪst] карикатури́ст м

cartridge [ˈkɑːtrɪdʒ] 1) пат-
ро́н м 2) кассе́та ж (*магнито-
фо́нная и фо́то*) 3) звукосни-
ма́тель м (*в прои́грывателе*)

carve [kɑːv] 1) ре́зать по де́-
реву *или* ко́сти (*in wood or
bone*) 2) высека́ть из ка́мня
(*in stone*)

case I [keɪs] 1) слу́чай м;
in ~ of в слу́чае; in ány ~
во вся́ком слу́чае; (just) in ~
на вся́кий слу́чай 2) юр. (су-
де́бное) де́ло 3) мед. больно́й
м, пацие́нт м; ~ history исто́-
рия боле́зни

case II 1) я́щик м (*box*) 2)
футля́р м (*for jewels, etc*)

cash [kæʃ] (нали́чные) де́нь-
ги; ~ in on smth испо́льзовать
что-л. в свои́х интере́сах

cashier [kæˈʃɪə] касси́р м

casserole [ˈkæsərəul] жарко́е
с (*food*)

cassette [kæˈset] кассе́та ж
(*магнитофо́нная и фо́то*); ~
pláyer, ~ tape recórder кас-
се́тник м

cast [kɑːst] **1.** v (cast) 1) бро-
са́ть; ~ a glance бро́сить
взгляд 2) лить, отлива́ть (*металл*); this státue is ~ in bronze

э́та ста́туя отли́та из бро́нзы
◊ ~ing vote реша́ющий го́лос
(*при разделе́нии голосо́в*) **2.** n
театр. соста́в исполни́телей

castle [ˈkɑːsl] **1.** n 1) за́мок
м 2) *шахм.* ладья́ ж **2.** v *шахм.*
рокирова́ться

casual [ˈkæʒuəl] случа́йный;
~ty [-tɪ] несча́стный слу́чай,
же́ртва ж

cat [kæt] кот м, ко́шка ж

catalogue [ˈkætəlɔg] катало́г
м

catastrophe [kəˈtæstrəfɪ] ка-
тастро́фа ж; несча́стье с

catch [kætʃ] (caught) 1) ло-
ви́ть; пойма́ть; схва́тывать
2) ула́вливать (*understand*) 3)
заста́ть; ~ the train успе́ть
(попа́сть) на по́езд 4) зара-
зи́ться, схвати́ть; ~ the flu
схвати́ть грипп; ~ at ухва-
ти́ться за (*что-л.*); ~ up (with)
догна́ть

category [ˈkætɪgərɪ] разря́д
м; катего́рия ж, класс м

cathedral [kəˈθiːdrəl] со-
бо́р м

catholic [ˈkæθəlɪk] **1.** a като-
ли́ческий **2.** n като́лик м,
католи́чка ж

cat's eye [ˈkætsaɪ] *авто* отра-
жа́тель м, катафо́т м (*на до-
ро́жных зна́ках или маши́нах*)

cattle [ˈkætl] (рога́тый) скот

caught [kɔːt] *past и pp от*
catch

cauliflower [ˈkɔlɪflauə] цвет-
на́я капу́ста

cause [kɔːz] **1.** n 1) причи́на ж
2) по́вод м; give ~ for compláint дать по́вод для жа́лобы

3) де́ло *c*; the ~ of peace де́ло ми́ра **2.** *v* 1) причиня́ть 2) заставля́ть (*make*)

caution ['kɔːʃn] 1) осторо́жность *ж*; with ~ осторо́жно 2) *спорт.* предупрежде́ние *c* ◊ ~! береги́сь!

cave [keɪv] пеще́ра *ж*

caviar(e) ['kævɪɑː] икра́ *ж*

cavity ['kævɪtɪ] 1) по́лость *ж*, пустота́ *ж* 2) дупло́ *c* (*in a tooth*)

cayenne [keɪ'en] кра́сный пе́рец

cease [siːs] **1.** *v* прекраща́ть (-ся); приостана́вливать(ся) **2.** *n*: ~ fire прекраще́ние огня́

cedar ['siːdə] кедр *м*

ceiling ['siːlɪŋ] потоло́к *м*

celebrate ['selɪbreɪt] пра́здновать

celebration [ˌselɪ'breɪʃn] пра́здник *м*

celery ['selərɪ] сельдере́й *м*

cell [sel] *биол.* кле́тка *ж*

cellar ['selə] 1) подва́л *м* 2) (*тж.* wine-cellar) ви́нный по́греб

cello ['tʃeləu] виолонче́ль *ж*

Celsius ['selsɪəs]: twelve degrées ~ двена́дцать гра́дусов по Це́льсию

cement [sɪ'ment] **1.** *n* цеме́нт *м* **2.** *v* цементи́ровать; укрепля́ть

cemetery ['semɪtrɪ] кла́дбище *c*

censorship ['sensəʃɪp] цензу́ра *ж*

census ['sensəs] пе́репись (населе́ния)

cent [sent] цент *м*

centenary [sen'tiːnərɪ] столе́тие *c*, столе́тняя годовщи́на

center ['sentə] *см.* centre;
~fold [-fəuld] (складна́я) вкле́йка *ж* (*в книге или журнале*)

centigrade ['sentɪgreɪd]: thírty degrées ~ три́дцать гра́дусов по Це́льсию

central ['sentrəl] центра́льный; C. Commíttee Центра́льный Комите́т

centre ['sentə] центр *м*; where's the shópping ~? где здесь торго́вый центр (основны́е магази́ны)?; ~ fórward *спорт.* центра́льный напада́ющий; ~ hálfback *спорт.* центра́льный полузащи́тник

century ['sentʃurɪ] век *м*, столе́тие *c*

cereal ['sɪərɪəl] 1) *pl* хле́бные зла́ки, зерновы́е *мн.* 2) *амер.* хло́пья *мн.* (*овсяные, кукурузные и т. п.*), (овся́ная) ка́ша *ж* (*и др. изделия из круп*)

ceremony ['serɪmənɪ] обря́д *м*; церемо́ния *ж*; withóut ~ за́просто

certain ['səːtn] 1) определённый 2) уве́ренный; I am ~ я уве́рен 3) не́который, не́кий; a ~ man не́кто ◊ for ~ наверняка́; ~ly [-lɪ] коне́чно, непреме́нно

certificate [sə'tɪfɪkɪt] свиде́тельство *c*, удостовере́ние *c*; birth ~ ме́трика *ж*

chain [tʃeɪn] цепь *ж*; цепо́чка *ж*; ~ store фи́рменный магази́н (*один из серии однотип-*

ных, обыкн. с набором това-
ров массового спроса)

chair [ʧɛ:ə] 1) стул *м*; take a ~, please! садитесь, пожалуйста! 2) кафедра *ж* (*in a university*) 3) председательское место; take (leave) the ~ открыть (закрыть) заседание 4): the ~ rules that... председательствующий постановил...; **~man** [-mən], **~woman** [-wumən] председатель *м*

chalk [ʧɔ:k] мел *м*

challenge ['ʧælɪndʒ] 1) вызов *м*; ~ to compéte вызов на состязание 2) (сложная) проблема, трудная задача

chamber ['ʧeɪmbə] 1) палата *ж*; C. of Cómmerce торговая палата 2): ~ músic камерная музыка

champagne [ʃæm'peɪn] шампанское *с*

champion ['ʧæmpɪən] 1) борец *м*, поборник *м*; ~ of peace борец за мир 2) чемпион *м*; world (Européan) ~ чемпион мира (Европы); **~ship** [-ʃɪp] 1) звание чемпиона (*title*) 2) первенство *с*; fóotball (hóckey) world ~ship первенство мира по футболу (хоккею); conténd for the ~ship оспаривать первое место

chance [ʧɑ:ns] 1) возможность *ж*; not the least ~ никаких шансов 2) случай *м*; by ~ случайно

chancellor ['ʧɑ:nsələ] канцлер *м*; C. of the Exchéquer министр финансов (*в Великобритании*)

change [ʧeɪndʒ] 1. *n* 1) изменение *с*, перемена *ж* 2) смена *ж*; a ~ of clothes смена белья 3) пересадка *ж*; no ~ for Léningrad до Ленинграда без пересадки 4) мелочь *ж* (*money*) ◊ for a ~ для разнообразия 2. *v* 1) менять(ся) 2) делать пересадку; we have to ~ at the next státion на следующей станции мы делаем пересадку 3) переодеваться; I must have time to ~ мне нужно успеть переодеться

channel ['ʧænl] 1) пролив *м* 2) *перен.* источник *м*; канал *м* 3) *радио, тлв.* программа *ж*

chap [ʧæp] парень *м*, малый *м*

chapel ['ʧæpəl] часовня *ж*; церковь *ж* (*домовая и т. п.*)

chapter ['ʧæptə] глава *ж* (*книги*)

character ['kærɪktə] 1) характер *м* 2) образ *м* (*in a novel, etc*) 3) репутация *ж*; ~ assassinátion подрыв репутации 4) буква *ж*, иероглиф *м*; Chinése ~s китайские иероглифы ◊ ~ dance характерный танец; **~istic** [ˌkærɪktə'rɪstɪk] характерный

charcoal ['ʧɑ:kəul] 1) древесный уголь 2) рисунок углем (*drawing*)

charge [ʧɑ:dʒ] 1. *n* 1) попечение *с*; be in ~ of a) заведовать (*чем-л.*); б) отвечать за (*кого-л, что-л.*) 2) *юр.* обвинение *с*; 3) цена *ж*; what's the ~? сколько это стоит?; free of ~ бесплатно; cash or ~? наличными или по (кредитной) ка́рточке? (*вопрос в магазине*) **2.** *v* 1) поруча́ть; возлага́ть на (*кого-л.*); ~ with a mission дава́ть поруче́ние 2) *юр.* обвиня́ть 3) заряжа́ть (*load*) 4) назнача́ть це́ну; why don't you ~ me ánything? почему́ вы с меня́ не берёте де́ньги?

charity ['tʃærɪtɪ] благотвори́тельность *ж*

charm [tʃɑːm] **1.** *n* обая́ние *с*, очарова́ние *с* **2.** *v* очаро́вывать; ~ing [-ɪŋ] очарова́тельный, преле́стный

charter ['tʃɑːtə] **1.** *n* 1) уста́в *м*; ха́ртия *ж*; United Nátions C. Уста́в ООН 2) *мор.* ча́ртер *м* **2.** *v* 1) *мор.* фрахтова́ть 2) сдава́ть внаём (*автобус, самолёт*); ~ed flight ча́ртерный рейс 3) зака́зывать (*автобус, самолёт*); ~ed bus заказно́й автобус

chase [tʃeɪs] **1.** *n* погоня ж **2.** *v* гна́ться; ~ out выгоня́ть; ~r [-ə]: a vódka and a beer ~r рю́мка во́дки с пи́вом

chat [tʃæt] **1.** *n* бесе́да *ж* **2.** *v* бесе́довать (*непринуждённо*)

cheap [tʃiːp] **1.** *a* дешёвый; ~ hotél дешёвая гости́ница **2.** *adv* дёшево; buy smth ~ покупа́ть *что-л.* по дешёвке

cheat [tʃiːt] обма́нывать, надува́ть

check [tʃek] **1.** *n* 1) заде́ржка *ж* (*delay*) 2) прове́рка *ж*; a ~ on the resúlts прове́рка результа́тов; ~ list (контро́льный) спи́сок (*дел, лиц, поку-*

пок и т. д.) 3) номеро́к *м* (*for a coat*) 4) (бага́жная) квита́нция (*for luggage*) 5) *шахм.* шах *м* 6) *амер.* чек *м* **2.** *v* 1) сде́рживать; ~ one's ánger сдержа́ть гнев 2) (*тж.* check up) проверя́ть, контроли́ровать 3) *шахм.* объявля́ть шах; ~ in a) зарегистри́роваться в гости́нице, посели́ться в гости́нице; б) зарегистри́роваться и сдать бага́ж в аэропорту́; ~ out вы́ехать из гости́ницы ◊ ~ing time контро́льное вре́мя (*определённый час, от которого ведётся отсчёт суток, прожитых в гости́нице*); ~book [-buk] *амер.* че́ковая кни́жка

checkers ['tʃekəz] *pl амер.* ша́шки *мн.*

check-in ['tʃekɪn] регистра́ция *ж* (*багажа и билета в аэропорту́*); "~ cóunter" ‹регистра́ция пассажи́ров› (*надпись*)

checkmate ['tʃekmeɪt] **1.** *n* шах и мат **2.** *v* поста́вить мат

check-out ['tʃekaʊt] ка́сса (*в магазине самообслуживания*)

check-point ['tʃekpɔɪnt] контро́льный (контро́льно-пропускно́й) пункт

checkroom ['tʃekruːm] *амер.* гардеро́б *м* (*помещение*)

check-up ['tʃekʌp] 1) прове́рка *ж* 2) медосмо́тр *м* (*physical examination*)

cheek [tʃiːk] щека́ *ж* ◊ have the ~ to do smth име́ть на́глость сде́лать *что-л.*; ~-bone [-bəʊn] скула́ *ж*

cheer [tʃɪə] **1.** *n*: ~! ура! ◊ three ~s for..! да здра́вствует..! **2.** *v* ободря́ть; ~ **up!** не ве́шай но́са!

cheerio! [ˌtʃɪərɪ'əu] *брит.* приве́т!, пока́!

cheese [tʃiːz] сыр *м*; ~-**burger** [-bəːgə] (ру́бленый) бифште́кс с сы́ром (*обыкн. в булочке*); ~-**cake** [-keɪk] творо́жный торт

chemical ['kemɪkəl] хими́ческий

chemise [ʃə'miːz] соро́чка *ж* (*женская*)

chemist ['kemɪst] 1) хи́мик *м* 2) *брит.* апте́карь *м*; ~'**s** (shop) апте́ка *ж*; ~**ry** [-rɪ] хи́мия *ж*; agricúltural ~ry агрохи́мия *ж*

cheque [tʃek] *брит.* чек *м*; cash a ~ получи́ть де́ньги по че́ку; draw a ~ вы́писать чек; ~**book** [-buk] *брит.* че́ковая кни́жка

cherry ['tʃerɪ] 1) ви́шня *ж* 2) (*тж.* sweet chérry) чере́шня *ж*

chess [tʃes] ша́хматы *мн.*; ~ tóurnament ша́хматный турни́р; ~-**board** [-bɔːd] (ша́хматная) доска́; ~-**man** [-mæn] (ша́хматная) фигу́ра; ~-**player** [-pleɪə] шахмати́ст *м*

chest [tʃest] 1) я́щик *м*; ~ of dráwers комо́д *м* 2) грудь *ж*, грудна́я кле́тка; weak ~ сла́бые лёгкие

chestnut ['tʃesnʌt] **1.** *n* кашта́н *м* **2.** *a* кашта́новый (*о цвете*)

chew [tʃuː] жева́ть

chewing gum ['tʃuːɪŋgʌm] жева́тельная рези́нка

Chicano [tʃɪ'kɑːnəu] **1.** *a* (*относящийся к*) Чика́но **2.** *n* чика́но *м нескл.*, америка́нец мексика́нского происхожде́ния

chicken ['tʃɪkɪn] 1) цыплёнок *м* 2) ку́рица *ж* (*блюдо*); ~ broth кури́ный бульо́н ◊ ~ pox ветряна́я о́спа, ветря́нка *ж*

chief [tʃiːf] **1.** *n* руководи́тель *м*, нача́льник *м*, шеф *м* **2.** *a* гла́вный; основно́й; ~**ly** [-lɪ] гла́вным о́бразом

child [tʃaɪld] (*pl* chíldren) ребёнок *м*; ~**hood** [-hud] де́тство *с*

children ['tʃɪldrən] *pl от* child

chill [tʃɪl] 1) хо́лод *м* 2) просту́да *ж*; I've caught a ~ я простуди́лся

chimney ['tʃɪmnɪ] труба́ *ж* (*дымовая*)

chimp [tʃɪmp], ~**anzee** [-pæn'ziː] шимпанзе́ *м нескл.*

chin [tʃɪn] подборо́док *м*

china ['tʃaɪnə] **1.** *n* фарфо́р *м* **2.** *a* фарфо́ровый

chip [tʃɪp] чип *м*, микроэлеме́нт *м*; ~**s** [-s] *pl* 1) *брит.* жа́реный карто́фель (*нарезанный соломкой*) 2) *амер.* хрустя́щий карто́фель ◊ fish and ~s ры́ба с жа́реным карто́фелем

chocolate ['tʃɔkəlɪt] 1) шокола́д *м* 2) *pl* шокола́дные конфе́ты

choice [tʃɔɪs] вы́бор *м*; I had no ~ у меня́ не́ было друго́го вы́бора

choir ['kwaɪə] хор *м*

choke [tʃəuk] **1.** *n авто* подсóс *м* **2.** *v* 1) душѝть 2) задыхáться (with — от)

choose [tʃuːz] (chose; chósen) 1) выбирáть 2) хотéть; you may stáy, if you ~ éсли хотѝте, оставáйтесь

chop [tʃɔp] **1.** *v* рубѝть **2.** *n* (отбивнáя) котлéта; pork ~ свинáя отбивнáя; **~per** [-ə] *амер. разг.* вертолёт *м*

chord [kɔd] *муз.* аккóрд *м*

chore [tʃɔ]: dáily ~s повседнéвные делá

choreography [ˌkɔrɪˈɔgrəfɪ] хореогрáфия *ж*

chorus ['kɔːrəs] 1) хор *м*; in ~ хóром 2) припéв *м* (*refrain*) 3) кордебалéт *м*; ~ girl хорѝстка *ж*

chose [tʃəuz] *past от* choose; **~n** [-n] *pp от* choose

Christian ['krɪstjən] **1.** *a* христиáнский ◊ ~ name ѝмя *с* (*в отличие от фамилии*); what's your ~ name? как вас зовýт? **2.** *n* христианѝн *м*, христиáнка *ж*

Christmas ['krɪsməs] Рождествó *с*; ~ tree рождéственская ёлка

chronic ['krɔnɪk] хронѝческий

church [tʃətʃ] цéрковь *ж*; C. of Éngland (Ánglican C.) англикáнская цéрковь; **~yard** [-'jɑːd] клáдбище *с*

cider ['saɪdə] (яблочный) сидр

cigar [sɪ'gɑː] сигáра *ж*; ~ store *амер.* табáчная лáвка

cigarette [ˌsɪgəˈret] сигарéта *ж*; have a ~! закýривайте!; fílter(-tipped) ~ сигарéта с фѝльтром; **~-lighter** [-ˌlaɪtə] зажигáлка *ж*

cinder-path ['sɪndəpɑːθ] *спорт.* гáревая дорóжка

cinema ['sɪnəmə] *брит.* кинó *с нескл.*

circle ['səkl] 1) круг *м*; окрýжность *ж*; 2) круг лиц, кружóк *м* (*group of people*) 3) *театр.* ярус *м*; úpper ~ балкóн *м*

circuit ['səkɪt] *эл.:* short ~ корóткое замыкáние; clósed ~ TV внýтреннее телевѝдение

circulate ['səkjuleɪt] циркулѝровать, обращáться

circulation [ˌsəkjuˈleɪʃn] 1) дéнежное обращéние 2) (*тж.* circulátion of the blood) кровообращéние *с* 3) распространéние *с*; тирáж *м*; this páper has a ~ of... эта газéта выхóдит тиражóм в...

circumstance ['səkəmstəns] обстоятельство *с*; únder no ~s ни в кóем слýчае

circus ['səkəs] цирк *м*

citizen ['sɪtɪzn] гражданѝн *м*, граждáнка *ж*; **~ship** [-ʃɪp] граждáнство *с*

city ['sɪtɪ] 1) (большóй) гóрод; C. Cóuncil городскóй совéт, муниципалитéт *м* 2) (С.) Сѝти, деловóй центр Лóндона

civic ['sɪvɪk]: ~ centre административный центр (*города*)

civil ['sɪvl] 1) граждáнский; ~ rights граждáнские правá; ~ sérvant государственный служащий 2) вежливый; ~ answer вежливый ответ; ~ian [sı'vılıən] штатский; ~ian clothes штатская одежда

civilization [,sıvılaı'zeıʃn] цивилизация ж

clad [klæd] *past и pp от* clothe

claim [kleım] **1.** *n* 1) требование *с* 2) иск *м*; претензия *ж*; have a ~ to... предъявить претензию на... **2.** *v* 1) требовать; ~ the right to speak требовать слова 2) претендовать; ~ authorship претендовать на авторство 3) утверждать; I ~ that... я заявляю, что...

clam [klæm] «клэм» *м (съедобный морской моллюск)*; ~ chowder похлёбка из «клэмов» *(суп, популярный в США)*

clamp [klæmp] *тех.* зажим *м*

clap [klæp] хлопать, аплодировать

clarinet [,klærı'net] кларнет *м*

clash [klæʃ] **1.** *n* столкновение *с (collision)* **2.** *v* сталкиваться

clasp [klɑːsp] 1) прижимать, сжимать *(в руках)* 2) застёгивать *(fasten up)*

class I [klɑːs] **1.** *n* (общественный) класс **2.** *а* классовый

class II 1) класс *м*, занятия *мн.*; а ~ in Russian занятия по русскому языку 2) разряд *м*, категория *ж (category)*

class-consciousness ['klɑːs-,kɒnʃəsnıs] классовое сознание

classic ['klæsık] **1.** *n* классик *м* **2.** *а* классический

classify ['klæsıfaı] классифицировать

clause [klɔːz] статья *ж*, пункт *м*; ~ of the treaty статья договора

claw [klɔː] 1) коготь *м (of a cat, etc)* 2) клешня *ж (of a crab, etc)*

clay [kleı] глина *ж*

clean [kliːn] **1.** *а* чистый; ~ sheet of paper чистый лист бумаги **2.** *v* чистить; where can I have my suit ~ed? где (здесь) можно отдать костюм в чистку?; ~ up убирать

clear [klıə] **1.** *а* 1) ясный; ~ sky безоблачное небо 2) ясный, понятный; that's ~ ! ясно! 3) светлый, чистый; ~ soup бульон *м* 4) чистый, звонкий; ~ voice звонкий голос **2.** *v* 1) очищать; ~ one's throat откашливаться 2) *спорт.*: ~ five feet взять высоту в пять футов, прыгнуть на пять футов *(не задев планки)*; ~ up а) выяснять; ~ up a misunderstanding выяснить недоразумение; б) прибирать *(tidy)*; в) проясняться *(о погоде)*; ~ance [-rəns] проверка *ж*; custom ~ance таможенный досмотр

clef [klef] *муз.* ключ *м*

clench [klentʃ] сжимать *(кулаки, зубы)*

clergy ['klɜːdʒı] духовенство *с*; ~man [-mən] священник *м*

clerk [klɑːk] 1) клерк *м*, конторский служащий 2) портье

м *нескл. (в гостинице)*, (дежу́рный) администра́тор

clever ['klevə] 1) у́мный; спосо́бный 2) иску́сный; ~ hands уме́лые ру́ки

client ['klaɪənt] клие́нт *м*; покупа́тель *м*

cliff [klɪf.] утёс *м*, скала́ *ж*

climate ['klaɪmɪt] кли́мат *м*; in a fríendly ~ в атмосфе́ре дру́жбы

climb [klaɪm] поднима́ться; кара́бкаться; ла́зить

cling [klɪŋ] (clung) цепля́ться; прилипа́ть

clip [klɪp] 1): ~ of wool на́стриг (ше́рсти) 2) *тлв.* клип *м*; **~ping** [-ɪŋ]: néwspaper ~ping газе́тная вы́резка

cloak [kləuk] плащ *м*; **~room** [-rum] *брит.* 1) гардеро́б *м*, раздева́лка *ж*; leave your coats in the ~room разде́ньтесь в гардеро́бе 2) *ж.-д.* ка́мера хране́ния *(багажа)*

clock [klɔk] **1.** *n* часы́ *мн. (стенные, настольные, башенные)* **2.** *v спорт.* зафикси́ровать (показа́ть) вре́мя; **~-radio** [-reɪdɪəu] ра́дио-часы́ *мн.*; ра́дио-буди́льник *м*; **~wise** [-waɪz]... по часово́й стре́лке

close I [kləuz] **1.** *v* закрыва́ть(ся); ~ the discússion закры́ть пре́ния; clósing séssion (speech) заключи́тельное заседа́ние (сло́во); ~ **down** закрыва́ть *(shut down)* **2.** *n* коне́ц *м*; bring to a ~ заверши́ть

close II 1) бли́зкий; ~ to the státion недалеко́ от ста́нции 2) те́сный; ~ cóntact те́сный контáкт 3) внима́тельный, тща́тельный; ~ examinátion тща́тельное изуче́ние ◊ ~ call *(тж.* ~ shave): that was a ~ call (shave)! е́ле жив оста́лся!, е́ле но́ги унёс!

close-out ['kləuz,aut] *(тж.* ~ sale) (оконча́тельная) распрода́жа

closet ['klɔzɪt] (стенно́й) шкаф; jam ~ буфе́т *м*; wálk-in ~ чула́н *м*; гардеро́бная *ж*

close-up ['kləusʌp] *кино* кру́пный план; наплы́в *м*

cloth [klɔθ] 1) ткань *ж* 2) *(тж.* bróadcloth) сукно́ *с* 3) *(тж.* táblecloth) ска́терть *ж*

clothe [kləuð] (clóthed, clad; clad) одева́ть, облека́ть

clothes [kləuðz] *pl* оде́жда *ж*, пла́тье *с (dress)*; бельё *с (linen, underwear)*; ~ **brush** оде́жная щётка

cloud [klaud] о́блако *с*, ту́ча *ж*

clover ['kləuvə] кле́вер *м*

club [klʌb] 1) клуб *м*; wórkers' ~ рабо́чий клуб 2) дуби́нка *ж (stick)* 3) *спорт.* клю́шка *ж*; golf ~ клю́шка для го́льфа 4) *pl карт.* тре́фы *мн.*; queen of ~s тре́фо́вая да́ма

clue [klu:] ключ *м (к разгадке)*

clumsy ['klʌmzɪ] неуклю́жий

clung [klʌŋ] *past и pp от* cling

cluster ['klʌstə] гроздь *ж*; ~ of grapes *преим. брит.* гроздь виногра́да

Co. [kəu] (cómpany): J. Smith & Co. Дж. Смит и компа́ния c/o *см.* care

coach I [kəutʃ] 1) экипа́ж м 2) автóбус м *(туристский и дальнего следования)* 3) вагóн м *(railway car)*

coach II 1. *n спорт.* трéнер м; инстру́ктор м 2. *v спорт.* тренировáть

coal [kəul] (кáменный) у́голь; ~-field [-fi:ld] каменно-у́гольный бассéйн

coarse [kɔːs] гру́бый

coast [kəust] 1. *n* морскóй бéрег, побéрежье с; ~ guard береговáя охрáна *(в США — морская пограничная и спасательная служба)* 2. *v авто* двúгаться накáтом; ~al [-əl] береговóй, прибрéжный; ~ing [-ŋ] *авто* накáт м

coat [kəut] 1) *(тж.* óvercoat) пальтó *с нескл.* 2) пиджáк м *(man's)*, жакéт м *(lady's)*

cobbler ['kɔblə] сапóжник м

cobweb ['kɔbweb] паути́на ж

Coca-Cola [ˌkəukə'kəulə] кóка-кóла ж

cock [kɔk] петýх м *(fowl)*

cockney ['kɔknɪ] кóкни м *(лондонское просторечие)*

cocktail ['kɔkteɪl] коктéйль м

cocoa ['kəukəu] какáо с *нескл.*

coconut ['kəukənʌt] кокóс м

c.o.d. [ˌsiːəu'diː] (cash on delívery) налóженным платежóм

cod [kɔd] трескá ж

code [kəud] 1) кóдекс м 2) шифр м, код м; Morse ~ áзбука Мóрзе

cod-liver ['kɔdlɪvə]: ~ oil ры́бий жир

co-ed [ˌkəu'ed] *амер.* студéнтка ж *(в колледже совмéстного обучéния)*

co-education [ˌkəuedʒu'keɪʃn] совмéстное обучéние

coexistence [ˌkəuɪg'zɪstəns] сосуществовáние с; péaceful ~ мúрное сосуществовáние

coffee ['kɔfɪ] кóфе м *нескл.;* ~-house [-həus] кафé *с нескл.;* ~-maker [-meɪkə] кофевáрка ж; ~-pot [-pɔt] кофéйник м

coffin ['kɔfɪn] гроб м

cognac ['kɔnjæk] конья́к м

coil [kɔɪl] 1) спирáль ж 2) *эл.* катýшка ж

coin [kɔɪn] монéта ж; toss a ~ a) брóсить жрéбий; б) *спорт.* разыгрáть ворóта

coincide [ˌkəuɪn'saɪd] совпадáть; ~nce [kəu'ɪnsɪdəns] совпадéние с

coke [kəuk] 1) кокс м 2) C. кóка-кóла ж

cold [kəuld] 1. *a* 1) холóдный; it's ~ хóлодно; ~ war холóдная войнá 2) непривéтливый; безучáстный; ~ recéption холóдный приём 2. *v* 1) хóлод м 2) нáсморк м, простýда ж; a ~ in the head (in the nose) нáсморк м; catch ~ простуди́ться

cole-slaw ['kəulslɔː] салáт из капýсты *(обыкн. с майонéзом)*

collaboration [kəˌlæbə'reɪʃn] сотру́дничество с

collapse [kə'læps] 1) обвáл м 2) крушéние с; провáл м; ~ of a plan провал плана 3) *мед.* коллапс *м;* упадок сил

collar ['kɔlə] воротник *м;* воротничок *м;* I want my ~ starched, please накрахмальте мне воротничок, пожалуйста; ~-**bone** [-bəun] ключица *ж*

colleague ['kɔliːg] коллега *м и ж;* сослуживец *м*

collect [kə'lekt] собирать (-ся); I ~ stamps я собираю почтовые марки ◊ ~ call (телефонный) звонок «с оплатой адресатом» *(оплачиваемый тем, кому звонят);* ~**ion** [kə'lekʃn] 1) коллекция *ж;* ~ion of paintings собрание картин 2) сбор *м;* ~ion of signatures сбор подписей

collective [kə'lektɪv] коллективный; ~ security коллективная безопасность; ~ farm колхоз *м;* ~ farmer колхозник *м;* ~ bargaining заключение коллективного договора

college ['kɔlɪdʒ] колледж *м;* what ~ are you from? где вы учитесь?

collier ['kɔlɪə] шахтёр *м;* ~y ['kɔljərɪ] (угольная) шахта, копь *ж*

collision [kə'lɪʒn] столкновение *с*

colloquial [kə'ləukwɪəl] разговорный; this is a ~ phrase это разговорное выражение

colonel ['kɜnl] полковник *м*

. **colonial** [kə'ləunɪəl] колониальный; ~**ist** [-ɪst] колонизатор *м,* колониалист *м*

colonize ['kɔlənaɪz] колонизировать, заселять; ~**r** [-ə] колонизатор *м*

colony ['kɔlənɪ] колония *ж*

colour ['kʌlə] 1) цвет *м* 2) *pl* знамя *с (flag)* ◊ ~ film a) *кино* цветной фильм; б) *фото* цветная плёнка; ~ bar «цветной барьер»

colt [kəult] жеребёнок *м*

column ['kɔləm] 1) колонна *ж* 2) столб(ик) *м;* ~ of mercury ртутный столб 3) столбец *м (in a newspaper);* ~**ist** ['kɔləmnɪst] *амер.* фельетонист *м;* обозреватель *м*

comb [kəum] **1.** *n* гребень *м* **2.** *v* расчёсывать, причёсывать

combine 1. *v* [kəm'baɪn] 1) объединять(ся) 2) сочетать (-ся) **2.** *n* ['kɔmbaɪn] *с.-х.* комбайн *м*

come [kʌm] (came; come) 1) приходить; приезжать; ~ and see us приходите к нам в гости; ~ here идите сюда 2) доходить, равняться; it ~s all in all to two hundred roubles всё это стоит двести рублей; ~ across встретить *(случайно);* ~ back вернуться; ~ in входить; may I ~ in? разрешите войти?; ~ off а) сойти; б) оторваться; the button has ~ off пуговица оторвалась; ~ out выходить; появляться *(в печати и т. п.);* ~ up (to) подойти поближе ◊ ~ into being возникнуть; ~ to *(тж.* come to himself, herself) прийти в себя; ~ true сбыться

comedy ['kɔmɪdɪ] комедия *ж*

comfort ['kʌmfət] **1.** *n* 1) утешéние *c* (*consolation*) 2) *pl* удóбства *мн.*; ~ státion *амер.* общéственная убóрная **2.** *v* утешáть; ~**able** [-əbl] удóбный; are you ~able? вам удóбно?; ~**er** [-ə] *брит.* шерстянóй шарф, *амер.* стёганое покрывáло

comic ['kɔmɪk] смешнóй, комúческий; ~ strip кóмикс *м*; ~**s** [-s] *pl* кóмиксы *мн.*

command [kə'mɑːnd] **1.** *v* 1) прикáзывать 2) комáндовать; ~ a ship комáндовать кораблём ◊ yours to ~ к вáшим услýгам **2.** *n* 1) прикáз *м* 2) комáндование *c*; be in ~ of комáндовать; ~ módule *косм.* отсéк управлéния (*корабля*); ~**er** [-ə] командúр *м*, комáндующий *м*; ~**er-in-chief** [-ərɪn'tʃiːf] главнокомáндующий *м*

comment ['kɔment] **1.** *n* примечáние *c*, толковáние *c* **2.** *v* комментúровать; ~**ator** [-eɪtə] комментáтор *м*, обозревáтель *м*

commerce ['kɔməːs] торгóвля *ж*

commercial [kə'məːʃəl] **1.** *a* торгóвый, коммéрческий **2.** *n* *амер.*: rádio (TV) ~ радиореклáма *ж* (телевизиóнная реклáма)

commission [kə'mɪʃn] 1) комúссия *ж*; комитéт *м* 2) поручéние *c*; here's a ~ for you вот вам поручéние

commit [kə'mɪt] 1) совершáть (*дурное*); ~ a crime совершúть преступлéние 2) предавáть (*чему-л.*); ~ to the

flames предавáть огню 3): be ~ted to быть прéданным (*делу*); he is ~ted to the cause of peace он прéдан дéлу мúра ◊ ~ to páper записáть; ~ onesélf принять на себя обязáтельство; ~**ment** [-mənt] обязáтельство *c*

committee [kə'mɪtɪ] комитéт *м*; комúссия *ж*

commodity [kə'mɔdɪtɪ] товáр *м*; *особ.* сырьевóй товáр

common ['kɔmən] **1.** *a* 1) óбщий; ~ ínterests óбщие интерéсы 2) обыкновéнный (*ordinary*) ◊ ~ sense здрáвый смысл **2.** *n*: have smth in ~ имéть что-л. óбщее

Commonwealth ['kɔmənwelθ]: ~ (of Nátions) Содрýжество (Нáций); ~ of Austrália Австралúйский Союз

communicate [kə'mjuːnɪkeɪt] 1) сообщáть, передавáть; ~ news сообщúть нóвость 2) сообщáться, сносúться; ~ by létters перепúсываться; communicáting rooms смéжные кóмнаты

communication [kə,mjuːnɪ'keɪʃn] сообщéние *c*; связь *ж*; ráilway (road) ~ железнодорóжное (автомобúльное) сообщéние

communism ['kɔmjunɪzm] коммунúзм *м*

communist ['kɔmjunɪst] **1.** *a* коммунистúческий; C. Párty коммунистúческая пáртия **2.** *n* коммунúст *м*

community [kə'mjuːnɪtɪ] 1) общúна *ж* 2) населённый

пункт, микрорайо́н *м*; жи́тели микрорайо́на *(residents)*; ~ céntre обще́ственный центр, клуб *м (микрорайо́на)*

commute [kə'mjuːt] *амер.* е́здить ежедне́вно на рабо́ту в го́род, живя́ в при́городе; ~r [-ə] *амер.* за́городный жи́тель (ежедне́вно е́здящий в го́род на рабо́ту)

compact I [kəm'pækt] 1) пло́тный *(dense)* 2) малогабари́тный; ~ vac ручно́й пылесо́с

compact II ['kɔmpækt] прессо́ванная пу́дра

companion [kəm'pænjən] 1) това́рищ *м* 2) спу́тник *м*, попу́тчик *м (fellow traveller)*

company ['kʌmpənɪ] 1) о́бщество *с*; компа́ния *ж*; keep ~ соста́вить компа́нию 2) *ком.* компа́ния *ж*; insúrance ~ страхова́я компа́ния; ~ town заводско́й посёлок *(где всё принадлежит компании)* 3) го́сти *мн.*; I have ~ tonight у меня́ ве́чером го́сти 4) *театр.* тру́ппа *ж*

comparative [kəm'pærətɪv] сравни́тельный; относи́тельный

compare [kəm'pɛə] сра́внивать

comparison [kəm'pærɪsn] сравне́ние *с*; in ~ with по сравне́нию с

compartment [kəm'pɑːtmənt] 1) отделе́ние *с* 2) *ж.-д.* купе́ *с нескл.*

compass ['kʌmpəs] *(тж.* maríner's cómpass) ко́мпас *м*

compatriot [kəm'pætrɪət] соотéчественник *м*

compel [kəm'pel] заставля́ть, вынужда́ть

compensate ['kɔmpenseɪt] вознагражда́ть; возмеща́ть, компенси́ровать

compete [kəm'piːt] состяза́ться; конкури́ровать

competition [,kɔmpɪ'tɪʃn] 1) конкуре́нция *ж* 2) *спорт.* соревнова́ние *с* 3) *иск.* ко́нкурс *м*

competitor [kəm'petɪtə] 1) конкуре́нт *м* 2) *спорт.* уча́стник соревнова́ний 3) уча́стник худо́жественного ко́нкурса

compile [kəm'paɪl] составля́ть *(доклад, словарь)*

complain [kəm'pleɪn] жа́ловаться; ~ of a héadache жа́ловаться на головну́ю боль; ~t [-t] жа́лоба *ж*

complete [kəm'pliːt] **1.** *a* по́лный; the ~ works по́лное собра́ние сочине́ний **2.** *v* 1) зака́нчивать, заверша́ть 2) пополня́ть; ~ one's colléction пополни́ть собра́ние (колле́кцию); ~ly [-lɪ] соверше́нно, по́лностью

complex ['kɔmpleks] сло́жный

complexion [kəm'plekʃn] цвет лица́

compliance [kəm'plaɪəns]: in ~ with в соотве́тствии с, согла́сно

complicate ['kɔmplɪkeɪt] усложня́ть; ~d [-ɪd] сло́жный

compliment 1. *n* ['kɔmplɪmənt] 1) комплиме́нт *м*; pay

a ~ сде́лать комплиме́нт 2) *pl* приве́т *м*; поздравле́ние *с*; accе́pt my ~s прими́те мои́ поздравле́ния; with the а́uthor's ~s от а́втора 2. *v* [ˈkɔmplɪment] приве́тствовать, поздравля́ть

comply [kəmˈplaɪ]: ~ with smb's requе́st (wish) исполня́ть чью-л. про́сьбу (жела́ние)

compose [kəmˈpəuz] 1) составля́ть 2) сочиня́ть; ~ mу́sic сочиня́ть му́зыку 3): ~ oneself успока́иваться; ~d [-d] споко́йный

composer [kəmˈpəuzə] компози́тор *м*

composition [ˌkɔmpəˈzɪʃn] 1) компози́ция *ж* 2) соста́в *м*; the ~ of the delegа́tion соста́в делега́ции 3) (музыка́льное, литерату́рное) произведе́ние *(in arts)* 4) (шко́льное) сочине́ние *(thesis)*

compositor [kəmˈpɔzɪtə] набо́рщик *м*

compound [ˈkɔmpaund] составно́й, сло́жный

comprehensive [ˌkɔmprɪˈhensɪv] всесторо́нний, исче́рпывающий; ~ school *брит.* общеобразова́тельная шко́ла

compress 1. *n* [ˈkɔmpres] *мед.* повя́зка *ж (bandage)*; примо́чка *ж (moistened)* 2. *v* [kəmˈpres] сжима́ть

comprise [kəmˈpraɪz] охва́тывать; заключа́ть *(в себе)*

compromise [ˈkɔmprəmaɪz] 1. *n* компроми́сс *м* 2. *v* 1) пойти́ на компроми́сс 2) компромети́ровать

compulsory [kəmˈpʌlsərɪ] принуди́тельный, обяза́тельный; ~ educа́tion обяза́тельное обуче́ние

computer [kəmˈpjuːtə] вычисли́тельная маши́на; компью́тер *м*, ЭВМ

comrade [ˈkɔmrɪd] това́рищ *м*

conceal [kənˈsiːl] скрыва́ть; ума́лчивать

conceive [kənˈsiːv] 1) постига́ть; I can't ~ it я э́того не понима́ю 2) заду́мывать; ~ a plan заду́мывать план

concentration [ˌkɔnsənˈtreɪʃn] сосредоточе́ние *с*; концентра́ция *ж*; ~ camp концентрацио́нный ла́герь

conception [kənˈsepʃn] поня́тие *с*; представле́ние *с*; конце́пция *ж*

concern [kənˈsɜːn] 1. *n* 1) де́ло *с*, отноше́ние *с* 2) предприя́тие *с (firm)* 3) беспоко́йство *с*; огорче́ние *с*; feel ~ abоut... чу́вствовать беспоко́йство по по́воду... 2. *v* 1) каса́ться; as ~s что каса́ется 2) забо́титься; be ~ed abоut one's health забо́титься о своём здоро́вье; ~ed [-d] заинтересо́ванный; ~ing [-ɪŋ] относи́тельно

concert [ˈkɔnsət] конце́рт *м*; give a ~ дать конце́рт

concerto [kənˈtʃɑːtəu] конце́рт *м (муз. произведе́ние)*

concession [kənˈseʃn] 1) усту́пка *ж*; mу́tual ~s взаи́мные усту́пки 2) *эк.* конце́ссия *ж*

conclude [kənˈkluːd] заклю-

чáть; ~ a tréaty заключи́ть
догово́р

conclusion [kən'klu:ʒn] 1)
оконча́ние *с*, заключе́ние *с*;
bring to a ~ заверша́ть, зака́н-
чивать; in ~ в заключе́ние 2)
вы́вод *м*; come to a ~ прийти́
к вы́воду; draw a ~ сде́лать
вы́вод, прийти́ к заключе́нию

concrete I ['kɔnkri:t] кон-
кре́тный

concrete II бето́н *м*

condemn [kən'dem] осуж-
да́ть; пригова́ривать

condense [kən'dens] сгуща́ть
(-ся); ~d milk сгущённое мо-
локо́

condition [kən'dɪʃn] 1) усло́-
вие *с* 2) состоя́ние *с*; be in good
~ быть в хоро́шем состоя́нии
3) *pl* обстоя́тельства *мн.*

condo *см.* condomínium

condolence [kən'dəuləns] со-
боле́знование *с*; présent one's
~s (to) вы́разить своё собо-
ле́знование *кому-л.*

condominium [ˌkɔndə'mɪnɪ-
əm] кондоми́ниум *м* *(дом-
-совладение или квартира в
таком доме)*

conduct 1. *n* ['kɔndəkt] по-
веде́ние *с* **2.** *v* [kən'dʌkt] 1)
вести́ 2) дирижи́ровать; the
órchestra ~ed by... орке́стр
под управле́нием ...; ~or [-ə]
1) *брит.* конду́ктор *м; амер.*
ж.-д. прово̣дни́к 2) *муз.* дирижёр *м* 3) *физ.* проводни́к *м*

cone [kəun] 1) ко́нус *м*; íce-
-cream ~ моро́женое (в ва́-
фельном стака́нчике) 2) ши́ш-
ка *ж*; a fir ~ ело́вая ши́шка

confectionery [kən'fekʃnərɪ]
1) конди́терская *ж (shop)* 2)
конди́терские изде́лия *(sweet
meat)*

confer [kən'fə:] присужда́ть;
~ a degrée присуди́ть сте́пень

conference ['kɔnfərəns] 1) со-
веща́ние *с*; be in ~ быть на
совеща́нии; заседа́ть 2) кон-
фере́нция *ж;* peace ~ ми́рная
конфере́нция, конфере́нция
сторо́нников ми́ра

confess [kən'fes] 1) призна-
ва́ться, сознава́ться 2) *рел.*
испове́доваться; ~ion [kən-
'feʃn] 1) призна́ние *с* 2) *рел.*
и́споведь *ж*

confidence ['kɔnfɪdəns] 1) до-
ве́рие *с* (in — к *кому-л., чему-
-л.*) 2) уве́ренность *ж (self-
-reliance)*

confident ['kɔnfɪdənt] уве́-
ренный; ~ial [ˌkɔnfɪ'denʃəl]
конфиденциа́льный, секре́т-
ный

confirm [kən'fə:m] подтверж-
да́ть; ~ation [ˌkɔnfə'meɪʃn]
подтвержде́ние *с*

conflict ['kɔnflɪkt] конфли́кт
м; столкнове́ние *с*

confuse [kən'fju:z] 1) сме́ши-
вать, спу́тывать; ~ the names
спу́тать имена́ 2) смуща́ть
(abash)

confusion [kən'fju:ʒn] 1) пу́-
таница *ж*, беспоря́док *м* 2)
смуще́ние *с (embarrassment)*

congratulate [kən'grætʃuleɪt]
поздравля́ть (on, upón — с);
I ~ you on... поздравля́ю
вас с...

congratulation [kən,grætʃu-

'leɪʃn] поздравле́ние *c*; my ~s! поздравля́ю!

congress ['kɔŋgres] 1) съезд *м*; конгре́сс *м*; Párty C. съезд па́ртии 2) (C.) конгре́сс США

coniferous [kəu'nɪfərəs] хво́йный

conjurer ['kʌndʒərə] фо́кус-ник *м*

connect [kə'nekt] соединя́ть (-ся); свя́зывать(ся); ~ion [kə'nekʃn] 1) связь *ж*; in this ~ion в связи́ с э́тим 2) согла-со́ванное расписа́ние *(поез-дов, пароходов)*; the train makes ~ion with the boat расписа́ние по́езда согласо́ва-но с расписа́нием парохо́да; miss a ~ion опозда́ть на пере-са́дку

conquer ['kɔŋkə] завоёвы-вать, побежда́ть; ~or [-rə] завоева́тель *м*

conquest ['kɔŋkwest] завое-ва́ние *c*

conscience ['kɔnʃəns] со́весть *ж*

conscientious [ˌkɔnʃɪ'enʃəs] добросо́вестный ◊ ~ objéctor отка́зывающийся служи́ть в а́рмии по принципиа́льным со-ображе́ниям, в том числе́ по религио́зным убежде́ниям

conscious ['kɔnʃəs] 1): be ~ of знать, сознава́ть 2) созна́-тельный; ~ness [-nɪs] 1) созна́-ние *c*; lose ~ness потеря́ть созна́ние; regáin ~ness прий-ти́ в себя́ 2) созна́тельность *ж*

conscription [kən'skrɪpʃn] во́инская пови́нность

consensus [kən'sensəs] кон-се́нсус *м*, о́бщее согла́сие

consent [kən'sent] 1. *n* согла́-сие *c*; give one's ~ дать согла́-сие 2. *v* соглаша́ться

consequence ['kɔnsɪkwəns] 1) после́дствие *c*; in ~ of вследствие 2) значе́ние *c*; it's of no ~ э́то не име́ет зна-че́ния, э́то нева́жно

consequently ['kɔnsɪkwəntlɪ] сле́довательно, поэ́тому

conservative [kən'sɜːvətɪv] 1. *a* консервати́вный; the C. Par-ty консервати́вная па́ртия 2. *n* (C.) консерва́тор *м*; член кон-сервати́вной па́ртии

conservatoire [kən'sɜːvətwɑː] консервато́рия *ж*

conservatory [kən'sɜːvətərɪ] 1) оранжере́я *ж*, зи́мний сад 2) *(тж.* ~ of músic) консерва-то́рия *ж*

consider [kən'sɪdə] 1) рас-сма́тривать; ~ a mátter рас-смотре́ть вопро́с 2) счита́ть, полага́ть *(deem)*; ~able [-rəbl] значи́тельный; ~ation [kənˌsɪ-də'reɪʃn] 1) размышле́ние *c*; рассмотре́ние *c* 2) соображе́-ние *c*, причи́на *ж (cause)* ◊ take into ~ation приня́ть во внима́ние

consist [kən'sɪst] 1) состоя́ть (of — из) 2) заключа́ться (in — в)

consistent [kən'sɪstənt] по-сле́довательный

consolation [ˌkɔnsə'leɪʃn] утеше́ние *c*; ~ prize утеши́-тельный приз

console I [kən'səul] утеша́ть

· **console II** ['kɔnsəul]: rádio (TV) ~ консóльный рáдио(телевизиóнный) приёмник

consolidate [kən'sɔlɪdeɪt] укрепля́ть(ся); ~ the succéss закрепи́ть успéх

conspiracy [kən'spɪrəsɪ] зáговор м

conspire [kən'spaɪə] тáйно сгова́риваться

constant ['kɔnstənt] 1) постоя́нный 2) твёрдый

constellation [ˌkɔnstə'leɪʃn] созвéздие с

constipation [ˌkɔnstɪ'peɪʃn] мед. запóр м

constituency [kən'stɪtjuənsɪ] избирáтельный óкруг

constituent [kən'stɪtjuənt] **1.** a 1) составнóй; ~ part составнáя часть 2) учреди́тельный; ~ assémbly учреди́тельное собрáние **2.** n избирáтель м

constitute ['kɔnstɪtjuːt] составля́ть, образóвывать

constitution [ˌkɔnstɪ'tjuːʃn] конститу́ция ж

construct [kən'strʌkt] стрóить; создавáть; ~ion [kən'strʌkʃn] 1) строи́тельство с; ~ion site строи́тельная площа́дка, стрóйка ж 2) здáние с (building)

consul ['kɔnsəl] кóнсул м; ~ate ['kɔnsjulɪt] кóнсульство с

consult [kən'sʌlt] 1) совéтоваться; I'd like to ~ you мне хотéлось бы посовéтоваться с вáми; ~ a dóctor обрати́ться к врачу́ 2) справля́ться; ~ a book спрáвиться по кни́ге;

~**ation** [ˌkɔnsəl'teɪʃn] консульта́ция ж, совещáние с

consume [kən'sjuːm] потребля́ть; ~r [-ə] потреби́тель м; ~r(s') goods товáры широ́кого потреблéния

consumption I [kən'sʌmpʃn] потреблéние с

consumption II мед. туберкулёз лёгких, чахóтка ж

contact ['kɔntækt] (со)прикосновéние с; контáкт м; pérsonal ~ ли́чное общéние

contagious [kən'teɪdʒəs] зарáзный, инфекцио́нный

contain [kən'teɪn] содержáть, вмещáть; ~er [-ə] 1) (какáя-л.) тáра; сосу́д м (vessel); я́щик м (crate) 2) контéйнер м (standardized receptacle); ~er ship контейнеровóз м (судно)

contemporary [kən'tempərərɪ] **1.** a совремéнный **2.** n совремéнник м

contempt [kən'tempt] презрéние с; ~ of court юр. неуважéние к суду́

contend [kən'tend] 1) борóться 2) утверждáть (affirm); ~er [-ə] претендéнт м; presidéntial ~er кандидáт в президéнты

content [kən'tent] **1.** a довóльный **2.** v удовлетворя́ть; ~ onesélf with довóльствоваться чем-л.

contents ['kɔntents] pl 1) содержáние с 2) содержи́мое с (of a vessel)

contest 1. n ['kɔntest] состязáние с; кóнкурс м; winners of

the ~ победи́тели ко́нкурса
2. *v* [kən'test] оспа́ривать

continent ['kɔntɪnənt] матери́к *м*; ~**al** [ˌkɔntɪ'nentl] 1) континента́льный; ~al shelf континента́льный шельф 2) (за́падно-)европе́йский *(исключая Великобрита́нию)*; ~al bréakfast лёгкий за́втрак *(кофе с бу́лочкой)*

continuation [kənˌtɪnju'eɪʃn] продолже́ние *с*

continue [kən'tɪnjuː] продолжа́ть(ся); to be ~d продолже́ние сле́дует

continuous [kən'tɪnjuəs] непреры́вный

contrabass [ˌkɔntrə'beɪs] контраба́с *м*

contract ['kɔntrækt] догово́р *м*, контра́кт *м*; ~or [kən'træktə] подря́дчик *м (особ. в строи́тельстве)*

contradict [ˌkɔntrə'dɪkt] 1) отрица́ть, опроверга́ть *(deny)* 2) возража́ть; противоре́чить; ~ each óther противоре́чить друг дру́гу; ~ion [ˌkɔntrə'dɪkʃn] противоре́чие *с (conflict)*

contralto [kɔn'træltəu] контра́льто *с нескл.*

contrary ['kɔntrərɪ] **1.** *a* противополо́жный; ~ to one's expectátions вопреки́ ожида́ниям **2.** *n*: on the ~ наоборо́т

contribute [kən'trɪbjuːt] 1) спосо́бствовать 2) же́ртвовать *(деньги)*; вноси́ть вклад *(в какое-л. де́ло)*; ~ to the cause of peace внести́ вклад в де́ло ми́ра 3) сотру́дничать *(в газе-*

те *и т. п.)*; ~ to a magazíne сотру́дничать в журна́ле

contribution [ˌkɔntrɪ'bjuːʃn] вклад *м*; ~ to scíence вклад в нау́ку

control [kən'trəul] **1.** *n* 1) управле́ние *с*; púsh-bútton ~s кно́почное управле́ние; ~ módule *косм.* отсе́к управле́ния; ~ tówer диспе́тчерская ба́шня *(в аэропорту́)* 2) контро́ль *м*, прове́рка *ж (supervision)* **2.** *v* 1) управля́ть 2) контроли́ровать *(check up)* ◊ ~ onesélf владе́ть собо́й

convene [kən'viːn] созыва́ть

convenience [kən'viːnɪəns] 1) удо́бство *с*; at your ~ как (когда́) вам бу́дет уго́дно 2) *pl* комфо́рт *м*, удо́бства *мн.*

convenient [kən'viːnɪənt] удо́бный, подходя́щий; is it ~ for you? вас э́то устра́ивает?

convention [kən'venʃn] съезд *м*, конве́нт *м*

conversation [ˌkɔnvə'seɪʃn] разгово́р *м*, бесе́да *ж*

conversion [kən'vɜːʃn] превраще́ние *с* (to — в)

convert [kən'wɜːt] превраща́ть, переде́лывать; ~ible [-əbl] **1.** *a* 1) обрати́мый, изменя́емый, со сме́нными элеме́нтами; ~ible seat откидно́е кре́сло 2) *фин.*: ~ible cúrrency конверти́руемая валю́та **2.** *n* 1) автомоби́ль с откидны́м ве́рхом 2) дива́н-крова́ть *м*

convey [kən'veɪ] 1) перевози́ть *(transport)* 2) выража́ть; передава́ть *(мысль, звук)*; ~ our gréetings (thanks) to... передайте наш привет (благодарность)...; ~**er** [-ə] конвейер м

conviction [kən'vıkʃn] 1) убеждение c (of, that — в) 2) *юр.* признание виновным; осуждение c

convince [kən'vıns] убеждать, убедить

cook [kuk] 1. v стряпать; варить(ся) 2. n кухарка ж, повар м; be a good ~ хорошо готовить; ~**book** [-buk] *амер.* поваренная книга; ~**ery-book** [-ərıbuk] *брит.* поваренная книга

cool [kuːl] 1. a прохладный, свежий; it's ~ outside на улице прохладно 2) хладнокровный; keep ~ не волнуйтесь 2. v (*тж.* cool down) 1) охлаждать 2) остывать (*get cool*); ~ off остывать, успокаиваться; ~ing-off period is necessary нужно какое-то время, чтобы страсти улеглись

co-operate [kəu'ɔpəreıt] сотрудничать

co-operation [kəu,ɔpə'reıʃn] сотрудничество c; international ~ международное сотрудничество

co-operative [kəu'ɔpərətıv] 1) совместный, объединённый 2) кооперативный; ~ society кооператив м

co-ordinate [kəu'ɔːdıneıt] координировать; ~**d** [-ıd] согласованный

cop [kɔp] *амер. разг.* полисмен м, полицейский м

cope [kəup] справляться; ~

with the task справиться с задачей

copier ['kɔpıə] (термо)копировальная машина

copper ['kɔpə] медь ж

copy ['kɔpı] 1. n 1) копия ж; rough ~ черновик м 2) экземпляр м (*of a book, etc*) 3) репродукция ж (*of a picture, etc*) 4) рукопись ж (*manuscript*) 2. v 1) снимать копию, копировать 2) подражать *кому-л.* (*imitate smb*); ~**book** [-buk] тетрадь ж, тетрадь с прописями; ~**right** [-raıt] авторское право, копирайт м

cord [kɔːd] верёвка ж; шнур м

cordial ['kɔːdıəl] сердечный; ~ welcome радушный приём

cork [kɔːk] 1. n пробка ж 2. v затыкать пробкой; ~-**screw** [-skruː] штопор м

corn I [kɔːn] 1) зерно c 2) хлеба *мн.*; cut the ~ убирать хлеба 3) *брит.* пшеница ж 4) *амер.* кукуруза ж; майс м

corn II мозоль ж

corner ['kɔːnə] 1) угол м; in the ~ в углу; at the ~ на углу; round the ~ за углом 2) *спорт.* угловой (удар)

corn-flower ['kɔːnflauə] василёк м

corpse [kɔːps] труп м

correct [kə'rekt] 1. a правильный, верный 2. v корректировать; исправлять; ~ mistakes исправлять ошибки; ~**ion** [kə'rekʃn] исправление c

correspond [,kɔrıs'pɔnd] 1) соответствовать (to — *чему-*

-либо) 2) перепи́сываться; I ~ with my Rússian fríends я перепи́сываюсь со свои́ми ру́сскими друзья́ми; ~ence [-əns] перепи́ска ж; ~ence course курс зао́чного обуче́ния; ~ent [-ənt] корреспонде́нт м

corridor ['kɔrɪdɔː] коридо́р м

corrupt [kə'rʌpt] 1) по́ртить (-ся), развраща́ть(ся) 2) подкупа́ть (*bribe*); ~ion [kə'rʌpʃn] прода́жность ж, корру́пция ж

corset ['kɔːsɪt] 1) *тж. мед.* корсе́т м 2) *часто pl* гра́ция ж; по́яс м

cosmic ['kɔzmɪk] косми́ческий

cosmonaut ['kɔzmənɔːt] космона́вт м

cost [kɔst] 1. *n* цена́ ж; сто́имость ж; ~ of líving сто́имость жи́зни; at ány ~, at all ~s во что́ бы то ни ста́ло 2. *v* (cost) сто́ить; what does it ~ ? ско́лько э́то сто́ит?

costume ['kɔstjuːm] костю́м м; nátional ~ национа́льный костю́м

cosy ['kəuzɪ] 1. *a* ую́тный 2. *n* (*тж.* tea cósy) стёганый чехо́л, «ба́ба» (на ча́йник)

cot [kɔt] 1) крова́ть ж, ко́йка ж 2) де́тская крова́тка (*for a child*) 3) раскладу́шка ж (*light, folding bed*) 4) спа́льное ме́сто (*on a boat, train, etc*)

cottage ['kɔtɪdʒ] 1) котте́дж м 2) изба́ ж (*log cabin*)

cotton ['kɔtn] 1. *n* 1) хло́пок м 2) (хлопча́то)бума́жная ткань (*cloth*) 3) (*тж.* cótton wool) ва́та ж 2. *a* (хлопча́то-) бума́жный

couch [kautʃ] кушётка ж; тахта́ ж

cough [kɔf] 1. *n* ка́шель м 2. *v* ка́шлять; ~-drop [-drɔp] пасти́лка от ка́шля

could [kud] *past от* can II

council ['kaunsl] сове́т м; the UN Secúrity C. Сове́т Безопа́сности ООН; ~ flats муниципа́льный жило́й дом

counsel ['kaunsəl] 1. *n* 1) сове́т м; give good ~ дать хоро́ший сове́т 2) *юр.* адвока́т м 2. *v* сове́товать; ~lor ['kaunslə] 1) сове́тник м 2) *амер. юр.* адвока́т м

count [kaunt] счита́ть; please ~ your change прове́рьте, пожа́луйста, сда́чу; ~ on рассчи́тывать на

countdown ['kauntdaun] *косм.* отсчёт м

counter ['kauntə] прила́вок м; сто́йка ж

counterclockwise [‚kauntə-'klɔkwaɪz] про́тив часово́й стре́лки

country ['kʌntrɪ] 1) страна́ ж; what ~ are you from? из како́й вы страны́? 2) дере́вня ж, се́льская ме́стность (*rural community*); ~ músic му́зыка «ка́нтри»; ~ house да́ча ж (*summer house*); дереве́нский дом; ~man [-mən] 1) се́льский жи́тель 2) сооте́чественник м (*compatriot*); ~-side [-saɪd] (се́льская) ме́стность

county ['kauntɪ] 1) гра́фство с (*административная единица* *в Великобритании*) 2) о́круг *м* (*в США*)

coupe [kuːp] *авто* купе́ *с* (*тип кузова легкового автомобиля*)

couple [ˈkʌpl] 1) па́ра *ж*; a ~ of óranges два апельси́на 2) па́ра *ж* (*two persons*)

coupling [ˈkʌplɪŋ] *ж.-д.* сце́пка *ж*

courage [ˈkʌrɪdʒ] му́жество *с*, хра́брость *ж*; ~ous [kə-ˈreɪdʒəs] хра́брый

course [kɔːs] 1) курс *м*; what ~s are béing óffered at your cóllege? каки́е предме́ты вы прохо́дите в ва́шем колле́дже?; ~ of tréatment курс лече́ния 2) ход *м*, тече́ние *с*; ~ of evénts ход собы́тий 3) блю́до *с*; dínner of five ~s обе́д из пяти́ блюд ◊ of ~ коне́чно, разуме́ется

court [kɔːt] 1. *n* 1) двор *м* (*yard*) 2) (*тж.* court of law) суд *м* 3) *спорт.* площа́дка для игр; корт *м* (*for tennis*) 2. *v* уха́живать (*smb* — за *кем-л.*)

courteous [ˈkɜːtɪəs] ве́жливый, учти́вый

courtesy [ˈkɜːtɪsɪ] ве́жливость *ж*, учти́вость *ж*

cousin [ˈkʌzn] двою́родный брат; двою́родная сестра́

cover [ˈkʌvə] 1. *v* 1) закрыва́ть; покрыва́ть 2): ~ a cónference освеща́ть рабо́ту конфере́нции 2. *n* 1) (по)кры́шка *ж*; чехо́л *м*; обло́жка *ж*; a hard ~ edítion изда́ние в твёрдом переплёте 2) (обе́денный) прибо́р *м*; ~s were laid for six стол был накры́т на шесть челове́к

cow [kau] коро́ва *ж*

coward [ˈkauəd] трус *м*; ~ice [-ɪs] тру́сость *ж*

cow-boy [ˈkaubɔɪ] ковбо́й *м*

cozy [ˈkəuzɪ] *амер. см.* cósy

crab [kræb] краб *м*; ~meat [-miːt] кра́бы *мн.* (*консервы*)

crack [kræk] раска́лывать (-ся); тре́скаться; ~ nuts щёлкать оре́хи; ~down [-daun] круты́е ме́ры, «закру́чивание га́ек»; ~er [-ə] *амер.* пече́нье *с* (*biscuit*)

craft [krɑːft] 1) ремесло́ *с* (*trade*) 2) ло́вкость *ж*, иску́сство *с* (*skill*) 3) су́дно *с* (*vessel*); суда́ *мн.*; ~sman [-smən] реме́сленник *м*

crane [kreɪn] 1) жура́вль *м* 2) *тех.* подъёмный кран

crash [kræʃ] 1. *n* 1) треск *м*, гро́хот *м* 2) ава́рия *ж* (*accident*) 2. *v* разби́ть(ся)

crate [kreɪt] (деревя́нный) я́щик; (упако́вочная) клеть; конте́йнер *м*

crawl [krɔːl] 1. *n* (*тж.* crawl stroke) *спорт.* кроль *м* 2. *v* по́лзать

crayfish [ˈkreɪfɪʃ] рак *м* (*речно́й*)

crayon [ˈkreɪən] *иск.* пасте́ль *ж*

crazy [ˈkreɪzɪ] 1) сумасше́дший 2): be ~ about smth увлека́ться чем-л.

creak [kriːk] 1. *n* скрип *м* 2. *v* скрипе́ть

cream [kriːm] (*тж.* light cream) сли́вки *мн.*; крем *м*; héavy~ густы́е сли́вки; ~ cheese сли́вочный сыр(о́к)

create [kriːˈeɪt] твори́ть, создава́ть

creation [kriːˈeɪʃn] созда́ние *с*; (со)творе́ние *с*

creature [ˈkriːtʃə] созда́ние *с*; живо́е существо́

crèche [kreɪʃ] де́тские я́сли

credentials [krɪˈdenʃəlz] *pl* вери́тельные гра́моты

credit [ˈkredɪt] 1) дове́рие *с* 2) честь *ж* (*honour*) 3) *фин.* креди́т *м*; allów (grant) ~ предоста́вить креди́т; ~ card креди́тная ка́рточка

creed [kriːd] 1) *рел.* вероуче́ние *с* 2) кре́до *с* (*set of principles*)

creep [kriːp] (crept) 1) по́лзать 2) кра́сться (*move stealthily*) 3) ви́ться (*of a plant*); ~ing Chárlie (Jénnie) вьюно́к *м*

cremate [krɪˈmeɪt] сжига́ть, креми́ровать

Creole [ˈkriːəul] крео́л *м*, крео́лка *ж*

crept [krept] *past и pp от* creep

crest [krest] гре́бень *м* (*горы и т. п.*)

crew [kruː] экипа́ж *м*, кома́нда *ж* (*судна*)

cricket I [ˈkrɪkɪt] сверчо́к *м*

cricket II *спорт.* кри́кет *м*

crime [kraɪm] преступле́ние *с*; ~-story [-stɔːrɪ] *кино* детекти́вный фильм

criminal [ˈkrɪmɪnl] 1. *a* престу́пный; уголо́вный; ~ code уголо́вный ко́декс 2. *n* престу́пник *м*

crimson [ˈkrɪmzn] тёмно-кра́сный, мали́новый

cripple [ˈkrɪpl] кале́ка *м и ж*

crisis [ˈkraɪsɪs] (*pl* crises) кри́зис *м*; cábinet ~ прави́тельственный кри́зис

crisp [krɪsp] 1. *a* 1) ло́мкий, хру́пкий (*brittle*) 2) хрустя́щий, рассы́пчатый; ~ toast поджа́ристый грено́к 3) живо́й, бы́стрый; ~ replý отры́вистый отве́т 2. *n* брит. (*обыкн. pl*) хрустя́щий карто́фель

critic [ˈkrɪtɪk] кри́тик *м*; ~al [-əl] крити́ческий; ~ism [ˈkrɪtɪsɪzm] кри́тика *ж*; ~ize [ˈkrɪtɪsaɪz] критикова́ть; порица́ть

crocodile [ˈkrɔkədaɪl] крокоди́л *м* ◊ shed ~ tears пролива́ть крокоди́ловы слёзы

crooked [ˈkrukɪd] 1) криво́й 2) нече́стный (*dishonest*)

crop [krɔp] 1) урожа́й *м* 2) *с.-х.* культу́ра *ж*; téchnical (indústrial) ~s техни́ческие культу́ры

cross [krɔs] 1. *n* крест *м* 2. *a* злой; раздражённый; she is ~ with you она́ на вас се́рдится 3. *v* пересека́ть; переезжа́ть; ~ the street переходи́ть у́лицу; ~ out вычёркивать

cross-country [ˌkrɔsˈkʌntrɪ] *спорт.*: ~ skíing равни́нные лы́жи

crossing [ˈkrɔsɪŋ] перепра́ва *ж*; *ж.-д.* перее́зд; pedéstrian ~ (пешехо́дный) перехо́д

cross‖-roads [ˈkrɔsrəudz] перекрёсток *м*; ~-word [-wəːd]

(*тж.* cróss-word púzzle) крос-
свóрд *м*

crow [krəu] ворóна *ж*

crowd [kraud] **1.** *n* толпá *ж*
2. *v* толпи́ться, тесни́ться

crown [kraun] 1) корóна *ж*
2) маку́шка *ж* (*top of the
head*) 3) крóна *ж* (*coin*) 4) ко-
рóнка *ж*; put a ~ (on a tooth)
постáвить корóнку (на зуб)

crude [kru:d] 1) гру́бый 2) не-
обрабóтанный; ~ oil сырáя
нефть

cruel [kruəl] жестóкий; ~ty
[-tɪ] жестóкость *ж*

cruise [kru:z] *мор.* круи́з *м*;
~ míssile крылáтая ракéта

crumb [krʌm] крóшка *ж*

crush [krʌʃ] **1.** *v* 1) (раз)да-
ви́ть 2) (с)мять; my dress is
~ed у меня́ измя́лось плáтье
2. *n* дáвка *ж*

cry [kraɪ] 1) восклицáть 2)
плáкать (*weep*)

crystal ['krɪstl] 1) *мин.* хрустáль *м* 2) хрустáль *м*, хрус-
тáльная посу́да (*cut glass*) 3)
хим., *мин.* кристáлл *м*

cub [kʌb] детёныш *м* (*зверя*)

cube [kju:b] куб *м*; three ~
три в ку́бе

cucumber ['kju:kʌmbə] огу-
рéц *м*

cuff [kʌf] манжéта *ж*; об-
шлáг *м*; ~-link [-ˌlɪŋk] зáпон-
ка *ж*

cult [kʌlt] культ *м*

cultivate ['kʌltɪveɪt] 1) *с.-х.*
воздéлывать 2) развивáть
(*strengthen*)

cultural ['kʌltʃərəl] культу́р-
ный

culture ['kʌltʃə] культу́ра *ж*;
~d [-d] культу́рный, развитóй ◊ ~d pearls культиви́ро-
ванный жéмчуг

cunning ['kʌnɪŋ] хи́трый, ко-
вáрный

cup [kʌp] 1) чáшка *ж*; will
you have a ~ of cóffee? хоти́те
чáшку кóфе? 2) *спорт.* ку́бок
м; ~ tóurnament рóзыгрыш
ку́бка; ~board ['kʌbəd] буфéт
м, шкаф *м*

curds [kə:dz] *pl* творóг *м*

cure [kjuə] **1.** *v* лечи́ть; вылéчивать **2.** *n* 1) излечéние *с*
(*recovery*) 2) снáдобье *с*, лекáрство *с* (*drug*)

curfew ['kə:fju:] комендáнт-
ский час

curiosity [ˌkjuərɪ'ɔsɪtɪ] лю-
бопы́тство *с*

curious ['kjuərɪəs] 1) любо-
пы́тный 2) любознáтельный;
I'm ~ to know... хотéлось бы
знать... 3) стрáнный (*strange*)

curl [kə:l] **1.** *n* 1) лóкон *м* 2) *pl*
вью́щиеся вóлосы **2.** *v* ви́ться;
завивáть(ся); ~y [-ɪ] кудря́-
вый

currant ['kʌrənt] сморóдина
ж; black (red) ~ чёрная (крáсная) сморóдина

currency ['kʌrənsɪ] *фин.* 1)
(дéнежное) обращéние 2) ва-
лю́та *ж*; ~ exchánge обмéн
валю́ты

current ['kʌrənt] **1.** *a* теку́-
щий; ~ evénts теку́щие со-
бы́тия; ~ year теку́щий год **2.**
n 1) потóк *м*; течéние *с* 2) струя́
ж; ~s of wáter стру́и воды́
3) *эл.* ток *м*; diréct (alternát-

ing) ~ постоя́нный (переме́н-
ный) ток

curry [ˈkʌrɪ] кэ́рри *с нескл.*
(род острого соуса)

curse [kəːs] **1.** *n* прокля́тие *с*
2. *v* проклина́ть; руга́ться

curtail [kəˈteɪl] сокраща́ть,
уре́зывать

curtain [ˈkəːtn] занаве́ска *ж*;
за́навес *м (тж. театр.)*; lift
(drop) the ~ подня́ть (опу-
сти́ть) за́навес

curve [kəːv] изгиба́ть(ся)

cushion [ˈkuʃən] (дива́нная)
поду́шка

custom [ˈkʌstəm] 1) обы́чай
м; lócal ~s ме́стные обы́чаи
2) привы́чка *ж (habit)*

customer [ˈkʌstəmə] покупа́-
тель *м*; зака́зчик *м*; клие́нт *м*

custom-house [ˈkʌstəmhaus]
тамо́жня *ж*

customs [ˈkʌstəmz] *pl* 1) *(тж.*
cústoms dúty) тамо́женные
по́шлины 2) тамо́жня *ж*; тамо́-
женный контро́ль; where do I
go through the ~? где бу́дет
тамо́женное оформле́ние?; ~
inspéction тамо́женный до-
смо́тр

cut [kʌt] **1.** *v* (cut) 1) ре́зать,
разреза́ть 2) поре́зать; ~ one's
fínger поре́зать па́лец 3)
стричь; have one's hair ~ по-
стри́чься 4) сни́зить, пони́зить;
~ príces снижа́ть це́ны; ~
down a) (с)руби́ть; б) сокра-
ща́ть; ~ down the expénses
сократи́ть расхо́ды; ~ **off**
разъедини́ть; we were ~ off,
now I'm cálling you again нас
разъедини́ли, звоню́ вам ещё

раз **2.** *n* 1) поре́з *м*, разре́з *м*
2) покро́й *м*; do you like the ~
of the coat? вам нра́вится по-
кро́й э́того пальто́?

cut glass [ˌkʌtˈglaːs] хрус-
та́ль *м*

cut-glass [ˌkʌtˈglaːs] хру-
ста́льный

cutlery [ˈkʌtlərɪ] (ку́хонные)
ножи́

cutlet [ˈkʌtlɪt] отбивна́я *ж*;
veal (lamb) ~ теля́чья (ба-
ра́нья) отбивна́я

cutter [ˈkʌtə] *иск.* ре́зчик *м*
(по дереву и т. п.)

cutthroat [ˈkʌtθrəut] головоре́з *м*, уби́йца *м и ж*; ~ competítion жесто́кая конкуре́нция

cycle [ˈsaɪkl] **1.** *n* 1) цикл *м*
2) *разг.* велосипе́д *м (bicycle)*
2. *v* ката́ться (е́хать) на вело-
сипе́де

cycle-track [ˈsaɪkltræk] ве-
лотре́к *м*

cycling [ˈsaɪklɪŋ] велоспо́рт
м

cyclist [ˈsaɪklɪst] велосипе-
ди́ст *м*

cynic [ˈsɪnɪk] ци́ник *м*

cypress [ˈsaɪprɪs] кипари́с *м*

D

D [diː] *муз.* ре; D mínor ре
мино́р

dad [dæd], **daddy** [ˈdædɪ]
разг. па́па *м*, па́почка *м*

daffodil [ˈdæfədɪl] (бле́дно-
-жёлтый) нарци́сс

daily [ˈdeɪlɪ] **1.** *a* ежедне́вный

2. *adv* ежеднéвно; the train leaves (arríves) at ten ~ пóезд отхóдит (прихóдит) ежеднéвно в дéсять (часóв) **3.** *n* ежеднéвная газéта

dairy ['dɛərɪ] 1) молóчная *ж (shop)*; ~ próducts молóчные продýкты 2) *(тж.* dáiry farm) молóчная фéрма

daisy ['deɪzɪ] маргарúтка *ж*

dam [dæm] **1.** *n* дáмба *ж*, плотúна *ж* **2.** *v* запрýживать

damage ['dæmɪdʒ] **1.** *n* 1) вред *м*; ущéрб *м (loss of value)* 2) *pl* возмещéние убы́тков; pay ~s возместúть убы́тки **2.** *v* 1) повреждáть 2) наносúть ущéрб *(inflict loss)*

damn [dæm]: ~ it! чёрт возьмú!

damp [dæmp] сырóй, влáжный

dance [dɑːns] **1.** *n* 1) тáнец *м*; may I have the next ~? разрешúте пригласúть вас на слéдующий тáнец?; ~ group ансáмбль тáнца 2) тáнцы *мн.*, бал *м (party)* **2.** *v* танцевáть, плясáть; ~r [-ə] танцóвщик *м*, танцóвщица *ж*

dancing ['dɑːnsɪŋ] *см.* ice

danger ['deɪndʒə] опáсность *ж*; ~ous ['deɪndʒrəs] опáсный

dare [dɛə] сметь, отвáживаться ◊ I ~ say вероя́тно, пожáлуй, полагáю

daring ['dɛərɪŋ] **1.** *n* отвáга *ж*, дерзáние *с* **2.** *a* смéлый, отвáжный

dark [dɑːk] **1.** *a* 1) тёмный; grow (get) ~ темнéть, смеркáться 2) смýглый; he has a ~ compléxion он смýглый 3) =dárk-haired ◊ ~ horse тёмная лошáдка **2.** *n* темнотá *ж*; in the ~ в темнотé; ~ -haired [-hɛəd]: ~-haired man брюнéт *м*; ~-room [-ruːm] *фото* лаборатóрия *ж*

darkness ['dɑːknɪs] темнотá *ж*

darling ['dɑːlɪŋ] **1.** *a* любúмый; мúлый, дорогóй **2.** *n* дýшка *ж*, дýшечка *ж* ◊ will you hold it for me, ~? *разг.* голýбушка, подержúте, пожáлуйста! *(обращение женщины к женщине)*

darn [dɑːn] штóпать

dash [dæʃ] **1.** *v* рúнуться; промчáться *(by)* **2.** *n спорт.* забéг *м (на короткие дистанции),* спринт *м*

data ['deɪtə] *pl* дáнные *мн.*; фáкты *мн.;* ~base (procéssing) бáза (обрабóтка) дáнных *(в информатике)*

date I [deɪt] **1.** *n* 1) дáта *ж*; числó *с*; what's the ~ todáy? какóе сегóдня числó? 2) *разг.* свидáние *с*; make a ~ назначáть свидáние ◊ out of ~ устарéлый; up to ~ совремéнный **2.** *v* датúровать; a létter ~d 5 June... письмó от 5 ию́ня...

date II фúник *м*

daughter ['dɔːtə] дочь *ж*; ~-in-law ['dɔːtərɪnlɔː] невéстка *ж*, снохá *ж (son's wife)*

dawn [dɔːn] рассвéт *м*; at ~ на зарé, на рассвéте

day [deɪ] день *м*; сýтки *мн. (24 hours)*; we spent three ~s there мы провели́ там тро́е су́ток; ~ and night кру́глые су́тки; the ~ befóre yésterday позавчера́; the ~ after tomórrow послеза́втра; the óther ~ на дня́х *(о прошлом)*; in a ~ or two на дня́х *(о будущем)*; some ~ когда́-нибудь; ~ off выходно́й день; ~ coach *амер.* сидя́чий ваго́н *(с откидными креслами)*; ~**break** [-breɪk] рассве́т *м*; ~**-care** [-kɛə]: ~-care cénter *амер.* 1) де́тский сад *(kindergarten)* 2) гру́ппа продлённого дня *(в школе)*; ~**light** [-laɪt] дневно́й свет; ~light sáving time *амер.* ле́тнее вре́мя *(на час впереди времени по Гринвичу)*

DC [͵diːˈsiː] *(diréct cúrrent)* эл. постоя́нный ток

dead [ded] мёртвый ◊ ~ shot ме́ткий стрело́к; ~ end тупи́к *м*; ~**lock** [-lɔk] тупи́к *м*, безвы́ходное положе́ние

deaf [def] глухо́й; ~**-aid** [-eɪd] слухово́й аппара́т; ~**-mute** [-ˈmjuːt] глухонемо́й *м*

deal [diːl] **1.** *n* 1): a great (good) ~ of мно́го 2) сде́лка *ж*, де́ло *с*; make a ~ заключи́ть сде́лку **2.** *v* (dealt) 1) раздава́ть 2) *карт.* сдава́ть; ~ in торгова́ть чем-л.; ~ with име́ть де́ло с *(кем-л.)*; ~**er** [-ə] торго́вец *м*

dealt [delt] *past и pp от* deal 2

dean [diːn] 1) дека́н *м*; the ~ of the fáculty дека́н факульте́та 2) настоя́тель *м* *(of a cathedral)*

dear [dɪə] **1.** *a* дорого́й; ~ fríends! дороги́е друзья́!; my ~ мой ми́лый; D. Sir ми́лостивый госуда́рь *(в письмах)*; D. Mr. Ivanóv уважа́емый г-н Ивано́в *(в письмах)* ◊ what time is it, ~? *разг.* голу́бушка, ско́лько сейча́с вре́мени? *(обращение женщины к женщине)*

death [deθ] смерть *ж*; ~ row ка́меры сме́ртников; ~ **rate** [reɪt] сме́ртность *ж*

debate [dɪˈbeɪt] **1.** *n* 1) деба́ты *мн.*, пре́ния *мн.* 2) спор *м*, поле́мика *ж* *(argument)* **2.** *v* обсужда́ть

debt [det] долг *м*; run (get) ínto ~ влезть в долги́; ~**or** [-ə] должни́к *м*

début [ˈdeɪbjuː] дебю́т *м*; make one's ~ дебюти́ровать

decade [ˈdekeɪd] десятиле́тие *с*

decanter [dɪˈkæntə] графи́н *м*

decathlon [dɪˈkæθlɔn] десятибо́рье *с* *(track and field)*

decay [dɪˈkeɪ] **1.** *n* 1) гние́ние *с*; распа́д *м* *(decomposition)* 2) упа́док *м* *(decline)* **2.** *v* 1) гнить, разлага́ться 2) приходи́ть в упа́док *(decline)*

deceive [dɪˈsiːv] обма́нывать

December [dɪˈsembə] дека́брь *м*

decent [ˈdiːsnt] 1) прили́чный, поря́дочный 2) скро́мный *(modest)* 3) *амер. разг.* оде́тый; are you ~? May I come in? вы оде́ты? Мо́жно войти́?

deception [dɪˈsepʃn] обма́н *м*

decide [dɪ'saɪd] реша́ть; ~d [dɪ'saɪdɪd] реши́тельный; бесспо́рный; ~d advántage реша́ющее преиму́щество

decipher [dɪ'saɪfə] расшифро́вывать

decision [dɪ'sɪʒn] реше́ние с

decisive [dɪ'saɪsɪv] реша́ющий; ~ blow реша́ющий уда́р

deck [dek] **1.** n 1) па́луба ж; lówer (úpper) ~ ни́жняя (ве́рхняя) па́луба; on ~ на па́лубе 2) амер. коло́да (карт) (pack of cards) 3) радио де́ка ж, магнитофо́н без усили́теля **2.** v украша́ть, убира́ть (adorn)

declaration [ˌdeklə'reɪʃn] заявле́ние с; деклара́ция ж

declare [dɪ'kleə] 1) объявля́ть; провозглаша́ть (formally announce) 2) заявля́ть; I ~ that... я заявля́ю, что... 3): do I have to ~ these things at the cústoms? до́лжен ли я предъяви́ть э́ти ве́щи на тамо́жне?

decline [dɪ'klaɪn] **1.** v 1) приходи́ть в упа́док; пошатну́ться (о здоровье) 2) отклоня́ть; отка́зывать(ся); ~ an óffer отклони́ть предложе́ние **2.** n упа́док м

decorate ['dekəreɪt] 1) украша́ть 2) награжда́ть (зна́ком отли́чия); ~ with a badge награди́ть значко́м

decoration [ˌdekə'reɪʃn] 1) украше́ние с 2) знак отли́чия, о́рден м (medal, etc)

decrease 1. n ['diːkriːs] уменьше́ние с; у́быль ж **2.** v [dɪ'kriːs] уменьша́ть(ся)

decree [dɪ'kriː] **1.** n декре́т м, ука́з м **2.** v издава́ть декре́т; постановля́ть

dedicate ['dedɪkeɪt] посвяща́ть

deduct [dɪ'dʌkt] вычита́ть, отнима́ть; ~ from one's sálary (wáges) вычита́ть из чьей-л. зарпла́ты; ~ion [dɪ'dʌkʃn] ски́дка ж; вы́чет м

deed [diːd] 1) де́йствие с, посту́пок м 2) по́двиг м; heróic ~ геро́йский по́двиг

deep [diːp] **1.** a глубо́кий; ~ ínterest глубо́кий интере́с; ~ cólours тёмные цвета́ (тона́); ~ space да́льний ко́смос **2.** adv глубоко́; ~ly [-lɪ] глубоко́; си́льно, о́чень; I'm ~ly moved я глубоко́ тро́нут

deer [dɪə] (pl deer) оле́нь м; лань ж

defeat [dɪ'fiːt] пораже́ние с; спорт. тж. про́игрыш м; súffer a ~ потерпе́ть пораже́ние

defect [dɪ'fekt] 1) недоста́ток м; недочёт м 2) мед. поро́к м; ~ive [-ɪv] недоста́точный, неполноце́нный

defence [dɪ'fens] оборо́на ж; защи́та ж; (тж. спорт. и юр.); in ~ of peace в защи́ту ми́ра

defend [dɪ'fend] защища́ть (-ся); ~ant [-ənt] подсуди́мый м; подзащи́тный м (для адвока́та)

defense амер. см. defénce

defensive [dɪ'fensɪv] **1.** a обороните́льный **2.** n оборо́на ж; be on the ~ защища́ться, обороня́ться

defer [dɪ'fɜː] откла́дывать, отсро́чивать; дава́ть отсро́чку

deficiency [dɪ'fɪʃənsɪ] недостáток *м*; дефицит *м*

define [dɪ'faɪn] определять, устанáвливать

definite ['defɪnɪt] 1) определённый 2) тóчный, ясный

definition [ˌdefɪ'nɪʃn] определéние *с*

defogger [diː'fɔgə] *авто* устрóйство для обдýва ветровóго стеклá (*против запотевания*)

defroster [diː'frɔstə] *авто* стеклообогревáтель *м*, антиобледенитель *м*

defy [dɪ'faɪ] бросáть вызов, не подчиняться; the próblem defíes solútion проблéма не поддаётся решéнию

degrade [dɪ'greɪd] 1) прийти в упáдок, деградировать 2) понизить, разжáловать (*in rank*)

degree [dɪ'griː] 1) ступéнь *ж*, стéпень *ж*; to a cértain ~ you are right вы до нéкоторой стéпени прáвы; by ~s постепéнно 2) грáдус *м*; twénty ~s abóve (belów) zéro двáдцать грáдусов выше (ниже) ʼнуля 3) учёная стéпень; hold a ~ имéть (учёную) стéпень

deicer [diː'aɪsə] *ав.* антиобледенитель *м*

delay [dɪ'leɪ] 1. *n* задéржка *ж*; промедлéние *с*; withóut ~ без задéржки 2. *v* задéрживать; откладывать; мéдлить

delegate 1. *n* ['delɪgɪt] делегáт *м*; ~s to the cóngress участники съéзда 2. *v* ['delɪgeɪt] посылáть, делегировать

delegation [ˌdelɪ'geɪʃn] делегáция *ж*; on the ~ в состáве делегáции; Trade D. торгпрéдство *с*

deliberate 1. *v* [dɪ'lɪbəreɪt] 1) обдýмывать (*think over*) 2) совещáться (*discuss*) 2. *a* [dɪ'lɪbərɪt] обдýманный, преднамéренный

deli ['delɪ] *см.* delicatéssen

delicacy ['delɪkəsɪ] 1) деликáтность *ж* 2) деликатéс *м*, лáкомство *с* (*food*)

delicate ['delɪkɪt] 1) тóнкий (*fine*) 2) хрýпкий, слáбый; ~ health слáбое здорóвье 3) щекотливый; ~ mátter щекотливый вопрóс

delicatessen [ˌdelɪkə'tesn] гастронóмия *ж*; ~ shop гастрономический магазин

delicious [dɪ'lɪʃəs] 1) восхитительный, прелéстный (*charming*) 2) вкýсный (*tasty*)

delight [dɪ'laɪt] 1. *n* восхищéние *с*; востóрг *м* 2. *v* приводить в востóрг; I'm ~ed with this trip я в востóрге от поéздки; ~ful [-ful] прелéстный, восхитительный

diliver [dɪ'lɪvə] 1) доставлять; ~ the goods to the hotél, please достáвьте, пожáлуйста, покýпки в гостиницу 2) освобождáть; избавлять (*set free*) 3) дéлать, произносить; ~ a speech произнести речь; ~y [-rɪ] достáвка *ж*, разнóска *ж*

demand [dɪ'mɑːnd] 1. *n* 1) трéбование *с*; páyable on ~ подлежит оплáте по предъявлéнии 2) спрос *м*; be in great ~ пóльзоваться большим спрóсом 2. *v* 1) трéбовать, предъявля́ть тре́бование 2) нужда́ться *(need)* 3) спра́шивать, задава́ть вопро́с *(ask)*

democracy [dɪ'mɔkrəsɪ] демокра́тия ж; sócialist ~ социалисти́ческая демокра́тия

democrat ['deməkræt] 1) демокра́т м 2) (D.) член демократи́ческой па́ртии *(в США)*

democratic [ˌdeməˈkrætɪk] демократи́ческий; ~ youth демократи́ческая молодёжь; the D. Pа́rty демократи́ческая па́ртия *(в США)*; D. góvernor губерна́тор — член демократи́ческой па́ртии *(в США)*

demonstrate ['demənstreɪt] пока́зывать, демонстри́ровать

demonstration [ˌdemənsˈtreɪʃn] 1) пока́з м *(display)* 2): ~ perfórmance *спорт.* показа́тельное выступле́ние 3) демонстра́ция ж *(manifestation, march)*

den [den] 1) берло́га ж *(animal's lair)* 2) прито́н м *(of thieves)* 3) дома́шнее «убе́жище» *(небольшая изолированная комната в доме, часто подвал или пристройка, для работы или отдыха)*

denial [dɪ'naɪəl] 1) отрица́ние с; опроверже́ние с 2) отка́з м *(refusal)*

denim ['denəm] 1) (пло́тная) джи́нсо́вая ткань *(cloth)* 2) *pl* оде́жда из джи́нсо́вой тка́ни

denote [dɪ'nəut] означа́ть; обознача́ть

denounce [dɪ'nauns] осужда́ть; облича́ть

dense [dens] густо́й, пло́т-

ный; ~ fog густо́й тума́н; ~ populátion густо́е населе́ние

dentist ['dentɪst] зубно́й врач; the ~'s зубно́й кабине́т

deny [dɪ'naɪ] 1) отрица́ть; ~ the possibílity of отрица́ть возмо́жность 2) отка́зываться; ~ one's words отказа́ться от свои́х слов 3) отка́зывать *(refuse)*; he was denied admíttance его́ не впусти́ли

depart [dɪ'pɑːt] отбыва́ть, уезжа́ть

department [dɪ'pɑːtmənt] 1) отде́л м; ~ store универса́льный магази́н 2) факульте́т м *(in a college)* 3) ве́домство с *(governmental body)* 4) министе́рство с; D. of Trade Министе́рство торго́вли *(в Великобритании)*; D. of the Intérior Министе́рство вну́тренних дел *(в США)*

departure [dɪ'pɑːtʃə] отбы́тие с, отъе́зд м; the ~ is fixed for Túesday отъе́зд назна́чен на вто́рник

depend [dɪ'pend] 1) зави́сеть (on — от) 2) полага́ться (on — на); can I ~ on him? мо́жно ли на него́ положи́ться? ◊ it all ~s всё зави́сит от обстоя́тельств; ~**ant** [-ənt] иждиве́нец м;

~**ence** [-əns] зави́симость ж

depict [dɪ'pɪkt] 1) рисова́ть, изобража́ть 2) опи́сывать

deplorable [dɪ'plɔːrəbl] приско́рбный, досто́йный осужде́ния

deplore [dɪ'plɔː] 1) сожале́ть 2) осужда́ть *(condemn)*

deport [dɪ'pɔːt] высыла́ть, ссыла́ть, депорти́ровать; ~-**ation** [ˌdiːpɔː'teɪʃn] вы́сылка ж

deposit [dɪ'pɔzɪt] **1.** *n* 1) вклад *м*; place móney on ~ внести́ вклад в банк 2) зада́ток *м* (*sum paid as a pledge*) **2.** *v* класть (*в банк*)

depot ['depəu] 1) депо́ *с нескл.* 2) склад *м* (*storehouse*) 3) *амер.* железнодоро́жная ста́нция

depress [dɪ'pres] удруча́ть, угнета́ть; ~**ion** [dɪ'preʃn] 1) уны́ние *с* 2) *эк.* депре́ссия *ж*; спад *м*

deprive [dɪ'praɪv] лиша́ть

depth [depθ] глубина́ *ж*; at the ~ of ten feet на глубине́ десяти́ фу́тов

deputy ['depjutɪ] 1) депута́т *м*, делега́т *м* 2) замести́тель *м*; D. Mínister замести́тель мини́стра

descend [dɪ'send] 1) спуска́ться 2) происходи́ть (from — от)

descent [dɪ'sent] 1) спуск *м* 2) склон *м* (*slope*) 3) происхожде́ние *с* (*origin*)

describe [dɪ'skraɪb] опи́сывать

description [dɪ'skrɪpʃn] описа́ние *с*

desert 1. *n* ['dezət] пусты́ня *ж* **2.** *v* [dɪ'zɜːt] покида́ть, броса́ть

deserve [dɪ'zɜːv] заслу́живать

design [dɪ'zaɪn] **1.** *n* 1) за́мысел *м* 2) прое́кт *м*, чертёж *м*; intérior ~ проекти́рование интерье́ра 3) узо́р *м*; вы́кройка *ж* (*pattern*) **2.** *v* 1) замышля́ть; намерева́ться (*intend*) 2) проекти́ровать (*a house, etc*); ~**er** [-ə] 1) констру́ктор *м*, дизайнер *м* 2) (*тж.* fáshion desígner) модельéр *м*

desirable [dɪ'zaɪərəbl] жела́нный

desire [dɪ'zaɪə] **1.** *n* жела́ние *с* **2.** *v* жела́ть

desk [desk] 1) пи́сьменный стол; конто́рка *ж* 2) па́рта *ж* (*at school*); ~ lamp насто́льная ла́мпа

despair [dɪ'speə] отча́яние *с*; fall ínto ~ впада́ть в отча́яние

despatch [dɪ'spætʃ] = dispátch

desperate ['despərɪt] отча́янный, безнадёжный

despise [dɪ'spaɪz] презира́ть

despite [dɪ'spaɪt] несмотря́ на, вопреки́

despotic [dɪ'spɔtɪk] деспоти́ческий

dessert [dɪ'zɜːt] десе́рт *м*, сла́дкое *с*, тре́тье *с*; ~**spoon** [-spuːn] десе́ртная ло́жка

destination [ˌdestɪ'neɪʃn] 1) (пред)назначе́ние *с* 2) ме́сто назначе́ния; цель *ж* (*путеше́ствия*); when will the train reach its ~ ? когда́ по́езд прибу́дет к ме́сту назначе́ния?

destiny ['destɪnɪ] судьба́ *ж*

destroy [dɪ'strɔɪ] разруша́ть; уничтожа́ть

destruction [dɪ'strʌkʃn] разруше́ние *с*, уничтоже́ние *с*

detach [dɪ'tætʃ] отделя́ть; ~ed house *брит.* отде́льный дом *(для одной семьи)*; ~ment [-mənt] отря́д *м*

detail [ˈdiːteɪl] подробность *ж*, дета́ль *ж*; in ~ подро́бно; go into ~ вдава́ться в подро́бности; ~ed [-d] подро́бный

detain [dɪˈteɪn] заде́рживать; sórry to have ~ed you прости́те, что задержа́л вас

detective [dɪˈtektɪv] сы́щик *м*; *амер. тж.* сле́дователь *м*

détente [ˌdeɪˈtɑːnt] разря́дка (междунаро́дной напряжённости)

deter [dɪˈtɜː] сде́рживать, уде́рживать (from — от)

detergent [dɪˈtɜːdʒənt] сти́ра́льный порошо́к

determination [dɪˌtɜːmɪˈneɪʃn] реши́мость *ж* (*resoluteness*)

determine [dɪˈtɜːmɪn] определя́ть (*define*); ~d [-d] реши́тельный

deterrent [dɪˈterənt] сре́дство сде́рживания; *полит.* ору́жие сде́рживания

devastate [ˈdevəsteɪt] опустоша́ть, разоря́ть

develop [dɪˈveləp] 1) развива́ть(ся) 2) *фото* проявля́ть; I want to have these films ~ed я хочу́ прояви́ть э́ти плёнки; ~ment [-mənt] 1) разви́тие *с* 2) *фото* проявле́ние *с*

device [dɪˈvaɪs] 1) план *м*, прое́кт *м* 2) приспособле́ние *с* (*contrivance*)

devil [ˈdevl] дья́вол *м*, чёрт *м*

devise [dɪˈvaɪz] приду́мывать; изобрета́ть

devote [dɪˈvəʊt] посвяща́ть (себя́); ~d [-ɪd] пре́данный;

~d friend пре́данный друг

devotion [dɪˈvəʊʃn] пре́данность *ж*

dew [djuː] роса́ *ж*

diabet‖es [ˌdaɪəˈbiːtiːz] *мед.* диабе́т *м*; ~ic [ˌdaɪəˈbetɪk] *мед.* диабети́ческий

diagnosis [ˌdaɪəɡˈnəʊsɪs] диа́гноз *м*

diagram [ˈdaɪəɡræm] диагра́мма *ж*; схе́ма *ж*

dial [ˈdaɪəl] 1. *n* 1) телефо́нный диск 2) цифербла́т *м* (*of a clock, etc*); шкала́ *ж* (*graduated disk*) 2. *v* набира́ть но́мер (*по телефо́ну*): "In Evént of Fíre Díal..." ‹О пожа́ре звони́ть...› (*надпись*)

dialect [ˈdaɪəlekt] диале́кт *м*, наре́чие *с*

dialectic(al) [ˌdaɪəˈlektɪk(əl)] диалекти́ческий; ~ máterialism диалекти́ческий материали́зм

diameter [daɪˈæmɪtə] диа́метр *м*

diamond [ˈdaɪəmənd] 1) алма́з *м*; бриллиа́нт *м* (*when cut*) 2) *pl карт.* бу́бны *мн.*

diarrhoea [ˌdaɪəˈrɪə] *мед.* поно́с *м*, диаре́я *ж*

diary [ˈdaɪərɪ] дневни́к *м*; keep a ~ вести́ дневни́к

dictate 1. *v* [dɪkˈteɪt] диктова́ть 2. *n* [ˈdɪkteɪt] дикта́т *м*

dictation [dɪkˈteɪʃn] дикто́вка *ж*, дикта́нт *м*

dictatorship [dɪkˈteɪtəʃɪp] диктату́ра *ж*

dictionary [ˈdɪkʃənərɪ] слова́рь *м*

did [dɪd] *past от* do

die [daɪ] умира́ть; **~-hard**
[-hɑːd] *полит.* твердоло́бый
м, консерва́тор *м*

diet [ˈdaɪət] 1) пи́ща *ж*, стол
м; simple ~ просто́й стол 2)
дие́та *ж* (*food regimen*)

differ [ˈdɪfə] 1) отлича́ться
2) расходи́ться во мне́ниях
(*disagree*)

difference [ˈdɪfrəns] 1) ра́з-
ница *ж*, разли́чие *с*; it makes
no ~! кака́я ра́зница! 2) разно-
гла́сие *с*; séttle the ~s ула́-
дить спор

different [ˈdɪfrənt] 1) друго́й
2) ра́зный (*unlike*)

difficult [ˈdɪfɪkʌlt] тру́дный;
~y [-ɪ] тру́дность *ж*; затруд-
не́ние *с*

dig [dɪg] (dug) рыть, ко-
па́ть; (*тж.* dig out) выка́пы-
вать

digest 1. *v* [daɪˈdʒest] 1) пе-
рева́ривать(ся) 2) *перен.* ус-
ва́ивать 2. *n* [ˈdaɪdʒest] кра́т-
кое изложе́ние; ~ion [dɪˈdʒ-
estʃn] пищеваре́ние *с*

dignity [ˈdɪgnɪtɪ] 1) досто́ин-
ство *с* 2) зва́ние *с*, сан *м*
(*honourable title*)

dill [dɪl] укро́п *м*; ~ pickle
марино́ванный огуре́ц (*с укро-
пом*)

dim [dɪm] ту́склый, нея́сный;
~ mémories сму́тные воспоми-
на́ния

dime [daɪm] *амер.* моне́та в
де́сять це́нтов

dimension [dɪˈmenʃn] 1) из-
мере́ние *с*; the third ~ тре́тье
измере́ние 2) *pl* разме́ры *мн.*,
величина́ *ж*

diminish [dɪˈmɪnɪʃ] умень-
ша́ть(ся)

dimple [ˈdɪmpl] я́мочка *ж*
(*на щеке, подбородке*)

dine [daɪn] обе́дать; у́жи-
нать; ~ out у́жинать вне до́ма
(*или* вне своего́ оте́ля); tonight
we're díning out сего́дня мы
у́жинаем не до́ма; ~r [-ə]
амер. 1) ваго́н-рестора́н *м*
2) «да́йнер» *м*, придоро́жное
кафе́

dining [ˈdaɪnɪŋ]: ~-car ва-
го́н-рестора́н *м*; ~ room сто-
ло́вая *ж* (*комната в квартире*)

dinner [ˈdɪnə] (по́здний)
обе́д; diplomátic ~ дипло́ма-
ти́ческий у́жин

dip [dɪp] 1. *v* окуна́ть(ся);
мака́ть 2. *n* 1) погруже́ние *с*;
to take a ~ искупа́ться 2)
«дип» *м*; па́ста *ж* (*кулинар-
ная*), со́ус *м*

diploma [dɪˈpləumə] дипло́м
м, свиде́тельство *с*

diplomacy [dɪˈpləuməsɪ] дип-
лома́тия *ж*

diplomat [ˈdɪpləmæt] дип-
лома́т *м*; ~ic [ˌdɪpləˈmætɪk]:
~ic corps дипломати́ческий
ко́рпус

dire [ˈdaɪə] стра́шный, зло-
ве́щий; ~ cónsequences ужа́с-
ные после́дствия

direct [dɪˈrekt] 1. *a* прямо́й
2. *v* 1) направля́ть; will you,
please, ~ me to the néarest
póst-office? скажи́те, пожа́-
луйста, как пройти́ к ближа́й-
шему почто́вому отделе́нию?
2) прика́зывать (*order*)

direction [dɪˈrekʃn] 1) направле́ние *c* 2): ~s (for use) спо́соб употребле́ния 3) руково́дство *c* (*guidance*)

directly [dɪˈrektlɪ] 1) пря́мо 2) то́тчас; I'll see you ~! я сейча́с!, одну́ мину́ту!

directory [daɪˈrektərɪ] а́дресная *или* телефо́нная кни́га; спра́вочник *м*

dirt [dɜːt] грязь *ж*; ~y [-1] гря́зный

disability [ˌdɪsəˈbɪlɪtɪ] нетрудоспосо́бность *ж*; ~ pénsion пе́нсия по инвали́дности

disadvantage [ˌdɪsədˈvɑːntɪdʒ] неудо́бство *c*, ми́нус *м*; at a ~ в невы́годном положе́нии

disagree [ˌdɪsəˈgriː] 1) не соглаша́ться 2) расходи́ться, противоре́чить (*be at variance*)

disappear [ˌdɪsəˈpɪə] исчеза́ть

disappoint [ˌdɪsəˈpɔɪnt] разочаро́вывать

disapprove [ˌdɪsəˈpruːv] не одобря́ть, осужда́ть

disarm [dɪsˈɑːm] 1) обезору́живать 2) разоружа́ть(ся) (*abolish armaments*); ~ament [-əmənt] разоруже́ние *c*; géneral and compléte ~ament всео́бщее и по́лное разоруже́ние

disaster [dɪˈzɑːstə] несча́стье *c*; бе́дствие *c*

disastrous [dɪˈzɑːstrəs] ги́бельный; катастрофи́ческий

discharge [dɪsˈtʃɑːdʒ] 1) разгружа́ть (*unload*) 2) вы́стрелить (*of a rifle, etc*) 3) освобожда́ть от, увольня́ть (*from work*); выпи́сывать (*from a hospital*)

discipline [ˈdɪsɪplɪn] дисципли́на *ж*

disco [ˈdɪskəu] 1) *муз.* ди́ско *c* 2) *см.* díscotheque

discontent [ˌdɪskənˈtent] недово́льство *c*

discord [ˈdɪskɔːd] 1) разногла́сие *c* 2) *муз.* диссона́нс *м*

discotheque [ˈdɪskətek] дискоте́ка *ж*

discount [ˈdɪskaunt] ски́дка *ж*; sell at a ~ продава́ть со ски́дкой; ~ price сни́женная цена́

discourage [dɪsˈkʌrɪdʒ] 1) обескура́живать 2) отгова́ривать (*dissuade*)

discover [dɪsˈkʌvə] открыва́ть; обнару́живать; ~y [dɪsˈkʌvərɪ] откры́тие *c*

discretion [dɪˈskreʃn] 1) осторо́жность *ж*, сде́ржанность *ж* 2): at your ~ на ва́ше усмотре́ние

discriminate [dɪˈskrɪmɪneɪt] 1) различа́ть; discríminating taste то́нкий вкус 1) дискрими́ровать

discrimination [dɪˌskrɪmɪˈneɪʃn] дискримина́ция *ж*

discus [ˈdɪskəs] диск *м*; ~ thrówing мета́ние ди́ска

discuss [dɪsˈkʌs] обсужда́ть; ~ion [dɪsˈkʌʃn] обсужде́ние *c*; диску́ссия *ж*; únder ~ion обсужда́ющийся, находя́щийся на обсужде́нии

disease [dɪˈziːz] боле́знь *ж*

disembark [ˌdɪsɪmˈbɑːk] выса́живать(ся) (*с судна и само-*

лёта); ~**ation** [ˌdɪsembɑːˈkeɪʃn] вы́садка ж

disgrace [dɪsˈgreɪs] позо́р *м*, бесче́стье *с*

disguise [dɪsˈgaɪz] 1) маскирова́ть(ся) 2) переоде́ться кем-л. 3) скрыва́ть *(hide)*

disgust [dɪsˈgʌst] **1.** *n* отвраще́ние *с* **2.** *v* вызыва́ть отвраще́ние; be ~ed чу́вствовать (испы́тывать) отвраще́ние

dish [dɪʃ] блю́до *с*

dishonest [dɪsˈɒnɪst] нече́стный

dishwasher [ˈdɪʃwɒʃə] (посудо)мо́ечная маши́на

disillusion [ˌdɪsɪˈluːʒn] разочарова́ние *с*

dislike [dɪsˈlaɪk] испы́тывать неприя́знь

dislocate [ˈdɪsləʊkeɪt] вы́вихнуть; ~ one's shóulder вы́вихнуть плечо́

dislocation [ˌdɪsləʊˈkeɪʃn] вы́вих *м*

dismiss [dɪsˈmɪs] 1) распуска́ть 2) выгоня́ть, увольня́ть *(fire)* 3) отказа́ться *(от мы́сли);* ~ it from your mind вы́бросьте э́то из головы́

disorder [dɪsˈɔːdə] беспоря́док *м*

dispatch [dɪˈspætʃ] **1.** *v* отправля́ть; посыла́ть **2.** *n* 1) отпра́вка *ж* 2) депе́ша *ж (message)*

dispense [dɪˈspens]: ~ with *smth* обходи́ться без *чего-л.*

dispenser [dɪˈspensə] ‹разда́тчик› *м (устройство для хранения и поштучного извлечения однородных предметов*

разового пользования: бума́жных стака́нчиков, бри́твенных ле́звий и т. п.)

disperse [dɪˈspɜːs] рассе́ивать(ся)

displace [dɪsˈpleɪs] перемеща́ть; ~d pérsons перемещённые ли́ца

display [dɪˈspleɪ] **1.** *n* пока́з *м*; вы́ставка *ж*; ~ of flówers вы́ставка цвето́в **2.** *v* 1) выставля́ть; пока́зывать 2) проявля́ть, обнару́живать; ~ cóurage прояви́ть му́жество

disposable [dɪˈspəʊzəbl] однора́зовый, однора́зового по́льзования

disposal [dɪˈspəʊzəl]: at your ~ в ва́шем распоряже́нии; к ва́шим услу́гам; ~ syrínge однора́зовый шприц

dispose [dɪˈspəʊz] располага́ть; be ~d *(to smth)* быть располо́женным *(к чему-л.);* склоня́ться *(к чему-л.)*

dispute [dɪˈspjuːt] **1.** *n* 1) спор *м* 2) обсужде́ние *с (debate)* **2.** *v* спо́рить; оспа́ривать; ~ one's right оспа́ривать чьё-л пра́во

disqualification [dɪsˌkwɒlɪfɪˈkeɪʃn] дисквалифика́ция *ж*, лише́ние пра́ва на что-л.

disqualif‖y [dɪsˈkwɒlɪfaɪ] дисквалифици́ровать, лиши́ть пра́ва на что-л.; you broke the rules and are ~ied вы дисквалифици́рованы за наруше́ние пра́вил

disregard [ˌdɪsrɪˈgɑːd] пренебрега́ть; не обраща́ть внима́ния

disrupt [dɪsˈrʌpt] разрыва́ть,

разруша́ть; подрыва́ть; ~ive [-ɪv] раско́льнический; подрывно́й; ~ive práctices раско́льнические де́йствия

dissatisfaction [dɪs͵sætɪs-ˈfækʃn] неудовлетворённость ж, недово́льство с

dissatisfy [dɪsˈsætɪsfaɪ] не удовлетворя́ть

dissent [dɪˈsent] быть несогла́сным, име́ть своё мне́ние; ~er [-ə] 1) *брит.* челове́к, всегда́ име́ющий своё осо́бое мне́ние 2) *амер.* уча́стник движе́ния проте́ста (про́тив поли́тики прави́тельства)

dissolution [͵dɪsəˈluːʃn] ро́спуск м; ~ of an organizátion ро́спуск организа́ции

dissolve [dɪˈzɔlv] 1) растворя́ть(ся) 2) распуска́ть; ~ Párliament распусти́ть парла́мент

distance [ˈdɪstəns] 1) расстоя́ние с; at a ~ of two miles на расстоя́нии двух миль; it's within wálking ~ of the hotél э́то бли́зко от гости́ницы, до гости́ницы мо́жно дойти́ пешко́м 2) *спорт.* диста́нция ж; long (míddle) ~ run бег на дли́нную (сре́днюю) диста́нцию ◊ from a ~ и́здали; at a ~ на не́котором расстоя́нии; in the ~ вдали́

distant [ˈdɪstənt] да́льний, далёкий; отдалённый; ten miles ~ отстоя́щий на де́сять миль

distinct [dɪˈstɪŋkt] отчётливый, я́сный; ~ion [dɪˈstɪŋkʃn] разли́чие с, отли́чие с; without

ány ~ions без разли́чия, без разбо́ра

distinguish [dɪˈstɪŋgwɪʃ] 1) различа́ть (betwéen) 2) отлича́ть (from); ~ed [-t] изве́стный, выдаю́щийся; ~ed musícian изве́стный музыка́нт; ~ed ládies and géntlemen! уважа́емые да́мы и господа́!

distort [dɪˈstɔːt] искажа́ть

distract [dɪˈstrækt] отвлека́ть; ~ smb's atténtion отвле́чь чьё-л. внима́ние

distress [dɪˈstres] **1.** *n* 1) го́ре с 2) бе́дствие с; ~ sígnal сигна́л бе́дствия **2.** *v* огорча́ть, расстра́ивать

distribute [dɪˈstrɪbjuːt] распределя́ть

distribution [͵dɪstrɪˈbjuːʃn] 1) распределе́ние с 2) распростране́ние с

district [ˈdɪstrɪkt] райо́н м; о́круг м; край м

distrust [dɪsˈtrʌst] **1.** *n* недове́рие с **2.** *v* не доверя́ть (*smb* — *кому-л.*)

disturb [dɪˈstəːb] 1) беспоко́ить, меша́ть; I'm sórry to ~ you извини́те за беспоко́йство; "Do not ~ !" «Не беспоко́ить!» (*надпись*) 2) трево́жить (*upset*)

ditch [dɪtʃ] кана́ва ж

dive [daɪv] **1.** *v* ныря́ть; погружа́ться (*submerge*) **2.** *n* прыжо́к в во́ду; ~r [-ə] 1) водола́з м 2) *спорт.* прыгу́н в во́ду

diversity [daɪˈvəːsɪtɪ] разнообра́зие с

divide [dɪˈvaɪd] дели́ть(ся); разделя́ть(ся)

diving ['daɪvɪŋ]: spríngboard (plátform) ~ *спорт.* прыжки́ в во́ду с трампли́на (с вы́шки); skin (*брит.* free) ~ подво́дное пла́вание; déep-sea ~ водола́зные рабо́ты

division [dɪ'vɪʒn] 1) (раз-) деле́ние *c*; ~ of authórity разделе́ние фу́нкции 2) разде́л *м*, часть *ж* (*section*)

divorce [dɪ'vɔːs] 1. *n* разво́д *м* 2. *v* разводи́ться

divorced [dɪ'vɔːst] разведённый, разведённая

do [duː] (did; done) 1) де́лать; what are you dóing? чем вы занима́етесь?; what are we dóing next? что мы бу́дем де́лать да́льше?; what can I do for you? чем я могу́ быть вам поле́зен?; what shall I do? как мне быть? 2) подходи́ть, годи́ться; this room will do me quite well э́тот но́мер меня́ вполне́ устра́ивает; that won't do! так де́ло не пойдёт!, э́то не годи́тся! 3): do one's room убра́ть ко́мнату; do the díshes вы́мыть посу́ду; do one's léssons сде́лать уро́ки; do one's hair сде́лать причёску; do one's lips накра́сить гу́бы; do one's nails сде́лать маникю́р 4) осма́тривать (*достопримечательности*); did you do the Brítish Muséum? вы осмотре́ли Брита́нский музе́й? 5) *служит для образования вопросительных и отрицательных форм:* did not (didn't) you see me? ра́зве вы меня́ не ви́дели?; I do not (don't) speak French я не говорю́ по-францу́зски 6) *для усиления:* do come! пожа́луйста, приходи́те!; **do without** обходи́ться без ◊ how do you do? здра́вствуйте!; that will do! доста́точно!; this will do you a lot of good э́то бу́дет вам о́чень поле́зно; do jústice возда́ть до́лжное

dock [dɔk] 1) док *м* 2) *амер.* при́стань *ж* 3) *ж.-д.* тупи́к *м*; ~**er** [-ə] до́кер *м*, порто́вый рабо́чий; ~**ing** [-ɪŋ] *косм.* стыко́вка *ж*

dockyard ['dɔkjɑːd] верфь *ж*

doctor ['dɔktə] 1) врач *м*, до́ктор *м*; will you, please, send for a ~ ? пошли́те, пожа́луйста, за врачо́м! 2) (D.) до́ктор *м* (*учёное звание*); D. of Médicine до́ктор медици́ны (медици́нских нау́к)

document ['dɔkjumənt] докуме́нт *м*; ~**ary** [,dɔkju'mentərɪ] документа́льный фильм

dodge [dɔdʒ] избега́ть, увёртываться (*тж. спорт., особ. амер. футбол, бокс*)

doesn't ['dʌznt] *разг.* = does not

dog [dɔg] соба́ка *ж*; ~ sled на́рты *мн.*; ~ cóllar оше́йник *м*; ~**rose** [-rəuz] шипо́вник *м*

dole [dəul] посо́бие по безрабо́тице; be on the ~ жить на посо́бие (по безрабо́тице)

doll [dɔl] ку́кла *ж*

dollar ['dɔlə] до́ллар *м*

dolphin ['dɔlfɪn] 1) дельфи́н *м* (белобо́чка) 2) *спорт.* (*тж.* ~ kick) дельфи́н *м* (*стиль плавания*)

dome [dəum] ку́пол *м*

domestic [dəu'mestık] 1) дома́шний 2) *преим. амер.* вну́тренний; ~ pólicy вну́тренняя поли́тика

dominate ['domıneıt] преоблада́ть; госпо́дствовать

domino ['domınəu] 1) домино́ *с (маскарадный костюм)* 2) *pl* домино́ *с (игра)*

done [dʌn] *pp от* do

donkey ['doŋkı] о́слик *м*

don't [dəunt] *разг.* = do not

donut ['dəunʌt] *см.* dóughnut

doom [du:m] 1. *n* 1) рок *м*, судьба́ *ж* 2) (по)ги́бель *ж* *(death)* 2. *v* осужда́ть, обрека́ть; ~ed to fáilure обречённый на прова́л

door [dɔː] дверь *ж*; out of ~s на у́лице; ~keeper [-kiːpə], ~man [-mən] швейца́р *м*

dorm [dɔːm], **dormitory** ['dɔːmıtərı] общежи́тие *с (особ. в колледже)*

double ['dʌbl] 1. *a* 1) двойно́й; I want a ~ room мне ну́жен двойно́й но́мер 2) двуспа́льный; ~ sheet простыня́ для двуспа́льной крова́ти 2. *adv* вдвойне́ 3. *v* удва́ивать 4. *n* 1) дублёр *м (in cinema and theatre)* 2) *спорт.* дво́йка *ж*; ~-bass [-'beıs] *муз.* контраба́с *м*; ~-decker [-'dekə] двухэта́жный авто́бус; ~-spaced [-'speıst] че́рез два интерва́ла *(о печатании на машинке)*

doubt [daut] 1. *n* сомне́ние *с*; no ~ несомне́нно, безусло́вно 2. *v* сомнева́ться; ~ful

[-ful] сомни́тельный; ~less [-lıs] несомне́нно

dough [dəu] 1) те́сто *с* 2) *разг.* де́ньги *мн.*; ~nut [nʌt] по́нчик *м*

dove [dʌv] го́лубь *м*; ~ of peace го́лубь ми́ра

down [daun] 1. *adv* 1) вниз; put the súitcase ~ here поста́вьте чемода́н сюда́ 2) внизу́; blinds are ~ што́ры спу́щены ◊ live ~ South жить на ю́ге; ~ with..! доло́й..! 2. *prep* вниз; по; go ~ the street идти́ по у́лице

downgrade ['daungreıd] 1) понижа́ть *(в должности, звании)* 2) принижа́ть

downhill [,daun'hıl] 1. *adv* вниз, под гору 2. *n спорт.* скоростно́й спуск *(Alpine skiing)*

Downing Street ['daunıŋstriːt] Да́унинг-стрит *(улица в Лондоне, где помещается резиденция премьер-министра)*

downpour ['daunpɔː] ли́вень *м*

downstairs [,daun'steəz] 1) вниз *(по лестнице)*; go ~ спуска́ться (по ле́стнице) 2) внизу́; в ни́жнем этаже́; he is ~ он внизу́

downtown [,daun'taun] 1. *n* (делово́й) центр (го́рода) 2. *adv* 1) в це́нтре; he works ~ он рабо́тает в це́нтре 2) в центр, (по направле́нию) к це́нтру; take the súbway if you are to go ~ е́сли вам ну́жно в центр, сади́тесь на метро́

doze [dəuz] дрема́ть

dozen ['dʌzn] дю́жина ж ◊ báker's ~ чёртова дю́жина

draft [drɑːft] **1.** *n* 1) = draught 1); 2) призы́в *м* (на вое́нную слу́жбу) *(conscription)* 3) прое́кт *м*, чернови́к *м*; ~ resolútion прое́кт резолю́ции **2.** *v* набра́сывать (чернови́к); составля́ть (план); ~ a repórt разрабо́тать прое́кт докла́да

drag [dræg] тащи́ть(ся)

drain [dreɪn] осуша́ть; ~age [-ɪdʒ] осуше́ние *c*; дрена́ж *м*

drama ['drɑːmə] дра́ма ж; ~ théatre драмати́ческий теа́тр; ~tic [drə'mætɪk] драмати́ческий

drank [dræŋk] *past от* drink 1

drapery ['dreɪpərɪ] 1) тка́ни *мн.* 2) драпиро́вка ж *(draped hangings)* 3) што́ры *мн.* *(curtains)*

drastic ['dræstɪk] реши́тельный, круто́й; ~ chánges коренны́е измене́ния

draught [drɑːft] 1) сквозня́к *м*; there's a ~ here здесь сквози́т 2) глото́к *м*; drink at a ~ вы́пить за́лпом 3) *pl брит.* ша́шки *мн. (игра)*

draw [drɔː] **1.** *v* (drew; drawn) 1) тяну́ть, тащи́ть; ~ near приближа́ться; ~ lots тяну́ть жре́бий 2) привлека́ть *(attract)* 3) черти́ть, рисова́ть; ~ a plan начерти́ть план 4) че́рпать; ~ inspirátion че́рпать вдохнове́ние 5) *спорт.* свести́ вничью́; the game was ~n игра́ зако́нчилась вничью́; ~ up : ~ up one's pápers офо́рмить докуме́нты **2.** *n спорт.* 1) ничья́ ж; in a ~ вничью́ 2) жеребьёвка ж; win the ~ вы́играть в жеребьёвке

drawback ['drɔːbæk] недоста́ток *м*

drawbridge ['drɔːbrɪdʒ] разводно́й мост

drawer [drɔː] я́щик *м (выдвижно́й)*; a chest of ~s комо́д *м*; ~s [-z] *pl* кальсо́ны *мн.*

drawing ['drɔːɪŋ] рису́нок *м*; ~-pin [-pɪn] *брит.* кно́пка ж *(канцеля́рская)*

drawn [drɔːn] *pp от* draw 1

dread [dred] быть в у́жасе *(smb, smth —* пе́ред *кем-л., чем-л.)*, страши́ться *(кого-л., чего-л.)*; ~ful [-ful] ужа́сный, стра́шный

dream [driːm] **1.** *n* 1) сон *м* 2) мечта́ ж *(reverie)* **2.** *v* (dreamt) 1) ви́деть во сне (abóut) 2) мечта́ть (of — о)

dreamt [dremt] *past и pp от* dream 2

dress [dres] **1.** *n* пла́тье *c*; оде́жда ж; évening ~ вече́рнее пла́тье; ~ círcle бельэта́ж *м*; ~ coat фрак *м*; ~ rehéarsal генера́льная репети́ция **2.** *v* 1) одева́ть(ся) 2) перевя́зывать; ~ a wound перевяза́ть ра́ну; ~ up а) приоде́ться; б) наде́ть маскара́дный костю́м *(for a fancy-dress ball)*

dressage ['dresɑːʒ] *спорт.* вы́ездка ж

dresser ['dresə] комо́д с зе́ркалом

dressing ['dresɪŋ] 1) туале́т *м* 2) перевя́зка ж *(of a wound)* 3) припра́ва ж, со́ус *м (sauce)*;

~-**gown** [-gaun] *брит.* хала́т *м*

drew [dru:] *past от* draw 1

dribble ['drɪbl] *спорт. (особ. футбол, баскетбол)* вести́ (проводи́ть) мяч

dried [draɪd] сушёный

drift [drɪft] 1) тече́ние *с* 2) *мор.* дрейф *м*

drill I [drɪl] 1. *n* сверло́ *с*; eléctric ~ электри́ческая дрель 2. *v* сверли́ть

drill II 1. *n* трениро́вка *ж* 2. *v* тренирова́ть

drink [drɪŋk] 1. *v* (drank; drunk) пить 2. *n* питьё *с*; напи́ток *м*; soft ~s прохлади́тельные напи́тки; let's have a ~ пойдём вы́пьем

drip [drɪp] ка́пать; ~-**dry** [ˌdrɪp'draɪ] суши́ть без выжима́ния

drive [draɪv] 1. *v* (drove; dríven) 1) гнать 2) везти́ *или* éхать *(в машине, экипаже)*; shall we ~ or walk? поéдем и́ли пойдём пешко́м? 3) управля́ть *(автомобилем)*; can you ~? вы умéете управля́ть маши́ной? 2. *n* поéздка *ж*, прогу́лка *ж (в машине, экипаже)*; let's go for a ~ поéдемте ката́ться; ~-**in** [-ɪn]: ~-in théatre *амер.* откры́тый кинотеа́тр *(где можно смотреть фильм, не выходя из автомобиля)*

driven ['drɪvn] *pp от* drive 1

driver ['draɪvə] води́тель *м (of a car)*

driving ['draɪvɪŋ]: ~ lícence води́тельские права́

drop [drɔp] 1. *n* 1) ка́пля *ж* 2) пониже́ние *с*; падéние *с*; ~

in témperature пониже́ние температу́ры 3) *pl мед.* ка́пли *мн.* 2. *v* 1) ка́пать 2) роня́ть *(let fall)* 3) опуска́ть, броса́ть; ~ the létter, please опусти́те, пожа́луйста, письмо́ 4) понижа́ть(ся) *(go down)*; ~ in зайти́; I ~ped in on my friend я загляну́л к своему́ дру́гу; ~ **out** броса́ть шко́лу, отсéиваться

dropout ['drɔpaut] недоу́чка *м и ж*; he is a ~ он бро́сил шко́лу; ~ rate процéнт отсéва

drought [draut] за́суха *ж*

drove [drəuv] *past от* drive 1

drown [draun] тону́ть; ~ing man утопа́ющий *м*

drug [drʌg] 1) лека́рство *с* 2) *(тж.* narcótic drug) нарко́тик *м*; ~**store** [-stɔ:] *амер.* аптéка *ж*

drum [drʌm] 1. *n* бараба́н *м* 2. *v* бараба́нить; стуча́ть

drunk [drʌŋk] 1. *a* пья́ный 2. *pp от* drink 1

dry [draɪ] 1. *v* 1) суши́ть *(make dry)* 2) со́хнуть *(become dry)* 2. *a* сухо́й; ~ ríver пересо́хшая рекá; ~ law сухо́й зако́н; ~-**cleaner's** [-'kli:nəz] химчи́стка *ж*

duck I [dʌk] у́тка *ж*

duck II уверну́ться; бы́стро нагну́ться

due [dju:] 1) до́лжный; in ~ course в своё врéмя 2) ожида́емый; the train is ~ in ... mínutes пóезд прибыва́ет чéрез... мину́т 3) причита́ющийся; the amóunt ~ причита́ющаяся су́мма ◊ ~ to благодаря, вследствие; ~s [-z] *pl* 1) сборы *мн.*; cústom ~s таможенная пошлина 2) взносы *мн.*; párty ~s членские взносы

duet [dju:'et] дуэт *м*

dug [dʌg] *past и pp от* dig

dull [dʌl] 1) тупой, глупый 2) тупой, притупленный; ~ pain тупая боль 3) скучный (*tedious*) 4) тусклый, пасмурный; ~ day пасмурный день

dumb [dʌm] 1) немой; ~ show пантомима *ж* 2) *амер.* бестолковый; ~**bells** [-belz] *pl спорт.* гантели *мн.*

dump [dʌmp] 1) высыпать, вываливать (*empty*); ~ truck *амер.* самосвал *м* 2) выбрасывать, выкидывать (*dispose of*) 3) избавляться, «списывать» (*get rid of*)

dumpling ['dʌmplɪŋ] 1) клёцка *ж* 2) (*тж.* ápple dúmpling) яблоко, запечённое в тесте

duplicate ['dju:plɪkɪt] дубликат *м*, копия *ж*; in ~ в двух экземплярах

durable ['djuərəbl] прочный; ~ goods товары длительного пользования

during ['djuərɪŋ] в течение, в продолжение

dusk [dʌsk] сумерки *мн.*

dust [dʌst] пыль *ж*; ~**bin** [-bɪn] *брит.* мусорный ящик; ~**-cover** [-kʌvə], ~**-jacket** [-dʒækɪt] суперобложка *ж*

dusty ['dʌstɪ] пыльный

duty ['dju:tɪ] 1) долг *м*, обязанность *ж* 2) пошлина *ж*; is there a ~ on these things? взимается ли за эти вещи пош-

лина? ◊ be on ~ дежурить; be off ~ быть свободным от дежурства; ~**-free** [-fri:] беспошлинный; "~-free shop" ‹товары без пошлины› (*надпись — в международных аэропортах: с купленного товара пошлина не взимается*); ~**-paid** [-peɪd] оплаченный пошлиной, пошлина взыскана

dwell [dwel] (dwelt) жить; ~ on распространяться (*о чём-л.*); ~**ing** [-ɪŋ] жильё *с*

dwelt [dwelt] *past и pp от* dwell

dye [daɪ] **1.** *n* краска *ж* **2.** *v* красить; I want to have my hair ~d, please пожалуйста, покрасьте мне волосы

dying ['daɪɪŋ] *pres p от* die

E

E [i:] *муз.* ми; E mínor ми минор

each [i:tʃ] каждый; ~ óther друг друга

eager ['i:gə]: be ~ гореть желанием; ~**ness** [-nɪs] пыл *м*, рвение *с*

eagle ['i:gl] орёл *м*; the Bald E. *амер. см.* Américan ~

ear I [ɪə] 1) ухо *с* 2) слух *м*; have an ~ for músic иметь (музыкальный) слух; play by ~ играть по слуху ◊ play it by ~ действовать по обстоятельствам

ear II колос *м* (*of wheat*), початок *м* (*of corn*)

· **early** ['ǝːlɪ] **1.** *a* ра́нний **2.** *adv* ра́но

earn [ǝːn] зараба́тывать; how much do you ~ a month? ско́лько вы зараба́тываете в ме́сяц?

earnest ['ǝːnɪst] **1.** *a* серьёзный **2.** *n*: in ~ всерьёз

earnings ['ǝːnɪŋz·] *pl* за́работок *м*

ear‖phones ['ɪǝfǝunz] *радио* нау́шники *мн.*; ~**rings** [-rɪŋz] *pl* се́рьги *мн.*

earth [ǝːθ] земля́ *ж*

earthenware ['ǝːðǝnwɛǝ] керами́ческая посу́да

earthquake ['ǝːθkweɪk] землетрясе́ние *с*

ease [iːz] поко́й *м*; непринуждённость *ж*; at ~ непринуждённо; ill at ~ нело́вко ◊ at ~! во́льно! *(команда)*

easel ['iːzl] мольбе́рт *м*

easily ['iːzɪlɪ] легко́, свобо́дно

east [iːst] **1.** *n* восто́к *м*; the Near (Middle) E. Бли́жний Восто́к; the Far E. Да́льний Восто́к **2.** *a* восто́чный; E. End Ист-Энд *м (восточный район Лондона)*; E. Side Ист-Са́йд *м (восточная сторона Манхэттена в Нью-Йорке)* **3.** *adv* на восто́к(е), к восто́ку; in the ~ на восто́ке; to the ~ of к восто́ку от

Easter ['iːstǝ] Па́сха *ж*

eastern ['iːstǝn] восто́чный

easy ['iːzɪ] 1) лёгкий, нетру́дный 2) непринуждённый; ~ ma'nners непринуждённые мане́ры ◊ take it ~! споко́йнее!

eat [iːt] (ate; éaten) есть; I don't feel like ~ing мне не хо́чется есть; ~**en** [iːtn] *pp от* eat

eau-de-Cologne [,ǝudǝkǝ'lǝun] одеколо́н *м*

eavesdrop ['iːvzdrɔp] подслу́шивать

ebb [eb], **ebb-tide** [,eb'taɪd] отли́в *м*

ebony ['ebǝnɪ] чёрное де́рево

echo ['ekǝu] э́хо *с*

eclipse [ɪ'klɪps] затме́ние *с*; tótal sólar ~ по́лное со́лнечное затме́ние

economic [,iːkǝ'nɔmɪk] экономи́ческий; ~**al** [-ǝl] эконо́мный, бережли́вый; ~**s** [-s] эконо́мика *ж*

economy [iː'kɔnǝmɪ] 1) эконо́мия *ж*; бережли́вость *ж*; ~ car *авто* малолитра́жка *ж*; ~ class *ав.* тури́стский класс; ~ size большо́го объёма (дешевле) 2) *(тж.* na'tional ecónomy) наро́дное хозя́йство ◊ political ~ полити́ческая эконо́мия

edge [edʒ] 1) край *м*; кро́мка *ж* 2) острие́ *с (of a knife, etc)* 3) преиму́щество *с*; have a slight ~ over име́ть небольшо́е преиму́щество над ◊ be on ~ быть как на иго́лках

edit ['edɪt] 1) редакти́ровать *(of a book)* 2) *кино* монти́ровать *(of a film)*; ~**ing** [-ɪŋ] *кино* монта́ж *м*; ~**ion** [ɪ'dɪʃn] изда́ние *с*; ~**or** [-ǝ] 1) реда́ктор *м* 2) *кино* монта́жный сто́лик; ~**orial** [,edɪ'tɔːrɪǝl] **1.** *a* редакцио́нный; ~órial board редколле́гия *ж*; ~órial óffice редактор *ж (помещение)*; ~órial staff реда́кция *ж (работники)* **2.** *n* передова́я статья́

editor-in-chief [͵edɪtərɪnˈtʃiːf] гла́вный реда́ктор

educate [ˈedjukeɪt] дава́ть образова́ние; воспи́тывать

education [͵edjuˈkeɪʃn] образова́ние *c*; prímary (sécondary, hígher) ~ нача́льное (сре́днее, вы́сшее) образова́ние; compúlsory ~ обяза́тельное обуче́ние; ~al [-əl] образова́тельный; ~al televísion уче́бное телеви́дение

effect [ɪˈfekt] 1) результа́т *м (result)* 2) (воз)де́йствие *c*; cárry ínto ~ провести́ в жизнь; ~ive [-ɪv] эффекти́вный, де́йственный

efficiency [ɪˈfɪʃənsɪ] 1) де́йственность *ж* 2) *тех.* коэффицие́нт поле́зного де́йствия

efficient [ɪˈfɪʃənt] 1) де́йственный, эффекти́вный *(resultative)* 2) де́льный, толко́вый, уме́лый *(competent)*

effort [ˈefət] уси́лие *c*; напряже́ние *c*; spare no ~s не щади́ть уси́лий

e. g. [iːˈdʒiː] напр. (наприме́р)

egg [eg] яйцо́ *c*; sóft-boiled (hálf-boiled, hárd-boiled) ~ яйцо́ всмя́тку («в мешо́чек», вкруту́ю); fried ~s *(тж. амер.* eggs súnny side up) (яи́чница-) глазу́нья *ж*; scrámbled ~s яи́чница-болту́нья *ж*; ham and ~s *(тж. амер.* ham'n-eggs) яи́чница с ветчино́й; póached ~

брит. яйцо́-пашо́т *c*; ~-plant [-plɑːnt] баклажа́н *м*

eight [eɪt] во́семь; ~ húndred восемьсо́т

eighteen [eɪˈtiːn] восемна́дцать; ~th [-θ] восемна́дцатый

eighth [eɪtθ] восьмо́й

eightieth [ˈeɪtɪɪθ] восьмидеся́тый

eighty [ˈeɪtɪ] во́семьдесят

either [ˈaɪðə; *амер.* ˈiːðə] **1.** *a, pron* ка́ждый, любо́й *(из двух)* **2.** *adv, cj:* ~ ... or и́ли... и́ли

elastic [ɪˈlæstɪk] **1.** *a* эласти́чный, упру́гий **2.** *n* рези́нка *ж (тесьма)*

elbow [ˈelbəu] ло́коть *м*

elder [ˈeldə] *(сравн. ст. от* old) ста́рший; ~ly [-lɪ] пожило́й

eldest [ˈeldɪst] *(превосх. ст. от* old) (са́мый) ста́рший

elect [ɪˈlekt] выбира́ть, избира́ть; ~ion [ɪˈlekʃn] 1) вы́боры *мн.*; géneral ~ion всео́бщие вы́боры 2) избра́ние *c (smb's —* кого́-л.); ~or [-ə] избира́тель *м*; *амер.* вы́борщик *м*; ~oral [-ərəl] вы́борный; ~oral sýstem избира́тельная систе́ма; ~orate [-ərɪt] избира́тели (одного́ о́круга)

electric [ɪˈlektrɪk] электри́ческий; ~ bulb (rázor, stove) электри́ческая ла́мпочка (бри́тва, пли́тка); ~ íron (torch) электри́ческий утю́г (фона́рик); ~ blánket электроодея́ло *c*; ~ chair *амер.* электри́ческий стул; ~ guitár электрогита́ра *ж*; ~ train электропоезд *м*; ~ian [ˌlekˈtriʃən] электромонтёр *м*; электротехник *м*; ~ity [ˌlekˈtrɪsɪtɪ] электричество *с*

electrocute [ɪˈlektrəkjuːt] *амер.* казнить на электрическом стуле

electronic [ɪˌlekˈtrɒnɪk] электронный; ~ brain ‹электронный мозг›, ЭВМ; ~ cálculator электронный калькулятор; ~ flash *фото* блиц *м*; ~ média радио и телевидение

elegant [ˈelɪgənt] изящный

element [ˈelɪmənt] 1) элемент *м*; черта *ж* 2) стихия *ж* (*nature*) 3) *pl* основы мн. (*науки и т. п.*); ~ary [ˌelɪˈmentərɪ] элементарный; (перво)начальный; ~ary school начальная школа

elephant [ˈelɪfənt] слон *м*

elevated [ˈelɪveɪtɪd]: ~ ráilway надземная железная дорога

elevation [ˌelɪˈveɪʃn] 1) возвышение *с* 2) возвышенность *ж*, пригорок *м* (*hill*)

elevator [ˌelɪˈveɪtə] 1) *амер.* лифт *м* 2) элеватор *м* (*for grain storage*)

eleven [ɪˈlevn] одиннадцать; ~th [-θ] одиннадцатый

eliminate [ɪˈlɪmɪneɪt] исключать, устранять

elk [elk] (североамериканский) олень

elm [elm] вяз *м*

eloquent [ˈeləkwənt] красноречивый

else [els] 1) ещё; кроме;

what ~? что ещё?; who ~? кто ещё?; sómebody ~ кто-нибудь другой; no one ~ никто другой 2) иначе; how ~ can I mánage? как мне иначе справиться?; ~where [-ˈwɛə] где-нибудь ещё

embankment [ɪmˈbæŋkmənt] набережная *ж*

embargo [emˈbɑːgəu] запрет *м*, эмбарго *с*

embark [ɪmˈbɑːk] грузиться; садиться на корабль; ~ation [ˌembɑːˈkeɪʃn] посадка *ж*, погрузка *ж* (*на корабль, самолёт*)

embarrass [ɪmˈbærəs] смущать; ~ment [-mənt] смущение *с*, замешательство *с*

embassy [ˈembəsɪ] посольство *с*

emblem [ˈembləm] эмблема *ж*, символ *м*

embodiment [ɪmˈbɒdɪmənt] воплощение *с*

embrace [ɪmˈbreɪs] 1) обнимать(ся) 2) охватывать (*include*)

embroider [ɪmˈbrɔɪdə] вышивать; ~y [-rɪ] вышивка *ж*

emerald [ˈemərəld] **1.** *n* изумруд *м* **2.** *a* изумрудный

emerge [ɪˈmɜːdʒ] появляться; выходить

emergency [ɪˈmɜːdʒənsɪ] критическое положение; крайняя необходимость; in case of ~ а) в случае крайней необходимости; б) в случае аварии (*in case of accident*); ~ brake *ж.-д.* стоп-кран *м*; ~ éxit запасный выход

emigrant [ˈemɪgrənt] эми-
гра́нт *м*

emigrate [ˈemɪgreɪt] эмигри́-
ровать

emigration [ˌemɪˈɡreɪʃn] эми-
гра́ция *ж*

eminent [ˈemɪnənt] выдаю-
щийся, знамени́тый

emotion [ɪˈməuʃn] волне́ние
с, возбужде́ние *с*

emphasis [ˈemfəsɪs] 1) уда-
ре́ние *с*, эмфа́за *ж* 2) ва́жность
ж, зна́чимость *ж*; lay (put) ~
on подчёркивать, придава́ть
осо́бое значе́ние *чему-л.*

emphasize [ˈemfəsaɪz] подчёркивать, придава́ть значе́-
ние

empire [ˈempaɪə] импе́рия *ж*

employ [ɪmˈplɔɪ] 1) приме-
ня́ть, испо́льзовать *(use)* 2)
держа́ть на слу́жбе; how má́ny
wórkers are ~ed here? ско́лько
здесь рабо́чих?; ~ee [ˌemp-
lɔɪˈiː] слу́жащий *м*, рабо́чий *м*;
~er [-ə] предпринима́тель *м*;
~ment [-mənt] рабо́та *ж*,
слу́жба *ж*; full ~ment по́лная
за́нятость

empty [ˈemptɪ] пусто́й;
~-handed [ˌemptɪˈhændɪd] с
пусты́ми рука́ми

emulation [ˌemjuˈleɪʃn] со-
ревнова́ние *с*

enable [ɪˈneɪbl] дава́ть воз-
мо́жность

encircle [ɪnˈsəːkl] окружа́ть

enclose [ɪnˈkləuz] 1) огора́-
живать, заключа́ть *(surround)*
2) вкла́дывать *(в конверт)*;
the phótograph is ~d фото-
гра́фия прилага́ется

encore [ˈɔŋkɔː] 1. *interj* бис!
2. *n*: to play an ~ испо́лнить
на бис

encourage [ɪnˈkʌrɪdʒ] обод-
ря́ть, поощря́ть

encyclop(a)edia [enˌsaɪkləu-
ˈpiːdɪə] энциклопе́дия *ж*

end [end] 1. *n* коне́ц *м*; meet
me at the ~ of the train встре-
ча́йте меня́ у после́днего ва-
го́на; put an ~ to положи́ть
коне́ц; at the ~ в конце́;
to the ~ к концу́ 2. *v* конча́ть
(-ся); when does the perfórmance ~? когда́ конча́ется спек-
та́кль?

endeavour [ɪnˈdevə] 1. *n*
(насто́йчивые) уси́лия, (реши́-
тельные) де́йствия 2. *v* пы-
та́ться, осуществля́ть уси́-
лия

endurance [ɪnˈdjuərəns] сто́й-
кость *ж*, вы́держка *ж*; упо́р-
ство *с*

endure [ɪnˈdjuə] 1) выноси́ть,
терпе́ть 2) дли́ться *(last)*

enemy [ˈenɪmɪ] враг *м*, не-
прия́тель *м*

energetic [ˌenəˈdʒetɪk] энер-
ги́чный

energy [ˈenədʒɪ] эне́ргия *ж*,
си́ла *ж*; ~ crísis энергети́-
ческий кри́зис; save ~ эконо́-
мить эне́ргию (энергети́ческие
ресу́рсы)

enforce [ɪnˈfɔːs] 1) принуж-
да́ть к выполне́нию; ~ a régu-
lation следи́ть за соблюде́нием
пра́вил 2) проводи́ть в жизнь;
~ law охраня́ть зако́н

engage [ɪnˈɡeɪdʒ] резерви́ро-
вать; ~ a seat зарезерви́ро-

вать ме́сто; ~d [-d] 1) за́нятый; ~d! за́нято! *(о телефоне)*; he is ~d он за́нят 2) помо́лвленный *(betrothed)*; ~ment [-mənt] 1) заня́тие *c*, де́ло *c* *(business)* 2) свида́ние *c*, встре́ча *ж* *(appointment)* 3) помо́лвка *ж* *(betrothal)*

engine ['endʒɪn] 1) мото́р *м*, дви́гатель *м* 2) парово́з *м* *(locomotive)*

engineer [,endʒɪ'nɪə] 1) инжене́р *м*; меха́ник *м* *(mechanic)* 2) *амер. ж.-д.* машини́ст *м* 3) *амер. разг.* те́хник *м*, слесарь-эле́ктрик *м* *(обслуживающий водопровод, сантехнику и электрическое хозяйство жилого дома или отеля)*; ~ing [-rɪŋ] те́хника *ж*; science and ~ing нау́ка и те́хника

English ['ɪŋglɪʃ] **1.** *a* англи́йский **2.** *n* 1) (the ~) *собир.* англича́не 2) англи́йский язы́к; ~man [-mən] англича́нин *м*; ~woman [-wumən] англича́нка *ж*

engrave [ɪn'greɪv] гравирова́ть

engraving [ɪn'greɪvɪŋ] гравю́ра *ж*

enjoy [ɪn'dʒɔɪ] 1) наслажда́ться; получа́ть удово́льствие; you'll ~ the perfórmance спекта́кль вам понра́вится 2) облада́ть; ~ the right име́ть пра́во; ~ment [-mənt] 1) удово́льствие *c*, наслажде́ние *c* 2) облада́ние *c* *(possession of smth)*

enlarge [ɪn'lɑ:dʒ] 1) увели́чивать(ся) 2) расширя́ть(ся)

(widen); ~ment [-mənt] увели́ченная фотогра́фия

enormous [ɪ'nɔ:məs] грома́дный, огро́мный

enough [ɪ'nʌf] дово́льно, доста́точно; that's ~! доста́точно!

enquire [ɪn'kwaɪə] = inquíre

enrich [ɪn'rɪtʃ] обогаща́ть

enrol(l) [ɪn'rəul] регистри́ровать; заноси́ть в спи́сок

enslave [ɪn'sleɪv] порабоща́ть

ensure [ɪn'ʃuə] обеспе́чивать, гаранти́ровать

enter ['entə] 1) входи́ть; ~ a room войти́ в ко́мнату 2) вступи́ть; ~ the párty вступи́ть в па́ртию 3) вноси́ть *(в книгу, в список)*; who is ~ed in the race? кто принима́ет уча́стие в бе́ге?; ~ **into** а) вступа́ть *(в переговоры, разговор и т. п.)*; б) заня́ться, приступи́ть

enterprise ['entəpraɪz] предприя́тие *c (undertaking)*

entertain [,entə'teɪn] 1) развлека́ть, принима́ть госте́й 2) пита́ть *(сомнение и т. п.)*; ~ hope пита́ть наде́жду; ~ing [-ɪŋ] заба́вный, занима́тельный; ~ment [-mənt] развлече́ние *c*; ~ment índustry зре́лищные предприя́тия

entire [ɪn'taɪə] по́лный; це́лый; весь; ~ly [-lɪ] всеце́ло, вполне́, соверше́нно

entitle [ɪn'taɪtl] 1) озагла́вливать 2) дава́ть пра́во; be ~d to... име́ть пра́во на...

entrance ['entrəns] вход *м*;

~ fee вступи́тельный взнос; "no ~" «вхо́да нет» *(надпись)*; "staff ~" «служе́бный вход» *(надпись)*

entrust [ɪn'trʌst] доверя́ть *(smth to smb — что-л. кому-л.)*

entry ['entrɪ] 1) вход *м;* вступле́ние *с* 2) за́пись *ж (registration)* 3) *спорт.* зая́вка *ж*

enumerate [ɪ'njuːməreɪt] перечисля́ть

envelop [ɪn'veləp] завора́чивать; оку́тывать

envelope ['envələup] конве́рт *м*

environment [ɪn'vaɪərənmənt] среда́ *ж,* окруже́ние *с;* protéction of ~ охра́на окружа́ющий среды́; ~alist [ɪn,vaɪərən'mentəlɪst] сторо́нник охра́ны окружа́ющей среды́ *или* сотру́дник о́рганов охра́ны приро́ды

envoy ['envɔɪ] посла́нник *м;* E. Extraórdinary and Mínister Plenipoténtiary Чрезвыча́йный Посла́нник и Полномо́чный Мини́стр

envy ['envɪ] 1. *n* за́висть *ж* 2. *v* зави́довать

epoch ['iːpɔk] эпо́ха *ж*

epoxy [ɪ'pɔksɪ] эпокси́дная смола́; ~ páint эпокси́дная кра́ска

equal ['iːkwəl] ра́вный, одина́ковый; ~ity [ɪ'kwɔlɪtɪ] ра́венство *с*

equalizer ['iːkwəlaɪzə] эквала́йзер *м (аудиоаппаратура)*

equator [ɪ'kweɪtə] эква́тор *м*

equestrian [ɪ'kwestrɪən] 1. *a* ко́нный; ~ sports ко́нный спорт 2. *n* вса́дник *м (rider)*

equip [ɪ'kwɪp] снаряжа́ть; снабжа́ть (with); ~ment [-mənt] обору́дование *с;* снаряже́ние *с*

equivalent [ɪ'kwɪvələnt] равноце́нный, равнозна́чащий; be ~ to равня́ться

eraser [ɪ'reɪzə] рези́нка *ж,* ла́стик *м*

erect [ɪ'rekt] 1. *v* воздвига́ть, сооружа́ть; ~ a mónument воздви́гнуть па́мятник 2. *a* прямо́й

erotic [ɪ'rɔtɪk] эроти́ческий

errand ['erənd] поруче́ние *с;* run ~s быть на побегу́шках

error ['erə] оши́бка *ж,* заблужде́ние *с*

escalat‖e ['eskəleɪt] *(особ. полит.)* уси́ливать, нара́щивать; ~ the war уси́ливать вое́нные де́йствия, вести́ эскала́цию войны́; ~ion [,eskə'leɪʃn] *полит.* эскала́ция *ж;* ~or [-ə] эскала́тор *м*

escape [ɪ'skeɪp] 1) убега́ть 2) избега́ть *(avoid)*

especially [ɪ'speʃəlɪ] осо́бенно

essay ['eseɪ] о́черк *м,* статья́ *ж*

essence ['esns] 1) су́щность *ж,* существо́ *с (gist)* 2) эссе́нция *ж*

essential [ɪ'senʃəl] суще́ственный, необходи́мый

establish [ɪ'stæblɪʃ] устана́вливать; осно́вывать; ~ment [-mənt] 1) основа́ние *с* 2) учрежде́ние *с (institution)* 3): the E. «исте́блишмент» *м,* консервати́вно-бюрократи́ческий аппара́т сохране́ния вла́сти капита́ла

estate [ɪ'steɪt] име́ние *c*; земе́льный уча́сток; indústrial ~ промы́шленная площа́дка *(подготовленная для строи́тельства)*

estimate 1. *n* ['estɪmɪt] 1) оце́нка ж; prelíminary ~ предвари́тельная оце́нка 2) *фин.* сме́та ж **2.** *v* ['estɪmeɪt] оце́нивать

etc [ɪt'setrə] (et cétera) и т. д., и т. п. (и так да́лее, и тому́ подо́бное)

etching ['etʃɪŋ] гравю́ра ж; офо́рт *м*

eternal [iː'tɜːnl] ве́чный; ~ flame ве́чный ого́нь

eucalyptus [ˌjuːkə'lɪptəs] эвкали́пт *м*

evacuate [ɪ'vækjueɪt] 1) опорожня́ть 2) эвакуи́ровать; ~ chíldren эвакуи́ровать дете́й

eve [iːv] кану́н *м*; on the ~ of накану́не

even I ['iːvən] ро́вный; ~ súrface ро́вная пове́рхность

even II да́же; ~ so всё-таки

evening ['iːvnɪŋ] ве́чер *м*; in the ~ ве́чером; ~ párty вечери́нка ж

event [ɪ'vent] 1) собы́тие *c*, происше́ствие *c*; слу́чай *м*; at all ~s во вся́ком слу́чае 2) *спорт.* вид соревнова́ний; *pl* соревнова́ния *мн.*; athlétic ~s спорти́вные соревнова́ния

eventually [ɪ'ventʃuəlɪ] в конце́ концо́в

ever ['evə] когда́-либо; have

you ~ been to this cóuntry? вы когда́-нибудь быва́ли в на́шей стране́?; for ~ навсегда́

every ['evrɪ] ка́ждый; ~ óther day че́рез день

every‖body ['evrɪbɔdɪ] ка́ждый; все; ~day [-deɪ] ежедне́вный, повседне́вный; ~one [-wʌn] ка́ждый; ~thing [-θɪŋ] всё; ~where [-wɛə] всю́ду; from ~where отовсю́ду

evidence ['evɪdəns] 1) доказа́тельство *c* 2) *юр.* ули́ка ж, свиде́тельское показа́ние

evident ['evɪdənt] очеви́дный, я́сный; ~ly [-lɪ] очеви́дно

evil ['iːvl] **1.** *n* зло *c* **2.** *a* злой, дурно́й

ewe [juː] овца́ ж

ex- [eks-] бы́вший; экс-

exact [ɪg'zækt] то́чный; ~ time то́чное вре́мя; ~ly [-lɪ] то́чно

exaggerate [ɪg'zædʒəreɪt] преувели́чивать

exaggeration [ɪgˌzædʒə'reɪʃn] преувеличе́ние *c*

exam [ɪg'zæm] *разг.* = examinátion

examination [ɪgˌzæmɪ'neɪʃn] 1) осмо́тр *м*; иссле́дование *c*; médical ~ медици́нский осмо́тр 2) экза́мен *м*; take an ~ сдава́ть (держа́ть) экза́мен; pass an ~ сдать (вы́держать) экза́мен

examine [ɪg'zæmɪn] 1) осма́тривать; иссле́довать *(scrutinize)* 2) экзаменова́ть; ~ a stúdent экзаменова́ть студе́нта

example 100

example [ɪgˈzɑːmpl] приме́р м, образе́ц м; for ~ наприме́р; give (set) an ~ (по)дава́ть приме́р

exceed [ɪkˈsiːd] превыша́ть; превосходи́ть

exceedingly [ɪkˈsiːdɪŋlɪ] чрезвыча́йно, о́чень

excellent [ˈeksələnt] отли́чный; превосхо́дный

except [ɪkˈsept] исключа́я, кро́ме; ~ion [ɪkˈsepʃn] исключе́ние с; as an ~ion в ви́де исключе́ния

excess [ɪkˈses] изли́шек м; ~ bággage ав. переве́с м (вес багажа сверх нормы); ~ive [-ɪv] чрезме́рный

exchange [ɪksˈtʃeɪndʒ] 1. n 1) обме́н м; разме́н м; in ~ взаме́н; cúltural ~ культу́рный обме́н 2) би́ржа ж; lábour ~ би́ржа труда́ 3) (тж. télephone exchánge) телефо́нная ста́нция; коммута́тор м 2. v обме́нивать(ся)

excite [ɪkˈsaɪt] возбужда́ть; be ~d волнова́ться; ~ment [-mənt] возбужде́ние с, волне́ние с

exclaim [ɪkˈskleɪm] восклица́ть

exclude [ɪkˈskluːd] исключа́ть; ~ from the team спорт. вы́вести из соста́ва кома́нды

excursion [ɪkˈskəːʃn] экску́рсия ж; пое́здка ж

excuse 1. n [ɪkˈskjuːs] 1) извине́ние с 2) (тж. good excúse) оправда́ние с; lame ~ неуда́чная отгово́рка 2. v [ɪkˈskjuːz] извиня́ть, проща́ть; ~ me! извини́те!

execute [ˈeksɪkjuːt] 1) исполня́ть 2) казни́ть (put to death)

execution [ˌeksɪˈkjuːʃn] 1) выполне́ние с 2) иск. исполне́ние с 3) казнь ж (capital punishment)

executive [ɪgˈzekjutɪv] 1. a 1) исполни́тельный; ~ commíttee исполни́тельный комите́т 2) амер. администрати́вный; ~ ófficer администра́тор м; чино́вник, возглавля́ющий административную слу́жбу 2. n исполни́тельный о́рган

exercise [ˈeksəsaɪz] 1. n 1) упражне́ние с; трениро́вка ж; floor ~s во́льные упражне́ния (гимнастика); take ~ а) соверша́ть прогу́лку; б) занима́ться спо́ртом (go in for sports) 2) муз. этю́д м 2. v упражня́ться

exert [ɪgˈzəːt] 1) напряга́ть (силы); ~ onesélf стара́ться 2) ока́зывать давле́ние, влия́ть; ~ ínfluence upón оказа́ть влия́ние на

exhaust [ɪgˈzɔːst] 1. v исче́рпывать (use up) 2. n тех. вы́хлоп м; ~ed [-ɪd] истощённый; изму́ченный; ~ive [-ɪv] исче́рпывающий; ~ive informátion исче́рпывающие све́дения

exhibit [ɪgˈzɪbɪt] 1. v 1) пока́зывать, проявля́ть 2) выставля́ть (at a show) 2. n 1) экспона́т м 2) юр. веще́ственное доказа́тельство 3) вы́ставка ж (show); ~ion [ˌeksɪˈbɪʃn] вы́ставка ж; indústrial ~ion промы́шленная вы́ставка

exile ['eksaıl] **1.** *n* ссы́лка ж **2.** *v* ссыла́ть

exist [ıg'zıst] существова́ть; ~**ence** [-əns] существова́ние *c*

exit ['egzıt] **1.** *n* вы́ход м; "no ~" «вы́хода нет» (*надпись*) **2.** *v* театр. выходи́ть, уходи́ть; ~ Hámlet Га́млет ухо́дит (*ремарка*)

exodus ['eksədəs] исхо́д м, ма́ссовое бе́гство

exotic [ıg'zɔtık] экзоти́чный, экзоти́ческий

expand [ık'spænd] расширя́ть(ся)

expect [ık'spekt] ожида́ть; наде́яться; ~**ancy** [-ənsı]: life ~ancy (сре́дняя) продолжи́тельность жи́зни; ~**ation** [ˌekspek'teıʃn] ожида́ние *c*

expel [ık'spel] выгоня́ть, исключа́ть; ~ from the team вы́вести из соста́ва кома́нды

expenditure [ık'spendıtʃə] тра́та ж, расхо́д м

expense [ık'spens] расхо́д м; at the ~ of smb за чей-л. счёт

expensive [ık'spensıv] дорого́й, дорогостоя́щий

experience [ık'spıərıəns] **1.** *n* о́пыт м **2.** *v* испы́тывать, знать по о́пыту; ~**d** [-t] о́пытный

experiment **1.** *n* [ık'sperımənt] о́пыт м, экспериме́нт м **2.** *v* [ık'sperıment] проводи́ть о́пыты, эксперименти́ровать; ~**al** [eksˌperı'mentl] о́пытный, эксперимента́льный

expert ['ekspɜːt] **1.** *n* знато́к м, экспе́рт м; специали́ст м

2. *a* квалифици́рованный; ~ mechánic квалифици́рованный меха́ник

expire [ık'spaıə] 1) выдыха́ть (*breathe out*) 2) истека́ть; the term ~s tomórrow срок истека́ет за́втра

explain [ık'spleın] объясня́ть; will you, please, ~ to me..? объясни́те мне, пожа́луйста...

explanation [ˌeksplə'neıʃn] объясне́ние *c*

explode [ık'spləud] взрыва́ть(ся)

exploit [ık'splɔıt] 1) разраба́тывать (*natural resources*) 2) эксплуати́ровать; ~**ation** [ˌeksplɔı'teıʃn] эксплуата́ция ж

explore [ık'splɔː] иссле́довать; ~**r** [-rə] иссле́дователь м

explosion [ık'spləuʒn] взрыв м ◊ populátion ~ демографи́ческий взрыв

export **1.** *n* ['ekspɔːt] э́кспорт м, вы́воз м **2.** *v* [ıks'pɔːt] экспорти́ровать, вывози́ть

expose [ık'spəuz] 1) выставля́ть, подверга́ть де́йствию (*солнца и т. п.*) 2) подверга́ть (*риску и т. п.*); ~ to dánger подве́ргнуть опа́сности 3) разоблача́ть (*reveal*) 4) *фото* экспони́ровать; ~**d** for 1/30 (one thírtieth) of a sécond с вы́держкой в 1/30 (одну́ тридца́тую) секу́нды

express I [ık'spres] **1.** *a* 1) сро́чный; ~ télegram сро́чная телегра́мма 2) курье́рский; ~ train курье́рский по́езд, экспресс *м* 2. *n* ж.-д. экспре́сс *м*

express II выража́ть; ~ one's opínion вы́разить своё мне́ние; ~**ion** [ık'spreʃn] выраже́ние *c*

expressway [ık'spreswei] *авто* скоростна́я магистра́ль

ext. [ık'stenʃn] = extе́nsion 2)

extend [ık'stend] 1) протя́гивать 2) простира́ться (*stretch*) 3) распространя́ть (*spread*)

extension [ık'stenʃn] 1) расшире́ние *c*, распростране́ние *c* (*broadening*) 2) доба́вочный (но́мер); ~ séven, please доба́вочный семь, пожа́луйста

extensive [ık'stensıv] обши́рный

extent [ık'stent] 1) протяже́ние *c* 2) сте́пень ж, ме́ра ж; to a great ~ в значи́тельной сте́пени

exterior [ek'stıərıə] вне́шний

external [ek'stə:nl] вне́шний, нару́жный; "for ~ use only" «нару́жное» (*надпись*)

extinguish [ık'stıŋgwıʃ] (по-)гаси́ть, (по)туши́ть; ~**er** [-ə] огнетуши́тель *м*

extra ['ekstrə] доба́вочный, дополни́тельный

extract 1. *n* ['ekstrækt] 1) *хим.* экстра́кт *м* 2) отры́вок *м*; вы́держка ж (*from a book, etc*) **2.** *v* [ık'strækt] удаля́ть, извлека́ть; ~ one's tooth удали́ть зуб

extraordinary [ık'strɔ:dnrı] 1) необыча́йный 2) чрезвыча́йный; ~ séssion чрезвыча́йная се́ссия

extreme [ık'stri:m] **1.** *a* кра́йний **2.** *n* кра́йность ж

eye [aı] глаз *м*; ~**brow** [-brau] бровь ж; ~**lash** [-læʃ] ресни́ца ж; ~**lid** [-lıd] ве́ко *c*; ~**sight** [-saıt] зре́ние *c*; ~**witness** [-wıtnıs] очеви́дец *м*, свиде́тель *м*

F

F [ef] *муз.* фа; F májor фа мажо́р

fabric ['fæbrık] ткань ж, материа́л *м*

facade [fə'sɑ:d] фаса́д *м*

face [feıs] **1.** *n* 1) лицо́ *c* 2) цифербла́т *м* (*of a clock, etc*) **2.** *v* 1) быть обращённым к; выходи́ть на 2) ста́лкиваться *c*; the próblem that ~s us стоя́щая пе́ред на́ми пробле́ма 3) облицо́вывать; the státion is ~d with márble ста́нция облицо́вана мра́мором

facility [fə'sılıtı] 1) удо́бство *c*, лёгкость ж 2) *обыкн. pl* сре́дства *мн.*; возмо́жности *мн.*; sports facílities спорти́вные сооруже́ния

fact [fækt] факт *м*; in ~, as a mátter of ~ действи́тельно; да́же, к тому́ же

factory ['fæktərı] фа́брика ж; заво́д *м*

faculty ['fækəltı] 1) дар *м*, спосо́бность ж (*gift*) 2) профе́ссорско-преподава́тельский соста́в (*in a college*) 3) факульте́т *м*; ~ of biólogy биологи́-

ческий факультéт 4) кáфедра ж; ~ of linguístics кáфедра языкознáния

fade [feɪd] 1) увядáть 2) выгорáть, линять *(lose colour)*

fail [feɪl] 1) недоставáть, не хватáть 2) обманýть ожидáния; не сбыться; if my mémory dóesn't ~ me éсли пáмять мне не изменяет 3) потерпéть неудáчу, не имéть успéха; we ~ed to do it нам не удалóсь э́то сдéлать; ~ at an examinátion провалиться на экзáмене; ~-**safe** ['feɪlseɪf] гарантирующий безопáсность при авáрии

failure ['feɪljə] неудáча ж; провáл м

faint [feɪnt] слáбый

fair I [fɛə] 1) я́рмарка ж *(usually in a village)* 2) вы́ставка ж; World F. всемирная вы́ставка

fair II 1) прекрáсный, красивый *(beautiful)* 2) чéстный, справедливый; ~ play чéстная игрá 3) белокýрый, свéтлый *(blond)* 4) я́сный; ~ wéather я́сная погóда; я́сно *(в свóдке погóды)* ◊ ~ cópy чистовик м, готóвый экземпляр; ~-**haired** [-hɛəd] белокýрый; ~-háired man блондин м

fairly ['fɛəlɪ] довóльно, достáточно; ~ well довóльно хорошó, неплóхо

faith [feɪθ] вéра ж; ~**ful** [-ful] вéрный, прéданный

falcon ['fɔːlkən] сóкол м

fall [fɔːl] 1. v (fell; fállen) 1) пáдать; понижáться 2) настý-

пáть; the night fell наступила ночь 3) становиться; ~ ill заболéть; ~ asléep заснýть; ~ behind отстáть от, остáться позади 2. n 1) падéние с 2) *амер.* óсень ж 3) pl водопáд м; the Niágara Falls Ниагáрский водопáд

fallen ['fɔːlən] pp от fall 1

fall-out ['fɔːlaut] 1) (*тж.* radioáctive fáll-out) радиоактивные осáдки 2): the technológical ~ of the space prógramme испóльзование достижéний космической тéхники на землé

fallow ['fæləu] *с.-х.* пар м

false [fɔːls] 1) лóжный 2) лживый; фальшивый; ~ coin фальшивая монéта 3) искýсственный; ~ tooth искýсственный зуб 4): ~ start *спорт.* фальстáрт м

fame [feɪm] слáва ж; извéстность ж

familiar [fə'mɪlɪə] хорошó знакóмый, привы́чный

family ['fæmɪlɪ] семья́ ж

famine ['fæmɪn] гóлод м

famous ['feɪməs] знаменитый

fan I [fæn] 1) вéер м 2) вентилятор м *(for ventilation)* 3) вéялка ж *(winnow)*

fan II энтузиáст м; *разг.* болéльщик м; любитель м; sóccer ~ болéльщик футбóла; jazz ~ любитель джáза

fancy ['fænsɪ] 1. n 1) воображéние с, фантáзия ж 2) пристрáстие с; take a ~ to увлекáться *(чем-л.)* 2. a 1) фантастический; причýдливый 2) мóдный; ~ shoes мóдные тýфли 3): ~ dress маскара́дный костю́м 3. v представля́ть себе́; вообража́ть; ~ méeting you here! вот уж не ожида́л встре́тить вас здесь!; ~-ball [-'bɔːl] костюми́рованный бал

fantastic [fæn'tæstɪk] причу́дливый, фантасти́ческий ◊ it's ~! потряса́юще!

far [fɑː] (fárther, fúrther; fárthest, fúrthest) **1.** adv 1) далеко́; ~ awáy, ~ off далеко́ 2) гора́здо; ~ bétter гора́здо лу́чше; by ~ намно́го, гора́здо ◊ as ~ as поско́льку; so ~ до сих пор, пока́ **2.** a да́льний, далёкий; is it ~ from here? это далеко́ отсю́да?

fare [fɛə] пла́та за прое́зд

farewell [fɛə'wel] проща́ние c; bid ~ попроща́ться

farm [fɑːm] **1.** n крестья́нское хозя́йство, фе́рма ж **2.** v обраба́тывать зе́млю; ~er [-ə] фе́рмер м

far‖-reaching [ˌfɑːˈriːtʃɪŋ] далеко́ иду́щий; ~-sighted [-'saɪtɪd] 1) дальнозо́ркий 2) дальнови́дный (far-seeing)

farther ['fɑːðə] (сравн. ст. от far) **1.** adv да́льше **2.** a бо́лее отдалённый; дальне́йший

fascism ['fæʃɪzm] фаши́зм м

fascist ['fæʃɪst] фаши́ст м

fashion ['fæʃn] мо́да ж; ~ show вы́ставка мод; ~able [-əbl] мо́дный; ~able dress мо́дное пла́тье

fast [fɑːst] **1.** a 1) ско́рый, бы́стрый; a ~ train ско́рый по́езд 2): be ~ спеши́ть (о часах) 3) про́чный; кре́пкий;

hard and ~ rules твёрдые пра́вила **2.** adv 1) бы́стро 2) кре́пко; be ~ asléep кре́пко спать

fasten ['fɑːsn] прикрепля́ть; привя́зывать; скрепля́ть; ~ with a pin заколо́ть була́вкой

fat [fæt] **1.** a 1) жи́рный 2) то́лстый, ту́чный (stout) **2.** n жир м, са́ло c

fatal ['feɪtl] смерте́льный, фата́льный

fate [feɪt] судьба́ ж, рок м

father ['fɑːðə] оте́ц м; ~-in-law ['fɑːðərɪnlɔː] тесть м (wife's father); свёкор м (husband's father)

fault [fɔːlt] 1) недоста́ток м 2) оши́бка ж; вина́ ж; sorry, it's my ~ прости́те, это моя́ вина́; through no ~ of mine не по мое́й вине́; ~less [-lɪs] безупре́чный

favour ['feɪvə] 1) благоскло́нность ж 2) одолже́ние c; do me a ~, please! сде́лайте мне одолже́ние! ◊ in ~ of в по́льзу; who is in ~? кто за? (при голосова́нии); ~able ['feɪvərəbl] 1) благоприя́тный 2) благоскло́нный (well-disposed)

favourite ['feɪvərɪt] **1.** a люби́мый; which is your ~ sport? како́й вид спо́рта вы лю́бите бо́льше всего́? **2.** n спорт. претенде́нт на пе́рвое ме́сто

fear [fɪə] **1.** n страх м **2.** v боя́ться

feasibility [ˌfiːzə'bɪlɪtɪ]: ~ stúdies те́хнико-экономи́ческое обоснова́ние

feasible ['fi:zɪbl] осуществи́-
мый

feather ['feðə] перо́ *с* *(птичье)*

feature ['fi:tʃə] 1) осо́бен-
ность *ж* 2) *pl* черты́ лица́ 3): ~
film худо́жественный фильм

featuring ['fi:tʃərɪŋ]: film ~
Chárlie Cháplin фильм с уча́-
стием Ча́рли Ча́плина

February ['februərɪ] февра́ль
м

fed [fed] *past и pp от* feed

federal ['fedərəl] федера́ль-
ный, сою́зный

federation [ˌfedə'reɪʃn] феде-
ра́ция *ж*; World F. of Democrátic Youth Всеми́рная феде-
ра́ция демократи́ческой молодёжи

federative ['fedərətɪv] феде-
рати́вный

fee [fi:] 1) гонора́р *м*, воз-
награжде́ние *с (pay)* 2) взнос
м; éntrance ~ вступи́тельный
взнос

feed [fi:d] (fed) корми́ть;
~-back ['fi:dbæk] отве́тная
реа́кция

feel [fi:l] (felt) 1) чу́вство-
вать; I don't ~ véry well я чу́в-
ствую себя́ нева́жно 2) щу́-
пать; прощу́пывать; ~ the
pulse щу́пать пульс; ~ **up to**
быть в состоя́нии ◊ ~ like хо-
те́ть; I don't ~ like góing... мне
не хо́чется е́хать...; ~**ing** [-ɪŋ]
чу́вство *с*; ощуще́ние *с*

feet [fi:t] *pl от* foot

fell [fel] *past от* fall 1

fellow ['feləu] 1) па́рень *м*;
old ~ дружи́ще *м*; старина́ *м*
2) това́рищ *м*, собра́т *м*; ~

cítizen согражданин *м* 3) член
учёного о́бщества *(of an Academic Society)*; ~**-countryman**
[-kʌntrɪmən] соотéчественник
м, земля́к *м*; ~**-member**
[-'membə] колле́га *м*, член *м*
(той же организа́ции); ~**ship**
[-ʃɪp] 1) чле́нство *с (особ. в
учёном обществе)* 2) стипе́н-
дия *ж (scholarship)* ~**-travel-
ler** [-'trævlə] спу́тник *м*, попу́т-
чик *м*

felonious [fɪ'ləunɪəs] *юр.* пре-
сту́пный, умы́шленный; ~ hó-
micide преднаме́ренное уби́й-
ство

felony ['felənɪ] *юр.* уголо́в-
ное преступле́ние *(наказуемое
длительным тюремным заклю-
чением)*

felt I [felt] во́йлок *м*; фетр
м; ~ hat фе́тровая шля́па

felt II *past и pp от* feel

female ['fi:meɪl] **1.** *a* же́н-
ского по́ла, же́нский **2.** *n* са́м-
ка *ж*

feminine ['femɪnɪn] же́нский;
же́нственный

fence I [fens] **1.** *n* и́згородь
ж **2.** *v* огора́живать

fence II фехтова́ть; ~r [-ə]
фехтова́льщик *м*

fencing ['fensɪŋ] *спорт.* фех-
това́ние *с*

fender ['fendə] *авто* 1) *брит.*
ба́мпер *м* 2) *амер.* крыло́ *с*

ferrous ['ferəs]: ~ métals
чёрные мета́ллы

ferry ['ferɪ] 1) перепра́ва *ж*
2) = férryboat; ~**boat** [-bəut]
паро́м *м*

fertile ['fə:taɪl] плодоро́дный

fertilizer ['fɜːtɪlaɪzə] удобре́ние *с*

festival ['festəvəl] 1) пра́зднество *с* 2) фестива́ль *м*; World F. of Youth and Stúdents Всеми́рный фестива́ль молодёжи и студе́нтов; film ~ кинофестива́ль *м*

fetch [fetʃ] 1) приноси́ть; go and ~ the book пойди́те принеси́те кни́гу 2) сходи́ть за (*кем-л., чем-л.*); I'll come to ~ you at three o'clóck я зайду́ за ва́ми в три часа́

fever ['fiːvə] жар *м*, лихора́дка *ж*; ~ish [-rɪʃ] лихора́дочный; he is ~ish у него́ жар

few [fjuː] 1) немно́гие; немно́го, ма́ло; there are ~ péople here здесь ма́ло наро́ду 2): a ~ не́сколько; in a ~ words в не́скольких слова́х ◊ quite a ~, not a ~ нема́ло, поря́дочно

fiancé [ˌfɪɑːn'seɪ] жени́х *м*; ~e неве́ста *ж*

fiberglass ['faɪbəglɑːs] стеклопла́стик *м*

fiction ['fɪkʃn] 1) вы́мысел *м*; this is pure ~ э́то чи́стая вы́думка 2) беллетри́стика *ж* (*belles-lettres*); scíence ~ нау́чная фанта́стика

fiddle ['fɪdl] *разг.* скри́пка *ж* (*особ. как народный инструмент*); play first ~ игра́ть пе́рвую скри́пку; ~r [-ə] скрипа́ч *м* (*особ. уличный*)

field [fiːld] 1) по́ле *с* 2) сфе́ра *ж*; по́прище *с*; in the ~ of scíence в о́бласти нау́ки 3) периферия́ *ж*; at the héadquarters and in the ~ в це́нтре и на места́х

fierce [fɪəs] свире́пый, лю́тый

fife [faɪf] ду́дка *ж*, ма́ленькая фле́йта

fifteen [fɪf'tiːn] 1) пятна́дцать 2) кома́нда игроко́в в ре́гби (*in rugby*); ~th [-θ] пятна́дцатый

fifth [fɪfθ] пя́тый

fiftieth ['fɪftɪɪθ] пятидеся́тый

fifty ['fɪftɪ] пятьдеся́т; ~-~ [-'fɪftɪ] попола́м

fig [fɪg] инжи́р *м*

fight [faɪt] 1. *v* (fought) сража́ться; боро́ться 2. *n* 1) бой *м*; дра́ка *ж* 2) *перен.* борьба́; *ж*; спор *м*; ~er [-ə] истреби́тель *м* (*самолёт*)

figure ['fɪgə] 1) фигу́ра *ж*; slim ~ стро́йная фигу́ра 2) ци́фра *ж*; facts and ~s ци́фры и фа́кты; ~ skater [ˌskeɪtə] *спорт.* фигури́ст *м*, фигури́стка *ж*; ~ skating [ˌskeɪtɪŋ] *спорт.* фигу́рное ката́ние

figurine ['fɪgjuriːn] статуэ́тка *ж*

file [faɪl] 1. *n* 1) па́пка *ж*, де́ло *с* 2) картоте́ка *ж*; keep a ~ вести́ картоте́ку 2. *v* регистри́ровать (*документы*); ~ for a job подава́ть заявле́ние о приёме на слу́жбу

fill [fɪl] 1) наполня́ть(ся); ~ the glásses напо́лнить бока́лы; ~ it up, please по́лный бак, пожа́луйста (*на бензоколонке*) 2) пломбирова́ть; ~ a tooth запломбирова́ть зуб;

~ **in**, ~ **up** заполня́ть; ~ in the form, please заполни́те, пожа́луйста, анке́ту

filling station ['fɪlɪŋ,steɪʃn] бензоколо́нка ж

film [fɪlm] **1.** *n* 1) фильм м; ~ star кинозвезда́ ж; ~ script киносцена́рий м 2) *фото* плёнка ж; súper-8 ~ плёнка «су́пер-8» **2.** *v* производи́ть кино-съёмку; ~**ing** [-ɪŋ] киносъёмка ж

filter ['fɪltə] *фото* свето-фи́льтр м

final ['faɪnl] **1.** *a* коне́чный, заключи́тельный; после́дний **2.** *n спорт.* фина́л м; ~**ly** ['faɪnəlɪ] наконе́ц

finance 1. *n* ['faɪnæns] фина́нсы *мн.* **2.** *v* [faɪ'næns] финанси́ровать

find [faɪnd] (found) 1) находи́ть; обнару́живать; where can I ~ the éditor? где мо́жно найти́ реда́ктора? 2) счита́ть *(consider)*; ~ **out** узнава́ть, обнару́живать; ~ out what the mátter is вы́ясните, в чём де́-ло

fine I [faɪn] **1.** *n* штраф м **2.** *v* штрафова́ть

fine II 1) превосхо́дный 2) изя́щный, то́нкий; ~ arts изо-брази́тельные иску́сства

finger ['fɪŋgə] па́лец м; ~-**nàil** [-neɪl] но́готь м; ~-**print** [-prɪnt] отпеча́ток па́льца

finish ['fɪnɪʃ] конча́ть(ся), заверша́ть(ся)

fir [fɜ] ель ж

fire ['faɪə] **1.** *n* 1) ого́нь м 2) пожа́р м; catch ~ загоре́ть-ся; ~ depártment *амер.* по-жа́рная кома́нда **2.** *v* стреля́ть; ~-**arm** ['faɪərɑːm] огнестре́ль-ное ору́жие; ~-**brigade** [-brɪ-ˌgeɪd] *брит.* пожа́рная кома́н-да; ~-**escape** [-ɪˌskeɪp] пожа́р-ная ле́стница; ~**extinguisher** ['faɪərɪks,tɪŋgwɪʃə] огнетуши́-тель м; ~**man** [-mən] пожа́р-ный м; ~-**place** [-pleɪs] ками́н м; ~**proof** [-pruːf] огнеупо́р-ный; ~**wood** [-wud] дрова́ *мн.*; ~**work(s)** [-wɜk(s)] *(pl)* фейерве́рк м

firm I [fɜm] фи́рма ж

firm II твёрдый, сто́йкий

first [fɜst] **1.** *a, num* пе́рвый; ~ aid пе́рвая по́мощь; ~ floor второ́й эта́ж *(до́ма)*; ~ name и́мя *c*; ~ víolin пе́рвая скри́п-ка **2.** *adv* снача́ла; at ~ сна-ча́ла; ~-**night** [-naɪt] *театр.* премье́ра ж; ~-**rate** [-reɪt] первокла́ссный; ~-**year** [-jɪə] пе́рвого ку́рса; ~-year stúdent первоку́рсник м

fish [fɪʃ] **1.** *n* ры́ба ж **2.** *v* лови́ть, уди́ть ры́бу

fisherman ['fɪʃəmən] рыба́к м

fist [fɪst] кула́к м

fit I [fɪt] 1) *мед.* припа́док м 2) поры́в м *(impulse)*

fit II 1. *a* 1) го́дный; ~ to drink го́дный для питья́ 2) здо-ро́вый; I feel ~ я чу́вствую себя́ здоро́вым 3) удо́бный; I don't think ~ to do it я ду́-маю, что э́того де́лать не сле́-дует **2.** *v* годи́ться; быть впо́-ру; the shoes ~ me all right э́ти ту́фли мне как раз впо́ру; the dress ~s you véry well пла́тье хорошо́ на вас сиди́т; ~ on примеря́ть

fitter [ˈfɪtə] сле́сарь(-монта́жник) *м*

fitting [ˈfɪtɪŋ]: ~ room приме́рочная *ж*

five [faɪv] пять; ~ and ten cents store *амер.* цено́вка *ж (магазин дешёвых товаров повседневного спроса)*; ~ hún-dred пятьсо́т; ~-star [-stɑ:]: ~-star géneral генера́л а́рмии

fix [fɪks] 1) укрепля́ть; устана́вливать 2) исправля́ть, чини́ть *(put right)* 3) назнача́ть; ~ the day, please назна́чьте, пожа́луйста, день; ~ed [-t] устано́вленный; постоя́нный; ~ed príces твёрдые це́ны; ~ed sátellite *см.* geostátionary sátellite

flag [flæg] флаг *м*, зна́мя *с*

flakes [fleɪks] *pl* хло́пья *мн.*

flame [fleɪm] пла́мя *с*

flash [flæʃ] 1. *v* 1) сверка́ть *(flare)* 2) мелька́ть, промелькну́ть *(dash past)* 2. *n* 1) вспы́шка *ж*, про́блеск *м* 2) *(тж.* electrónic flash) *фото* блиц *м*; ~-light [-laɪt] 1) *фото см.* flash 2, 2); 2) электри́ческий фона́рик

flask [flɑ:sk] фля́жка *ж*

flat I [flæt] 1. *a* пло́ский ◊ a ~ deníal категори́ческий отка́з 2. *n (тж.* flat tire) *авто* спу́щенная ши́на; I have a ~ у меня́ спусти́ла ши́на

flat II *брит.* кварти́ра *ж*; move to a new ~ перее́хать на но́вую кварти́ру; block of ~s многокварти́рный дом

flatter [ˈflætə] льстить; ~y [-rɪ] лесть *ж*

flavour [ˈfleɪvə] 1. *n* прия́тный вкус *(of food)*; буке́т *м (of wine)* 2. *v* приправля́ть

flax [flæks] лён *м*

flea [fli:] блоха́ *ж*; ~ márket блоши́ный ры́нок («барахо́лка»)

fled [fled] *past и pp от* flee

flee [fli:] (fled) бежа́ть, спаса́ться бе́гством

fleece [fli:s] руно́ *с*, ове́чья шерсть

fleet [fli:t] флот *м*

Fleet Street [ˈfli:tstri:t] Флит-стрит *(улица в Лондоне, центр газетной индустрии)*

flesh [fleʃ] плоть *ж*, те́ло *с*

flew [flu:] *past от* fly II

flexible [ˈfleksəbl] ги́бкий

flight [flaɪt] 1) полёт *м*; *ав.* рейс *м*; in ~ в полёте; ~ bag полётная су́мка *(с наименованием авиакомпании)*; ~ engi-néer бортмеха́ник *м*; ~ númber но́мер ре́йса 2): ~ of stairs марш (ле́стницы)

fling [flɪŋ] (flung) броса́ть (-ся); швыря́ть(ся)

flint [flɪnt] креме́нь *м*

float [fləut] пла́вать *(на поверхности воды)*

flock [flɔk] 1) ста́до *с*; ~ of geese ста́я гусе́й 2) *рел.* па́ства *ж*

flood [flʌd] 1. *n* наводне́ние *с* 2. *v* затопля́ть, залива́ть; ~light [-laɪt] 1. *n* проже́ктор 2. *v* освеща́ть проже́ктором *(здание и т. п.)*

floor [flɔ:] 1) пол *м*; ~ éxercises во́льные упражне́ния (*гимна́стика*) 2) эта́ж м; first ~ второ́й эта́ж; ground ~ *брит.* пе́рвый эта́ж; main (street) ~ *амер.* пе́рвый эта́ж 3) зал (заседа́ний); give the ~ предоста́вить сло́во; take the ~ выступа́ть, брать сло́во; may I have the ~? прошу́ сло́ва!; ~ léader ли́дер (парти́йной) фра́кции (*в пала́те Конгре́сса США*)

flour ['flauə] мука́ ж

flourish ['flʌrɪʃ] 1) расцвета́ть, цвести́ 2) процвета́ть (*prosper*)

flow [fləu] 1. *v* течь 2. *n* пото́к м, струя́ ж; ebb and ~ of the sea морски́е отли́вы и прили́вы ◊ ~ chart, ~ sheet блок-схе́ма ж, после́довательность опера́ций

flower ['flauə] цвето́к м; ~ girl цвето́чница ж; ~bed [-bed] клу́мба ж

flown [fləun] *pp от* fly II

flu(e) [fluː] *разг.* грипп м

fluent ['fluːənt] бе́глый, гла́дкий; ~ speech бе́глая речь; ~ly [-lɪ] бе́гло, гла́дко

flung [flʌŋ] *past и pp от* fling

flush [flʌʃ] (по)красне́ть

flute [fluːt] фле́йта ж

flutter ['flʌtə] 1) маха́ть, бить кры́льями; перепа́рхивать (*of a bird*) 2) развева́ться; колыха́ться (*of a flag*)

fly I [flaɪ] му́ха ж

fly II (flew; flown) лета́ть; I'd like to ~ я хоте́л бы полете́ть самолётом

flying ['flaɪɪŋ]: ~ boat гидросамолёт м, лета́ющая ло́дка;

~ sáucer лета́ющая таре́лка

foam [fəum] пе́на ж; ~ rúbber пороло́н м

f.o.b. [,efəu'biː] (free on board) с беспла́тной погру́зкой

fodder ['fɔdə] фура́ж м; корм м

fog [fɔg] (густо́й) тума́н

foil [fɔɪl] фольга́ ж

fold [fəuld] 1. *v* 1) скла́дывать, сгиба́ть; ~ up a néwspaper сложи́ть газе́ту; ~ one's arms скрести́ть ру́ки 2) завора́чивать; ~ in páper оберну́ть бума́гой 2. *n* скла́дка ж; ~er [-ə] 1) па́пка ж, скоросшива́тель м 2) букле́т м, (рекла́мный *или* тури́стский) проспе́кт; ~ing [-ɪŋ] складно́й; ~ing knife складно́й (перочи́нный) нож

folk [fəuk] лю́ди *мн.*; ~ cústom наро́дный обы́чай; ~ dance наро́дный та́нец; ~ song наро́дная пе́сня

follow ['fɔləu] 1) сле́довать; ~ the instrúctions сле́довать указа́ниям; ~ an exámple брать приме́р 2) следи́ть; ~ the devélopments следи́ть за разви́тием собы́тий; ~er [-ə] после́дователь м; ~ing [-ɪŋ] сле́дующий; ~-up [-ʌp] (*тж.* fóllow-up áction) ме́ры по исполне́нию (ра́нее при́нятых реше́ний)

folly ['fɔlɪ] глу́пость ж; безрассу́дство с

fond [fɔnd] 1): be ~ of люби́ть (*кого́-л., что́-л.*) 2) нежный, любящий; a ~ móther любящая мать

food [fuːd] пища *ж*; ~ store гастроном *м*, продовольственный магазин; ~ shop *амер.* закусочная *ж*; ~ stamp *амер.* продуктовый талон (*на покупку продуктов со скидкой, выдаваемый неимущим*); ~-processor [-ˌprəusesə] кухонный комбайн; ~-stuffs [-stʌfs] *pl* продукты *мн.*, продовольствие *с*

fool [fuːl] **1.** *n* дурак *м* **2.** *v* одурачивать, обманывать; ~ish [-ɪʃ] глупый

foot [fut] (*pl* feet) 1) нога *ж* (*ниже щиколотки*); on ~ пешком 2) фут *м* (*мера длины*); two feet long длиною в два фута; a man five ~ six мужчина ростом 165 сантиметров 3) основание *с*; подножие *с* (*of a hill*)

football [ˈfutbɔːl] 1) футбольный мяч (*ball*) 2) *см.* association 3) *амер.* (американский) футбол

foot‖board [ˈfutbɔːd] подножка *ж*; ~lights [-laɪts] *pl театр.* рампа *ж*; ~-note [-nəut] подстрочное примечание, сноска *ж*; ~print [-ˌprɪnt] след *м*; ~step [-step] 1) шаг *м* 2) ступенька *ж* (*of a stairway*); ~warmer [-wɔːmə] грелка *ж* (*для ног*); ~-wear [-wɛə] *собир.* обувь *ж*

for [fɔː] **1.** *prep* 1) для; на; ~ me для меня; "~ men (wómen)" ‹для мужчин (женщин)› (*надпись*); ~ two (men) на

двоих 2) за; are you ~ or agáinst it? вы за или против? 3) из-за; ~ lack of... из-за недостатка...; ~ fear of из боязни 4) на; I've come ~ two weeks я приехал на две недели; fix the date ~ six o'clock назначить свидание на шесть часов 5) в течение; ~ a month в течение месяца 6) ради, за; go out ~ a walk выйти погулять; ~ a change для разнообразия ◊ ~ one thing прежде всего; ~ the first time впервые; ~ the time béing пока, на время **2.** *cj* ибо, потому что

forbade [fəˈbeɪd] *past от* forbíd

forbid [fəˈbɪd] (forbáde; forbídden) запрещать; ~den [-n] *pp от* forbíd

force [fɔːs] **1.** *n* сила *ж*; by (of) ... в силу ...; remáin in ~ оставаться в силе; come ínto ~ вступить в силу **2.** *v* заставлять; принуждать; ~d [-t] вынужденный; ~d lánding вынужденная посадка

forecast [ˈfɔːkɑːst] предсказание *с*; wéather ~ прогноз погоды

forefinger [ˈfɔːˌfɪŋgə] указательный палец

foreground [ˈfɔːgraund] передний план

forehead [ˈfɔrɪd] лоб *м*

foreign [ˈfɔrɪn] иностранный; F. and Cómmonwealth Óffice Министерство иностранных дел и по делам Содружества (*в Великобритании*); ~ guests зарубежные

гости; ~ lánguage иностра́н-
ный язы́к; do you speak ány
~ lánguages? вы говори́те на
иностра́нных языка́х?; ~trade
вне́шняя торго́вля; ~er [-ə]
иностра́нец *м*, иностра́н-
ка *ж*

foreman ['fɔːmən] ма́стер *м*;
прора́б *м*

foremost ['fɔːməust] пере́д-
ний, передово́й

foresaw [fɔː'sɔː] *past от* foresée

foresee [fɔː'siː] (foresáw; fore-
séen) предви́деть; ~n [-n] *pp
от* foresée

foresight ['fɔːsaɪt] предви́де-
ние *с*; предусмотри́тельность
ж

forest ['fɔrɪst] лес *м*; ~ry
[-rɪ] лесово́дство *с*

forever [fə'revə] навсегда́

foreword ['fɔːwəd] предисло́-
вие *с*

forgave [fə'geɪv] *past от*
forgíve

forge [fɔːdʒ] **1.** *n* ку́зница *ж*
2. *v* 1) кова́ть 2) подде́лывать
(*fabricate*); ~ry ['fɔːdʒərɪ] под-
де́лка *ж*, подло́г *м*

forget [fə'get] (forgót; forgótten) забыва́ть; don't ~! не
забу́дьте! ◊ ~ it! *разг.* не-
ва́жно!

forgive [fə'gɪv] (forgáve; for-
gíven) проща́ть; ~n [-n] *pp от*
forgíve

forgot [fə'gɔt] *past от* forgét;
~ten [-n] *pp от* forgét

fork [fɔːk] **1.** *n* 1) ви́лка *ж*;
could I have a ~ and a knife,
please? да́йте мне, пожа́луй-
ста, ви́лку и нож 2) *с.-х.* ви́лы

мн. 3) разветвле́ние *с* (*of a
road, etc*) **2.** *v* 1) разветвля́ть-
ся (*о доро́ге* 2)): ~ right (left)
at the next interséction на сле́-
дующей разви́лке доро́ги дер-
жи́тесь впра́во (вле́во)

form [fɔːm] **1.** *n* 1) фо́рма *ж*
2) форма́льность *ж*; it's just
a mátter of ~ это проста́я фор-
ма́льность 3) бланк *м*, анке́та
ж (*questionnaire*) 4) *брит.*
класс *м*; the boy is in the sixth
~ этот ма́льчик у́чится в ше-
сто́м кла́ссе 5) состоя́ние *с*,
гото́вность *ж*; be in good ~
спорт. быть в фо́рме **2.** *v* 1)
придава́ть фо́рму 2) образо́-
вывать, составля́ть

formal ['fɔːməl] 1) форма́ль-
ный 2) официа́льный; ~ státement официа́льное заявле́-
ние

formality [fɔː'mælɪtɪ] фор-
ма́льность *ж*

former ['fɔːmə] 1) пре́жний
2): the ~ пе́рвый (*из упомя-
нутых*); ~ly [-lɪ] пре́жде,
когда́-то

forth [fɔːθ] вперёд; ~coming
[ˌfɔːθ'kʌmɪŋ] предстоя́щий, гря-
ду́щий

fortieth ['fɔːtɪɪθ] сороково́й

fortnight ['fɔːtnaɪt] две не-
де́ли

fortress ['fɔːtrɪs] кре́пость *ж*

fortunate ['fɔːtʃnət] счастли́-
вый; ~ly [-lɪ] к сча́стью

fortune ['fɔːtʃən] 1) сча́стье *с*,
уда́ча *ж* 2) судьба́ *ж* (*destiny*)
3) состоя́ние *с*, бога́тство *с*
(*wealth*)

forty ['fɔːtɪ] со́рок

forum ['fɔːrəm] фо́рум *м*, собра́ние *с*

forward ['fɔːwəd] 1. *adv* вперёд 2. *n спорт.* напада́ющий *м* 3. *v* отправля́ть, пересыла́ть; ~ing [-ɪŋ]: ~ing addréss а́дрес для пересы́лки корреспонде́нции

forwards ['fɔːwədz] = fórward 1

fought [fɔːt] *past и pp от* fight 1

foul [faul] 1) загрязнённый; гря́зный 2) бесче́стный; ~ blow *спорт.* запрещённый уда́р; ~ play *спорт.* а) запрещённый приём; б) *перен.* моше́нничество *с*

found I [faund] 1) *past и pp от* find 2): Lost and F. *см.* lost 2

found II осно́вывать; ~ation [faun'deɪʃn] 1) основа́ние *с*, фунда́мент *м* 2) фонд *м* (*fund*)

founder I ['faundə] основа́тель *м* (*of a society, etc*)

founder II лите́йщик *м*

foundry ['faundrɪ] лите́йный цех

fountain ['fauntɪn] 1) фонта́н *м* 2) *см.* sóda fóuntain; ~-pen [-pen] авторучка *ж*

four [fɔː] 1) четы́ре; ~ húndred четы́реста 2) *спорт.* четвёрка *ж* (*гребля*); ~-star [-stɑː]: ~-star géneral генера́л-полко́вник *м*

fourteen [,fɔː'tiːn] четы́рнадцать; ~th [-θ] четы́рнадцатый

fourth [fɔːθ] четвёртый; one ~ че́тверть *ж*; ~ fínger безымя́нный па́лец

fowl [faul] (дома́шняя) пти́ца

fox [fɔks] лиси́ца *ж*; ~trot [-trɔt] фокстро́т *м*

fraction ['frækʃn] 1) *мат.* дробь *ж* 2) части́ца *ж* (*small part*)

fracture ['fræktʃə] 1. *n мед.* перело́м *м* 2. *v* слома́ть (*ногу, руку и т. п.*)

fragile ['frædʒaɪl] хру́пкий

fragment ['frægmənt] 1) обло́мок *м* 2) отры́вок *м*; recíte a ~ прочесть отры́вок

frail [freɪl] хру́пкий; сла́бый; уязви́мый

frame [freɪm] 1. *n* 1) ра́ма *ж* 2) *кино* кадр *м* ◊ ~ of mind настрое́ние *с* 2. *v* обрамля́ть; ~-up [-ʌp] сфабрико́ванное де́ло (*основанное на подтасовке фактов*); ~work [-wəːk] 1) карка́с *м*; о́стов *м* 2) структу́ра *ж*; withín the ~work of the UN Chárter в ра́мках Уста́ва ООН

frank I [fræŋk] и́скренний, открове́нный

frank II *амер. разг.* (*тж.* fránkfurter) соси́ска *ж*

fraternal [frə'təːnl] бра́тский

fraud [frɔːd] обма́н *м*

free [friː] 1. *a* 1) свобо́дный, во́льный 2) неза́нятый; are you ~ tomórrow? вы за́втра свобо́дны? 3) беспла́тный; éntrance ~ вход беспла́тный (свобо́дный) 4) откры́тый; ~ competítion откры́тый ко́нкурс; свобо́дная конкуре́нция 2. *v* освобожда́ть

freedom ['friːdəm] свобо́да *ж*;

~ of speech (assémbly, relígion, the press) свобо́да сло́ва (собра́ний, со́вести, печа́ти)

freeway ['fri:weɪ] *амер.* 1) *см.* expréssway 2) беспла́тная автомагистра́ль

freeze [fri:z] (froze, frózen) 1) замора́живать *(make frozen)* 2) замерза́ть, мёрзнуть *(become frozen);* ~r [-ə] моро́зилка ж *разг. (часть холоди́льника)*

freight [freɪt] груз м; ~ train това́рный по́езд

French [frentʃ] **1.** *a* францу́зский; ~ fries жа́реный карто́фель *(в кипящем масле, наре́занный соло́мкой);* ~ loaf (дли́нный) бато́н **2.** *n* 1) (the ~) *собир.* францу́зы 2) францу́зский язы́к; ~**man** [-mən] францу́з м; ~**woman** [-wumən] францу́женка ж

frequency ['fri:kwənsɪ] частота́ ж

frequent 1. *a* ['fri:kwənt] ча́стый **2.** *v* [fri:'kwent] ча́сто посеща́ть; ~**ly** ['fri:kwəntlɪ] ча́сто

fresco ['freskəu] *иск.* фре́ска ж

fresh [freʃ] све́жий; ~ wáter пре́сная вода́; "~ páint!" ‹осторо́жно, окра́шено!› *(на́дпись)*

freshman ['freʃmən] *амер.* первоку́рсник м

Friday ['fraɪdɪ] пя́тница ж

friend [frend] друг м; подру́га ж; това́рищ м; dear ~s! доро́гие друзья́!; amóng ~s в кругу́ друзе́й; make ~s подру-

жи́ться; ~**ly** [-lɪ] дру́жеский; дружелю́бный; ~**ship** [-ʃɪp] дру́жба ж; internátional ~ship дру́жба наро́дов

fright [fraɪt] испу́г м; ~**en** [-n] пуга́ть; ~**ful** [-ful] стра́шный; ужа́сный

fro [frəu]: to and ~ взад и вперёд

frock [frɔk] вече́рнее пла́тье

frog [frɔg] лягу́шка ж; ~**man** [-mən] аквалангист м

from [frɔm] 1) от, из; ~ Lóndon из Ло́ндона; we are fifty miles ~ the town мы в пяти́десяти ми́лях от го́рода; ~ belów сни́зу; ~ benéath, ~ únder из-под; ~ here отсю́да; ~ óutside извне́; ~ there отту́да; ~ afár издалека́; ~ day to day изо дня́ в день. 2) с; ~ chíldhood с де́тства; páint ~ náture рисова́ть с нату́ры 3) по; judge ~ appéarances суди́ть по вне́шности

front [frʌnt] 1) пере́дняя сторона́; фаса́д м; in ~ of впереди́; пе́ред 2) *воен.* фронт м

frontier ['frʌntɪə] грани́ца ж

frost ['frɔst] моро́з м

frown [fraun] нахму́риться

froze [frəuz] *past от* freeze; ~**n** [-n] *pp от* freeze

fruit [fru:t] плод м; *собир.* фру́кты; ~ cup, ~ sálad фру́кты в сиро́пе *(мелко наре́занные);* bear ~ приноси́ть плоды́; ~**less** [-lɪs] беспло́дный

frustrate [frʌ'streɪt] расстра́ивать, срыва́ть *(пла́ны)*

fry [fraɪ] жа́рить(ся); do you like your eggs fried? как вам

приготóвить я́йца? Сдéлать
яи́чницу?

frying-pan ['fraɪɪŋpæn] сковородá *ж*

fuel [fjuəl] тóпливо *c*; ~ tank
авто бензобáк *м*

fulfil [fulˈfɪl] выполня́ть,
осуществля́ть

full [ful] 1) пóлный; ~ of life
пóлный жи́зни; ~ moon полно-
лу́ние *c*; ~ pówers полномóчия *мн.*; ~ house аншлáг *м*,
«все билéты прóданы»
(надпись) 2) широ́кий, свобóдный; ~ skirt широ́кая ю́бка
3) полутораспáльный; ~ (size)
sheet простыня́ для полутора-
спáльной кровáти 4) сы́тый;
thanks, I'm ~! спаси́бо, я сыт!;
~-time [ˌfulˈtaɪm]: ~-time
wórker рабóчий, зáнятый пóл-
ную рабóчую недéлю; штáт-
ный рабóтник; ~y [-ɪ] впол-
нé, совершéнно

fun [fʌn] шу́тка *ж*; забáва
ж; весéлье *c*; have ~ весели́ть-
ся; for ~ в шу́тку; make ~ of
высмéивать

function [ˈfʌŋkʃn] 1. *n* фу́нк-
ция *ж*, обя́занности *мн.* 2. *v*
дéйствовать, функциони́ро-
вать

fund [fʌnd] 1) запáс *м* 2)
фонд *м*; relíef ~ фонд пóмощи

fundamental [ˌfʌndəˈmentl]
основнóй; коренной

funeral [ˈfjuːnərəl] пóхороны
мн.

funnel [ˈfʌnl] трубá *ж (паровоза, парохóда)*

funny [ˈfʌnɪ] 1) смешнóй,
забáвный 2) стрáнный

fur [fɜː] 1) мех *м*; ~ coat
(меховáя) шу́ба 2) *pl* мехá *мн.*,
пушни́на *ж*

furious [ˈfjuərɪəs] взбешён-
ный

furnace [ˈfɜːnɪs] печь *ж*, тóп-
ка *ж*

furnish [ˈfɜːnɪʃ] 1) снабжáть
2) меблировáть, обставля́ть;
~ed rooms меблирóванные
кóмнаты

furniture [ˈfɜːnɪtʃə] мéбель
ж, обстанóвка *ж*; uphólstered
~ мя́гкая мéбель

further [ˈfɜːðə] *(сравн. ст. от
far)* 1. *adv* дáльше 2. *a* 1) бóлее отдалённый 2) дальнéй-
ший; without ~ árgument без
дальнéйших спóров

fury [ˈfjuərɪ] неи́стовство *c*,
я́рость *ж*

fuse [fjuːz] 1. *v* плáвить(ся),
сплавля́ть(ся); the bulb ~d
лáмпочка перегорéла 2. *n* эл.
предохрани́тель *м*, прóбка *ж*

fuss [fʌs] 1. *n* суетá *ж*; make
a ~ abóut суети́ться, подни-
мáть шум *(вокруг чего-л.)* 2.
v суети́ться, хлопотáть

futile [ˈfjuːtaɪl] бесполéзный, тщéтный

future [ˈfjuːtʃə] 1. *n* бу́дущее
c; in the (dístant) ~ в (далё-
ком) бу́дущем 2. *a* бу́дущий

G

G [dʒiː] *муз.* соль; G májor
соль мажóр

gad-fly [ˈgædflaɪ] óвод *м*

gadget [ˈɡædʒɪt] *разг.* (технѝческое) приспособлѐние *c*

gage [ɡeɪdʒ] *амер. см.* gauge

gain [ɡeɪn] **1.** *n* 1) увеличѐ- ние *c*; ~ weight прибáвка в вѐсе 2) прѝбыль *ж*; вы́игрыш *м (winnings)* **2.** *v* 1) получáть; ~ expérience приобрестѝ óпыт 2) достигáть *(reach)* 3) вы́ѝгрывать

gait [ɡeɪt] похóдка *ж*

gala [ˈɡɑːlə] **1.** *n* прáзднество *c* **2.** *a* прáздничный, торжѐст- венный; ~ cóncert торжѐст- венный концѐрт

gallant [ˈɡælənt] хрáбрый, дóблестный

gallery [ˈɡælərɪ] галерѐя *ж (тж. театр.)*

gallon [ˈɡælən] галлóн *м (мѐ- ра объѐма)*

gallop [ˈɡæləp] **1.** *n* галóп *м (аллюр)* **2.** *v* скакáть галó- пом

galoshes [ɡəˈlɔʃɪz] *pl* галóши *мн.*

gamble [ˈɡæmbl] 1) игрáть *(в азартные игры)* 2) игрáть *(на скачках и т. п.)* 3) рисковáть; ~ on дѐлать стáвку (стá- вить) на *что-л.*

game I [ɡeɪm] 1) игрá *ж* 2) *спорт.* пáртия *ж*; a ~ of chess пáртия в шáхматы 3) *pl* состя- зáния *мн.*; ѝгры *мн.*

game II дичь *ж*

gang [ɡæŋ] 1) бригáда *ж (ра- бóчих)* 2) шáйка *ж*, бáнда *ж (band of robbers, etc)*; ~ster [-stə] бандѝт *м*, гáнгстер *м*

gangway [ˈɡæŋweɪ] 1) схóд- ни *мн.* 2) прохóд *м (passage)*

gap [ɡæp] 1) брешь *ж*, про- лóм *м* 2) промежýток *м (inter- val)* 3) пробѐл *м (blank)*

garage [ˈɡærɑːʒ, *амер.* ɡə- ˈrɑːʒ] 1) гарáж *м* 2) стáнция обслýживания *(service sta- tion)* ◊ ~ sale *амер.* распро- дáжа домáшнего старья́

garbage [ˈɡɑːbɪdʒ] *амер.* мý- сор *м*; ~ can мýсорный я́щик

garden [ˈɡɑːdn] сад *м*; ~er [-ə] садóвник *м*

garland [ˈɡɑːlənd] гирля́нда *ж*

garlic [ˈɡɑːlɪk] чеснóк *м*

garment [ˈɡɑːmənt] 1) пред- мѐт одѐжды 2) *pl* одѐжда *ж*

garter [ˈɡɑːtə] (крýглая) под- вя́зка; the Order of the G. óр- ден Подвя́зки

gas [ɡæs] 1) газ *м*; nátural ~ прирóдный газ; ~ mask про- тивогáз *м* 2) *амер. тж.* бензѝн *м*; ~ státion бензоколóнка *ж*; ~-guzzler [-ˌɡʌzlə] *амер. авто разг.* ‹пожирáтель бен- зѝна›; ~main [-meɪn] газо- провóд *м*

gasolene [ˈɡæsəliːn] газолѝн *м*

gasoline [ˈɡæsəliːn] *амер.* бензѝн *м*

gasp [ɡɑːsp] 1) задыхáться 2) áхнуть

gas-stove [ˈɡæsstəuv] гáзо- вая плитá

gate [ɡeɪt] ворóта *мн.*; ка- лѝтка *ж*; ~-money [-ˌmʌnɪ] входнáя плáта

gather [ˈɡæðə] 1) собирáть (-ся) 2) накопля́ть, приобре- тáть *(amass)*

gauge [geɪdʒ] кали́бр *м*

gauze [gɔːz] 1) ма́рля *ж* 2) (ма́рлевый) бинт *(surgical dressing)*

gave [geɪv] *past от* give

gavel [ˈgævəl] (председа́тельский) молото́к

gay [geɪ] 1) весёлый; ~ vóices весёлые голоса́ 2) пёстрый, я́ркий; ~ cólours я́ркие цвета́

gaze [geɪz] при́стально гляде́ть (at, on — на)

gear [gɪə] 1) приспособле́ние *с*; принадле́жности *мн.* 2) *тех.* переда́ча *ж*; при́вод *м*; in ~ включённый; out of ~ вы́ключенный 3) *авто* переда́ча *ж*, ско́рость *ж*; in bóttom ~ *брит.* на пе́рвой ско́рости; in low ~ *амер.* на пе́рвой ско́рости

geese [giːs] *pl от* goose

gem [dʒem] драгоце́нный ка́мень

general I [ˈdʒenərəl] о́бщий, всео́бщий; генера́льный; G. Assémbly Генера́льная Ассамбле́я; in ~ вообще́ ◊ ~ (post) delívery a) пе́рвая разно́ска по́чты; б) *амер.* (по́чта) до востре́бования

general II генера́л *м*

generally [ˈdʒenərəlɪ] 1) вообще́; ~ spéaking вообще́ говоря́ 2) обы́чно *(usually)*

generation [ˌdʒenəˈreɪʃn] поколе́ние *с*; ~ gap про́пасть, разделя́ющая поколе́ния; пробле́ма ‹отцо́в и дете́й›

generous [ˈdʒenərəs] 1) великоду́шный 2) ще́дрый; ~ praise ще́драя похвала́ 3) плодоро́дный *(о почве)*

genius [ˈdʒiːnɪəs] ге́ний *м*

genre [ˈʒɑːŋrə] жанр *м*

gentle [ˈdʒentl] ла́сковый, не́жный; мя́гкий

gentleman [ˈdʒentlmən] джентльме́н *м*, господи́н *м*

genuine [ˈdʒenjuɪn] 1) по́длинный, настоя́щий 2) и́скренний *(sincere)*

geography [dʒɪˈɔgrəfɪ] геогра́фия *ж*

geology [dʒɪˈɔlədʒɪ] геоло́гия *ж*

geometry [dʒɪˈɔmətrɪ] геоме́трия *ж*

geostationary [ˌdʒɪəˈsteɪʃənərɪ]: *косм.* ~ órbit геостациона́рная орби́та; ~ sátellite геостациона́рный спу́тник

germ [dʒɑːm] 1) *биол.* заро́дыш *м* 2) микро́б *м*

germfree [ˈdʒɑːmfriː] стери́льный

gesture [ˈdʒestʃə] жест *м*

get [get] (got) 1) получа́ть; достава́ть; can I still ~ a tícket? мо́жно ещё доста́ть биле́т? 2) попада́ть; добира́ться; I have to ~ home éarly я до́лжен ра́но попа́сть домо́й 3) станови́ться; ~ old постаре́ть; ~ ángry рассерди́ться; ~ bétter попра́виться; ~ well вы́здороветь; ~ hurt ушиби́ться; ~ drunk напи́ться *(опьянеть)*; ~ lost заблуди́ться; ~ free вы́рваться; ~ free of the oppónent *спорт.* оторва́ться от проти́вника 4) *разг.* понима́ть; постига́ть; I don't ~ you я вас

не понима́ю 5) *выражает долженствование*: I've got to
leave я до́лжен уходи́ть 6) *в
конструкциях с* have *не переводится*: have you got a péncil?
у вас есть каранда́ш? 7): I got
my shoes repáired мне почини́-
ли боти́нки; he got his hair cut
он постри́гся; ~ **down**: ~ down
to smth взя́ться за что-л.; ~
in (into) входи́ть, сади́ться; ~
ínto a bus (tram) сади́ться в
авто́бус (в трамва́й); ~ **off**
сходи́ть; are you ~ting off at
the next stop? вы выхо́дите
на сле́дующей остано́вке?; ~
on: how are you ~ting on? как
дела́?, как вы поживае́те?;
~ **out** выходи́ть; ~ **together**
собра́ться; ~ **up** встава́ть

giant ['dʒaɪənt] велика́н *м*,
гига́нт *м*

gift [gɪft] 1) пода́рок *м*; дар
м; bírthday ~ пода́рок ко дню
рожде́ния 2) тала́нт *м (talent)*;
~**ed** [-ɪd] одарённый

gigantic [dʒaɪ'gæntɪk] ги-
га́нтский

gilt [gɪlt] **1.** *n* позоло́та *ж* **2.**
a золочёный

gimmick ['gɪmɪk] *амер. разг.*
трюк *м*; ло́вкое *или* хитроу́м-
ное приспособле́ние; ádvertiz-
ing ~ надува́тельский рекла́м-
ный приём

gin [dʒɪn] джин *м (алкоголь-
ный напиток)*; ~ and tónic
джин с то́ником

ginger ['dʒɪndʒə] имби́рь *м*;
~ ale, ~ beer имби́рный лимо-
на́д; ~**bread** [-bred] имби́рный
пря́ник

gipsy ['dʒɪpsɪ] **1.** *a* цыга́нский
2. *n* 1) цыга́н *м*, цыга́нка *ж*
2) цыга́нский язы́к

girdle ['gəːdl] по́яс *м (особ.
из эластичной ткани)*

girl [gəːl] 1) де́вочка *ж (child)*
2) де́вушка *ж*; ~**friend** [-frend]
прия́тельница *ж*, любо́вница *ж*

gist [dʒɪst] суть *ж*, су́щность
ж; ~ of the mátter су́щность
де́ла

give [gɪv] (gave; gíven) 1)
дава́ть; ~ it to me да́йте мне
э́то; ~ a dínner дать обе́д 2) пе-
редава́ть; ~ him my best
wíshes переда́йте ему́ мои́ наи-
лу́чшие пожела́ния 3) дари́ть;
he gave me a rádio for my
bírthday он подари́л мне в
день рожде́ния приёмник 4)
доставля́ть, причиня́ть; ~
pléasure доста́вить удово́льст-
вие; ~ in уступа́ть; ~ up бро́-
сить, оста́вить ◊ ~ way усту-
па́ть; подава́ться

given ['gɪvn] *pp от* give

glacier ['glæsɪə] ледни́к *м*,
гле́тчер *м*

glad [glæd]: be ~ ра́довать-
ся; I am ~ я рад (дово́лен);
(I'm) ~ to see you рад вас ви́-
деть; ~ to meet you рад с ва́-
ми познако́миться; ~**ly** [-lɪ]
охо́тно, с удово́льствием

glance [glɑːns] **1.** *n* бы́стрый
взгляд; at a ~ с пе́рвого взгля́-
да **2.** *v* ме́льком взгляну́ть
(at — на)

gland [glænd] железа́ *ж*

glass [glɑːs] 1) стекло́ *с* 2)
стака́н *м*; бока́л *м*; raise one's
~ (to) подня́ть бока́л (за)

3) (*тж.* lóoking-glass) зéркало с 4) *pl* очки́ *мн.*; ~ware [ˈglɑːswɛə] стекля́нная посу́да

gleam [gliːm] пpóблеск *м*; ~ of hope луч наде́жды

glide [glaɪd] 1) скользи́ть 2) *спорт.* плани́ровать; ~r [-ə] *ав.* планёр *м*

glitter [ˈglɪtə] **1.** *n* блеск *м* **2.** *v* блесте́ть, сверка́ть

globe [gləub] 1) земнóй шар 2) глóбус *м* (*visual aid*)

gloom [gluːm] мрак *м*; ~y [-ɪ] мpáчный; угрю́мый

glorious [ˈglɔːrɪəs] слáвный; ~ víctory слáвная побéда

glory [ˈglɔːrɪ] слáва *ж*

glove [glʌv] перчáтка *ж*; ~ compártment *авто* я́щик для мелочéй (*на передней панели*)

glue [gluː] **1.** *n* клей *м* **2.** *v* клéить; приклéивать

go [gəu] **1.** *v* (went; gone) 1) идти́, ходи́ть; let's go! пойдёмте!; are you góing! вы идёте?; go to school ходи́ть в шкóлу 2) éхать, передвигáться; go by bus (train) éхать автóбусом (пóездом); go by air летéть самолётом; "go slow" ◄сни́зить скóрость► (*надпись на шоссе*) 3) уходи́ть, уезжáть; it's time to go порá уходи́ть; go! *спорт.* марш! 4) пойти́, отпрáвиться; go for a swim пойти́ поплáвать; go cýcling пойти́ покатáться на велосипéде 5) *означает* становиться, дéлаться, *не переводится*: go bad ухудшáться; go out of date устаревáть 6): I'm góing to see him

tomórrow я уви́жу егó зáвтра; **go ahéad** а) двигаться вперёд; **go ahéad!** дéйствуйте!; б) продолжáть; **go in** войти́; **go in for** smth занимáться чем-л.; **go on** продолжáть; **go out** вы́йти ◊ it goes withóut sáying самó собóй разумéется; let it go at that! пусть бýдет так! **2.** *n* 1) попы́тка *ж*; let's have a go давáйте попрóбуем 2) сдéлка *ж*; is it a go? идёт?; по рукáм?

goal [gəul] 1) цель *ж*; мéсто назначéния 2) *спорт.* гол *м*; score (kick) a ~ забить гол 3) *спорт.* ворóта *мн.*; the ~ is kept by... в ворóтах стои́т...; ~-keeper [-ˌkiːpə] вратáрь *м*

goat [gəut] козёл *м*, козá *ж*

goblet [ˈgɔblɪt] бокáл *м*

God [gɔd] Бог *м*

gold [gəuld] **1.** *n* зóлото *с* **2.** *a* золотóй, из зóлота; ~ cup золотóй кýбок; ~en [-ən] золотóй; золоти́стый

gone [gɔn] *pp от* go 1

good [gud] **1.** *a* (bétter; best) 1) хорóший 2) дóбрый (*kind*) 3) гóдный; полéзный; I am ~ for anóther mile я могý пройти́ ещё ми́лю 4) спосóбный; искýсный; he is ~ at ténnis он хорошó игрáет в тéннис; ~ afternóon! дóбрый день!; ~ day! дóбрый день!; ~ évening! дóбрый вéчер!; ~ mórning! дóброе ýтро!; ~ night! спокóйной нóчи!; ~ luck! в дóбрый час!; ~ for you! *амер.* молодéц!, брáво! **2.** *n* пóльза *ж*, добрó *с*; it's no ~ бесполéзно ◊ for ~ навсегдá

good-bye [ˌgudˈbaɪ] до свида́ния!, проща́йте!

good‖-looking [ˌgudˈlukɪŋ] краси́вый; **~-natured** [-ˈneɪtʃəd] добродушный

goods [gudz] *pl* това́ры *мн.*

goodwill [ˌgudˈwɪl] до́брая во́ля; ~ míssion ми́ссия до́брой во́ли

goose [guːs] (*pl* geese) гусь *м*

gooseberry [ˈguzbərɪ] крыжо́вник *м*

Gospel [ˈgɔspəl] Ева́нгелие *с*

gossip [ˈgɔsɪp] **1.** *n* спле́тня *ж* **2.** *v* спле́тничать

got [gɔt] *past и pp от* get

gout [gaut] пода́гра *ж*

govern [ˈgʌvən] управля́ть, пра́вить; **~ment** [ˈgʌvnmənt] прави́тельство *с*; **~or** [-ə] губерна́тор *м*

gown [gaun] 1) пла́тье *с*; évening ~ вече́рнее пла́тье 2) ма́нтия *ж*; proféssor's ~ ма́нтия профе́ссора 3) (*тж.* dréssing-gown) хала́т *м*

grace [greɪs] гра́ция *ж*; изя́щество *с*; **~ful** [-ful] грацио́зный

grade [greɪd] 1) ранг *м* 2) класс *м* (*тж. амер. в школе*) 3) ка́чество *с*, сорт *м*; best ~ of bútter ма́сло вы́сшего ка́чества

gradual [ˈgrædʒuəl] постепе́нный

graduate 1. *v* [ˈgrædʒueɪt] 1) (at) ока́нчивать (*высшее учебное заведение*) 2) (from) *амер.* ока́нчивать (*любое учебное заведение*) **2.** *n* [ˈgrædʒuɪt] 1) выпускни́к *м* (*уни-*

верситета) 2) *амер.* выпускни́к *м* (*любого учебного заведения*) ◊ ~ school *амер.* аспиранту́ра *ж* (*готовящая к получению степени выше бакалавра*); ~ stúdent *амер.* аспира́нт *м*, аспира́нтка *ж* (*готовящиеся к получению степени выше бакалавра*)

graft [grɑːft] 1) *бот.* приви́вка *ж* 2) взя́точничество *с* (*corruption*)

grain [greɪn] 1) зерно́ *с* (*corn*) 2) крупи́нка *ж* (*particle*)

gram [græm] = gramme

grammar [ˈgræmə] грамма́тика *ж*; ~ school *брит.* класси́ческая шко́ла; *амер.* нача́льная шко́ла

gramme [græm] грамм *м*

gramophone [ˈgræməfəun]: ~ récord граммофо́нная пласти́нка

grand [grænd] 1) вели́чественный (*magnificent*) 2) *разг.* замеча́тельный; that's ~! это замеча́тельно!

grand‖child [ˈgræntʃaɪld] внук *м*, вну́чка *ж*; **~daughter** [-ˌdɔːtə] вну́чка *ж*; **~father** [ˈgrænd,fɑːðə] дед(ушка) *м*

grandmaster [ˈgræn,mɑːstə] гроссме́йстер *м*

grand‖mother [ˈgræn,mʌðə] ба́бушка *ж*; **~son** [-sʌn] внук *м*

granite [ˈgrænɪt] грани́т *м*

grant [grɑːnt] **1.** *n* 1) дар *м* 2) субси́дия *ж*; Góvernment ~ прави́тельственная субси́дия 3) стипе́ндия *ж* (*scholarship*) **2.** *v* 1) удовлетворя́ть; ~ a requést удовлетворя́ть про́сьбу 2) дава́ть; жа́ловать; ~ a pénsion назна́чить пе́нсию ◊ take for ~ed счита́ть само́ собо́й разуме́ющимся

grape [greɪp] виногра́д *м*; ~fruit [-fruːt] гре́йпфрут *м*

graphic [ˈɡræfɪk] 1) графи́ческий; ~ arts изобрази́тельное иску́сство 2) нагля́дный, о́бразный (*vivid*)

grasp [ɡrɑːsp] 1) зажима́ть в руке́; схва́тывать (*clutch*) 2) ула́вливать смысл; só rry, I didn't ~ the méaning прости́те, я не по́нял

grass [ɡrɑːs] трава́ *ж*

grate I [greɪt] натира́ть (*на тёрке*); ~d cheese тёртый сыр

grate II решётка *ж*

grateful [ˈɡreɪtful] благода́рный; I'm ~ to you я благода́рен вам

gratitude [ˈɡrætɪtjuːd] благода́рность *ж*

grave I [greɪv] моги́ла *ж*

grave II серьёзный; ва́жный (*serious*)

gravitation [ˌɡrævɪˈteɪʃn] си́ла (*ж*) тя́жести

gravy [ˈɡreɪvɪ] подли́вка *ж*; со́ус *м* (*мясно́й*)

gray [greɪ] = grey

graze [greɪz] пасти́сь

great [greɪt] 1) вели́кий; G. Pówer вели́кая держа́ва 2) огро́мный, большо́й; ~ cíty огро́мный го́род; a ~ deal мно́го; ~ly [-lɪ] о́чень, весьма́

greed [ɡriːd] жа́дность *ж*; ~y [-ɪ] жа́дный

green [ɡriːn] зелёный; ~ bérets [ˈbereɪz] ‹зелёные бере́ты› (*деса́нтно-диверсио́нные войска́ США*); ~grocery [-ˈɡrəʊsərɪ] овощна́я ла́вка; ~house [-haus] тепли́ца *ж*; ~house efféct парнико́вый эффе́кт; ~s [-z] *pl* зе́лень *ж*, све́жие о́вощи

greet [ɡriːt] приве́тствовать; здоро́ваться; ~ing [-ɪŋ] приве́тствие *с*, покло́н *м*

grew [ɡruː] *past от* grow

grey [greɪ] 1) се́рый 2) седо́й; ~ hair седы́е во́лосы

grief [ɡriːf] го́ре *с*

grievance [ˈɡriːvəns] 1) оби́да *ж* 2) жа́лоба *ж*; ~ commíttee конфли́ктная коми́ссия

grill [ɡrɪl] 1. *n* 1) (*тж.* grille) решётка *ж* (*grating*) 2) гриль *м* (*род мангала*) 3) жа́ренное (*на у́глях*) мя́со (*grilled meat*) 2. *v* жа́рить на откры́том огне́ (*на у́глях*); ~ed steak бифште́кс *м* (*поджа́ренный на у́глях*); ~-room [-rum] зал рестора́на, где устано́влен гриль

grin [ɡrɪn] 1. *n* усме́шка *ж*, ухмы́лка *ж* 2. *v* ухмыля́ться

grind [ɡraɪnd] (ground) моло́ть; толо́чь; ground cóffee мо́лотый ко́фе

grip [ɡrɪp] 1. *n* пожа́тие *с*; хва́тка *ж* 2. *v* схвати́ть (*grasp*)

groan [ɡrəʊn] 1. *n* стон *м* 2. *v* стона́ть

grocer [ˈɡrəʊsə] бакале́йщик *м*; ~y [-rɪ] 1) бакале́йный магази́н 2) *pl* бакале́я *ж*;

a bag of ~ies *амер.* пакéт продýктов

grog [grɔg] грог *м*

gross [grəus] 1) грýбый; ~ blúnder грýбая оши́бка 2) валовóй *(total)*; ~ nátional próduct *эк.* валовóй национáльный продýкт 3) брýтто *с*; ~ weight вес брýтто

ground I [graund] 1) земля́ *ж*, пóчва *ж*; ~ contról *косм.* назéмный центр управлéния 2) *спорт.* площáдка *ж*; fóotball ~ футбóльное пóле 3) основáние *с*, моти́в *м* *(valid reason)*

ground II *past и pp от* grind

group [gru:p] 1. *n* грýппа *ж* 2. *v* группировáть(ся)

grove [grəuv] рóща *ж*

grow [grəu] (grew; grown) 1) расти́ 2) вырáщивать; разводи́ть; ~ tomátoes вырáщивать помидóры; ~ wheat сéять пшени́цу 3) станови́ться; *часто не переводится*; ~ old старéть; ~ rich богатéть; ~ dark темнéть; ~ up станови́ться взрóслым

grown [grəun] *pp от* grow; ~-up [-ʌp] взрóслый *м*

growth [grəuθ] рост *м*

gruel [gru:əl] жи́дкая (овся́ная) кáша

gruelling [ˈgru:əlɪŋ] изнури́тельный, сурóвый; ~ race тяжёлые гóнки

grumble [ˈgrʌmbl] ворчáть

guarantee [ˌgærənˈti:] 1. *n* гарáнтия *ж*; залóг *м* *(pledge)* 2. *v* гаранти́ровать; ~d for six months с гарáнтией на шесть мéсяцев

guard [gɑ:d] 1. *n* 1) стрáжа *ж*; охрáна *ж*; ~ of hónour почётный караýл; chánging of the G. *брит.* смéна караýла *(перед Букингемским дворцом)* 2) стóрож *м* *(watchman)* 3) *ж.-д.* кондýктор *м* 4) *pl* гвáрдия *ж* 2. *v* охраня́ть; сторожи́ть

guardian [ˈgɑ:dɪən] опекýн *м*

guerilla [gəˈrɪlə] партизáн *м*

guess [ges] 1. *n* предположéние *с*; догáдка *ж*; by ~ наугáд 2. *v* 1) угáдывать; догáдываться 2) *амер.* считáть, полагáть

guest [gest] гость *м*; ~house [-haus] мáленькая гости́ница

guide [gaɪd] 1. *n* 1) проводни́к *м*, гид *м* 2) руковóдство *с*; путеводи́тель *м* *(guide-book)* 2. *v* 1) руководи́ть; служи́ть руковóдством 2) быть проводникóм, вести́ *(lead)*

guilt [gɪlt] винá *ж*; ~y [-ɪ] винóвный *(of smth.— в чём-л.)*

guinea [ˈgɪnɪ] гинéя *ж* *(old British coin — 21 shillings)*

guitar [gɪˈtɑ:] гитáра *ж*; eléctric ~ электрогитáра *ж*

gulf [gʌlf] зали́в *м*

gulp [gʌlp] глотóк *м*; at one ~ зáлпом

gum [gʌm] 1) смолá *ж*; клей *м* *(glue)* 2) = chéwing gum

gums [gʌmz] *pl* дёсны *мн.*

gun [gʌn] 1) ружьё *с*; spórting ~ охóтничье ружьё; stárting ~ стáртовый пистолéт 2) распыли́тель *м*; ~powder [-ˌpaudə] пóрох *м*

gutter [ˈgʌtə] сто́чная кана́ва

gym [dʒɪm], **gymnasium** [dʒɪmˈneɪzɪəm] спорти́вный зал

gymnast [ˈdʒɪmnæst] гимна́ст *м*; ~**ic** [dʒɪmˈnæstɪk] гимнасти́ческий; ~**ics** [dʒɪmˈnæstɪks] *pl* (спорти́вная) гимна́стика

gypsum [ˈdʒɪpsəm] гипс *м*

gypsy [ˈdʒɪpsɪ] = gipsy

H

haberdashery [ˈhæbədæʃərɪ] галантере́я *ж*

habit [ˈhæbɪt] привы́чка *ж*; обы́чай *м*; be in the ~ of име́ть обыкнове́ние; ~**at** [-æt] 1) *биол.* среда́ обита́ния 2) жили́ще *с*; ~**ual** [həˈbɪtʃuəl] привы́чный, обы́чный

had [hæd] *past и pp от* have

hadn't [ˈhædnt] *разг.* = had not

hail I [heɪl] **1.** *n* град *м* **2.** *v:* it ~s, it is ~ing идёт град

hail II 1) приве́тствовать 2) оклика́ть; ~ a táxi останови́ть (подозва́ть) такси́

hair [hɛə] во́лос *м*, во́лосы *мн.*; have one's ~ done сде́лать причёску; ~ style причёска *ж*; ~ drýer фен *м*, суши́лка для воло́с; ~**brush** [-brʌʃ] щётка для воло́с; ~**cut** [-kʌt] стри́жка *ж*; ~**do** [-duː] причёска *ж*; ~**dresser** [-ˌdresə] парикма́хер *м*; ~**dresser's** (shop) парикма́херская *ж*; ~**pin** [-ˌpɪn] шпи́лька *ж*

half [hɑːf] **1.** *n* 1) полови́на *ж*; ~ past two полови́на тре́тьего; ~ an hour полчаса́ *м*; ~ bróther сво́дный брат 2) (*тж.* half-time) *спорт.* перио́д *м* (*полови́на игры́*); тайм *м* **2.** *adv* наполови́ну

half‖**back** [ˈhɑːfbæk] *спорт.* полузащи́тник *м*; ~-**hour** [-auə]: évery hour on the ~-hour ежеча́сно в середи́не ча́са (*о переда́чах ра́дио и т. п.*); ~-**life** [-laɪf] *физ.* перио́д полураспа́да; ~**penny** [ˈheɪpnɪ] полпе́нни *с*; ~-**size** [-saɪz] *амер.* полови́нный разме́р (*для по́лных*); ~-**time** [-ˈtaɪm] 1) непо́лный рабо́чий день; ~-time wórker рабо́чий, за́нятый непо́лную неде́лю 2) = half 1, 2); ~-**way** на полпути́; ~-way méasure полуме́ра *ж*; I am prepáred to meet you ~-way *перен.* я гото́в пойти́ вам навстре́чу

hall [hɔːl] 1) зал *м* 2) пере́дняя *ж*, вестибю́ль *м* (*vestibule*) ◊ ~ of résidence студе́нческое общежи́тие

halt [hɔːlt] **1.** *n* остано́вка *ж*; прива́л *м* **2.** *v* остана́вливать(-ся)

ham [hæm] ветчина́ *ж*, о́корок *м*

hamburger [ˈhæmbəːgə] *амер.* (*тж.* hámburger steak) «га́мбургер» *м*, ру́бленый бифште́кс (*поджаренный на откры́том огне́*)

hamlet [ˈhæmlɪt] дереву́шка *ж*

hammer [ˈhæmə] мо́лот *м*;

молоток м; ~ thrówing *спорт.* метáние мóлота

hand [hænd] **1.** *n* 1) рукá ж; shake ~s поздорóваться зá руку; at ~ под рукóй; ~ in ~ рукá óб руку; ~s off! рýки прочь! 2) рабóтник м; fáctory ~ фабрѝчный рабóчий 3) стрéлка часóв *(pointer)* ◊ on the one ~..., on the óther (~) ... с однóй сторонѝ..., с другóй сторонѝ...; a good ~ at (in) искýсный в *(чём-л.)*; give me a ~, please помогѝ мне, пожáлуйста **2.** *v:* ~ in вручáть; ~ over передавáть; ~bag [-bæg] дáмская сýмочка; ~ball [-bɔːl]: (team) ~ball *спорт.* ручнóй мяч, гандбóл м; ~book [-buk] спрáвочник м; руковóдство *с*; ~cuffs [-kʌfs] *pl* нарýчники *мн.*; ~ful [-ful] прѝгоршня ж ◊ a ~ful of people всегó лишь нéсколько человéк

handicap ['hændɪkæp] *спорт.* гандикáп м

handicraft ['hændɪkrɑːft] ремеслó *с*

handkerchief ['hæŋkətʃɪf] носовóй платóк

handle ['hændl] **1.** *n* рýчка ж; рукоя́тка ж **2.** *v* 1) брать, дéлать что-л. рукáми 2) управля́ть, регулѝровать; ~ the situátion спрáвиться с положéнием; ~-bar [-bɑː] руль *м* *(велосипеда)*

handmade [ˌhænd'meɪd] ручнóй рабóты

handsome ['hænsəm] 1) красѝвый; стáтный; ~ man вѝдный мужчѝна; ~ wóman стáт-

ная (интерéсная) жéнщина 2) щéдрый; ~ rewárd щéдрое вознаграждéние

handwriting ['hændˌraɪtɪŋ] пóчерк *м*

handy ['hændɪ] удóбный; that may come in ~ это мóжет быть весьмá кстáти

hang [hæŋ] (hung) 1) висéть 2) вéшать; подвéшивать; ~ your coat on the peg повéсьте пальтó на крючóк; ~ out вывéшивать; ~ up а) повéсить; б) *(тж.* hang up the recéiver) повéсить телефóнную трýбку; ~er [-ə] вéшалка ж *(плéчики)*

hangover ['hæŋəuvə] похмéлье *с*

happen ['hæpən] 1) случáться 2) случáйно оказáться; I ~ed to be there я случáйно оказáлся там

happiness ['hæpɪnɪs] счáстье *с*

happy ['hæpɪ] счастлѝвый; are you ~ abóut éverything? вы всем довóльны?; ~ jóurney! счастлѝвого путѝ!; H. New Year! С Нóвым гóдом!

harbour ['hɑːbə] гáвань ж

hard [hɑːd] **1.** *a* 1) твёрдый, жёсткий; ~ line *полит.* жёсткий курс 2) сурóвый; ~ winter сурóвая зимá 3) трýдный, тяжёлый; ~ work трýдная рабóта **2.** *adv* 1) сѝльно; it's ráining ~ идёт сѝльный дождь 2) усéрдно; work ~ рабóтать упóрно ◊ be ~ pressed for time (móney) имéть óчень мáло врéмени (дéнег); ~ly [-lɪ] едвá (ли); с трудóм; I ~ly think so я си́льно сомнева́юсь в э́том

hard-bound [ˈhɑːdbaund],
hard-cover [ˈhɑːdkʌvə]: ~ book
кни́га в твёрдой обло́жке (в
жёстком переплёте)

hardware [ˈhɑːdwɛə] 1) хо-
зя́йственные това́ры *мн.*; хоз-
това́ры *мн.*; ~ store *амер.* хо-
зя́йственный магази́н 2) аппа-
рату́ра *ж (в электро́нике и
вычисли́тельной те́хнике)*

hare [hɛə] за́яц *м*

Harlem [ˈhɑːləm] Га́рлем *м
(негритя́нское ге́тто Нью-
-Йо́рка)*

harm [hɑːm] **1.** *n* вред *м*;
уще́рб *м* **2.** *v* вреди́ть; ~ful
[-ful] вре́дный, па́губный;
~less [-lɪs] безвре́дный, без-
оби́дный

harmonica [hɑːˈmɔnɪkə] *муз.*
1) губна́я гармо́шка *(wind instrument)* 2) ксилофо́н *м (percussion instrument)*

harness [ˈhɑːnɪs] **1.** *n* у́пряжь
ж **2.** *v* запряга́ть

harp [hɑːp] а́рфа *ж*

harrow [ˈhærəu] **1.** *n* борона́
ж **2.** *v* борони́ть

harsh [hɑːʃ] 1) жёсткий; гру́-
бый 2) суро́вый, жесто́кий
(severe)

harvest [ˈhɑːvɪst] **1.** *n* 1) жа́т-
ва *ж* 2) урожа́й *м (yield)* **2.** *v*
убира́ть урожа́й; ~er [-ə] 1)
жнец *м* 2) убо́рочная маши́на,
жне́йка *м (machine)*

hash [hæʃ] фарш *(из варёно-
го мя́са)*

hasn't [ˈhæznt] *разг.* = has
not

haste [heɪst] поспе́шность *ж*;

make ~ торопи́ться; ~n
[ˈheɪsn] торопи́ть(ся)

hasty [ˈheɪstɪ] поспе́шный

hat [hæt] шля́па *ж*

hatch [hætʃ] *мор.* люк *м (ве-
ду́щий в трюм)*; ~back [-bæk]
а́вто ко́мби *м нескл.*

hate [heɪt] ненави́деть

hatred [ˈheɪtrɪd] не́нависть *ж*

hat-stand [ˈhætstænd] стоя́-
чая ве́шалка *(для шляп)*

haul [hɔːl] тяну́ть, букси́ро-
вать, волочи́ть

have [hæv] (had) 1) име́ть,
облада́ть; do you ~ a family?
а де́ти у вас есть? 2) получа́ть;
~ a cup of coffee! вы́пейте ча́ш-
ку ко́фе!; ~ a nice weekend!
жела́ю вам хорошо́ провести́
выходны́е (дни)! 3) *испы́ты-
вать како́е-либо состоя́ние,
ощуще́ние*: I had a bad night
я пло́хо спал; ~ a pleasant
time прия́тно провести́ вре́мя
4) *слу́жит для образова́ния
перфе́ктных форм*: he has not
done it он э́того не сде́лал; I
had not been there я там не́ был
5) *выража́ет долженствова́-
ние, необходи́мость*: I ~ to go
мне ну́жно идти́; you'll ~ to...
вам придётся... 6) *пока́зы-
вает, что де́йствие выполня́ет-
ся други́м лицо́м, не перево́-
дится*: I had my photo taken я
сфотографи́ровался; ~ one's
shoes mended почини́ть боти́н-
ки; ~ a tooth out вы́рвать зуб
◊ the ~s and the ~-nots бога́-
тые и бе́дные

hawk [hɔːk] я́стреб *м*; ~ish
[-ɪʃ] *полит.* войнствующий

hay [heɪ] сéно *c* ◊ ~ féver сеннáя лихорáдка (*аллергический насморк*); ~**stack** [-stæk] стог сéна

hazard [ˈhæzəd] опáсность *ж*, риск *м*; indústrial ~s врéдное произвóдство; ~ wárning flásher *авто* 1) прóблесковый маячóк (*separate*) 2) мигáющие подфáрники (*installed*)

haze [heɪz] дымка *ж*

H-bomb [ˈeɪtʃbɔm] водорóдная бóмба

he [hiː] он

head [hed] 1. *n* 1) головá *ж* 2) головá скотá; how mány ~ of cáttle..? скóлько голóв скотá..? 3) главá *м и ж*; руководи́тель *м*; ~ of the delegátion главá делегáции; at the ~ во главé; ~ máster дирéктор шкóлы ◊ ~ wind встрéчный вéтер; ~ óver heels пó уши 2. *v* возглавля́ть (*lead*); ~**ache** [-eɪk] головнáя боль

head‖light [ˈhedlaɪt] *авто* фáра *ж*; ~**line** [-laɪn] заголóвок *м*; ~**phones** [-fəunz] *pl радио* наýшники *мн.*

headquarters [ˈhedˌkwɔːtəz] 1) штаб *м*; políce ~ полицéйский учáсток 2) глáвное управлéние, центр *м*; UN ~ центрáльные учреждéния ООН

head‖set [ˈhedset] наýшники *мн.*; ~**way** [-weɪ] прогрéсс *м*; make ~way доби́ться прогрéсса

heal [hiːl] 1) излéчивать 2) заживáть (*become sound*)

health [helθ] здорóвье *c*; ~ contról санитáрный контрóль; ~ resórt курóрт *м*; ~ food (*тж.* nátural food) *амер.* диетпродýкты *мн.*, продýкты без искýсственных добáвок ◊ to drink the ~ of пить за здорóвье; your ~! (за) Вáше здорóвье!; ~y [-ɪ] здорóвый

heap [hiːp] 1. *n* кýча *ж*, грýда *ж* 2. *v* нагромождáть

hear [hɪə] (heard) 1) слышать 2) слýшать, выслýшивать (*listen to*) 3) узнáть, получи́ть извéстие; let me ~ дáйте мне знать

heard [həːd] *past и pp от* hear

heart [hɑːt] 1) сéрдце *c*; at ~ в глубинé души́; ~ attáck сердéчный при́ступ 2) *pl карт.* чéрви *мн.* ◊ by ~ наизýсть; lose ~ пáдать дýхом; ~**burn** [-bəːn] изжóга *ж*

hearty [ˈhɑːtɪ] 1) и́скренний; (чи́сто)сердéчный; ~ wélcome радýшный приём 2) сы́тный; ~ meal плóтная едá

heat [hiːt] 1. *n* 1) теплó *c*; жарá *ж* 2) *перен.* пыл *м* 3) *спорт.* забéг *м* 2. *v* нагревáть(ся); разогревáть(ся); ~**er** [-ə] *авто* подогревáтель *м*; «пéчка» *ж разг.*

heather [ˈheðə] вéреск *м*

heating [ˈhiːtɪŋ] 1) нагревáние *c* 2) отоплéние *c*; céntral ~ центрáльное отоплéние

heaven [ˈhevn] нéбо *c*, небесá *мн.*

heavy [ˈhevɪ] тяжёлый; ~ áthlete тяжелоатлéт *м*; ~-duty [ˌhevɪˈdjuːtɪ] 1) повышенной про́чности, для больши́х нагру́зок *(about clothes, tyres, machines, etc)* 2) большо́го объёма; ~ vácuum cléaning чи́стка пылесо́сом в большо́м объёме

heavy-weight [ˈhevɪweɪt] *спорт.* тяжёлый вес

hedge [hedʒ] (жива́я) и́згородь

heel [hiːl] 1) пя́тка *ж* 2) каблу́к *м*; low (médium, high) ~ ни́зкий (сре́дний, высо́кий) каблу́к; ~s and toes, please! поста́вьте, пожа́луйста, набо́йки на каблуки́ и носки́; ~tap [-tæp] набо́йка *ж*

height [haɪt] 1) высота́ *ж*; вышина́ *ж* 2) рост *м*; of médium ~ сре́днего ро́ста 3) возвы́шенность *ж* *(elevation)*

heir [ɛə] насле́дник *м*

held [held] *past и pp от* hold

helicopter [ˈhelɪkɔptə] *ав.* вертолёт *м*

hell [hel] ад *м*

he'll [hiːl] *разг.=* he will

hello [heˈləu]: ~! а) приве́т! *(greeting)*; б) алло́!, слу́шаю! *(over the telephone)*; ~! Brown spéaking! алло́! Бра́ун у телефо́на!

helm [helm] руль *м*

helmet [ˈhelmɪt] шлем *м*, ка́ска *ж*

helmsman [ˈhelmzmən] рулево́й *м*

help [help] **1.** *n* 1) по́мощь *ж*; can I be of ány ~ to you? не могу́ ли я вам быть че́м-либо поле́зен? 2) *амер.* рабо́тник *м*, прислу́га *ж* **2.** *v* 1) помога́ть;

may I ~ you? что вам уго́дно? *(стандартное обращение в магазине, учреждении и т. п.)* 2): ~ yoursélf, please бери́те, пожа́луйста; угоща́йтесь 3): I could not ~ smíling (crýing) я не мог сдержа́ть улы́бку (слёзы); ~**less** [-lɪs] беспо́мощный

hemisphere [ˈhemɪsfɪə] полуша́рие *с*

hemp [hemp] 1) конопля́ *ж* *(plant)* 2) пенька́ *ж* *(fibre)*

hen [hen] ку́рица *ж*

hence [hens] сле́довательно

her I [hə] *(косв. п. от* she) ей, её; give it to ~ отда́йте э́то ей; I saw ~ я ви́дел её

her II её; свой; ~ book её кни́га

herb [hə:b] *особ. pl* тра́вы *мн.*; ~**icide** [-ɪsaɪd] гербици́д *м*

herd [hə:d] ста́до *с*

here [hɪə] 1) здесь, тут; ~ and there кое-где́ 2) сюда́; come ~! иди́те сюда́! ◊ ~ you are! вот, пожа́луйста!

hereditary [hɪˈredɪtərɪ] насле́дственный

heritage [ˈherɪtɪdʒ] насле́дство *с*, насле́дие *с*

hernia [ˈhə:nɪə] *мед.* гры́жа *ж*

hero [ˈhɪərəu] 1) геро́й *м* 2) *амер.* *(тж.* ~ sándwich) «сэ́ндвич богатыря́» *(поджаренная половина батона, разрезанного вдоль, с ломтями бифите́кса, сыра, помидоров и т. п.)*; ~**ic** [hɪˈrəuɪk] герои́ческий, геро́йский; ~ic deed по́двиг *м*; ~**ism** [ˈherəuɪzm] герои́зм *м*

herring ['herɪŋ] сельдь ж ◊ red ~ отвлекáющий манёвр, манёвр для отвóда глаз

hers [hɜːz] её, принадлежáщий ей; this coat is ~ э́то её пальтó

herself [hɜːˈself] 1) себя́; -сь; she hurt ~ онá уши́блась 2) *(для усиления)* самá; she did it (by) ~ онá сдéлала э́то самá

he's [hiːz] *разг.* = he is, he has

hesitate ['hezɪteɪt] колебáться

hesitation [ˌhezɪˈteɪʃn] колебáние *с*; нереши́тельность ж

hid [hɪd] *past и pp от* hide II

hidden ['hɪdn] *pp от* hide II

hide I [haɪd] шкýра ж, кóжа ж

hide II (hid; hídden, hid) пря́тать(ся); скрывáть(ся)

hi-fi [ˌhaɪˈfaɪ] **1.** *n* радиоприёмник *м*; прои́грыватель *м (с высоким качеством воспроизведения звука)* **2.** *а*: ~ recórding звукозáпись высóкого кáчества

high [haɪ] **1.** *а* 1) высóкий 2) вы́сший; ~ official вы́сший чинóвник ◊ ~ spírits весёлое настроéние; ~ life свéтская жизнь; ~ seas откры́тое мóре; (it is) ~ time давнó порá; ~ school *амер.* срéдняя шкóла; júnior ~ school *амер.* непóлная срéдняя шкóла; sénior ~ school *амер.* стáршие клáссы срéдней шкóлы **2.** *adv* высокó **3.** *n амер. разг.* = ~ school

high-altitude [ˌhaɪˈæltɪtjuːd] 1) высóтный; ~ flight высóтный полёт 2) высокогóрный;

~ rink высокогóрный катóк

highball ['haɪbɔːl] коктéйль *м (подаваемый в высоком стакане)*

high-heeled ['haɪhiːld]: ~ shoes тýфли на высóком каблукé

Highlander ['haɪləndə] 1) гóрец *м* 2) шотлáндец *м (из горной части Шотландии)*, шотлáндский гóрец

highlands ['haɪləndz] *pl* нагóрье *с*; гóрная мéстность

highlight ['haɪlaɪt] 1) вы́сшая тóчка; (сáмое) основнóе; выдаю́щееся собы́тие 2) *pl*: "news ~s" ‹сегóдня в вы́пуске›

highly ['haɪlɪ] óчень, весьмá

high-rise ['haɪraɪz] высóтный дом; ‹бáшня› ж разг.

highway ['haɪweɪ] шоссé *с нескл.*

hijack ['haɪdʒæk] угнáть *(самолёт, автомобиль и т. п. с людьми или грузом)*, совершúть налёт *(на поезд и т. п.)*; ~ing [-ɪŋ] угóн *м (особ. самолёта)*, воздýшное пирáтство

hike [haɪk] **1.** *v* идти́ в тури́стский поход, совершáть пéшие переходы **2.** *n* похóд *м (пеший)*; ~r [-ə] (пéший) тури́ст

hill [hɪl] холм *м*; горá ж

him [hɪm] *(косв. п. от* he) емý, егó; give ~ my addréss дáйте емý мой áдрес; have you seen ~? вы егó не ви́дели?

himself [hɪmˈself] 1) себя́; -ся; he came to ~ он пришёл в себя́ 2) *(для усиления)* сам;

he ~ says it он сам э́то говори́т

hinder ['hɪndə] меша́ть, препя́тствовать

Hindi ['hɪndɪ] язы́к хи́нди

hinge [hɪndʒ] (дверна́я) пе́тля

hint [hɪnt] 1. *n* намёк *м* 2. *v* намека́ть

hip [hɪp] бедро́ *с*

hippie ['hɪpɪ] хи́ппи *м и ж нескл.*

hire ['haɪə] 1. *n* прока́т *м*; on ~, for ~ напрока́т; "cars for ~ " «прока́т автомоби́лей» *(надпись)* 2. *v* нанима́ть; ~d car (boat) маши́на (ло́дка), взя́тая напрока́т

his [hɪz] его́; свой; ~ ánswer его́ отве́т

Hispanic [hɪ'spænɪk] 1. *a* 1) испаноговоря́щий 2) *амер. тж.* латиноамерика́нский 3) *амер.* испа́нского происхожде́ния *(origin)* 2. *n амер.* америка́нец латиноамерика́нского происхожде́ния

historian [hɪ'stɔːrɪən] исто́рик *м*

historic [hɪ'stɔrɪk] истори́ческий, име́ющий истори́ческое значе́ние; ~al [-əl] истори́ческий, относя́щийся к исто́рии; ~al nóvel истори́ческий рома́н

history ['hɪstərɪ] исто́рия *ж*

hit [hɪt] 1. *v* (hit) 1) ударя́ть ◊ ~ belów the belt *бокс* нанести́ уда́р ни́же по́яса 2) попада́ть; ~ the tárget попа́сть в цель 2. *n* 1) уда́ча *ж*; ~ of the séason гвоздь сезо́на 2) *муз.* мо́дная пе́сенка, «хит» *м*, шля́гер *м*

hit-and-run [ˌhɪtn'rʌn]: ~ dríver *авто* води́тель, скры́вшийся с ме́ста ава́рии *(совершённой им)*

hitch-hike ['hɪtʃhaɪk] путеше́ствовать с по́мощью автосто́па; ~r [-ə] тури́ст, путеше́ствующий с по́мощью автосто́па

hitch-hiking ['hɪtʃhaɪkɪŋ] автосто́п *м*

hive [haɪv] у́лей *м*

hoarfrost ['hɔːfrɔst] и́ней *м*

hoarse [hɔːs] хри́плый

hobby ['hɔbɪ] люби́мое заня́тие, «конёк» *м*, хо́бби *с нескл.*

hockey ['hɔkɪ] *спорт.* хокке́й *м*; field (grass) ~ травяно́й хокке́й; ice (Rússian) ~ хокке́й с ша́йбой (с мячо́м); ~ pláyer хоккеи́ст *м*; ~ stick (team) хокке́йная клю́шка (кома́нда)

hog [hɔg] свинья́ *ж*, бо́ров *м*

hoist [hɔɪst] поднима́ть *(флаг, парус)*

hold [həuld] (held) 1) держа́ть; will you ~ it for me? подержи́те, пожа́луйста! 2) владе́ть, име́ть *(possess)* 3) вмеща́ть, содержа́ть *(contain)* 4) сде́рживать; ~ one's tongue молча́ть; ~ on держа́ться; ~ on to the rail! держи́тесь за пери́ла!; ~ up заде́рживать

hole [həul] 1) дыра́ *ж*; отве́рстие *с* 2) нора́ *ж*; ~ of a bádger нора́ барсука́

holiday ['hɔlədɪ] 1) пра́здник *м*; Nátional H. национа́льный пра́здник 2) выходно́й день (*day off*) 3) о́тпуск *м*; be on (a) ~ быть в о́тпуске; ~ camp ке́мпинг *м* 4) *pl* кани́кулы *мн.*

hollow ['hɔləu] **1.** *n* 1) пустота́ *ж* 2) дупло́ *с* (*in a tree*) **2.** *a* 1) по́лый, пусто́й 2) впа́лый; ~ cheeks впа́лые щёки

holly ['hɔlɪ] остроли́ст *м*; a branch of ~ ве́тка остроли́ста (*рождественское украшение*)

holo‖gram ['hɔləugræm] гологра́мма *ж*; ~**graphy** [hɔ-'lɔgræfɪ] гологра́фия *ж*

holy ['həulɪ] свяще́нный, свято́й

home [həum] **1.** *n* жили́ще *с*; дом *м*; at ~ до́ма; make yoursélf at ~ бу́дьте как до́ма ◊ back ~ на ро́дине **2.** *a* 1) дома́шний; ~ económics домово́дство *с* 2) вну́тренний; H. Office Министе́рство вну́тренних дел (*в Великобритании*) **3.** *adv* домо́й; ~**land** [-lænd] ро́дина *ж*; ~**room** [-ru:m] кла́сная ко́мната (*в школе — для приготовления уроков и внеклассной работы*); ~room téacher кла́ссный руководи́тель; ~**sick** [-sɪk] тоску́ющий по ро́дине, по до́му; ~**-team** [-ti:m] хозя́ева по́ля; ~**work** [-wɜk] дома́шнее зада́ние

homicide ['hɔmɪsaɪd] *юр.* (непреднаме́ренное) уби́йство; justifíable ~ уби́йство с це́лью самозащи́ты

honest ['ɔnɪst] че́стный; ~**y** [-ɪ] че́стность *ж*

honey ['hʌnɪ] мёд *м* ◊ *разг. в обраще́нии* ми́лочка

ж; ~**moon** [-mu:n] медо́вый ме́сяц

honour ['ɔnə] 1) честь *ж*; in ~ в честь 2) почёт *м*; ~ tour (lap) *спорт.* круг почёта 3) *pl* по́чести *мн.*; mílitary ~s во́инские по́чести; ~**able** [-rəbl] 1) почётный; ~able président почётный председа́тель 2) почте́нный; ~able cólleague уважа́емый колле́га

hood [hud] 1) капюшо́н *м* 2) *амер. авто* капо́т *м* (*автомоби́ля*)

hook [huk] **1.** *n* крюк *м* **2.** *v* 1) зацепля́ть 2) застёгивать на крючо́к (*fasten*); ~**-up** [-ʌp] *эл.* схе́ма *ж*

hooligan ['hu:lɪgən] хулига́н *м*; ~**ism** [-ɪzm] хулига́нство *с*

hoop [hu:p] о́бруч *м*

hoot [hu:t] гуде́ть, свисте́ть; *авто* сигна́лить

hop [hɔp] **1.** *n* прыжо́к *м*; ~ , step and jump *спорт.* тройно́й прыжо́к **2.** *v* скака́ть

hope [həup] **1.** *n* наде́жда *ж* **2.** *v* наде́яться; ~**ful** [-ful] 1) наде́ющийся; оптимисти́чески настро́енный 2) подаю́щий наде́жды (*promising*); ~**less** [-lɪs] безнадёжный

horizon [hə'raɪzn] горизо́нт *м*

horizontal [ˌhɔrɪ'zɔntl] горизонта́льный

horn [hɔn] 1) рог *м* 2) *муз.* труба́ *ж*, валто́рна *ж* 3) *авто* гудо́к *м*, сигна́л *м*

horrible ['hɔrəbl] ужа́сный, отврати́тельный

horror ['hɔrə] у́жас *м*; ~ film фильм у́жасов

hors-d'oeuvre [ˌxˈdəːvr] за-
ку́ска *ж*

horse [hɔːs] ло́шадь *ж*; конь *м*
(*тж. гимнастический снаряд*);
pómmel ~ (*гимнастика*) а)
конь *м* (*снаряд*); б) упражне́-
ния на коне́ (*exercise*); ~**back**
[-bæk]: on ~back верхо́м;
~**man** [-mən] вса́дник *м*;
~**shoe** [ˈhɔːʃuː] подко́ва *ж*

hose [həuz] 1) рука́в *м*,
шланг *м* 2) ка́мера *ж* (*of a
bicycle*)

hosiery [ˈhəuzɪərɪ] чуло́чные
изде́лия; трикота́ж *м*

hospitable [ˈhɔspɪtəbl] госте-
прии́мный

hospital [ˈhɔspɪtl] больни́ца
ж, го́спиталь *м*

hospitality [ˌhɔspɪˈtælɪtɪ] го-
степрии́мство *с*; show ~ ока-
за́ть гостеприи́мство

host [həust] хозя́ин *м*; play
~ to принима́ть *кого-л.*

hostage [ˈhɔstɪdʒ] зало́жник
м

hostess [ˈhəustɪs] хозя́йка *ж*

hostile [ˈhɔstaɪl] враждéб-
ный

hostility [hɔˈstɪlɪtɪ] 1) враж-
дéбность *ж* 2) *pl* воéнные дéйствия

hot [hɔt] 1) горя́чий, жа́ркий
(*as of water, weather, etc*) 2)
о́стрый (*of food*) ◊ ~ pants
(*обтягивающие дамские*) шóр-
ты *мн.*; ~ spot *полит.* «горя́чая
тóчка», оча́г воéнной опа́сно-
сти; ~**bed** [-bed]: ~bed of war
оча́г войны́

hotel [həuˈtel] гости́ница *ж*,
отéль *м*

hothouse [ˈhɔthaus] оранжерéя *ж*, тепли́ца *ж*; ~ efféct
тепли́чный эффéкт

hour [auə] час *м*; an ~ and a
half полтора́ часа́; in an ~ чéрез час; news évery ~ on the
~ (begínning at 6 a.m.) пере-
да́ча новостéй ежеча́сно (на-
чина́я с 6 часóв утра́)

house [haus] 1) дом *м* 2) (*тж.
the House*) пала́та *ж* (*парла-
мента*); the H. of Cómmons па-
ла́та óбщин; the H. of Lords
пала́та лóрдов; the H. of Represéntatives *амер.* пала́та
представи́телей; ~**maid**
[-meɪd] гóрничная *ж*; ~-**warm-
ing** [-ˌwɔːmɪŋ] новосéлье *с*
(*торжество*); ~**wife** [-waɪf] до-
ма́шняя хозя́йка

housing [ˈhauzɪŋ] 1) помещéние *с*; жильё *с*; ~ próblem жи-
ли́щный вопрóс 2) жили́щное
строи́тельство (*construction*)

hovercraft [ˈhɔvəkrɑːft] су́д-
но на возду́шной поду́шке

how [hau] как?; каки́м óбразом?; ~ do you like..? как вам
нра́вится..?; ~ can I get there?
как мне попа́сть туда́?; ~ do
you know it? откýда вы э́то
зна́ете? ◊ ~ much? скóлько?;
~ much is it? скóлько э́то стóит?; ~ are you? как вы по-
жива́ете?; ~ do you do? здра́в-
ствуйте!; ~**ever** [-ˈevə] одна́-
ко; всё-таки, тем не мéнее

HP [ˌeɪtʃˈpiː] (hórsepower)
тех. лошади́ная си́ла

huge [hjuːdʒ] огрóмный, гро-
ма́дный

hullo [hʌˈləu] *см.* hellό

human ['hjuːmən] челове́чес-
кий; ~ béing челове́к *м*; ~
élement эк. челове́ческий (ли́ч-
ный) фа́ктор; ~e [hjuː'meın]
челове́чный, гума́нный; ~ity
[hjuː'mænıtı] 1) челове́чество
с (mankind) 2) гума́нность *ж*;
crime agáinst ~ity преступле́-
ние про́тив челове́чества (че-
лове́чности)

humble ['hʌmbl] 1) скро́мный
(modest) 2) поко́рный, смире́н-
ный; ~ ɹequést поко́рная
про́сьба

humbug ['hʌmbʌg] 1) обма́н
м 2) вздор *м*; глу́пость *ж (nonsense)*

humidity [hjuː'mıdıtı] вла́ж-
ность *ж*

humiliation [hjuːˌmılı'eıʃn]
униже́ние *с*

humour ['hjuːmə] 1) ю́мор *м*
2) настрое́ние *с*; be in good ~
быть в хоро́шем настрое́нии

hundred ['hʌndrəd] сто, со́т-
ня *ж*; a ~ and fífty полтора́-
ста; eléven (twelve…níneteen)
~ ты́сяча сто (ты́сяча две́-
сти…ты́сяча девятьсо́т); ~th
[-θ] со́тый

hundredweight ['hʌndrəd-
weıt] англи́йский це́нтнер
(= 50,8 *кг*)

hung [hʌŋ] *past и pp от* hang
hunger ['hʌŋgə] го́лод *м*
hungry ['hʌŋgrı] голо́дный;
are you ~ ? хоти́те есть?
hunt [hʌnt] 1. *n* охо́та *ж* 2. *v*
1) охо́титься 2) гна́ться *(smb —
за кем-л.) (chase)*; ~er [-ə]
охо́тник *м*
hurdle ['həːdl] *спорт.* барьер

м; clear the ~ взять барье́р;
~-race [-reıs] барье́рный бег,
бег с препя́тствиями
hurricane ['hʌrıkən] урага́н
м
hurry ['hʌrı] 1. *n* спе́шка *ж*;
be in a ~ торопи́ться 2. *v* то-
ропи́ть(ся); ~ up! скоре́е!
hurt [həːt] (hurt) 1) причи-
ня́ть боль; ушиба́ть 2) *разг.*
боле́ть; my hand ~s у меня́
боли́т рука́
husband ['hʌzbənd] муж *м*
hush [hʌʃ]: ~! ти́ше! ◊ ~ up
замя́ть
hut [hʌt] хи́жина *ж*, лачу́га
ж

Hyde Park [ˌhaıd'paːk] Гайд-
-па́рк *м (центральный парк в
Лондоне)*
hydrofoil ['haıdrəfɔıl] су́дно
на подво́дных кры́льях
hydrogen ['haıdrıdʒən] водо-
ро́д *м*
hydroplane ['haıdrəpleın]
гли́ссер *м (motor-boat)*
hygiene ['haıdʒiːn] гигие́на *ж*
hypertension [ˌhaıpə'tenʃn]
мед. гипертони́я *ж*
hypocrisy [hı'pɔkrəsı] лице-
ме́рие *с*
hysterical [hı'sterıkəl] исте-
ри́ческий

I

I [aı] я
IAEA [ˌaıeiiˈeı] (Internátional Atómic Énergy Agency)

МАГАТЭ (Междунаро́дное аге́нтство по а́томной эне́ргии)

ICAO [ˌaɪˈkæəu] (Interná-tional Cívil Aviátion Organi-zátion) ИКА́О (Междунаро́д-ная организа́ция гражда́н-ской авиа́ции)

ICBM [ˌaɪsiːˈbiːˈem] (Inter-continéntal ballístic míssile) МБР (межконтинента́льная баллисти́ческая раке́та)

ice [aɪs] 1) лёд *м*; ~ dáncing та́нцы на льду; ~ hóckey *см.* hóckey; ~ cube ку́бик льда; ~ show бале́т на льду 2) *амер.* (*тж.* Itálian ice) фрукто́-вое моро́женое; **~-box** [-bɔks] *амер.* холоди́льник *м*; **~-breaker** [-ˌbreɪkə] ледоко́л *м*; atómic ~-breaker а́томный ледоко́л; **~cream** [-kriːm] мо-ро́женое *с*

I'd [aɪd] *разг.* = I had, I should, I would

ID [ˌaɪˈdiː] (identificátion) (*тж.* I.D. card) удостовере́ние ли́чности

idea [aɪˈdɪə] иде́я *ж*; мысль *ж*; I háven't the slíghtest ~ abóut it я не име́ю об э́том ни мале́йшего представле́ния

ideal [aɪˈdɪəl] **1.** *a* идеа́льный **2.** *n* идеа́л *м*

identification [aɪˌdentɪfɪˈkeɪʃn]: ~ card удостовере́ние ли́чности

identify [aɪˈdentɪfaɪ] 1) ото-ждествля́ть 2) опознава́ть; could you ~ your súitcase amóng these? вы мо́жете отыс-ка́ть здесь свой чемода́н?

ideolog‖y [ˌaɪdɪˈɔlədʒɪ] иде-оло́гия *ж*; ~ical [ˌaɪdɪəˈlɔdʒɪ-kəl] 1) идеологи́ческий 2) иде́йный; the ~ical cóntent of the nóvel иде́йное содержа́ние рома́на

idiom [ˈɪdɪəm] 1) язы́к *м*; ди-але́кт *м*; lócal ~ ме́стное на-ре́чие 2) идио́ма *ж*; ~atic [ˌɪdɪəˈmætɪk] идиомати́ческий; ~atic expréssion идиомати́-ческое выраже́ние

idiot [ˈɪdɪət] идио́т *м*

idle [ˈaɪdl] **1.** *a* пра́здный, лени́вый **2.** *v авто* рабо́тать на холосто́м ходу́

i.e. [ˌaɪˈiː] (that is) то́ есть, а и́менно

if [ɪf] е́сли; е́сли бы; ли; if póssible е́сли возмо́жно; if ónly е́сли бы; хотя́ бы; I don't know if he is here я не зна́ю, здесь ли он; as if как бу́дто

ignorant [ˈɪgnərənt] неве́же-ственный (*illiterate*)

ignore [ɪgˈnɔː] 1) не знать (*smth — чего-л.*) 2) пренебре-га́ть (*чем-л., кем-л.*); игнори́-ровать (*что-л., кого-л.*) (*refuse to notice*)

ill [ɪl] 1): be ~ быть больны́м; fall ~ заболе́ть 2) плохо́й (*bad*); ~ will зла́я во́ля, вражде́бность *ж*

illegal [ɪˈliːgəl] незако́нный, нелега́льный ◊ ~ áliens *амер.* незако́нные иммигра́нты (*особ. мексиканские сельскохозяй-ственные рабочие*)

illiterate [ɪˈlɪtərɪt] негра́мот-ный

illness [ˈɪlnɪs] боле́знь *ж*

illuminate [ɪˈluːmɪneɪt] освещать; ~d signs световáя реклáма

illumination [ɪˌluːmɪ'neɪʃn] 1) освещéние *с* 2) *(тж. pl)* иллюминáция *ж (festive lights)*

illustrate ['ɪləstreɪt] иллюстрúровать; поясня́ть

I'm [aɪm] *разг.* = I am

image ['ɪmɪdʒ] 1) óбраз *м*; изображéние *с (тж. глв.)* 2) «úмидж» *м*, репутáция *ж*; ~-**building** [-bɪldɪŋ] вы́работка «лицá» *(искусственное, через рекламу, создание репутации, особ. политического деятеля)*

imagination [ɪˌmædʒɪ'neɪʃn] воображéние *с*

imagine [ɪ'mædʒɪn] воображáть, представля́ть себé

imitate ['ɪmɪteɪt] подражáть

imitation [ˌɪmɪ'teɪʃn] 1) подражáние *с* 2) имитáция *ж*; in ~ márble под мрáмор; ~ pearls искýсственный жéмчуг

immediate [ɪ'miːdɪət] 1) непосрéдственный, прямóй 2) ближáйший *(nearest)* 3) немéдленный; ~ replý срóчный отвéт; ~**ly** [-lɪ] немéдленно

immense [ɪ'mens] огрóмный, необъя́тный

immigration [ˌɪmɪ'greɪʃn] иммигрáция *ж*; "~" «пáспортный контрóль» *(надпись)*; ~ ófficer иммиграцио́нный чино́вник

immoral [ɪ'mɔrəl] безнрáвственный

immortal [ɪ'mɔtl] бессмéртный; ~ fame вéчная слáва

impartial [ɪm'pɑːʃəl] беспристрáстный

impasse ['ɪmpæs] тупúк *м*

impatient [ɪm'peɪʃənt] нетерпелúвый; he's much too ~ уж слúшком емý не тéрпится

impeach [ɪm'piːtʃ]: ~ a président *амер. полит.* начáть процéсс импúчмента; ~**ment** [-mənt] *амер. полит.* импúчмент *(решение палаты представителей возбудить в сенате дело о снятии президента с его поста)*

imperialism [ɪm'pɪərɪəlɪzm] империалúзм *м*

imperialist [ɪm'pɪərɪəlɪst] империалистúческий

impetus ['ɪmpɪtəs] 1) толчóк *м* 2) стúмул *м*

implement 1. *n* ['ɪmplɪmənt] орýдие *с*; инструмéнт *м* **2.** *v* ['ɪmplɪment] применя́ть, осуществля́ть; ~**ation** [ˌɪmplɪmen'teɪʃn] реализáция (плáнов), проведéние в жизнь (решéний)

imply [ɪm'plaɪ] 1) означáть; подразумевáть *(entail)* 2) намекáть *(hint)*

import 1. *n* ['ɪmpɔt] úмпорт *м*, ввоз *м*; ~ dúty ввознáя пóшлина **2.** *v* [ɪm'pɔt] импортúровать, ввозúть

importance [ɪm'pɔtəns] вáжность *ж*, значúтельность *ж*

important [ɪm'pɔtənt] вáжный, значúтельный

impose [ɪm'pəuz] 1) налагáть; облагáть; ~ a dúty обложúть налóгом 2) навя́зывать (on, upón *smb — кому-л.*)

impossible [ım'pɔsəbl] невозмо́жный; невыполни́мый

impress [ım'pres] производи́ть впечатле́ние; I was ~ed by... на меня́ произвёл впечатле́ние...; ~**ion** [ım'preʃn] впечатле́ние *с*

imprison [ım'prızn] заключа́ть в тюрьму́

improbable [ım'prɔbəbl] невероя́тный, неправдоподо́бный

improve [ım'pruːv] улучша́ть(ся), совершенствовать (-ся); ~ the resúlts улучшить результа́т; ~**ment** [-mənt] улучше́ние *с*, усовершенствова́ние *с*

impulse ['ımpʌls] толчо́к *м*, и́мпульс *м*

in [ın] **1.** *prep* 1) в, во; in Móscow в Москве́; in nineteén seventéen в ты́сяча девятьсо́т семна́дцатом году́; in the ármy в а́рмии; in disórder в беспоря́дке; in mémory of... в па́мять о... 2) на; in the South на ю́ге; what street do you live in? на како́й у́лице вы живёте? 3) че́рез; in two (three) hours че́рез два (три) часа́ 4) по-; say it in Énglish скажи́те э́то по-англи́йски 5) *передаётся тв. п.*; in péncil карандашо́м; in wínter зимо́й ◊ in órder для того́ что́бы **2.** *adv* внутри́; внутрь; is he in? он на ме́сте?; let her in впусти́те её (*в помещение*); it's time to go in пора́ заходи́ть ◊ be in for: he is in for a big surpríse ему́ предстои́т большо́й сюрпри́з **3.** *a* исклю-

чи́тельный, за́мкнутый (*о круге лиц*); a mémber of the in crowd (он, она́) вхо́дят в за́мкнутый круг лиц

in. [ın] *см.* inch

inability [ˌınə'bılıtı] неспосо́бность *ж*

inaccurate [ın'ækjurıt] нето́чный

inadequate [ın'ædıkwıt] не отвеча́ющий тре́бованиям; недоста́точный

inappropriate [ˌınə'prəuprııt] неуме́стный, неподходя́щий

inaugural [ı'nɔːgjurəl] вступи́тельный; I. Addréss *амер.* речь президе́нта при вступле́нии в до́лжность

inauguration [ıˌnɔːgju'reıʃn] торже́ственное откры́тие (*памятника, выставки и т. п.*); введе́ние в до́лжность

incapable [ın'keıpəbl] неспосо́бный (of — к, на)

incentive [ın'sentıv] сти́мул *м*, побужде́ние *с* (*stimulus*)

inch [ıntʃ] дюйм *м* (= *2,5 см*)

incident ['ınsıdənt] случай *м*, происше́ствие *с*; ~**al** [ˌınsı'dentl] случа́йный; ~**ally** [ˌınsı'dentlı] 1) ме́жду про́чим; ~ally, I used to know him ме́жду про́чим, я знал его́ ра́ньше 2) случа́йно (*by chance*)

incite [ın'saıt] возбужда́ть; подстрека́ть

inclination [ˌınklı'neıʃn] скло́нность *ж* (for, to — к)

include [ın'kluːd] содержа́ть в себе́, включа́ть; ~ in the delegátion (team) включи́ть в соста́в делега́ции (кома́нды);

~d [-ɪd] включа́я, включи́тельно; Wédnesday ~d по сре́ду включи́тельно

including [ɪnˈkluːdɪŋ] включа́я, в том числе́

income [ˈɪnkʌm] дохо́д м; ~ tax подохо́дный нало́г

incomprehensible [ɪnˌkɔmprɪ-ˈhensəbl] непоня́тный, непостижи́мый

inconsistent [ˌɪnkənˈsɪstənt] непосле́довательный

increase 1. n [ˈɪnkriːs] возраста́ние с, рост м, увеличе́ние с **2.** v [ɪnˈkriːs] увели́чивать(ся); уси́ливать(ся)

incredible [ɪnˈkredəbl] невероя́тный

indecent [ɪnˈdiːsnt] неприли́чный

indeed [ɪnˈdiːd] 1) в са́мом де́ле, действи́тельно 2) (для усиления): it's véry cold ~! ну и хо́лод!

indefinite [ɪnˈdefɪnɪt] неопределённый

indelible [ɪnˈdelɪbl] несмыва́емый; ~ ink несмыва́емые черни́ла

independence [ˌɪndɪˈpendəns] незави́симость ж

independent [ˌɪndɪˈpendənt] незави́симый (of — от)

in-depth [ˈɪndepθ] глубо́кий, углублённый; ~ study глубо́кое изуче́ние

index [ˈɪndeks] 1) указа́тель м, и́ндекс м 2) (тж. índex fínger) указа́тельный па́лец

Indian [ˈɪndɪən] **1.** a 1) инди́йский (of India) 2) инде́йский (of American Indians); ~ club

спорт. булава́ ж; ~ corn амер. кукуру́за ж ◊ ~ súmmer «ба́бье ле́то» **2.** n 1) инди́ец м, индиа́нка ж 2) (тж. Américan Índian) инде́ец м, индиа́нка ж

indicate [ˈɪndɪkeɪt] ука́зывать, пока́зывать

indifferent [ɪnˈdɪfrənt] равноду́шный, безразли́чный

indigenous [ɪnˈdɪdʒənəs] коренно́й, ме́стный (о населе́нии)

indignation [ˌɪndɪgˈneɪʃn] негодова́ние с, возмуще́ние с

indirect [ˌɪndɪˈrekt] 1) непрямо́й 2) ко́свенный; ~ táxes ко́свенные нало́ги

individual [ˌɪndɪˈvɪdʒuəl] **1.** a 1) ли́чный, индивидуа́льный; ~ chámpionship ли́чное пе́рвенство 2) отде́льный (separate) **2.** n челове́к м

indoor [ˈɪndɔː]: ~ rink ле́тний като́к; ~ pool закры́тый бассе́йн; ~s [ˌɪnˈdɔːz] до́ма, в помеще́нии

indulge [ɪnˈdʌldʒ] (тж. indúlge onesélf in) предава́ться (излишествам)

industrial [ɪnˈdʌstrɪəl] промы́шленный; ~ áccident несча́стный слу́чай на произво́дстве; ~ áction забасто́вка ж (рабочих на заводе); ~ únion отраслево́й профсою́з

industrious [ɪnˈdʌstrɪəs] трудолюби́вый, приле́жный

industry [ˈɪndəstrɪ] промы́шленность ж; о́трасль ж (промышленности или хозяйства); tóurist ~ тури́зм м (отрасль)

inevitable [ɪ'nevɪtəbl] неизбе́жный

infant ['ɪnfənt] младе́нец *м*, ребёнок *м*

infection [ɪn'fekʃn] инфе́кция *ж*

inferior [ɪn'fɪərɪə] 1) ни́зший *(по положению)* 2) плохо́й; ху́дший *(по качеству)*; of ~ quálity ни́зкого ка́чества

inflammation [ˌɪnflə'meɪʃn] воспале́ние *с*

inflate [ɪn'fleɪt] 1) надува́ть *(воздухом, газом)* 2) *перен.* раздува́ть

influence ['ɪnfluəns] **1.** *n* влия́ние *с*; únder the ~ of под влия́нием **2.** *v* влия́ть

influenza [ˌɪnflu'enzə] грипп *м*

inform [ɪn'fɔːm] сообща́ть, уведомля́ть; have you been ~ed abóut it? вас извести́ли об э́том?

informal [ɪn'fɔːml] неофициа́льный; ~ vísit неофициа́льный визи́т

information [ˌɪnfə'meɪʃn] сообще́ние *с*, све́дения *мн.*; ~ búreau *амер.* спра́вочное бюро́

informed [ɪn'fɔːmd] компете́нтный, информи́рованный

infraction [ɪn'frækʃn] наруше́ние *с*; ~ of a law наруше́ние зако́на

ingredient [ɪn'griːdɪənt] составна́я часть

inhabitant [ɪn'hæbɪtənt] жи́тель *м*

inherit [ɪn'herɪt] (у)насле́довать; ~ance [-əns] насле́дство *с*

in-house ['ɪnhaus] внутриве́домственный

inhuman [ɪn'hjuːmən] бесчелове́чный, жесто́кий

initial [ɪ'nɪʃəl] **1.** *a* (перво-)нача́льный **2.** *n pl* инициа́лы *мн.* **3.** *v* визи́ровать (докуме́нт); ~ here, please поста́вьте здесь свои́ инициа́лы

initiative [ɪ'nɪʃɪətɪv] инициати́ва *ж*; on the ~ (of) по инициати́ве

injection [ɪn'dʒekʃn] уко́л *м*, инъе́кция *ж*

injure ['ɪndʒə] 1) повреди́ть; ра́нить 2) оби́деть *(insult)*

injury ['ɪndʒərɪ] 1) поврежде́ние *с*, вред *м* 2) *мед.* тра́вма *ж*, уши́б *м*

ink [ɪŋk] черни́ла *мн.*

inlay ['ɪnleɪ] инкруста́ция *ж*

inn [ɪn] гости́ница *ж (обычно с рестораном)*

inner ['ɪnə] вну́тренний; ~ tube *(тж.* tube) *авто* ка́мера *ж* ◊ ~ city *амер.* 1) ста́рый го́род *(старый центр)* 2) (негритя́нское) ге́тто

innocent ['ɪnəsnt] 1) неви́нный 2) *юр.* невино́вный ◊ ~ pássage *мор.* ми́рный прохо́д *(особ. через проливы и т. п.)*

innovation [ˌɪnəu'veɪʃn] нововведе́ние *с*; нова́торство *с*

inoculation [ɪˌnɔkju'leɪʃn] *мед.* приви́вка *ж*

input ['ɪnput] 1) *эк.* вклад *м*, вложе́ние *с* 2) ввод *м (данных в ЭВМ и т. п.)*

inquire [ɪn'kwaɪə] 1) спра́шивать, справля́ться 2) иссле́-

довать; ~ into the mátter
изучи́ть вопро́с

inquiry [ɪnˈkwaɪərɪ] запро́с
м; make inquíries наводи́ть
спра́вки; ~ óffice *брит.* спра́-
вочное бюро́

inquisitive [ɪnˈkwɪzɪtɪv] лю-
бопы́тный, любозна́тельный

inroad [ˈɪnrəud]: make an ~
прони́кнуть (вто́ргнуться) на
чужу́ю террито́рию *(тж. перен.)*

insan‖e [ɪnˈseɪn] сумасше́д-
ший, ненорма́льный; ~ity [ɪn-
ˈsænɪtɪ] сумасше́ствие *с*

inscription [ɪnˈskrɪpʃn] на́д-
пись *ж*

insect [ˈɪnsekt] насеко́мое *с*

insert [ɪnˈsɜːt] вставля́ть; ~
on page 2 вста́вка на стр. 2

inside [ɪnˈsaɪd] **1.** *n* вну́трен-
няя сторона́; изна́нка *ж*; on the
~ изнутри́; turn ~ out вы́вер-
нуть наизна́нку **2.** *adv* внутри́,
внутрь; ~r [-ə] 1) инса́йдер *м*,
член у́зкого кру́га 2) дове́рен-
ное лицо́

insignificant [ˌɪnsɪgˈnɪfɪkənt]
незначи́тельный, пустяко́вый

insist [ɪnˈsɪst] наста́ивать
(on — на); ~ent [-ənt] на-
сто́йчивый; ~ent demánds на-
сто́йчивые тре́бования

inspect [ɪnˈspekt] 1) внима́-
тельно осма́тривать *(scrutinize)* 2) инспекти́ровать *(examine officially)*; ~ion [ɪnˈspekʃn]
1) осмо́тр *м* 2) инспе́кция *ж*;
géneral ~ реви́зия *ж*

inspire [ɪnˈspaɪə] вдохнов-
ля́ть

instalment [ɪnˈstɔːlmənt] 1)

очередно́й взнос; by ~s в рас-
сро́чку 2) вы́пуск *м*, се́рия *ж*
(of a book)

instance [ˈɪnstəns]: for ~ на-
приме́р

instant [ˈɪnstənt] **1.** *n* мгно-
ве́ние *с* **2.** *a* : ~ cóffee (tea)
раствори́мый ко́фе (чай); ~ly
[-lɪ] неме́дленно, сейча́с же

instead [ɪnˈsted] вме́сто, вза-
ме́н; ~ of this вме́сто э́того

instep [ˈɪnstep] подъём *м*
(ноги́, боти́нка)

institute [ˈɪnstɪtjuːt] **1.** *n* ин-
ститу́т *м* **2.** *v* учрежда́ть, уста-
на́вливать *(set up)*

institution [ˌɪnstɪˈtjuːʃn] уч-
режде́ние *с*; ~s of léarning
уче́бные заведе́ния

instruct [ɪnˈstrʌkt] учи́ть,
инструкти́ровать; ~ion [ɪn-
ˈstrʌkʃn] 1) обуче́ние *с* 2) *pl* ин-
стру́кция *ж*, указа́ния *мн.*;
~or [-ə] инстру́ктор *м*, пре-
подава́тель *м*

instrument [ˈɪnstrumənt] 1)
инструме́нт *м*; *перен. тж.* ору́-
дие *с* 2) прибо́р *м*; precísion
~ то́чный прибо́р

insult 1. *n* [ˈɪnsʌlt] оскорбле́-
ние *с* **2.** *v* [ɪnˈsʌlt] оскорбля́ть

insurance [ɪnˈʃuərəns] стра-
хова́ние *с*; life (próperty) ~
страхова́ние жи́зни (иму́щест-
ва)

insure [ɪnˈʃuə] страхова́ть

intact [ɪnˈtækt] це́лый и не-
вреди́мый

integral [ˈɪntɪgrəl] неотъе́м-
лемый

intellect [ˈɪntɪlekt] ум *м*,
интелле́кт *м*

intellectual [ˌɪntɪˈlektʃuəl] **1.** *a* ýмственный, интеллектуáльный **2.** *n* интеллигéнт *м*

intelligence [ɪnˈtelɪdʒəns] 1) ум *м*, интеллéкт *м*; artifícial ~ искýсственный рáзум; ~ test провéрка ýмственных спосóбностей 2) (*тж.* intélligence sérvice) развéдка *ж*

intelligent [ɪnˈtelɪdʒent] ýмный

intelligible [ɪnˈtelɪdʒəbl] понятный, вразумительный

intend [ɪnˈtend] собирáться, намеревáться

intense [ɪnˈtens] сильный, мóщный; ~ heat сильная жарá, пéкло *с*

intensify [ɪnˈtensɪfaɪ] усиливать(ся)

intensive [ɪnˈtensɪv] интенсивный; ~ care únit (ward) *мед.* блок интенсивной терапии

intention [ɪnˈtenʃn] намéрение *с*; стремлéние *с*

intercom [ˈɪntəkɔm] селéктор *м*

intercontinental [ˌɪntəkɔntɪˈnentl] межконтинентáльный; ~ ballístic míssile *см.* ICBM

interest [ˈɪntrɪst] **1.** *n* 1) интерéс *м*; read with ~ читáть с интерéсом 2) процéнт *м*; five per cent ~ из пяти процéнтов **2.** *v* интересовáть, заинтересóвывать; be ~ed in интересовáться (*чем-л.*); ~ing [-ɪŋ] интерéсный

interface [ˈɪntəfeɪs] стык *м*

interfere [ˌɪntəˈfɪə] 1) вмéшиваться (in, with) 2) мешáть;

вредить (with); ~ with one's health вредить здорóвью; ~nce [-rəns] вмешáтельство *с*

interim [ˈɪntərɪm] предварительный, врéменный; ~ repórt предварительный отчёт

interior [ɪnˈtɪərɪə] **1.** *a* внýтренний **2.** *n* 1) внýтренность *ж* 2): Sécretary of the I. *амер.* министр внýтренних дел

intermediary [ˌɪntəˈmiːdɪərɪ] посрéдник *м*

intermission [ˌɪntəˈmɪʃn] *амер.* антрáкт *м*

internal [ɪnˈtɜːnl] внýтренний; ~ affáirs внýтренние делá; ~ révenue дохóд от внýтреннего налогообложéния

international [ˌɪntəˈnæʃnəl] международный; ~ law международное прáво; I. Wómen's Day Международный жéнский день; I. Day in Defénce of Chíldren Международный день защиты детéй; I. Stúdent's Day Международный день студéнтов; I. Únion of Stúdents (IUS) Международный союз студéнтов (МСС); ~ism [-ɪzm] интернационализм *м*

interpret [ɪnˈtɜːprɪt] 1) объяснять, толковáть (*explain*) 2) переводить ýстно (*translate*) 3) *иск.* исполнять; ~er [-ə] перевóдчик *м* (*устный*); cónference ~er синхронист *м*

interrupt [ˌɪntəˈrʌpt] прерывáть

intersection [ˌɪntəˈsekʃn] перекрёсток *м*

interval [ˈɪntəvəl] 1) проме-

жу́ток *м*, интерва́л *м* 2) пере-
ры́в *м (break)* 3) *брит. театр.*
антра́кт *м*

intervention [ˌɪntəˈvenʃn] 1)
воен. интерве́нция *ж* 2) вмеша́-
тельство *с (interference)* 3)
выступле́ние в пре́ниях *(in debate)*

interview [ˈɪntəvjuː] **1.** *n* 1)
встре́ча *ж*, бесе́да *ж* 2) ин-
тервью́ *с нескл.*; give an ∼
дать интервью́ **2.** *v* брать ин-
тервью́ *(smb — у кого-л.)*

intimate [ˈɪntɪmɪt] инти́м-
ный, бли́зкий; ∼ friend бли́з-
кий друг

into [ˈɪntu] 1) в, во; come ∼
the room войти́ в ко́мнату 2)
на; transláte ∼ Rússian пере-
води́ть на ру́сский язы́к

Intourist (agency) [ɪnˈtuərɪst
(ˈeɪdʒənsɪ)] ‹Интури́ст› *м*

introduce [ˌɪntrəˈdjuːs] 1)
вводи́ть 2) представля́ть, зна-
ко́мить; allów me to ∼ mysélf
разреши́те предста́виться;
please ∼ me to... познако́мьте
меня́, пожа́луйста, с...; let me
∼ to you... разреши́те пред-
ста́вить вам... 3) вноси́ть на
обсужде́ние *(a bill, etc)*

introduction [ˌɪntrəˈdʌkʃn] 1)
представле́ние *с*, знако́мство
с; létter of ∼ рекоменда́тель-
ное письмо́ 2) предисло́вие *с*
(to a book)

intrude [ɪnˈtruːd] вторга́ться;
I hope I am not intrúding...
наде́юсь, я не помеша́л...

invade [ɪnˈveɪd] вторга́ться;
∼**r** [-ə] захва́тчик *м*, окку-
па́нт *м*

invalid I [ˈɪnvəliːd] больно́й
м; инвали́д *м*

invalid II [ɪnˈvælɪd] недейст-
ви́тельный; the pass is ∼ про́-
пуск недействи́телен

invaluable [ɪnˈvæljubl] не-
оцени́мый, бесце́нный

invasion [ɪnˈveɪʒn] вторже́-
ние *с*, наше́ствие *с*

invent [ɪnˈvent] 1) изобре-
та́ть 2) выду́мывать; ∼ an excúse приду́мать оправда́-
ние; ∼**ion** [ɪnˈvenʃn] 1) изобре-
те́ние *с* 2) вы́думка *ж*; it's pure
∼ion э́то сплошно́й вы́мысел;
∼**or** [-ə] изобрета́тель *м*

invest [ɪnˈvest] вкла́дывать,
помеща́ть *(капитал)*

investigate [ɪnˈvestɪgeɪt] 1)
иссле́довать; ∼ a próblem ис-
сле́довать вопро́с 2) рассле́до-
вать *(inquire into)*

investment [ɪnˈvestmənt] ка-
питаловложе́ние *с*

invisible [ɪnˈvɪzəbl] невиди́-
мый

invitation [ˌɪnvɪˈteɪʃn] при-
глаше́ние *с*; on the ∼... по при-
глаше́нию...

invite [ɪnˈvaɪt] приглаша́ть;
we ∼ you to tea (dínner) мы
приглаша́ем вас на ча́шку ча́я
(на у́жин); let me ∼ you разре-
ши́те пригласи́ть вас

involve [ɪnˈvɔlv] вовлека́ть,
вме́шивать; be ∼d уча́ство-
вать, быть заинтересо́ванным

iodine [ˈaɪədiːn] йод *м*

IQ [ˌaɪˈkjuː] *(тж.* intélligence
quótient) *амер.* коэффицие́нт
у́мственного разви́тия *(выра-
жаемый в процентах)*

Irish [ˈaɪərɪʃ] **1.** *a* ирла́ндский **2.** *n* 1) (the ~) *собир.* ирла́ндцы 2) ирла́ндский язы́к; ~**man** [-mən] ирла́ндец *м*; ~**woman** [-wumən] ирла́ндка *ж*

iron [ˈaɪən] **1.** *n* 1) желе́зо *с*; cast ~ чугу́н *м* 2) утю́г *м*; steam ~ утю́г с па́ром **2.** *a* желе́зный **3.** *v* гла́дить; would you ~ my dress (shirt)? вы́гладите мне, пожа́луйста, пла́тье (руба́шку)

ironic(al) [aɪˈrɔnɪk(əl)] ирони́ческий; it's ~ that... парадокса́льно, что...

ironmonger [ˈaɪən,mʌŋgə]: ~'s shop *брит.* хозя́йственный магази́н

irresponsible [ˌɪrɪˈspɔnsəbl] безотве́тственный

irrigation [ˌɪrɪˈgeɪʃn] ороше́ние *с*

irritate [ˈɪrɪteɪt] раздража́ть; злить

is [ɪz] *3 л. ед. наст. от* be

Islam [ˈɪzlɑːm] исла́м *м*; мусульма́нство *с*

island [ˈaɪlənd] о́стров *м*

isle [aɪl] о́стров(о́к) *м*

isn't [ˈɪznt] *разг.* = is not

issue [ˈɪʃuː] **1.** *n* 1) исхо́д *м* (outcome) 2) изда́ние *с*, вы́пуск *м*; ~ of stamps вы́пуск ма́рок 3) но́мер *м*; today's ~ of the paper сего́дняшний но́мер газе́ты 4) вопро́с *м*; предме́т спо́ра; ~ of the day животрепе́щущий вопро́с **2.** *v* издава́ть; ~ a law изда́ть зако́н

isthmus [ˈɪsməs] перешеек *м*

it [ɪt] 1) он, она́, оно́ 2) э́то; it is me э́то я 3) *не переводится*; it's raining (snowing) идёт дождь (снег); it is said говоря́т; it is winter сейча́с зима́

item [ˈaɪtəm] 1) пункт *м*, пара́граф *м*; ~ of the agenda пункт пове́стки дня 2) предме́т *м* (в списке); the first ~ in the catalogue пе́рвый предме́т, ука́занный в катало́ге 3): ~ on the program(me) но́мер програ́ммы

itinerary [aɪˈtɪnərərɪ] маршру́т *м*

it's [ɪts] *разг.* = it is

its [ɪts] его́, её; свой

itself [ɪtˈself] 1) себя́; -ся; the baby hurt ~ ребёнок уши́бся 2) сам, сама́, само́; in ~ само́ по себе́

I've [aɪv] *разг.* = I have

ivory [ˈaɪvərɪ] слоно́вая кость

ivy [ˈaɪvɪ] плющ *м*

J

jack [dʒæk] *тех.* домкра́т *м*

jacket [ˈdʒækɪt] 1) жаке́т *м* (lady's); ку́ртка *ж* (man's) 2) конве́рт (*м*) для грампласти́нки

jail [dʒeɪl] тюрьма́ *ж*

jam I [dʒæm] **1.** *n* да́вка *ж*; traffic ~ про́бка *ж*, зато́р *м* (уличного движения) **2.** *v* 1) зажима́ть, сжима́ть 2) вти́скивать, впи́хивать (into)

jam II пови́дло *с*, джем *м*

janitor [ˈdʒænɪtə] 1) швейца́р

м; амер. дво́рник *(caretaker)*
2) = enginéer 3)

January [ˈdʒænjuərɪ] .янва́рь
м

javelin [ˈdʒævlɪn] копьё *с*; ~
thrówing *спорт.* мета́ние копья́

jaw [dʒɔː] че́люсть *ж*; lówer
(úpper) ~ ни́жняя (ве́рхняя)
че́люсть

jazz [dʒæz] джаз *м*; ~ band
джаз-орке́стр *м*; ~ músic джа́-
зовая му́зыка; ~-**rock** [ˌdʒæz-
ˈrɔk] джаз-ро́к *м*

jealous [ˈdʒeləs] ревни́вый;
~y [-ɪ] ре́вность *ж*

jeep [dʒiːp] *авто* джип *м*

jeer [dʒɪə] **1.** *v* издева́ться **2.**
n издёвка *ж*

jelly [ˈdʒelɪ] 1) желе́ *с*; ~**fish**
[-fɪʃ] меду́за *ж*

jerk [dʒɜːk] 1) ре́зкий толчо́к
2) *спорт.* рыво́к *м* 3) *pl (тж.*
phýsical jerks) *разг.* заря́дка
ж 4) *амер. разг.* подо́нок *м*

jersey [ˈdʒɜːzɪ] 1) фуфа́йка *ж*,
вя́заная ко́фта, сви́тер *м* 2)
джерси́ *с нескл. (трикотажная
ткань)*

jest [dʒest] шу́тка *ж*

jet [dʒet] 1) струя́ *ж*; ~ éngine реакти́вный дви́гатель 2)
(тж. jet plane) реакти́вный самолёт; ~-**lag** [-læg] сбой (*м*)
вре́мени *(при перелёте через
несколько часовых поясов)*;
~-**set** [-set] эли́та *ж*, и́збран-
ные *мн.*

Jew [dʒuː] евре́й *м*

jewel [ˈdʒuːəl] 1) драгоце́н-
ный ка́мень 2) *pl* драгоце́н-
ности *мн.*; ~**ler** [-ə] ювели́р *м*;
~**ry** [-rɪ] драгоце́нности *мн.*

Jewish [ˈdʒuːɪʃ] 1) евре́йский
2) и́диш *(язык)*

job [dʒɔb] 1) рабо́та *ж*, де́ло
с 2) ме́сто *с*, слу́жба .*ж*; out of
~ без рабо́ты ◊ ~ áction за-
басто́вка *ж*, ста́чка *ж*; ~ lot
барахо́лка *ж разг.*

jockey [ˈdʒɔkiː] жоке́й *м*

jog [dʒɔg] **1.** *n* трусца́ *ж* **2.** *v*
бежа́ть трусцо́й; ~**ging** [-ɪŋ]
бег трусцо́й

join [dʒɔɪn] 1) соединя́ть(ся);
объединя́ть(ся) 2) вступа́ть *(в
общество и т. n.)*; ~ the párty
вступи́ть в па́ртию; ~**er** [-ə]
столя́р *м*

joint [dʒɔɪnt] **1.** *n* 1) суста́в
м; put the arm out of ~ вы́-
вихнуть ру́ку; put the arm ínto
~ (agáin) впра́вить ру́ку 2)
брит. кусо́к мя́са; a cut from
the ~ ло́мтик ро́стбифа 3)
разг. ресторанчик *м*, зла́чное
ме́сто 4) *жарг.* сигаре́та с ма-
рихуа́ной **2.** *a* соединённый;
совме́стный; ~ éfforts объединённые уси́лия

joke [dʒəuk] **1.** *n* шу́тка *ж* **2.** *v*
шути́ть

jolly [ˈdʒɔlɪ] весёлый, пра́зд-
ничный

journal [ˈdʒɜːnl] периоди́чес-
кое изда́ние *(газета, журнал)*;
~**ist** [ˈdʒɜːnəlɪst] журнали́ст *м*

journey [ˈdʒɜːnɪ] путеше́ствие
с; пое́здка *ж*; did you have a
nice ~ ? как вы дое́хали?; I
wish you a good ~! счастли́во-
го пути́!

joy [dʒɔɪ] ра́дость *ж*

jubilee [ˈdʒuːbɪliː] 1) юбиле́й
м; gólden (sílver) ~ пятидеся́-

тилétний (двадцатипятилéтний) юбилéй 2) прáзднество с

judge [dʒʌdʒ] **1.** *n* 1) *юр.* судья́ *м* 2) (the ~s) *спорт.* судéйская коллéгия **2.** *v* суди́ть о; ~ment [-mənt] суждéние *с*; мнéние *с*

judo [ˈdʒuːdəu] *спорт.* дзюдó *с нескл.*

jug [dʒʌg] *брит.* кувши́н *м*

juggler [ˈdʒʌglə] жонглёр *м*; фóкусник *м*

juice [dʒuːs] сок *м*; grape (órange) ~ виногрáдный (апельси́новый) сок

juicy [ˈdʒuːsɪ] сóчный

julep [ˈdʒuːlɪp] 1) пáтока *ж* 2) *мед.* (слáдкая) микстýра

July [dʒuˈlaɪ] июль *м*

jumbo [ˈdʒʌmbəu] огрóмный; ~ jet *ав.* широкофюзеля́жный реакти́вный лáйнер

jump [dʒʌmp] **1.** *n* 1) прыжóк *м*; rúnning (stánding, párachute) ~ прыжóк с разбéга (с мéста, с парашю́том); broad ~ *амер.* прыжóк в длину́ 2) (лёгкая атлéтика): long (high) ~ прыжки́ в длину́ (в высоту́); tríple ~ тройнóй прыжóк **2.** *v* 1) пры́гать 2) (тж. jump óver) перепры́гивать (чéрез что-л.); ~ the rope пры́гать чéрез верёвочку 3) проскáкивать; the týpewriter ~s a space на маши́нке проскáкивает бýква 4) заскáкивать; ~ a bus вскочи́ть в автóбус 5) съесть (шашки) ◇ ~ bail скры́ться от судá (и пренебрéчь залóгом); ~ ship дезерти́ровать; ~ the gun (поспéшно) хватáться за писто

лéт, «лезть в буты́лку»; ~ down соскочи́ть, спры́гнуть; ~-start [-stɑːt]: ~-start the car *авто* заводи́ть маши́ну (толкая её или при помощи проводóв от другóго автомобиля); ~ up подпры́гивать; вскáкивать

jumper [ˈdʒʌmpə] джéмпер *м*

junction [ˈdʒʌŋkʃn] 1) соединéние *с* 2) ж.-д. ýзел *м*

June [dʒuːn] июнь *м*

jungle [ˈdʒʌŋgl] джýнгли *мн.*; asphalt ~ асфáльтовые джýнгли

junior [ˈdʒuːnɪə] **1.** *a* 1) млáдший; ~ pártner млáдший партнёр; ~ cóllege «млáдший» коллéдж (типа техникума) 2) (J.) млáдший (после имени) **2.** *n амер.* студéнт предпослéднего (обычно трéтьего) кýрса

junk [dʒʌŋk] ути́ль *м*, отбрóсы *мн.*; ~ food суррогáтная пи́ща (с химическими и пр. искусственными добавками, особ. в закусочных, автоматах и т. п.); ~ yard 1) свáлка *ж* 2) *авто* автомоби́льное клáдбище

jury [ˈdʒuərɪ] 1) *юр.* прися́жные *мн.* 2) жюри́ *с нескл.*; ~ of the artistic competítions жюри́ худóжественных кóнкурсов; the ~ rests у жюри́ вопрóсов нет

just I [dʒʌst] 1) справедли́вый 2) обоснóванный; ~ rewárd заслýженная нагрáда

just II 1) тóчно, как рáз; ~ so! совершéнно вéрно! 2) тóль ко что; he has ~ left он то́лько что ушёл

justice [ˈdʒʌstɪs] 1) справедли́вость ж 2) *юр.* правосу́дие *с*

justify [ˈdʒʌstɪfaɪ] опра́вдывать

juvenile [ˈdʒuːvənaɪl] ю́ный, ю́ношеский; ~ delínquent малоле́тний престу́пник

K

kangaroo [ˌkæŋɡəˈruː] кенгуру́ *м*

karate [kəˈrɑːtɪ] карате́ *с нескл.*

kasha [ˈkɑːʃə] *амер.* гре́чка ж, гре́чневая крупа́

kayak [ˈkaɪæk] *спорт.* байда́рка ж

keel [kiːl] 1. *n* киль *м* 2. *v*: ~ óver опроки́нуться (*о шлюпке или яхте*)

keen [kiːn] 1) о́стрый; ~ sight о́строе зре́ние 2) си́льный, ре́зкий; ~ ínterest живо́й интере́с ◊ be ~ on проявля́ть живо́й интере́с к (*чему-л.*), увлека́ться (*чем-л.*)

keep [kiːp] 1. *v* (kept) 1) храни́ть; where do you ~ your tools? где у тебя́ инструме́нт?; ~ this seat for me, please сохрани́те, пожа́луйста, э́то ме́сто для меня́ 2) держа́ть(ся); ~ togéther! не расходи́тесь! 3) содержа́ть; ~ rábbits разводи́ть кро́ликов 4) соблюда́ть; ~ quíet! ти́ше!, соблюда́йте тишину́!; ~ móving!

проходи́те!, не заде́рживайтесь!; ~ **back** храни́ть в секре́те; ~ **off** держа́ться в стороне́; “~ off” ‹вход воспрещён› (*надпись*); “~ off the grass!” ‹по газо́нам не ходи́ть!› (*надпись*); ~ **on** (dóing *smth*) не прекраща́ть (де́лать *что-л.*) ◊ I háven't kept you wáiting, have I? наде́юсь, я не заста́вил себя́ ждать?; ~ shop распоряжа́ться; who's ~ing shop here? кто тут кома́ндует (пара́дом)?; ~ récords вести́ протоко́лы (отчётность); ~ a sécret храни́ть в та́йне 2. *n*: for ~s *разг.* насовсе́м

keepsake [ˈkiːpseɪk]: give smth as a ~ подари́ть что-л. на па́мять

kept [kept] *past и pp от* keep

kernel [ˈkəːnl] ядро́ *с*, я́дрышко *с*

kettle [ˈketl] (металли́ческий) ча́йник

key [kiː] 1) (to) ключ *м* (от *чего-л.*); *перен.* ключ (к *чему-л.*) 2) *муз.* ключ *м*, тона́льность ж 3) *муз.* кла́виша ж (of *a piano, etc*); ~**board** [-bɔːd] клавиату́ра ж, (кла́вишный) пульт *м*

kick [kɪk] 1. *n* 1) пино́к *м* 2) *спорт.* уда́р *м*; córner (free, diréct free, pénalty) ~ углово́й (свобо́дный, штрафно́й, одиннадцатиметро́вый) уда́р 2. *v* ляга́ть, пина́ть, толка́ть (*ногой*)

kid [kɪd] 1) козлёнок *м* 2) (*тж.* kíd-skin) ла́йка ж (*кожа*) 3) *разг.* малы́ш *м*; ~-**gloves**

[-gl∧vz] ла́йковые перча́тки

kidnap [ˈkɪdnæp] похища́ть кого́-л. *(насильно или обманом)*

kidney [ˈkɪdnɪ] *анат.* по́чка ж

kill [kɪl] 1) убива́ть 2) бить, ре́зать; ~ the cáttle ре́зать скот ◊ ~ the ball *спорт.* гаси́ть мяч

kiln [kɪln] печь (ж) для о́бжига

kilogram(me) [ˈkɪləgræm] килогра́мм м

kilometre [ˈkɪlə‚miːtə] киломе́тр м

kilt [kɪlt] килт м, шотла́ндская мужска́я ю́бка

kind I [kaɪnd] род м, сорт м ◊ a ~ of не́что вро́де

kind II до́брый; любе́зный; be so ~ as to... бу́дьте насто́лько любе́зны...

kindergarten [ˈkɪndə‚gɑːtn] де́тский сад

kindly [ˈkaɪndlɪ] ла́сково; любе́зно; will you ~ tell me the time? бу́дьте любе́зны, скажи́те, кото́рый час?

kindness [ˈkaɪndnɪs] доброта́ ж

king [kɪŋ] коро́ль м *(тж. шахм. и карт.)*; ~ cóbra короле́вская ко́бра; ~**dom** [-dəm] короле́вство с, ца́рство с; ~**-size** [-saɪz] разме́р ‹гига́нт›; ~**-size** cigaréttes дли́нные сигаре́ты *(100 мм станда́рта)*

kipper [ˈkɪpə] копчёная селёд(оч)ка *(разрезанная вдоль)*

kiss [kɪs] 1. *n* поцелу́й м 2. *v* целова́ть

kit [kɪt] набо́р м; fírst-aid ~ дома́шняя апте́чка; plúmber's ~ набо́р слеса́рных инструме́нтов; do-it-yoursélf ~ набо́р дета́лей ‹сде́лай сам›

kitchen [ˈkɪtʃɪn] ку́хня ж; ~ gárden огоро́д м; ~**ette** [‚kɪtʃɪˈnet] ‹китчене́т› м, шкаф-ку́хня м

kite [kaɪt] возду́шный змей; fly a ~ запуска́ть змея

knackwurst [ˈnækwəst] сарде́лька ж

knave [neɪv] *карт.* вале́т м

knee [niː] коле́но с

knee‖-cap [ˈniːkæp] коле́нная ча́шечка; ~**-deep** [-diːp] *перен.* погру́женный по́ уши; ~**-pad** [-pæd] *спорт.* наколе́нник м

knew [njuː] *past* от know

knife [naɪf] нож м

knight [naɪt] 1) ры́царь м 2) *шахм.* конь м

knit [nɪt] вяза́ть; ~**ted** [-ɪd] вя́заный, трикота́жный

knock [nɔk] 1. *n* 1) уда́р м 2) стук м; ~ at the door стук в дверь 2. *v* ударя́ть(ся), бить; стуча́ть(ся); ~ **down** сбива́ть с ног; *бокс* посла́ть в нока́ун; ~ **out** а) вы́бить, вы́колотить; б) *бокс* нокаути́ровать; ~**down** [-‚daun] *бокс* нокда́ун м; ~**out** [-‚aut] *бокс* нока́ут м

knot [nɔt] 1. *n* у́зел м 2. *v* завя́зывать у́зел; ~ a tie завяза́ть га́лстук

know [nəu] (knew; known) 1) знать; as far as I ~ наско́лько мне изве́стно 2) узнава́ть; I'll ~ it tomórrow я узна́ю э́то за́втра 3) уме́ть; do you ~ how

to do it? вы уме́ете э́то де́лать?
◊ to ~ one's own búsiness не
вме́шиваться в чужи́е дела́;
to ~ a thing or two прекра́сно
разбира́ться; ~-how [-hau]
на́выки *мн.*, зна́ния *мн.*; transfér the indústrial ~-how передава́ть техни́ческий о́пыт

knowledge [ˈnɔlɪdʒ] зна́ния
мн.

known [nəun] **1.** *a* изве́стный
2. *pp от* know

Koran [kɔˈrɑːn] Кора́н *м*

Kremlin [ˈkremlɪn] (the ~)
Кремль *м*

L .

lab [læb] *разг.=* labóratory

label [ˈleɪbl] **1.** *n* ярлы́к *м*;
этике́тка *ж* **2.** *v* накле́ивать
ярлы́к

laboratory [ləˈbɔrətrɪ] лаборато́рия *ж*

labour [ˈleɪbə] **1.** *n* 1) труд *м*;
рабо́та *ж* 2) рабо́чие *мн.*; рабо́чий класс; L.Párty лейбори́стская па́ртия; L.Day *амер.*
День труда́ *(первый понедельник сентября)* **2.** *v* труди́ться,
рабо́тать; ~ite [ˈleɪbəraɪt]
лейбори́ст *м*

lace [leɪs] **1.** *n* 1) кру́жево *с*
2) *(тж.* shóe-lace) шнуро́к *м* **2.**
v: ~ up зашнуро́вывать

lack [læk] **1.** *n* отсу́тствие *с*,
недоста́ток *м*; ~ of cónfidence
отсу́тствие дове́рия; for ~ of
time из-за нехва́тки вре́мени
2. *v* недостава́ть

lad [læd] па́рень *м*

ladder [ˈlædə] 1) ле́стница *ж*
(приставная) 2) *мор.* трап *м*
3) *брит.* спусти́вшаяся петля́,
доро́жка *ж (на чулке)*

lady [ˈleɪdɪ] да́ма *ж*; ládies
and géntlemen! да́мы и господа́!, ле́ди и джентльме́ны!;
ládies' room же́нский туале́т,
да́мская ко́мната; ládies' háir-dressing salóon да́мская парикма́херская

lag [læg] *(тж.* lag behínd)
отстава́ть

lager [ˈlɑːgə] *(тж.* láger beer)
(све́тлое) пи́во

laid [leɪd] *past и pp от* lay II

lain [leɪn] *pp от* lie II

lake [leɪk] о́зеро *с*; Swan L.
bállet бале́т ‹Лебеди́ное о́зеро›

lamb [læm] ягнёнок *м*; ~skin
[-skɪn] мерлу́шка *ж*

lame [leɪm] хромо́й ◊ ~
duck ‹га́дкий утёнок›, неуда́чник *м*

lamp [læmp] ла́мпа *ж*; фона́рь *м*

lampoon [læmˈpuːn] сати́ра
ж; памфле́т *м*

lamp‖post [ˈlæmppəust] фона́рный столб; ~-shade [-ʃeɪd]
абажу́р *м*

land [lænd] **1.** *n* 1) земля́ *ж*,
су́ша *ж* 2) страна́ *ж*; dístant
~s да́льние стра́ны **2.** *v* 1) выса́живаться на бе́рег; we ~ed
in the port of Odéssa мы вы́садились в оде́сском порту́ 2) *ав.*
приземля́ться; ~ing [-ɪŋ] 1)
(лестничная) площа́дка *(of a
staircase)* 2) *ав.* поса́дка *ж*;

~ing field поса́дочная пло-
ща́дка; ~ing cápsule *косм.*
спуска́емый аппара́т

land‖lady ['lænd‚leɪdɪ] хо-
зя́йка *ж (дома, гостиницы);*
~-**lord** [-lɔːd] 1) поме́щик *м,*
лендло́рд *м (landowner)* 2) хо-
зя́ин *м (дома, гостиницы);*
~**owner** ['lænd‚əunə] поме́щик
м, землевладе́лец *м*

land‖scape ['lænd‚skeɪp] пей-
за́ж *м;* ~-**slide** [-slaɪd] 1) о́пол-
зень *м* 2) блестя́щая побе́да
(особ. на выборах)

lane [leɪn] 1) у́зкая доро́га,
тропи́нка *ж* 2) переу́лок *м (bystreet)* 3) *авто* ряд *м;* right ~
пра́вый ряд; four ~ tráffic че-
тырёхря́дное движе́ние 4)
*спорт. (плавание и лёгкая ат-
летика)* доро́жка *ж;* inside
(first) ~ вну́тренняя (пе́рвая)
доро́жка

language ['læŋgwɪdʒ] язы́к *м
(речь)*

lantern ['læntən] фона́рь *м*

lap I [læp] коле́ни *мн.;* hold
smth (smb) in one's ~ держа́ть
что-л. (кого-л.) на коле́нях

lap II *спорт.* круг *м,* эта́п *м;*
do three ~s пройти́ три кру́га
(три эта́па); ~ of hónour круг
почёта

larceny ['lɑːsənɪ] воровство́
с; pétty ~ ме́лкая кра́жа;
grand ~ кру́пное хище́ние

large [lɑːdʒ] 1) большо́й,
кру́пный 2) многочи́сленный,
значи́тельный; ~ majórity
значи́тельное большинство́ ◇
Ambássador at ~ посо́л по осо́-
бым поруче́ниям; be at ~ быть

в бега́х *(of a criminal);* ~**ly**
[-lɪ] в значи́тельной сте́пени

lark [lɑːk] жа́воронок *м*

laser ['leɪzə] ла́зер *м;* ~
súrgery ла́зерная хирурги́я

last I [lɑːst] *(превосх. ст. от*
late) **1.** *a* 1) после́дний 2)
про́шлый; ~ time в про́шлый
раз **2.** *adv* в после́дний раз;
when did you see them ~? ког-
да́ вы ви́дели их в после́дний
раз? **3.** *n:* at ~ наконе́ц; to the
~ до конца́

last II дли́ться; ~**ing** [-ɪŋ]
дли́тельный; про́чный; ~ing
peace про́чный мир

latch [lætʃ] засо́в *м,* задви́ж-
ка *ж*

late [leɪt] **1.** *a* (láter, látter;
látest, last) 1) по́здний; keep ~
hóurs по́здно ложи́ться спать
2): be ~ опа́здывать; the train
is one hour ~ по́езд опа́здыва-
ет на час 3) неда́вний, после́д-
ний; ~st news после́дние из-
ве́стия 4) (the ~) поко́йный,
уме́рший **2.** *adv* (láter; látest,
last) по́здно; ~ at night по́здно
ве́чером; ~**ly** [-lɪ] неда́вно; за
после́днее вре́мя

lathe [leɪð] (тока́рный) ста-
но́к

lather ['lɑːðə] **1.** *n* мы́льная
пе́на; мы́льная па́ста *(для
бритья)* **2.** *v* намы́ливать

latitude ['lætɪtjuːd] *геогр.*
широта́ *ж*

latter ['lætə] 1) *сравн. ст. от*
late 1 2) после́дний *(из выше-
перечисленных),* второ́й

laugh [lɑːf] смея́ться (at ~
над); ~**ter** [-tə] смех *м*

launch [lɔːntʃ] 1) броса́ть, мета́ть; ~ a spear метну́ть копьё 2) приступа́ть; пуска́ть в ход (*initiate*) 3) спусти́ть на́ воду (*of a ship*) 4) запуска́ть; ~ a rócket (míssile, *etc*) запусти́ть (баллисти́ческую *и т. п.*) раке́ту; ~**ing** [-ɪŋ]: ~ing pad ста́ртовая площа́дка (*для запуска ракет*)

laundromat [ˈlɔːndrəmæt] автомати́ческая пра́чечная, пра́чечная самообслу́живания

laundry [ˈlɔːndrɪ] 1) пра́чечная ж 2) бельё с (*для стирки или из стирки*); hasn't the ~ come back yet? бельё ещё не верну́лось из сти́рки?

laureate [ˈlɔːrɪɪt] лауреа́т м; Internátional Cóntest L. лауреа́т междунаро́дного ко́нкурса

laurel [ˈlɔrəl] 1) лавр м 2) *pl перен.* ла́вры мн.; по́чести мн.

lavatory [ˈlævətərɪ] убо́рная ж

law [lɔː] 1) зако́н м; ~ enfórcement ágencies правоохрани́тельные о́рганы 2) *юр.* пра́во с; cústomary (internátional) ~ обы́чное (междунаро́дное) пра́во; ~**ful** [-ful] зако́нный

lawn [lɔːn] газо́н м; (зелёная) лужа́йка; ~-**mower** [-məuə] газонокоси́лка ж

lawyer [ˈlɔːjə] юри́ст м; адвока́т м

laxative [ˈlæksətɪv] слаби́тельное с

lay I [leɪ] *past от* lie II

lay II (laid) 1) класть, положи́ть 2) возлага́ть; ~ a wreath возложи́ть вено́к 3) накрыва́ть, стели́ть; ~ the táble (the cloth) накры́ть на сто́л; ~ **down** а) укла́дывать; б) закла́дывать; ~ down a mónument заложи́ть па́мятник; ~ **off** 1) откла́дывать (*put aside*) 2) уво́лить (*fire*); ~ **out** плани́ровать; ~ out a gárden разби́ть сад

lazy [ˈleɪzɪ] лени́вый

lead I [led] 1) свине́ц м 2) гри́фель м (*for a pencil*)

lead II [liːd] (led) 1) вести́; лиди́ровать, быть пе́рвым; ~ the way пока́зывать доро́гу 2) руководи́ть; ~ the chóir дирижи́ровать хо́ром

leader [ˈliːdə] 1) руководи́тель м; ли́дер м; House (Sénate) majórity (minórity) ~ *амер. полит.* ли́дер большинства́ (меньшинства́) в пала́те представи́телей (в сена́те) 2) (*тж.* léading árticle) передова́я статья́ (*особ. брит.*) 3) *муз.* дирижёр м 4) *муз.* пе́рвая скри́пка (*concertmaster*); ~**ship** [-ʃɪp] руково́дство с

leaf [liːf] лист м; ~**let** [-lɪt] листо́вка ж

league [liːg] ли́га ж, сою́з м

leak [liːk] **1.** *n* 1) проте́чка ж; devélop a ~ поте́чь 2) тре́щина ж, щель ж (*flaw*) 3) уте́чка (информа́ции) **2.** *v* 1) протека́ть (*about gas or liquid*) 2) (*тж.* leak out) проса́чиваться

lean I [liːn] (leaned, leant) прислоня́ть(ся); облока́чиваться; "do not ~!" ◄не облока́чиваться!► (*надпись*)

lean II худощáвый, тóщий

leant [lent] *past и pp от* lean I

leap [li:p] **1.** *n* прыжóк *м*; hop, ~ and jump *брит. спорт.* тройнóй прыжóк **2.** *v* (leapt, leaped) пры́гать

leapt [lept] *past и pp от* leap 2

leap-year ['li:pjɪə] високóсный год

learn [lə:n] (learnt, learned) 1) учи́ть(ся) 2) узнавáть; when did you ~ that? когдá вы об э́том узнáли?

learnt [lə:nt] *past и pp от* learn

lease [li:s] **1.** *n* арéнда *ж* **2.** *v* 1) сдавáть в арéнду (*grant*) 2) брать в арéнду (*take*)

least [li:st] **1.** *a* (*превосх. ст. от* little 1) наимéньший; малéйший **2.** *adv* (*превосх. ст. от* little 2) наимéнее **3.** *n* (the ~) сáмое мéньшее ◊ at ~ по крáйней мéре

leather ['leðə] кóжа *ж*

leave I [li:v] 1) разрешéние *с* (*permission*) 2) óтпуск *м*; sick ~ óтпуск по болéзни 3): take ~ of прощáться с (*кем-л., чем-л.*)

leave II (left) 1) покидáть; оставля́ть 2) уезжáть; I'm léaving tomórrow зáвтра я уезжáю

lecture ['lektʃə] лéкция *ж*; ~r ['lektʃərə] 1) лéктор *м*; доклáдчик *м* 2) (*in a college*) преподавáтель вы́сшего учéбного заведéния (≅ *старший преподаватель*)

led [led] *past и pp от* lead II

left I [left] *past и pp от* leave II

left II 1. *a* лéвый **2.** *adv* налéво, слéва; on (to) the ~ (of) слéва (от); ~**-hand** [-'hænd] левостарóнний; ~**-hand** tráffic левостарóннее движéние; ~**ist** [-ɪst] *полит.* левáк *м*; ~**-wing** [-wɪŋ] *полит.* лéвый

leg [leg] 1) ногá *ж* 2) нóжка *ж*; ~ of a chair нóжка стýла ◊ ~ of the jóurney отрéзок пути́; ~ of the tríangle *мат.* сторонá треугóльника

legacy ['legəsɪ] 1) наслéдство *с* 2) наслéдие *с*

legal ['li:gəl] 1) юриди́ческий 2) закóнный (*lawful*)

legation [lɪ'geɪʃn] *дип.* ми́ссия *ж*

legislation [ˌledʒɪs'leɪʃn] законодáтельство *с*

legislative ['ledʒɪslətɪv] законодáтельный; ~ bódy законодáтельный óрган

legislature ['ledʒɪsleɪtʃə] законодáтельный óрган

legitimate [lɪ'dʒɪtɪmɪt] 1) закóнный 2) обоснóванный; ~ solútion обоснóванное решéние

leisure ['leʒə] досýг *м*; at ~ в свобóдное врéмя

lemon ['lemən] 1) лимóн *м*; ~ squash лимóнный напи́ток 2) *амер. разг.* брак *м*, брóсовая вещь; this car is a ~ (э́та) маши́на — барахлó; ~**ade** [ˌlemə'neɪd] лимонáд *м*

lend [lend] (lent) давáть взаймы́

lending-library ['lendɪŋˌlaɪbrərı] библиотéка ж абонемéнт м

length [leηθ] длинá ж; win by a ~ *спорт.* вы́играть на длину́ ло́дки (на ко́рпус ло́шади)

lens [lenz] 1) ли́нза ж 2) *фото* объекти́в м; pówer of the ~ светоси́ла ж; telescópic ~ телеобъекти́в м; wide-ángle ~ широкоуго́льник м 3) *авто* опти́ческий элемéнт *(фары, подфарника)*

lent [lent] *past и pp от* lend

leotard ['li:ɑtɑːd] трико́ с, гимнасти́ческий костю́м

less [les] **1.** *а (сравн. ст. от* líttle 1) мéньший **2.** *adv (сравн. ст. от* líttle 2) мéньше, мéнее

lesson ['lesn] уро́к м

let [let] (let) 1) дава́ть; позволя́ть; пуска́ть; ~ me do it позво́льте, я сдéлаю; ~ me show you the way разреши́те, я провожу́ вас; ~ me think it óver дáйте мне поду́мать 2) сдава́ть внаём; do you ~ rooms? тут сдаю́тся ко́мнаты? 3) *выражает приглашение к действию:* ~'s go пойдёмте; ~ us do it дава́йте так и сдéлаем; ~ **down** подвести́; I hope you won't ~ me down надéюсь, вы меня́ не подведёте; ~ **in** впуска́ть; ~ **out** выпуска́ть ◊ ~ alóne а) оставля́ть в поко́е; б) не говоря́ ужé о; ~ smb know сообща́ть кому́-л.

lethal ['li:θəl] смертéльный

letter ['letə] 1) бу́ква ж 2) письмо́ с; régistered ~ заказно́е письмо́ ◊ ~ of crédit аккредити́в м; ~ of attórney до-

вéренность ж; ~-**box** [-bɔks] *брит.* почто́вый я́щик

lettuce ['letɪs] сала́т (коча́нный) *(растение)*, лату́к м

level ['levl] у́ровень м; fiftéen thóusand feet abóve the sea ~ пятна́дцать ты́сяч фу́тов ($\cong$ *4.500 м*) над у́ровнем мо́ря

liable ['laɪəbl] 1) подвéрженный (to); he is ~ to be séasick он подвéржен морско́й болéзни 2) отвéтственный (за — for)

liaison [lɪ'eɪzən] связь ж; ~ ófficer офицéр свя́зи

liar ['laɪə] лгун м

liberal ['lɪbərəl] **1.** *а* 1) либерáльный; L. Párty либерáльная пáртия 2) щéдрый *(generous)* 3): ~ (arts) educátion широ́кое гуманита́рное образова́ние *(без специализации)* **2.** *n* 1) либерáл м 2) (L.) член либерáльной пáртии

liberate ['lɪbəreɪt] освобожда́ть

liberation [ˌlɪbə'reɪʃn] освобождéние с

liberty ['lɪbətɪ] свобо́да ж; at ~ на свобо́де, свобо́дный

library ['laɪbrərɪ] библиотéка ж; L. of Cóngress Библиотéка конгрéсса *(крупнейшая библиотека в США)*; Brítish L. Брита́нская библиотéка *(крупнейшая библиотека в Великобритании, находится в помещении Британского музея)*

licence ['laɪsəns] разрешéние с, лицéнзия ж; driver's ~ *авто* води́тельское удостоверéние, права́ мн.

lick [lɪk] лиза́ть, обли́зывать

lid [lɪd] 1) кры́шка *ж* 2) (*тж.* éyelid) ве́ко *с*

lie I [laɪ] **1.** *n* ложь *ж*; tell a ~ солга́ть **2.** *v* лгать

lie II (lay; lain) лежа́ть; быть расположенным; ~ **down** ложи́ться

lieutenant [lefˈtenənt, *амер.* luːˈtenənt] лейтена́нт *м*

life [laɪf] жизнь *ж*; ~-**belt** [-belt] *брит.* спаса́тельный круг (по́яс); ~**boat** [-bəut] спаса́тельная ло́дка; ~**guard** [-gɑːd] спаса́тель *м* (*дежурный на пляже*); ~-**jacket** [-ʤækɪt] спаса́тельный жиле́т; ~-**preserver** [-prɪˌzɜːvə] *амер.* спаса́тельный круг (жиле́т *и т. д.*); ~**saver** [-ˌseɪvə] *амер.* 1) спаса́тель *м* 2) спаса́тельный круг; ~-**size(d)** [-saɪz(d)] в натура́льную величину́; ~-**support** [-səˈpɔːt]: ~-support sýstem *косм.* систе́ма жизнеобеспе́чения

lift [lɪft] **1.** *n брит.* лифт *м* ◊ give a ~ to *smb* подвезти́ *кого-л.* **2.** *v* поднима́ть

light I [laɪt] **1.** *n* 1) свет *м*; by eléctric ~ при электри́ческом све́те 2) ла́мпа *ж*; фа́ра *ж* (*headlight*); báck-up ~s *авто* за́дние фонари́; párking ~s *авто* габари́тные огни́, подфа́рники *мн.* ◊ to strike a ~ заже́чь спи́чку; will you give me a ~? позво́льте прикури́ть! **2.** *a* све́тлый; ~ brown све́тло--кори́чневый **3.** *v* (lit, lighted) зажига́ть(ся); освеща́ть(ся); ~ a cigarétte закури́ть сигаре́ту

light II лёгкий; ~ bréakfast лёгкий за́втрак; ~ frost сла́бый моро́з; ~ músic лёгкая му́зыка

lighter [ˈlaɪtə] *см.* cigarétte líghter

lighthouse [ˈlaɪthaus] мая́к *м*

lightning [ˈlaɪtnɪŋ] мо́лния *ж*; ~ rod громоотво́д *м*

light-weight [ˈlaɪtweɪt] *спорт.* лёгкий вес (*бокс*)

like I [laɪk] **1.** *a* похо́жий, подо́бный; it's just ~ him э́то на него́ похо́же **2.** *adv* похо́же, подо́бно, как

like II нра́виться, люби́ть; I ~ it мне э́то нра́вится; I should ~ я хоте́л бы; as you ~ как хоти́те

likely [ˈlaɪklɪ] вероя́тно; he is ~ to come late он, вероя́тно, опозда́ет

lilac [ˈlaɪlək] **1.** *n* сире́нь *ж* **2.** *a* сире́невый

lily [ˈlɪlɪ] ли́лия *ж*

limb [lɪm] *анат.* коне́чность *ж*

lime I [laɪm] (*тж.* líme-tree) ли́па *ж*

lime II и́звесть *ж*; ~**stone** [-stəun] известня́к *м*

limit [ˈlɪmɪt] **1.** *n* грани́ца *ж*, преде́л *м* **2.** *v* ограни́чивать; ~**ation** [ˌlɪmɪˈteɪʃn] ограниче́ние *с*; ~**ed** [-ɪd] ограни́ченный

limp [lɪmp] хрома́ть

line [laɪn] **1.** *n* 1) ли́ния *ж*; bus ~ ли́ния авто́буса; tube ~ *брит.*, súbway ~ *амер.* ли́ния метро́; hold the ~! не ве́шайте тру́бку! 2) *амер.* о́чередь *ж*; stand on ~ стоя́ть в о́череди

3) строка́ ж; drop me a few ~s
черкни́те мне не́сколько строк
2. *v:* ~ **up** *амер.* выстра́ивать
(-ся) в ряд

linen ['lɪnɪn] 1) полотно́ *c* 2)
бельё *c* (*clothing*)

linesman ['laɪnzmən] *спорт.*
судья́ на ли́нии

lining ['laɪnɪŋ] подкла́дка ж

link [lɪŋk] **1.** *n* 1) звено́ *c*;
связь ж 2) *pl* у́зы *мн.* **2.** *v* соединя́ть, свя́зывать

link-up ['lɪŋkʌp] стыко́вка ж
(*в космосе*)

lion ['laɪən] лев м

lip [lɪp] губа́ ж; lówer (úpper)
~ ни́жняя (ве́рхняя) губа́;
~**stick** [-stɪk] губна́я пома́да.

liqueur [lɪ'kjuə] ликёр м

liquid ['lɪkwɪd] жи́дкость ж

liquors ['lɪkəz] *pl* (кре́пкие)
спиртны́е напи́тки

list [lɪst] спи́сок м; énter on
the ~ внести́ в спи́сок; the last
spéaker on the ~ после́дний из
записа́вшихся ора́торов

lit [lɪt] *past u pp от* light I, 3

literal ['lɪtərəl] буква́льный

literate ['lɪtərɪt] гра́мотный

literature ['lɪtərɪtʃə] литерату́ра ж

litre ['liːtə] литр м

litter ['lɪtə] **1.** *n* сор м; ~ box
у́рна ж (*для мусора*) **2.** *v* сори́ть; "don't ~" «не сори́ть»
(*надпись*)

little ['lɪtl] **1.** *a* (less, least)
1) ма́ленький; ~ fínger мизи́нец м (*на руке*); ~ toe мизи́нец
м (*на ноге*) 2) коро́ткий; а ~
while недо́лго; it's a ~ dístance
from here э́то совсе́м бли́зко

2. *adv* (less; least) немно́го,
ма́ло **3.** *n:* а ~ немно́го

live [lɪv] жить; where do you
~? где вы живёте? ◊ ~ up to
the reputátion of… оправда́ть
репута́цию…

lively ['laɪvlɪ] живо́й, оживлённый; ~ talk жива́я бесе́да

liver ['lɪvə] пе́чень ж;
~**wurst** [-wəːst] ли́верная колбаса́

livestock ['laɪvstɔk] дома́шний скот, поголо́вье *c*

living ['lɪvɪŋ] **1.** *n* сре́дства к
существова́нию; make one's
~ зараба́тывать на жизнь; ~
stándard жи́зненный у́ровень;
~ wage прожи́точный ми́нимум **2.** *a* живо́й; живу́щий; ~
béing живо́е существо́

living-room ['lɪvɪŋrum] о́бщая ко́мната

lizard ['lɪzəd] я́щерица ж

load [ləud] **1.** *n* груз м **2.** *v* 1)
грузи́ть; ~ a ship грузи́ть парохо́д 2) *фото* заряжа́ть (плёнку в аппарат)

loaf [ləuf] бу́лка ж, бато́н м

loan [ləun] заём м; ínterest-free ~s беспроце́нтные за́ймы

lobby ['lɔbɪ] 1) вестибю́ль м;
фойе́ *c* 2) *парл.* кулуа́ры *мн.*
◊ pówerful ~ *полит.* мо́щная
гру́ппа акти́вных сторо́нников, мо́щное ло́бби; ~**ist**
[-ɪst] *полит.* лобби́ст м

lobster ['lɔbstə] ома́р м

local ['ləukəl] ме́стный; ~
time ме́стное вре́мя; séven
hóurs ~ time семь часо́в по
ме́стному вре́мени; ~ branch
ме́стное отделе́ние, перви́чная

организáция; ~ anesthétic мéстный наркóз; ~ity [ləu'kælıtı] мéстность ж

lock [lɔk] **1.** n 1) замóк м (in a door) 2) шлюз м (on a canal, etc) **2.** v запирáть(ся); ~er [-ə] шкáфчик м (в раздевáлке); ~er room спорт. раздевáлка ж

locust ['ləukəst] саранчá ж

lodger ['lɔdʒə] жилéц м

lodgings ['lɔdʒıŋz] pl квартúра ж; жильё с

log [lɔg] бревнó с

logic ['lɔdʒık] лóгика ж

lone [ləun] одинóкий; ~r [-ə] амер. разг. зáмкнутый человéк; индивидуалúст м

long [lɔŋ] **1.** a 1) длúнный 2) дóлгий; for a ~ time дóлгое врéмя ◊ in the ~ run в концé концóв **2.** adv дóлго; how ~ will you stay here? вы надóлго приéхали?; ~ agó давнó ◊ ~ live..! да здрáвствует..!; ~-distance [-'dıstəns]: ~-distance call междугорóдный разговóр; ~-distance race спорт. бег на длúнную дистáнцию

longitude ['lɔndʒıtjuːd] геогр. долготá ж

long-playing [ˌlɔŋ'pleıŋ]: ~ récord долгоигрáющая пластúнка

long-range [ˌlɔŋ'reındʒ] 1) долгосрóчный; ~ plánning перспектúвное планúрование 2) дáльний, дáльнего дéйствия (of distances)

long-sighted [ˌlɔŋ'saıtıd] дальнозóркий

look [luk] **1.** n 1) взгляд м (glance); let me have a ~ at it! разрешúте мне взглянýть! 2) вид м (appearance) **2.** v 1) смотрéть; ~! смотрúте! 2) вы́глядеть; you ~ well вы хорошó вы́глядите; ~ for искáть; what are you ~ing for? что вы úщете?; ~ out: ~ out! берегúтесь!; ~ over просмотрéть, не замéтить ◊ ~ here! послýшайте!

looking-glass ['lukıŋglɑːs] зéркало с

loom [luːm] ткáцкий станóк

loop [luːp] 1) пéтля ж 2) ав. мёртвая пéтля; ~hole [-həul] лазéйка ж

loose [luːs] свобóдный; неприкреплённый

lord [lɔːd] 1) господúн м; лóрд м 2) (L.) лорд м, член палáты лóрдов 3): L. Máyor лорд-мэ́р м 4) (L.) рел. Бог м, Госпóдь м

lorry ['lɔrı] брит. грузовúк м

lose [luːz] (lost) 1) теря́ть 2) проúгрывать; the team dídn't ~ a síngle game комáнда идёт без пораже́ний

loss [lɔs] 1) потéря ж; убы́ток м; ~ of time потéря врéмени 2) прóигрыш м (failure) ◊ be at a ~ быть в затруднéнии, растеря́ться

lost [lɔst] **1.** past и pp от lose **2.** a: L. and Found бюрó нахóдок

lot [lɔt] 1) жрéбий м; cast ~s брóсить жрéбий 2) ýчасть ж, дóля ж (fate) 3) учáсток м (земли); párking ~ мéсто стоянки автомобилей ◊ a ~ of множество *с*, масса *ж*

lottery ['lɔtərɪ] лотерея *ж*

loud [laud] **1.** *a* 1) громкий 2) шумный; ~ success шумный успех 3) кричащий; ~ colours кричащие цвета **2.** *adv* громко; speak ~er! говорите громче!; ~**speaker** [-'spiːkə] громкоговоритель *м*

lounge [laundʒ] 1) *брит.* гостиная *ж*, салон *м*; ~ suit «деловой костюм»; ~ dress домашнее платье 2) холл *м* (*в гостинице и т. п.*); meet you in the ~ буду ждать вас в холле 3) зал ожидания (*в аэропорту*); transit ~ транзитный зал

love [lʌv] **1.** *n* любовь *ж*; be in ~ with быть влюблённым в; fall in ~ with влюбиться в **2.** *v* любить; ~**ly** [-lɪ] прелестный, красивый; ~**r** [-ə] 1) любовник *м*; возлюбленный *м* 2) любитель *м*; he is a ~r of painting он любитель живописи; ~**-seat** [-siːt] диванчик *м* (*на двоих*)

low [ləu] **1.** *a* 1) низкий; ~ temperature низкая температура 2) тихий; ~ voice тихий голос 3) подавленный; ~ spirits уныние *с* ◊ keep ~ profile проявлять сдержанность **2.** *adv* низко; ~**er** [-ə] **1.** *a* низший; нижний **2.** *adv* ниже **3.** *v* понижать(ся); ~**-heeled** [-'hiːld] на низком каблуке; ~**-key** [-'kiː] 1) *см.* low-keyed 2) *фото* вялый; ~**-keyed** [-'kiːd] сдержанный; ~-

-necked [-'nekt] с низким вырезом (*о платье*)

loyal ['lɔɪəl] верный, преданный; ~**ty** [-tɪ] верность *ж*, преданность *ж*, лояльность *ж*; ~ty test проверка лояльности

lozenge ['lɔzɪndʒ] 1) ромб *м* 2) *мед.* таблетка-леденец *ж* (*от раздражения в горле*)

lubricate ['luːbrɪkeɪt] смазывать

luck [lʌk] счастье *с*, удача *ж*; good ~! желаю удачи!; ~**y** [-ɪ] счастливый, удачный

luggage ['lʌgɪdʒ] багаж *м*; porter, take the ~, please! носильщик, возьмите, пожалуйста, эти вещи!; ~ ticket багажная квитанция; ~ van багажный вагон

lukewarm [ˌluːk'wɔːm] тёплый, комнатной температуры

lumbago [lʌm'beɪgəu] *мед.* люмбаго *с нескл.*, радикулит *м* (*поясничной области*)

luminescent [ˌluːmɪ'nesnt] люминесцентный; ~ lamp лампа дневного света

lump [lʌmp] кусок *м*, комок *м*; ~ sugar кусковой сахар

lunatic ['luːnətɪk] **1.** *a* сумасшедший **2.** *n* сумасшедший *м*

lunch [lʌntʃ] второй завтрак; обед *м* (*в полдень*); have a ~ пообедать; ~**-box** [-bɔks] чемоданчик для завтрака (*обычно у школьников и рабочих, в виде жестяной коробки*); ~**-break** [-breɪk], ~**-time** [-taɪm] обеденный перерыв

luncheon ['lʌntʃən] = lunch; ~**-bar** [-bɑː] буфет *м*

lungs [lʌŋz] (the ~) *pl анат.* лёгкие *мн.*

luxury [ˈlʌkʃərɪ] ро́скошь ж

lying [ˈlaɪɪŋ] *pres p от* lie I, 2 *и* II

lyrics [ˈlɪrɪks] *pl* слова́ пе́сни

M

M.A. [ˌemˈeɪ] (Máster of Arts) маги́стр иску́сств *(науч-ная степень по гуманитарным наукам)*

mac [mæk] *брит. разг. см.* máckintosh

macadam(ized) [məˈkædəm-(aɪzd)]: ~ road доро́га с твёр-дым покры́тием

machine [məˈʃiːn] маши́на ж; ~ tool стано́к м; a 4-track stéreo ~ четырёхдоро́жечный стереофони́ческий магнито-фо́н; ~ry [məˈʃiːnərɪ] 1) маши́-ны *мн.*; оборудование *с* 2) ме-хани́зм м *(тж. перен.)*; ~ry for séttling dísputes механи́зм разреше́ния спо́ров

mackerel [ˈmækərəl] мак-ре́ль ж

mackintosh [ˈmækɪntoʃ] *брит.* плащ м

mad [mæd] 1) сумасше́дший, безу́мный; be ~ abóut *smth* быть поме́шанным на чём-л. 2) *разг.* рассе́рженный, взбе-шённый

madam [ˈmædəm] 1) суда́ры-ня ж *(в официальном обраще-нии, если фамилия неизвест-на)* 2) *не переводится:* excúse me, ~! can you tell me the way..? извини́те, пожа́луйста, вы не ска́жете, как пройти́..? 3) госпожа́ ж *(в официальном обращении, при названии должности)*; M. Cháirman! госпожа́ председа́тель!

made [meɪd] *past и pp от* make; ~-to-order [-təˈɔːdə] сде́ланный на зака́з

magazine [ˌmægəˈziːn] жур-на́л м

magic [ˈmædʒɪk] волше́бный; ~ian [məˈdʒɪʃn] 1) волше́б-ник м *(in a fairy tale)* 2) фо́-кусник м *(in a circus)*

magnify [ˈmægnɪfaɪ] увели́-чивать

mahogany [məˈhɔgənɪ] кра́с-ное де́рево

maid [meɪd] го́рничная ж, служа́нка ж

mail [meɪl] 1. *n* по́чта ж; ~ órder зака́з по́чтой 2. *v* посыла́ть по́чтой; ~ing list рассы́лочный спи́сок; ~box [-bɔks] *амер.* почто́вый я́щик; ~man [-mæn] *амер.* почталь-о́н м

main [meɪn] гла́вный; ~ street гла́вная у́лица; in the ~ в основно́м; ~land [-lənd] ма-тери́к м; ~ly [-lɪ] гла́вным о́бразом

maintain [meɪnˈteɪn] 1) под-де́рживать; ~ fríendly relá-tions подде́рживать друже-ские отноше́ния 2) содержа́ть; ~ a fámily содержа́ть семью́ 3) утвержда́ть; I ~ that... я утвержда́ю, что...

maintenance [ˈmeɪntənəns]: ~

and repáir техобслу́живание *c*

maize [meɪz] *брит.* кукуру́за *ж*

majesty [ˈmædʒɪstɪ] 1) вели́чественность *ж* 2): His (Her, Your) M. Его́ (Её, Ва́ше) Вели́чество

majolica [məˈjɔlɪkə] майо́лика *ж*

major [ˈmeɪdʒə] **1.** *a* 1) гла́вный 2) *муз.* мажо́р(ный) **2.** *n воен.* майо́р *м* **3.** *v амер.* специализи́роваться (in — в чём-л.); he is ~ing in crystallógraphy *(о выпускнике вуза)* он специализи́руется в кристаллогра́фии; ~ity [məˈdʒɔrɪtɪ] большинство́ *c*; great ~ity подавля́ющее большинство́

make [meɪk] (made) 1) де́лать, производи́ть, соверша́ть; ~ an attémpt сде́лать попы́тку; ~ friends подружи́ться 2) заставля́ть, побужда́ть; he made us understánd он дал нам поня́ть 3) приводи́ть в поря́док; please ~ the bed постели́те, пожа́луйста, посте́ль 4) зараба́тывать; ~ ... dóllars a week зараба́тывать ... до́лларов в неде́лю 5) *амер.* (тж. make it) успе́ть; ~ for спосо́бствовать; ~ for bétter understánding соде́йствовать взаимопонима́нию; ~ out разобра́ть, поня́ть; ~ up a) составля́ть; ~ up a list составля́ть спи́сок; б) компенси́ровать; I'll ~ up the dífference я доплачу́; в) выду́мывать; ~ up an excúse приду́мать оправда́ние; г) *театр.* гримирова́ть

(-ся); ~-up [-ʌp] грим *м*; косме́тика *ж*; she álways wears a héavy ~-up она́ всегда́ си́льно накра́шена; ~-up room *театр.* убо́рная *ж*; ~-up man гримёр *м*

malaria [məˈlɛərɪə] маляри́я *ж*

male [meɪl] **1.** *a* мужско́й **2.** *n* саме́ц *м*

malfunction [mælˈfʌŋkʃən] неиспра́вность *ж*

mall [mɔl] промена́д *м (улица для пешеходов)*; shópping ~ торго́вый центр; пасса́ж *м (when under a roof)*

mammal [ˈmæməl] млекопита́ющее *c*

man [mæn] (*pl* men) 1) челове́к *м*; ~ of scíence учёный *м* 2) мужчи́на *м*; men's room мужско́й туале́т, мужска́я ко́мната 3) *шахм.* пе́шка *ж*

manage [ˈmænɪdʒ] 1) руководи́ть, управля́ть, заве́довать *(control)* 2) ухитри́ться, суме́ть; I ~d to come in time мне удало́сь прийти́ во́время; ~ment [-mənt] управле́ние *c*, администра́ция *ж*; ~r [-ə] заве́дующий *м*, управля́ющий *м*, дире́ктор *м*

mandate [ˈmændeɪt] манда́т *м*; полномо́чия *мн.*

mandolin [ˌmændəˈlɪn] мандоли́на *ж*

mane [meɪn] гри́ва *ж*

manicure [ˈmænɪkjuə] маникю́р *м*

manifesto [ˌmænɪˈfestəu] манифе́ст *м*

Manila [məˈnɪlə]: ~ énvelope

конто́рский конве́рт *(из плот-
ной жёлтой бума́ги)*; ~ pа́рer
пло́тная бума́га *(для контор-
ских конвертов)*

mankind [͵mæn'kaɪnd] чело-
ве́чество *c*

man-made ['mæn͵meɪd] ис-
ку́сственный *(о материалах)*

manner ['mænə] 1) спо́соб *м*
2) мане́ра *ж* 3) *pl* мане́ры *мн.*

manpower ['mæn͵pauə] рабо́-
чая си́ла

manslaughter ['mæn͵slɔːtə]
юр. непредумы́шленное уби́й-
ство *(по неосторожности)*

mantel ['mæntl] *(тж.* mа́ntel-
piece) ками́н *м*

manual ['mænjuəl] **1.** *n* руко-
во́дство *c*, спра́вочник *м* **2.** *a*
ручно́й; ~ lа́bour физи́ческий
труд; ~ contróls ручно́е уп-
равле́ние; ~ transmíssion *авто*
обы́чная (неавтомати́ческая)
трансми́ссия

manufacture [͵mænju'fæktʃə]
производи́ть; manufácturing
índustry обраба́тывающая
промы́шленность; ~r [͵mæn-
ju'fæktʃərə] промы́шленник *м*

manuscript ['mænjuskrɪpt]
ру́копись *ж*

many ['menɪ] (more; most)
мно́гие; мно́го; how ~? сколь-
ко́?

map [mæp] 1) ка́рта *ж (гео-
графическая)*; road ~ ка́рта
автомоби́льных доро́г, доро́ж-
ная ка́рта 2) план *м*; ~ of the
Nátional Históric Site план
мемориа́ла

maple ['meɪpl] клён *м*

mar [mɑː] по́ртить

marathon ['mærəθən] *(тж.*
Má́rathon race) *спорт.* мара-
фо́н *м*, марафо́нский бег

marble ['mɑːbl] мра́мор *м*

March [mɑːtʃ] март *м*

march [mɑːtʃ] **1.** *n* марш *м*;
демонстра́ция *ж*; prótest ~
марш проте́ста **2.** *v* марширо-
ва́ть; идти́; ~er [-ə] демон-
стра́нт *м*; уча́стник ма́рша

margin ['mɑːdʒɪn] 1) край *м*
2) по́ле *c (страницы)*; don't
write on the ~s! не пиши́те
на поля́х! 3) (небольшо́й) за-
па́с *(времени, денег и т. п.)*;
we've got yet a ~ of time у нас
ещё есть вре́мя ◊ by a ná́rrow
~ с трудо́м, едва́ не; he
escáped by a ná́rrow ~ он е́ле
спа́сся; ~al [-əl] 1) (to) при-
мыка́ющий (к) 2) второстепе́н-
ный; of ~al signíficance второ-
степе́нного значе́ния

marine [mə'riːn] 1) флот *м*;
mérchant ~ торго́вый флот
2) солда́т морско́й пехо́ты

mark [mɑːk] **1.** *n* 1) знак *м*;
пятно́ *c* 2) при́знак *м (charac-
teristic feature)* 3) мише́нь *ж*;
hit the ~ попа́сть в цель;
miss the ~ промахну́ться
4) отме́тка *ж (in school)* ◊
up to the ~ на до́лжной высо-
.те́; on your ~s! get set! go!
спорт. пригото́виться! внима́-
ние! марш! **2.** *v* отмеча́ть; за-
меча́ть

marker ['mɑːkə] несмыва́е-
мый каранда́ш

market ['mɑːkɪt] ры́нок *м*

marksman ['mɑːksmən] ме́т-
кий стрело́к

marmalade [ˈmɑːməleɪd] (апельси́новое) варе́нье

marriage [ˈmærɪdʒ] брак *м*; жени́тьба *ж*, заму́жество *с*

married [ˈmærɪd] жена́тый, заму́жняя; I am ~ я жена́т *(about a man)*, я за́мужем *(about a woman)*; get ~ жени́ться *(about a man)*, выходи́ть за́муж *(about a woman)*

marry [ˈmærɪ] жени́ться *(about a man)*, выходи́ть за́муж *(about a woman)*

marshal [ˈmɑːʃəl] **1.** *n* 1) *воен.* ма́ршал *м* 2) *амер.* суде́бный исполни́тель *(in courts)* 3) *амер.* нача́льник поли́ции *(head of police department)* **2.** *v* 1) выстра́ивать *(as for a parade)* 2) составля́ть; ~ling yard сортиро́вочная ста́нция

marten [ˈmɑːtɪn] куни́ца *ж*

martial [ˈmɑːʃəl]: court ~ вое́нный трибуна́л; ~ law вое́нное положе́ние

marvellous [ˈmɑːvələs] удиви́тельный, замеча́тельный

Marxism [ˈmɑːksɪzm] маркси́зм *м*; ~-Leninism [-ˈlenɪnɪzm] маркси́зм-ленини́зм *м*

Marxist [ˈmɑːksɪst] **1.** *a* маркси́стский **2.** *n* маркси́ст *м*

mask [mɑːsk] ма́ска *ж*

mason [ˈmeɪsn] ка́менщик *м* *(worker)*

mass [mæs] 1) ма́сса *ж*, мно́жество *с* 2) *pl* наро́дные ма́ссы ◊ ~ média сре́дства ма́ссовой информа́ции; ~ prodúction пото́чное произво́дство; in ~ prodúction на пото́ке

mast [mɑːst] ма́чта *ж*

master [ˈmɑːstə] **1.** *n* 1) хозя́ин *м* 2) *(тж.* schóol-master) учи́тель *м* 3) ма́стер *м*; ~ of sátire ма́стер сати́ры 4): M. of Arts (Science) маги́стр иску́сств (нау́к) ◊ ~ of céremonies конферансье́ *м нескл.*; распоряди́тель *м (бала)*, церемонийме́йстер *м*; ~ key *(тж.* pásskey) универса́льный ключ *(особ. в гости́нице)* **2.** *v* овладе́ть, изучи́ть; ~piece [-piːs] шеде́вр *м*

mat [mæt] полови́к *м*, ко́врик *м*

match I [mætʃ] спи́чка *ж*

match II **1.** *n* 1) ро́вня *ж* и *м*, па́ра *ж* 2) брак *м (marriage)* 3) *спорт.* состяза́ние *с*, матч *м*; retúrn ~ матч-рева́нш *м* **2.** *v* подходи́ть друг дру́гу; ~ing [-ɪŋ] в одно́м сти́ле; an árm-chair and a ~ing lamp кре́сло и ла́мпа одного́ сти́ля

mate I [meɪt] *шахм.* **1.** *n* мат *м* **2.** *v* поста́вить мат

mate II това́рищ *м (companion)*

material [məˈtɪərɪəl] **1.** *n* материа́л *м* **2.** *a* материа́льный; ~ witness ва́жный свиде́тель; ~ism [-ɪzm] материали́зм *м*

maternity [məˈtɜːnɪtɪ] матери́нство *с*; ~ home (hóspital) роди́льный дом

math [mæθ] *разг. см.* mathemátics

mathematician [ˌmæθɪməˈtɪʃn] матема́тик *м*

mathematics [ˌmæθɪˈmætɪks] матема́тика *ж*

matinée [ˈmætɪneɪ] дневно́й спекта́кль

matter [ˈmætə] **1.** *n* 1) *физ. и филос.* матёрия *ж* 2) де́ло *с*, вопро́с *м*; what's the ~? в чём де́ло?; a ~ of prínciple принципиа́льный вопро́с ◊ as a ~ of course есте́ственно; as a ~ of fact на са́мом де́ле **2.** *v* име́ть значе́ние; it dóesn't ~ нева́жно, ничего́

mature [məˈtjuə] зре́лый

maxi [ˈmæksɪ] ма́кси *с нескл.*; ~-**dress** пла́тье-ма́кси

maxim [ˈmæksɪm] афори́зм *м*

May [meɪ] май *м*; M. Day Пе́рвое ма́я

may [meɪ] (might) *выражает* 1) *возможность:* it ~ be so возмо́жно э́то так 2) *просьбу:* ~ I come in? мо́жно войти́? 3) *разрешение:* you ~ go мо́жете идти́; ~**be** [-biː] мо́жет быть

mayor [mɛə] мэр *м*

maze [meɪz] лабири́нт *м*

me [miː] (*косв. п. от* I) мне; меня́; give me… да́йте мне…; have you seen me? вы ви́дели меня́?

meadow [ˈmedəu] луг *м*

meager [ˈmiːgə] ску́дный; ~ soil бе́дная по́чва

meal [miːl] еда́ *ж*; befóre ~s пе́ред едо́й; three ~s a day трёхра́зовое пита́ние

mean I [miːn] 1) по́длый, ни́зкий (*base*) 2) скупо́й (*stingy*)

mean II (meant) 1) зна́чить, означа́ть 2) име́ть в виду́; под-

разумева́ть; what do you ~? что вы хоти́те э́тим сказа́ть? ◊ he ~s búsiness он наме́рен де́йствовать

meaning [ˈmiːnɪŋ] значе́ние *с*; смысл *м*

means [miːnz] 1) сре́дство *с*; спо́соб *м*; by ~ of посре́дством; ~ of communicátion сре́дства свя́зи 2) *pl* сре́дства *мн.*; man of ~ челове́к со сре́дствами ◊ by all ~ во что бы то ни ста́ло; by no ~ ни в ко́ем слу́чае

meant [ment] *past и pp от* mean II

mean‖time [ˈmiːntaɪm]: in the ~ ме́жду те́м, тем вре́менем; ~**while** [-waɪl] тем вре́менем

measure [ˈmeʒə] **1.** *n* 1) ме́ра *ж*; take ~s приня́ть ме́ры 2) ме́рка *ж*; take a pérson's ~ снять ме́рку 3) *муз.* такт *м* **2.** *v* измеря́ть; отмеря́ть

meat [miːt] мя́со *с*; ~ loaf (мясно́й) руле́т; ~**balls** [-bɔlz] *pl* биточки *мн.*; тефте́ли *мн.*

mechanic [mɪˈkænɪk] меха́ник *м*; ~**s** [-s] меха́ника *ж*

medal [ˈmedl] меда́ль *ж*; gold (sílver, bronze) ~ золота́я (сере́бряная, бро́нзовая) меда́ль

meddle [medl] вме́шиваться

media [ˈmiːdɪə]: the ~ (*тж.* the mass média of communicátion) сре́дства (ма́ссовой) информа́ции (*радио, пресса, телевидение*)

medical [ˈmedɪkəl] медици́нский, враче́бный

medicine [ˈmedsən] 1) медици́на ж 2) лека́рство с; can you make up this ~ for me? мо́жно у вас заказа́ть э́то лека́рство?

medieval [ˌmedɪ'iːvəl] средневеко́вый

medium ['miːdɪəm] сре́дний; ~ waves *радио* сре́дние во́лны; I'd like my steak ~ rare бифште́кс, пожа́луйста, не сли́шком поджа́ривайте

medley ['medlɪ] *муз.* попурри́ с нескл.

meet [miːt] **1.** *v* (met) 1) встреча́ть(ся); where shall I ~ you? где мы с ва́ми встре́тимся? 2) собира́ться; the commíttee will ~ tomórrow комите́т соберётся за́втра 3) знако́миться; ~ my friend позна-ко́мьтесь, э́то мой друг; glad to ~ you рад с ва́ми познако́миться **2.** *n спорт.* встре́ча ж, состяза́ние с; ~ing [-ɪŋ] 1) собра́ние с, ми́тинг м 2) встре́ча ж; the ~ing was véry fríendly встре́ча была́ дру́жеской

melody ['melədɪ] мело́дия ж
melon ['melən] 1) (*тж.* músk--melon) ды́ня ж 2) (*тж.* wáter--melon) арбу́з м
melt [melt] та́ять
member ['membə] член м; (club) ~s ónly вход то́лько для чле́нов (клу́ба); ~ship [-ʃɪp] чле́нство с; ~ship dues чле́нские взно́сы

memo ['meməu] 1) = memorándum 2) докладна́я ж, (докладна́я) запи́ска
memorandum [ˌmemə'ræn-dəm] мемора́ндум м; па́мятная запи́ска

memorial [mɪ'mɔːrɪəl] **1.** *a* мемориа́льный; ~ plaque мемориа́льная доска́; Shákespeare M. Théatre Шекспи́ровский (мемориа́льный) теа́тр **2.** *n* мемориа́л м

memory ['memərɪ] па́мять ж; from ~ по па́мяти; in ~ of... в па́мять о...

men [men] *pl от* man
menace ['menəs] **1.** *n* угро́за ж **2.** *v* угрожа́ть

mend [mend] 1) исправля́ть, чини́ть; I want my glásses (coat) ~ed мне на́до почини́ть очки́ (пальто́) 2) што́пать (*about knitware*)

mental ['mentl] психи́ческий; ~ lábour у́мственный труд

mention ['menʃn] **1.** *n* упомина́ние с **2.** *v* упомина́ть ◊ don't ~ it не сто́ит благода́рности

menu ['menjuː] (*тж.* ménu card) меню́ с нескл.

mercenary ['mɜːsəneriː] **1.** *a* наёмный **2.** *n* наёмник м, найми́т м

merchant ['mɜːtʃənt] купе́ц м, торго́вец м; ~ ship торго́вое су́дно

mercy ['mɜːsɪ] милосе́рдие с; on *smb's* ~ на ми́лость *кого-л.*

mere [mɪə] просто́й; сплошно́й; it's a ~ guess э́то про́сто дога́дка; ~ly [-lɪ] то́лько, про́сто

merge [mɜːdʒ] слива́ть(ся)
meridian [mə'rɪdɪən] меридиа́н м; Gréenwich ~ Гри́нвичский меридиа́н

merit [ˈmerɪt] 1) заслу́га ж
2) *pl* досто́инство *с* (*excellence*)

mermaid [ˈməːmeɪd] руса́лка ж

merry [ˈmerɪ] весёлый

merry-go-round [ˈmerɪgəuˌraund] карусе́ль ж

mess [mes] беспоря́док *м*, пу́таница *ж*; in a ~ в беспоря́дке

message [ˈmesɪdʒ] 1) сообще́ние *с*; is there a ~ for me? мне что́-нибудь проси́ли переда́ть?; would you leave a ~ (for him)? что (ему́) переда́ть? 2) поруче́ние *с* (*errand*) 3): State of the Únion ~ *амер.* посла́ние президе́нта конгре́ссу о положе́нии страны́

messenger [ˈmesɪndʒə] посы́льный *м*, курье́р *м*

met [met] *past и pp от* meet

metal [ˈmetl] мета́лл *м*; ~-**worker** [-ˌwəːkə] металли́ст *м*

meteorology [ˌmiːtɪəˈrɔlədʒɪ] метеороло́гия ж

meter [ˈmiːtə] 1) счётчик *м*; what does the ~ say? ско́лько на счётчике? 2) *амер.* (*тж.* párking méter) счётчик на пла́тной автостоя́нке (*обычно вдоль тротуара*); "2-hour ~ párking" «двухчасова́я пла́тная стоя́нка у счётчика» (*надпись*)

method [ˈmeθəd] ме́тод *м*, спо́соб *м*

metre [ˈmiːtə] 1) метр *м* 2) разме́р стиха́ (*of a poem*)

metro [ˈmetrəu] метро́ *с* нескл., метрополите́н *м* (*в Москве, в Париже*)

metropolitan [ˌmetrəˈpɔlɪtən] **1.** *n рел.* митрополи́т *м* **2.** *a* столи́чный; городско́й (*о крупном городе в отличие от его пригородов*); ~ néwspapers a) столи́чные газе́ты; б) *амер.* нью-йо́ркские газе́ты

mice [maɪs] *pl от* mouse

microphone [ˈmaɪkrəfəun] микрофо́н *м*

microscope [ˈmaɪkrəskəup] микроско́п *м*

microwave [ˈmaɪkrəuweɪv] микроволно́вый; ~ óven высокочасто́тная (электро)пе́чь

midair [mɪdˈɛə] в во́здухе

midday [ˈmɪddeɪ] по́лдень *м*

middle [ˈmɪdl] **1.** *n* середи́на ж **2.** *a* сре́дний; ~ fínger сре́дний па́лец; ~ cláss(es) сре́дний слой о́бщества; ~-**aged** [-ˈeɪdʒd] сре́дних лет

midget [ˈmɪdʒɪt] лилипу́т *м*, ка́рлик *м*; "~**man**" [-mæn] «миджетме́н» *м* (*баллистическая ракета средней дальности*)

midi [ˈmɪdɪ] ми́ди *с нескл.*; ~-**skirt** ю́бка-ми́ди

midnight [ˈmɪdnaɪt] по́лночь ж

might I [maɪt] могу́щество *с*; си́ла ж

might II *past от* may

mighty [ˈmaɪtɪ] могу́щественный

mike [maɪk] *разг.* = mícrophone

mild [maɪld] мя́гкий; ~ clímate мя́гкий кли́мат

mile [maɪl] ми́ля ж; 60 ~s an hour 60 миль в час; ~age [-ɪdʒ] 1) расстоя́ние в ми́лях; число́ про́йденных миль 2) *авто* расхо́д горю́чего (*в милях на галлон*)

militant [ˈmɪlɪtənt] 1. *a* войнственный; ~ clérgy войнствующие церко́вники 2. *n полит.* активи́ст *м*

military [ˈmɪlɪtərɪ] вое́нный, во́инский; ~ attaché вое́нный атташе́; ~ políce вое́нная поли́ция

milk [mɪlk] молоко́ *с*; ~man [-mən] продаве́ц молока́

mill [mɪl] 1) фа́брика ж, заво́д *м* (*factory*) 2) ме́льница ж (*for grinding corn*)

millet [ˈmɪlɪt] про́со *с*; пшено́ *с*

million [ˈmɪliən] миллио́н *м*; ~aire [ˌmɪljəˈnɛə] миллионе́р *м*

mind [maɪnd] 1. *n* 1) ра́зум *м*; ум *м* 2) мне́ние *с*; to my ~ по моему́ мне́нию; make up one's ~ приня́ть реше́ние; change one's ~ переду́мать ◊ bear (keep) in ~ по́мнить, име́ть в виду́ 2. *v* 1) по́мнить, име́ть в виду́; ~ your prómise не забыва́йте своего́ обеща́ния 2) возража́ть, име́ть что-л. про́тив; do you ~ my smóking? мо́жно закури́ть?; I'll ópen the window, if you don't ~ разреши́те откры́ть окно́ 3): ~ the step! осторо́жно, ступе́нька! ◊ néver ~! нева́жно!

mine I [maɪn] мой, моя́, моё; he's a fríend of ~ он мой друг

mine II 1. *n* ша́хта ж; рудни́к *м* 2. *v* добыва́ть (руду́); ~r [-ə] горня́к *м*; шахтёр *м*

mineral [ˈmɪnərəl] 1. *n* минера́л *м* 2. *a* минера́льный; ~ wáter минера́льная вода́; ~ resóurces поле́зные ископа́емые

mingy [ˈmɪndʒɪ] скупо́й

mini [ˈmɪnɪ] (*тж.* míni-skirt) ми́ни-ю́бка ж

minimum [ˈmɪnɪməm] ми́нимум *м*

minister [ˈmɪnɪstə] 1) мини́стр *м* 2) *дип.* посла́нник *м* 3) *рел.* свяще́нник *м*

ministry [ˈmɪnɪstrɪ] министе́рство *с*; M. of Cúlture (Fóreign Affáirs, Hígher Educátion, Públic Health, Trade) Министе́рство культу́ры (иностра́нных дел, вы́сшего образова́ния, здравоохране́ния, торго́вли)

mink [mɪŋk] но́рка ж (*мех*); ~ stole но́рковая наки́дка

minor [ˈmaɪnə] 1. *a* 1) незначи́тельный; второстепе́нный (*secondary*) 2) мла́дший (*junior*) 3) *муз.* мино́р(ный) 2. *n* несовершенноле́тний *м*; "no beer served to ~s" ‹несовершенноле́тним пи́во не подаётся› (*объявление в баре*); ~ity [maɪˈnɔrɪtɪ] меньшинство́ *с*; ~ity léader ли́дер меньшинства́ (*в парламенте*)

mint [mɪnt] мя́та ж

minus [ˈmaɪnəs] ми́нус *м*

minute [ˈmɪnɪt] минута ж; just a ~! одну минуту!

minuteman [ˈmɪnɪtmæn] *амер.* 1) *ист.* ополченец *м* 2) *полит.* минитмен *м (член реакционной американской организации)* 3) *воен.* «минитмен» *(межконтинентальная баллистическая ракета)*

minutes [ˈmɪnɪts] протокол *м*; take (keep) the ~ вести протокол; take down in the ~ занести в протокол

miracle [ˈmɪrəkl] чудо *с*

mirror [ˈmɪrə] зеркало *с*

miscellaneous [ˌmɪsɪˈleɪnɪəs] смешанный, разнообразный

mischief [ˈmɪstʃɪf] 1) зло *с*; беда *ж* 2) шалость *ж*, озорство *с (of children)*

misdemeanour [ˌmɪsdɪˈmiːnə] *юр.* (мелкое) преступление

misfortune [mɪsˈfɔːtʃn] несчастный, жалкий

misery [ˈmɪzərɪ] 1) несчастье *с*, горе *с* 2) нищета *ж (poverty)*

misfortune [mɪsˈfɔːtʃn] несчастье *с*

mislead [mɪsˈliːd] (misléd) вводить в заблуждение; ~ing [-ɪŋ] обманчивый

misled [mɪsˈled] *past и pp от* misléad

miss I [mɪs] мисс *ж нескл.*, госпожа *ж (при имени незамужней женщины)*

miss II 1. *v* 1) промахнуться, не попасть 2) упустить; пропустить; ~ the train опоздать на поезд 3) скучать; I'll ~ you badly я буду очень скучать по вас 2. *n* промах *м*

missile [ˈmɪsaɪl] *воен.* ракета *ж*, ракетное оружие; ballístic ~ баллистическая ракета; gróund-to-áir ~ ракета класса «земля — воздух»; ántimissile ~ противоракета *ж*; gúided ~ управляемая ракета; crúise ~ крылатая ракета

missing [ˈmɪsɪŋ] недостающий, отсутствующий

mission [ˈmɪʃn] 1) миссия *ж*; ~ of fríendship миссия дружбы 2) поручение *с*; командировка *ж*; go on a ~ поехать в командировку

mist [mɪst] туман *м*, мгла *ж*

mistake [mɪˈsteɪk] 1. *n* ошибка *ж*; make a ~ ошибаться 2. *v* (mistóok; mistáken) ошибаться; be ~n ошибаться; ~n [-n] *pp от* mistáke

mistook [mɪsˈtuk] *past от* mistáke

misunderstand [ˌmɪsʌndəˈstænd] (misunderstóod) неправильно понять; ~ing [-ɪŋ] недоразумение *с*

misunderstood [ˌmɪsʌndəˈstud] *past и pp от* misunderstánd

mix [mɪks] смешивать(ся); ~ up спутать, перепутать; ~er [-ə] 1) миксер *м (device)* 2) разбавитель *м (безалкогольный напиток для разбавления спиртного)*; ~ture [-tʃə] смесь *ж*; *мед.* микстура *ж*

mob [mɔb] толпа *ж*, сборище *с*

mobile [ˈməubaɪl] передвижной; подвижной

mobilization [ˌməubɪlaɪ-ˈzeɪʃn] мобилизáция ж

mobster [ˈmɔbstə] член шáйки, бандúт м

mock [mɔk] **1.** v высмéивать, издевáться (at — над) **2.** a фиктúвный; фальшúвый; ~ márriage фиктúвный брак; ~ery [-ərɪ] издевáтельство с; ~-up [-ʌp] макéт м, модéль ж (исполненная в масштабе); a ~-up of a supersónic plane макéт сверхзвуковóго самолёта

mode [məud] спóсоб м

model [ˈmɔdl] 1) образéц м (standard of excellence) 2) модéль ж; wórking ~ дéйствующая модéль 3) иск. натýрщик м, натýрщица ж 4) манекéнщица ж (at fashion shows)

modern [ˈmɔdən] совремéнный

modest [ˈmɔdɪst] скрóмный; ~y [-ɪ] скрóмность ж

module [ˈmɔdjuːl] 1) блок м (в строительстве и электронике) 2) косм. отсéк м

moist [mɔɪst] влáжный

moment [ˈməumənt] миг м, момéнт м; at the ~ в дáнную минýту

monarch [ˈmɔnək] монáрх м; ~y [-ɪ] монáрхия ж

monastery [ˈmɔnəstərɪ] монастýрь м (мужской)

Monday [ˈmʌndɪ] понедéльник м

money [ˈmʌnɪ] дéньги мн.; ~ órder дéнежный перевóд; make ~ разг. хорошó зарабáтывать

monk [mʌŋk] монáх м

monkey [ˈmʌŋkɪ] обезьяна ж ◊ ~ búsiness надувáтельство с

monopoly [məˈnɔpəlɪ] монопóлия ж; ~ capital монополистúческий капитáл

monotonous [məˈnɔtənəs] однообрáзный, монотóнный

month [mʌnθ] мéсяц м; ~ly [-lɪ] **1.** n ежемéсячник м **2.** a (еже)мéсячный **3.** adv ежемéсячно

monument [ˈmɔnjumənt] пáмятник м, монумéнт м

mood [muːd] настроéние с

moon [muːn] лунá ж; full ~ полнолýние с; new ~ новолýние с; ~ lánding вýсадка на Лунé; ~-light [-laɪt] **1.** n лýнный свет **2.** v разг. имéть дополнúтельный зáработок; ‹халтýрить›

moral [ˈmɔrəl] **1.** n 1) морáль ж (of a story) 2) pl нрáвы мн.; нрáвственность ж **2.** a морáльный; нрáвственный

more [mɔː] **1.** a (сравн. ст. от much, mány) бóльший **2.** adv (сравн. ст. от much) бóльше, бóлее

morning [ˈmɔːnɪŋ] ýтро с; this ~ сегóдня ýтром ◊ ~ áfter похмéлье с

mortal [ˈmɔːtl] смертéльный; ~ sin смéртный грех; ~ity [mɔːˈtælɪtɪ] смéртность ж; ínfant ~ity дéтская смéртность

mortgage [ˈmɔːgɪdʒ] закладнáя ж

mosaic [məuˈzeɪɪk] мозáика ж

Moslem [ˈmɔzlem] *см.* Múslim

mosque [mɔsk] мечёть *ж*

mosquito [məˈskiːtəu] комáр *м*; москúт *м*

most [məust] **1.** *a (превосх. ст. от* much, mány*)* наибóльший; for the ~ part в основнóм, вообщé **2.** *adv (превосх. ст. от* much*)* наибóлее, бóльше всегó **3.** *n* большинствó *с*, бóльшая часть; ~**ly** [-lɪ] глáвным óбразом

motel [məuˈtel] мотéль *м*

mother [ˈmʌðə] мать *ж*; ~ **tongue** роднóй язы́к; ~**-in--law** [ˈmʌðərɪnlɔː] тёща *ж (wife's mother)*; свекрóвь *ж (husband's mother)*

motion [ˈməuʃn] **1)** движéние *с*, ход *м*; ~ **picture** кинофúльм *м* **2)** предложéние *с (на собрании)*; the ~ **is cárried** предложéние прúнято

motive [ˈməutɪv] мотúв *м*, побуждéние *с*, пóвод *м*

motley [ˈmɔtlɪ] пёстрый

motor [ˈməutə] двúгатель *м*, мотóр *м*; ~ **cýcle** мотоцúкл *м*; ~ **scóoter** моторóллер *м*; ~ **home** жилóй автофургóн; ~ **works** автозавóд *м*; ~**boat** [-bəut] кáтер *м*; ~**cade** [-keɪd] кортéж *м* автомобúлей; ~**car** [-kɑː] автомобúль *м*

motto [ˈmɔtəu] девúз *м*, лóзунг *м*

mount [maunt] **1)** поднимáться, влезáть; ~ **a horse** сесть на коня́ **2)** монтúровать *(install)*

mountain [ˈmauntɪn] горá *ж*; ~ **skíing** горнолы́жный спорт; ~**eer** [ˌmauntɪˈnɪə] *спорт.* альпинúст *м*; ~**eering** [ˌmauntɪˈnɪərɪŋ] альпинúзм *м*

mourn [mɔːn] оплáкивать; ~**ing** [-ɪŋ] трáур *м*

mouse [maus] *(pl* mice*)* мышь *ж*

moustache [məˈstɑːʃ, *амер.* ˈmʌstæʃ] усы́ *мн.*

mouth [mauθ] **1)** рот *м* **2)** отвéрстие *с (outlet)* **3)** у́стье *с (of a river)*; ~**organ** [-ɔːgən] губнáя гармóника

move [muːv] **1.** *v* **1)** двúгать (-ся); will you ~ **a little, please** подвúньтесь, пожáлуйста **2)** переезжáть; ~ **into a new appártment** переéхать на нóвую квартúру **3)** вносúть предложéние; **I** ~ **that the méeting be adjóurned** я предлагáю объявúть переры́в **4)** *шахм.* дéлать ход **2.** *n* **1)** движéние *с*; перемéна мéста **2)** ход *м*; ~ **of the knight** *шахм.* ход конём

movement [ˈmuːvmənt] движéние *с*

movie [ˈmuːvɪ] **1.** *n* **1)** *разг.* (кино)картúна *ж* **2)** *разг. (тж.* móvie house*)* кинó *с (кинотеáтр)* **3)** *pl* кинó *с*; go to the ~**s** ходúть в кинó **2.** *a:* ~ **cámera** кинокáмера *ж*

mow [məu] *(mówed; mown)* косúть; ~**n** [-n] *pp от* mow

M.P. [ˌemˈpiː] **1)** (Mémber of Párliament) член парлáмента **2)** (Mílitary Políce) воéнная полúция

mpg, m.p.g. [ˌempiːˈdʒiː]

(miles per gállon) *авто* миль на галло́н (*о расходе топли-ва*)

mph, m.p.h. [ˌempiːˈeɪʧ] (miles per hóur) *авто* миль в час (*скорость*)

Mr. [ˈmɪstə] (míster) господи́н *м*; ми́стер *м* (*при имени*)

Mrs. [ˈmɪsɪz] (místress) госпожа́ *ж*; ми́ссис *ж* *нескл.* (*при имени*)

Ms. [mɪz] госпожа́ *ж*, миз *ж* *нескл.* (*при фамилии, без ука-зания на замужество*)

much [mʌʧ] (more; most) **1.** *a* мно́го; ~ time is spent потра́чено мно́го вре́мени **2.** *adv* 1) мно́го; véry ~ о́чень мно́го 2) гора́здо; ~ more (bétter) гора́здо бо́льше (лу́чше)

mud [mʌd] грязь *ж*; ~guard [-gɑːd] *авто брит.* крыло́ *с*

muffler [ˈmʌflə] 1) кашне́ *с* *нескл.* (scarf) 2) *авто* глуши́-тель *м*

mug [mʌg] **1.** кру́жка *ж* **2.** *v*: be ~ged быть огра́бленным, подве́ргнуться нападе́нию ху-лига́нов

multiplication [ˌmʌltɪplɪ-ˈkeɪʃn] умноже́ние *с*

multiply [ˈmʌltɪplaɪ] 1) уве-ли́чивать(ся) **2.** *мат.* умножа́ть

mumble [ˈmʌmbl] бормота́ть

mummy I [ˈmʌmɪ] му́мия *ж*

mummy II ма́мочка *ж*

municipal [mjuːˈnɪsɪpəl] му-ниципа́льный, городско́й; ~ tránsport городско́й тра́нс-порт

murder [ˈmɜːdə] **1.** *n* 1) убий-ство *с* 2) *юр.* предумы́шленное (преднаме́ренное) уби́йство **2.** *v* убива́ть; ~er [ˈmɜːdərə] уби́йца *м*

muscle [ˈmʌsl] му́скул *м*, мы́шца *ж*; ~ pull растяже́ние мы́шцы

museum [mjuːˈzɪəm] музе́й *м*

mushroom [ˈmʌʃrum] **1.** *n* гриб *м* (*особ. шампиньо́н*); ~ cloud грибови́дное о́блако (*при атомном взрыве*) **2.** *v* *амер.* разраста́ться, распрост-раня́ться

music [ˈmjuːzɪk] 1) му́зыка *ж* 2) но́ты *мн.*; play from ~ иг-ра́ть по но́там; ~al [-əl] **1.** *a* музыка́льный **2.** *n* мюзикл *м*; ~ian [mjuːˈzɪʃn] музыка́нт *м*

Muslim [ˈmʌzlɪm] **1.** *a* му-сульма́нский **2.** *n* мусульма́-нин *м*, мусульма́нка *ж*

must [mʌst] *выражает:* 1) *долженствование:* I ~ go я до́лжен идти́ 2) *уверенность или вероятность:* it ~ be late now тепе́рь, наве́рное, уже́ по́здно

mustard [ˈmʌstəd] горчи́ца *ж*; ~-pot [-pɔt] горчи́чница *ж*

mute [mjuːt] немо́й

mutiny [ˈmjuːtɪnɪ] мяте́ж *м*

mutton [ˈmʌtn] бара́нина *ж*; ~ chop бара́нья отбивна́я

mutual [ˈmjuːʧuəl] взаи́м-ный, обою́дный

my [maɪ] мой, моя́, моё, мой; my friend мой друг; my coat моё пальто́

myself [maɪˈself] 1) себя́; -ся; I've burnt ~ я обжёгся 2) (*для усиления*) сам, сама́, само; I saw it ~ я сам это видел

mysterious [mɪsˈtɪərɪəs] таинственный

mystery [ˈmɪstərɪ] 1) тайна ж 2) детектив м *(piece of fiction)*

myth [mɪθ] миф м

N

nail [neɪl] 1. *n* 1) ноготь м 2) гвоздь м *(iron peg)* 2. *v* прибивать; ~-file [-faɪl] пилка для ногтей

naked [ˈneɪkɪd] голый; обнажённый; with a ~ eye невооружённым глазом

name [neɪm] 1. *n* 1) *(тж.* first name) имя с; *(тж.* surname) фамилия ж; what's your ~? как вас зовут?; my ~ is Brown моя фамилия Браун; by ~ по имени 2) наименование с, название с; what's the ~ of this street? как называется эта улица? 2. *v* называть; ~ly [-lɪ] именно, то есть

nap [næp]: take a ~ вздремнуть

napalm [ˈneɪpɑːm] напалм м

napkin [ˈnæpkɪn] 1) салфетка ж 2) *брит.* пелёнка ж *(diaper)*

narrow [ˈnærəu] 1) узкий; ~ gauge ж.-д. узкая колея 2) ограниченный *(limited)* ◊ that was a ~ escape он(а) едва не попал(а) в беду; ~-minded [-ˌmaɪndɪd] ограниченный, недалёкий

nasty [ˈnɑːstɪ] гадкий

nation [ˈneɪʃn] 1) нация ж, народ м; all ~s of the world все народы мира 2) государство с, страна ж *(country)*; ~al [ˈnæʃənl] национальный, народный; государственный; ~al emblem государственный герб; ~al liberation movement национально - освободительное движение; ~ality [ˌnæʃəˈnælɪtɪ] 1) гражданство с, подданство с; be of the British ~ality быть подданным Великобритании 2) национальность ж

nationalization [ˌnæʃnəlaɪˈzeɪʃn] национализация ж

nation-wide [ˌneɪʃnˈwaɪd] национальный, общенародный

native [ˈneɪtɪv] 1. *n* уроженец м, коренной житель; a ~ of Moscow коренной москвич 2. *a* 1) родной; ~ land родина ж 2) местный; туземный; ~ customs местные обычаи; ~-born [-bɔːn]: a ~-born American урождённый американец

NATO [ˈneɪtəu] (North Atlantic Treaty Organization) НАТО

natural [ˈnætʃrəl] естественный, природный; ~ gas природный газ; ~ food натуральные (пищевые) продукты *(без добавок)*; quite ~ вполне естественно

naturalize [ˈnætʃrəlaɪz] 1) принять гражданство; предоставить гражданство *(of people)* 2) акклиматизироваться *(of animals, plants)*

naturally [ˈnætʃrəlɪ] естéственно, конéчно

nature [ˈneɪtʃə] 1) прирóда ж; by ~ от прирóды 2) натýра ж; draw from ~ рисовáть с натýры 3) харáктер м; good ~ добродýшие с

naughty [ˈnɔːtɪ] нехорóший; непослýшный; ~ báby капрúзный ребёнок

naval [ˈneɪvəl] воéнно-морскóй; ~ base воéнно-морскáя бáза; ~ pówer морскáя держáва

navigable [ˈnævɪgəbl] судохóдный

navigation [ˌnævɪˈgeɪʃn] судохóдство с, плáвание с, навигáция ж

navy [ˈneɪvɪ] воéнно-морскóй флот ◊ ~ blue тёмно--сúний

Nazi [ˈnɑːtsɪ] 1. n нацúст м, фашúст м 2. a нацúстский, фашúстский

Nazism [ˈnɑːtsɪzm] нацúзм м, фашúзм м

N-bomb [ˈenbɔm] (néutron bomb) нейтрóнная бóмба

near [nɪə] 1. prep óколо; it's ~ lúnch-time скóро обéд 2. adv блúзко, óколо; ~ by рáдом; come ~er подойдúте поблúже 3. a блúзкий; where is the ~est táxi stand? где ближáйшая стоáнка таксú?; ~-by [-baɪ] сосéдний, блúзкий; ~ly [-lɪ] 1) блúзко 2) почтú; it's ~ly five o'clóck почтú пять часóв

near-sighted [ˌnɪəˈsaɪtɪd] близорýкий

neat [niːt] опрáтный, аккурáтный

necessary [ˈnesɪsərɪ] необходúмый

necessity [nɪˈsesɪtɪ] необходúмость ж; потрéбность ж; of ~ по необходúмости

neck [nek] 1) шéя ж 2) гóрлышко с (of a bottle) ◊ ~ and ~ спорт. головá в гóлову; break one's ~ сломáть себé шéю; stick one's ~ óut разг. «высóвываться»; ~lace [-lɪs] ожерéлье с; ~tie [-taɪ] гáлстук м

need [niːd] 1. n 1) потрéбность ж; нуждá ж; be (bádly) in ~ of (óстро) нуждáться в 2) бéдность ж, нуждá ж (poverty) 2. v 1) нуждáться; I ~ a rest мне нýжно отдохнýть 2) выражает долженствование: you ~ not wórry вам нéзачем беспокóиться

needle [ˈniːdl] игóлка ж; ~'s eye игóльное ушкó; ~work [-wək] шитьé с

negative [ˈnegətɪv] 1. a отрицáтельный 2. n 1): to ánswer in the ~ отвéтить отрицáтельно 2) фото негатúв м

neglect [nɪˈglekt] пренебрегáть; ~ rules пренебрегáть прáвилами

neglig‖ence [ˈneglɪdʒəns] небрéжность ж; ~ible [-ɪbl] ничтóжный; ~ible amóunt ничтóжное колúчество

negotiate [nɪˈgəuʃɪeɪt] вестú переговóры

negotiation [nɪˌgəuʃɪˈeɪʃn] переговóры мн.

Negro [ˈniːgrəu] **1.** *a* негритя́нский; ~ wóman негритя́нка *ж* **2.** *n* негр *м*

neighbour [ˈneɪbə] сосе́д *м*, сосе́дка *ж*; ~**hood** [-hud] 1) сосе́дство *с*; in the ~hood of о́коло 2) окре́стности *мн.*; héalthy ~hood здоро́вая ме́стность; ~**ing** [ˈneɪbərɪŋ] сосе́дний

neither [ˈnaɪðə, *амер.* ˈniːðə] **1.** *adv* та́кже не; ~ ... nor ни...ни **2.** *pron* ни тот, ни друго́й

nephew [ˈnevjuː] племя́нник *м*

nerve [nəːv] 1) нерв *м*; get on one's ~s де́йствовать кому́-л. на не́рвы 2) сме́лость *ж*; де́рзость *ж*; have the ~ to do it име́ть сме́лость сде́лать э́то

nervous [ˈnəːvəs] не́рвный; feel ~ не́рвничать, волнова́ться; ~ bréakdown не́рвное потрясе́ние

nest [nest] гнездо́ *с*

net I [net] се́тка *ж*, сеть *ж*; vólleyball (ténnis) ~ волейбо́льная (те́ннисная) се́тка

net II чи́стый; не́тто (*о весе*); ~ prófit чи́стая при́быль; ~ weight чи́стый вес

network [ˈnetwəːk] 1) се́тка *ж*; сеть *ж*; ráilway ~ железнодоро́жная сеть 2) радиовеща́тельная (*и/или* телевизио́нная) сеть (*станции одной фирмы*)

neutral [ˈnjuːtrəl] нейтра́льный; on ~ gróund на нейтра́льной по́чве; ~**ity** [njuːˈtrælɪtɪ] нейтралите́т *м*

neutron [ˈnjuːtrɔn] *физ.* нейтро́н *м*; ~ bomb нейтро́нная бо́мба

never [ˈnevə] никогда́; I've ~ been here befóre я никогда́ здесь ра́ньше не́ был ◊ ~ mind! ничего́!; пустяки́!

nevertheless [ˌnevəðəˈles] тем не ме́нее, всё-таки, одна́ко

new [njuː] 1) но́вый; ~ fáshions после́дние мо́ды 2) све́жий; ~ milk парно́е молоко́; ~ potátoes молодо́й карто́фель; ~ píckles малосо́льные огурцы́; ~**-born** [-bɔːn] новорождённый *м*; ~**comer** [-kʌmə] вновь прибы́вший, прие́зжий *м*

newly [ˈnjuːlɪ] 1) неда́вно; ~weds новобра́чные *мн.* 2) за́ново, вновь

news [njuːz] но́вость *ж*, изве́стия *мн.*; what's the ~? что но́вого?; ~ ítem (газе́тная, ра́дио, телевизио́нная) хро́ника; látest ~ после́дние изве́стия; ~**-boy** [-bɔɪ] газе́тчик *м* (*разносчик газет*); ~**-cast** [-kɑːst] после́дние изве́стия (*по радио или телевидению*); ~**-man** [-mæn] 1) = néws-boy 2) корреспонде́нт *м*, репортёр *м* (*reporter*)

newspaper [ˈnjuːsˌpeɪpə] газе́та *ж*; mórning (évening) ~ у́тренняя (вече́рняя) газе́та

news‖-reel [ˈnjuːzriːl] кинохро́ника *ж*; киножурна́л *м*; ~**-stand** [-stænd] *амер.* газе́тный кио́ск

next [nekst] **1.** *a* сле́дующий (*по порядку*); ближа́йший; the

~ day на сле́дующий день; ~ time в сле́дующий раз; ~ door ря́дом; ~ year в бу́дущем году́ 2. *adv* по́сле э́того; пото́м; what ~? что да́льше? 3. *prep* ря́дом, о́коло 4. *n* сле́дующий *м*; ~, please! сле́дующий! ◊ ~ of kin ближа́йший ро́дственник

nice [naɪs] хоро́ший, прия́тный; have a ~ day! всего́ хоро́шего! (до́брого!)

nickel ['nɪkl] 1) ни́кель *м* 2) *амер.* моне́та в пять це́нтов

nickname ['nɪkneɪm] про́звище *с*

niece [niːs] племя́нница *ж*

night [naɪt] ночь *ж*; ве́чер *м*; in the ~ но́чью; at ~ ве́чером; last (tomórrow) ~ вчера́ (за́втра) ве́чером; ~**fall** [-fɔːl] су́мерки *мн.*; at ~fall с наступле́нием темноты́; ~-**gown** [-gaun] ночна́я руба́шка *(женская)*

nightingale ['naɪtɪŋgeɪl] соло́вей *м*

nightmare ['naɪtmɛə] кошма́р *м*

night-school ['naɪtskuːl] вече́рняя шко́ла

nimble [nɪmbl] прово́рный

nine [naɪn] 1) де́вять; ~ húndred девятьсо́т 2) (the ~) *спорт.* бейсбо́льная кома́нда

nineteen [ˌnaɪnˈtiːn] девятна́дцать; ~**th** [-θ] девятна́дцатый

ninetieth ['naɪntɪɪθ] девяно́стый

ninety ['naɪntɪ] девяно́сто

ninth [naɪnθ] девя́тый

nitrogen ['naɪtrədʒən] азо́т *м*

no [nəu] 1. *part* нет 2. *adv* 1) не *(при сравн. ст.)*; no more (bétter) не бо́льше (лу́чше) 2) нет; no, I can't нет, не могу́ 3. *a* никако́й; in no time мгнове́нно; "no smóking!" ◄не кури́ть!► *(надпись)*

noble ['nəubl] благоро́дный; великоду́шный

nobody ['nəubədɪ] никто́

nod [nɔd] 1) кива́ть голово́й 2) дрема́ть *(doze)*

no-frills [ˌnəuˈfrɪlz] *амер.* без изли́шеств *(о товарах, особ., без фирменных знаков)*

noise [nɔɪz] шум *м*; make ~ шуме́ть; ~**less** [-lɪs] бесшу́мный

noisy ['nɔɪzɪ] шу́мный

nominate ['nɔmɪneɪt] 1) назнача́ть 2) выставля́ть кандидату́ру *(at election)*

nomination [ˌnɔmɪˈneɪʃn] 1) назначе́ние *с (на должность)* 2) выставле́ние кандидату́ры *(at election)*

none [nʌn] 1. *a* никако́й; it's ~ of my búsiness э́то не моё де́ло 2. *pron* ни оди́н, никто́; ~ but him никто́ кро́ме него́ 3. *adv* ниско́лько, совсе́м не, во́все не; ~ the bétter (worse) ниско́лько не лу́чше (ху́же) ◊ ~ the less тем не ме́нее

non-flying [ˌnɔnˈflaɪɪŋ] нелётный; ~ wéather нелётная пого́да

non‖-interference [ˌnɔnɪntəˈfɪərəns], ~-**intervention** [-ɪntəˈvenʃn] невмеша́тельство *с*

nonsense ['nɔnsəns] вздор *м*, бессмы́слица *ж*

non-‖smoker [ˌnɔn'sməukə] ваго́н для некуря́щих; **~-stop** [-'stɔp] 1) безостано́вочный 2) *авиа:* ~-stop flight беспоса́дочный полёт

noodles ['nu:dlz] *pl* лапша́ *ж*

noon [nu:n] по́лдень *м*; at ~ в двена́дцать часо́в дня

nor [nɔː] *см.* néither

Nordic ['nɔːdɪk] скандина́вский; ~ cóuntries стра́ны се́верной Евро́пы

norm [nɔːm] но́рма *ж*; станда́рт *м*; **~al** [-əl] обы́чный, норма́льный ◊ ~al school *амер.* педагоги́ческое учи́лище

north [nɔːθ] 1. *n* се́вер *м*; Far N. Кра́йний Се́вер 2. *a* се́верный; N. Pole Се́верный по́люс 3. *adv* на се́вер(е), к се́веру; ~ from (of) к се́веру (от); it lies ~ and south тя́нется с се́вера на юг; **~ern** ['nɔːðən] се́верный; ~ern lights се́верное сия́ние

nose [nəuz] нос *м*

nostril ['nɔstrɪl] ноздря́ *ж*

not [nɔt] не, нет, ни; ~ yet пока́ ещё нет; ~ a bit of it! ниско́лько!; ~ a few мно́гие ◊ ~ at all а) ничу́ть; б) не сто́ит благода́рности *(in reply to thanks)*

notary ['nəutərɪ], ~ **public** ['pʌblɪk] нота́риус *м*

notch ['nɔtʃ] 1) га́лочка *ж* 2) *перен.* зару́бка *ж*

note [nəut] 1. *n* 1) запи́ска *ж*; за́пись *ж*; make a ~ of записа́ть, отме́тить; take ~s де́лать заме́тки 2) *дип., муз.* но́та *ж* 3) *брит.* банкно́та *ж* *(money)* 2. *v* 1) замеча́ть; отмеча́ть 2) запи́сывать *(put down)*; **~-book** [-buk] записна́я кни́жка

noted ['nəutɪd] изве́стный

nothing ['nʌθɪŋ] ничто́, ничего́; ~ of the kind! ничего́ подо́бного!

notice ['nəutɪs] 1. *n* 1) извеще́ние *с*; предупрежде́ние *с*; пове́стка *ж*; I'll give you a month's ~ я предупрежу́ вас за ме́сяц 2) заме́тка *ж*, объявле́ние *с*; a ~ in the páper заме́тка в газе́те 3) внима́ние *с*; take ~ замеча́ть, наблюда́ть 2. *v* замеча́ть; as I could ~ по мои́м наблюде́ниям; **~-board** [-bɔːd] доска́ объявле́ний

notify ['nəutɪfaɪ] извеща́ть, уведомля́ть

notion ['nəuʃn] 1) поня́тие *с*, представле́ние *с* 2) взгляд *м*, мне́ние *с* *(opinion)*

notorious [nəu'tɔːrɪəs] 1) изве́стный 2) по́льзующийся дурно́й сла́вой; пресло́вутый *(ill-famed)*

notwithstanding [ˌnɔtwɪθ'stændɪŋ] 1. *prep* несмотря́ на 2. *adv* тем не ме́нее, одна́ко 3. *cj* хотя́

nought [nɔːt] 1) ничто́ *с* нескл.; bring to ~ своди́ть на нет 2) ноль *м* *(zero)*

nourish ['nʌrɪʃ] пита́ть, корми́ть

novel ['nɔvəl] рома́н *м*; **~ist** [-ɪst] романи́ст *м*

November [nəu'vembə] но-я́брь *м*

now [nau] **1.** *adv* 1) тепе́рь, сейча́с 2) то́тчас же; I'm gо́ing ~ я уезжа́ю неме́дленно 3): just ~! *брит.* сейча́с!; right ~! *амер.* сейча́с! ◊ ~ and agа́in (~ and then) вре́мя от вре́мени, и́зредка **2.** *cj* когда́, раз **3.** *n* да́нный моме́нт; she ought to be here by ~ она́ должна́ бы уже́ быть здесь

nowhere ['nəuwɛə] нигде́; никуда́; be ~ потерпе́ть пораже́ние

nr [nıə]: nr Shéffield близ Шéффилда (*на почто́вых отправле́ниях*)

nuclear ['nju:klıə] я́дерный; ~ reа́ctor я́дерный реа́ктор

nucleus ['nju:klıəs] ядро́ *с*

nude [nju:d] *иск.* обнажённая (нату́ра)

nuisance ['nju:sns] неприя́тность *ж*, доса́да *ж*; what a ~! кака́я доса́да!

null [nʌl]: ~ and void *юр.* недействи́тельный

numb [nʌm] бесчу́вственный, омертве́вший; my toes are ~ with cold па́льцы у меня́ окочене́ли ◊ ~ féeling чу́вство вну́тренней пустоты́

number ['nʌmbə] **1.** *n* 1) число́ *с*; коли́чество *с*; in great ~s в большо́м коли́честве 2) но́мер *м*; what's the ~ of your house? како́й но́мер ва́шего до́ма? **2.** *v* насчи́тывать (*amount to*)

numerous ['nju:mərəs] многочи́сленный

nun [nʌn] мона́хиня *ж*; ~nery [-ərı] же́нский монасты́рь

nurse [nɜːs] **1.** *n* 1) ня́ня *ж* 2) сиде́лка *ж*, сестра́ *ж* (*in hospital*) **2.** *v* 1) ня́нчить 2) уха́живать за больны́м (*look after a sick person*)

nursery ['nɜːsərı] де́тская *ж*; ~ school де́тский сад

nursing ['nɜːsıŋ]: ~ home *амер.* дом для престаре́лых

nut [nʌt] 1) оре́х *м* 2) га́йка *ж* ◊ ~s and bolts ≅ от «А» до «Я» (*все компоненты механизма, системы*); ~cracker [-ˌkrækə] щелку́нчик *м*

nutritious [nju:'trıʃəs] пита́тельный

nutshell ['nʌtʃəl]: in a ~ в двух слова́х

nylon ['naılən] **1.** *n* нейло́н *м* **2.** *a* нейло́новый

O

O [əu]: O blood type пе́рвая гру́ппа кро́ви

oak [əuk] дуб *м*

oar [ɔː] весло́ *с*

oarsman ['ɔːzmən] гребе́ц *м*

oath [əuθ] кля́тва *ж*; прися́га *ж*; on ~ под прися́гой

oatmeal ['əutmiːl] *амер.* овся́нка *ж*; овся́ная ка́ша

oats [əuts] овёс *м*

obedient [ə'biːdıənt] послу́шный

obey [ə'beı] слу́шаться, повинова́ться

object I ['ɔbdʒıkt] 1) предмёт *м*; вещь *ж* 2) цель *ж* (*purpose*)

object II [əb'dʒekt] возража́ть; I don't ~ не возража́ю; I wouldn't ~ я бы не прочь; ~**ion** [əb'dʒekʃn] возраже́ние *с*

objective I [əb'dʒektɪv] цель *ж*, зада́ча *ж* (*aim*)

objective II объекти́вный

obligation [ˌɔblɪ'geɪʃn] 1) обяза́тельство *с* 2) обя́занность *ж* (*duty*)

oblige [əb'laɪdʒ] обя́зывать; де́лать одолже́ние; much ~d о́чень вам благода́рен

oboe ['əubəu] *муз.* гобо́й *м*

observant [əb'zɑːvənt] наблюда́тельный (*attentive*)

observation [ˌɔbzɑː'veɪʃn] 1) наблюде́ние *с* 2) замеча́ние *с* (*remark*)

observatory [əb'zɑːvətrɪ] обсервато́рия *ж*

observe [əb'zɑːv] 1) наблюда́ть; замеча́ть (*notice*) 2) соблюда́ть; ~ the rules соблюда́йте пра́вила 3) де́лать замеча́ния (*remark*); ~**r** [-ə] наблюда́тель *м*

obsolete ['ɔbsəliːt] устаре́вший

obstacle ['ɔbstəkl] препя́тствие *с*; take ~s *спорт.* брать препя́тствия; ~**-race** [-reɪs] бег (ска́чки) с препя́тствиями

obstinate ['ɔbstənɪt] упря́мый, упо́рный

obstruct [əb'strʌkt] затрудня́ть; прегражда́ть

obtain [əb'teɪn] доставáть, получáть

obtuse [əb'tjuːz]: ~ angle *мат.* тупо́й у́гол

obvious ['ɔbvɪəs] очеви́дный; я́сный

occasion [ə'keɪʒn] 1) слу́чай *м* 2) по́вод *м*, причи́на *ж* (*ground*); ~**al** [ə'keɪʒənəl] случа́йный, ре́дкий

occupation [ˌɔkju'peɪʃn] 1) род заня́тий; what is your ~? кем вы рабо́таете? 2) оккупа́ция *ж*

occupy ['ɔkjupaɪ] 1) занима́ть; ~ oneself in (with) smth занима́ться чем-л.; I'm óccupied now сейча́с я за́нят 2) *воен.* оккупи́ровать

occur [ə'kɑː] 1) случа́ться (*happen*) 2) приходи́ть на ум; it ~s to me that... мне ду́мается, что...; ~**rence** [ə'kʌrəns] собы́тие *с*, слу́чай *м*

ocean ['əuʃn] океа́н *м*

o'clock [ə'klɔk]: at three ~ в три часа́

October [ɔk'təubə] октя́брь *м*

octopus ['ɔktəpəs] осьмино́г *м*, спрут *м*

oculist ['ɔkjulɪst] окули́ст *м*

odd [ɔd] 1) нечётный; ~ number нечётное число́ 2) стра́нный, необы́чный (*strange*) 3) случа́йный; ~ job случа́йная рабо́та 4): three ~ kilometres три с ли́шним киломе́тра

odds [ɔdz] ша́нсы *мн.*; the ~ are against him у него́ ма́ло ша́нсов; I give ~ of three to one... ста́влю три про́тив одного́... ◊ fight against héavy ~

преодолева́ть больши́е тру́дности; ~ and ends оста́тки *мн.*, кусо́чки *мн.*

odometer [əu'dɔmətə] *авто* одо́метр *м (счётчик пройденного расстояния)*; the ~ índicates 20 thóusand míles на спидо́метре 20 ты́сяч миль

odour ['əudə] за́пах *м*, арома́т *м*

of [ɔv] 1) от; I léarned it of him я узна́л э́то от него́; south of Móscow к ю́гу от Москвы́ 2) об, о; I néver heard of it я об э́том никогда́ не слыха́л 3) из; what is it made of? из чего́ э́то сде́лано? 4) *передаётся род. п.*; the end of the stóry коне́ц исто́рии ◇ of cóurse коне́чно, разуме́ется; of late за после́днее вре́мя

off [ɔf] 1. *prep* с, со, от; there's a bútton ~ your dress у вас оторвала́сь пу́говица 2. *adv* 1) *указывает на удале́ние, расстояние:* be ~ уходи́ть; Decémber is six months ~ до декабря́ ещё полго́да 2) *указывает на прекраще́ние, завершение:* pay ~ вы́платить; drink ~ вы́пить ◇ day ~ день, свобо́дный от рабо́ты (дежу́рства *и т. п.*); ~ límits запре́тный; ~ and on вре́мя от вре́мени; be well ~ быть зажи́точным 3. *a* да́льний; ~ street переу́лок *м*, бокова́я у́лица

off-camera [,ɔ(:)f'kæmərə] за ка́дром

offence [ə'fens] 1) оби́да *ж*; I meant no ~ я не хоте́л вас оби́деть 2) наруше́ние *с*; légal

~ правонаруше́ние *с*; críminal ~ преступле́ние *с*

offend [ə'fend] 1) обижа́ть 2) быть неприя́тным; his voice ~s the ear у него́ неприя́тный го́лос

offensive [ə'fensıv] 1. *a* 1) оскорби́тельный; ~ remárk оби́дное замеча́ние 2) *воен.* наступа́тельный 2. *n воен.* наступле́ние *с*

offer ['ɔfə] 1. *n* предложе́ние *с*; make an ~ предлага́ть 2. *v* предлага́ть; ~ one's hand (to) пода́ть ру́ку; ~ help предложи́ть (оказа́ть) по́мощь; may I ~ my congratulátions? разреши́те мне поздра́вить вас

off-hand [,ɔf'hænd] сде́ланный без подгото́вки

office ['ɔfis] 1) учрежде́ние *с*; конто́ра *ж*, бюро́ *с нескл.* 2) ко́мната (в учрежде́нии), кабине́т *м*; the chief's ~ кабине́т нача́льника 3) до́лжность *ж (position)* 4) (O.) Министе́рство *с* 5) услу́га *ж*; through your good ~s благодаря́ ва́шим стара́ниям

officer ['ɔfisə] 1) должностно́е лицо́, чино́вник *м*; públic ~ госуда́рственный служа́щий 2) *воен.* офице́р *м*

official [ə'fiʃəl] 1. *n* должностно́е лицо́, чино́вник *м*; góvernment ~s правительственные чино́вники 2. *a* официа́льный, служе́бный

off‖set [ɔf'set] компенси́ровать; ~-**season** [-'si:zən] вне сезо́на; ~-**shore** [-'ʃɔ:] 1. *a* 1) в сто́рону мо́ря, берегово́й;

~shore wind ве́тер с бе́рега, берегово́й ве́тер 2) морско́й, (находя́щийся) в мо́ре; ~shore rig морска́я (нефтяна́я) вы́шка 2. *adv* 1) в сто́рону мо́ря; move ~shore удаля́ться от бе́рега 2) в мо́ре; moor ~shore бро́сить я́корь в мо́ре; ~side [-'saɪd] *спорт.* вне игры́

off-the-record [,ɔfðə'rekɔːd] конфиденциа́льный, не для протоко́ла

often ['ɔfn] ча́сто

oil [ɔɪl] 1) нефть ж; ~ well нефтяна́я сква́жина 2) расти́тельное ма́сло; súnflower ~ подсо́лнечное ма́сло; ~cloth [-klɔθ] клеёнка ж; ~-colour [-,kʌlə], ~ paint ма́сляная кра́ска; ~ painting 1) карти́на ма́слом 2) жи́вопись масляны́ми кра́сками *(art of painting)*

ointment ['ɔɪntmənt] мазь ж

O.K. [,əu'keɪ] ла́дно; хорошо́; éverything's ~ всё в поря́дке

old [əuld] 1) ста́рый; ~ age ста́рость ж; ~ man стари́к м; ~ wóman стару́ха ж; how ~ are you? ско́лько вам лет? 2) *при указании возраста не переводится*: ten years ~ десяти́ лет; ~-fashioned [-'fæʃənd] старомо́дный

olive ['ɔlɪv] **1.** *n* оли́ва ж, масли́на ж **2.** *a* оли́вковый; ~ oil оли́вковое (прова́нское) ма́сло

Olympiad [əu'lɪmpɪæd] 1) олимпи́йское четырёхле́тие *(period between games)* 2) олимпиа́да ж *(celebration)*

Olympic [əu'lɪmpɪk] олимпи́йский; ~ games Олимпи́йские и́гры; ~ Commíttee (flag, flame, mótto, récord, sýmbol) Олимпи́йский комите́т (флаг, ого́нь, деви́з, реко́рд, си́мвол); ~ víllage (oath) Олимпи́йская дере́вня (кля́тва)

Olympics [əu'lɪmpɪks] Олимпи́йские и́гры; súmmer (wínter) ~ ле́тние (зи́мние) Олимпи́йские и́гры

omelet(te) ['ɔmlɪt] омле́т *м*

ominous ['ɔmɪnəs] злове́щий

omission [ə'mɪʃn] про́пуск *м*; упуще́ние *с*

omit [ə'mɪt] опуска́ть; пропуска́ть, упуска́ть

on [ɔn] **1.** *prep* 1) на; on the táble на столе́; put on the cóunter положи́ть на прила́вок; on the right напра́во 2) в, по; on Sáturday в суббо́ту; on the séventh of Novémber седьмо́го ноября́; on arríval по прибы́тии 3) о, об; write on músic писа́ть о му́зыке **2.** *adv* да́льше, вперёд; and so on и так да́лее; send one's lúggage on отосла́ть бага́ж зара́нее ◊ on and on безостано́вочно; the light is on свет гори́т; what's on toníght? что идёт сего́дня? *(в театре, кино и т. п.)*; have you a péncil on you? у вас есть (при себе́, с собо́й) каранда́ш?

once [wʌns] 1) (оди́н) раз; ~ agáin ещё раз; not ~ ни ра́зу, никогда́ 2) одна́жды, не́когда, когда́-то; ~ upón a time одна́жды ◊ ~ and for all раз и навсегда́; at ~ сра́зу

one [wʌn] **1.** *num* 1) оди́н; ~ and a half полтора́; ~ áfter anóther друг за дру́гом 2) пе́рвый; cháptcr ~ глава́ пе́рвая; pláyer No 1 игро́к под но́мером пе́рвым **2.** *n* оди́н *м*; едини́ца *ж*; ~ at a time, please пожа́луйста, не все сра́зу; ~ by ~ друг за дру́гом **3.** *pron* 1) не́кто, не́кий, кто́-то; ~ day когда́-то 2) *не переводится*: ~ must obsérve the rules необходи́мо соблюда́ть правила 3) *заменяет сущ.*: I don't like this badge, give me anóther ~ мне не нра́вится э́тот значо́к, да́йте мне друго́й

one-piece [ˈwʌnpiːs]: ~ swímsuit закры́тый купа́льник

oneself [wʌnˈself] себя́, -ся; excúse ~ извини́ться

one-sided [ˌwʌnˈsaɪdɪd] односторо́нний

one-way [ˌwʌnˈweɪ]: ~ tráffic *авто* односторо́ннее движе́ние; ~ street *авто* у́лица с односторо́нним движе́нием; ~ tícket *амер.* биле́т в одну́ сто́рону

onion [ˈʌnjən] лук *м*; spring ~s зелёный лук

onlooker [ˈɔnˌlukə] зри́тель *м*; (случа́йный) свиде́тель

only [ˈəunlɪ] **1.** *a* еди́нственный **2.** *adv* то́лько; if ~ е́сли бы то́лько **3.** *cj* но

onshore [ˌɔnˈʃɔː] 1) к бе́регу, морско́й; ~ breeze бриз с мо́ря, морско́й бриз 2) береговой; ~ patról береговой патру́ль

open [ˈəupən] **1.** *a* откры́тый; the shop is ~ till 8 p.m. магази́н торгу́ет до восьми́ часо́в ве́чера ◊ ~ cíty откры́тый го́род; ~-door pólicy поли́тика откры́тых двере́й **2.** *v* 1) открыва́ть(ся); отку́поривать 2) начина́ть(ся); ~ a méeting откры́ть собра́ние; ~ up вскрыва́ть(ся); ~ up the énvelope вскро́йте конве́рт

opera [ˈɔrərə] о́пера *ж*; ~-glasses [-ˌɡlɑːsɪz] *pl* (театра́льный) бино́кль; ~-house [-haus] о́перный теа́тр

operate [ˈɔrəreɪt] 1) де́йствовать (*act*) 2) управля́ть; ~ a machíne управля́ть маши́ной 3) *мед.* опери́ровать (on *smb* for... — *кого-л.* по по́воду...)

operation [ˌɔrəˈreɪʃn] 1) де́йствие *с*; рабо́та *ж* (*машины и т. п.*) 2) *мед.* опера́ция *ж*

opinion [əˈpɪnjən] мне́ние *с*; in my ~ по моему́ мне́нию

opponent [əˈpəunənt] *спорт.* проти́вник *м*

opportunity [ˌɔrəˈtjuːnɪtɪ] удо́бный слу́чай; возмо́жность *ж*

oppose [əˈpəuz] 1) (*smth to smth*) противопоставля́ть (*что-л. чему-л.*) 2) проти́виться; ~ a resolútion отклони́ть резолю́цию; who is ~d? кто про́тив?

opposite [ˈɔrəzɪt] **1.** *n* противополо́жность *ж* **2.** *a* противополо́жный; in the ~ diréction в обра́тную сто́рону **3.** *prep, adv* (на)про́тив; the house ~ дом напро́тив

opposition [ˌɔpəˈzɪʃn] 1) сопротивле́ние *с (resistance)* 2) оппози́ция *ж*; Labour ~ лейбори́стская оппози́ция

oppress [əˈpres] угнета́ть; ~**ion** [əˈpreʃn] угнете́ние *с*; ~**or** [-ə] угнета́тель *м*

option [ˈɔpʃən] вы́бор *м*; ~**al** [-əl] по вы́бору, факультати́вный

or [ɔː] 1) и́ли; hurry ~ we'll be late скоре́е, а то мы опозда́ем 2) *см.* either

oral [ˈɔːrəl] у́стный

orange [ˈɔrɪndʒ] 1. *n* апельси́н *м* 2. *a* 1) ора́нжевый 2) апельси́новый; ~ juice апельси́новый сок

oratorio [ˌɔrəˈtɔːrɪəu] *муз.* орато́рия *ж*

orbit [ˈɔːbɪt] орби́та *ж*; ~**al** [-əl] орбита́льный; ~al velócity пе́рвая косми́ческая ско́рость

orchard [ˈɔːtʃəd] фрукто́вый сад; cherry ~ вишнёвый сад

orchestra [ˈɔːkɪstrə] 1) орке́стр *м* 2) (*тж.* órchestra seats): the ~ *амер.* парте́р *м*

order [ˈɔːdə] 1. *n* 1) поря́док *м*; ~ of the day повéстка (поря́док) дня; be out of ~ быть не в поря́дке 2) прика́з *м* (*command*) 3) зака́з *м*; ~ cóunter стол зака́зов; made to ~ сде́ланный на зака́з 4) о́рден *м* (*badge*) ◊ in ~ that, in ~ to с тем что́бы 2. *v* 1) прика́зывать (*command*) 2) зака́зывать; ~ dínner заказа́ть обе́д

ordinary [ˈɔːdnrɪ] обы́чный, зауря́дный; просто́й

ore [ɔː] руда́ *ж*

organ [ˈɔːgən] 1) о́рган *м* 2) *муз.* орга́н *м*; ~**ic** [ɔːˈgænɪk] органи́ческий

organization [ˌɔːgənaɪˈzeɪʃn] организа́ция *ж*; mass ~ ма́ссовая организа́ция

organize [ˈɔːgənaɪz] организо́вывать; основа́ть; ~**r** [-ə] организа́тор *м*

Orient [ˈɔːrɪənt] Восто́к *м*, восто́чные стра́ны

oriental [ˌɔːrɪˈentl] восто́чный

origin [ˈɔrɪdʒɪn] 1) исто́чник *м*, нача́ло *с* 2) происхожде́ние *с* (*birth*); ~**al** [əˈrɪdʒənl] 1. *n* по́длинник *м* 2. *a* 1) первонача́льный 2) по́длинный; ~al pícture по́длинная карти́на; 3) оригина́льный; ~al invéntion оригина́льное изобрете́ние

ornament 1. *n* [ˈɔːnəmənt] украше́ние *с*, орна́мент *м* 2. *v* [ˈɔːnəment] украша́ть

orphan [ˈɔːfən] сирота́ *м и ж*; ~**age** [-ɪdʒ] де́тский дом, прию́т *м*

Oscar [ˈɔskə] *амер.* «О́скар» *м* (*золота́я статуэ́тка — ежего́дная пре́мия Америка́нской акаде́мии киноиску́сства*)

ostrich [ˈɔstrɪtʃ] стра́ус *м*

other [ˈʌðə] 1. *a* друго́й, ино́й; in ~ words други́ми слова́ми 2. *pron* друго́й; some day or ~ когда́-нибудь; ~**wise** [-waɪz] и́на́че; в проти́вном слу́чае

ottoman [ˈɔtəumən] тахта́ *ж*

ouch [ˈautʃ]: ~! ой! *(при внезапной боли и т. п.)*

ought [ɔːt] *выражает долженствование, вероятность:* you ~ to know that... вам бы следовало знать, что...; it ~ to be réady soon наве́рно, э́то бу́дет ско́ро гото́во

ounce [auns] у́нция ж

our [ˈauə] наш, на́ша, на́ше, на́ши; where are ~ seats? где на́ши места́?; ~ friends на́ши друзья́; ~s [-z] наш, на́ша, на́ше; he is a friend of ~s он наш друг

ourselves [ˌauəˈselvz] 1) себя́; -ся; we must wash ~ нам на́до умы́ться 2) *(для усиления)* са́ми; we'll go there ~ мы са́ми туда́ пое́дем

out [aut] **1.** *adv* 1) вне, из, нару́жу; he is ~ он вы́шел 2) *показывает завершение чего-либо:* before the week is ~ до конца́ неде́ли 3) *указывает на отклонение от нормы:* ~ of repáir не в поря́дке; ~ of time несвоевре́менно 4) *спорт.* за преде́лами по́ля ◊ be ~ бастова́ть; have the tickets ~! приго́товьте биле́ты! **2.** *prep:* ~ of из; по; ~ of the room из ко́мнаты; ~ of necéssity по необходи́мости

outback [ˈautbæk] *австрал.* неосво́енные зе́мли, глуби́нка ж; ~ life жизнь в глуши́

outbid [autˈbɪd] (outbíd) предложи́ть лу́чшие усло́вия *(цену и т. п.)*

outboard [ˈautbɔːd]: ~ mótor подвесно́й мото́р

outbreak [ˈautbreik] 1) взрыв м, вспы́шка ж 2) нача́ло с *(beginning)*

outcome [ˈautkʌm] результа́т м, исхо́д м

outdated [autˈdeitid] устаре́вший

outdid [autˈdɪd] *past от* outdó

outdo [autˈduː] (outdíd; outdóne): ~ smb in smth превзойти́ кого́-л. в чём-л.

outdone [autˈdʌn] *pp от* outdó

outdoors [ˌautˈdɔːz] на откры́том во́здухе

outer [ˈautə] вне́шний, нару́жный; ~ space ко́смос м, косми́ческое простра́нство

outfit [ˈautfit] снаряже́ние с; обору́дование с; ~ for a vóyage снаряже́ние для экспеди́ции

outgrew [autˈgruː] *past от* outgrów

outgrow [autˈgrəu] (outgréw; outgrówn) 1) вы́расти (из); he outgréw his suit он вы́рос из своего́ костю́ма 2) *(тж. перен.)* перераста́ть; he outgréw his fáther он переро́с отца́; ~n [-n] *pp от* outgrów

outing [ˈautiŋ] пое́здка (за́ город)

outlet [ˈautlet] 1) вы́ход м; лазе́йка ж 2) фи́рменный магази́н *(с оптовыми ценами)*

outline [ˈautlain] набро́сок м; in ~ в о́бщих черта́х; ~ history of... о́черк исто́рии...

outlive [autˈlɪv] пережи́ть *(outlast)*; отжива́ть *(become* *outdated*); ~ one's oppónents продержа́ться до́льше свои́х сопе́рников

outlook [ˈautluk] 1) вид *м*, перспекти́ва *ж* 2) кругозо́р *м*, мировоззре́ние *с*; wide ~ широ́кий кругозо́р

outmoded [ˌautˈməudɪd] вы́-шедший из мо́ды

outnumber [autˈnʌmbə] име́ть чи́сленное превосхо́дство; they ~ed us two to one их бы́ло вдво́е бо́льше нас

out-of-date [ˌautəvˈdeɪt] устаре́вший, устаре́лый; вы́шедший из мо́ды (из употребле́ния)

output [ˈautput] добы́ча *ж*; вы́пуск *м*; ~ of coal добы́ча у́гля

outrageous [autˈreɪdʒəs] не-и́стовый; возмути́тельный

outset [ˈautset] нача́ло *с* (*beginning*)

outside [autˈsaɪd] 1. *a* нару́ж-ный 2. *adv* снару́жи; ~r [-ə] 1) чужа́к *м* 2) *спорт.* аутса́й-дер *м*

outskirts [ˈautskəːts] *pl* окра́-ина го́рода (*suburbs*)

outsmart [autˈsmɑːt] *разг.* перехитри́ть (*smb — кого́-л.*)

outstanding [autˈstændɪŋ] выдаю́щийся, знамени́тый

outstrip [autˈstrɪp] обгоня́ть, перегоня́ть

outweigh [autˈweɪ] переве́-шивать, переве́сить

oven [ˈʌvn] печь *ж*, духо́вка *ж*; mícrowave ~ высокока-сто́тная (электро)пе́чь; ~ware [-wɛə] жаропро́чная посу́да

over [ˈəuvə] 1. *prep* 1) над; вы́ше; ~ one's head над голо-во́й; 2) че́рез; за; jump ~ a ditch пры́гнуть че́рез кана́ву 3) по; all ~ the cíty по всему́ го́роду ◊ ~ the sígnature за по́дписью 2. *adv* 1) свы́ше; ten times ~ бо́лее десяти́ раз 2) повсю́ду; the world ~ по всему́ све́ту 3) *указывает на окончание действия, процесса*: the cóncert is ~ кон-це́рт око́нчен ◊ ~ there вон там

overall [ˈəuvərɔːl] 1) *брит.* (же́нская) спецоде́жда 2) *pl* комбинезо́н *м*

overboard [ˈəuvəbɔːd] за бо́р-том ◊ go ~ *разг.* быть вне себя́ (*от радости*)

overburden [ˌəuvəˈbəːdn] *пе-рен.* перегружа́ть

overcame [ˌəuvəˈkeɪm] *past* от overcóme

overcast [ˌəuvəˈkɑːst]: ~ skíes не́бо, затя́нутое ту́чами

overcharge [ˌəuvəˈtʃɑːdʒ] на-знача́ть сли́шком высо́кую це́-ну; ‹ободра́ть› *разг.*

overcoat [ˈəuvəkəut] пальто́ *с нескл.*

overcome [ˌəuvəˈkʌm] (over-cáme; overcóme) поборо́ть; преодоле́ть

overdrive [ˈəuvədraɪv] *авто* повы́шенная переда́ча

overdue [ˌəuvəˈdjuː] запозда́-лый, просро́ченный; your rent is ~ вы просро́чили платёж за кварти́ру

over-exposure [ˌəuvərɪkˈspəu-зə] 1) *фото* переде́ржка *ж*

2) повышенная доза *(облучения)*

overflow [ˌəuvəˈfləu] переполнить(ся)

overhead 1. *adv* [ˌəuvəˈhed] наверху, над головой **2.** *a* 1) верхний; ~ ráilway надземная железная дорога 2): ~ chárges (expénses) накладные расходы

overhear [ˌəuvəˈhɪə] (overhéard) нечаянно услышать; ~d [ˌəuvəˈhəːd] *past* и *pp* от overhéar

overkill [ˈəuvəkɪl] *(тж.* óverkill capácity) *воен., полит.* способность многократного уничтожения

overlap [ˌəuvəˈlæp] частично дублировать, перекрывать *(друг друга)*

overload [ˌəuvəˈləud] **1.** *v* перегрузить **2.** *n косм.* перегрузки *мн.*

overlook [ˌəuvəˈluk] не заметить, проглядеть

overnight [ˌəuvəˈnaɪt] **1.** *adv* 1) на ночь; we want to stay here ~ мы хотим переночевать здесь 2) внезапно, сразу; we cánnot do it ~ это невозможно сделать так сразу **2.** *a* 1) на одну ночь; an ~ stop остановка на одну ночь 2) внезапный; it becáme an ~ sensátion неожиданно это стало сенсацией

overpass [ˌəuvəˈpɑːs] 1) пешеходный переход *(for pedestrians)* 2) путепровод *м (for cars)*

over-production [ˌəuvəprəˈdʌkʃn] перепроизводство *с*

overrate [ˌəuvəˈreɪt] переоценивать

oversea(s) [ˌəuvəˈsiː(z)] **1.** *a* заморский, заокеанский; ~ trade внешняя торговля **2.** *adv* за морем

overshoe [ˈəuvəʃuː] галоша *ж*, бот(ик) *м*

oversight [ˈəuvəsaɪt] недосмотр *м*; by (through) ~ по недосмотру

oversize [ˈəuvəsaɪz] (очень) большого размера

over‖sleep [ˌəuvəˈsliːp] проспать; ~slept [-ˈslept] *past* и *pp* от oversléep

overtake [ˌəuvəˈteɪk] (overtóok; overtáken) 1) догнать *(catch up with)* 2) *брит. авто* перегнать, обогнать 3) застигнуть врасплох *(come suddenly upon)*; ~n [-n] *pp* от overtáke

overthrow [ˌəuvəˈθrəu] (overthréw; overthrówn) 1) опрокидывать 2) свергать *(defeat)*; ~n [-n] *pp* от overthrów

overtook [ˌəuvəˈtuk] *past* от overtáke

overture [ˈəuvətjuə] *муз.* увертюра *ж*

overturn [ˌəuvəˈtəːn] 1) опрокидывать 2) свергать *(defeat)*

overwhelming [ˌəuvəˈwelmɪŋ] подавляющий, превосходящий; ~ majórity подавляющее большинство

owe [əu] быть должным; быть обязанным; how much do I ~ you? сколько я вам должен? ◊ an "I ~ you" долговая расписка

owing [ˈəuɪŋ]: ~ **to** вследствие, благодаря

owl [aul] сова́ ж

own [əun] **1.** *a* со́бственный **2.** *v* 1) облада́ть; владе́ть 2) признава́ть(ся) *(admit)*

owner [ˈəunə] облада́тель м; владе́лец м; ~**ship** [-ʃɪp] владе́ние *с*

ox [ɔks] *(pl* о́xen) вол м

oxygen [ˈɔksɪdʒən] кислоро́д м

oyster [ˈɔɪstə] у́стрица ж

P

pace [peɪs] 1) шаг м 2) темп м; at a good ~ бы́стро; set the ~ зада́ть темп

pacific [pəˈsɪfɪk] 1) ми́рный 2) (P.) *геогр.* тихоокеа́нский

pacifier [ˈpæsɪfaɪə] *амер.* пусты́шка ж *(соска)*

pack [pæk] **1.** *n* 1) па́чка ж, тюк м; ~ of cigaréttes *амер.* па́чка сигаре́т 2) *брит. карт.* коло́да ж **2.** *v* 1) упако́вывать 2) заполня́ть; the hall (stádium) is ~ed зал (стадио́н) по́лон; ~ **up** упако́вываться; ~**age** [-ɪdʒ] *амер.* паке́т м, свёрток м ◊ ~ deal *полит.* паке́тная сде́лка; ~ **tour** ко́мплексное турне́ *(в туризме)*

packet [ˈpækɪt] *брит.* свя́зка ж, па́чка ж; ~ of cigaréttes па́чка сигаре́т

pact [pækt] пакт м, догово́р м; non-aggréssion ~ догово́р о ненападе́нии

pad [pæd] 1) (мя́гкая) подкла́дка 2) *(тж.* wríting pad) блокно́т м *(с отрывными листами)*; ~**ded** [-ɪd]: ~ded shóulders с (подби́тыми) пле́чиками *(о платье)*

paddle [ˈpædl] *спорт.* **1.** *n* коро́ткое весло́ **2.** *v* грести́ одни́м весло́м

paddy [ˈpædɪ] 1) рис м 2) *(тж.* páddy-field) ри́совое по́ле

page I [peɪdʒ] страни́ца ж

page II разы́скивать *кого-л.*, позва́ть к телефо́ну; could you ~ him over the públic-addréss sýstem? вы не могли́ бы объяви́ть по ра́дио, что его́ и́щут?

paid [peɪd] *past и pp от* pay 1

pail [peɪl] ведро́ с

pain [peɪn] 1) боль ж 2) *pl* стара́ния мн.; труды́ мн.; take ~s стара́ться; ~**ful** [-ful] 1) боле́зненный 2) печа́льный; ~ful expérience печа́льный о́пыт

paint [peɪnt] **1.** *n* кра́ска ж **2.** *v* 1) кра́сить 2) писа́ть кра́сками; ~ in oil писа́ть ма́слом; ~**er** [-ə] 1) живопи́сец м; pórtrait ~er портрети́ст м 2) *(тж.* house páinter) маля́р м; ~**ing** [-ɪŋ] 1) жи́вопись ж; ро́спись ж *(стен и т. п.)* 2) карти́на ж *(picture)*

pair [pɛə] 1) па́ра ж; чета́ ж 2) па́ра ж *(чего-л.);* a ~ of shoes па́ра боти́нок

pal [pæl] *разг.* прия́тель м, това́рищ м

palace [ˈpælɪs] дворе́ц м

pale [peɪl] бле́дный

palm I [pɑːm] ладо́нь ж

palm II па́льма ж *(tree)*

pamphlet [ˈpæmflɪt] 1) памфлéт *м* 2) брошюра *ж* (*booklet*)

pan [pæn] 1) (*тж.* frýing pan) сковородá *ж*, сковорóдка *ж* 2) прóтивень *м* (*square*) 3) *тех.* поддóн *м*

Pan-American [ˌpænəˈmerɪkən] панамерикáнский

pancake [ˈpænkeɪk] блин *м*

pane [peɪn] окóнное стеклó

panel [ˈpænl] 1) грýппа специалúстов, комúссия *ж*; ~ of éxperts экспéртная комúссия 2) (*тж.* discússion pánel) грýппа учáстников рáдио- *или* телевизиóнной дискýссии

pang [pæŋ] óстрая боль

panic [ˈpænɪk] пáника *ж*

pansy [ˈpænzɪ] анютины глáзки

panties [ˈpæntɪz] *pl* (жéнские *или* дéтские) трýсики

pantry [ˈpæntrɪ] кладóвка *ж*

pants [pænts] *pl* 1) *амер.* брюки *мн.*; ~ suit жéнский брючный костюм 2) *брит.* кальсóны *мн.*; трусы *мн.*

panty-hose [ˈpæntɪhəuz] (*тж.* *pl*) колгóтки *мн.*

paper [ˈpeɪpə] 1) бумáга *ж*; photográphic ~ фотобумáга *ж* 2) (*тж.* wállpaper) обóи *мн.* 3) газéта *ж*; where's the mórning ~? где ýтренняя газéта? 4) *pl* докумéнты *мн.* (*documents*) ◊ ~ stréamers серпантúн *м*; ~back [-bæk] 1. *n* кнúга в бумáжном переплёте 2. *a* в бумáжном переплёте; ~back edítion дешёвое издáние; ~-weight [-weɪt] пресс-папьé *с нескл.*

par [pɑː] 1) стандáрт *м*, нóрма *м* 2) рáвенство *с* (*equally*) ◊ on a ~ на рáвных

parachute [ˈpærəʃuːt] парашют *м*

parade [pəˈreɪd] парáд *м*

paradise [ˈpærədaɪs] рай *м*

paragraph [ˈpærəgrɑːf] 1) абзáц *м* 2) пункт *м*, парáграф *м*; óperative ~ one пéрвый пункт постановляющей чáсти 3) замéтка *ж* (*newspaper item*)

parallel [ˈpærəlel] 1. *a* параллéльный 2. *n* параллéль *ж*

paralyse [ˈpærəlaɪz] парализовáть

paramedic [ˌpærəˈmedɪk] *амер.* мéдик скóрой пóмощи (*фельдшер, медбрат и т. п.*)

paramount [ˈpærəmaunt] 1) первостепéнный, важнéйший 2) высший (*about rank or authority*)

parasite [ˈpærəsaɪt] паразúт *м*

parasol [ˈpærəsɔl] зóнтик от сóлнца

paratrooper [ˈpærəˌtruːpə] десáнтник *м*

parcel [ˈpɑːsl] *брит.* пакéт *м*; посылка *ж*; send by ~ post послáть посылкой

pardon [ˈpɑːdn] 1. *n* прощéние *с*; I beg your ~ простúте меня 2. *v* прощáть

parents [ˈpɛərənts] *pl* родúтели *мн.*

parish [ˈpærɪʃ] *рел.* прихóд *м*

park [pɑːk] 1. *n* 1) парк *м* 2) (*тж.* nátional park) заповéдник *м* 2. *v* постáвить на стоянку, запаркова́ть *(автомаши́ну);* "no ~ing" ‹стоя́нка запрещена́› *(на́дпись);* ~ing [-ɪŋ]: ~ing lot *амер.* (охраня́емая) автостоя́нка; ~ing méter (парко́вочный) счётчик ◊ ~ing órbit *косм.* промежу́точная орби́та

parkway [ˈpɑːkweɪ] па́рковое шоссе́ *(обыкн. иду́щее в поло́се па́рковых насажде́ний)*

parliament [ˈpɑːləmənt] парла́мент *м*

parlour [ˈpɑːlə] гости́ная *ж* ◊ béauty ~ да́мский сало́н *(парикма́херская)*

parochial [pəˈrəukɪəl] провинциа́льный, ме́стнический

parody [ˈpærədɪ] паро́дия *ж*

parole [pəˈrəul] *юр.* досро́чно-усло́вное освобожде́ние

parquet [ˈpɑːkeɪ] парке́т *м*

parrot [ˈpærət] попуга́й *м*

parsley [ˈpɑːslɪ] петру́шка *ж*

parson [ˈpɑːsən] па́стор *м*

part [pɑːt] **1.** *n* 1) часть *ж*, до́ля *ж* 2): take ~ in *smth* уча́ствовать в чём-л. 3) роль *ж*; play (act) the ~ of игра́ть роль 4) сторона́ *ж (в спо́ре и т. п.);* for my ~... что каса́ется меня́... 5) *муз.* па́ртия *ж* 6) *pl tex.* ча́сти *мн;* spare ~s запасны́е ча́сти ◊ ~ and párcel неотъе́млемая часть **2.** *v* 1) разделя́ть(ся), отделя́ть(ся) 2) расстава́ться; let's ~ fríends расста́немся друзья́ми 3) де́лать пробо́р *(about hair)*

partial [ˈpɑːʃəl] 1) части́чный 2) пристра́стный *(biased)*

participate [pɑːˈtɪsɪpeɪt] принима́ть уча́стие, уча́ствовать

participation [pɑːˌtɪsɪˈpeɪʃn] уча́стие *c*

particular [pəˈtɪkjulə] **1.** *a* 1) осо́бый; осо́бенный 2) разбо́рчивый; I'm not ~ about food я не тре́бователен в еде́ **2.** *n:* in ~ в ча́стности, в осо́бенности; ~ly [-lɪ] осо́бенно, в ча́стности

parting [ˈpɑːtɪŋ] 1) расстава́ние *c;* разлу́ка *ж* 2) пробо́р *м;* míddle (side) ~ прямо́й (косо́й) пробо́р

partisan [ˈpɑːtɪzn] **1.** *n* 1) сторо́нник *м,* приве́рженец *м;* ~ of peace сторо́нник ми́ра 2) партиза́н *м (guerilla)* **2.** *a* предвзя́тый; ~ view предвзя́тое мне́ние

partly [ˈpɑːtlɪ] части́чно, отча́сти

partner [ˈpɑːtnə] 1) партнёр *м* 2) *ком.* компаньо́н *м*

partridge [ˈpɑːtrɪdʒ] куропа́тка *ж*

part-time [ˌpɑːtˈtaɪm]: ~ wórker рабо́чий, за́нятый непо́лный рабо́чий день; совмести́тель *м;* ~ téacher преподава́тель-почасови́к *м;* ~ stúdent студе́нт заочник *м (studying by correspondence);* студе́нт вече́рнего отделе́ния

party I [ˈpɑːtɪ] па́ртия *ж;* ~ mémber член па́ртии

party II 1) гру́ппа *ж* 2) приём госте́й; ве́чер *м;* вечери́нка *ж;* dínner ~ зва́ный обе́д 3) *юр.* сторона́ *ж*

pass [pɑːs] **1.** *v* 1) проходи́ть, проезжа́ть; let me ~ разре-

шите пройти 2) *амер. авто,
спорт.* обгонять 3) прекращаться *(stop)* 4) передавать; will you ~ the bread, please? передайте, пожалуйста, хлеб 5) принять *(о законе и т. п.);* ~ the bill одобрить законопроект 6) *спорт., карт.* пасовать 2. *n* 1) пропуск *м*; a ~ to the stadium пропуск на стадион 2) *(обыкн.* free pass) бесплатный билет; контрамарка *ж* 3) *спорт.* пас *м*; ~ for *smb* сходить за *кого-л.;* ~ **away** скончаться

passage ['pæsɪdʒ] проход *м*, проезд *м*; book the ~ купить билет на пароход

passenger ['pæsɪndʒə] пассажир *м*

passerby [,pɑːsə'baɪ] прохожий *м*

passion ['pæʃn] 1) страсть *ж*, пыл *м* 2) гнев *м*, ярость *ж* *(anger);* ~ate ['pæʃənɪt] страстный

passive ['pæsɪv] пассивный, бездеятельный

passkey ['pɑːskiː] 1) отмычка *ж (of a burglar)* 2) универсальный ключ *(in a hotel)*

passport ['pɑːspɔt] паспорт *м*

past [pɑːst] 1. *n* прошлое *с*; in the ~ в прошлом 2. *a* прошлый, минувший 3. *adv* мимо; walk ~ пройти мимо 4. *prep* за, после; мимо; ride ~ the house проехать мимо дома

paste [peɪst] клеить, склеивать

pastel [pæ'stel] пастель *ж*

pastor ['pɑːstə] *рел.* пастор *м*

pastrami [pə'strɑːmɪ] пастрами *ж нескл. (копчёно-варёная говядина типа бастурмы)*

pastry ['peɪstrɪ] кондитерские изделия; ~ shop кондитерская *ж*

pasture ['pɑːstʃə] пастбище *с*

patch [pætʃ] 1. *v* латать, чинить *(mend)* 2. *n* заплата *ж*

patent ['peɪtənt] 1. *a* патентованный; ~ leather лакированная кожа 2. *n* патент *м*

path [pɑːθ] 1) дорожка *ж*, тропинка *ж* 2) путь *м (тж.. перен.)*

patience ['peɪʃəns] терпение *с*; I have no ~ with him он выводит меня из терпения

patient ['peɪʃənt] 1. *a* терпеливый 2. *n* пациент *м*, больной *м*

patriot ['peɪtrɪət] патриот *м*; ~ic [,pætrɪ'ɔtɪk] патриотический

patrol [pə'trəul] патруль *м*; ~ car патрульная полицейская машина; ~man [-mən] полицейский *(в наряде)*

patron ['peɪtrən] 1) покровитель *м*; патрон *м* 2) постоянный покупатель, постоянный посетитель *(client)*

patronymic [,pætrə'nɪmɪk] отчество *с*

pattern ['pætən] 1) образец *м* 2) узор *м (design)*

patty ['pætɪ] пирожок *м*

pause [pɔz] 1. *n* пауза *ж*; передышка *ж* 2. *v* останавливать(ся); делать паузу

pave [peɪv] мости́ть; ~ment [-mənt] 1) *брит.* тротуа́р *м* 2) *амер.* мостова́я *ж*

pavilion [pəˈvɪljən] 1) пала́тка *ж* 2) павильо́н *м*; céntral ~ гла́вный павильо́н

paw [pɔː] ла́па *ж*

pawn [pɔːn] *шахм.* пе́шка *ж*

pay [peɪ] 1. *v* (paid) 1) плати́ть; опла́чивать; ~ (in) cash плати́ть нали́чными 2) ока́зывать (*внимание и т. п.*); де́лать (*комплимент и т. п.*); we paid him a vísit мы его́ навести́ли 3) окупа́ться; it dóesn't ~ to go there туда́ не сто́ит идти́ 2. *n* 1) пла́та *ж* 2) жа́лованье *c*; what's your ~? ско́лько вы получа́ете?; ~-box [-bɔks], ~-desk [-desk] ка́сса *ж*

payload [ˈpeɪləud] (полéзная) нагру́зка

payment [ˈpeɪmənt] пла́та *ж*, упла́та *ж*, платёж *м*

pay∥-off [ˈpeɪɔf] взя́тка *ж*; ~-TV [ˌpeɪtɪˈviː] пла́тные програ́ммы (телеви́дения)

pea [piː] горо́х *м*; green ~s зелёный горо́шек

peace [piːs] 1) мир *м*; work for ~ боро́ться за мир; Nóbel P. Prize Нóбелевская прéмия ми́ра; ~ suppórters (ádvocates, chámpions) сторóнники ми́ра 2) поко́й *м*, тишина́ *ж* (*tranquillity*); ~ful [-ful] ми́рный, споко́йный

peace-loving [ˈpiːsˌlʌvɪŋ] миролюби́вый; ~ nátions миролюби́вые наро́ды

peach [piːtʃ] пéрсик *м*

peacock [ˈpiːkɔk] павли́н *м*

peak [piːk] 1) пик *м*, верши́на *ж* 2) вы́сшая тóчка (*the highest point*)

peanut [ˈpiːnʌt] 1) земляной орéх, ара́хис *м*; ~ bútter орéховое ма́сло (*бутербрóдное*) 2) *особ. pl разг.* гроши́ *мн.*

pear [pɛə] гру́ша *ж*

pearl [pɜːl] жéмчуг *м*

peasant [ˈpezənt] крестья́нин *м*

peat [piːt] торф *м*

pebble [ˈpebl] га́лька *ж*

peck [pek] клева́ть

peculiar [pɪˈkjuːlɪə] 1) осóбенный (*special*); ~ to свóйственный 2) стра́нный (*strange*); ~ity [pɪˌkjuːlɪˈærɪtɪ] осóбенность *ж*

peddler [ˈpedlə] у́личный торгóвец

pedestrian [pɪˈdestrɪən] пешехóд *м*; ~ cróssing пешехóдный перехóд

peel [piːl] 1. *n* кожура́ *ж*; кóрка *ж*; órange ~ апельси́новая кóрка 2. *v* чи́стить (*картóфель и т. п.*)

peer [pɪə] пэр *м*, лорд *м* (*lord*)

peg [peg] вéшалка *ж*; hat ~ вéшалка для шляп

pen [pen] перó *c* (*писчее*), ру́чка *ж*

penalize [ˈpiːnəlaɪz] 1) нака́зывать 2) *спорт.* штрафова́ть

penalty [ˈpenltɪ] 1) наказа́ние *c*; death ~ смéртный пригово́р 2) *спорт.* штраф *м*; ~ área штрафна́я площа́дка; ~ throw штрафнóй бросóк; ~

point штрафно́е очко́; ~ shot штрафно́й бросо́к

pencil ['pensl] каранда́ш *м*; in ~ (напи́санный) карандашо́м

penetrate ['penɪtreɪt] проника́ть внутрь

peninsula [pɪ'nɪnsjulə] полуо́стров *м*

penknife ['pennaɪf] перочи́нный нож

penny ['penɪ] 1) пе́нни *с нескл.* 2) *амер. разг.* це́нтик *м (одноцентовая монета)*

pension ['penʃn] пе́нсия *ж*

Pentagon ['pentəgən] Пентаго́н *м (военное министерство США)*

pentathlon [pen'tæθlən] *спорт.* пятибо́рье *с*

penthouse ['penthaus] (*тж.* pénthouse apártment) пентха́ус *м (дорогая квартира с большой террасой, занимающая верхний этаж высотного дома)*

people ['piːpl] 1) наро́д *м*; на́ция *ж* 2) лю́ди *мн.*; населе́ние *с*; young ~ молодёжь *ж*

pepper ['pepə] пе́рец *м*; ~box [-bɔks] пе́речница *ж*

per [pɜː]: ~ ánnum в год; ~ cápita prodúction произво́дство на ду́шу населе́ния

perceive [pə'siːv] 1) воспринима́ть (*apprehend*) 2) ощуща́ть (*feel*)

per cent [pə'sent] проце́нт *м*

percussion [pə'kʌʃn]: ~ ínstruments *муз.* уда́рные инструме́нты; ~ist [-ɪst] *муз.* уда́рник *м*

per diem [pə'diːəm] су́точные *мн.*

perennial [pə'renɪəl] 1) ве́чный (*unceasing*) 2) *бот.* многоле́тний

perfect ['pɜːfɪkt] соверше́нный; he speaks ~ English он свобо́дно говори́т по-англи́йски

perform [pə'fɔːm] исполня́ть, выполня́ть; ~ed by... в исполне́нии...; ~ance [-əns] 1) исполне́ние *с* 2) *театр.* представле́ние *с*

perfume ['pɜːfjuːm] духи́ *мн.*; ~ry [pə'fjuːmərɪ] парфюме́рия *ж*

perhaps [pə'hæps] мо́жет быть, возмо́жно

peril ['perəl] опа́сность *ж*

period ['pɪərɪəd] 1) пери́од *м*; промежу́ток вре́мени (*space of time*) 2) *мед.* ме́сячные *мн.*

perish ['perɪʃ] ги́бнуть, погиба́ть; ~able [-əbl] быстропо́ртящийся (*о продуктах*)

perma‖nent ['pɜːmənənt] постоя́нный; ~press [-pres] несмина́емый (*об одежде*)

permission [pə'mɪʃn] позволе́ние *с*, разреше́ние *с*; with your ~ с ва́шего позволе́ния

permit 1. *v* [pə'mɪt] разреша́ть, позволя́ть 2. *n* ['pɜːmɪt] про́пуск *м*, разреше́ние *с* (*документ*); léarner's ~ *амер. авто* учени́ческие права́

peroxide [pə'rɔksaɪd]: hýdrogen ~ пе́рекись водоро́да

perpendicular [ˌpɜːpən'dɪkjulə] перпендикуля́рный

perplex [pə'pleks] ста́вить в тупи́к, озада́чивать

persecute ['pəːsɪkjuːt] пресле́довать, подверга́ть гоне́ниям

persist [pə'sɪst] упо́рствовать, наста́ивать

person ['pəːsn] челове́к *м*; in ~ ли́чно; ~**al** [-əl] ли́чный; ~**ally** [-lɪ] ли́чно

personnel [,pəːsə'nel] ли́чный соста́в

perspire [pə'spaɪə] поте́ть

persuade [pə'sweɪd] убежда́ть (of — в чём-л.)

pest [pest] 1) *с.-х.* вреди́тель *м* (*animal*) 2) *с.-х.* сорня́к (*plant*) ◊ you are a ~! приста́л как ба́нный лист!

pet [pet] 1. *n* 1) люби́мец *м* (*favourite*); téacher's ~ люби́мчик *м* (*в школе*) 2) дома́шнее живо́тное (*особ. кошки и собаки*) 2. *v* балова́ть

petal ['petl] лепесто́к *м*

petition [pɪ'tɪʃn] пети́ция *ж*, проше́ние *с*

petrol ['petrəl] бензи́н *м*; ~ **station** ['steɪʃn] бензоколо́нка *ж*

petticoat ['petɪkəut] ни́жняя ю́бка

petty ['petɪ] ме́лкий; ме́лочный; ~ **bóurgeoisie** ме́лкая буржуази́я

phase [feɪz] фа́за *ж*; ~ **out** постепе́нно сокраща́ть

Ph. D. [,piːeɪtʃ'diː] (Dóctor of Philósophy) до́ктор филосо́фии (*учёная степень по гуманитарным наукам, соответст-*вует званию кандидата наук в СССР)

philharmonic [,fɪlɑː'mɔnɪk]: ~ socíety филармо́ния *ж*

philology [fɪ'lɔlədʒɪ] филоло́гия *ж*

philosopher [fɪ'lɔsəfə] фило́соф *м*

philosophy [fɪ'lɔsəfɪ] филосо́фия *ж*

phone [fəun] 1. *n* телефо́н *м*; by (óver) the ~ по телефо́ну 2. *v* звони́ть по телефо́ну; I ~d you twice я вам звони́л два́жды

phonograph ['fəunəgræf] прои́грыватель *м*; граммофо́н *м*

phony ['fəunɪ] ли́повый, подде́льный

photo ['fəutə], ~**graph** [-græf] 1. *n* фотогра́фия *ж*, сни́мок *м* 2. *v* фотографи́ровать; ~**grapher** [fə'tɔgrəfə] фото́граф *м*; press ~grapher фоторепортёр *м*

phrase [freɪz] фра́за *ж*; выраже́ние *с*; ~**-book** [-buk] разгово́рник *м*

physical ['fɪzɪkəl] физи́ческий; ~ cúlture физкульту́ра *ж*; ~ thérapy лече́бная физкульту́ра; восстанови́тельная терапи́я

physician [fɪ'zɪʃn] врач *м*

physicist ['fɪzɪsɪst] фи́зик *м*

physics ['fɪzɪks] фи́зика *ж*

pianist ['pɪənɪst] пиани́ст *м*

piano [pɪ'ænəu] (*тж.* úpright piáno) пиани́но *с нескл.*; grand ~ роя́ль *м*; play the ~ игра́ть на роя́ле

pick [pɪk] 1) выбира́ть; сортирова́ть 2) рвать, собира́ть (*gather*); ~ **up** a) поднима́ть; подбира́ть; б): I'll ~ you up at three я зае́ду за ва́ми в три часа́

pickles [ˈpɪklz] соле́нье *c*, марина́д *м*; пи́кули *мн.*; new ~ малосо́льные огурцы́

pick‖-up [ˈpɪkəp] 1) *физ.* да́тчик *м* 2) звукоснима́тель *м* (*in a phonograph*) 3) *авто* приёмистость *ж*; ~up: ~ truck *авто* пика́п *м*

picnic [ˈpɪknɪk] пикни́к *м*

picture [ˈpɪktʃə] 1) карти́на *ж* 2) иллюстра́ция *ж*; ~ magazíne иллюстри́рованный журна́л 3) фотогра́фия *ж* (*photograph*); ~ **gallery** [ˈɡælərɪ] карти́нная галере́я

pie [paɪ] пиро́г *м*

piece [piːs] 1) кусо́к *м* 2) произведе́ние *c*; ~ of art произведе́ние иску́сства 3) *шахм.* фигу́ра *ж*; loss of a ~ поте́ря фигу́ры; exchánge of ~s разме́н фигу́р ◊ ~ of cake *разг.* пустя́к!; ≅ ле́гче па́реной ре́пы; ~**work** [-wɜːk] сде́льная рабо́та

pier [pɪə] 1) при́стань *ж* (*landing stage*) 2) мол *м* (*breakwater*)

pig [pɪɡ] свинья́ *ж*; поросёнок *м*; ~ íron чугу́н *м* (*особ. в чу́шках*)

pigeon [ˈpɪdʒɪn] го́лубь *м*

pike [paɪk] щу́ка *ж*

pile [paɪl] ку́ча *ж*, гру́да *ж*, ки́па *ж*; ~ **up** нака́пливать

pill [pɪl] пилю́ля *ж* ◊ the ~ *разг.* противозача́точная табле́тка

pillar [ˈpɪlə] коло́нна *ж*; столб *м*; ~-**box** [-bɔks] почто́вый я́щик

pillow [ˈpɪləu] поду́шка *ж*; ~-**case** [-keɪs] на́волочка *ж*

pilot [ˈpaɪlət] **1.** *n* 1) ло́цман *м* (*on a ship*) 2) пило́т *м*; лётчик *м* (*on a plane*) **2.** *v* 1) вести́, управля́ть 2) пилоти́ровать (*a plane*) **3.** *a*: ~ plant о́пытная (полузаводска́я) устано́вка; ~ lamp сигна́льная ла́мпочка; ~ light запа́льный огонёк (*у автоматической газовой плиты*)

pimple [ˈpɪmpl] прыщ(ик) *м*; у́горь *м*

pin [pɪn] **1.** *n* була́вка *ж*; bóbby ~ шпи́лька *ж* **2.** *v* прика́лывать (to, on — к); ~ **up** прика́лывать (*особ. картинку на стену*)

pince-nez [ˈpænsneɪ] пенсне́ *с нескл.*

pincers [ˈpɪnsəz] *pl* кле́щи *мн.*; щипцы́ *мн.*

pinch [pɪntʃ] 1) щипа́ть 2) жать; my new shoes ~ мой но́вые ту́фли жмут

pine [paɪn] сосна́ *ж*

pineapple [ˈpaɪnæpl] анана́с *м*

ping-pong [ˈpɪŋpɔŋ] насто́льный те́ннис, пинг-по́нг *м*

pink [pɪŋk] ро́зовый ◊ ~ cóllar wórkers ‹ро́зовые воротнички́› (*работницы сферы обслуживания, секретарши, машинистки и т. п.*)

pint [paɪnt] пи́нта *ж* (*мера объёма*) ◊ a ~ of bítter, please *брит.* кружку го́рького (пи́ва), пожа́луйста

pioneer [͵paɪə'nɪə] пионе́р *м*; ~ing work нова́торская рабо́та

pious ['paɪəs] на́божный

pipe [paɪp] 1) труба́ *ж* 2) (кури́тельная) тру́бка; fill the ~ наби́ть тру́бку 3) *муз.* свире́ль *ж*; ду́дка *ж*; ~ órgan орга́н; ~line [-laɪn] трубопрово́д *м*; нефтепрово́д *м*

pistol ['pɪstl] пистоле́т *м*; револьве́р *м* (*revolver*)

piston ['pɪstən] по́ршень *м*

pit [pɪt] 1) я́ма *ж* 2) ша́хта *ж* (*mine*) 3) *брит. театр.* за́дние ряды́ парте́ра 4) *амер. театр.* оркестро́вая я́ма

pitch [pɪʧ] 1) *мор.* килева́я ка́чка 2) *спорт.* пода́ча мяча́ (*манера подачи*); he has an éxcellent ~ у него́ отли́чная пода́ча 3) *муз.* высота́ *ж* (*тона, звука и т. п.*)

pitcher ['pɪʧə] *амер.* кувши́н *м*; графи́н *м*

pitfall ['pɪtfɔːl] западня́ *ж* (*тж. перен.*)

pity ['pɪtɪ] жа́лость *ж*; what a ~! кака́я жа́лость!

pizza ['piːtsə] (*тж.* pízza-pie) *амер.* пи́цца *ж*

place [pleɪs] 1. *n* 1) ме́сто *с*; give ~ to уступи́ть ме́сто; in ~ of вме́сто; in the first (sécond) ~ во-пе́рвых (во-вторы́х); out of ~ неуме́стный 2) ме́стность *ж*; cóuntry ~ да́чная ме́стность 3) до́лжность *ж*, слу́жба *ж* (*employment*) 4) *спорт.* одно́ из пе́рвых мест

(*в состязании*) ◊ take ~ происходи́ть 2. *v* 1) помеща́ть; ста́вить; класть (*put*) 2) *спорт.:* be ~d заня́ть одно́ из призо́вых мест

plaid [plæd] 1) плед *м* (*шотландский*) 2) *текст.* шотла́ндка *ж*

plain I [pleɪn] 1) я́сный 2) просто́й; in ~ words про́сто, без обиняко́в

plain II равни́на *ж*

plan [plæn] 1. *n* план *м*; за́мысел *м* 2. *v* составля́ть план, плани́ровать; fámily ~ning эк. плани́рование разме́ров семьи́, семе́йное плани́рование

plane [pleɪn] 1) самолёт *м* (*aircraft*) 2) пло́скость *ж*

planet ['plænɪt] плане́та *ж*

plant [plɑːnt] 1. *n* 1) расте́ние *с* 2) заво́д *м*, фа́брика *ж* (*works*) 2. *v* 1) сажа́ть 2) насажда́ть (*implant*)

plantation [plæn'teɪʃn] 1) насажде́ние *с* 2) планта́ция *ж*; cóffee ~ кофе́йная планта́ция

planter ['plɑːntə] планта́тор *м*

plaster ['plɑːstə] 1. *n* 1) *мед.* пла́стырь *м* 2) штукату́рка *ж*; Páris ~ гипс *м* 2. *v* 1) *мед.* накла́дывать пла́стырь 2) штукату́рить (*in building*)

plastic ['plæstɪk] 1. *a* 1) пласти́ческий; ~ súrgery пласти́ческая хирурги́я 2) скульпту́рный; лепно́й; ~ arts иску́сство вая́ния 3) пла́стиковый, пластма́ссовый; a ~ bag пла́стиковая су́мка 2. *n* 1) пла́стика *ж* 2) пластма́сса 'ж *(material)*

plate [pleɪt] 1) пласти́нка ж 2) таре́лка ж *(dish)* 3) гравю́ра ж, эста́мп м *(print)*

platform ['plætfɔːm] 1) платфо́рма ж, перро́н м; wait for me on the ~ подожди́те меня́ на перро́не 2) *полит.* платфо́рма ж 3) помо́ст м, сце́на ж *(stage)* 4) *спорт.* вы́шка ж *(для прыжков в воду)*

platinum ['plætɪnəm] пла́тина ж

platter ['plætə] 1) больша́я (пло́ская) таре́лка; блю́до с˙ *(dish)* 2) мясно́е ассорти́ *(закуска)*

play ['pleɪ] **1.** *n* 1) игра́ ж 2) пье́са ж; go to see the ~ пойти́ в теа́тр **2.** *v* 1) игра́ть; ~ fóotball (ténnis) игра́ть в футбо́л (те́ннис); ~ the guitár (the violín) игра́ть на гита́ре (на скри́пке) 2) сде́лать ход *(в игре)*; ~ the pawn *шахм.* пойти́· пе́шкой 3) прои́грывать *(пласти́нку)*; ~ this tape поста́вьте э́ту за́пись; ~**-back** [-bæk] воспроизведе́ние ˙с *(звука)*

playbill ['pleɪbɪl] афи́ша ж

player ['pleɪə] 1) *спорт.* игро́к м 2) *театр.* актёр м 3) *муз. см.* cassétte-player

play‖goer ['pleɪˌɡəuə] театра́л м; ~**ground** [-ɡraund] площа́дка ж *(для игр)*; ~**house** [-haus] теа́тр м *(драмати́ческий)*

playing-cards ['pleɪɪŋkɑːdz] *pl* игра́льные ка́рты

play‖land ['pleɪlænd] аттрак-

циóны мн.; ~**mate** [-meɪt] партнёр м *(в играх)*

play-off ['pleɪɔːf] *спорт.* 1) фина́льная игра́, рева́нш м 2) ро́зыгрыш пе́рвенства *(ку́бка)*

playwright ['pleɪraɪt] драмату́рг м

plaza ['plɑːzə] *амер.* 1) (городска́я) пло́щадь *(in a city)* 2) накопи́тельная площа́дка *(перед постами сбора платы за проезд по автомагистрали или по мосту)*

plead [pliːd] (pléaded, pled) 1) проси́ть, умоля́ть (for — о) 2) *юр.:* ~ (not) guílty (не) призна́ть себя́ вино́вным

pleasant ['pleznt] прия́тный; ми́лый, сла́вный

please [pliːz] 1) нра́виться; as you ~ как хоти́те 2) доставля́ть удово́льствие; be ~d быть дово́льным 3): ~ ! пожа́луйста!

pleasure ['pleʒə] удово́льствие с

pleat [pliːt] **1.** *n* скла́дка ж *(на платье)* **2.** *v:* ~ed skirt плисси́рованная ю́бка

pled [pled] *pp от* plead

pledge [pledʒ] **1.** *n* 1) обяза́тельство с *(commitment)* 2) зало́г м *(security)* **2.** *v* принима́ть обяза́тельство

plenty ['plentɪ] (из)оби́лие с; мно́жество с; ~ of time мно́го вре́мени

plight [plaɪt] (тру́дное) положе́ние; be in a sórry (sad) ~ быть в плаче́вном состоя́нии

plot [plɔt] 1) за́говор м 2)

фа́була ж, сюже́т м *(as in a novel, etc)* 3) уча́сток земли́ *(of land)*

plough [plau] *брит.*, **plow** [plau] *амер.* **1.** *n* плуг м **2.** *v* паха́ть

pluck [plʌk] срыва́ть, собира́ть *(цветы)*

plug [plʌg] 1) заты́чка ж; про́бка ж 2) эл. штепсель м; патро́н м; штепсельная ви́лка; pull the ~ вы́ключить; ~ **in** эл. включа́ть

plum [plʌm] сли́ва ж; ~ púdding плюм-пу́ддинг м; ~ tomáto па́льчиковый помидо́р

plumb‖er [ˈplʌmə] сле́сарь--санте́хник м, водопрово́дчик м; ~**ing** [ˈplʌmɪŋ] санте́хника ж

plump [plʌmp] пу́хлый, по́лный

plunge [plʌndʒ] окуна́ть(ся), погружа́ть(ся)

plus [plʌs] плюс м

ply [plaɪ] *мор.* курси́ровать

plywood [ˈplaɪwud] фане́ра ж

p. m. [ˌpiːˈem] (post merídiem) по́сле полу́дня

pneumatic [njuːˈmætɪk] пневмати́ческий; ~ boat надувна́я ло́дка

poach I [pəutʃ]: ~ eggs гото́вить я́йца-пашо́т

poach II браконье́рствовать; ~**er** [-ə] браконье́р м

pocket [ˈpɔkɪt] 1) карма́н м 2) *(тж.* áir-pocket) *ав.* возду́шная я́ма; ~-**book** [-buk] 1) бума́жник м *(wallet)* 2) записна́я

кни́жка *(note-book)*; ~-**knife** [-naɪf] складно́й нож

poem [ˈpəuɪm] поэ́ма ж, стихотворе́ние с

poet [ˈpəuɪt] поэ́т м; ~**ry** [-rɪ] поэ́зия ж; стихи́ мн.

point [pɔɪnt] **1.** *n* 1) то́чка ж; пункт м; деле́ние шкалы́; three ~ one (3.1) три и одна́ деся́тая (3,1); the témperature went up nine ~s температу́ра повы́силась на 9 гра́дусов 2) пункт м; моме́нт м; вопро́с м; ~ of view то́чка зре́ния; ~ of informátion сло́во для спра́вки; ~ of órder! к поря́дку веде́ния! 3) *спорт.* очко́ с 4) гла́вное с, суть ж; it's just the ~ в э́том-то и де́ло ◊ to (off) the ~ кста́ти (некста́ти) **2.** *v* 1) пока́зывать па́льцем 2) (за)остри́ть, (за-)точи́ть *(sharpen)*; ~ **out** ука́зывать

poison [ˈpɔɪzn] яд м; ~ ivy *амер.* ядови́тый сума́х; ~**ous** [-əs] ядови́тый

poke [pəuk] 1) ты́кать 2) *(тж.* poke up) поме́шивать

polar [ˈpəulə] поля́рный; ~ círcle поля́рный круг; ~ fox песе́ц м; ~ bear бе́лый медве́дь

pole I [pəul] по́люс м; North (Sóuth) P. Се́верный (Ю́жный) по́люс

pole II 1) шест м; ~ vault *(лёгкая атле́тика)* прыжо́к с шесто́м) 2) столб м; télegraph ~ телегра́фный столб

police [pəˈliːs] поли́ция ж; ~**man** [-mən] полице́йский м; ~ station [ˈsteɪʃn] полице́йский уча́сток

policy I ['pɔlısı] политика ж; peace ~ мирная политика
policy II страховой полис
polish ['pɔlıʃ] **1.** *n* 1) полировка ж; shoe ~ *брит.* гуталин м 2) лоск м, глянец м (*lustre*) **2.** *v* 1) полировать, шлифовать 2) *брит.* чистить (*обувь*); I want my shoes ~ed мне нужно почистить ботинки
polite [pə'laıt] вежливый, любезный; ~**ness** [-nıs] вежливость ж
political [pə'lıtıkəl] политический
politician [‚pɔlı'tıʃn] политический деятель; *амер. тж.* политикан м
politics ['pɔlıtıks] политика ж
poll [pəul] **1.** *n* 1) голосование с (*voting*) 2) *pl амер.* избирательный пункт 3) (*тж.* public opinion poll) опрос (общественного мнения) **2.** *v* проводить опрос (общественного мнения)
polling-booth ['pəulıŋbu:ð] кабина для голосования
pollut‖**e** [pə'lu:t] загрязнять; ~ed air загрязнённый воздух; ~**ion** [pə'lu:ʃn] загрязнение (окружающей среды)
pomegranate ['pɔmıgrænıt] *бот.* гранат м
pompous ['pɔmpəs] насыщенный
pond [pɔnd] пруд м
ponder ['pɔndə] 1) обдумывать (*что-л.*) 2) раздумывать (*о чём-л.*)
pony ['pəunı] пони м *нескл.*

pool I [pu:l] 1) лужа ж 2) (*тж.* swimming-pool) (плавательный) бассейн; covered (indoor) ~ закрытый (зимний) бассейн; open-air (outdoor) ~ открытый (летний) бассейн
pool II 1) объединённый фонд (*foundation*) 2) объединение с; typing ~ машбюро с
poor [puə] 1) бедный 2) плохой, скудный; in a ~ condition в плохом состоянии; of ~ quality плохого качества
pop [pɔp]: ~ music поп-музыка ж; ~ singer исполнитель в стиле «поп»
popcorn ['pɔpkɔ:n] воздушная кукуруза
pope [pəup] папа (римский)
poplar ['pɔplə] тополь м
poppy ['pɔpı] мак м
popular ['pɔpjulə] 1) народный; P. Front народный фронт 2) популярный; ~ singer популярный певец; ~**ity** [‚pɔpju'lærıtı] популярность ж
population [‚pɔpju'leıʃn] население с
porcelain ['pɔ:slın] фарфор м
porch [pɔ:tʃ] 1) крыльцо с 2) *амер.* веранда ж; терраса ж
pork [pɔ:k] свинина ж
porpoise ['pɔ:pəs] дельфин м (морская свинья)
porridge ['pɔrıdʒ] *брит.* (овсяная) каша
port [pɔ:t] 1) порт м, гавань ж; ~ of call *мор.* порт захода 2) портвейн м (*wine*)
porter I ['pɔ:tə] 1) носиль-

щик *м* 2) *амер.* проводни́к *м*
(*спального вагона*)

porter II швейца́р *м*, привра́тник *м* (*door-keeper*)

porthole [ˈpɔːthəul] иллюмина́тор *м*

portion [ˈpɔːʃn] часть *ж*, до́ля *ж*

portrait [ˈpɔːtrɪt] портре́т *м*

pose [pəuz] пози́ровать

position [pəˈzɪʃn] 1) положе́ние *с*; ме́сто *с* 2) пози́ция *ж* (*attitude*) ◊ be in a ~ to do мочь, быть в состоя́нии сде́лать (*что-л.*)

positive [ˈpɔzətɪv] 1) положи́тельный 2) уве́ренный; I'm quite ~ я соверше́нно уве́рен

possess [pəˈzes] владе́ть, облада́ть; ~**ion** [pəˈzeʃn] владе́ние *с*, облада́ние *с*

possibility [ˌpɔsəˈbɪlɪtɪ] возмо́жность *ж*

possible [ˈpɔsəbl] возмо́жный; ~ winner вероя́тный победи́тель

post I [pəust] столб *м*

post II *воен.* пост *м*

post III 1. *n* по́чта *ж*; by return of ~ обра́тной по́чтой 2. *v брит.* отправля́ть по́чтой; ~**age** [-ɪdʒ] почто́вые расхо́ды; ~**age stamp** почто́вая ма́рка; ~**al** [-əl] почто́вый

postcard [ˈpəustkɑːd] откры́тка *ж*

poster [ˈpəustə] афи́ша *ж*, объявле́ние *с*, плака́т *м* (*placard*)

poste restante [ˌrəustˈrestɑːnt] до востре́бования

post-graduate [ˌpəustˈɡrædjuːt] аспира́нт *м*

post‖man [ˈpəustmən] *брит.* почтальо́н *м*; ~**mark** [-mɑːk] почто́вый штéмпель; ~**office** [-ˌɔfɪs] по́чта *ж*, почто́вое отделе́ние; P.-Office Géneral Гла́вный почта́мт

postpone [pəusˈpəun] откла́дывать, отсро́чивать

pot [pɔt] горшо́к *м*; ~ roast жарко́е *с* ◊ to smoke ~ *амер. разг.* кури́ть марихуа́ну

potage [pɔˈtɑːʒ] суп-пюре́ *м*

potato [pəˈteɪtəu] 1) карто́шка *ж*, карто́фелина *ж*; ~ chips *амер.*, ~ crisps *брит.* хрустя́щий карто́фель 2): ~es *pl* карто́фель *м собир.*; mashed ~es карто́фельное пюре́

potential [pəuˈtenʃəl] потенциа́л *м*; возмо́жности *мн.*; economic ~ экономи́ческий потенциа́л

pothole [ˈpɔthəul] вы́боина *ж*, ныро́к *м* (*на доро́ге*)

pot-pourri [pəuˈpuərɪ] попурри́ *с нескл.*

pouch [pautʃ] 1) мешо́к *м* (*bag*) 2) кисéт *м* (*for tobacco*) 3) дипломати́ческая вали́за; send by ~ посла́ть диппо́чтой

poultry [ˈpəultrɪ] 1) дома́шняя пти́ца *собир.* 2) (*тж.* póultry ráising) птицево́дство *с*

pound [paund] 1) фунт *м* 2) (*тж.* pound stérling) фунт (стéрлингов)

pour [pɔː] лить(ся); it's ~ing дождь льёт как из ведра́; ~ out налива́ть

poverty [ˈpɔvətɪ] бéдность *ж*

powder ['paudə] **1.** *n* 1) порошόк *м* 2) пу́дра *ж*; ~ room дамский туалет **2.** *v* пудрить (-ся); ~ one's face попу́дриться; ~-**case** [-keis] пу́дреница *ж*

power ['pauə] 1) спосόбность *ж*; возмόжность *ж*; I'll do éverything in my ~ я сде́лаю всё, что в мои́х си́лах; ~ of attόrney *юр.* довéренность *ж* 2) энéргия *ж*, мόщность *ж*; eléctric ~ электроэнéргия *ж*; ~ brákes (stéering) *авто* тормозá (рулевόе управлéние) с гидроусили́телем 3) власть *ж* 4) держáва *ж*; the Great Pόwers вели́кие держáвы; ~**ful** [-ful] могу́щественный, си́льный, мόщный

practicable ['præktikəbl] осуществи́мый

practical ['præktikəl] 1) практи́ческий 2) практи́чный; целесообрáзный; ~ advíce дéльный совéт ◊ ~ joke рόзыгрыш *м*; ~**ly** [-i] практи́чески; факти́чески; ~**ly** spéaking в су́щности; ~**ly** éverything is done практи́чески (в су́щности) всё сдéлано

practice ['præktis] 1) прáктика *ж*; in ~ на дéле; put into ~ осуществля́ть 2) упражнéние *с*, трениρόвка *ж*; I am out of ~ я давнό не упражня́лся

practise ['præktis] 1) упражня́ть(ся) 2) рабόтать (*о враче, юристе*); he ~s médicine он рабόтает врачόм

practitioner [præk'tiʃnə]: géneral ~ врач όбщей прáктики

prairie ['prɛəri:] прéрия *ж*

praise [preiz] **1.** *n* (по)хвалá *ж* **2.** *v* хвали́ть

pram [præm] *брит.* дéтская коля́ска

prank [præŋk] рόзыгрыш *м*

pray [prei] 1) моли́ться 2) проси́ть; ~ ! пожáлуйста!; ~**er** [prɛə] 1) моли́тва *ж* 2) прόсьба *ж* (*request*)

preach [pri:tʃ] проповéдовать; -**er** [-ə] проповéдник *м*

precarious [pri'kɛəriəs] неусτόйчивый

precaution [pri'kɔ:ʃn] предосторόжность *ж*

precede [pri:'si:d] предшéствовать

preceding [pri:'si:diŋ] предшéствующий

precinct ['pri:siŋkt] 1) *брит.* учáсток (при цéркви *или* собόре) 2) *амер.* όκруг *м*; eléction ~ (*тж.* eléction dístrict) избирáтельный όκруг; políce ~ полицéйский όκруг 3) *pl* окрéстности *мн.*; the ~s of a town окрéстности гόрода

precious ['preʃəs] драгоцéнный; ~ stones (métals) драгоцéнные кáмни (метáллы)

precipice ['presipis] прόπасть *ж*; обры́в *м*

precise [pri'sais] тόчный

precision [pri'siзn] тόчность *ж*; ~ bálance тόчные весы́

predecessor ['pri:disesə] 1) предшéственник *м* 2) прéдок *м* (*ancestor*)

predicament [pri'dikəmənt] затрудни́тельное положéние; what a ~ ! ну и переплёт! *разг.*

predict [prɪˈdɪkt] предска́зывать

prefabricate [ˌpriːˈfæbrɪkeɪt] изготовля́ть зара́нее; ~d house сбо́рный дом

preface [ˈprefɪs] предисло́вие *c*

prefer [prɪˈfɜː] предпочита́ть; ~ence [ˈprefərəns] 1) предпочте́ние *c* 2) преиму́щество *c*; impérial ~ences импе́рские преференции

pregnant [ˈpregnænt] бере́менная

prejudice [ˈpredʒudɪs] 1) предрассу́док *м* 2) предубежде́ние *c* (*partiality*)

preliminary [prɪˈlɪmɪnərɪ] предвари́тельный

premises [ˈpremɪsɪz] *pl* помеще́ние *c*

premium [ˈpriːmjəm] 1) (страхова́я) пре́мия 2) награ́да *ж* (*prize*)

preparation [ˌprepəˈreɪʃn] приготовле́ние *c*; подгото́вка *ж*

prepare [prɪˈpɛə] приготáвливать(ся), подготáвливать (-ся)

prerecorded [ˌpriːrɪˈkɔːdɪd] в за́писи; the cóncert was ~ конце́рт передаётся в (звуко-) за́писи; the show was ~ спекта́кль был пе́редан в видеоза́писи

preschool [ˌpriːˈskuːl] дошко́льный

prescription [prɪsˈkrɪpʃn] 1) предписа́ние *c* 2) *мед.* реце́пт *м*

presence [ˈprezns] прису́тст-

вие *c*; ~ of mind прису́тствие ду́ха, хладнокро́вие *c*

present I [ˈpreznt] **1.** *a* 1) прису́тствующий 2) тепе́решний, настоя́щий; ~ situátion ны́нешнее положе́ние **2.** *n* настоя́щее вре́мя; at ~ тепе́рь, в да́нное вре́мя; for the ~ пока́

present II 1. *n* [ˈpreznt] пода́рок *м* **2.** *v* [prɪˈzent] 1) представля́ть (*introduce*) 2) преподноси́ть, дари́ть; may I ~ ... to you разреши́те вручи́ть вам...

presently [ˈprezntlɪ] 1) вско́ре 2) тепе́рь, сейча́с (*now*)

preserve [prɪˈzɜːv] 1) сохраня́ть 2) консерви́ровать (*tin*)

preside [prɪˈzaɪd] председа́тельствовать (at, óver — на)

president [ˈprezɪdənt] 1) председа́тель *м* (*chairman*) 2) президе́нт *м*; US ~ президе́нт США

press [pres] **1.** *n* 1) *тех.* пресс *м*; тиски́ *мн.* 2) печа́ть *ж*, пре́сса *ж*; ~ campáign газе́тная кампа́ния; ~ reléase пресс-бюллете́нь *м* 3) *спорт.* жим *м* **2.** *v* 1) нажима́ть; выжима́ть 2) *спорт.* выжима́ть шта́нгу 3) гла́дить; where can I get my suit ~ed? куда́ мо́жно отда́ть погла́дить костю́м? 4) наста́ивать (*insist*); ~-conference [-ˌkɒnfərəns] пресс-конфере́нция *ж*

pressing [ˈpresɪŋ] 1) неотло́жный, спе́шный 2) настоя́тельный (*insistent*)

pressman [ˈpresmən] журнали́ст *м*

pressure [ˈpreʃə] давле́ние *с*; нажи́м *м*; put ~ upón оказывать давле́ние на ◊ ~ suit *ав.*, *косм.* скафа́ндр *м*

presume [prɪˈzjuːm] (пред-)полага́ть *(suppose)*

pretend [prɪˈtend] притворя́ться, де́лать вид

pretext [ˈpriːtekst] предло́г *м*, отгово́рка *ж*

pretty [ˈprɪtɪ] хоро́шенький, привлека́тельный ◊ sitting ~ *разг.* удо́бно устро́ившись

prevail [prɪˈveɪl] 1) преоблада́ть; госпо́дствовать 2) одолева́ть; торжествова́ть (óver — над)

prevent [prɪˈvent] 1) предотвраща́ть 2) меша́ть *(hinder)*

preview [ˈpriːvjuː] 1. *n* (предвари́тельный) просмо́тр *(фильма, спектакля)* 2. *v* просма́тривать *(фильм, спектакль)*

previous [ˈpriːvɪəs] предыду́щий, предше́ствующий

pre-war [ˌpriːˈwɔː] довое́нный; ~ lével довое́нный у́ровень

prey [preɪ] добы́ча *ж*; же́ртва *ж*

price [praɪs] цена́ *ж*; ~ redúction сниже́ние цен; ~ tag *амер.* этике́тка *ж (с указанием цены)*

pride [praɪd] го́рдость *ж*; take ~ in горди́ться *(чем-л.)*

priest [priːst] свяще́нник *м*

primary [ˈpraɪmərɪ] 1. *a* перви́чный; ~ school нача́льная шко́ла 2. *n pl амер. полит.* перви́чные вы́боры

prime [praɪm]: P. Mínister премье́р-мини́стр *м*; ~ cost себесто́имость *ж*; ~ númber просто́е число́; ~ time *амер. тлв* вече́рние часы́

primitive [ˈprɪmɪtɪv] примити́вный, первобы́тный

principal [ˈprɪnsəpəl] 1. *a* гла́вный, основно́й 2. *n* глава́ *ж и м*; ре́ктор *м (of a university)*; дире́ктор *м (of a college, school)*

principle [ˈprɪnsəpl] при́нцип *м*; пра́вило *с*; in ~ в при́нципе; on ~ из при́нципа, принципиа́льно

print [prɪnt] 1. *n* 1) печа́ть *ж* 2) шрифт *м*; small (large) ~ ме́лкий (кру́пный) шрифт 3) *текст.* набивна́я ткань 4) гравю́ра *ж*, эста́мп *м (picture)* 2. *v* 1) печа́тать; ~ed mátter бандеро́ль *ж*; ~ círcuit печа́тная схе́ма 2) писа́ть печа́тными бу́квами; ~, please пиши́те (заполня́йте) печа́тными бу́квами *(в анкете)*

priority [praɪˈɔrɪtɪ] 1) приорите́т *м* 2) поря́док очерёдности; of first ~ первоочередно́й; неотло́жный

prison [ˈprɪzn] тюрьма́ *ж*; ~er [-ə] 1) заключённый *м* 2) *(тж.* prísoner of war) военнопле́нный *м*

private [ˈpraɪvɪt] 1. *a* ча́стный; ли́чный; ~ próperty ча́стная со́бственность 2. *n воен.* рядово́й *м*

privilege [ˈprɪvɪlɪdʒ] привиле́гия *ж*, преиму́щество *с*; ~d [-d] привилегиро́ванный

prize [praɪz] пре́мия *ж*, награ́да ж; приз м; the Lénin P. Ле́нинская пре́мия; the Nobél P. Но́белевская пре́мия

probability [ˌprɔbəˈbɪlɪtɪ] веро́ятность ж; in all ~ по всей вероя́тности

probable [ˈprɔbəbl] вероя́тный

probably [ˈprɔbəblɪ] вероя́тно

probe [prəub] автомати́ческая нау́чно-иссле́довательская ста́нция; зонд м; lúnar (Vénus) ~ автомати́ческая ста́нция, иссле́дующая Луну́ (Вене́ру)

problem [ˈprɔbləm] пробле́ма ж, зада́ча ж

proceed [prəˈsiːd] продолжа́ть; please ~ продолжа́йте, пожа́луйста

process [ˈprəuses] 1) проце́сс м 2) движе́ние с, тече́ние с (*course*)

procession [prəˈseʃn] проце́ссия ж

proclaim [prəˈkleɪm] провозглаша́ть; объявля́ть

procure [prəˈkjuə] достава́ть, добыва́ть

produce [prəˈdjuːs] 1) произво́дить; ~ an impréssion производить впечатле́ние 2) предъявля́ть; ~ a ticket предъяви́ть биле́т 3): ~ a play поста́вить пье́су; ~r [-ə] *кино* продю́сер м

product [ˈprɔdəkt] проду́кт м; изде́лие с; ~ion [prəˈdʌkʃn] 1) проду́кция ж 2) произво́дство с (*manufacturing*)

profession [prəˈfeʃn] профе́с-сия ж; ~al [prəˈfeʃənl] 1. *a* профессиона́льный 2. *n* профессиона́л м; специали́ст м

professor [prəˈfesə] профе́ссор м

profit [ˈprɔfɪt] 1) вы́года ж, по́льза ж 2) (*чаще pl*) при́быль ж; net ~(s) чи́стая при́быль; ~able [-əbl] 1) при́быльный; вы́годный 2) поле́зный (*useful*)

profound [prəˈfaund] глубо́кий

program(me) [ˈprəugræm] програ́мма ж; план м

progress 1. *n* [ˈprəugres] разви́тие с, прогре́сс м **2.** *v* [prəˈgres] продвига́ться; де́лать успе́хи; ~ive [prəˈgresɪv] 1. *a* прогресси́вный 2. *n* прогресси́вный челове́к (де́ятель)

prohibit [prəˈhɪbɪt] запреща́ть; ~ion [ˌprəuhɪˈbɪʃn] запреще́ние с

project 1. *n* [ˈprɔdʒekt] 1) прое́кт м (*plan*); програ́мма ж; Apóllo-Soyúz ~ програ́мма «Сою́з — Аполло́н» (*совместный советско-американский космический полёт*) 2) объе́кт м, стро́йка ж **2.** *v* [prəˈdʒekt] проекти́ровать

proletarian [ˌprəulɪˈtɛərɪən] 1. *a* пролета́рский 2. *n* пролета́рий м

proletariat [ˌprəulɪˈtɛərɪət] пролетариа́т м

prolong [prəuˈlɔŋ] продлева́ть

promenade [ˌprɔməˈneɪd]: ~ deck *мор.* прогу́лочная па́луба

prominent [ˈprɔmɪnənt] выдаю́щийся, ви́дный

promise ['promɪs] **1.** *n* обеща́ние *с*; keep (break) one's ~ сдержа́ть (нару́шить) обеща́ние **2.** *v* обеща́ть

promote [prə'məut] 1) повыша́ть *(в должности)* 2) соде́йствовать

promotion [prə'məuʃn] 1) повыше́ние *с (в должности)* 2) соде́йствие *с (assistance)*

prompt I [prompt] бы́стрый, неме́дленный; a ~ replý ско́рый отве́т

prompt II 1) подска́зывать 2) *театр.* суфли́ровать; ~er [-ə] суфлёр *м*

pronounce [prə'nauns] 1) объявля́ть *(declare)* 2) произноси́ть; how do you ~ this word? как произно́сится э́то сло́во?

pronunciation [prə,nʌnsɪ'eɪʃn] произноше́ние *с*

proof [pru:f] доказа́тельство *с*

prop [prop] **1.** *n* подпо́рка *ж* **2.** *v* подпира́ть

propaganda [,propə'gændə] пропага́нда *ж*; агита́ция *ж*

proper ['propə] 1) прису́щий, сво́йственный 2) пра́вильный, надлежа́щий *(correct)*; ~ly [-lɪ] как сле́дует

property ['propətɪ] 1) со́бственность *ж*; иму́щество *с*; nátional ~ национа́льное достоя́ние, госуда́рственная со́бственность 2) сво́йство *с (quality)*

prophet ['profɪt] проро́к *м*

proportion [prə'pɔːʃn] пропо́рция *ж*; отноше́ние *с*

proposal [prə'pəuzəl] предложе́ние *с*

propose [prə'pəuz] 1) предлага́ть 2) де́лать предложе́ние *(о браке; to)* 3) предполага́ть; do you ~ to go there? вы наме́рены отпра́виться туда́?

prose ['prəuz] про́за *ж*

prosecut‖e ['prosɪkjuːt] подверга́ть суде́бному пресле́дованию; ~ing attórney прокуро́р *м*, обвини́тель *м*

prospect ['prospekt] 1) перспекти́ва *ж* 2) вид *м (view)*

prosper ['prospə] процвета́ть, преуспева́ть; ~ity [pro'sperɪtɪ] процвета́ние *с*; ~ous ['prospərəs] процвета́ющий

protect [prə'tekt] защища́ть; ~ion [prə'tekʃn] защи́та *ж*

protein ['prəutiːn] *биол.* бело́к *м*, протеи́н *м*

protest 1. *n* ['prəutest] проте́ст *м*; make (lodge) a ~ заяви́ть проте́ст **2.** *v* [prə'test] протестова́ть; ~ a decísion опротестова́ть реше́ние

Protestant ['protɪstənt] **1.** *a* протеста́нтский **2.** *n* протеста́нт *м*, протеста́нтка *ж*

proud [praud] го́рдый; be ~ of горди́ться

prove [pruːv] 1) дока́зывать 2) ока́зываться *(кем-л., чем--л.)*; the play ~d éxcellent пье́са оказа́лась превосхо́дной

proven ['pruːvən] *pp* от prove

proverb ['provəːb] посло́вица *ж*

provide [prə'vaɪd] снабжа́ть, обеспе́чивать; I'll ~ tíckets я достану билеты; ~d [prə'vaɪ-dɪd] если, при условии

province ['prɔvɪns] 1) провинция ж; область ж 2) сфера деятельности (*sphere of activity*)

provision [prə'vɪʒn] 1) обеспечение *с*, снабжение *с* 2) *pl* провизия ж (*food*) 3) положение *с*, условие *с*; ~s of a treaty положения договора

provocation [,prɔvə'keɪʃn] провокация ж

provoke [prə'vəuk] 1) вызывать; ~ doubt вызвать сомнение 2) провоцировать (*instigate*)

prow [prau] нос *м* (*корабля*)

proxy ['prɔksɪ] доверенность ж; by ~ по доверенности

prudent ['pru:dənt] осторожный, благоразумный

prune [pru:n] чернослив *м*

pub [pʌb] пивная ж, таверна ж

public ['pʌblɪk] **1.** *a* публичный, общественный; ~ library публичная библиотека; ~ education народное образование; ~ figure общественный деятель; ~ health здравоохранение *с*; ~ opinion общественное мнение; ~ servant государственный служащий; ~ telephone телефон-автомат *м*; ~ television некоммерческое телевидение; ~ utilities коммунальные услуги; ~ address system радиотрансляция ж (*система и установка*) **2.** *n*: the ~ публика ж; in ~ публично, на людях

publication [,pʌblɪ'keɪʃn] 1) опубликование *с*; публикация ж 2) издание *с* (*issuing*)

publicity [pʌb'lɪsɪtɪ] 1) гласность ж 2) реклама ж

publish ['pʌblɪʃ] издавать; ~er [-ə] издатель *м*; the ~ers издательство *с*; ~ing [-ɪŋ]: ~ing house издательство *с*

puck [pʌk] *спорт.* шайба ж

pudding ['pudɪŋ] пудинг *м*

pull [pul] 1) тянуть; тащить 2) дёргать; ~ a bell звонить 3) *спорт.* растягивать; ~ a muscle растянуть мышцу 4) (*тж.* pull out) вытаскивать; I must have my tooth ~ed out мне нужно удалить зуб; ~ down a) опускать; ~ down the shades, please опустите, пожалуйста, шторы; б) сносить (*destroy*); ~ out = pull; ~ over авто остановиться у обочины ◊ ~ oneself together взять себя в руки

pulley ['pu:lɪ] *тех.* блок *м*

pull-over ['pul,əuvə] джемпер *м*, свитер *м*, пуловер *м*

pulse [pʌls] пульс *м*

pulverizer ['pʌlvəraɪzə] пульверизатор *м*

pump [pʌmp] **1.** *n* насос *м* **2.** *v* качать, выкачивать

pumpkin ['pʌmpkɪn] тыква ж

pumps [pʌmps] *pl* лодочки мн. (*туфли*); туфли-галошки мн.

pun [pʌn] игра слов, каламбур *м*

punch [pʌntʃ] 1) *ж.-д.* компостировать 2) перфорировать; ~ed tape перфолента

ж; ~ed card перфока́рта ж
punch II пунш м (drink)
punctual [ˈpʌŋktʃuəl] пунк-
туа́льный, то́чный
punish [ˈpʌnɪʃ] 1) нака́зывать
2) спорт. штрафова́ть; ~ment
[-mənt] наказа́ние с
punitive [ˈpjuːnətɪv] кара́-
тельный; ~ áction кара́тель-
ная а́кция
punk [pʌŋk] панк м, ‹подо́-
нок› м
pupil I [ˈpjuːpl] учени́к м
pupil II зрачо́к м (of an eye)
puppet [ˈpʌpɪt] марионе́тка
ж; ~-show [-ʃəu] ку́кольный
теа́тр
puppy [ˈpʌpɪ] щено́к м
purchase [ˈpəːtʃəs] 1. n поку́п-
ка ж; I have a few ~s to make
мне ну́жно кое-что́ купи́ть 2. v
покупа́ть; púrchasing pówer
покупа́тельная спосо́бность
pure [pjuə] 1) чи́стый 2) пол-
не́йший; чисте́йший; ~ imag-
inátion чисте́йшая вы́думка
purge [pəːdʒ] очища́ть
purple [pəːpl] фиоле́товый,
лило́вый
purpose [ˈpəːpəs] цель ж,
наме́рение с (intention); on ~
наро́чно
purse [pəːs] кошелёк м; амер.
да́мская су́мочка
pursue [pəˈsjuː] пресле́до-
вать
pursuit [pəˈsjuːt] пресле́до-
вание с
push [puʃ] 1. n толчо́к м;
уда́р м; give a ~ толка́ть,
подта́лкивать 2. v толка́ть(ся),
прота́лкивать(ся)

put [put] (put) 1) класть,
ста́вить; ~ to bed уложи́ть
спать 2): ~ a quéstion зада́ть
вопро́с 3) приводи́ть (в определённое состояние); ~ in órder приводи́ть в поря́док 4)
броса́ть, мета́ть; ~ shot спорт.
толка́ть ядро́; ~ aside откла́-
дывать; ~ down запи́сывать;
~ on надева́ть; ~ out туши́ть;
~ up: ~ up at остана́вливать-
ся в (гостинице и т. n.)
puzzle [pʌzl] 1. v озада́-
чивать, ста́вить в тупи́к 2. n
головоло́мка ж; cross-word
~ кроссво́рд м
pyjamas [pəˈdʒɑːməz] пижа́-
ма ж

Q

quadrangle [ˈkwɔdræŋgl]
квадра́т м
quagmire [ˈkwæɡmaɪə] тря-
си́на ж
quake [kweɪk] дрожа́ть,
трясти́сь
Quaker [ˈkweɪkə] ква́кер м
qualification [ˌkwɔlɪfɪˈkeɪʃn]
1) квалифика́ция ж 2) огово́р-
ка ж; ограниче́ние с (reservation)
qualify [ˈkwɔlɪfaɪ] (for) под-
ходи́ть (для)
quality [ˈkwɔlɪtɪ] ка́чество
с; of high ~ высо́кого ка́-
чества
quantity [ˈkwɔntɪtɪ] коли́-
чество с
quarantine [ˈkwɔrəntiːn] ка-
ранти́н м

quarrel [ˈkwɔrəl] **1.** *n* ссо́ра ж **2.** *v* ссо́риться

quarry I [ˈkwɔrɪ] карье́р м, каменоло́мня ж

quarry II 1) добы́ча ж; bird of ~ хи́щная пти́ца 2) *перен.* (наме́ченная) же́ртва

quart [kwɔːt] ква́рта ж *(брит.=1,14 л, амер.=0,95 л)*

quarter [ˈkwɔːtə] 1) че́тверть ж; a ~ of an hour че́тверть часа́; a ~ past two че́тверть тре́тьего; a ~ to three без че́тверти три 2) кварта́л м *(года, города и т. п.);* in the sécond ~ (of the year) во второ́м кварта́ле (го́да); the residéntial ~s of the cíty жилы́е кварта́лы го́рода 3) *амер. разг.* «четверта́к» м, моне́та в два́дцать пять це́нтов 4) *pl* помеще́ние *c;* ~-**back** [-bæk] защи́тник м *(в футболе);* ~**final** [ˌkwɔːtəˈfaɪnl] *спорт. pl* четвертьфина́л; to énter the ~s вы́йти в четвертьфина́л

quartet(te) [kwɔːˈtet] *муз.* кварте́т м

quartz [kwɔːts]: ~ watch электро́нные часы́

quay [kiː] прича́л м; на́бережная ж

queen [kwiːn] 1) короле́ва ж 2) *шахм.* ферзь м 3) *карт.* да́ма ж ◊ ~ size *амер.* разме́ра «куйн» *(стандартный размер матраса и постельного белья, равный примерно 150 × 200 см)*

queer [kwɪə] стра́нный, эксцентри́чный

quench [kwentʃ]: ~ one's thirst утоля́ть жа́жду

question [ˈkwestʃn] 1) вопро́с м; may I ask you a ~? мо́жно зада́ть (вам) вопро́с? 2) пробле́ма ж, де́ло *c;* the ~ is... де́ло в том...; it's out of the ~ об э́том не мо́жет быть и ре́чи 3) сомне́ние *c;* without ~ несомне́нно

questionnaire [ˌkwestʃəˈnɛə] вопро́сник м, анке́та ж

queue [kjuː] **1.** *n брит.* о́чередь ж **2.** *v брит.* стоя́ть в о́череди; ~ (up) for smth стоя́ть в о́череди за чем-л., станови́ться в о́чередь за чем-л.

quick [kwɪk] **1.** *a* бы́стрый **2.** *adv* бы́стро; come ~! торопи́тесь!

quicksilver [ˈkwɪkˌsɪlvə] ртуть ж

quiet [ˈkwaɪət] споко́йный, ти́хий; keep ~! не шуми́те!

quilt [kwɪlt] стёганое одея́ло

quinsy [ˈkwɪnzɪ] анги́на ж

quintet(te) [kwɪnˈtet] *муз.* квинте́т м

quit [kwɪt] 1) оставля́ть, покида́ть; выбыва́ть; ~ work бро́сить рабо́ту 2) переста́ть; ~ it! переста́ньте! ◊ ~s! кви́ты!

quite [kwaɪt] соверше́нно, вполне́, совсе́м; ~ right, ~ so соверше́нно ве́рно

quiver [ˈkwɪvə] дрожа́ть, трепета́ть

quiz [kwɪz] *амер.* 1) (контро́льный) опро́с *(в классе)*

2): ~ show телевиктори́на ж

quotation [kwəu'teɪʃn] цита́та ж

quote [kwəut] цити́ровать

R

rabbit ['ræbɪt] кро́лик м

rabies ['reɪbiːz] мед. бе́шенство с

race I [reɪs] **1.** n 1) го́нка ж; mótor (mótorcycle) ~ автомоби́льные (мотоцикле́тные) го́нки; ~ car (bícycle) го́ночный автомоби́ль (велосипе́д); ármaments ~ го́нка вооруже́ний 2) pl бега́ мн., ска́чки мн. 3) (за)бе́г м; пробе́г м; one húndred métre ~ бег на сто ме́тров **2.** v состяза́ться в ско́рости; мча́ться

race II ра́са ж; ~ discriminátion ра́совая дискримина́ция

race‖course ['reɪskɔːs] брит. ипподро́м м; ~**horse** [-hɔːs] скакова́я ло́шадь

racer ['reɪsə] 1) го́нщик м 2) го́ночный автомоби́ль (велосипе́д и т. n.) (car etc)

racetrack ['reɪstræk] = rácecourse

racket ['rækɪt] спорт. раке́тка ж

racoon [rə'kuːn] ено́т м

radial ['reɪdɪəl] радиа́льный; ~ týre авто радиа́льная ши́на

radiation [ˌreɪdɪ'eɪʃn] 1) излуче́ние с 2) физ. радиа́ция ж;

~ síckness лучева́я боле́знь

radiator ['reɪdɪeɪtə] 1) батаре́я ж (heating device) 2) авто радиа́тор м

radical ['rædɪkəl] коренно́й, основно́й; радика́льный

radio ['reɪdɪəu] 1) ра́дио с нескл.; by ~ по ра́дио; lísten to the ~ слу́шать ра́дио; accórding to Lóndon ~ как сообща́ет ло́ндонское ра́дио 2) радиоприёмник м (radio set)

radish ['rædɪʃ] реди́ска ж

raft [rɑːft] плот м

rag [ræg] тря́пка ж

rage [reɪdʒ] я́рость ж; гнев м

ragtime ['rægtaɪm] муз. регта́йм м, синко́па ж

raid [reɪd] налёт м

rail [reɪl] 1) пери́ла мн. (banisters) 2) перекла́дина ж (bar) 3) рельс м; go by ~ е́хать по́ездом; ~ing [-ɪŋ] огра́да ж

rail‖road ['reɪlrəud] амер. желе́зная доро́га; ~**way** [-weɪ] брит. желе́зная доро́га, амер. 1) трамва́йные пути́; elevated ~way надзе́мка ж 2) подъездно́й путь (industrial); ~way man железнодоро́жник м; ~way guide железнодоро́жный спра́вочник

rain [reɪn] **1.** n дождь м ◊ ~ check амер. квита́нция зака́за, (пи́сьменная) гара́нтия (выполне́ния) отло́женной сде́лки (отло́женного обяза́тельства); I'll take a ~ check on that dinner перен. я приду́ к вам на обе́д в друго́й раз **2.** v: it ~s (it is ~ing) идёт дождь

rain‖bow ['reɪnbəu] ра́дуга ж; **~coat** [-kəut] плащ м

rainy ['reɪnɪ] дождли́вый; ~ day «чёрный день»

raise [reɪz] 1. v 1) поднима́ть; ~ a question подня́ть вопро́с 2) выра́щивать (breed, produce) 3) воздвига́ть; ~ a monument воздви́гнуть па́мятник 4) повыша́ть; ~ wages повыша́ть зарабо́тную пла́ту 5) собира́ть, добыва́ть (голоса, средства и т. п.) 2. n амер. повыше́ние с; ~ in wages повыше́ние зарабо́тной пла́ты

raisin ['reɪzn] изю́м м

rake [reɪk] гра́бли мн.

rally ['rælɪ] 1) слёт м, собра́ние с, (ма́ссовый) ми́тинг (meeting) 2) спорт. ра́лли с нескл.

ram [ræm] бара́н м

ramp [ræmp] авто накло́нный въезд, па́ндус м

ran [ræn] past от run 1

ranch [rɑːntʃ] амер. ра́нчо с нескл., скотово́дческая фе́рма

random ['rændəm]: at ~ науга́д, наобу́м

rang [ræŋ] past от ring II 1

range [reɪndʒ] 1) ряд м, ли́ния ж (row) 2) о́бласть распростране́ния; the ~ of hearing преде́л слы́шимости 3) разма́х м; диапазо́н м; ~ of interests круг интере́сов 4) (тж. rifle-range, shooting-range) тир м; стре́льбище с 5) (ку́хонная) плита́; gas ~ га́зовая плита́ ◊ missile ~ раке́тный полиго́н; ~ finder

дальноме́р м; **~r** [-ə] 1) амер. лесни́к м, объе́здчик м (warden) 2) амер. солда́т спецво́йск, ре́йнджер м (soldier)

rank [ræŋk] 1. n 1) ряд м, шере́нга ж; fall into ~ постро́иться 2) чин м, ранг м (grade) ◊ ~ and file рядовы́е мн. 2. v 1) выстра́ивать(ся) в ряд (в ли́нию) 2) классифици́ровать; занима́ть ме́сто; he ~s high as a sprinter он ви́дный спри́нтер

ransom ['rænsəm] вы́куп м

rapid ['ræpɪd] 1. a бы́стрый, ско́рый; ~ transit (городско́й) скоростно́й тра́нспорт 2. n pl поро́ги мн. (реки́)

rapporteur [ˌræpɔːˈtəː] докла́дчик м (комиссии, комитета)

rare [rɛə] 1) ре́дкий, необыкнове́нный 2) амер.: a ~ steak бифште́кс «с кро́вью»

rash I [ræʃ] сыпь ж

rash II поспе́шный; опроме́тчивый

raspberry ['rɑːzbərɪ] мали́на ж

rat [ræt] кры́са ж

rate [reɪt] 1) но́рма ж; расце́нка ж; ста́вка ж; ~ of exchange фин. обме́нный курс 2) темп м; ско́рость ж; at the ~ of one hundred miles per hour со ско́ростью сто миль в час 3) сорт м (sort) 4) проце́нт м; сте́пень ж; birth (death) ~ рожда́емость ж (сме́ртность ж) 5) брит. обычно pl ме́стные нало́ги; ~s and taxes ме́стные и госуда́рственные нало́ги ◊ at any ~ во вся́ком слу́чае

rather [ˈrɑːðə] 1) скоре́е, лу́чше 2) слегка́, не́сколько; I'm ~ tíred я немно́го уста́л 3) *разг.* коне́чно, да; ещё бы; would you like to go there? — ~ ! вы хоти́те туда́ пойти́? — Ещё бы!

ratification [ˌrætɪfɪˈkeɪʃn] ратифика́ция *ж*; ~ ínstruments ратификацио́нные гра́моты

ratify [ˈrætɪfaɪ] ратифици́ровать

ration [ˈræʃn] паёк *м*

rational [ˈræʃənl] разу́мный, рациона́льный

rattle [ˈrætl] треща́ть, греме́ть, грохота́ть

raven [ˈreɪvn] во́рон *м*

raw [rɔː] сыро́й; необрабо́танный; ~ matérial сырьё *с*

ray [reɪ] луч *м*

rayon [ˈreɪɔn] иску́сственный шёлк, виско́за *ж*

razor [ˈreɪzə] бри́тва *ж*; sáfety ~ безопа́сная бри́тва; ~ blade (бри́твенное) ле́звие

reach [riːtʃ] 1) достига́ть, доходи́ть, доезжа́ть 2) достава́ть, дотя́гиваться; will you kíndly ~ me the salt переда́йте, пожа́луйста, соль 3) простира́ться (*extend*)

react [rɪˈækt] реаги́ровать

reaction [rɪˈækʃn] 1) реа́кция *ж*; реаги́рование *с* 2) *полит.* реа́кция *ж*; ~ary [-ərɪ] 1. *а* реакцио́нный 2. *n* реакционе́р *м*

read [riːd] (read [red]) 1) чита́ть; I ~ Rússian я чита́ю по-ру́сски 2) гласи́ть; пока́зывать; the thermómeter ~s... термо́метр пока́зывает...; ~er [-ə] 1) чита́тель *м* 2) хрестома́тия *ж* (*book*); ~ing [-ɪŋ] чте́ние *с*

reading-room [ˈriːdɪŋrum] чита́льный зал

readout [ˈriːdaut] вы́вод да́нных (*в электро́нике*)

ready [ˈredɪ] гото́вый; dínner is ~ обе́д гото́в; ~ móney нали́чные *мн.*; ~-**made** [ˌredɪˈmeɪd]: ~-made clothes гото́вое пла́тье; ~-**mix** [-mɪks] полуфабрика́т *м* (*торта, кекса и т. п.*)

real [rɪəl] действи́тельный, настоя́щий ◊ ~ estáte недви́жимость *ж*

realism [ˈrɪəlɪzm] реали́зм *м*

reality [riːˈælɪtɪ] действи́тельность *ж*; in ~ на са́мом де́ле

realize [ˈrɪəlaɪz] 1) осуществля́ть 2) понима́ть, представля́ть себе́ (*understand*)

really [ˈrɪəlɪ] действи́тельно, в са́мом де́ле

reap [riːp] *с.-х.* жать; ~er [-ə] 1) жнец *м* (*man*) 2) жа́тка *ж* (*machine*)

rear I [rɪə] тыл *м* ◊ ~ ádmiral контр-адмира́л *м*

rear II 1) поднима́ть, воздвига́ть 2) воспи́тывать, выра́щивать (*bring up*)

reason [ˈriːzn] 1. *n* 1) ра́зум *м*; благоразу́мие *с* 2) причи́на *ж*, основа́ние *с*; до́вод *м*; for some ~ or óther заче́м-то,

почему́-то **2.** *v* рассужда́ть;
~**able** [-əbl] 1) разу́мный 2)
прие́млемый; ~able price уме́-
ренная цена́

rebel 1. *n* [ˈrebl] повста́-
нец *м*; мятёжник *м* **2.** *v* [rɪˈbel]
восстава́ть

recall [rɪˈkɔ:l] **1.** *v* 1) от-
зыва́ть 2) отменя́ть; ~ an
órder отмени́ть прика́з 3) вспо-
мина́ть *(recollect)* **2.** *n* изъя́тие
*с (из оборота недоброкаче-
ственной продукции)*

recap [riˈkæp] резюми́ровать

recede [rɪˈsi:d] отступа́ть;
the high water ~d вода́
спа́ла

receipt [rɪˈsi:t] 1) получе́-
ние *с* 2) распи́ска *ж*, квита́н-
ция *ж*; may I have a ~,
please да́йте, пожа́луйста,
квита́нцию (чек)

receive [rɪˈsi:v] 1) получа́ть;
~ an invitátion получи́ть
приглаше́ние 2) принима́ть
(entertain); ~**r** [-ə] (телефо́н-
ная) тру́бка *(ear-piece)*

recent [ˈri:snt] неда́вний,
но́вый, све́жий; ~**ly** [-lɪ] не-
да́вно

reception [rɪˈsepʃn] приём *м*;
~ desk конто́рка дежу́рного
(или портье́*) (в гостинице)*;
~**ist** [-ɪst] 1) дежу́рный *(или*
дежу́рная), веду́щий(-ая) приём посети́телей *(в учреждении)* 2) регистра́тор *м (у врача)*

recess [rɪˈses] 1) переры́в *м*;
an hour's ~ часово́й пере-
ры́в 2) кани́кулы *мн. (vacation)*

recital [rɪˈsaɪtl] 1) деклама́-
ция *ж*; худо́жественное чте́-
ние 2) *муз.* со́льный кон-
це́рт; конце́рт из произведе́-
ний одного́ компози́тора

recite [rɪˈsaɪt] чита́ть, де-
клами́ровать

reckless [ˈreklɪs] отча́янный,
безрассу́дный

reckon [ˈrekən] 1) счита́ть,
подсчи́тывать 2) ду́мать,
предполага́ть *(suppose)*

reclaim [rɪˈkleɪm] осва́ивать;
~ árable land from the júngle
расчища́ть джу́нгли под па́ш-
ню

recognition [ˌrekəgˈnɪʃn] при-
зна́ние *с*

recognize [ˈrekəgnaɪz] 1) уз-
нава́ть 2) признава́ть; ~ a
góvernment призна́ть прави́-
тельство

recollect [ˌrekəˈlekt] припо-
мина́ть *(remember)*

recommend [ˌrekəˈmend] ре-
комендова́ть, сове́товать;
~**ation** [ˌrekəmenˈdeɪʃn] реко-
менда́ция *ж*; fóllow the dóctor's ~átion выполня́йте пред-
писа́ния врача́

reconcile [ˈrekənsaɪl] прими-
ря́ть (with, to — с)

reconstruct [ˌri:kənˈstrʌkt]
перестра́ивать; ~**ion** [ˌri:kən-
ˈstrʌkʃn] перестро́йка *ж*, ре-
констру́кция *ж*

record 1. *n* [ˈrekɔːd] 1) за́пись
ж; протоко́л *м*; on ~ занесён-
ный в протоко́л, зарегистри́ро-
ванный; официа́льный, объя́в-
ленный публи́чно 2) (граммо-
фо́нная) пласти́нка *(for a*

gramophone) 3) рекорд *м*; break (set) a ~ побить (установить) рекорд ◊ bad (good) ~ плохая (хорошая) репутация; off the ~ не для протокола; между нами **2.** *v* [rɪˈkɔːd] 1) записывать, регистрировать 2) осуществлять звукозапись; вести запись звука *или* изображения на магнитную ленту; their songs were ~ed их песни (были) записаны (на магнитофоне); the show was ~ed on video tape концерт записан на видео; ~-**holder** [-həuldə] *спорт.* рекордсмен *м*; ~**ing** [rɪˈkɔː-dɪŋ] (магнитная) запись; ~**player** проигрыватель *м*; электрофон *м*, «вертушка» *ж*

recover [rɪˈkʌvə] 1) возвращать; получать назад; ~ a lost thing получить назад потерянную вещь 2) выздоравливать, поправляться *(from illness)*; ~**y** [rɪˈkʌvərɪ] 1) выздоровление *с (after illness)* 2) восстановление *с (restoration)*

recreation [ˌrekrɪˈeɪʃn] отдых *м*, развлечение *с*; ~ ground площадка для игр

recruit [rɪˈkruːt] вербовать

rectangle [ˈrektæŋgl] прямоугольник *м*

red [red] 1) красный; ~ flag красный флаг; R. Cross Красный Крест; R. Crescent Красный Полумесяц 2) рыжий; ~ hair рыжие волосы ◊ ~ alert *воен.* боевая готовность; ~ carpet treatment (welcome) торжественный приём (торже-

ственная встреча); ~ tape бюрократизм *м*

reduce [rɪˈdjuːs] уменьшать, понижать; ~ prices снижать цены; ~ speed сбавить скорость

reduction [rɪˈdʌkʃn] снижение *с*; скидка *ж*; уменьшение *с*; ~ of armaments сокращение вооружений

reed [riːd] тростник *м*; камыш *м*

reel [riːl] 1) катушка *ж* 2) *(тж.* tape reel) (магнитофонная) бобина 3) *тех.* барабан *м* 4) *кино* часть *ж*

re-entry [riːˈentrɪ]: ~ module спускаемый отсек *(космического корабля)*

refer [rɪˈfəː] 1) ссылаться (to — на) 2) направлять, отсылать; I can ~ you to a good library я могу порекомендовать вам хорошую библиотеку 3) иметь отношение, относиться; this rule ~s only to children это положение относится лишь к детям; ~**ee** [ˌrefəˈriː] *спорт.* судья *м*; ~**ence** [ˈre-frəns] 1) ссылка *ж*, упоминание *с*; cross ~ence перекрёстная ссылка; make ~ence to smth упоминать что-л. 2) справка *ж*; ~ence book справочник *м* 3) рекомендация *ж*; he has very good ~ences у него отличные рекомендации (отличная характеристика)

refill [ˌriːˈfɪl] **1.** *v* 1) наполнить вновь 2) *авто* заправиться; дозаправиться **2.** *n* [ˈriːfɪl] *(запасная, расходуе-*

мая часть чего-л.): máy I have a ~ for my báll-point pen? дáйте, пожáлуйста, стéржень для э́той рýчки

refine [rɪ'faɪn] 1) очищáть 2) *перен.* дéлать изя́щным, утончённым; ~ry [rɪ'faɪnərɪ] нефтеперегóнный завóд

reflect [rɪ'flekt] 1) отражáть(ся) 2) размышля́ть (*ponder*)

reform [rɪ'fɔːm] 1. *n* рефóрма ж; agrárian ~ аграрная рефóрма 2. *v* исправля́ть, перевоспи́тывать; ~ júvenile delínquents перевоспи́тывать малолéтних престýпников

refrain [rɪ'freɪn] припéв *м*

refresh [rɪ'freʃ] освежáть; ~ onesélf *разг.* подкрепи́ться; ~ment [-mənt] 1) подкреплéние *с (сил и т. п.)* 2) (*тж. pl*) закýски и напи́тки; ~ment room буфéт *м*

refrigerator [rɪ'frɪdʒəreɪtə] холоди́льник *м*

refuge ['refjuːdʒ] убéжище *с*; take ~ спасáться; ~e [ˌrefjuˈdʒiː] бéженец *м*

refusal [rɪ'fjuːzəl] откáз *м*

refuse I [rɪ'fjuːz] откáзывать(ся); ~ point-blánk наотрéз отказáться

refuse II ['refjuːs] мýсор *м*, отбрóсы *мн.*

refute [rɪ'fjuːt] опровергáть

regain [rɪ'geɪn] получи́ть обрáтно; ~ one's health (*cónsciousness*) попрáвиться (прийти́ в сознáние)

regard [rɪ'gɑːd] 1. *n* 1) внимáние *с*; уважéние *с* (*respect*) 2) *pl* поклóн *м*, привéт *м*; give him my best ~s передáйте емý сердéчный привéт 3) отношéние *с*; in (with) ~ to относи́тельно 2. *v* 1) смотрéть на когó-л., что-л. 2) считáть, рассмáтривать (*consider*) 3) касáться; as ~s что касáется; ~ing [-ɪŋ] относи́тельно

regime [reɪ'ʒiːm] режи́м *м*; строй *м*

region ['riːdʒən] 1) óбласть ж 2) зóна ж, регио́н *м*, (географи́ческий *или* экономи́ческий) райóн; the Sóuth-Éast Ásia R. райóн (зóна) Ю́го-Восто́чной Áзии; ~al [-əl] региона́льный; UN ~al económic commíssions региона́льные экономи́ческие коми́ссии ОÓН

register ['redʒɪstə] 1. *n* журнáл *м* (*записей*); have you signed the ~? вы расписáлись в кни́ге посети́телей? 2. *v* регистри́ровать; ~ one's lúggage сдать вéщи в багáж; they're ~ed in the same hotél они́ останови́лись в той же гости́нице; ~ed [-d]: ~ed létter заказнóе письмó

registration [ˌredʒɪ'streɪʃn] регистрáция ж

registry ['redʒɪstrɪ] 1) регистратýра ж 2) (the R., *тж.* Régistry Óffice) отдéл зáписи áктов граждáнского состоя́ния (*ЗАГС*)

regret [rɪ'gret] 1. *n* сожалéние *с*; to my ~ к сожалéнию 2. *v* 1) сожалéть 2) раскáиваться

regular ['regjulə] 1) пра́вильный (*correct*) 2) обы́чный; ~ procédure обы́чная процеду́ра 3) *разг.* настоя́щий; ~ guy *амер.* молоде́ц *м* 4) регуля́рный; ~ ármy регуля́рная а́рмия

regulate ['regjuleɪt] 1) регули́ровать 2) приспоса́бливать (*adjust*)

regulation [ˌregju'leɪʃn] 1) регули́рование *с* 2) (*обыкн. pl*) пра́вила *мн.*; регла́мент *м*; keep to the ~s соблюда́йте пра́вила

rehearsal [rɪ'hə:səl] репети́ция *ж*

reign [reɪn] 1) ца́рствовать 2) *перен.* госпо́дствовать

reindeer ['reɪndɪə] се́верный оле́нь

reinforce [ˌri:ɪn'fɔ:s] уси́ливать, подкрепля́ть; ~d cóncrete железобето́н

reins [reɪnz] *pl* пово́дья *мн.*, во́жжи *мн.*

reject [rɪ'dʒekt] отверга́ть, отклоня́ть

rejoice [rɪ'dʒɔɪs] ра́довать(ся); ~ in (at) ра́доваться *чему-л.*

relate [rɪ'leɪt] 1) расска́зывать 2) устана́вливать связь ме́жду чем-л. (*establish connections*) 3) находи́ться в родстве́; we are clósely ~d мы бли́зкие ро́дственники

relation [rɪ'leɪʃn] 1) отноше́ние *с*; связь *ж*; búsiness (fríendly) ~s деловы́е (дру́жеские) отноше́ния; in ~ to что каса́-

ется 2) ро́дственник *м* (*relative*)

relative ['relətɪv] **1.** *n* ро́дственник *м* **2.** *a* относи́тельный; име́ющий отноше́ние

relax [rɪ'læks] ослабля́ть; ~ one's atténtion (éfforts) осла́бить внима́ние (уси́лия) ◊ ~! *амер.* споко́йно!; передохни́!, приди́ в себя́!; ~**ation** [ˌri:læk'seɪʃn] 1) ослабле́ние *с*; ~átion of internátional ténsion(s) смягче́ние междунаро́дной напряжённости 2) о́тдых *м*, переды́шка *ж* (*respite*)

relay ['ri:leɪ] 1) *радио, тлв.* (ре)трансля́ция *ж*; ~ státion ретрансляцио́нная ста́нция 2) *спорт.* эстафе́та *ж*

release [rɪ'li:s] 1) освобожда́ть 2) (от)пуска́ть; ~ an árrow пусти́ть стрелу́ 3) выпуска́ть (*из печати и т. п.*); ~ the news опубликова́ть сообще́ние

reliable [rɪ'laɪəbl] надёжный; ~ informátion достове́рные све́дения

relief I [rɪ'li:f] 1) облегче́ние *с* 2) по́мощь *ж*; посо́бие *с*; ~ fund фонд по́мощи

relief II рельеф *м*

relieve [rɪ'li:v] 1) облегча́ть; ~ pain облегча́ть боль 2) ока́зывать по́мощь (*help*) 3) заменя́ть, подменя́ть; will you ~ me for a mínute? пожа́луйста, замени́те меня́ на мину́тку

religion [rɪ'lɪdʒn] рели́гия *ж*

religious [rɪ'lɪdʒəs] религио́зный

relish ['relɪʃ] 1) (при)вкус *м*, за́пах *м* 2) со́ус *м*, припра́ва *ж*

reluctant [rɪ'lʌktənt] сопротивля́ющийся; неохо́тный

rely [rɪ'laɪ] полага́ться; you may ~ on (upón) me вы мо́жете положи́ться на меня́

remain [rɪ'meɪn] остава́ться; ~der [-də] оста́ток *м*

remark [rɪ'mɑːk] **1.** *n* замеча́ние *c*; límit your ~s to five mínutes у вас пять мину́т для выступле́ния **2.** *v* 1) замеча́ть *(notice)* 2) вы́сказать замеча́ние *(make a comment)*; ~able [-əbl] замеча́тельный

remedial [rɪ'miːdɪəl] 1) корректи́вный; ~ clásses дополни́тельные заня́тия (с отстаю́щими) 2) лече́бный; ~ gymnástics лече́бная гимна́стика

remedy ['remɪdɪ] 1) сре́дство *c* 2) лека́рство *c (medicine)*

remember [rɪ'membə] по́мнить, вспомина́ть; ~ me to her кла́няйтесь ей от меня́

remind [rɪ'maɪnd] напомина́ть; please ~ me of it напо́мните мне об э́том, пожа́луйста

reminiscence [ˌremɪ'nɪsns] воспомина́ние *c*

remit [rɪ'mɪt]: ~ móney перевести́ де́ньги; ~tance [-əns] перево́д де́нег

remnant ['remnənt] оста́ток *м*

remote [rɪ'məut] 1) да́льний; отдалённый 2) маловероя́тный; a véry ~ possibílity маловероя́тное собы́тие; оди́н шанс из ты́сячи

remove [rɪ'muːv] удаля́ть; устраня́ть; убира́ть; ~ stáins выводи́ть пя́тна

Renaissance [rə'neɪsəns] эпо́ха Возрожде́ния, Ренесса́нс *м*

render ['rendə] 1) воздава́ть; ока́зывать; ~ aid ока́зывать по́мощь 2) представля́ть; ~ an accóunt предста́вить счёт 3) приводи́ть в определённое состоя́ние, превраща́ть во что-л.; ~ him háppy осчастли́вить его́ 4) переводи́ть *(translate)*

renege [rɪ'niːg] идти́ на попя́тный

renew [rɪ'njuː] 1) обновля́ть; ~ a house отремонти́ровать дом 2) возобновля́ть; ~ correspóndence возобнови́ть перепи́ску

renown [rɪ'naun]: of world ~ всеми́рно изве́стный

rent [rent] *особ. амер.* **1.** *n* 1) аре́нда *ж*; apártments for ~ сдаю́тся кварти́ры *(объявле́ние)* 2) аре́ндная пла́та *(for land, machinery, etc)* 3) кварти́рная пла́та *(for an apartment)*; what's your ~? ско́лько вы пла́тите за кварти́ру? **2.** *v* 1) нанима́ть; they ~ an apártment они́ снима́ют кварти́ру 2) сдава́ть в аре́нду *(let)*; ~al [-əl] 1) аре́ндная пла́та *(rent)* 2) прока́т *м*; ~al store бюро́ прока́та

repair [rɪ'pɛə] **1.** *n* 1) почи́нка *ж*, ремо́нт *м*; mínor ~(s) ме́лкий ремо́нт; únder ~ в ремóнте; "~s done while you wait" «ремóнт произвóдится в присýтствии закáзчика» (*нáдпись*) 2): in good ~ в хорóшем состоя́нии, в испрáвности 2. *v* ремонти́ровать; ~ shoes (a road) ремонти́ровать боти́нки (дорóгу)

repeat [rɪˈpiːt] повторя́ть

repel [rɪˈpel] отта́лкивать; ~**lent** [ˈ-ənt] 1. *a* 1) отта́лкивающий 2) отврати́тельный (*repulsive*) 3): wáter ~lent fábric водоотта́лкивающая ткань 2. *n* репеллéнт (*to repel insects*)

repertoire [ˈrepətwɑː] репертуáр *м*

repetition [ˌrepɪˈtɪʃn] повторéние *с*

replace [rɪˈpleɪs] 1) положи́ть обрáтно 2) заменя́ть, замещáть (*substitute for*); impóssible to ~ незамени́мый

replay 1. *n* [ˈriːpleɪ] *спорт.* переигрóвка *ж* 2. *v* [ˌriːˈpleɪ] переигрáть (*матч, игру*)

replica [ˈreplɪkə] *иск.* кóпия *ж*

reply [rɪˈplaɪ] 1. *n* отвéт *м*; sóund ~ разýмный отвéт 2. *v* отвечáть; he replíed yes он отвéтил утверди́тельно; ~-**paid** [-peɪd] с опла́ченным отвéтом

report [rɪˈpɔːt] 1. *n* докла́д *м*; рáпорт *м*; отчёт *м*; a néwspaper ~ газéтный отчёт 2. *v* 1) сообщáть; докла́дывать; it's ~ed that... сообщáется, что... 2) быть в подчинéнии; he ~s diréctly to the mínister

он подчиня́ется непосрéдственно мини́стру; ~**er** [-ə] репортёр *м* (*journalist*); ~**ing** [-ɪŋ] репортáж *м*

represent [ˌreprɪˈzent] 1) представля́ть 2) изображáть; what does the pícture ~? что изображенó на э́той карти́не?; ~**ative** [-ətɪv] представи́тель *м*

repression [rɪˈpreʃn] подавлéние *с*, репрéссия *ж*

reprint [ˌriːˈprɪnt] переиздавáть, перепеча́тывать

reprisal [rɪˈpraɪzəl] 1) *особ. pl* репрéссии (*use of force*) 2) *юр.* репрессáлия *ж*

reproach [rɪˈprəʊtʃ] 1. *n* упрёк *м*; осуждéние *с* 2. *v* упрекáть (with *smth* — в *чём-л.*)

reproduction [ˌriːprəˈdʌkʃn] воспроизведéние *с*, репродýкция *ж*, кóпия *ж*

republic [rɪˈpʌblɪk] респýблика *ж*; ~**an** [-ən] 1. *a* республикáнский; the R. Párty республикáнская пáртия 2. *n* (R.) республикáнец *м*, член республикáнской пáртии (*в США*); the Repúblican Administrátion прави́тельство республикáнцев

reputation [ˌrepjuːˈteɪʃn] репутáция *ж*; дóброе и́мя

request [rɪˈkwest] 1. *n* прóсьба *ж*; "a ~ stop" «остановка по трéбованию» (*нáдпись*); wrítten ~ пи́сьменное заявлéние ◇ by ~ по прóсьбе 2. *v* проси́ть; "vísitors are ~ed not to touch the exhíbits" «посети́телей прóсят экспонáты рука́ми не тро́гать▸ *(надпись в музее)*; as ~ed по инстру́кции

require [rɪ'kwaɪə] 1) тре́бовать; if círcumstances ~ в слу́чае необходи́мости 2) нужда́ться в чём-л. *(need)*; ~ment [-mənt] тре́бование *с*; потре́бность *ж*; meet the ~ments отвеча́ть тре́бованиям, удовлетворя́ть потре́бности

rerun ['riːrʌn] 1) повто́рный пока́з *(фильма)* 2) ста́рый фильм *(особ. показываемый по телевидению — film)*

rescue ['reskjuː] 1. *n* спасе́ние *с*; come to the ~ прийти́ на по́мощь 2. *v* спаса́ть 3. *а*: ~ team спаса́тельная кома́нда

research [rɪ'səːtʃ] (нау́чное) иссле́дование; ~ and devélopment (R and D) нау́чно-иссле́довательские и о́пытно-констру́кторские рабо́ты (НИОКР)

resemblance [rɪ'zembləns] схо́дство *с* (betwéen, to — ме́жду, с)

resemble [rɪ'zembl] походи́ть на *(кого-л.)*; име́ть схо́дство с *(кем-л.)*

resent [rɪ'zent] раздража́ться; he ~s my béing here его́ раздража́ет моё прису́тствие

reservation [ˌrezə'veɪʃn] 1) огово́рка *ж*; withóut ~ безогово́рочно; make a ~ сде́лать огово́рку 2) резерва́ция *ж (for the Indians)*

reserve [rɪ'zəːv] 1. *n* 1) запа́с *м*, резе́рв *м*; in ~ в запа́се 2) сде́ржанность *ж (self-restraint)* 3) *спорт.* запасно́й игро́к 2. *v* 1) сберега́ть; запаса́ть; ~ your strength береги́те си́лы 2) откла́дывать *(решение и т. д.)*; резерви́ровать; I ~ my posítion я вы́скажусь по э́тому вопро́су по́зже 3) брони́ровать, резерви́ровать; ~ a room in a hotél заброни́ровать но́мер в гости́нице; ~d [-d] 1) скры́тный, сде́ржанный 2): ~d seat а) нумеро́ванное ме́сто; б) плацка́рта *ж (on a railway)*; в) биле́т в теа́тр *(ку́пленный зара́нее на нумеро́ванное место)*; all seats ~d *театр., кино* все места́ нумеро́ванные *(объявление)*

reservoir ['rezəvwɑː] резервуа́р *м*; водохрани́лище *с*

reside [rɪ'zaɪd] прожива́ть; ~nce ['rezɪdəns] местожи́тельство *с*, резиде́нция *ж*; ~nt ['rezɪdənt] постоя́нный жи́тель *(inhabitant)*; ~ntial [ˌrezɪ'denʃəl] жило́й; ~ntial district жилы́е кварта́лы; ~ntial hotél меблиро́ванные ко́мнаты

resign [rɪ'zaɪn] *полит.* уходи́ть в отста́вку; ~ation [ˌrezɪg'neɪʃn] отста́вка *ж*

resist [rɪ'zɪst] 1) сопротивля́ться 2) сде́рживаться; I can't ~ the temptátion (of) не могу́ удержа́ться от искуше́ния; ~ance [-əns] сопротивле́ние *с*; ~ance móvement движе́ние сопротивле́ния, освободи́тельное движе́ние

resolute ['rezəluːt] твёрдый, реши́тельный

resolution [ˌrezə'luːʃn] 1) реше́ние *c*, резолю́ция *ж* 2) реши́мость *ж* (determination)

resolve [rɪ'zɔlv] **1.** *v* реша́ть(ся) **2.** *n* реши́мость *ж*; act with ~ де́йствовать реши́тельно

resort [rɪ'zɔːt] **1.** *n* 1): súmmer ~ да́чное ме́сто 2) (тж. health resórt) куро́рт *м* **2.** *v* прибега́ть (to — к *чему-л.*)

resources [rɪ'sɔːsɪz] *pl* ресу́рсы *мн.*, сре́дства *мн.*; nátural (míneral) ~ приро́дные ресу́рсы (поле́зные ископа́емые)

respect [rɪ'spekt] **1.** *n* 1) уваже́ние *c* 2): in ~ to что каса́ется **2.** *v* уважа́ть; ~able [-əbl] почте́нный; представи́тельный; ~fully [-fulɪ]: ~fully yours и́скренне уважа́ющий вас (*в письме*); ~ive [-ɪv] соотве́тственный; each went to his ~ive home все разошли́сь по дома́м

respite ['respaɪt] перед
ы́шка *ж*

respond [rɪ'spɔnd] 1) отвеча́ть; отзыва́ться 2) реаги́ровать (react to)

response [rɪ'spɔns] отве́т *м*; о́тклик *м*; in ~ to в отве́т на

responsibility [rɪˌspɔnsə'bɪlɪtɪ] 1) отве́тственность *ж* 2) (*особ. pl*) обя́занность *ж* (duty)

responsible [rɪ'spɔnsəbl] отве́тственный

rest I [rest] **1.** *n* о́тдых *м*, поко́й *м*; let's have a ~ дава́йте отдохнём ◊ ~ room *амер.* обще́ственная убо́рная **2.** *v* 1) отдыха́ть; ~ well хорошо́ отдохну́ть 2) опира́ться (lean on)

rest II 1. *n* (the ~) остально́е *c*; остальны́е *мн.* **2.** *v* 1) остава́ться; ~ assúred that... бу́дьте уве́рены, что... 2): it ~s with you to decíde за ва́ми пра́во реше́ния

restaurant ['restərənt] рестора́н *м*

rest-house ['resthaus] (придоро́жная) гости́ница

restless ['restlɪs] беспоко́йный, неугомо́нный

restoration [ˌrestə'reɪʃn] восстановле́ние *c*, реставра́ция *ж*

restore [rɪ'stɔː] восстана́вливать, реставри́ровать

restrain [rɪ'streɪn] сде́рживать

restriction [rɪ'strɪkʃn] ограниче́ние *c*; without ~s без ограниче́ний

result [rɪ'zʌlt] **1.** *n* результа́т *м*, сле́дствие *c* **2.** *v* (in smth) приводи́ть к (*чему-л.*), ока́нчиваться (*чем-л.*)

resume [rɪ'zjuːm] возобновля́ть

retail 1. *n* ['riːteɪl] ро́зничная прода́жа **2.** *adv* в ро́зницу **3.** *v* [rɪ'teɪl] продава́ть(ся) в ро́зницу; ~er [-ə] ла́вочник *м*, ро́зничный торго́вец

retard [rɪ'tɑːd] замедля́ть; ~ed [-əd] у́мственно отста́лый; ~ed prógram (school) програ́мма (шко́ла) для у́мственно отста́лых дете́й

retire [rɪˈtaɪə] 1) удаля́ться (*withdraw*) 2) уходи́ть в отста́вку (*resign*)

retreat [rɪˈtriːt] отступа́ть

retro [ˈretrəu] *иск.* стиль ‹ре́тро›; ~**pack** [-pæk] *косм.* тормозна́я двигательная устано́вка

return [rɪˈtəːn] **1.** *n* 1) возвраще́ние *c*; on one's ~ по возвраще́нии 2) возмеще́ние *c*; in ~ в отве́т; в обме́н 3) *ком.* оборо́т *м*; дохо́д *м* ◊ mány háppy ~s of the day! (поздравля́ю) с днём рожде́ния! **2.** *v* 1) возвраща́ть(ся); when will you ~? когда́ вы вернётесь?; ~ a ball *спорт.* отби́ть мяч 2) избира́ть (*в парла́мент и т. п.*); be ~ed to Cóngress *амер.* быть и́збранным в конгре́сс

Reuter [ˈrɔɪtə] Ре́йтер (*телеграфное агентство*)

reveal [rɪˈviːl] открыва́ть, обнару́живать; ~ a sécret вы́дать секре́т; ~ itsélf появи́ться, обнару́житься

revenge [rɪˈvendʒ] **1.** *n* месть *ж*; take one's ~ a) отомсти́ть; б) *спорт.* взять рева́нш **2.** *v* мстить

revenue [ˈrevɪnjuː] (*тж.* públic ~s) госуда́рственные дохо́ды

reverence [ˈrevərəns] почте́ние *c*; благогове́ние *c*

reverse [rɪˈvəːs] **1.** *a* обра́тный, противополо́жный **2.** *n* 1) противополо́жное *c*; обра́тное *c*; quíte the ~! совсе́м наоборо́т! 2) за́дний ход; put

the car in ~ включи́ть за́дний ход

reversible [rɪˈvəːsəbl] 1) обрати́мый; a ~ reáction обрати́мая реа́кция 2) двусторо́нний; a ~ coat (jácket) двусторо́ннее пальто́ (двусторо́нняя ку́ртка)

review [rɪˈvjuː] **1.** *n* 1) обзо́р *м* (*survey*) 2) *театр.* обозре́ние *c*; ревю́ *с нескл.* 3) реце́нзия *ж*; ~ of a book реце́нзия на кни́гу **2.** *v* 1) пересма́тривать; ~ the plans пересма́тривать пла́ны 2) повторя́ть; ~ a lésson повтори́ть уро́к

revise [rɪˈvaɪz] исправля́ть, пересма́тривать; ~r [-ə] реда́ктор *м*

revive [rɪˈvaɪv] 1) ожива́ть, оживля́ть 2) восстана́вливать; возобновля́ть; ~ a play возобнови́ть постано́вку

revolt [rɪˈvəult] **1.** *n* восста́ние *c*; мяте́ж *м* **2.** *v* восстава́ть

revolution I [ˌrevəˈluːʃn] револю́ция *ж*; the Great Octóber Sócialist R. Вели́кая Октя́брьская социалисти́ческая револю́ция

revolution II оборо́т *м*; the spáceship is compléting its fifth ~ aróund the Moon косми́ческий кора́бль заверша́ет пя́тый вито́к (оборо́т) вокру́г Луны́

revolutionary [ˌrevəˈluːʃnərɪ] **1.** *a* революцио́нный **2.** *n* револю́ционе́р *м*

revolve [rɪˈvɔlv] враща́ть(ся); ~ aróund *smth*

обраща́ться вокру́г *чего-л.*

reward [rɪ'wɔːd] **1.** *n* вознагражде́ние *c;* компенса́ция *ж* **2.** *v* награжда́ть

Rh [,ɑː'eɪtʃ]: ~ fáctor ре́зус-фа́ктор *м (крови);* ~**-negative** [-'negətɪv] ре́зус-отрица́тельный; ~**-positive** [-'pɔzɪtɪv] ре́зус-положи́тельный

rheumatism ['ruːmətɪzm] ревмати́зм *м*

rhyme [raɪm] ри́фма *ж*

rhythm ['rɪðəm] ритм *м*

rib [rɪb] ребро́ *с*

ribbon ['rɪbən] ле́нт(очк)а *ж*

rice [raɪs] рис *м*

rich [rɪtʃ] 1) бога́тый 2) плодоро́дный; ~ soil плодоро́дная по́чва 3) жи́рный *(о пище);* ~ milk густо́е молоко́

rid [rɪd] (rid) освобожда́ть, избавля́ть; get ~ of отде́лываться; избавля́ться

ridden ['rɪdn] *pp от* ride 1

riddle ['rɪdl] зага́дка *ж*

ride [raɪd] **1.** *v* (rode; ridden) е́хать; ~ a race уча́ствовать в ска́чках **2.** *n* 1) езда́ *ж* 2) прогу́лка *ж;* go for a bike ~ соверши́ть прогу́лку на велосипе́де; ~**r** [-ə] нае́здник *м,* вса́дник *м*

ridge [rɪdʒ] 1) гре́бень *м;* ~ of a wave гре́бень волны́ 2) хребе́т *м (of a mountain)* 3) край *м;* ~ of a coin ребро́ моне́ты

ridiculous [rɪ'dɪkjuləs] смехотво́рный, неле́пый

riding ['raɪdɪŋ] **1.** *n* ко́нный спорт **2.** *a* верхово́й; ~ horse верхова́я ло́шадь; ~ school (acádemy) шко́ла верхово́й

езды́; ~**-hood** [-huːd] капю́шо́н *м;* Little Red R.-hood Кра́сная Ша́почка; ~**-house** [-haus] мане́ж *м*

rifle ['raɪfl] винто́вка *ж;* smállbore ~ мелкокали́берная винто́вка; ~**man** [-mən] стрело́к *м;* ~**-range** [-reɪndʒ] стре́льбище *с*

right [raɪt] **1.** *n* 1) пра́во *с;* it's your ~ э́то ва́ше пра́во 2) пра́вая сторона́; turn to the ~ поверни́те напра́во **2.** *a* 1) пра́вильный, ве́рный; you are ~! вы пра́вы!, пра́вильно!; the ~ thing to do как раз то, что ну́жно 2) пра́вый; ~ hand пра́вая рука́; ~ turn пра́вый поворо́т **3.** *adv* 1) пра́вильно 2) напра́во; turn ~ at the sécond light поверни́те напра́во на второ́м светофо́ре 3) то́чно, как раз; ~ in the míddle как раз в середи́не; go ~ to the end иди́те до са́мого конца́ ◊ ~ awáy (off) *амер.* то́тчас, немé́дленно; ~ here *амер.* как раз здесь; ~ now! *амер.* сейча́с!; в э́ту мину́ту; ~**-hand** [-hænd]: ~-hand tráffic правосторо́ннее движе́ние; ~**-of-way** [-əv'weɪ] *авто* преиму́щественное пра́во прое́зда; ~**-side** [-saɪd] = ~-hand; ~**-wing** [-wɪŋ] *полит.* пра́вый

rigid ['rɪdʒɪd] 1) засты́вший; негну́щийся 2) жёсткий; стро́гий; ~ rule твёрдое пра́вило

rim [rɪm] о́бод *м,* ободо́к *м;* ~**less** [-lɪs]: ~less glásses пенсне́ *с нескл.*

rind [raɪnd] кожура́ ж, ко́рка ж

ring I [rɪŋ] 1. *n* 1) круг *м* 2) кольцо́ *c*; wédding ~ обруча́льное кольцо́ 3) ринг *м*; аре́на ж; bóxing ~ (боксёрский) ринг 4) *pl спорт.* ко́льца *мн.*; упражне́ния на ко́льцах 2. *v* окружа́ть (*surround*)

ring II 1. *v* (rang; rung) 1) звони́ть 2) звене́ть, звуча́ть; ~ in one's ears звуча́ть в уша́х; ~ing tone дли́нные гудки́ (*в телефо́не*) ◊ that ~s a bell! *разг.* ≅ начина́ю припомина́ть!; ~ off дава́ть отбо́й; ~ up звони́ть (по телефо́ну) 2. *n* звон *м*; звоно́к *м*; give me a ~ tomórrow позвони́те мне за́втра

ring-finger [ˈrɪŋfɪŋɡə] безымя́нный па́лец

rink [rɪŋk] *n* (*тж.* skáting-rink) като́к *м*

rinse [rɪns] полоска́ть

riot [ˈraɪət] бунт *м*, мяте́ж *м*

rip [rɪp] рвать, срыва́ть, разрыва́ть; ~ ópen a létter вскрыва́ть письмо́; ~ a dress распа́рывать пла́тье

ripe [raɪp] спе́лый; созре́вший; ~n [-ən] зреть, созрева́ть

rise [raɪz] 1. *v* (rose; rísen) 1) встава́ть; ~ éarly ра́но встава́ть 2) поднима́ться; when will the cúrtain ~? когда́ начну́т спекта́кль? 3) увели́чиваться; the témperature rose температу́ра повы́силась ◊ ~ in appláuse встреча́ть ова́цией

2. *n* 1) подъём *м* 2): give ~ to порожда́ть 3) *брит.* увеличе́ние *c*; ~ in wáges рост за́работной пла́ты

risen [ˈrɪzn] *pp от* rise 1

risk [rɪsk] 1. *n* риск *м*; run a ~ рискова́ть ◊ he is a poor (good) ~ на него́ нельзя́ (мо́жно) положи́ться; secúrity ~ неблагонадёжный челове́к 2. *v* рискова́ть (*чем-л.*); I'd ~ my life голово́й руча́юсь

rite [raɪt] обря́д *м*, церемо́ния ж; the ~s of hospitálity обы́чаи гостеприи́мства

ritzy [ˈrɪtsɪ] шика́рный; a ~ hotél роско́шный оте́ль

rival [ˈraɪvəl] 1. *n* сопе́рник *м*; конкуре́нт *м*; ~s in sports сопе́рники в спо́рте; withóut a ~ вне конкуре́нции 2. *a* сопе́рничающий; конкури́рующий; we beat the ~ team мы победи́ли кома́нду проти́вника 3. *v* сопе́рничать; конкури́ровать

river [ˈrɪvə] река́ ж; down (up) the ~ вниз (вверх) по реке́ (по тече́нию); ~-bed [-bed] ру́сло реки́; ~side [-saɪd] прибре́жная полоса́; ~side inn гости́ница на берегу́ реки́

road [rəud] доро́га ж; ~ sign доро́жный знак; ~ tránsport автотра́нспорт *м*; ~-book [-buk] а́тлас автодоро́г; ~-map [-mæp] ка́рта автодоро́г

roadster [ˈrəudstə] *брит.* 1) доро́жный велосипе́д (*bicycle*) 2) *амер.* спорти́вный двух-

ме́стный автомоби́ль (с откры́-
тым ве́рхом) *(car)*

roar [rɔ:] реве́ть; ~ with
láughter пока́тываться со́ сме-
ху

roast [rəust] **1.** *v* жа́рить(ся);
~ meat жа́рить мя́со **2.** *a* жа́-
реный; ~ beef ро́стбиф *м* **3.**
n жарко́е *с*; *амер.* ро́стбиф *м*

rob [rɔb] гра́бить, обворо́вы-
вать

robbery [ˈrɔbərɪ] ограбле́ние
с; грабёж *м*

robust [rəˈbʌst, ˈrəubʌst]
кре́пкий, дю́жий

rock I [rɔk] скала́ *ж* ◊ on
the ~s со льдом *(о напит-
ках)*

rock II кача́ть(ся); ~ing
chair кре́сло-кача́лка *с* ◊ ~
the boat *перен.* вноси́ть раз-
ла́д

rock III *см.* rock'n'roll; ~
о́рега рок-о́пера *ж*

rocket [ˈrɔkɪt] раке́та *ж*;
launch a ~ запуска́ть раке́-
ту

rock'n'roll [ˌrɔkənˈrəul] *(тж.*
rock and roll) рок-н-ро́лл *м*

rod [rɔd] **1)** прут *м*; сте́р-
жень *м* **2)** *(тж.* físhing-rod)
у́дочка *ж*

rode [rəud] *past от* ride 1

role [rəul] роль *ж*; play the
léading (títle) ~ игра́ть веду́-
щую (гла́вную) роль

roll [rəul] **1.** *n* **1)** свёрток *м*;
руло́н *м* **2)** спи́сок *м (list)* **3)**
бу́лочка *ж*; a sweet ~ сла́д-
кая бу́лочка **4)** *мор.* бортова́я
ка́чка **2.** *v* **1)** кати́ть(ся);
верте́ть(ся) **2)** свёртывать(ся)

3) кача́ть(ся); the ship ~ed
héavily парохо́д си́льно кача́-
ло; ~ **up** ска́тывать, свёртывать; ~-**call** [-kɔ:l] переклич-
ка *ж*; ~-call vote поимённое
голосова́ние

roller-coaster [ˈrəuləˌkəustə]
амер. америка́нские го́рки *(ат-
тракцион)*

rollers [ˈrəuləz] *pl* бигуди́
мн. нескл.

roller-skates [ˈrəuləskeɪts] *pl*
ро́лики *мн.*, ро́ликовые конь-
ки́

Roman [ˈrəumən] **1)** дре́вне-
ри́мский **2)** рома́нский *(as of a
language)* ◊ ~ Cátholic като́-
лик *м*

romance [rəuˈmæns] *муз.* ро-
ма́нс *м*

roof [ru:f] кры́ша *ж*; кров *м*

rook I [ruk] грач *м*

rook II *шахм.* ладья́ *ж*

room [ru:m] **1)** ко́мната *ж*;
~ and board по́лный пансио́н
2) (одноко́мнатный) но́мер *м*
(гостиницы); the ~ is resérved for... но́мер заброни́ро-
ван для...; ~ sérvice обслу́жи-
вание номеро́в *(в гостинице)*
3) ме́сто *с*; простра́нство *с*;
plénty of ~ просто́рно; мно́го
ме́ста; ámple ~ for... есть ме́с-
то для...

room-mate [ˈru:mmeɪt] сосе́д
(сосе́дка) по ко́мнате

root [ru:t] **1.** *n* ко́рень *м*;
~ beer *амер.* ‹ру́т бир›
(безалкогольный напиток) **2.**
v: ~ **out** искореня́ть

rope [rəup] верёвка *ж*, ка-
на́т *м*

rose I [rəuz] ро́за *ж*

rose II *past* от rise 1

rostrum [ˈrɔstrəm] трибу́на *ж*, ка́федра *ж*

rosy [ˈrəuzı] румя́ный; with ~ cheeks румя́ный, розовощё́кий

rot [rɔt] **1.** *n* 1) гние́ние *с*; гниль *ж* 2) чепуха́ *ж*; talk ~ моло́ть вздор **2.** *v* гнить, по́ртиться

rotation [rəuˈteıʃn] 1) враще́ние *с* 2) чередова́ние *с*; in ~ попереме́нно

rotten [ˈrɔtn] гнило́й

rouble [ˈru:bl] рубль *м*

rouge [ru:ʒ] румя́на *мн.*

rough [rʌf] 1) гру́бый; ~ play *спорт.* гру́бая игра́; by ~ calculátion по предвари́тельным подсчётам 2) бу́йный, бу́рный; ~ sea бу́рное мо́ре 3) неотде́ланный; ~ со́ру черновик *м*; ~ly [-lı] приблизи́тельно, в о́бщих черта́х

round [raund] **1.** *a* 1) кру́глый; ~ trip *амер.* пое́здка туда́ и обра́тно 2) по́лный, окру́глый; ~ cheeks по́лные щёки **2.** *n* 1) *бокс* ра́унд *м* 2) *шахм.* тур *м* **3.** *adv* обра́тно, круго́м, вокру́г; the whole world ~ весь мир; long way ~ кру́жным путём **4.** *prep* вокру́г, круго́м; ~ the córner за угло́м; ~ the world вокру́г све́та

route [ru:t] маршру́т *м*; bus ~ авто́бусный маршру́т; en ~ по пути́, по доро́ге

routine [ru:ˈti:n] установи́вшаяся пра́ктика; ~ repáirs

теку́щий ремо́нт; ~ procédure обы́чная процеду́ра

row I [rəu] ряд *м*

row II грести́; ~er [-ə] гребе́ц *м*; ~ing [-ıŋ] гре́бля *ж*; академи́ческая гре́бля

royal [ˈrɔıəl] короле́вский

rub [rʌb] 1) тере́ть(ся); ~ one's hands потира́ть ру́ки 2) натира́ть; my foot is ~bed sore я натёр себе́ но́гу; ~ out стере́ть

rubber [ˈrʌbə] 1) рези́на *ж*; каучу́к *м* 2) *pl* гало́ши *мн.* 3) *разг.* презервати́в *м*; ~neck [-nek] глазе́ть (по сторона́м)

rubdown [ˈrʌbdaun] *спорт.* масса́ж *м*

ruby [ˈru:bı] руби́н *м*

rudder [ˈrʌdə] руль *м*

rude [ru:d] гру́бый, неве́жливый

rug [rʌg] 1) ко́врик *м*; ковёр *м* (*floor-mat*) 2) плед *м* (*plaid*)

Rugby [ˈrʌgbı] *спорт.* ре́гби *с нескл.*

ruin [ruın] **1.** *n* 1) ги́бель *ж*, круше́ние *с* 2) (*чаще pl*) разва́лины *мн.*; руи́ны *мн.* **2.** *v* (по)губи́ть; разруша́ть; разоря́ть; ~ one's health подорва́ть здоро́вье; ~ onesélf разори́ться

rule [ru:l] **1.** *n* 1) пра́вило *с*; ~(s) of the road пра́вила движе́ния; as a ~ обы́чно; ~s of procédure пра́вила процеду́ры 2) правле́ние *с*, госпо́дство *с*; fóreign (colónial) ~ ино-зе́мное (колониа́льное) господство **2.** *v* 1) пра́вить, управля́ть 2) постановля́ть, реша́ть *(устно)*; t̃he cháirman ~d that... председа́тель постанови́л, что ...; ~ smb out of órder лиши́ть кого́-л. сло́ва; ~ out исключа́ть; ~r [-ə] 1) прави́тель *м (sovereign)* 2) лине́йка *ж (for drawing)*

rumour [ˈruːmə] слух *м*, молва́ *ж*

run [rʌn] **1.** *v* (ran; run) 1) бе́гать, бежа́ть; ~ for it спаса́ться бе́гством; ~ alóng, chíldren! де́ти, вы свобо́дны! 2) идти́ *(о поезде, машине и т. п.)*; are the búses ~ning? автобусы хо́дят? 3) течь *(flow)*; the sink isn't ~ning ра́ковина засори́ла́сь 4) вести́ *(дело, предприя́тие)*; управля́ть *(машиной)*; ~ a hotél содержа́ть гости́ницу 5) идти́ *(о пьесе, кинофильме и т. п.)* 6) выставля́ть кандидату́ру на вы́борах; ~ for président баллоти́роваться на пост президе́нта; ~ across встре́тить; ~ away убежа́ть; ~ out конча́ться ◊ ~ érrands быть на побегу́шках; ~ a risk риско́ва́ть; ~ dry пересыха́ть; иссяка́ть; ~ short конча́ться **2.** *n* 1) бег *м*; cross-cóuntry ~ бег по пересечённой ме́стности, кросс *м* 2) тече́ние *с*, продолже́ние *с (course)* 3) *спорт.* забе́г *м* 4) *амер.* спусти́вшаяся пе́тля; there's a ~ in the stócking на чулке́ спусти́лась пе́тля 5): the play has a ~ of three húndred nights пье́са прошла́ три́ста раз ◊ at a ~ подря́д; in the long ~ в конце́ концо́в

rung [rʌn] *pp от* ring II 1

runner [ˈrʌnə] бегу́н *м*; ~-up [ˌrʌnəgˈʌp] финиши́рующий вторы́м, заня́вший второ́е ме́сто

running [ˈrʌnɪŋ] 1) бегу́щий; ~ wáter водопрово́д *м (в кварти́ре)* 2) беговой; ~ track беговая доро́жка 3) после́довательный; three times (days) ~ три ра́за (дня) подря́д; ~ cómmentary репорта́ж *м*

run-up [ˈrʌnʌp] разбег *м*

runway [ˈrʌnweɪ] 1) *ав.* взлётно-поса́дочная полоса́ 2) *спорт.* доро́жка для разбе́га

rural [ˈruərəl] се́льский, дере́венский

rush [rʌʃ] **1.** *n* спе́шка *ж*; what's the ~? почему́ така́я спе́шка?; ~ hóurs часы́ ‹пик›; ~ órder сро́чный зака́з; ~ séason горя́чая пора́ **2.** *v* мча́ться; "rush" ‹сро́чно› *(помéтка на докумéнте)*

Russian [ˈrʌʃən] **1.** *a* ру́сский; I want a ~ text-book, please да́йте мне, пожа́луйста, уче́бник ру́сского языка́ **2.** *n* 1) ру́сский *м*, ру́сская *ж* 2) ру́сский язы́к

rustle [ˈrʌsl] **1.** *n* ше́лест *м*; шо́рох *м* **2.** *v* шелесте́ть

rusty [ˈrʌstɪ] ржа́вый

rye [raɪ] рожь *ж*; ~ bread ржано́й хлеб

S

sable ['seɪbl] со́боль *м*

sabre ['seɪbə] са́бля *ж*; ~ dance та́нец с са́блями

sack [sæk] мешо́к *м*

sacred ['seɪkrɪd] свяще́нный

sacrifice ['sækrɪfaɪs] **1.** *n* же́ртва *ж* **2.** *v* приноси́ть в же́ртву, же́ртвовать

sad [sæd] печа́льный

saddle ['sædl] **1.** *n* седло́ *с* **2.** *v* седла́ть; ~-horse [-hɔːs] верхова́я ло́шадь

safari [sə'fɑːrɪ] сафа́ри *с нескл.*; ~ park зоопа́рк «сафа́ри» *(с бесклеточным содержанием зверей, для проезда в закрытой автомашине)*

safe [seɪf] **1.** *a* 1) невреди́мый; ~ and sound цел и невреди́м 2) безопа́сный; ~ place безопа́сное ме́сто 3) надёжный *(reliable)* ◊ ~ jóurney! счастли́вого пути́! **2.** *n* сейф *м*

safeguard ['seɪfgɑːd] **1.** *n* гара́нтия *ж*; предосторо́жность *ж* **2.** *v* охраня́ть

safely ['seɪflɪ] безопа́сно, благополу́чно

safety ['seɪftɪ] безопа́сность *ж*; ~ méasures те́хника безопа́сности; ~ rázor безопа́сная бри́тва; ~ zone *авто* 1) острово́к безопа́сности *(at a crossing)* 2) раздели́тельная полоса́ *(on a road)*; ~-pin [-pɪn] безопа́сная була́вка

said [sed] *past и pp от* say 1

sail [seɪl] **1.** *n* 1) па́рус *м* 2) пла́вание *с (на корабле)*; set ~ отпра́виться в пла́вание **2.** *v* пла́вать *(на корабле)*; when do we ~? когда́ мы отплыва́ем?; ~or [-ə] моря́к *м*; матро́с *м* ◊ he is a bad ~or он пло́хо перено́сит ка́чку

saint [seɪnt] свято́й

sake [seɪk]: for the ~ of ра́ди; do it for her ~ сде́лайте э́то ра́ди неё

salad ['sæləd] сала́т *м*; egg (sálmon) ~ сала́т из яи́ц (из лососи́ны); Rússian ~ винегре́т *м*; ~-dressing [-ˌdresɪŋ] припра́ва (для сала́та)

salami [sə'lɑːmɪ] копчёная колбаса́, саля́ми *ж нескл.*

salary ['sælərɪ] жа́лованье *с*, окла́д *м*

sale [seɪl] 1) прода́жа *ж*; on ~ в прода́же; "for ~" «продаётся» *(надпись)*; ~s depártment отде́л сбы́та; ~s tax нало́г с оборо́та *(в США оплачивается покупателем сверх цены товара)* 2) *амер.* распрода́жа *ж (at reduced prices)*; ~ price сни́женная цена́

sales‖girl ['seɪlzgə:l] продавщи́ца *ж*; ~man [-mən] продаве́ц *м*; ~woman [-wumən] продавщи́ца *ж*

salmon ['sæmən] лосо́сь *м*; сёмга *ж*; pink (húmpback) ~ горбу́ша *ж*; chum (dog) ~ ке́та́ *ж*; red (sóckeye) ~ не́рка *ж*

saloon [sə'luːn] 1) *амер.* бар *м (tavern)* 2) *брит. авто* лимузи́н *м*

salt [sɔ:lt] **1.** *n* соль *ж* **2.** *v* соли́ть; ~**cellar** [-selə] соло́нка *ж*; ~**у** [-ɪ] солёный

salute [sə'lu:t] **1.** *n* 1) приве́тствие *с* (*greeting*) 2) салю́т *м*; ~ of twénty one guns салю́т из двадцати́ одного́ ору́дия **2.** *v* приве́тствовать; салютова́ть

same [seɪm] (the ~) тот же, одина́ковый; all the ~ всё равно́

sample ['sɑːmpl] образе́ц *м*; обра́зчик *м* (*specimen*)

sanction ['sæŋkʃn] **1.** *n* са́нкция *ж*; разреше́ние *с* **2.** *v* санкциони́ровать

sand [sænd] песо́к *м*

sandal [sændl] санда́лия *ж*; о́pen-toe ~s босоно́жки *мн.*

sandwich ['sænwɪdʒ, *амер.* 'sændwɪtʃ] са́ндвич *м*, бутербро́д *м*; club ~ «клу́бный бутербро́д» (*из трёх ломтей хлеба и двух разных закусок*); ham ~ бутербро́д с ветчино́й ◊ ~ cóurse комбини́рованное обуче́ние (*без отры-ва от производства*)

sane [seɪn] норма́льный; здра́вый; ~ views здра́вые сужде́ния

sang [sæŋ] *past от* sing

sanitary ['sænɪtərɪ] санита́рный, гигиени́ческий; ~ nápkin гигиени́ческая салфе́тка; ~ pánties гигиени́ческие трусы́

sanitation [ˌsænɪ'teɪʃn] вы́возка му́сора; ~ truck *амер.* мусорово́з *м*

sank [sæŋk] *past от* sink II

Santa Claus ['sæntə klɔ:z] Дед Моро́з *м*

sardine [sɑː'di:n]: a tin of ~s ба́нка сарди́н

sat [sæt] *past и pp от* sit

satellite ['sætəlaɪt] 1) сателли́т *м* 2) го́род-спу́тник *м* (*suburban area*) 3) *астр.* спу́тник *м*; artifícial ~ иску́сственный спу́тник

satin ['sætɪn] атла́с *м*

satire ['sætaɪə] сати́ра *ж*

satirical [sə'tɪrɪkəl] сатири́ческий

satisfaction [ˌsætɪs'fækʃn] удовлетворе́ние *с*

satisfactory [ˌsætɪs'fæktərɪ] удовлетвори́тельный

satisfied ['sætɪsfaɪd]: be ~ (with) быть дово́льным

satisfy ['sætɪsfaɪ] 1) удовлетворя́ть 2) утоля́ть; ~ húnger утоля́ть го́лод

Saturday ['sætədɪ] суббо́та *ж*; ~s по суббо́там; we do not work ~s в суббо́ту мы не рабо́таем

sauce [sɔ:s] со́ус *м*; ~**pan** [-pən] кастрю́ля *ж*

saucer ['sɔ:sə] блю́дце *с*; flýing ~ лета́ющая таре́лка

sausage ['sɔsɪdʒ] 1) колбаса́ *ж*; a ~ круг («па́лка», «бато́н») колбасы́ 2) (*тж.* sáusage-meat) колба́сный фарш 3) колба́ска *ж*, *реже* соси́ска *ж*, сарде́лька *ж*

savage ['sævɪdʒ] 1) ди́кий 2) свире́пый, жесто́кий (*cruel*)

save [seɪv] 1) спаса́ть 2) эконо́мить, бере́чь (*spare*) 3) откла́дывать; ~ it for me от-

ложйте э́то для меня́; ~ up
де́лать сбереже́ния

saving ['seɪvɪŋ] эконо́мия ж

savings ['seɪvɪŋz] pl сбере-
же́ния мн.; ~ accóunt про-
це́нтный вклад; **~-bank**
[-bæŋk] сберега́тельная ка́с-
са, сберега́тельный банк

saw I [sɔː] past от see

saw II пила́ ж; ~mill [-mɪl]
лесопи́льный заво́д

saxophone ['sæksəfəun] сак-
софо́н м

say [seɪ] **1.** v (said) гово-
ри́ть, сказа́ть; I ~ (по)слу́-
шайте; they ~ говоря́т ◊
you don't ~ so! неуже́ли? **2.** n
сло́во с, мне́ние с; have one's
~ вы́сказаться; ~ing [-ɪŋ] по-
гово́рка ж

scaffolding ['skæfəldɪŋ] леса́
мн. (строительные)

scale [skeɪl] 1) шкала́ ж 2)
масшта́б м; on a large ~ в
большо́м масшта́бе; built to ~
сде́ланный в масшта́бе

scales [skeɪlz] pl весы́ мн.

scandal ['skændl] 1) позо́р
м; публи́чный сканда́л 2) зло-
сло́вие с; спле́тни мн. (gossip)

scar [skɑː] шрам м, рубе́ц м

scare [skɛə] пуга́ть

scarf [skɑːf] шарф м, косы́н-
ка ж

scarlet ['skɑːlɪt] а́лый; ~ féver скарлати́на ж

scatter ['skætə] 1) разбра́-
сывать; рассыпа́ть 2) рассе́и-
вать, разгоня́ть; the políce
~ed the márchers поли́ция
разогнала́ уча́стников демон-
стра́ции

scene [siːn] 1) театр. сце́на
ж, явле́ние с (в пьесе) 2)
сканда́л м; make a ~ устра́-
ивать сканда́л (сце́ну) ◊ behínd the ~s за кули́сами;
~ry ['siːnərɪ] 1) пейза́ж м;
móuntain ~ry го́рный пейза́ж
2) театр. декора́ции мн.

scent [sent] 1) за́пах м 2)
духи́ мн. (perfume)

schedule ['ʃedjuːl, амер.
'skedʒul] расписа́ние с, гра́-
фик м; the train is behínd ~
по́езд опа́здывает

scheme [skiːm] схе́ма ж;
план м (plan)

scholar ['skɔlə] учёный м;
~ship [-ʃɪp] 1) эруди́ция ж
2) стипе́ндия ж (allowance)

school [skuːl] шко́ла ж (тж.
в живописи и т. п.); go to ~
учи́ться в шко́ле; ~book
[-buk] уче́бник м; ~boy
[-bɔɪ] шко́льник м; ~girl
[-gəːl] шко́льница ж; ~master
[-,mɑːstə] учи́тель м; ~mis-
tress [-,mɪstrɪs] учи́тельница
ж; ~room [-rum] класс м;
~teacher [-,tiːtʃə] учи́тель м

science ['saɪəns] 1) нау́ка ж;
~ fíction нау́чная фанта́-
стика 2) то́чная нау́ка (mathematics, etc)

scientific [,saɪən'tɪfɪk] нау́ч-
ный

scientist ['saɪəntɪst] учёный м

sci-fi [,saɪ'faɪ] нау́чная фан-
та́стика; ~ móvie нау́чно-
-фантасти́ческий фильм

scissors ['sɪzəz] pl но́жни-
цы мн.

scold [skəuld] брани́ть, руга́ть

scoop [sku:p] 1) сово́к *м* (*home utensil*) 2) черпа́к *м* (*chipper*); two ~s of ícecream, please моро́женое, два ша́рика, пожа́луйста 3) разлива́тельная ло́жка (*ladle*)

scooter ['sku:tə] 1) *спорт.* ску́тер *м* 2) моторо́ллер *м* (*type of motor cycle*)

scope [skəup] 1) кругозо́р *м*; охва́т *м*; it's beyónd my ~ э́то вне мое́й компете́нции 2) разма́х *м*; ~ of work разма́х рабо́т

score [skɔ:] 1. *n* 1) счёт *м*; the ~ béing 3:1 со счётом 3:1; on that ~ на э́тот счёт 2) два деся́тка (*twenty*) 3) *муз.* партиту́ра *ж* 2. *v* 1) де́лать отме́тки 2) *спорт.* вести́ счёт 3) выи́грывать (*win*); ~-**board** [-bɔ:d] *спорт.* табло́ *с нескл.*

scorn [skɔ:n] 1. *n* презре́ние *с* 2. *v* презира́ть

scotch [skɔtʃ] 1) (шотла́ндское) ви́ски 2): ~ tape кле́йкая ле́нта, скотч *м*

Scotland Yard [ˌskɔtlənd 'jɑ:d] Ско́тленд-ярд (*уголо́вная полиция и угрозыск в Ло́ндоне*)

scoundrel ['skaundrəl] него-дя́й *м*

scout [skaut] 1) разве́дчик *м* 2) (*тж.* boy scout) бойска́ут *м*

Scrabble [skræbl] скрэбл *м*, крестосло́в *м* (*игра в слова*)

scramble ['skræmbl] 1) ка-рáбкаться (*climb*) 2) *воен.* взлета́ть по трево́ге (*о самолётах-истребителях*) 3) *эл.* зашифро́вывать сообще́ния 4): ~ eggs де́лать яи́чницу (омле́т); ~d eggs яи́чница (-болту́нья), омле́т *м*; ~r [-ə] *эл.* шифра́тор *м*

scrap [skræp] 1. *n* 1) кло-чо́к *м*, лоскуто́к *м*; ~s of pápеr клочки́ бума́ги; ~ básket корзи́нка для бума́г 2) (*тж.* scrap metal) металлоло́м *м* ◊ ~ pápеr макулату́ра *ж* 2. *v* 1) сдава́ть в лом; ~ an old machíne пусти́ть маши́ну на слом 2) выбра́сывать (*discard*)

scratch [skrætʃ] 1. *v* 1) цара́пать(ся) 2) чеса́ть(ся) (*to relieve itching*) 2. *n* цара́пина *ж* ◊ from ~ на пусто́м ме́сте; из ничего́

scream [skri:m] пронзи́тельно крича́ть

screen [skri:n] 1. *n* 1) ши́рма *ж* 2) *кино* экра́н *м*; ~ áctor (áctress) киноактёр *м* (киноактри́са *ж*); ~ cómеdy кинокоме́дия *ж* 2. *v* 1) загора́живать, защища́ть, укрыва́ть (*protect*) 2) просе́ивать, отсортиро́вывать (*sift out*); проверя́ть 3) производи́ть киносъёмку; ~ a film ста́вить кинофи́льм

screw [skru:] 1. *n* винт *м* 2. *v* зави́нчивать; ~-**driver** [-ˌdraivə] 1) отвёртка *ж* 2) кок-те́йль «скрудра́йвер» (*водка, разбавленная апельсиновым соком, со льдом*)

script [skrɪpt] 1) ру́копись ж 2) *кино* сцена́рий м

scrupulous [ˈskruːpjuləs] 1) щепети́льный 2) тща́тельный *(most careful)*

scuba [ˈskuːbə] аквала́нг м, ску́ба ж; ~-**dive** [-ˌdaɪv] ныря́ть с аквала́нгом; ~-**diver** [-ˌdaɪvə] ныря́льщик с аквала́нгом; ~**diving** [-ˌdaɪvɪŋ] подво́дное пла́вание

sculptor [ˈskʌlptə] ску́льптор м

sculpture [ˈskʌlptʃə] скульпту́ра ж

sea [siː] мо́ре с; at ~ в мо́ре; by ~ мо́рем; ~**bed** [-bed] морско́е дно; ~-**biscuit** [-ˌbɪskɪt] гале́та ж; ~**food** [-fuːd] 1) морепроду́кты *мн.* 2) *амер.* ‹дары́› мо́ря; ~-**gull** [-gʌl] ча́йка ж

seal I [siːl] 1. *n* печа́ть ж 2. *v* 1) скрепля́ть печа́тью 2) запеча́тывать; ~ a létter запеча́тать письмо́

seal II тюле́нь м

sealskin [ˈsiːlskɪn] ко́тик м *(мех)*

seam [siːm] шов м

seaman [ˈsiːmən] моря́к м; матро́с м

search [sɜːtʃ] 1. *v* 1) иска́ть 2) обы́скивать *(examine)* 2. *n* по́иски *мн.*; a ~ párty поиско́вая па́ртия; be in ~ of иска́ть; ~**light** [-laɪt] прожéктор м

sea‖**shore** [ˈsiːʃɔː] морско́й бéрег, побере́жье с; ~**sick** [-sɪk]: be ~sick страда́ть морско́й боле́знью; ~**sickness** [-sɪknɪs] морска́я боле́знь; ~**side** [-saɪd] морско́й бéрег, побере́жье с; ~side resórt морско́й куро́рт

season [ˈsiːzn] вре́мя го́да; сезо́н м; ~**ed** [-d] 1) вы́держанный *(о сыре, дереве и т. п.)*; ~ed wine вы́держанное вино́ 2) припра́вленный, с припра́вами; ~ed with припра́вленный *чем-л.*

season ticket [ˈsiːznˌtɪkɪt] проездно́й (сезо́нный) биле́т; абонемéнт м *(на концерты и т. п.)*

seat [siːt] 1. *n* сиде́нье с, мéсто с; take a ~! сади́тесь!; ~ belt *авто* ремéнь безопáсности; take your ~s! *брит. ж.-д.* посáдка зако́нчена! 2. *v* усади́ть, посади́ть

second I [ˈsekənd] 1. *a* второ́й; втори́чный ◇ ~ cóusin трою́родный брат (-ая сестра́); have ~ thóughts (abóut *smth*) переду́мать; on ~ thought I will accépt the óffer поду́мав, я принимáю предложéние 2. *v* подде́рживать *(предложéние)*; I ~ your mótion я подде́рживаю вáше предложéние

second II секу́нда ж; just a ~! одну́ секу́нду!

secondary [ˈsekəndərɪ] второстепéнный ◇ ~ school срéдняя шко́ла

second‖-**class** [ˌsekəndˈklɑːs] 1) второсо́ртный 2) второ́го клáсса; ~-class car вагóн второ́го клáсса; ~-**hand** [-ˈhænd] подержанный; ~-hand shop комиссионный магазин

secret ['si:krt] секрет *м,* тайна *ж;* in ~ тайно

secretary ['sekrətrɪ] 1) секретарь *м* 2) министр *м;* Fóreign S. министр иностранных дел *(в Великобритании);* S. of State государственный секретарь, министр иностранных дел *(в США)*

secretary-general [‚sekrətrɪ-'dʒenərəl] генеральный секретарь

section ['sekʃn] 1) секция *ж;* часть *ж* 2) часть *ж (of a book, etc);* ~al [-əl] 1) секционный *(мебель и т. д.)* 2) групповой, местный

secure [sɪ'kjuə] **1.** *a* надёжный; обеспеченный; feel ~ abóut *smth* быть спокойным за *что-л.* **2.** *v* обеспечивать, гарантировать

security [sɪ'kjuərɪtɪ] 1) безопасность *ж;* S. Cóuncil Совет Безопасности 2) гарантия *ж,* обеспечение *c (guarantee);* ~ competítions *спорт.* зачётные соревнования

sedan [sɪ'dæn] *авто* седан *м (тип кузова)*

sedative ['sedətɪv] *мед.* 1) успокаивающее *c (tranquilizer)* 2) болеутоляющее *c (pain-killer)*

see [si:] (saw; seen) 1) видеть; I háven't ~n you for áges я не видел вас целую вечность; ~ you agáin! до скорого свидания! 2) осматривать; let me ~ the book дайте

посмотреть эту книгу 3) знать, понимать; I ~! понятно!, ясно!; let me ~ дайте подумать; ~ **off** провожать ◊ ~ smb home проводить кого-л. домой; I'll ~ to it я об этом позабочусь

seed [si:d] семя *c*

seek [si:k] (sought) 1) искать 2) пытаться, стараться *(try);* ~ to do стремиться сделать

seem [si:m] казаться; it ~s (that) кажется (что), по-видимому; ~ to be казаться, выглядеть

seen [si:n] *pp от* see

seep [si:p] просачиваться, протекать

segregation [‚segrɪ'geɪʃn] *(тж.* rácial segregátion) *(ра́совая)* сегрегация

seize [si:z] 1) схватывать 2) захватывать *(capture)*

seldom ['seldəm] редко

select [sɪ'lekt] **1.** *v* выбирать **2.** *a* отборный, избранный

selection [sɪ'lekʃn] 1) выбор *м* 2) *биол.* отбор *м*

self‖-confident [‚self'kɔnfɪdənt] самоуверенный; ~-**control** [-kən'trəul] самообладание *c;* ~-**defeating** [-dɪ'fi:tɪŋ] заранее обречённый (на провал); ~-**determination** [-dɪtɜ:mɪ'neɪʃn] самоопределение *c;* ~-**employed** [-ɪm'plɔɪd] свободной профессии; ~-**government** [-'gʌvnmənt] самоуправление *c*

selfish ['selfɪʃ] эгоистичный

self-service [‚self'sɜːvɪs] самообслуживание *c*

sell [sel] (sold) продава́ть (-ся); ~er [-ə] 1) продаве́ц *м* 2) (*тж.* best-séller) хо́дкая кни́га, бестсе́ллер *м*; хо́дкий това́р

semi-detached [ˌsemɪdɪˈtætʃt]: ~ house *брит.* двухкварти́рный дом

semi-final [ˌsemɪˈfaɪnl] *спорт.* полуфина́л *м*

senate [ˈsenɪt] 1) сена́т *м* 2) (*тж.* Univérsity Sénate) сове́т университе́та

senator [ˈsenətə] сена́тор *м*

send [send] (sent) 1) посыла́ть, отправля́ть; ~ a létter отпра́вить письмо́ 2) *спорт.* броса́ть, посыла́ть (*мяч*); ~ for вызыва́ть, посыла́ть за; ~er [-ə] отправи́тель *м*

senior [ˈsiːnɪə] 1. *a* ста́рший; ~ cítizen *амер.* пенсионе́р *м*, пенсионе́рка *ж* 2. *n амер.* студе́нт ста́ршего (четвёртого) ку́рса

sensation [senˈseɪʃn] 1) ощуще́ние *с*, чу́вство *с* 2) сенса́ция *ж*; the news caused a ~ но́вость вы́звала сенса́цию

sense [sens] 1) чу́вство *с*; ~ of húmour чу́вство ю́мора 2) созна́ние *с*; have ~ enóugh to... быть доста́точно разу́мным, чтобы... 3) смысл *м*; no ~ at all бессмы́сленно, нет смы́сла; ~less [-lɪs] бессмы́сленный

sensible [ˈsensəbl] (благо)разу́мный

sensitive [ˈsensɪtɪv] 1) чувстви́тельный 2): ~ informátion секре́тные да́нные

sent [sent] *past и pp от* send

sentence [ˈsentəns] 1. *n* 1) фра́за *ж*, предложе́ние *с* 2) пригово́р *м*; pass ~ upón *smb* выноси́ть пригово́р *кому-л.* 2. *v* осужда́ть, пригова́ривать

sentiment [ˈsentɪmənt] чу́вство *с*

sentry [ˈsentrɪ] часово́й *м*

separate 1. *a* [ˈseprɪt] 1) отде́льный; ~ room отде́льный но́мер 2) осо́бый; ~ opínion осо́бое мне́ние 2. *v* [ˈsepəreɪt] 1) отделя́ть(ся); разделя́ть(ся) 2) разлуча́ть(ся) (*part*)

separated [ˈsepəreɪtɪd] живу́щий разде́льно (*о супругах*); he (she) is ~ он (она́) не живёт с жено́й (му́жем)

September [səpˈtembə] сентя́брь *м*

sequence [ˈsiːkwəns] после́довательность *ж*; ряд *м*

series [ˈsɪəriːz] се́рия *ж*; ряд *м*

serious [ˈsɪərɪəs] серьёзный; ва́жный; ~ mátter ва́жное де́ло

sermon [ˈsəːmən] про́поведь *ж*

servant [ˈsəːvənt] слуга́ *м*; прислу́га *ж*

serve [səːv] 1. *v* 1) служи́ть; ~ in the ármy служи́ть в а́рмии 2) подава́ть (*на стол*); ~ dínner подава́ть обе́д 3) обслу́живать покупа́телей; are you béing ~d? вас обслу́живают? 4) *спорт.* ~ the ball подава́ть мяч ◊ it ~s you right! так вам и на́до! 2. *n спорт.* пода́ча *ж*; your ~! ва́ша пода́ча!

service [ˈsəːvɪs] 1) слу́жба *ж* (*тж. рел.*); mílitary ~ вое́нная слу́жба; air ~ возду́шное сообще́ние 2) обслу́живание *c*, се́рвис *м*; ~ státion ста́нция обслу́живания автомоби́лей; ~ charge допла́та за обслу́живание; ~ elevátor грузово́й лифт 3) услу́га *ж*; do *smb* a ~ оказа́ть услу́гу *кому-л.;* at your ~ к ва́шим услу́гам 4) серви́з *м*; cóffee (tea) ~ кофе́йный (ча́йный) серви́з

serviette [ˌsəːvɪˈet] салфе́тка *ж*

session [ˈseʃn] 1) се́ссия *ж* 2) заседа́ние *c*; be in ~ заседа́ть

set I [set] (set) 1) ста́вить; класть; устана́вливать; ~ the table накрыва́ть на сто́л; ~ the world récord установи́ть мирово́й реко́рд 2) приводи́ть в определённое состоя́ние; ~ free освобожда́ть; ~ on fire поджига́ть; ~ in mótion приводи́ть в движе́ние; ~ a fast (slow) pace зада́ть бы́стрый (ме́дленный) темп 3) сади́ться, заходи́ть *(о солнце);* the sun is ~ting со́лнце сади́тся 4) назнача́ть; ~ the time (the price, *etc*) назна́чить вре́мя (це́ну *и т. п.*); ~ aside отложи́ть; ~ out отправля́ться; ~ up учрежда́ть, осно́вывать

set II 1) набо́р *м*, компле́кт *м*; tea (dínner) ~ ча́йный (обе́денный) серви́з 2) прибо́р *м*, аппара́т *м*; rádio (TV) ~ радиоприёмник *м* (телеви́зор *м*)

setback [ˈsetbæk] препя́тствие *c*; неуда́ча *ж*; súffer a ~ потерпе́ть неуда́чу

setting [ˈsetɪŋ] 1) опра́ва *ж*

(камня) 2) *театр.* оформле́ние спекта́кля

settle [ˈsetl] 1) посели́ть(ся), устро́ить(ся); where did he ~? где он посели́лся? 2) ула́живать(ся); устана́вливать(ся); ~ dífficúlties (affáirs) ула́живать тру́дности (дела́) 3) реша́ть; ~ próblems реша́ть вопро́сы; ~ment [-mənt] 1) поселе́ние *c*; коло́ния *ж* 2) урегули́рование *c*; соглаше́ние *c*; péaceful ~ment ми́рное урегули́рование

seven [ˈsevn] семь; ~ húndred семьсо́т

seventeen [ˌsevnˈtiːn] семна́дцать; ~th [-θ] семна́дцатый

seventh [ˈsevnθ] седьмо́й

seventieth [ˈsevntɪɪθ] семидеся́тый

seventy [ˈsevntɪ] се́мьдесят

several [ˈsevrəl] не́сколько

severe [sɪˈvɪə] суро́вый; стро́гий; ~ wínter суро́вая зима́

sew [səu] (sewed; sewed, sewn) шить

sewerage [ˈsjuːərɪdʒ] канализа́ция *ж*

sewing [ˈsəuɪŋ] шитьё *c*; ~-machine [-məˌʃiːn] швейная маши́на

sewn [səun] *pp* от sew

sex [seks] 1) *биол.* пол *м* 2) секс *м*; чу́вственность *ж*; ~ appéal (же́нская) сексуа́льная привлека́тельность, ‹изю́минка› *ж*

shabby [ˈʃæbɪ] потрёпанный, поно́шенный

shade [ʃeɪd] **1.** *n* 1) тень *ж* 2) отте́нок *м*; ~ of méaning оттёнок значéния 3) *амер.* штóра ж **2.** *v* заслонять *(от света)*, затемнять

shadow [ˈʃædəu] тень ж

shady [ˈʃeɪdɪ] тенистый; ~ tree раскидистое дéрево

shaft [ʃɑːft] 1) ствол м; elevátor ~ лифтовáя шáхта 2) *тех.* вал м; drive ~ приводнóй вал

shake [ʃeɪk] (shook; sháken) 1) трясти, встряхивать; ~ hands обменяться рукопожáтием; "~ well befóre use" ‹пéред употреблéнием взбáлтывать› *(надпись)* 2) дрожáть; ~ with fear (cold) дрожáть от стрáха (от хóлода); ~n [-ən] *pp от* shake

shall [ʃæl] (should) 1) *в 1 л. ед. и мн. образует будущее время:* I ~ be glad to see you я бýду рад вас видеть 2) *во 2 и 3 л. ед. и мн. выражает приказание, уверенность:* you ~ do it вы должны это сдéлать

shallow [ˈʃæləu] **1.** *a* мéлкий, неглубóкий; in ~ wáters на мелковóдье **2.** *n* (от)мель ж

shame [ʃeɪm] стыд м, позóр м; ~ful [-ful] позóрный; ~less [-lɪs] бесстыдный

shampoo [ʃæmˈpuː] **1.** *v* мыть (шампýнем) **2.** *n* 1) мытьё головы; I want a ~, please помóйте мне, пожáлуйста, гóлову 2) шампýнь м, жидкое мыло

shantytown [ˈʃæntɪtaun] трущóбный посёлок, ‹бидонвилль› м

shape [ʃeɪp] фóрма ж; очер-

тáние с; ~less [-lɪs] бесфóрменный

share [ʃɛə] **1.** *n* 1) часть ж, дóля ж 2) *ком.* пай м; áкция ж **2.** *v* 1) делить(ся) 2) разделять; ~ the pléasure разделить удовóльствие; ~holder [-ˌhəuldə] держáтель áкций; пáйщик м

shark [ʃɑːk] акýла ж

sharp [ʃɑːp] 1) óстрый 2) рéзкий; ~ wind рéзкий вéтер; ~en [-ən] точить, заострять; ~ener [-nə]: péncil ~ener точилка для карандашéй

shatter [ˈʃætə] разбить(ся) вдрéбезги

shave [ʃeɪv] **1.** *v* (shaved; shaved, sháven) брить(ся) **2.** *n* бритьё с; I want a ~, please побрéйте меня, пожáлуйста; ~n [-n] *pp от* shave 1; ~r [-ə] *(тж.* eléctric sháver) электробритва ж

shaving [ˈʃeɪvɪŋ] бритьё с; ~ things бритвенные принадлéжности; ~-brush [-brʌʃ] кисточка для бритья; ~-set [-set] бритвенный прибóр

shawl [ʃɔːl] платóк м, шаль ж

she [ʃiː] онá

shed I [ʃed] (shed) 1) ронять, терять 2) проливáть, лить *(слёзы и т. п.);* ~ blood проливáть кровь

shed II сарáй м; навéс м; cow ~ корóвник м

sheep [ʃiːp] *(pl* sheep) овцá ж

sheer [ʃɪə] явный, абсолютный

sheet [ʃiːt] 1) простыня ж; will you change the ~s, please?

смени́те, пожа́луйста, про́сты-ни 2) лист *м*; ~ of pа́per лист бума́ги

shelf [ʃelf] по́лка *ж*

shell [ʃel] 1) скорлупа́ *ж* 2) ра́ковина *ж*; sea ~ морска́я раку́шка 3) *воен.* снаря́д *м*

shelter ['ʃeltə] **1.** *n* кров *м*; прию́т *м*, убе́жище *с* **2.** *v* приюти́ть(ся), укры́ть(ся)

shepherd ['ʃepəd] пасту́х *м*

shield [ʃiːld] **1.** *n* щит *м* **2.** *v* защища́ть; прикрыва́ть

shift [ʃift] **1.** *v* меня́ть(ся); перемеща́ть(ся) **2.** *n* сме́на *ж*; night ~ ночна́я сме́на

shilling ['ʃiliŋ] ши́ллинг *м*

shin [ʃin] го́лень *ж*

shine [ʃain] (shone) 1) сия́ть; свети́ть(ся) 2) блесте́ть (*glitter*) 3) *амер.* чи́стить о́бувь (*about footwear*)

ship [ʃip] **1.** *n* кора́бль *м*, су́дно *с* **2.** *v* (по)грузи́ть (*на парохо́д*); отправля́ть (*парохо́дом*); ~ment [-mənt] 1) погру́зка *ж* 2) груз *м* (*consignment*)

shipping ['ʃipiŋ] 1) флот *м*, суда́ *мн.* 2) перево́зка гру́зов; ~ industry торго́вое судохо́дство

ship‖wreck ['ʃiprek] кораблекруше́ние *с*; ~yard [-jɑːd] верфь *ж*

shirt [ʃəːt] (мужска́я) руба́шка

shiver ['ʃivə] дрожа́ть

shock [ʃɔk] **1.** *n* уда́р *м*, толчо́к *м* **2.** *v* потряса́ть; шоки́ровать; ~ing [-iŋ] возмути́тельный, ужа́сный

shoe [ʃuː] (полу)боти́нок *м*, ту́фля *ж*; ~black [-blæk] чи́стильщик о́буви; ~lace [-leis] шнуро́к *м*; ~maker [-ˌmeikə] сапо́жник *м*; ~shine [-ʃain] чи́стка о́буви; ~string [-ˌstriŋ] шнуро́к *м*

shone [ʃɔn] *past и pp от* shine

shook [ʃuk] *past от* shake

shoot [ʃuːt] (shot) 1) стреля́ть 2) застрели́ть (*kill*) 3) *фото* де́лать сни́мки 4) *спорт.:* ~ a goal заби́ть гол; ~ the puck забро́сить ша́йбу; ~ing [-iŋ] 1) стрельба́ *ж* 2) *спорт.* соревнова́ния по стрельбе́

shooting-range ['ʃuːtiŋreindʒ] тир *м*, стре́льбище *с*

shop [ʃɔp] **1.** *n брит.* 1) магази́н *м*, ла́вка *ж*; ~ window витри́на *ж*; ~ assistant продаве́ц *м*, продавщи́ца *ж*; ~ girl продавщи́ца *ж* 2) цех *м* (*of a factory*) ◊ talk ~ говори́ть о свое́й рабо́те **2.** *v* ходи́ть по магази́нам; ~ aróund подбира́ть това́р (*подходящий по цене и качеству*); ~ for smth присма́тривать что-л. (*в магази́нах*); go ~ping, do the ~ping де́лать поку́пки; ~ping centre торго́вый центр; ~-lifting [-ˌliftiŋ] воровство́ (покупа́телей) в магази́не (*особ. самообслу́живания*)

shore [ʃɔː] бе́рег *м* (*моря*)

short [ʃɔːt] 1) коро́ткий; низкоро́слый 2): be ~ of smth испы́тывать недоста́ток в чём-л.; I'm ~ of móney у меня́ ма́ло де́нег; in a ~ time ско́ро, вско́ре; in ~ коро́че говоря́;

run ~ подходи́ть к концу́, иссяка́ть; ~ círcuit *эл.* коро́ткое замыка́ние

shortage [ˈʃɔːtɪdʒ] недоста́ток *м*, нехва́тка *ж (в чём-л.)*

shortcoming [ˈʃɔːtˌkʌmɪŋ] недоста́ток *м*, изъя́н *м*

shorthand [ˈʃɔːthænd] стеногра́фия *ж*

shortly [ˈʃɔːtlɪ] 1) незадо́лго; ~ befóre незадо́лго до 2) вско́ре; ~ áfter вско́ре по́сле

shorts [ʃɔːts] *pl* трусы́ *мн.*; шо́рты *мн.*

short-sighted [ˌʃɔːtˈsaɪtɪd] 1) близору́кий 2) недальнови́дный; ~ pólicy недальнови́дная поли́тика

shot [ʃɔt] 1) вы́стрел *м*; good ~ а) ме́ткий вы́стрел; б) хоро́ший уда́р *(in games)* 2) *(тж.* bird shot) дробь *ж* 3) стрело́к *м*; he's a good ~ он хоро́ший стрело́к 4) *кино* кадр *м (на экране)* 5) *фото* сни́мок *м* 6) *спорт.* ядро́ *с*; ~ pút(ting) толка́ние ядра́

shot II *past и pp от* shoot

should [ʃud] *(past от* shall) 1) *в 1 л. ед. и мн. образует* а) *будущее в прошедшем:* I told him I ~ not do it я сказа́л ему́, что я не бу́ду де́лать э́того; б) *условное накл.:* ~ I be free tomórrow, I'll come е́сли я бу́ду свобо́ден за́втра, то я приду́; в) *сослагательное накл. (во всех лицах):* I ~ like to leave éarly я бы хоте́л вы́ехать пора́ньше 2) *выражает долженствование, некоторую неуверенность:* you ~ be more

cáreful вы должны́ быть бо́лее осторо́жны; I ~ hárdly go there вряд ли я пое́ду туда́

shoulder [ˈʃəuldə] плечо́ *c*; ~-blade [-bleɪd] *анат.* лопа́тка *ж*

shout [ʃaut] 1. *v* крича́ть 2. *n* крик *м*

shovel [ˈʃʌvl] лопа́та *ж*; сово́к *м*

show [ʃəu] 1. *v* (showed; shown) 1) пока́зывать, проявля́ть; демонстри́ровать 2) дока́зывать *(prove)*; ~ in ввести́ *(в дом, в комнату)* 2. *n* 1) вы́ставка *ж*; flówer ~ вы́ставка цвето́в 2) спекта́кль *м (performance)*; ~ búsiness индустри́я зре́лищ *(театр, эстрада, кино, телевидение)*

shower [ˈʃauə] 1) ли́вень *м*, дождь *м* 2) душ *м*; take a ~ приня́ть душ

shown [ʃəun] *pp от* show 1

show‖room [ˈʃəurum] вы́ставочный зал; ~-window [-ˌwɪndəu] витри́на *ж*

shrank [ʃræŋk] *past от* shrink

shrewd [ʃruːd] проница́тельный; хи́трый

shriek [ʃriːk] крича́ть, вопи́ть

shrimp [ʃrɪmp] креве́тка *ж*; ~ sálad сала́т с креве́тками

shrink [ʃrɪŋk] (shrank; shrunk) 1) отпря́нуть 2) сжима́ться; сади́ться *(о материи)*; the matérial ~s in the wash при сти́рке э́та мате́рия сади́тся

shrubbery [ˈʃrʌbərɪ] куста́рник *м*

shrug [ʃrʌg]: ~ one's shóulders пожимáть плечáми

shrunk [ʃrʌŋk] *pp* от shrink

shudder [ˈʃʌdə] вздрáгивать; содрогáться

shut [ʃʌt] (shut) закрывáть (-ся); ~ **down** закрыть(ся); ~ **off** отключáть, отключи́ть; ~ **up** 1) закрывáть(ся); it's time to ~ up shop *перен.* порá закругляться (кончáть рабóту) 2) замолчáть, заткну́ться; ~**ter** [-ə] 1) стáвень *м*; rólling ~s жалюзи́ *мн.* 2) *фото* затвóр объекти́ва

shuttle [ʃʌtl] 1) челнóк *м* (*in a loom*); ~ sérvice челнóчное движéние (*о транспорте*) 2) *амер.* (*тж.* shúttle-train) челнóчный состáв, «куку́шка» *ж.* 3) *косм.* челнóчный корáбль (*космический корабль многоразового пользования*), «шаттл» *м*

shy [ʃaɪ] рóбкий, застéнчивый; be ~ стесняться, робéть

sick [sɪk] больнóй ◇ I am ~ and tíred of it мне э́то стрáшно надоéло

sickle [ˈsɪkl] серп *м*

sick‖-leave [ˈsɪkliːv] óтпуск по болéзни; ~**-list** [-lɪst]: be on the ~-list быть на бюллетéне

sickness [ˈsɪknɪs] 1) болéзнь *ж* 2) тошнотá *ж*, рвóта *ж* (*vomiting*)

side [saɪd] 1) сторонá *ж*; take smb's ~ встать на чью-л. стóрону 2) бок *м*; ~ by ~ бок ó бок, рядом; ~**show** [-ʃəʊ] вставны́е номерá, дополни́-

тельная прогрáмма; ~**walk** [-wɔːk] *амер.* тротуáр *м*

sieve [sɪv] решетó *с*, си́то *с*

sigh [saɪ] 1. *v* вздыхáть 2. *n* вздох *м*

sight [saɪt] 1) (*тж.* éyesight) зрéние *с* 2) взгляд *м*; at first ~ с пéрвого взгля́да 3) вид *м*, зрéлище *с*; catch ~ of уви́деть; you look a pérfect ~! ну и вид же у вас! 4) *pl* достопримечáтельности *мн.*; ~**seeing** [-ˌsiːɪŋ] осмóтр достопримечáтельностей; go ~seeing осмáтривать достопримечáтельности; ~seeing tour экску́рсия *ж*, осмóтр достопримечáтельностей

sign [saɪn] 1. *n* 1) знак *м*; при́знак *м* 2) вы́веска *ж*, нáдпись *ж*; the ~ reads... нáдпись (вы́веска) гласи́т... 2. *v* подпи́сывать(ся), распи́сываться; ~ **in** *амер.* отмéтиться при прихóде (на рабóту); ~ **off** 1) отмéтиться в ухóде (с рабóты) 2) закóнчить передáчу (*по радио, телевидéнию*); ~ **on** *брит.* отмéтиться при прихóде (на рабóту); ~ **up** 1) поступи́ть на рабóту 2) *брит. см.* sign on 3) *амер.* записáться доброво́льцем; ~ **up for** *smth* записáться на что-л.

signal [ˈsɪgnl] 1. *n* сигнáл *м*, знак *м*; turn ~s *авто* указáтели поворóта 2. *v* сигнализи́ровать

signature [ˈsɪgnɪtʃə] пóдпись *ж*

sign-board [ˈsaɪnbɔːd] вы́веска *ж*

significance [sɪg'nɪfɪkəns] значе́ние *c*

significant [sɪg'nɪfɪkənt] (много)значи́тельный, ва́жный

signify ['sɪgnɪfaɪ] зна́чить, означа́ть

silence ['saɪləns] **1.** *n* молча́ние *c*, тишина́ *ж*; ~! ти́ше!; keep (break) ~ соблюда́ть (наруша́ть) тишину́ **2.** *v* заста́вить замолча́ть

silent ['saɪlənt] безмо́лвный, молчали́вый; ти́хий

silk [sɪlk] шёлк *м*

sill [sɪl] (*тж.* window-sill) подоко́нник *м*

silly ['sɪlɪ] глу́пый

silo ['saɪləu] 1) *с.-х.* си́лосная ба́шня *или* я́ма 2) *воен.* ста́ртовая ша́хта

silver ['sɪlvə] **1.** *n* серебро́ *c* **2.** *a* серебряный

similar ['sɪmɪlə] схо́дный, подо́бный

simple ['sɪmpl] просто́й, несло́жный

simultaneous [ˌsɪməl'teɪnɪəs] одновре́менный; ~ interpretátion синхро́нный перево́д

sin [sɪn] грех *м*; déadly (mórtal) ~ сме́ртный грех

since [sɪns] **1.** *prep* с; I've been here ~ 3 p.m. я здесь с трёх часо́в дня **2.** *cj* 1) с тех пор как; two years passed ~ I saw you last с тех пор, как мы ви́делись в после́дний раз, прошло́ два го́да 2) та́к как; ~ you are tired I'll do it mysélf та́к как вы уста́ли, я сде́лаю это сам **3.** *adv* с тех пор; I

háven't been here ~ я здесь не́ был с тех пор

sincere [sɪn'sɪə] и́скренний; ~ly [-lɪ] и́скренне; ~ yours и́скренне ваш, с и́скренним уваже́нием (*в письме*)

sincerity [sɪn'serɪtɪ] и́скренность *ж*; прямота́ *ж*, че́стность *ж*

sing [sɪŋ] (sang; sung) петь; ~er [-ə] певе́ц *м*, певи́ца *ж*

single ['sɪŋgl] 1) еди́нственный 2) отде́льный; ~ room но́мер на одного́; ~ bed односпа́льная крова́ть 3) холосто́й, незаму́жняя (*unmarried*); ~-spaced [-'speɪst] че́рез оди́н интерва́л (*о печа́тании на маши́нке*)

sink I [sɪŋk] ра́ковина *ж (водопрово́дная)*

sink II (sank; sunk) 1) тону́ть, погружа́ться 2) опуска́ться; оседа́ть; the básement sank фунда́мент осе́л

sir [sə:] сэр *м*, су́дарь *м*; dear ~ ми́лостивый госуда́рь (*в письме*)

sister ['sɪstə] сестра́ *ж*; ~-in-law ['sɪstərɪn,lɔ:] неве́стка *ж* (*brother's wife*); золо́вка *ж* (*husband's sister*)

sit [sɪt] (sat) 1) сиде́ть 2) заседа́ть; the committee ~s from nine to six комите́т заседа́ет с девяти́ до шести́; ~ down сади́ться; ~ up сиде́ть (сади́ться) пря́мо; children, will you ~ up straight, please! де́ти, ся́дьте пря́мо!

site [saɪt] местоположе́ние *c*; местопребыва́ние *c*

sitting-room [ˈsɪtɪŋruːm] гостиная ж

situated [ˈsɪtʃueɪtɪd] распо-
ложенный

situation [ˌsɪtʃuˈeɪʃn] 1) об-
стоятельства мн., ситуация ж,
положение с; international ~
международное положение 2)
местоположение с (site)

six [sɪks] шесть; ~ hundred
шестьсот

sixteen [ˌsɪkˈstiːn] шестнадцать; ~th [-θ] шестнадцатый

sixth [sɪksθ] шестой

sixtieth [ˈsɪkstɪɪθ] шестиде-
сятый

sixty [ˈsɪkstɪ] шестьдесят

size [saɪz] размер м; величи-
на ж; try this ~! а этот размер
вам не подойдёт?; family (economy) ~ в крупной расфа-
совке (о продовольственных
или хозяйственных товарах,
обычно по цене ниже на еди-
ницу веса)

skate [skeɪt] кататься на
коньках; ~board [-bɔːd] роли-
ковая доска; ~board-rink
[-bɔːdˈrɪŋk] (асфальтирован-
ная) площадка для катания на
роликовых досках (с горками
и виражами); ~s [-s] pl конь-
ки мн.

skating-rink [ˈskeɪtɪŋrɪŋk]
каток м

skeleton [ˈskelɪtn] скелет м;
остов м

sketch [sketʃ] 1. n 1) эскиз м,
набросок м, этюд м 2) скетч м
(a short play) 2. v набрасывать
(план, эскиз и т. п.)

ski [skiː] 1. n лыжа ж; skis

лыжи мн.; ~ lift подъёмник м
(на лыжной базе) 2. v (ski'd)
ходить на лыжах

ski'd [skiːd] past и pp от
ski 2

skier [ˈskiːə] лыжник м

skiing [ˈskiːɪŋ] спорт. см.
Alpine, cross-country

skilful [ˈskɪlful] искусный,
умелый

skill [skɪl] искусство с, ма-
стерство с; ~ed [-d] квалифицированный, искусный; ~ed
worker квалифицированный
рабочий

skin [skɪn] 1) кожа ж; шкура
ж 2) кожура ж; banana ~ кожура банана ◊ wet to the ~
промокший до нитки

skip [skɪp] прыгать; пере-
прыгивать (тж. перен.); ~ping
rope скакалка ж; hop, ~ and
jump амер. спорт. тройной
прыжок

skipper [ˈskɪpə] шкипер м;
капитан м (небольшого судна)

skirt [skɜːt] юбка ж

skiwear [ˈskiːwɛə] одежда
для лыжников

skull [skʌl] череп м

sky [skaɪ] небо с

sky‖diving [ˈskaɪdaɪvɪŋ],
~-jumping [-dʒʌmpɪŋ] прыж-
ки с парашютом (особ. затяж-
ные)

skylark [ˈskaɪlɑːk] жаворо-
нок м

sky-scraper [ˈskaɪˌskreɪpə]
небоскрёб м

slack [slæk] расслабленный,
слабый, вялый

slacks [slæks] 1) брюки мн.

(*отдельно от костюма*) 2) дáмские брюки

slalom ['sleɪləm] *спорт.* слáлом *м*

slander ['slɑ:ndə] 1. *n* клеветá *ж* 2. *v* клеветáть

slang [slæŋ] жаргóн *м*, сленг *м*

slaughter ['slɔ:tə] 1) резня́ *ж* (*of people*) 2) убóй *м* (*of cattle*)

slave [sleɪv] раб *м*; ~ry ['sleɪvərɪ] рáбство *с*

sled [sled], **sledge** [sledʒ] сáни *мн.*

sleep [sli:p] 1. *v* (slept) спать 2. *n* сон *м*; go to ~ ложи́ться спать; ~er [-ə] спáльный вагóн

sleeping-car ['sli:pɪŋkɑ:] спáльный вагóн

sleepy ['sli:pɪ] сóнный; I am ~ я хочý спать

sleeve [sli:v] рукáв *м*; roll up one's ~s засучи́ть рукавá

slender ['slendə] тóнкий, стрóйный

slept [slept] *past и pp от* sleep 1

slice [slaɪs] 1. *n* лóмтик *м*; а ~ of pízza кусóк пи́ццы 2. *v* 1) нарезáть лóмтиками 2): ~ the ball *спорт.* срéзать мяч

slid [slɪd] *past и pp от* slide

slid‖e [slaɪd] (slid) скользи́ть; ~ing door раздвижнáя дверь

slight [slaɪt] лёгкий, незначи́тельный; ~ dífference незначи́тельная рáзница; ~ly [-lɪ] слегкá, едвá

slim [slɪm] тóнкий, стрóйный

slip [slɪp] 1. *v* скользнýть; поскользнýться 2. *n* 1) скольжéние *с* 2) оши́бка *ж*, прóмах *м*; ~ of the pen опи́ска *ж*; ~ of the tóngue оговóрка *ж* 3) комбинáция *ж* (*бельё*); ни́жняя ю́бка (*petticoat*) 4): ~ of páper бумáжка *ж*, клочóк бумáги

slippers ['slɪpəz] *pl* домáшние тýфли; шлёпанцы *мн.*

slippery ['slɪpərɪ] скóльзкий

slogan ['sləʊgən] лóзунг *м*

slope [sləʊp] откóс *м*, склон *м*

slot machine ['slɔtməˌʃi:n] (торгóвый) автомáт

slow [sləʊ] 1. *а* мéдленный; медли́тельный ◊ my watch is five mínutes ~ мои́ часы́ отстаю́т на пять минýт 2. *v*: ~ down замедля́ть(ся)

sly [slaɪ] хи́трый

small [smɔ:l] мáленький; незначи́тельный; ~ fármer мéлкий фéрмер; ~ print мéлкий шрифт ◊ ~ hours пéрвые часы́ пóсле полýночи

smallpox ['smɔ:lpɔks] *мед.* óспа *ж*; certíficate of vaccinátion agáinst ~ свидéтельство о приви́вке прóтив óспы

smart [smɑ:t] 1) наря́дный, шикáрный (*dressy*) 2) остроýмный; ýмный (*clever*)

smash [smæʃ] 1) разбивáть (-ся) вдрéбезги 2) разгроми́ть (*rout*)

smell [smel] 1. *n* 1) зáпах *м* 2) обоня́ние *с*; keen ~ óстрое обоня́ние 2. *v* (smelt) 1) пáхнуть; the pérfume ~s good духи́ хорошó пáхнут 2) обонять; (по)ню́хать; I don't ~ ánything никако́го за́паха нет

smelt I [smelt] пла́вить

smelt II *past и pp от* smell 2

smile [smaɪl] **1.** *n* улы́бка *ж* **2.** *v* улыба́ться

smog [smɔg] смог *м (смесь тумана с городским дымом)*

smoke [sməuk] **1.** *n* дым *м* **2.** *v* 1) дыми́ть(ся) 2) кури́ть; "no smóking!" «не кури́ть» *(надпись)*

smoking‖-car [ˈsməukɪŋˌkɑː] ваго́н для куря́щих; ~-**room** [-ˌrum] кури́тельная ко́мната

smooth [smuːð] 1) гла́дкий, ро́вный; ~ face чи́сто вы́бритое лицо́ 2) пла́вный, споко́йный; ~ sea споко́йное мо́ре

snack [snæk] заку́ска *ж*; have a ~ закуси́ть, «замори́ть червячка́»; ~-**bar** [-bɑː] заку́сочная *ж*, буфе́т *м*

snake [sneɪk] змея́ *ж*

snapshot [ˈsnæpʃɔt] момента́льный сни́мок

snatch [snætʃ] хвата́ть(ся); схвати́ть(ся) *(seize)*

sneer [snɪə] **1.** *n* насме́шка *ж*; усме́шка *ж* **2.** *v* насмеха́ться, издева́ться

sneeze [sniːz] чиха́ть

snore [snɔ] храпе́ть

snow [snəu] **1.** *n* снег *м* **2.** *v*: it ~s, it is ~ing идёт снег

snow‖ball [ˈsnəubɔːl] снежо́к *м*; ~-**flake** [-fleɪk] снежи́нка *ж*; ~-**man** [-mən] снегови́к *м*; ~**mobile** [-məbiːl] снегохо́д *м*; ~**storm** [-stɔːm] мете́ль *ж*

snug [snʌg] ую́тный

so [səu] **1.** *adv* 1) так; таки́м о́бразом; just so и́менно так; and so on и так да́лее 2) та́кже, то́же; I have seen him.— So have I я его́ ви́дел.— И я то́же 3) ита́к; and so you agrée ита́к, вы согла́сны ◊ fifty or so пятьдеся́т или о́коло э́того; so far до сих по́р, пока́; so far as поско́льку; so long! *амер.* пока́!, до свида́ния! **2.** *pron* э́то; так; I should think so! полага́ю, что так!

soak [səuk] 1) нама́чивать, пропи́тывать *(steep)* 2) промо́кнуть *(drench)*

soap [səup] **1.** *n* мы́ло *с*; ~ ópera «мы́льная о́пера» *(многосерийная радио- или телевизионная постановка сентиментального характера на семейные темы)* **2.** *v* намы́ливать; ~y [-ɪ] мы́льный

sob [sɔb] рыда́ть, всхли́пывать

sober [ˈsəubə] *(тж. перен.)* тре́звый; ~-**minded** [-ˈmaɪndɪd] трезвомы́слящий

soccer [ˈsɔkə] футбо́л *м*; ~ pláyer футболи́ст *м*

sociable [ˈsəuʃəbl] общи́тельный

social [ˈsəuʃəl] обще́ственный; социа́льный; ~ sýstem обще́ственный строй; ~ wélfare социа́льное обеспе́чение; ~ wórker рабо́тник патрона́жа *(при муниципалитете или фирме)*; ~ism [-ɪzm] социали́зм *м*; ~ist [-ɪst] **1.** *a* социалисти́ческий **2.** *n* социали́ст *м*

society [səˈsaɪətɪ] о́бщество *с*

sock [sɔk] носо́к *м*

socker [ˈsɔkə] = sóccer

sofa [ˈsəufə] дива́н *м*, софа́ *ж*

soft [sɔft] 1) мя́гкий; a ~ light мя́гкий свет; ~ lens мя́гкая конта́ктная ли́нза 2) не́жный (*gentle*); ~wear [-wɛə] програ́ммное обеспе́чение

soil [sɔil] 1. *n* земля́ *ж*, по́чва *ж* 2. *v* па́чкать(ся), грязни́ть (-ся)

solar [ˈsəulə] со́лнечный; ~ báttery со́лнечная батаре́я

sold [səuld] *past и pp от* sell

soldier [ˈsəuldʒə] солда́т *м*, во́ин *м*

sole I [səul] подо́шва *ж*; подмётка *ж*; I want new ~s on the shoes, please поста́вьте, пожа́луйста, но́вые подмётки на э́ти боти́нки

sole II еди́нственный; for the ~ púrpose с еди́нственной це́лью

solemn [ˈsɔləm] торже́ственный

solicitor [səˈlɪsɪtə] *юр.* соли́ситор *м*, пове́ренный *м*

solid [ˈsɔlɪd] 1) твёрдый; ~ propéllant *косм.* твёрдое то́пливо 2) про́чный, кре́пкий; основа́тельный; ~ árgument ве́ский до́вод; ~-state [-ˈsteɪt]: ~-state rádio полупроводнико́вый (радио)приёмник

solitary [ˈsɔlɪtərɪ] одино́кий; уединённый

solo [ˈsəuləu] со́ло *с нескл.*; ~ist [-ɪst] соли́ст *м*, соли́стка *ж*

solution [səˈluːʃn] 1) реше́ние *с* 2) *хим.* раство́р *м*

solve [sɔlv] реша́ть, разреша́ть (*проблему и т. п.*)

some [sʌm] 1. *a* 1) како́й-л., како́й-нибудь; find ~ way найди́те како́й-нибудь вы́ход 2) не́сколько; there are ~ books here тут есть не́сколько книг 3) не́который, не́кий; како́й-то; ~ man asked you како́й-то челове́к вас спра́шивал 2. *pron* 1) не́которые; ~ of us не́которые из нас 2) не́которое коли́чество (*часто не переводится*); I want ~ wáter да́йте мне воды́ ◊ this is ~ play *разг.* (*обычно иронически*) вот э́то пье́са!

some‖body [ˈsʌmbədɪ] кто́-то; не́кто; ~day [-deɪ] в оди́н прекра́сный день; ~how [-hau] ка́к-нибудь; ~one [-wʌn] = sómebody

somersalt [ˈsʌməsɔːlt] са́льто *с нескл.*

some‖thing [ˈsʌmθɪŋ] что́-то, кое-что́, не́что; ~times [-taɪmz] иногда́; ~what [-wɔt] не́сколько, до не́которой сте́пени; ~where [-wɛə] куда́-нибудь; где́-нибудь

son [sʌn] сын *м*

song [sɔŋ] пе́сня *ж*

son-in-law [ˈsʌnɪnˌlɔ] зять *м*

soon [suːn] вско́ре, ско́ро; as ~ as póssible как мо́жно скоре́е; no ~er than как то́лько

soothe [suːð] 1) успока́ивать, утеша́ть 2) облегча́ть боль (*allay*)

sophisticated [səˈfɪstɪkeɪtɪd] 1) изы́сканный, утончённый (*of a person*) 2) передово́й, совреме́нный; ~ wéapons совреме́нные ви́ды ору́жия

sophomore [ˈsɔfəmɔː] *амер.* второку́рсник *м (в колледже с четырёхлетним обучением)*

soprano [səˈprɑːnəu] сопра́но *с нескл.*

sore [sɔː] **1.** *a* чувстви́тельный, боле́зненный; I have a ~ throat у меня́ боли́т го́рло **2.** *n* боля́чка *ж*, ра́на *ж*

sorority [səˈrɔrɪtɪ] (привилеги́рованный) клуб в же́нском колле́дже

sorrow [ˈsɔrəu] го́ре *с*, печа́ль *ж*; скорбь *ж*

sorry [ˈsɔrɪ]: be ~ жале́ть, быть огорчённым; ~! винова́т!; I'm (so) ~! прости́те!

sort [sɔːt] сорт *м*, род *м*, вид *м*; nóthing of the ~ ничего́ подо́бного; what ~ of a man is he? что он за челове́к?

SOS [ˌesəuˈes] СОС *(сигнал бедствия)*

sought [sɔːt] *past и pp от* seek

soul [səul] душа́ *ж* ◊ ~ músic негритя́нская му́зыка

sound I [saund] **1.** *n* звук *м*; ~ sýstem стереофони́ческая звуковоспроизводя́щая систе́ма **2.** *v* звуча́ть

sound II 1) здоро́вый, кре́пкий; ~ sleep здоро́вый сон 2) здра́вый, пра́вильный; ~ advíce разу́мный совет

soup [suːp] суп *м*; cup (bowl) of ~ *амер.* ча́шка (ми́ска) су́па *(соответствует полпорции и целой порции)*; ~-plate [-pleɪt] глубо́кая таре́лка

sour [ˈsauə] ки́слый; ~ cream смета́на *ж*

source [sɔːs] 1) исто́чник *м* 2) нача́ло *с*

south [sauθ] **1.** *n* юг *м*; in the ~ на ю́ге; to the ~ к ю́гу **2.** *a* ю́жный **3.** *adv* на юг(е), к ю́гу

southern [ˈsʌðən] ю́жный

souvenir [ˈsuːvənɪə] сувени́р *м*

sovereign [ˈsɔvrɪn] **1.** *n* 1) мона́рх *м (king, etc)* 2) совере́н *м (золотая монета в 1 фунт стерлингов)* **2.** *a* 1) верхо́вный; ~ pówer верхо́вная власть 2) сувере́нный, незави́симый; ~ state суверенное госуда́рство; ~ty [ˈsɔvrəntɪ] суверените́т *м*

Soviet [ˈsəuvɪet] **1.** *n* сове́т *м (орган власти в СССР)*; the Supréme ~ Верхо́вный Сове́т; the ~ of the Únion Сове́т Сою́за; the ~ of Nationálities Сове́т Национа́льностей **2.** *a* сове́тский; the ~ Únion Сове́тский Сою́з

sow [səu] (sowed; sown, sowed) се́ять, засева́ть; ~n [-n] *pp от* sow

space [speɪs] 1) простра́нство *с*; (óuter) ~ ко́смос *м*, косми́ческое простра́нство 2) расстоя́ние *с*; промежу́ток *м*; a ~ of ten feet расстоя́ние в де́сять фу́тов; ~man [-mən] космона́вт *м*; ~ship [-ʃɪp] косми́ческий кора́бль

spade [speɪd] 1) лопа́та *ж* 2) *pl карт.* пи́ки мн.

spaghetti [spəˈgetɪ] спаге́тти *с и мн. нескл.*

span [spæn] *past* от spin

spare [spɛə] **1.** *v* 1) эконо́мить; жале́ть 2) щади́ть, бере́чь; ~ smb's féelings щади́ть чьи-л. чу́вства 3) уделя́ть; can you ~ a mínute? удели́те мне мину́тку (вре́мени) **2.** *a* запасно́й, запа́сный, ли́шний; ~ time досу́г *м* **3.** *n* (тж. spare tíre) *авто разг.* запа́ска *ж*

spark [spɑːk] и́скра *ж*, вспы́шка *ж*; ~ plug *авто* свеча́ *ж*

sparkle ['spɑːkl] сверка́ть, и́скри́ться

sparrow ['spærəu] воробе́й *м*

sparse [spɑːs] ре́дкий; разбро́санный

spat [spæt] *past и pp* от spit

speak [spiːk] (spoke; spóken) говори́ть; разгова́ривать; ~ Rússian говори́ть по-ру́сски; ~ for выступа́ть от и́мени; ~ out вы́сказаться; ~er [-ə] 1) ора́тор *м* 2) (the S.) спи́кер *м* (в парла́менте) 3) тех. звукова́я коло́нка, дина́мик *м*

spear [spiə] дро́тик *м*, копьё *с*

special ['speʃəl] 1) специа́льный; ~ tráining специа́льная подгото́вка 2) осо́бый; ~ réason осо́бая причи́на 3) э́кстренный; ~ íssue э́кстренный вы́пуск

species ['spiːʃiːz] *биол.* вид *м*

specific [spɪ'sɪfɪk] 1) характе́рный; осо́бый; специфи́ческий; ~ féature специфи́ческая черта́ 2) определённый, конкре́тный; ~ aim определённая цель; a ~ case конкре́тный слу́чай

specify ['spesɪfaɪ] то́чно определя́ть, уточня́ть

specimen ['spesɪmɪn] образе́ц *м*, обра́зчик *м*, экземпля́р *м*

spectacle ['spektəkl] зре́лище *с*

spectacles ['spektəklz] *pl* очки́ мн.

spectator [spek'teɪtə] зри́тель *м*

speculate ['spekjuleɪt] 1) размышля́ть, разду́мывать 2) спекули́ровать (in shares, etc)

sped [sped] *past и pp* от speed 2

speech [spiːtʃ] речь *ж*

speed [spiːd] **1.** *n* ско́рость *ж*, быстрота́ *ж*; at a ~ of fífty miles со ско́ростью пятьдеся́т миль; at full ~ по́лным хо́дом; ~ límit *авто* ограниче́ние ско́рости **2.** *v* (sped) спеши́ть; бы́стро е́хать; ~ up ускоря́ть **3.** *a* скоростно́й; бегово́й; ~ skates бегово́е коньки́; ~er [-ə] лиха́ч *м*; "~ers lose their lícences" ◄лихачи́ лиша́ются прав► (на́дпись); ~ing [-ɪŋ] *авто* превыше́ние ско́рости

speed∥-reading ['spiːd͵riːdɪŋ] скорочте́ние *с*; ~-skating [-͵skeɪtɪŋ] скоростно́й бег на конька́х; ~way [-weɪ] *спорт.* спидве́й *м*, скоростны́е мото́го́нки

spell I [spel] 1) пери́од *м*; срок *м*; a dry ~ пора́ сухо́й пого́ды; bréathing ~ передышка *ж* 2) при́ступ *м*; a cóughing ~ при́ступ ка́шля

spell II (spelt) писа́ть (произноси́ть) сло́во по бу́квам; how do you ~ it? как э́то пи́шется?, произнеси́те по бу́квам; ~ing [-ɪŋ] правописа́ние c

spelt [spelt] *past и pp от* spell II

spend [spend] (spent) 1) тра́тить, расхо́довать; ~ móney тра́тить де́ньги 2) проводи́ть *(время)*; ~ a night переночева́ть

spent [spent] *past и pp от* spend

sphere [sfɪə] 1) шар *м* 2) сфе́ра *ж*, по́ле де́ятельности *(province)*

spice [spaɪs] спе́ция *ж*, пря́ность *ж*

spider [ˈspaɪdə] пау́к *м*

spike [spaɪk] шип *м*; ~s *спорт.* шипо́вки *мн.*

spill [spɪl] (spilt) пролива́ть (-ся); рассыпа́ть(ся); ~ milk проли́ть молоко́; ~ súgar рассы́пать са́хар; ~ **out** выплё́скивать; ~ **over** а) расплеска́ть (по *чему-л.*); б) вы́йти за преде́лы, перепо́лниться; the cíty is ~ing óver its old bóundaries го́род выхо́дит за преде́лы свои́х грани́ц

spilt [spɪlt] *past и pp от* spill

spin [spɪn] (span, spun; spun) 1) прясть *(of fibers)* 2) закру́чивать *(twirl)*

spinach [ˈspɪnɪdʒ] шпина́т *м*

spine [spaɪn] *анат.* позвоно́чный столб

spin-off [ˈspɪnɔf] побо́чный проду́кт

spinster [ˈspɪnstə] ста́рая де́ва

spire [ˈspaɪə] шпиль *м*

spirit I [ˈspɪrɪt] 1) дух *м* 2) *pl* настрое́ние *с*; high (low) ~s хоро́шее (плохо́е) настрое́ние

spirit II 1) спирт *м* 2) *pl* спиртны́е напи́тки

spiritual [ˈspɪrɪtʃuəl] **1.** *a* духо́вный **2.** *n амер.* спири́чуал *м*, негритя́нская религио́зная пе́сня

spit [spɪt] (spat) плева́ть(ся)

spite [spaɪt] злость *ж*, зло́ба *ж* ◊ in ~ of несмотря́ на

splash [splæʃ] 1) бры́згать (-ся); забры́згать 2) плеска́ть (-ся); ~ in wáter плеска́ться в воде́

splendid [ˈsplendɪd] великоле́пный; роско́шный

splinter [ˈsplɪntə] 1) ще́пка *ж* 2) оско́лок *м (of glass, etc)* 3) зано́за *ж*; a ~ in one's fínger зано́за в па́льце

split [splɪt] **1.** *v* (split) раска́лывать(ся); разделя́ть(ся); my head is ~ting у меня́ голова́ трещи́т **2.** *n* 1) тре́щина *ж* 2) *полит.* раско́л *м*

spoil [spɔɪl] (spóilt) 1) по́ртить(ся) 2) балова́ть; ~ a child балова́ть ребёнка; ~t [-t] *past и pp от* spoil

spoke [spəuk] *past от* speak; ~n [-ən] *pp от* speak

sponge [spʌndʒ] гу́бка *ж*; ~-cake [-keɪk] бискви́т *м*

spontaneus [spɔnˈteɪnɪəs] непосре́дственный; непринуждённый *(unconstrained)*

spool [spuːl] кату́шка *ж*

spoon [spuːn] ло́жка *ж*

sport [spɔːt] спорт *м*; ~s club

спортклу́б *м*; ~s equípment спортивный инвента́рь; ~s gróund спорти́вная площа́дка; ~ shoes (спорти́вные) та́почки; ~s car спорти́вный автомоби́ль

sporting [ˈspɔːtɪŋ] *амер.* спорти́вный; ~ goods спорти́вные това́ры

sports‖man [ˈspɔːtsmən] спортсме́н *м*; ~woman [-wumən] спортсме́нка *ж*

spot [spɔt] 1) пятно́ *с*; ~s of ink черни́льные пя́тна 2) ме́сто *с (place)* ◊ ~ news э́кстренное сообще́ние; on the ~ на ме́сте, сра́зу, неме́дленно; ~ check вы́борочная прове́рка

sprang [spræŋ] *past от* spring II 1

spray [spreɪ] аэрозо́ль *м*

spread [spred] (spread) 1) расстила́ть 2) распространя́ть (-ся); ~ knówledge распространя́ть зна́ния 3) простира́ться, расстила́ться *(cover a surface)*

spring I [sprɪŋ] весна́ *ж*; ~ corn яровы́е хлеба́

spring II 1. *v* (sprang; sprung) пры́гать; вска́кивать; ~ to one's feet вскочи́ть на́ ноги 2. *n* 1) прыжо́к *м* 2) пружи́на *ж (of a watch, etc)* 3) исто́чник *м (source)*

sprint [sprɪnt] *спорт.* спринт *м*

sprung [sprʌŋ] *pp от* spring II 1

spun [spʌn] *past и pp от* spin
spur [spəː] 1. *n* шпо́ра *ж* 2. *v*

1) пришпо́ривать 2) подстрека́ть *(excite)*

spy [spaɪ] 1. *n* шпио́н *м* 2. *v* шпио́нить

square [skwɛə] 1. *n* 1) квадра́т *м* 2) *шахм.* по́ле *с*; white (black) ~ бе́лое (чёрное) по́ле 3) пло́щадь *ж*; Trafálgar S. Трафальга́рская пло́щадь 2. *a* квадра́тный ◊ ~ refúsal категори́ческий отка́з; from ~ one с са́мого нача́ла; be back to ~ one быть отбро́шенным к (са́мому) нача́лу

squash I [skwɔʃ] *амер.* кабачо́к *м*

squash II *брит.*: órange ~ оранжа́д *м*

squawk [ˈskwɔːk]: ~ box 1) громкоговори́тель *м (loudspeaker)* 2) селе́ктор *м (intercom)*

squeeze [skwiːz] 1) выжима́ть; ~ a lémon выжима́ть лимо́н 2) сжима́ть; дави́ть; ~ one's hand сжима́ть ру́ку

squire [ˈskwaɪə] сквайр *м*, поме́щик *м*

squirrel [ˈskwɪrəl] бе́лка *ж*
SST [ˈesˈesˈtiː] (supersónic tránsport) сверхзвуково́й самолёт

St. [seɪnt] (Saint) свято́й *(в названиях)*

stability [stæˈbɪlɪtɪ] усто́йчивость *ж*, про́чность *ж*; ~ of cúrrency усто́йчивость валю́ты

stable I [ˈsteɪbl] усто́йчивый; про́чный; ~ peace про́чный мир

stable II коню́шня *ж*

stadium [ˈsteɪdɪəm] стадио́н м

staff [stɑːf] 1) штат м; персона́л м; médical ~ медици́нский персона́л; on the ~ в шта́те; ~ mémber (шта́тный) сотру́дник; ~ repórt докладна́я запи́ска 2) *воен.* штаб м

stage I [steɪdʒ] 1. *n* сце́на ж 2. *v* инсцени́ровать; ста́вить (*пьесу*)

stage II фа́за ж, ста́дия ж; эта́п м; the first ~ нача́льная ста́дия

stage-manager [ˈsteɪdʒˌmænɪdʒə] режиссёр м, постано́вщик м

stagnation [stægˈneɪʃn] засто́й м

stag-party [ˈstægˌpɑːtɪ] холостя́цкая вечери́нка, мальчи́шник м

stain [steɪn] пятно́ м; take out ~s выводи́ть пя́тна; ~less [-lɪs]: ~less steel нержаве́ющая сталь

stair [steə] 1) ступе́нька ж 2) *pl* ле́стница ж; ~case [-keɪs] ле́стница ж

stake [steɪk] ста́вка ж, закла́д м (*в пари*)

stale [steɪl] 1) чёрствый; ~ bread чёрствый хлеб 2) за́тхлый; ~ air за́тхлый во́здух

stalemate [ˈsteɪlmeɪt] *шахм.* пат м

stalk [stɔːk] сте́бель м

stall [stɔːl] 1) сто́йло с 2) ларёк м (*for sale of goods*) 3) *театр.* кре́сло в партере

stallion [ˈstælɪən] жеребе́ц м

stamina [ˈstæmɪnə] вы́держ-

ка ж, сто́йкость ж; he has a lot of ~ он облада́ет больши́м упо́рством

stammer [ˈstæmə] заика́ться; запина́ться

stamp [stæmp] 1. *n* 1) почто́вая ма́рка 2) штамп м, штémпель м; bear the ~ of... име́ть штамп... 2. *v* 1) накла́дывать штамп (*a document*) 2) накле́ивать ма́рку (*a letter*); ~-colléctor [-kəˌlektə] филатели́ст м

stand [stænd] 1. *v* (stood) 1) стоя́ть 2) выде́рживать, выноси́ть; I can't ~ such músic я не выношу́ тако́й му́зыки 3) *авто* остана́вливаться на коро́ткое вре́мя, "no ~ing" *амер.* «стоя́нка (*даже кратка́я*) запрещена́» (*надпись*); ~ by дежу́рить (*be at hand*); ~ out выделя́ться; ~ up встава́ть 2. *n* 1) остано́вка ж, стоя́нка ж 2) сто́йка ж; стенд м; кио́ск м (*stall*) 3) пози́ция ж (*position*) 4) трибу́на ж; the ~s were fílled with chéering fans трибу́ны бы́ли запо́лнены реву́щими боле́льщиками

standard [ˈstændəd] 1. *n* 1) зна́мя с (*flag*) 2) мери́ло с, станда́рт м 2. *a* станда́ртный; ~-bearer [-ˌbɛərə] знамено́сец м

standpoint [ˈstændpɔɪnt] то́чка зре́ния

staple I [ˈsteɪpl]: ~ food повседне́вная пи́ща, основно́й проду́кт пита́ния

staple II скоба́ ж (*для сшива́ния бума́г*); ~r [-ə] сте́плер м (*канцеля́рская маши́на*)

star [stɑː] **1.** *n* 1) звезда́ ж; Stars and Stripes звёздно-полоса́тый флаг *(госуда́рственный флаг США)* 2) *театр., кино* звезда́ ж **2.** *v театр., кино* игра́ть гла́вную роль

starch [stɑːtʃ] **1.** *n* крахма́л м **2.** *v* крахма́лить; ~ed cóllar крахма́льный воротничо́к

stare [stɛə] при́стально смотре́ть

start [stɑːt] **1.** *v* 1) начина́ть; ~ a mótor заводи́ть мото́р 2) отправля́ться; ~ for the trip отпра́виться в путь **2.** *n* 1) нача́ло с 2) *спорт.* старт м

startle [ˈstɑːtl] 1) испуга́ть *(frighten)* 2) поража́ть *(surprise)*

starvation [stɑːˈveɪʃn] го́лод м; истоще́ние с

starve [stɑːv] голода́ть; I'm stárving я умира́ю с го́лода

state I [steɪt] **1.** *n* 1) госуда́рство с 2) штат м *(territorial unit)*; ...S. Univérsity *амер.* университе́т шта́та... **2.** *а* госуда́рственный; S. Depártment госуда́рственный департа́мент, министе́рство иностра́нных дел *(в США)*

state II 1. *n* состоя́ние с; in a good (bad) ~ в хоро́шем (плохо́м) состоя́нии; ~ of the art (совреме́нное) состоя́ние дел *(в нау́ке и те́хнике)* **2.** *v* заявля́ть, формули́ровать

statement [ˈsteɪtmənt] заявле́ние с, утвержде́ние с

statesman [ˈsteɪtsmən] госуда́рственный де́ятель

station [ˈsteɪʃn] *(тж.* ráilway station)* ста́нция ж, вокза́л м; ~-to-~ call телефо́нный вы́зов «кто подойдёт» *(при зака́зе междугоро́днего разгово́ра)*; ~ wágon *амер.* автомоби́ль с ку́зовом «универса́л»

stationery [ˈsteɪʃənrɪ] канцеля́рские принадле́жности ◊ write on offícial ~ писа́ть на бла́нках

statistics [stəˈtɪstɪks] стати́стика ж

statue [ˈstætʃuː] ста́туя ж

statute [ˈstætjuːt] 1) зако́н м *(law)* 2) уста́в м *(charter)*

stay [steɪ] **1.** *v* 1) остава́ться 2) остана́вливаться; гости́ть (with *smb* — у *кого́-л.*); ~ at a hotél остана́вливаться в гости́нице **2.** *n* пребыва́ние с

steady [ˈstedɪ] 1) кре́пкий, про́чный, усто́йчивый *(firm)* 2) постоя́нный; ~ prógress неукло́нное движе́ние вперёд ◊ go ~ «дружи́ть» *(о ма́льчике и де́вочке)*

steak [steɪk] стейк м, натура́льный бифште́кс

steal [stiːl] (stole; stólen) красть, ворова́ть

steam [stiːm] пар м; ~er [-ə] парохо́д м

steel [stiːl] сталь ж

steep [stiːp] круто́й

steer [ˈstɪə] 1) пра́вить рулём; управля́ть *(маши́ной)* 2) направля́ть, вести́ *(guide)*; ~ing-wheel [ˈstɪərɪŋwiːl] *авто* руль м

stein [staɪn] *амер.* (пивна́я) кру́жка; a ~ of láger (beer), please кру́жку све́тлого (пи́-ва), пожа́луйста

stem [stem] 1) ствол *м (of a tree)* 2) сте́бель *м (of a flower)*

step [step] **1.** *n* 1) шаг *м*; in ~ в но́гу; ~ by ~ шаг за ша́гом, постепе́нно 2): take ~s принима́ть ме́ры 3) ступе́нька *ж (of a staircase)* **2.** *v* ступа́ть, шага́ть; ~ **aside** отойти́ в сто́рону, посторони́ться

step‖child ['step‿aɪld] па́сынок *м*, па́дчерица *ж*; ~**daughter** [-dɔːtə] па́дчерица *ж*; ~**father** [-fɑːðə] о́тчим *м*; ~**mother** [-mʌðə] ма́чеха *ж*; ~**son** [-sʌn] па́сынок *м*

stereo ['stɪərɪəu] **1.** *a (тж.* stereophonic) стереофони́ческий; ~ récord стереофони́ческая пласти́нка; ~ récord-pláyer (tape-recórder) стереофони́ческий прои́грыватель (магнитофо́н) **2.** *n* 1) стереофони́я *ж* 2) стереофони́ческая звуковоспроизводя́щая систе́ма *(sound system)*

sterling ['stɜːlɪŋ] сте́рлинг *м*; ~ área сте́рлинговая зо́на ◊ ~ sílver серебро́ устано́вленной про́бы

stern I [stɜːn] суро́вый, стро́гий

stern II *мор.* корма́ *ж*; in the ~ на корме́

stew [stjuː] **1.** *v* туши́ть *(мясо и т. п.)*; ~ed fruit компо́т *м* **2.** *n* тушёное мя́со

steward ['stjuːəd] официа́нт *м (on a ship)*; ~**ess** [-ɪs] 1) бортпроводни́ца *ж*, стюарде́с-са *ж (on an airliner)* 2) го́рничная *ж (on a ship)*

stick I [stɪk] па́лка *ж*; трость *ж*; hóckey ~ хокке́йная клю́шка

stick II (stuck) 1) втыка́ть *(thrust)* 2) прикле́ивать(ся); the énvelope won't ~ конве́рт не закле́ивается; ~ out высо́вывать(ся); ~ to быть ве́рным; ~y [-ɪ] ли́пкий, кле́йкий

stiff [stɪf] негну́щийся *(rigid)*; ~en [-n] (о)кочене́ть; (о)деревене́ть

still I [stɪl] ти́хий; неподви́жный, споко́йный

still II 1) до сих пор; всё ещё; he's ~ asléep он всё ещё спит 2) ещё *(в сравнении)*; ~ bétter ещё лу́чше

still III *кино* кадр *м (фотореклама)*

still-life ['stɪllaɪf] натюрмо́рт *м*

stimulate ['stɪmjuleɪt] побужда́ть, стимули́ровать

sting [stɪŋ] (stung) жа́лить

stingy ['stɪndʒɪ] скупо́й, скаре́дный

stir [stɜː] 1) шевели́ть(ся); don't ~! не шевели́тесь! 2) разме́шивать; ~ one's tea помеша́ть чай 3) возбужда́ть *(excite)*

stitch [stɪtʃ] стежо́к *м*

stock [stɔk] 1) *биол.* род *м*, поро́да *ж*; cows of pédigree ~ поро́дистые коро́вы 2) запа́с *м*; lay in ~ де́лать запа́с 3) а́кция *ж*; S. Exchánge (фо́ндовая) би́ржа *(в Лондоне)*;

~-**breeding** [-ˌbriːdɪŋ] животно́водство *с*

stocking [ˈstɔkɪŋ] чуло́к *м*

stole [stəul] *past от* steal; ~**n** [-ən] *pp от* steal

stomach [ˈstʌmək] желу́док *м*; on an émpty ~ натоща́к

stone [stəun] 1) ка́мень *м* 2) ко́сточка *ж (плода)*; chérry ~s вишнёвые ко́сточки

stood [stud] *past и pp от* stand 1

stool [stuːl] 1) табуре́тка *ж*; bar ~ табуре́т у сто́йки ба́ра; piáno ~ табуре́т для роя́ля 2) *мед.* стул *м*

stoop [stuːp] наклоня́ть(ся), нагиба́ть(ся)

stop [stɔp] 1. *v* 1) остана́вливать(ся); "no ~ping" *амер. авто* ‹остано́вка запрещена́› *(надпись)* 2) прекраща́ть(ся); ~ tálking! переста́ньте разгова́ривать! 3) затыка́ть, заде́лывать; ~ a hole заде́лать отве́рстие; ~ a tooth пломбирова́ть зуб 2. *n* остано́вка *ж*; the train goes through withóut ~s по́езд идёт без остано́вок; ~**over** [-əuvə] переры́в в пое́здке; I'll make a ~over in Móscow я сде́лаю остано́вку в Москве́

stopper [ˈstɔpə] про́бка *ж*; заты́чка *ж*

stop-watch [ˈstɔpwɔtʃ] секундоме́р *м*

storage [ˈstɔːridʒ] хране́ние *с*; ~ fee пла́та за хране́ние; keep in cold ~ держа́ть на хо́лоде

store [stɔː] 1. *n* 1) запа́с *м*; in ~ в запа́се 2) склад *м* *(storehouse)* 3) *амер.* магази́н *м* 4) *pl* универса́льный магази́н 2. *v* (*тж.* store up) запаса́ть; храни́ть ◊ what does tomórrow keep in ~ for us что нас ожида́ет за́втра?

storey [ˈstɔːri] эта́ж *м*

storm [stɔːm] бу́ря *ж*; шторм *м*; ~ of appláuse бу́рные аплодисме́нты ◊ ~ coat утеплённый плащ *(обычно с капюшоном, часто на меху)*; ~ door зи́мняя дверь *(вторая входная дверь коттеджа, застеклённая, с металлической сеткой от непогоды)*

story [ˈstɔːri] расска́з *м*, по́весть *ж*; short ~ (коро́ткий) расска́з; нове́лла *ж* ◊ tell stóries расска́зывать небылицы

stout [staut] то́лстый, по́лный *(bulky)*

stove [stəuv] печь *ж*, плита́ *ж*; eléctric (gas) ~ электри́ческая (га́зовая) плита́

straight [streit] 1. *a* прямо́й; ~ story фа́кты без коммента́риев 2. *adv* пря́мо ◊ ~ awáy! *брит.* сейча́с!; ~ awáy то́тчас; put a room ~ навести́ поря́док в ко́мнате; I cánnot think ~ я не могу́ собра́ться с мы́слями 3. *n спорт.*: the ~ *брит.* фи́нишная пряма́я; ~**en** [-n] выпрямля́ть(ся)

strain [strein] 1. *v* 1) натя́гивать 2) растяну́ть; ~ a téndon растяну́ть свя́зку 3) напряга́ть (-ся); ~ évery múscle напряга́ть все си́лы 2. *n* напряже́ние *с*; ~**ed** [-d] напряжённый

strait [streɪt] проли́в *м*

strange [streɪndʒ] 1) стра́нный 2) чужо́й, незнако́мый *(unknown)*; ~**r** [-ə] 1) чужо́й *м*; незнако́мец *м* 2) иностра́нец *м (foreigner)*

strap [stræp] 1) реме́нь *м* 2) *(тж.* shóulder strap*)* брете́лька *ж*

straw [strɔ:] 1) соло́ма *ж*; ~ hat соло́менная шля́па 2) соло́минка *ж*; to sip a drink through a ~ тяну́ть напи́ток че́рез соло́минку ◊ the last ~ ≅ после́дняя ка́пля

strawberry [ˈstrɔːbərɪ] 1) клубни́ка *ж*; ~ shérbet клубни́чное моро́женое 2) *(тж.* wild stráwberry*)* земляни́ка *ж* ◊ ~ blonde рыжева́тая блонди́нка; ~ poll вы́борочный опро́с *(обще́ственного мне́ния)*

stray [streɪ] заблуди́вшийся

stream [stri:m] **1.** *n* 1) пото́к *м*; руче́й *м*; ~ of cars пото́к автомоби́лей 2) тече́ние *с*; with the ~ по тече́нию; agáinst the ~ про́тив тече́ния **2.** *v* 1) течь, струи́ться *(alóng)* 2) развева́ться *(in)*

streamline(d) [ˈstriːmlaɪn(d)] обтека́емый

street [stri:t] у́лица *ж*; ~ floor *амер.* пе́рвый эта́ж; in the ~ на у́лице; ~**car** [-kɑː] *амер.* трамва́й *м*

strength [streŋθ] си́ла *ж*; the ~ of his will его́ больша́я си́ла во́ли; ~**en** [-ən] уси́ливать (-ся); крепи́ть

stress [stres] **1.** *n* 1) нажи́м *м*, давле́ние *с* 2) ударе́ние *с* *(accent)* **2.** *v* подчёркивать

stretch [stretʃ] **1.** *v* 1) протя́гивать; ~ a hand протяну́ть ру́ку 2) растя́гивать(ся); the shoes want ~ing боти́нки на́до растяну́ть 3) тяну́ться, простира́ться *(extend)* **2.** *a* эласти́чный; ~ socks (pants) эласти́чные носки́ (брю́ки) **3.** *n спорт.*: the ~ *амер.* фи́нишная пряма́я

stretcher [ˈstretʃə] *мед.* носи́лки *мн.*

strict [strɪkt] 1) стро́гий 2) то́чный *(exact)*

strike I [straɪk] (struck) 1) ударя́ть(ся); ~ a chord взять акко́рд 2): ~ a match заже́чь спи́чку 3) поража́ть *(produce impression)* 4) бить *(о часа́х)*; the clock struck three часы́ проби́ли три (часа́) ◊ ~ a bárgain прийти́ к соглаше́нию

strike II 1. *n* забасто́вка *ж*; go on ~ бастова́ть; dock (pit) ~ забасто́вка до́керов (шахтёров) **2.** *v* (struck) бастова́ть; ~-**breaker** [-ˌbreɪkə] штрейкбре́хер *м*; ~**r** [-ə] забасто́вщик *м*

string [strɪŋ] 1) верёвка *ж*, бечёвка *ж (cord)*; тесёмка *ж*, шнуро́к *м* 2) ни́тка *ж (бус)*; ~ of pearls ни́тка жемчуга 3) *муз.* струна́ *ж*; ~**s** [-z] *pl* (the ~s) *муз.* 1) смычко́вые *мн.* 2) смычко́вая гру́ппа *(in an orchestra)*

strip [strɪp] **1.** *v* 1) обдира́ть *(peel)* 2) раздева́ть(ся) *(undress)* **2.** *n* 1) лоску́т *м*; поло́ска *ж*; ~ of land клочо́к земли́ 2) (*тж.* cómic strip) ко́микс *м*, расска́з в карти́нках (*в газете*)

stripe [straɪp] 1) полоса́ *ж* 2) наши́вка *ж*, шеврон *м* (*on a sleeve*); ~d [-t] полоса́тый

strip-tease [ˈstrɪptiːz] стрип-ти́з *м*

strive [straɪv] (strove; strí-ven) 1) стара́ться; ~ and do smth стара́ться сде́лать что-л. 2) боро́ться (for — за *что-л.*); стреми́ться к (*чему-л.*); ~ for peace боро́ться за мир; ~n [ˈstrɪvn] *pp от* strive

strobe [strəub] стробоско́п *м*, строб *м*

stroke [strəuk] 1. *n* 1) уда́р *м* 2) взмах *м* (*of an oar, etc*) 2. *v* гла́дить, погла́живать

stroll [strəul] броди́ть; прогу́ливаться; ~er [-ə] ходуно́к *м*

strong [strɒŋ] 1) си́льный 2) кре́пкий; ~ tea кре́пкий чай

stronghold [ˈstrɒŋhəuld] опло́т *м*, тверды́ня *ж*; ~ of free-dom опло́т свобо́ды

strove [strəuv] *past от* strive

struck [strʌk] *past и pp от* strike I *и* II, 2

structure [ˈstrʌktʃə] 1) строе́ние *с*, структу́ра *ж* 2) постро́йка *ж*, зда́ние *с* (*building*)

struggle [ˈstrʌgl] 1. *n* борьба́ *ж*; ~ for peace and independ-ence борьба́ за мир и незави́симость 2. *v* боро́ться

stub [stʌb] 1) пень *м* (*of a tree*) 2) оку́рок *м* (*of a ciga-rétte*)

stubborn [ˈstʌbən] упо́рный, упря́мый

stuck [stʌk] *past и pp от* stick II

student [ˈstjuːdənt] 1) студе́нт *м*; уча́щийся *м* 2) изуча́ющий что-л.; a ~ of líterature челове́к, занима́ющийся литерату́рой

study [ˈstʌdɪ] 1. *n* 1) изуче́ние *с* 2) кабине́т *м* (*room*) 2. *v* 1) изуча́ть; ~ history изуча́ть исто́рию 2) учи́ться, занима́ться; ~ at a cóllege учи́ться в колле́дже

stuff [stʌf] 1) вещество́ *с*, материа́л *м* 2) мате́рия *ж* (*textile fabric*)

stuffy [ˈstʌfɪ] ду́шный

stumble [ˈstʌmbl] спотыка́ться; запина́ться

stumbling-block [ˈstʌmblɪŋblɒk] ка́мень преткнове́ния

stun [stʌn] оглуша́ть, ошеломля́ть

stung [stʌŋ] *past и pp от* sting

stunt [stʌnt] акробати́ческий трюк; ~man [ˈstʌntmən] *кино* каскадёр *м*; дублёр *м*

stupid [ˈstuːpɪd] глу́пый, тупо́й

sty(e) [staɪ] ячме́нь *м* (*на глазу*)

style [staɪl] 1) стиль *м*; мане́ра *ж* 2) мо́да *ж*; фасо́н *м*; the ~s of the séason мо́ды сезо́на

stylish [ˈstaɪlɪʃ] мо́дный, элега́нтный

subdue [səbˈdjuː] подчиня́ть

subject 1. *n* [ˈsʌbdʒɪkt] 1) по́дданный *м* 2) предме́т *м*, те́ма *ж*; ~ of a play те́ма пье́сы

2. *v* [səbʹdʒekt] 1) подчиня́ть 2) подверга́ть *(действию чего-л.)*; ~ to púnishment подве́ргнуть наказа́нию

sublet [sʌbʹlet] сдава́ть (в поднаём) *(особ. кварти́ру)*

submarine [ʹsʌbməri:n] 1) подво́дная ло́дка 2) = hero 2)

submerge [səbʹmə:dʒ] погружа́ть(ся) в во́ду

submit [səbʹmit] представля́ть на рассмотре́ние; ~ a repórt предста́вить докла́д

subordinate [səʹbɔ:dinit] подчинённый

subpoena [səʹpi:nə] **1.** *n юр.* *(тж.* writ of subpóena) пове́стка (в суд); to serve a ~ on *smb* вручи́ть *кому-л.* пове́стку (вы́зов) в суд **2.** *v юр.* вы́звать в суд в ка́честве свиде́теля *(под угро́зой штра́фа)*

subscribe [səbʹskraɪb] подпи́сываться; ~ to a magazíne подписа́ться на журна́л; ~r [-ə] подпи́счик *м*

subsequent [ʹsʌbsɪkwənt] после́дующий; ~ly [-lɪ] впосле́дствии, пото́м

subside [səbʹsaɪd] 1) па́дать, убыва́ть; the féver has ~d жар спал 2) утиха́ть *(abate)*

substance [ʹsʌbstəns] 1) вещество́ *с* 2) су́щность *ж*; in ~ по существу́

substitute [ʹsʌbstɪtju:t] **1.** *n* 1) замеща́ющий *м (a person)* 2) замени́тель *м (a thing)* 3) *спорт.* запасно́й игро́к **2.** *v* заменя́ть; замеща́ть

subtle [ʹsʌtl] то́нкий, неуло-

ви́мый; ~ ódour то́нкий за́пах

suburb [ʹsʌbə:b] 1) при́город *м* 2) *pl* предме́стья *мн.*, окре́стности *мн.*; ~an [səʹbə:bən] при́городный; ~an train при́городный по́езд

subway [ʹsʌbweɪ] 1) *брит.* тонне́ль *м* 2) *амер.* метрополите́н *м*

succeed [səkʹsi:d] 1) сле́довать за *(чем-л.)* 2) удава́ться; име́ть успе́х; our plan ~ed наш план уда́лся; I ~ed in dóing it мне удало́сь э́то сде́лать

success [səkʹses] успе́х *м*; ~ful [-ful] уда́чный

succession [səkʹseʃn] 1) после́довательность *ж*; ~ of evénts после́довательность собы́тий 2) непреры́вный ряд; in ~ подря́д

successive [səkʹsesɪv] сле́дующий оди́н за други́м, после́довательный; ~ly [-lɪ] после́довательно, по поря́дку

such [sʌtʃ] тако́й; ~ as как наприме́р; don't be in ~ a húrry! не спеши́те так!

suck [sʌk] соса́ть

sudden [ʹsʌdn] внеза́пный ◊ all of a ~ вдруг, внеза́пно; ~ly [-lɪ] вдруг, внеза́пно

suffer [ʹsʌfə] страда́ть; ~ing [ʹsʌfərɪŋ] страда́ние *с*

sufficient [səʹfɪʃənt] доста́точный

suffrage [ʹsʌfrɪdʒ] го́лос *м*, пра́во го́лоса; избира́тельное пра́во; univérsal ~ всео́бщее избира́тельное пра́во

sugar [ʹʃugə] са́хар *м*; gránulated ~ са́харный песо́к; ~

bowl *амер.* са́харница *ж;* ~ básin *брит.* са́харница *ж;* ~-beet [-bi:t] са́харная свёкла; ~-cane [-keın] са́харный тростни́к

suggest [sə'ʤest] 1) предлага́ть 2) наводи́ть на мысль, намека́ть *(imply);* ~ion [sə-'ʤestʃn] предложе́ние *с;* move a ~ion вы́двинуть предложе́ние

suicide ['sjuːısaıd] самоуби́йство *с*

suit I [sjuːt] 1) проше́ние *с* 2) *юр.* иск *м*

suit II 1. *n* 1) *(тж.* suit of clothes) костю́м *м;* wet ~ костю́м для подво́дного пла́вания 2) *карт.* масть *ж* 2. *v* 1) подходи́ть; will this time ~ you? э́то вре́мя вас устра́ивает?; ~ yoursélf де́лайте как хоти́те 2) быть к лицу́; the hat ~s her э́та шля́па ей идёт

suitable ['sjuːtəbl] подходя́щий, соотве́тствующий, го́дный

suitcase ['sjuːtkeıs] чемода́н *м*

suite [swiːt] 1) сви́та *ж;* queen's ~ сви́та короле́вы 2) набо́р *м;* компле́кт *м;* ~ of fúrniture гарниту́р ме́бели 3) *(тж.* suite of rooms) (но́мер-)люкс *м (в гостинице)* 4) *муз.* сюи́та *ж*

sum [sʌm] 1. *n* 1) су́мма *ж* 2) *(тж.* sum tótal) ито́г *м* 2. *v:* ~ up подводи́ть ито́г

summary ['sʌmərı] кра́ткое изложе́ние, резюме́ *с нескл.,* сво́дка *ж*

summer ['sʌmə] ле́то *с;* ~ cóttage (house) да́ча *ж;* ~ time ле́тнее вре́мя *(на час впереди поясного)*

summit ['sʌmıt] верши́на *ж;* ~ cónference совеща́ние на вы́сшем у́ровне

summon ['sʌmən] 1) вызыва́ть *(в суд)* 2) созыва́ть *(convoke);* ~s [-z] *юр.* вы́зов в суд *(в качестве ответчика),* пове́стка в суд

sun [sʌn] со́лнце *с;* ~bathe [-beıð] загора́ть; ~beam [biːm] со́лнечный луч; ~burn [-bə:n] 1. *n* зага́р *м* 2. *v* загора́ть; ~burnt [-bə:nt] загоре́лый

Sunday ['sʌndı] воскресе́нье *с;* ~ school воскре́сная шко́ла

sundeck ['sʌndek] соля́рий *м,* откры́тая вера́нда (на со́лнце)

sunflower ['sʌnflauə] подсо́лнечник *м;* ~ oil подсо́лнечное ма́сло

sung [sʌŋ] *pp от* sing

sun-helmet ['sʌnhelmıt] про́бковый шлем

sunk [sʌŋk] *pp от* sink II

sunlight ['sʌnlaıt] со́лнечный свет

sunny ['sʌnı] со́лнечный; ~ wéather со́лнечная пого́да; ~-side up [-saıd'ʌp]: eggs ~-side up *амер.* яи́чница-глазу́нья *ж*

sun‖rise ['sʌnraız] восхо́д со́лнца; ~set [-set] захо́д со́лнца, зака́т *м;* ~shade [-ʃeıd] зо́нтик от со́лнца; ~shine [-ʃaın] со́лнечный свет;

~**stroke** [-strəuk] со́лнечный уда́р

superficial [ˌsjuːpəˈfiʃəl] пове́рхностный, вне́шний

superfluous [sjuːˈpəːfluəs] изли́шний, чрезме́рный

superhighway [ˌsjuːpəˈhaɪweɪ] *амер.* автостра́да ж

superintend [ˌsjuːpərɪnˈtend] управля́ть, надзира́ть; ~**ent** [-ənt] 1) управля́ющий м, заве́дующий м 2) *амер.* (тж. *разг.* súper) управля́ющий до́мом

superior [sjuːˈpɪərɪə] **1.** *a* 1) вы́сший, превосходя́щий 2) лу́чший; ~ grade of cóffee лу́чший сорт ко́фе **2.** *n* ста́рший м, нача́льник м; he is my ~ он мой нача́льник; ~**ity** [sjuːˌpɪərɪˈɔrɪtɪ] превосхо́дство с

supermarket [ˈsjuːpəˌmɑːkɪt] универса́м м

supersonic [ˌsjuːpəˈsɔnɪk]: ~ áirliner сверхзвуково́й пассажи́рский самолёт

superstition [ˌsjuːpəˈstɪʃn] 1) суеве́рие с 2) *pl* предрассу́дки мн.

supervision [ˌsjuːpəˈvɪʒn] надзо́р м, наблюде́ние с; únder the ~ of в ве́дении, под руково́дством

supper [ˈsʌpə] у́жин м

supplement [ˈsʌplɪmənt] дополне́ние с, приложе́ние с

supply [səˈplaɪ] **1.** *v* снабжа́ть; поставля́ть **2.** *n* снабже́ние с; поста́вки мн.

support [səˈpɔːt] **1.** *v* 1) подде́рживать 2) содержа́ть; ~ one's fámily содержа́ть семью **2.** *n* подде́ржка ж; in ~ в подтвержде́ние; ~**er** [-ə] сторо́нник м, приве́рженец м

suppose [səˈpəuz] предполага́ть; полага́ть; I ~ you're right я полага́ю, вы пра́вы

suppress [səˈpres] 1) подавля́ть 2) запреща́ть (газету и т. п.); ~ a book запрети́ть кни́гу; ~**ion** [səˈpreʃn] 1) подавле́ние с 2) запреще́ние с (газеты и т. п.)

supreme [sjuːˈpriːm] 1) вы́сший 2) верхо́вный; S. Court Верхо́вный суд

sure [ʃuə] **1.** *a* уве́ренный; несомне́нный; be ~ быть уве́ренным; for ~ обяза́тельно; make ~ а) убеди́ться; б) обеспе́чить (secure) **2.** *adv* несомне́нно, наверняка́; ~**ly** [-lɪ] несомне́нно, ве́рно

surf [səːf] прибо́й м

surface [ˈsəːfɪs] пове́рхность ж

surf‖board [ˈsəːfbɔːd] доска́ для сёрфинга; ~**er** [-ə] спортсме́н, занима́ющийся сёрфингом; ~**ing** [-ɪŋ] сёрфинг м

surgeon [ˈsəːdʒn] хиру́рг м; S. Géneral *амер.* нача́льник медици́нского управле́ния; "The S. Géneral Has Detérmined that Cigarétte Smóking Is Dángerous to Your Health" ≅ «Куре́ние вреди́т ва́шему здоро́вью» (надпись на пачке сигарет)

surgery [ˈsəːdʒərɪ] хирурги́я ж, опера́ция ж

surname [ˈsəːneɪm] фами́лия ж

surpass [sə'pɑːs] превосходить

surplus ['səːpləs] 1. *n* излишек *м* 2. *а* излишний; ~ food продовольственные излишки

surprise [sə'praɪz] 1. *n* 1) удивление *с*; по ~ неудивительно 2) неожиданность *ж*, сюрприз *м*; take *smb* by ~ захватить *кого-л.* врасплох 2. *v* удивлять; it ~d me это меня удивило; be ~d удивляться

surrender [sə'rendə] 1. *n* сдача *ж*, капитуляция *ж*; unconditional ~ безоговорочная капитуляция 2. *v* сдавать(ся), капитулировать

surround [sə'raund] окружать

survey 1. *n* ['səːveɪ] обозрение *с*; осмотр *м*; ~ of events обзор событий 2. *v* [sə'veɪ] обозревать, осматривать; ~ the situation ознакомиться с обстановкой

survival [sə'vaɪvəl] выживание *с*; it's the question of ~ это вопрос жизни и смерти; the ~ of the fittest естественный отбор

survive [sə'vaɪv] 1) пережить 2) выжить; остаться в живых; ~ an accident (a shipwreck) остаться в живых после аварии (кораблекрушения)

suspect 1. *n* ['sʌspekt] подозреваемый *м* 2. *v* [sə'spekt] подозревать

suspend [sə'spend] 1) подвешивать (*hang up*) 2) отсрочивать; ~ payments отсрочить платежи

suspenders [sə'spendəz] *pl* 1) *брит.* подвязки *мн.* 2) *амер.* подтяжки *мн.* (*braces*)

suspension [sə'spenʃn] *авто* подвеска *ж*

suspicion [sə'spɪʃn] подозрение *с*

suspicious [sə'spɪʃəs] подозрительный

swallow I ['swɔləu] ласточка *ж*

swallow II глотать

swam [swæm] *past от* swim 1

swamp [swɔmp] болото *с*, топь *ж*

swan [swɔn] лебедь *м*

swear [swɛə] (swore; sworn) 1) клясться; присягать 2) ругаться (*curse*)

sweat [swet] 1. *n* пот *м*; ~ suit тренировочный костюм 2. *v* потеть (*perspire*)

sweater ['swetə] свитер *м*

sweep [swiːp] (swept) 1) мести, выметать; ~ the floor подметать пол 2) сметать; the bridge was swept away мост снесло

sweet [swiːt] 1. *а* сладкий; is the milk still ~? молоко ещё не скисло? 2. *n* 1) сладкое *с* 2) *pl брит.* конфеты *мн.*, сласти *мн.* (*sweetmeat*)

sweetheart ['swiːthɑːt] возлюбленный *м*, возлюбленная *ж*

sweetmeat ['swiːtmiːt] *брит.* конфеты *мн.*; ~ box коробка конфет

swell [swel] 1. *v* (swelled;

swóllen) распуха́ть, вздува́ться **2.** *а разг.* шика́рный; that's ~! здо́рово!, о́чень хорошо́!

swept [swept] *past и pp от* sweep

swift [swift] ско́рый, бы́стрый

swim [swim] **1.** *v* (swam; swum) плыть, пла́вать **2.** *n* 1) пла́вание *c*; let's have a ~! дава́йте (пойдём) искупа́емся! 2) *спорт.* заплы́в *м*

swimmer ['swimə] плове́ц *м*

swimming ['swimiŋ] *спорт.* пла́вание *c*

swing [swiŋ] **1.** *v* (swung) 1) кача́ть(ся) 2) разма́хивать; ~ one's arms разма́хивать рука́ми **2.** *n* 1) разма́х *м*; in full ~ в по́лном разга́ре 2) *pl* каче́ли *мн.*

switch [switʃ] **1.** *n* 1) ж.-д. стре́лка *ж* 2) эл. выключа́тель *м* **2.** *v* переключа́ть; ~ off выключа́ть; ~ on включа́ть

swollen ['swəulən] *pp от* swell 1

sword [sɔːd] меч *м*; шпа́га *ж*; са́бля *ж*

swore [swɔː] *past от* swear

sworn [swɔːn] *pp от* swear

swum [swʌm] *pp от* swim 1

swung [swʌŋ] *past и pp от* swing 1

symbol ['simbəl] си́мвол *м*

symbolic [sim'bɔlik] символи́ческий

sympathize ['simpəθaiz] сочу́вствовать (with *smb, smth* — кому́-л., чему́-л.)

sympathy ['simpəθi] сочу́в-

ствие *c*; feel ~ for smb сочу́вствовать кому́-л.

symphonic [sim'fɔnik] симфони́ческий

symphony ['simfəni] симфо́ния *ж*; ~ órchestra симфони́ческий орке́стр

synagogue ['sinəgɔg] синаго́га *ж*

synopsis [si'nɔpsis] (*pl* synópses) конспе́кт *м*, кра́ткий обзо́р

syrup ['sirəp] сиро́п *м*

system ['sistəm] систе́ма *ж*; the métric ~ метри́ческая систе́ма; ~ of educátion систе́ма образова́ния

T

tab [tæb] 1) ве́шалка *ж* (*у одежды*); the ~ of my coat is torn off у моего́ пальто́ оторвала́сь ве́шалка 2) *разг.* счёт *м*; pick up the ~ взять расхо́ды (опла́ту счёта) на себя́

table ['teibl] 1) стол *м*; at the ~ за столо́м; ~ ténnis насто́льный те́ннис 2) табли́ца *ж*; statístical ~ статисти́ческая табли́ца; ~cloth [-klɔθ] ска́терть *ж*; ~spoon [-spuːn] столо́вая ло́жка

tackle ['tækl] **1.** *n* снасть *ж* **2.** *v* занима́ться *чем-л.* (*вопросом, проблемой и т. п.*), реша́ть *что-л.* (*вопрос, проблему и т. п.*)

tact [tækt] такт *м* (*тж. муз.*); ~less [-lis] беста́ктный

tail [teɪl] хвост *м* ◊ heads or ~s орёл или решка; ~**coat** [-kəut] фрак *м*; ~**gate** [-geɪt] *амер. авто* «висеть на хвосте»; "do not ~gate" «соблюдай дистанцию» *(надпись)*; ~**lights** [-laɪts] *pl авто* задние фонари

tailor [ˈteɪlə] портной *м*

take [teɪk] (took; taken) 1) брать; ~ smb's arm взять кого-л. под руку 2) принимать; ~ a médicine принять лекарство 3) занимать *(место, время)*; it won't ~ much time это займёт немного времени; ~ a seat садиться; ~ a train (a ship) сесть в поезд (на пароход) 4) доставлять; ~ the létter to the post, please отнесите, пожалуйста, письмо на почту; ~ **down** записывать; ~ **off** снимать; ~ off your coat, please снимите, пожалуйста, пальто; ~ **over** 1) принять дела *(post)* 2) захватить власть *(power)*; ~ **out:** sándwich to ~ out сандвич «на вынос» ◊ ~ it éasy! не волнуйтесь; what size in shoe (coat) do you ~? какой вы носите размер обуви (пальто)?; ~**n** [-ən] *pp от* take; ~**-out** [ˈteɪkaut]: ~-out órder заказ «на вынос» *(подаётся в упаковке)*

tale [teɪl] рассказ *м*, повесть *ж*

talent [ˈtælənt] талант *м*, дарование *с*; ~**ed** [-ɪd] талантливый, одарённый

talk [tɔːk] **1.** *n* 1) разговор *м*; free and éasy ~ непринуждён-

ная беседа 2) *pl* переговоры *мн.*; peace ~s мирные переговоры **2.** *v* говорить, разговаривать; what are you ~ing about? о чём речь?; ~ · **into:** ~ ínto dóing smth уговорить что-л. сделать; ~ **out:** ~ out of dóing smth отговорить от чего-л.

tall [tɔːl] высокий; a man six foot ~ мужчина ростом в шесть футов (метр восемьдесят) ◊ a ~ stóry небылица *ж*; a ~ drink коктейль в высоком стакане; this is a ~ órder это дело трудное

tame [teɪm] **1.** *a* ручной **2.** *v* приручать; укрощать; ~**r** [-ə] укротитель *м*

tangerine [ˌtændʒəˈriːn] мандарин *м (плод)*

tank [tæŋk] 1) бак *м*, цистерна *ж* 2) *воен.* танк *м*

tap I [tæp] кран *м (водопроводный и т. п.)*; beer on ~ бочковое пиво, пиво в разлив

tap II (по)стучать (тихо), (по)хлопать *(по плечу)*; ~**-dance** [-dɑːns] чечётка *ж*

tape [teɪp] 1) тесьма *ж* 2) (магнитная) лента; vídeo ~ лента для магнитной записи изображения; ~ deck магнитофонная приставка (дека *ж*); ~ **recorder** магнитофон *м*

tapestry [ˈtæpɪstrɪ] гобелен *м*

taproom [ˈtæprum] пивной бар

tar [tɑː] вар *м*, дёготь *м*

target [ˈtɑːgɪt] мишень *ж*, цель *ж*

tariff ['tærɪf] тариф *м*

tarpaulin [tɑːˈpɔːlɪn] брезе́нт *м*

tart [tɑːt] торт *м*; сла́дкий пиро́г *(типа ватрушки)*

task [tɑːsk] зада́ние *с*; зада́ча *ж*; ~ force *амер.* специа́льная коми́ссия (по изуче́нию вопро́са)

TASS [tɑːs] (Télegraph Ágency of the Soviet Únion) ТАСС *м* (Телегра́фное аге́нтство Сове́тского Сою́за)

taste [teɪst] **1.** *n* 1) вкус *м* 2) вкус *м*, скло́нность *ж*; ~s díffer о вку́сах не спо́рят **2.** *v* 1) про́бовать 2) име́ть (при)вкус; ~ bítter быть го́рьким на вкус; ~less [-ləs] безвку́сный

tasty ['teɪstɪ] вку́сный

taught [tɔːt] *past и pp от* teach

tax ['tæks] нало́г *м*

taxi ['tæksɪ] такси́ *с нескл.*; ~ stand стоя́нка такси́; let's take a ~ пое́дем на такси́; call a ~ вы́звать такси́

tea [tiː] чай *м*; strong (weak) ~ кре́пкий (сла́бый) чай

teach [tiːtʃ] (taught) учи́ть, обуча́ть; I ~ Énglish (mathemátics) я преподаю́ англи́йский язы́к (матема́тику); T. Yoursélf Book самоучи́тель *м*; ~er [-ə] учи́тель *м*

team [tiːm] **1.** *n* 1) брига́да *ж* *(brigade)* 2) *спорт.* кома́нда *ж*; USSR Nátional Fóotball T. сбо́рная футбо́льная кома́нда СССР **2.** *a спорт.* кома́ндный;

~ chámpionship кома́ндное пе́рвенство

teamster ['tiːmstə] 1) изво́зчик *м* 2) *амер.* (*тж.* trúckman) води́тель грузовика́; ~s' únion профсою́з води́телей грузовико́в

tea-pot ['tiːpɔt] ча́йник *м* *(для заварки)*

tear I [tɪə] слеза́ *ж*; ~ gas слезоточи́вый газ

tear II [tɛə] (tore, torn) рва́ть(ся); отрыва́ть; раздира́ть; ~ off оборва́ть

tease [tiːz] дразни́ть

teaspoon ['tiːspuːn] ча́йная ло́жка

technical ['teknɪkəl] техни́ческий; ~ educátion техни́ческое образова́ние

technician [tekˈnɪʃn] лабора́нт *м*, лабора́нтка *ж*

technique [tekˈniːk] те́хника *ж*; the ~ of translátion те́хника перево́да

tedious ['tiːdɪəs] ну́дный, ску́чный, утоми́тельный

teen-ager ['tiːneɪdʒə] подро́сток *м*

teens [tiːnz]: she's still in her ~ ей ещё нет двадцати́ лет

teeth [tiːθ] *pl от* tooth

telecast ['telɪkɑːst] передава́ть по телеви́дению, вести́ телепереда́чу

telegram ['telɪgræm] телегра́мма *ж*

telegraph ['telɪgrɑːf] **1.** *n* телегра́ф *м*; ~ ágency телегра́фное аге́нтство **2.** *v* телеграфи́ровать

telephone ['telɪfəun] телефо́н *м*; ~ diréctory телефо́нная кни́га; ~ booth *амер.* телефо́нная бу́дка

teleplay ['telɪpleɪ] телеспекта́кль *м*

teleprinter ['telɪˌprɪntə], **teletype** ['telɪtaɪp] телета́йп *м*

television ['telɪˌvɪʒn] телеви́дение *с*; ~ set телеви́зор *м*

tell [tel] (told) 1) сказа́ть, говори́ть; ~ me (us), please... скажи́те, пожа́луйста...; ~ the truth говори́ть пра́вду 2) расска́зывать *(narrate)* 3) отлича́ть, различа́ть (from — от) 4) отража́ться, ска́зываться; ~ on one's health ска́зываться на здоро́вье; ~er [-ə] 1) счётчик *м (подсчитывающий голоса)* 2) *амер.* касси́р *м (в банке)*

temper ['tempə] 1) хара́ктер *м (человека)* 2) настрое́ние *с*; lose one's ~ вы́йти из себя́

temperature ['temprətʃə] температу́ра *ж*; what is the ~ todáy? ско́лько сего́дня гра́дусов?; take ~ изме́рить температу́ру; have (run) a ~ име́ть повы́шенную температу́ру

temple I ['templ] храм *м (church)*

temple II висо́к *м*

tempo ['tempəu] *муз.* темп *м*

temporary ['tempərərɪ] вре́менный

temptation [temp'teɪʃn] искуше́ние *с*, собла́зн *м*

ten [ten] **1.** *пит* де́сять **2.** *п* деся́ток *м*

tenant ['tenənt] 1) квартиро-

сьёмщик *м*, жиле́ц *м* 2) *(тж.* ténant fármer) аренда́тор *м*

tend I [tend] присма́тривать (to — за)

tend II 1) име́ть тенде́нцию к *чему-л.*; príces ~ to go up це́ны расту́т 2) склоня́ться к *чему-л.*; he ~s tówards a different conclúsion он склоня́ется к ино́му вы́воду

tendency ['tendənsɪ] накло́нность *ж*, тенде́нция *ж*

tender ['tendə] не́жный, чувстви́тельный; a ~ súbject щекотли́вый вопро́с

tennis ['tenɪs] те́ннис *м*; play ~ игра́ть в те́ннис; ~-court [-kɔːt] (те́ннисный) корт; ~-player [-pleɪə] тенниси́ст *м*

tenor ['tenə] *муз.* те́нор *м*

tension ['tenʃn] 1) напряжённость *ж*; internátional ~(s) междунаро́дная напряжённость 2) *тех.* напряже́ние *с*

tent [tent] пала́тка *ж*

tenth [tenθ] деся́тый

term [tɜːm] 1) срок *м*; ~ of óffice срок полномо́чий 2) семе́стр *м*; ~ páper курсова́я рабо́та 3) те́рмин *м*; выраже́ние *с*; botánical ~s ботани́ческие те́рмины 4) *pl* усло́вия *мн.*; come to ~s with... прийти́ к соглаше́нию с... 5) *pl* отноше́ния *мн.*; be on friendly ~s быть в дру́жеских отноше́ниях

terminal I ['tɜːmɪnl] *амер.* вокза́л *м*; bus ~ автовокза́л *м*

terminal II *мед.*: ~ cáncer рак в после́дней ста́дии; ~ case умира́ющий (больно́й)

termination [ˌtəːmɪ'neɪʃn] конéц *м*; оконча́ние *с*

terminus ['təːmɪnəs] *брит.* кóнечная ста́нция; ráilway ~ железнодорóжный вокза́л

terrible ['terəbl] стра́шный, ужа́сный

terrify ['terɪfaɪ] ужаса́ть

territory ['terɪtərɪ] террито́рия *ж*

terror ['terə] 1) у́жас *м* (fear) 2) *полит.* террóр *м*

test [test] 1. *n* 1) испыта́ние *с*; stand the ~ вы́держать испыта́ние 2) *тех.* прóба *ж* 2. *v* подверга́ть испыта́нию, испы́тывать

testify ['testɪfaɪ] свидéтельствовать, дава́ть показа́ния (to — в пóльзу; agáinst — прóтив)

text [tekst] текст *м*; ~book [-buk] учéбник *м*, руковóдство *с*

textile ['tekstaɪl] 1. *n* (часто *pl*) ткань *ж*; мануфакту́ра *ж* 2. *a* тексти́льный; ~ mill тексти́льная фа́брика

than [ðæn] нéжели; чем; it's cólder here ~ in Lóndon здесь холоднéе, чем в Лóндоне

thank [θæŋk] благодари́ть; ~ you véry much óчень вам благода́рен; ~ful [-ful] благода́рный; ~s [-s] благода́рность *ж*; ~s! спаси́бо!; ~s to... благодаря́ (чему-л., кому-л.)

Thanksgiving ['θæŋksgɪvɪŋ]: ~ Day *амер.* день благодарéния (национальный праздник, отмечаемый в четвёртый четверг ноября в США и во

второй понедельник октября в Канаде)

that [ðæt] 1. *pron demonstr* (*pl* those) тот, та, то, те; ~ hotél is beyónd the park та гости́ница за па́рком ◊ and all ~ и тому́ подóбное; by ~ тем са́мым; like ~ таки́м óбразом 2. *pron relat* (*pl* those) котóрый, кто; the tóurists ~ have alréady arríved те тури́сты, котóрые ужé приéхали 3. *cj* что; he said ~ he would not come он сказа́л, что не придёт ◊ ~ is а и́менно; so ~ с тем чтóбы

thaw [θɔː] 1. *n* óттепель *ж* 2. *v* та́ять

the [ðiː] 1. *определённый артикль* (не переводится) 2. *adv*: ~ sóoner ~ bétter чем быстрéе, тем лу́чше

theatre ['θɪətə] 1) теа́тр *м* 2) *амер.* (тж. móvie-théatre) кино(теа́тр) *м*

theft [θeft] кра́жа *ж*

their [ðɛə] их; свой, своё; ~ child их ребёнок; ~s [-z] их; this car is ~s э́то их автомаши́на

them [ðem] (косв. п. от they) им, их; tell ~ that... скажи́те им, что...

theme [θiːm] тéма *ж*

themselves [ðəm'selvz] 1) себя́, -ся 2) (для усиления) са́ми; they bought the tíckets ~ они́ са́ми купи́ли биле́ты

then [ðen] 1. *adv* 1) тогда́; ~ I'll be able to decíde тогда́ я смогу́ реши́ть 2) потóм; I'll fínish the work and ~

I'll go я зако́нчу рабо́ту, а по-
то́м пойду́ 3) в тако́м слу́чае
(in that case) **2.** *n* в то вре́мя;
by ~ к тому́ вре́мени; since
~ с того́ вре́мени

theory [ˈθɪərɪ] тео́рия *ж*

therapeutist [ˌθerəˈpjuːtɪst]
терапе́вт *м*

therapist [ˈθerəpɪst] *мед.* 1)
медсестра́-физиотерапе́вт *ж*
2) врач-психиа́тр *м*

there [ðɛə] 1) там 2) туда́;
will you go ~? вы туда́ пойдёте? 3): ~ is, ~ are есть, име́ют-
ся; ~ is no time вре́мени нет
◊ are you ~? вы слу́шаете?
(по телефо́ну)

therefore [ˈðɛəfɔː] поэ́тому,
сле́довательно

thermometer [θəˈmɔmɪtə]
гра́дусник *м*, термо́метр *м*

these [ðiːz] *(pl от* this) э́ти

thesis [ˈθiːsɪs] *(pl* théses) 1)
те́зис *м* 2) диссерта́ция *ж*
(dissertation) 3) сочине́ние *с*

they [ðeɪ] они́

thick [θɪk] 1) то́лстый; плот-
ный; ~ cloth драп *м*; a foot
~ в фут толщино́й 2) густо́й;
~ soup густо́й суп, суп-пюре́
м; ~ hair густы́е во́лосы

thief [θiːf] вор *м*

thigh [θaɪ] бедро́ *с*

thimble [ˈθɪmbl] напёрсток
м

thin [θɪn] 1) то́нкий 2) худо́й
(lean) 3) ре́дкий; ~ hair жи́д-
кие во́лосы

thing [θɪŋ] 1) вещь *ж*, пред-
ме́т *м* 2) де́ло *с*, факт *м*; ~s
look prómising положе́ние об-
надёживающее 3) *pl* ве́щи *мн.*;

бага́ж *м*; where are my ~s?
где лежа́т мои́ ве́щи?

think [θɪŋk] (thought) 1)
ду́мать 2) счита́ть, полага́ть
(consider); ~ **over** обду́мать;
~-**tank** [-tæŋk] *разг.* ◄мо́з-
гово́й центр►

third [θəːd] тре́тий

thirst [θəːst] жа́жда *ж*;
quench one's ~ утоли́ть жа́жду;
~y [-ɪ]: I'm ~y я хочу́ пить

thirteen [ˌθəːˈtiːn] трина́-
дцать; ~**th** [-θ] трина́дцатый

thirtieth [ˈθəːtɪɪθ] тридца́тый

thirty [ˈθəːtɪ] три́дцать

this [ðɪs] *(pl* these) э́тот, э́та,
э́то; да́нный; ~ afternóon се-
го́дня днём; post ~ létter
отошли́те э́то письмо́

thorn [θɔːn] шип *м*; колю́ч-
ка *ж*

thorough [ˈθʌrə] по́лный, со-
верше́нный; тща́тельный

thoroughfare [ˈθʌrəfɛə]: "no
~" ◄прое́зд закры́т► *(на́дпись)*

those [ðəuz] *(pl от* that 1
и 2) те; ~ seats are vácant те
места́ свобо́дны; ~ who want
жела́ющие *мн.*

though [ðəu] **1.** *cj* хотя́;
as ~ как бу́дто бы **2.** *adv* од-
на́ко

thought I [θɔːt] мысль *ж*;
размышле́ние *с*; on sécond ~
по зре́лом размышле́нии

thought II *past и pp от* think

thousand [ˈθauzənd] ты́сяча;
~**th** [ˈθauzəntθ] ты́сячный

thrash [θræʃ] 1) бить 2)
спорт. победи́ть 3)=thresh

thread [θred] **1.** *n* нить *ж*,
ни́тка *ж* **2.** *v* 1): ~ the néedle,

please вдёньте, пожа́луйста, ни́тку в иго́лку 2): ~ the tape запра́вить магни́тную ле́нту

threat [θret] угро́за ж; ~en [-n] угрожа́ть

three [θriː] три; ~ húndred три́ста

threefold [ˈθriːfəuld] 1. *a* тройно́й 2. *adv* втройне́

thresh [θreʃ] молоти́ть; ~er [-ə] молоти́лка ж (*machine*)

threshold [ˈθreʃhəuld] поро́г *м*

threw [θruː] *past от* throw 1

thrill [θrɪl] 1. *n* волне́ние *с*; тре́пет *м* 2. *v* си́льно взволнова́ть(ся); ~er [-ə] фильм у́жасов, три́ллер *м*

thrive [θraɪv] (throve, thríven) процвета́ть; she ~s on cómpliments она́ жить не мо́жет без комплиме́нтов; ~n [ˈθrɪvn] *pp от* thrive

throat [θrəut] го́рло *с*; гло́тка ж

throb [θrɔb] си́льно би́ться; пульси́ровать

throne [θrəun] трон *м*

throttle [ˈθrɔtl] 1. *n* тех. (дро́ссельная) засло́нка 2. *v:* ~ down *авто* сбро́сить газ

through [θruː] 1. *prep* 1) че́рез, сквозь; по; ~ the fórest че́рез лес; I heard of you ~ the rádio я слы́шал о вас по ра́дио 2) в продолже́ние; ~ the night всю ночь 2. *adv* от нача́ла до конца́, наскво́зь; all day ~ весь день; I'm wet ~ я промо́к до ни́тки ◊ be ~ (with) поко́нчить (с *чем-л.*), око́нчить (*что-л.*) 3. *a* прямо́й, беспере-

са́дочный; ~ tícket транзи́тный биле́т; ~ train прямо́й по́езд; "~ tráffic" ‹сквозно́е движе́ние› (*надпись*)

throughout [θruːˈaut] 1. *adv* повсю́ду, везде́; repáint the house ~ перекра́сить весь дом 2. *prep* че́рез, по всему́; ~ one's life всю жизнь

throve [θrəuv] *past от* thrive

throw [θrəu] 1. *v* (threw; thrown) 1) броса́ть, кида́ть 2) *спорт.* мета́ть; ~ the jávelin (díscus, hámmer) мета́ть копьё (диск, мо́лот); ~ off сбро́сить; ~ open распа́хивать; ~ out вы́бросить 2. *n спорт.* бросо́к; ~ing [-ɪŋ] *спорт.* мета́ние *с*; jávelin ~ing *спорт.* мета́ние копья́

thrown [θrəun] *pp от* throw 1

thrust [θrʌst] (thrust) 1) толка́ть; ~ one's way проби́ва́ть себе́ доро́гу 2) вонза́ть (*pierce*)

thumb [θʌm] большо́й па́лец (*руки́*); ~tack [-tæk] *амер.* кно́пка ж (*канцелярская*)

thunder [ˈθʌndə] 1. *n* гром *м* 2. *v* греме́ть; it ~s греми́т гром; ~bolt [ˈθʌndəbəult] уда́р гро́ма; ~storm [-stɔːm] гроза́ ж

Thursday [ˈθəːzdɪ] четве́рг *м*

thus [ðʌs] так, таки́м о́бразом

ticker [ˈtɪkə]: ~ tape ти́ккерная ле́нта (*на бирже*)

ticket [ˈtɪkɪt] 1) биле́т *м*; éntrance ~ входно́й биле́т; síngle ~ *брит.* биле́т в оди́н коне́ц; retúrn ~ *брит.* обра́тный билет; ópen-date ~ некомпостированный билет; ~ colléctor *ж.-д., театр.* контролёр *м*; ~ óffice *амер.* билетная касса 2) ярлык *м*; price ~ этикетка *ж (с ценой)* 3) *амер. разг. авто (тж.* párking tícket) повестка о штрафе за нарушение правил *(стоянки и т. п.)*

tickle ['tɪkl] щекотать

tide [taɪd]: high ~ прилив *м*; low ~ отлив *м*

tidy ['taɪdɪ] **1.** *a* аккуратный, опрятный **2.** *v* убирать, приводить в порядок

tie [taɪ] **1.** *n* 1) связь *ж* 2) *pl перен.* узы *мн.*; ~s of fríendship узы дружбы 3) *(тж.* nécktie) галстук *м* 4) *(тж.* tie up) *амер. спорт.* ничья *ж* **2.** *v* 1) связывать; привязывать; ~ it up, please завяжите, пожалуйста 2) *(тж.* tie up) *спорт.* сыграть вничью; иметь равное число очков; these teams are ~d for the lead ведущие команды имеют равное число очков

tier [tɪə] ярус *м*

tiger ['taɪgə] тигр *м*

tight [taɪt] 1) тугой; ~ knot тугой узел 2) тесный; my shoes are ~ туфли мне жмут; ~s [-s] *pl* 1) (балетное) трико 2) *брит.* колготки *мн.*

till [tɪl] **1.** *prep* до; ~ now до сих пор; wait ~ tomórrow подождите до завтра **2.** *cj* до тех пор пока, пока не; sit here ~ I come back посидите здесь, пока я не вернусь

timber ['tɪmbə] строевой лес

time [taɪm] **1.** *n* 1) время *с*; what's the ~? который час?; at ~s временами; from ~ to ~ время от времени; have a good ~ хорошо провести время; in ~ вовремя; at the same ~ в то же время, вместе с тем; for the ~ béing на время, пока; ~ tróuble *шахм.* цейтнот *м*; ~ zone часовой пояс; British súmmer ~ британское летнее время 2) период *м*, пора *ж*; súmmer ~ лето *с*; they were tied up in the sécond ~ второй период окончился вничью 3) срок *м*; the ~ is up срок истёк 4) раз *м*; how mány ~s..? сколько раз ..? 5) *муз.* темп *м*; такт *м* ◇ in no ~ моментально; take your ~! не спешите! **2.** *v* хронометрировать, засекать время

time‖**-bomb** ['taɪmbɔm] бомба замедленного действия; ~-honored [-ˌɔnəd] испытанный временем; ~-lag [-læg] задержка *ж*, отставание во времени; ~-limit [-ˌlɪmɪt] 1) установленный период времени; регламент *м* 2) крайний срок *(last moment)*; ~-out [-ˌaut] *спорт.* тайм-аут *м*; ~table [-ˌteɪbl] расписание *с*

timid ['tɪmɪd] робкий, застенчивый

tin [tɪn] 1) олово *с*; жесть *ж* 2) *брит.* банка *ж (консервов)*; ~-opener [-ˌəupnə] *брит.* консервный нож

tiny ['taɪnɪ] крошечный

tip [tɪp] **1.** *n* 1) конец *м*, кончик *м* 2) чаевые *мн. (топ-*

ey) 3) намёк *м* (*hint*) 4) конфиденциа́льные све́дения (*information*) 2. *v* дава́ть «на чай»

tiptoe ['tɪptəu]: on ~ на цы́почках

tire ['taɪə] ши́на *ж*; pump up (infláte) a ~ накача́ть ши́ну; túbeless ~ *авто* бескáмерная ши́на; púnctured ~ прокóл ши́ны

tired ['taɪəd] устáлый, утомлённый; are you ~? вы не устáли?

tiresome ['taɪəsəm] 1) утоми́тельный 2) надоéдливый, скýчный (*dull*)

title ['taɪtl] 1) заглáвие *с*, назвáние *с*; what's the ~ of the book? как назывáется эта кни́га? 2) ти́тул *м*, звáние *с* (*rank*) 3) *спорт.* звáние чемпиóна; he won the ~ in... он стал чемпиóном по...

to [tu:] 1. *prep* 1) к, в, на; the way to Móscow дорóга, ведýщая в Москвý; I'll go to the sea я поéду на мóре 2) *передаётся дат. п.*: a létter to my friend письмó моемý дрýгу 3) до; from three to six от трёх до шести́; to the end до концá 4): to the sécond (third) degrée *мат.* в квадрáте (в трéтьей стéпени) 2. *частица при инфинитиве (не перевóдится)*: he wants to leave он хóчет уéхать

toast I [təust] тост *м* (*подсушенный ломтик хлеба*); гренóк *м*

toast II тост *м*; annóunce (propóse) a ~ провозгласи́ть тост

toaster ['təustə] тóстер *м*

tobacco [tə'bækəu] табáк *м*; ~nist's [tə'bækənɪsts] табáчный киóск

today [tə'deɪ] сегóдня

toe [təu] пáлец ноги́

together [tə'geðə] вмéсте

toilet ['tɔɪlɪt] туалéт *м*; ~ soap туалéтное мы́ло

token ['təukən] 1) знак *м*; in ~ of fríendship в знак дрýжбы 2) жетóн *м*

told [təuld] *past и pp от* tell

tolerant ['tɔlərənt] терпи́мый

tolerate ['tɔləreɪt] терпéть

toll [təul] 1) *авто* плáта за проéзд (*по мосту или дороге*); ~ road плáтная дорóга 2): death ~ потéри уби́тыми; ~-**booth** [-bu:ð] бýдка сбóрщика плáты (за проéзд); ~-**bridge** [-brɪdʒ] плáтный мост; ~-**free** [-fri:] бесплáтный; call ~-free... звони́те бесплáтно по телефóну...

tomato [tə'mɑ:təu, *амер.* tə'meɪtəu] помидóр *м*, томáт *м*; ~ juice томáтный сок

tomb [tu:m] надгрóбный пáмятник, мавзолéй *м*

tomorrow [tə'mɔrəu] зáвтра

ton [tʌn] тóнна *ж*

tone [təun] тон *м*

tongs [tɔŋz] *pl* щипцы́ *мн.*, клéщи *мн.*

tongue [tʌŋ] язы́к *м* (*тж. кушанье*)

tonic ['tɔnɪk] 1) тонизи́рующее срéдство 2) «тóник» *м*

(тонизирующий хинный напиток)

tonight [təˈnaɪt] сего́дня ве́чером (*реже* но́чью)

tonsil [ˈtɔnsl] (*обыкн.* pl) *анат.* минда́лина ж; ~**lectomy** [ˌtɔnsɪˈlektəmɪ] *мед.* удале́ние минда́лин; ~**litis** [ˌtɔnsɪˈlaɪtɪs] *мед.* тонзилли́т м

too [tuː] 1) та́кже, то́же; I'll go there ~ я та́кже пойду́ туда́ 2) сли́шком, чересчу́р; it's ~ expénsive э́то сли́шком до́рого 3) о́чень; ~ bad о́чень пло́хо

took [tuk] *past от* take

tool [tuːl] инструме́нт м, ору́дие с

tooth [tuːθ] (*pl* teeth) зуб м; ~**ache** [-eɪk] зубна́я боль; ~**-brush** [-brʌʃ] зубна́я щётка; ~**-paste** [-peɪst] зубна́я па́ста; ~**pick** [-pɪk] зубочи́стка ж

top [tɔp] 1. *n* 1) верх м; кры́шка ж; fólding ~ откидно́й верх (автомоби́ля); at the ~ вверху́ 2) верши́на ж (*of a mountain*) 3) маку́шка ж (*of a head*) 2. *a* ве́рхний; вы́сший; at ~ speed на преде́льной ско́рости

topaz [ˈtəupæz] топа́з м

topic [ˈtɔpɪk] предме́т м, те́ма ж

torch [tɔːtʃ] 1) фа́кел м 2) *тех.* горе́лка ж; ~ wélding га́зовая сва́рка 3) *брит.* электри́ческий фона́рик (*flashlight*)

tore [tɔː] *past от* tear II

torn [tɔːn] *pp от* tear II

tortoise [ˈtɔːtəs] черепа́ха ж

torture [ˈtɔːtʃə] 1. *n* пы́тка ж 2. *v* пыта́ть

Tory [ˈtɔːrɪ] то́ри м *нескл.*, консерва́тор м

toss [tɔs] 1) кача́ть(ся) (*swing*) 2) подбра́сывать, швыря́ть; ~ a cóin бро́сить моне́ту ◊ ~ed sálad зелёный сала́т с запра́вкой

total [ˈtəutl] 1) весь (*entire*) 2) по́лный, абсолю́тный (*complete*)

touch [tʌtʃ] 1. *v* 1) тро́гать, притра́гиваться, (при)каса́ться 2) каса́ться, затра́гивать (*тему и т. п.*); ~ upón a próblem затро́нуть вопро́с 3) тро́гать, волнова́ть; how does it ~ me? како́е э́то име́ет отноше́ние ко мне? 2. *n* 1) осяза́ние с; soft to the ~ мя́гкий на о́щупь 2) прикоснове́ние с; at a ~ при прикоснове́нии 3) обще́ние с; in ~ with... в конта́кте с...; to get in ~ with smb связа́ться с кем-л.

tough [tʌf] 1) жёсткий; ~ pólicy жёсткая поли́тика 2) выно́сливый (*strong*) 3) *разг.* тру́дный; a ~ job тяжёлая рабо́та

tour [tuə] 1) путеше́ствие с 2) *театр.* гастро́ли мн. 3) экску́рсия ж; make a ~ of the cíty соверши́ть экску́рсию по го́роду; ~**ist** [ˈtuərɪst] тури́ст м; ~**ist** ágency туристи́ческое бюро́; ~**ist** class tícket биле́т тури́стского кла́сса

towards [təˈwɔːdz] 1) (по направле́нию) к; ~ the sea к мо́рю 2) по отноше́нию к; my áttitude ~ it is known моё отношéние к э́тому извéстно 3) óколо; ~ the end под конéц

towel ['tauəl] полотéнце *c*

tower ['tauə] бáшня *ж;* вы́шка *ж*

town [taun] гóрод *м;* ~ car лимузи́н *м;* ~ hall рáтуша *ж;* ~ house особня́к *м (в гóроде)*

toy [tɔɪ] игру́шка *ж*

trace [treɪs] след *м*

track [træk] 1) след *м* 2) *ж.-д.* колея́ *ж* 3) тропи́нка *ж,* дорóга *ж (path)* 4) *спорт.* трек *м;* ~ and field (evénts) лёгкая атлéтика

tractor ['træktə] трáктор *м;* ~ dríver трактори́ст *м*

trade [treɪd] **1.** *n* 1) торгóвля *ж;* ~ mark фабри́чное клеймó 2) ремеслó *c,* профéссия *ж (profession);* ~ únion профсою́з *м;* ~ sécret секрéт произвóдства **2.** *v* 1) торговáть *(sell and buy)* 2) обмéнивать (-ся); I óffer you to ~ my stamp for your badge я предлагáю вам обменя́ть мою́ (почтóвую) мáрку на ваш значóк; ~-in [-ɪn] 1) сдáча подéржанного телеви́зора (автомоби́ля *и т. n.)* в счёт оплáты нóвого *(act)* 2) предмéт, сдавáемый в части́чную уплáту за нóвый *(о телеви́зоре, автомоби́ле и т. n.);* ~-unionist [-'juːnjə-nɪst] член профсою́за; дéятель профсою́зного движéния

tradition [trə'dɪʃn] тради́ция *ж*

traffic ['træfɪk] у́личное движéние; трáнспорт *м;* héavy (light) ~ большóе (небольшóе) движéние; ~ lights (sígnals) светофóр *м;* ~ regulátions прáвила у́личного движéния

tragedy ['trædʒɪdɪ] трагéдия *ж*

trail [treɪl] волочи́ть(ся), тащи́ть(ся) *(drag along);* ~er [-ə] 1) (грузовóй) прицéп 2) *амер.* прицéп-дáча *м*

train I [treɪn] пóезд *м;* there's a ~ évery third hóur поездá хóдят чéрез кáждые два часá; ~ sérvice железнодорóжное сообщéние; fast (expréss, pássenger, goods) ~ скóрый (курьéрский, пассажи́рский, товáрный) пóезд; by ~ пóездом

train II 1) обучáть, воспи́тывать 2) *спорт.* тренировáть; ~ onesélf тренировáться 3) дрессировáть *(animals);* ~er [-ə] 1) трéнер *м,* инстру́ктор *м* 2) дрессирóвщик *м (of animals)*

trait [treɪ, *амер.* treɪt] чертá *ж;* ~s of cháracter черты́ харáктера

traitor ['treɪtə] измéнник *м,* предáтель *м*

tram [træm] трамвáй *м;* take the ~ поéхать трамвáем

tranquil ['træŋkwɪl] спокóйный; ~lity [træŋ'kwɪlɪtɪ] спокóйствие *c;* ~lizer [-aɪzə] успокáивающее (срéдство), транквилизáтор *м*

transaction [træn'zækʃn] 1) дéло *c,* сдéлка *ж (business)* 2) ведéние *c;* ~ of affáirs ведéние дел 3) *pl* труды́ *мн.;*

протоко́лы *мн.* *(общества)*; учёные запи́ски

transfer [træns'fə:] 1) перемеща́ть, переноси́ть 2) передава́ть *(hand over)*

transform [træns'fɔ:m] превраща́ть

transistor [træn'zɪstə] *(тж.* transístor rádio) транзи́сторный приёмник

transit ['trænsɪt] транзи́т *м*, перево́зка *ж*

translate [træns'leɪt] переводи́ть; ~, please! переведи́те, пожа́луйста!; ~ áccurately то́чно переводи́ть; ~ from Énglish ínto Rússian переводи́ть с англи́йского на ру́сский

translation [træns'leɪʃn] перево́д *м*

translator [træns'leɪtə] перево́дчик *м (письменный)*

transmission [trænz'mɪʃn] 1) переда́ча *ж* 2) радиопереда́ча *ж (broadcast)* 3) *авто* трансми́ссия *ж*; automátic ~ автомати́ческая трансми́ссия; mánual ~ обы́чная трансми́ссия *(сцепление и коробка перемены передач)*

transnational [træns'næʃənl] 1. *a* транснациона́льный, межнациона́льный 2. *n pl (тж.* transnátional corporátions) транснациона́льные корпора́ции

transparent [træn'spɛərənt] прозра́чный

transport 1. *n* ['trænspɔ:t] 1) перево́зка *ж* 2) тра́нспорт *м (means)* 2. *v* [træn'spɔ:t] перевози́ть

trap [træp] западня́ *ж*, лову́шка *ж*; капка́н *м*

travel ['trævl] 1. *n (обыкн. pl)* путеше́ствие *с* 2. *v* путеше́ствовать; ~-**bureau** [-ˌbjuəˈrəu] бюро́ путеше́ствий

traveller ['trævlə] путеше́ственник *м*

travelling ['trævlɪŋ] доро́жный; ~-**dress** [-dres] доро́жный костю́м

tray [treɪ] подно́с *м*

treacherous ['tretʃərəs] преда́тельский

treachery ['tretʃərɪ] преда́тельство *с*

treason ['tri:zn] *(тж.* high tréason) (госуда́рственная) изме́на

treasure ['treʒə] сокро́вище *с*; ~s of art сокро́вища иску́сства; ~r ['treʒərə] казначе́й *м*

treat [tri:t] 1) обраща́ться, относи́ться 2) угоща́ть (to — чем-л.) 3) лечи́ть *(cure)*; ~**ment** [-mənt] 1) обраще́ние *с*; bad (kind) ~ment скве́рное (ла́сковое) обраще́ние 2) лече́ние *с*; ухо́д *м*; hóspital ~ment больни́чное лече́ние

treaty ['tri:tɪ] до́гово́р *м*; peace ~ ми́рный до́гово́р

treble ['trebl] *муз.* высо́кие тона́

tree [tri:] де́рево *с*

tremble ['trembl] дрожа́ть; трепета́ть

tremendous [trɪ'mendəs] огро́мный

trench [trentʃ] ров *м*; кана́ва *ж*

trend [trend] тенде́нция *ж*

· **trial** ['traɪəl] 1) испыта́ние *с*; by ~ and érror ме́тодом проб и оши́бок 2) *юр.* суд *м*, суде́бное разбира́тельство 3) *спорт.* попы́тка *ж*; предвари́тельный забе́г

tribe [traɪb] пле́мя *с*

tribune ['trɪbjuːn] помо́ст *м*, трибу́на *ж*

tributary ['trɪbjutərɪ] *геогр.* прито́к *м*

tribute ['trɪbjuːt] дань *ж*; pay a ~ *перен.* отдава́ть дань

trick [trɪk] 1) хи́трость *ж*; уло́вка *ж* 2) фо́кус *м*, трюк *м* (*a piece of jugglery*)

trifle ['traɪfl] пустя́к *м*; I'm tíred a ~ я слегка́ уста́л

trimming ['trɪmɪŋ] отде́лка *ж* (*на платье*)

trio ['triːəu] *муз.* три́о *с нескл.*

trip [trɪp] 1. *n* 1) путеше́ствие *с*, пое́здка *ж*; экску́рсия *ж* 2) *спорт.* подно́жка *ж* 2. *v*: ~ (the pláyer) дать (игроку́) подно́жку

triumph ['traɪəmf] 1. *n* торжество́ *с* 2. *v* (вос)торжествова́ть; ~ant [traɪ'ʌmfənt] победоно́сный

trolley ['trɔlɪ] (*тж.* trólley-bus) тролле́йбус *м*

trombone [trɔm'bəun] *муз.* тромбо́н *м*

troops [truːps] *pl* войска́ *мн.*

trophy ['trəufɪ] *спорт.* приз *м*

tropic ['trɔpɪk] 1) тро́пик *м* 2) (the ~s) *pl* тро́пики *мн.*; ~al [-əl] тропи́ческий

trot [trɔt] 1. *n* рысь *ж* (*аллюр*) 2. *v* идти́ ры́сью

trouble ['trʌbl] 1. *n* 1) беспоко́йство *с*, забо́та *ж*, хло́поты *мн.*; thank you for all your ~ благодарю́ вас за все ва́ши хло́поты 2) неприя́тности *мн.*; беда́ *ж*; get ínto ~ попа́сть в беду́ 3) боле́знь *ж*; heart ~ боле́знь се́рдца ◊ shoot the ~ а) *тех.* устрани́ть неиспра́вность; б) *полит.* ула́дить конфли́кт 2. *v* 1) беспоко́ить(ся) 2) проси́ть; затрудня́ть; I'm sórry to ~ you! прости́те за беспоко́йство!; ~-maker [-ˌmeɪkə] наруши́тель (поря́дка); смутья́н *м*; ~-shooter [-ˌʃuːtə] специали́ст по ула́живанию конфли́ктов

troupe [truːp] тру́ппа *ж*

trousers ['trauzəz] *pl* брю́ки *мн.*

trout [traut] форе́ль *ж*

truce [truːs] переми́рие *с*

truck [trʌk] *амер.* грузови́к *м* (*lorry*); ~er [-ə], ~man [-mən] води́тель грузовика́

true [truː] 1) и́стинный, настоя́щий, по́длинный; it's not ~ э́то непра́вда; come ~ сбыва́ться 2) ве́рный, пра́вильный; правди́вый; a ~ stóry правди́вый расска́з 3) ве́рный, пре́данный (*faithful*) 4) то́чный; a ~ cópy то́чная ко́пия

truly ['truːlɪ]: yours ~ пре́данный вам (*в письме́*)

trumpet ['trʌmpɪt] *муз.* труба́ *ж*, фанфа́ра *ж*

trunk [trʌŋk] 1) ствол *м* 2) ту́ловище *с*, ко́рпус *м* *(body)* 3) чемода́н *м*, сунду́к *м* *(box)* 4) хо́бот *м* *(of an elephant)* 5) *авто* бага́жник *м*; ~-call [-kɔl] междугоро́дный вы́зов

trust [trʌst] **1.** *n* 1) дове́рие *с* 2) *эк.* трест *м* **2.** *v* ве́рить

truth [tru:θ] пра́вда *ж*; и́стина *ж*; ~ful [-ful] правди́вый

try [traɪ] 1) пыта́ться; стара́ться 2) про́бовать, испы́тывать *(test)* 3) *юр.* суди́ть; ~ on примеря́ть *(платье)*; ~ on this suit приме́рьте э́тот костю́м

T-shirt ['ti:ʃət] футбо́лка *ж*

tuba ['tju:bə] *муз.* ту́ба *ж*

tube [tju:b] 1) тру́бка *ж* 2) тю́бик *м*; a ~ of páint тю́бик кра́ски 3): the ~ метрополите́н *м (в Лондоне)* 4) *амер. тех.* радиола́мпа *ж* 5) *амер. разг.* телеви́зор *м*, «те́лек» *м*; on the ~ ≅ по «те́леку»

Tuesday ['tju:zdɪ] вто́рник *м*

tulip ['tju:lɪp] тюльпа́н *м*

tune [tju:n] **1.** *n* мело́дия *ж*; to the ~ of... на моти́в... **2.** *v* настра́ивать *(инструмент)*; ~ in: ~ in the rádio настро́ить приёмник *(на нужную волну)*; ~r [-ə] *радио* приёмник *м (без усилителя и динамиков)*

tunnel ['tʌnl] тунне́ль *м*

turkey ['tə:kɪ] индю́к *м*, инде́йка *ж*; ~ dínner *амер.* обе́д с инде́йкой *(традиционно, в день благодарения)*

Turkish ['tə:kɪʃ] **1.** *a* туре́цкий ◊ ~ tówel мохна́тое полоте́нце; ~ bath туре́цкая

ба́ня; пари́льня *ж* **2.** *n* туре́цкий язы́к

turn [tə:n] **1.** *v* 1) враща́ть (-ся), верте́ть(ся) 2) повора́чивать(ся); ~ the córner поверну́ть за́ угол 3) направля́ть, сосредото́чивать; ~ one's éfforts to *smth* напра́вить уси́лия на *что-л.* 4) де́латься, станови́ться; ~ red покрасне́ть; ~ pale побледне́ть; ~ off a) закры́ть *(tap)*; б) вы́ключить *(light)*; ~ on a) откры́ть *(tap)*; б) включи́ть *(light)* **2.** *n* 1) оборо́т *м (колеса и т. п.)* 2) поворо́т *м*; "no right ~!" «пра́вый поворо́т запрещён!» *(надпись)* 3) о́чередь *ж*; in ~, by ~s по о́череди 4) услу́га *ж*; do *smb* a good ~ оказа́ть хоро́шую услу́гу *кому-л.*

turner ['tə:nə] то́карь *м*

turnip ['tə:nɪp] ре́па *ж*

turntable ['tə:n,teɪbl] прои́грыватель *м*

turtle ['tə:tl] черепа́ха *ж* *(морская)*; ~ soup суп из черепа́хи

turtleneck ['tə:tlnek] *(тж.* túrtleneck swéater) сви́тер-водола́зка *м*

tutor ['tju:tə] 1) наста́вник *м*; prívate ~ репети́тор *м* 2) *амер.* мла́дший преподава́тель *(в некоторых университетах)* 3) *брит.* наста́вник *м (студент-старшекурсник по отношению к младшекурснику в некоторых колледжах)*

tutorial [tju:'tɔ:rɪəl] 1) кон-

сультáция *ж* (*individual*) 2)
семинáр *м* (*group*)

tutu ['tu:tu:] пáчка *ж* (*балерины*)

tuxedo [tʌk'si:dəu] *амер.*
смóкинг *м*

TV [ˌti:'vi:] = télevision; TV
dínner «телеýжин» *м* (*замо-
роженное второе блюдо с гар-
ниром в алюминиевой фольге,
готовое к употреблению после
быстрого разогрева в духовке*)

twelfth [twelfθ] двенáдца-
тый

twelve [twelv] двенáдцать

twentieth ['twentɪɪθ] два-
дцáтый

twenty ['twentɪ] двáдцать

twice [twaɪs] двáжды; ~ as
much вдвое бóльше

twilight ['twaɪlaɪt] сýмерки
мн.

twin [twɪn] **1.** *a* пáрный, оди-
нáковый; would you like a
room with a dóuble bed or ~
beds? вам дать нóмер с дву-
спáльной кровáтью или с двумя́
односпáльными? **2.** *n* близ-
нéц *м*

twine [twaɪn] шпагáт *м*,
бечёвка *ж*

twinned [twɪnd] спáренный;
~ cíties породнённые городá,
городá-побратúмы

twist [twɪst] **1.** *v* 1) кру-
тúть; скрýчивать(ся) 2) иска-
жáть (*distort*) **2.** *n* твист *м*
(*танец*)

two [tu:] два; ~ húndred
двéсти; the ~ of us (them, you)
мы (онú, вы) вдвоём

twofold ['tu:fəuld] **1.** *a* двой-
нóй **2.** *adv* вдвóе

type [taɪp] **1.** *n* тип *м* **2.** *v*
(*тж.* týpewrite) печáтать на
машúнке; ~**writer** [-ˌraɪtə]
пúшущая машúнка

typical ['tɪpɪkəl] типúчный,
характéрный (*of*)

typist ['taɪpɪst] машинúст-
ка *ж*

tyre ['taɪə] = tire

U

ugly ['ʌglɪ] безобрáзный;
гáдкий; ~ dúckling гáдкий
утёнок

ulcer ['ʌlsə] я́зва *ж*

ultimate ['ʌltɪmɪt] окончá-
тельный; предéльный, вы́сший

ultimatum [ˌʌltɪ'meɪtəm]
ультимáтум *м*

umbrella [ʌm'brelə] зóнт(ик)
м

umpire ['ʌmpaɪə] *спорт.*
судья́ *м*

UN [ˌju:'en] (United
Nátions) ООН (Организáция
Объединённых Нáций); UN
Secretáriat секретариáт ООН

unable [ʌn'eɪbl] неспосóб-
ный; be ~ быть не в состоя́-
нии

unanimous [ju:'nænɪməs]
единодýшный, единоглáсный

unbutton [ʌn'bʌtn] расстёгивать (*пуговицы*)

uncertain [ʌn'sɜ:tn] 1) неопределённый 2) неувéренный
(*not sure of*)

uncle [ʌŋkl] дя́дя *м*

uncomfortable [ʌnˈkʌmfətəbl] неудо́бный; feel ~ чу́вствовать себя нело́вко

uncommon [ʌnˈkɔmən] необыкнове́нный, ре́дкий

unconscious [ʌnˈkɔnʃəs] 1) бессозна́тельный 2): be ~ of не сознава́ть 3) нево́льный; ~ smile нево́льная улы́бка

uncork [ʌnˈkɔːk] отку́порить

undeniable [ˌʌndɪˈnaɪəbl] неоспори́мый; несомне́нный; я́вный; ~ truth неоспори́мая и́стина

under [ˈʌndə] 1) под; ~ the ground под землёй 2) при, по, согла́сно, в соотве́тствии, в; ~ modern conditions при совре́менных усло́виях; ~ repair в ремо́нте, ремонти́руется; ~ discussion обсужда́ется 3) ме́ньше (чем); ни́же (о стоимости); children ~ 14 are not admitted де́ти до 14 лет не допуска́ются

underclothes [ˈʌndəkləuðz] pl (ни́жнее) бельё

undercoating [ˈʌndəkəutɪŋ] 1) грунто́вка ж (a coat of paint) 2) авто антикоррози́йное покры́тие дни́ща

underdone [ˌʌndəˈdʌn]: an ~ steak стейк «с кро́вью» (мясо)

underemployment [ˌʌndərɪmˈplɔɪmənt] непо́лная за́нятость, части́чная безрабо́тица

underestimate [ˌʌndərˈestɪmeɪt] недооце́нивать

undergo [ˌʌndəˈgəu] (underwent; undergone) испы́тывать; подверга́ться; ~ an operation подве́ргнуться опера́ции; ~ne

[ˌʌndəˈgɔn] pp от undergó

undergraduate [ˌʌndəˈgrædʒuɪt] студе́нт м

underground [ˈʌndəgraund] 1. a 1) подзе́мный 2) подпо́льный; ~ activity подпо́льная де́ятельность 3) иск. авангарди́стский 2. n (the ~) метрополите́н м

underline [ˌʌndəˈlaɪn] подчёркивать

undermine [ˌʌndəˈmaɪn] подрыва́ть, подка́пывать(ся)

underpass [ˈʌndəpɑːs, амер. ˈʌndəpæs] 1) авто тунне́ль м 2) подзе́мный перехо́д (for pedestrians)

under‖shirt [ˈʌndəʃɜːt] ни́жняя руба́шка; ~skirt [-skɜːt] ни́жняя ю́бка

understand [ˌʌndəˈstænd] (understood) понима́ть; make oneself understood уме́ть объясни́ться; ~ing [-ɪŋ] понима́ние с; come to an ~ing найти́ о́бщий язы́к; mutual ~ing взаимопонима́ние с

understood [ˌʌndəˈstud] past и pp от understand

understudy [ˈʌndəstʌdɪ] театр. дублёр м

undertake [ˌʌndəˈteɪk] (undertook; undertaken) 1) взя́ться; ~ a task взять на себя́ зада́чу; ~ to do smth взя́ться сде́лать что-л. 2) предпринима́ть; ~ a journey предприня́ть пое́здку; ~n [-n] pp от undertake

undertaking [ˌʌndəˈteɪkɪŋ] 1) предприя́тие с 2) обяза́тельство с (obligation)

undertook [ˌʌndə'tuk] *past*
от undertáke

underwear ['ʌndəwɛə] ни́ж-
нее бельё

underwent [ˌʌndə'went] *past*
от undergó

undesirable [ˌʌndɪ'zaɪərəbl]
1) нежела́тельный 2) неподхо-
дя́щий; неудо́бный; ~ mó-
ment неподходя́щий моме́нт

undid [ʌn'dɪd] *past от* undó

undo [ʌn'duː] (undíd; un-
dóne) развя́зывать; расстёгивать; ~ a páckage раскры́ть
паке́т; ~ne [ʌn'dʌn] *pp от*
undó

undress [ʌn'dres] раздева́ть
(-ся)

undying [ʌn'daɪɪŋ] бессме́рт-
ный; ве́чный; ~ másterpiece
бессме́ртное творе́ние

uneasy [ʌn'iːzɪ] 1) встрево́-
женный; I feel ~ abóut... я
беспоко́юсь о... 2) нело́вкий
(*awkward*)

unemployed [ˌʌnɪm'plɔɪd]
безрабо́тный *м*

unemployment [ˌʌnɪm'plɔɪ-
mənt] безрабо́тица *ж*; ~ bénefit посо́бие по безрабо́ти-
це

unequal [ʌn'iːkwəl] нера́в-
ный

UNESCO [juː'neskəu] (Uníted Nátions Educátional, Scientífic and Cúltural Organizátion) ЮНЕ́СКО (Организа́ция
Объединённых На́ций по воп-
ро́сам образова́ния, нау́ки и
культу́ры)

unexpected [ˌʌnɪk'spektɪd]
неожи́данный, внеза́пный

unfamiliar [ˌʌnfə'mɪlɪə] не-
знако́мый

unfasten [ʌn'fɑːsn] отстёгивать, отвя́зывать

unforeseen [ˌʌnfɔː'siːn] не-
предви́денный

unfortunate [ʌn'fɔːtʃnɪt] 1)
несча́стный; несчастли́вый 2)
неуда́чный; I find it véry ~
that... мне о́чень неприя́тно,
что...; ~ly [-lɪ] к несча́стью,
к сожале́нию

unhappy [ʌn'hæpɪ] 1) несча́-
стный, несчастли́вый 2) не-
уда́чный, неуме́стный; ~
chóice неуда́чный вы́бор; ~ remárk неуме́стное замеча́ние

unhealthy [ʌn'helθɪ] нездо-
ро́вый; ~ clímate вре́дный
кли́мат

uniform ['juːnɪfɔːm] **1.** *n* фо́р-
ма *ж*; фо́рменная оде́жда **2.** *a*
одина́ковый

unimpeachable [ˌʌnɪm'piːtʃ-
əbl] 1) безупре́чный; ~ hónesty безукори́зненная че́стность
2) достове́рный; надёжный; ~
source достове́рный исто́ч-
ник

unintentional [ˌʌnɪn'tenʃənl]
неча́янный; ~ly [ˌʌnɪn'tenʃə-
nəlɪ] неча́янно

union ['juːnɪən] сою́з *м*;
объедине́ние *с*; in ~ with...
в сою́зе с...; the U. Jack бри-
та́нский флаг

unisex ['juːnɪseks] универ-
са́льного молодёжного сти́ля
(*для обоих полов — о моде,
причёске*), сти́ля «унисе́кс»

unit ['juːnɪt] 1) едини́ца *ж*;
це́лое *с* 2) едини́ца измере́-

ния; a ~ of length (weight) единица длины (веса)

unite [juːˈnaɪt] 1) соединять (-ся) 2) объединять(ся)

united [juːˈnaɪtɪd] объединённый, единый; the U. Nátions (*реже* U. Nátions Organizátion) Организация Объединённых Наций

unity [ˈjuːnɪtɪ] единство *с*; ~ of áctions единство действий

universal [ˌjuːnɪˈvəːsəl] универсальный, всеобщий; ~ peace мир во всём мире

universe [ˈjuːnɪvəːs] мир *м*, вселенная *ж*

university [ˌjuːnɪˈvəːsɪtɪ] университет *м*

unknown [ˌʌnˈnəun] неизвестный

unleaded [ʌnˈledɪd]: ~ gásoline неэтилированный бензин

unless [ənˈles] если не; ~ he phones, don't leave не уезжайте без его звонка

unlikely [ʌnˈlaɪklɪ] **1.** *a* маловероятный; it is híghly ~ это весьма маловероятно **2.** *adv* вряд ли

unlimited [ʌnˈlɪmɪtɪd] неограниченный

unload [ʌnˈləud] 1) разгружать(ся) 2) *воен.* разряжать (*оружие*)

unlucky [ʌnˈlʌkɪ] несчастливый; неудачный

unmanned [ʌnˈmænd] беспилотный; ~ space probe автоматический космический корабль

unmarked [ʌnˈmɑːkt] 1) незамеченный; ...remained ~ ... остался незамеченным 2) без опознавательных знаков; an ~ políce car полицейская машина без опознавательных знаков

unmarried [ˌʌnˈmærɪd]: ~ móther мать-одиночка *ж*

unnatural [ˌʌnˈnætʃrəl] неестественный; противоестественный

unnecessary [ˌʌnˈnesɪsərɪ] ненужный, излишний

unpleasant [ʌnˈpleznt] неприятный

unpopular [ʌnˈpɔpjulə] непопулярный (with)

unprotected [ˌʌnprəˈtektɪd] беззащитный; незащищённый

unreasonable [ʌnˈriːznəbl] 1) неразумный 2) непомерно высокий; ~ price чрезмерно высокая цена

unrestricted [ˌʌnrɪˈstrɪktɪd] неограниченный

unsettled [ʌnˈsetld] нерешённый; ~ próblem нерешённый вопрос

unskilled [ʌnˈskɪld] неквалифицированный; ~ wórker неквалифицированный рабочий

unsuccessful [ˌʌnsəkˈsesfəl] неудачный; ~ tríal (attémpt) неудачная попытка

untie [ʌnˈtaɪ] отвязывать (-ся), развязывать(ся)

until [ənˈtɪl] = till

untimely [ʌnˈtaɪmlɪ] несвоевременный

unusual [ʌnˈjuːʒuəl] необыкновéнный; необы́чный; in ~ círcumstances в исключи́тельных обстоя́тельствах

unwell [ʌn'wel] нездоро́вый; I'm ~ мне нездоро́вится

unwilling [ʌn'wɪlɪŋ] несклóнный, нерасполóженный; be ~ не хотéть

unzip [ʌn'zɪp] расстегнýть мóлнию

up [ʌp]. **1.** *adv выражает* 1) *подъём, увеличение:* age twénty one up от двадцати́ одногó гóда и стáрше; cótton is up хлóпок подорожáл 2) *приближение:* he came up он подошёл 3) *истечение, завершение, результат:* the time is up врéмя вы́шло; eat up съесть ◊ up and abóut· на ногáх; what are you up to? что вы замышля́ете?; what's up here? что тут происхóдит?; it's up to you to decíde слóво за вáми; up-to-date совремéнный **2.** *prep* вверх по; up the ríver (stairs) вверх по рекé (лéстнице)

upbringing ['ʌpbrɪŋɪŋ] воспитáние *c*

update [.ʌp'deɪt] **1.** *v* подня́ть до ýровня совремéнности, модернизи́ровать; ~ a repórt уточни́ть доклáд; ~ a plan скорректи́ровать план **2.** *n* 1) уточнённый вариáнт 2): news ~ «в послéдний час»

upgrade [ʌp'greɪd] **1.** *v* 1) повы́сить кáчество; ~ a próduct повы́сить кáчество продýкции 2) перевести́ в бóлее высóкую категóрию; ~ a post повы́сить

ýровень постá **2.** *n* ['ʌp.greɪd]: on the ~ на подъёме

uphold [ʌp'həuld] поддéрживать

upon [ə'pɔn] = on 1

upper ['ʌpə] вéрхний, вы́сший; the U. House вéрхняя палáта; ~ floor вéрхний этáж; ~ círcle *театр.* балкóн *м* ◊ get the ~ hand взять верх; ~ middle class «верхýшка срéднего клáсса», крýпная буржуази́я

uproar ['ʌprɔː] шум *м*, волнéние *c*

upset [ʌp'set] (upsét) 1) опроки́дывать(ся) 2) огорчáть, расстрáивать (*distress*)

upside down [.ʌpsaɪd'daun] вверх дном, вверх ногáми

upstairs [.ʌp'stɛəz] вверх (по лéстнице); навéрх, наверхý; go ~ поднимáться вверх; he's ~ он наверхý

upstate ['ʌpsteɪt]: ~ New York сéверная часть штáта Нью-Йóрк

upsurge ['ʌpsɜːdʒ] подъём *м*

uptown [ʌp'taun] *амер.* **1.** *n* жилы́е квартáлы (*удалённые от центра*); an ~ train пóезд, идýщий от цéнтра (*в метро*) **2.** *adv* (по направлéнию) от цéнтра; go ~ направля́ться в жилýю часть гóрода

upwards ['ʌpwədz] 1) вверх 2) свы́ше

uranium [ju'reɪnɪəm] урáн *м*

urban ['ɜːbən] городскóй; ~ devélopment городскóе строи́тельство

urge [ɜːdʒ] 1) понуждáть

2) убежда́ть, наста́ивать на (*exhort*)

urgent [ˈɜːdʒənt] сро́чный, ва́жный; настоя́тельный; ~ requést насто́йчивая про́сьба

urn [ɜːn] у́рна *ж*

us [ʌs] (*косв. п. от* we) нас, нам, на́ми; is it for us? э́то для нас?; let's go пойдёмте!

usage [ˈjuːzɪdʒ] употребле́ние *с*

use 1. *n* [juːs] 1) по́льзова-ние *с*, употребле́ние *с*; in ~ в употребле́нии; be out of ~ вы́йти из употребле́ния 2) по́льза *ж*; no ~ to go there туда́ идти́ не́зачем; is there ány ~? сто́ит ли? 2. *v* [juːz] 1) употребля́ть; по́льзоваться; may I ~ your télephone? мо́жно позвони́ть от вас? 2): he ~d to... он име́л обыкно-ве́ние...; I ~d to play the píano ра́ньше я игра́л на фортепья́-но; ~ **up** испо́льзовать, ис-тра́тить

used 1) [juːst] привы́кший; he is ~ to us он привы́к к нам; get ~ to smth привы́кнуть к чему́-л. 2) [juːzd] поде́ржан-ный, ста́рый; ~ car поде́р-жанный автомоби́ль

useful [ˈjuːsful] поле́зный; приго́дный

useless [ˈjuːslɪs] бесполе́зный

user [ˈjuːzə] потреби́тель *м*; по́льзующийся *м* (of — чем-л.); the ~ of the dictio-nary чита́тель словаря́

usher [ˈʌʃə] 1. *n* билетёр *м* (*in a theatre*) 2. *v:* ~ in про-води́ть, вводи́ть

usual [ˈjuːʒuəl] обы́чный; обыкнове́нный; as ~ как обы́ч-но; it's the ~ thing here здесь э́то при́нято; ~ly [-ɪ] обы́чно, обыкнове́нно

utilize [ˈjuːtɪlaɪz] испо́льзо-вать

utmost [ˈʌtməust] 1. *a* кра́й-ний, преде́льный; this is of ~ impórtance э́то кра́йне ва́жно 2. *n* са́мое бо́льшее; try one's ~ сде́лать всё возмо́жное

utter I [ˈʌtə] 1) издава́ть (*звуки*); ~ a cry вскри́кнуть 2) произнести́, вы́молвить; don't ~ a word! молчи́те!, ни сло́ва!

utter II по́лный; полне́йший; кра́йний; ~ surpríse полне́й-шая неожи́данность

U-turn [ˈjuːtɜːn] *авто* разво-ро́т *м*; "No ~" «разворо́та нет» (*на́дпись на доро́жном зна́ке*)

V

vac [væk] *см.* vácuum

vacancy [ˈveɪkənsɪ] 1) пусто-та́ *ж* 2) вака́нсия *ж* (*unoccu-pied post*)

vacant [ˈveɪkənt] неза́нятый, свобо́дный, вака́нтный; is the seat ~? э́то ме́сто свобо́д-но?

vacation [vəˈkeɪʃn] 1) кани́-кулы *мн.*; wínter (súmmer) ~ зи́мние (ле́тние) кани́кулы 2) *амер.* о́тпуск *м*

vaccinate ['væksɪneɪt] 1) де́лать приви́вку 2) прививáть óспу

vacuum ['vækjuəm] **1.** *n* 1) пустотá *ж*, вáкуум *м* 2) (*тж.* vácuum cléaner) пылесóс *м*; an úpright ~ вертикáльный (коврóвый) пылесóс 3): ~ flask тéрмос *м* **2.** *v* пылесóсить

vade-mecum [ˌveɪdɪ'miːkəm] кармáнный спрáвочник

vague [veɪg] сму́тный, неáсный, неопределённый; ~ resémblance отдалённое схóдство

vain [veɪn] тщéтный; in ~ напрáсно, зря

valid ['vælɪd] 1) действи́тельный, имéющий си́лу; ~ dócument докумéнт, имéющий си́лу 2) вéский, обоснóванный; ~ réason вéское основáние 3): ~ competítions *спорт.* зачётные соревновáния

valise [və'liːz, *амер.* və'liːs] 1) саквоя́ж *м* 2) *дип.* вали́за *ж*

valley ['vælɪ] доли́на *ж*

valuable ['væljuəbl] **1.** *a* цéнный **2.** *n pl* драгоцéнности *мн.*

value ['vælju:] **1.** *n* 1) цéнность *ж*; do you have ánything of ~ to decláre? у вас есть цéнные вéщи, подлежáщие пóшлине? 2) *эк.* стóимость *ж* **2.** *v* оцéнивать

van I [væn] 1) фургóн *м* 2) *ж.-д.* багáжный (товáрный) вагóн

van II = vánguard

vandal ['vændl] вандáл *м*,

вáрвар *м*; ~ism ['vændəlɪzm] вандали́зм *м*, вáрварство *с*

vanguard ['vængɑːd] авангáрд *м*

vanilla [və'nɪlə] вани́льный; ~ íce-cream вани́льное морóженое

vanish ['vænɪʃ] исчезáть

vanity ['vænɪtɪ] тщеслáвие *с*

variant ['veərɪənt] вариáнт *м*

variety [və'raɪətɪ] 1) разнообрáзие *с* 2) эстрáда *ж*; варьетé *с нескл.*; ~ show a) варьетé *с нескл.*; б) эстрáдный концéрт (*concert*); ~ áctor арти́ст эстрáды (варьетé); ~ art эстрáда *ж* (*вид искусства*)

various ['veərɪəs] разли́чный, рáзный, разнообрáзный

vary ['veərɪ] 1) (из)меня́ться 2) расходи́ться (*во вкусах и т. п.*); our tastes ~ мы расхóдимся во вку́сах

vase [vɑːz, *амер.* veɪs, veɪz] вáза *ж*

vaseline ['væsɪliːn] вазели́н *м*

vast [vɑːst] обши́рный, громáдный

. **vault** [vɔːlt] **1.** *n спорт.* (опóрный) прыжóк; pole ~ прыжóк с шестóм **2.** *v* пры́гать с упóром; ~ on a horse вольтижи́ровать

VCR [ˌviːsiː'ɑː] (vídeo cassétte recórder) *см.* VTR

veal [viːl] теля́тина *ж*; ~ cútlet теля́чья отбивнáя

vegetable ['vedʒɪtəbl] **1.** *n* óвощ *м* **2.** *a* расти́тельный

vegetarian [ˌvedʒɪ'teərɪən] **1.** *n* вегетариáнец *м* **2.** *a* вегетариа́нский; ~ réstaurant вегетариа́нский рестора́н

vegetation [ˌvedʒɪˈteɪʃn] расти́тельность ж; there's much ~ aróund here здесь мно́го зе́лени

vehicle [ˈviːɪkl] тра́нспортное сре́дство (carriage)

veil [veɪl] 1. n вуа́ль ж 2. v завуали́ровать

vein [veɪn] ве́на ж

velvet [ˈvelvɪt] (тж. silk vélvet) ба́рхат м

venerable [ˈvenərəbl] почте́нный; ~ age глубо́кая ста́рость

vengeance [ˈvendʒəns] месть ж, мще́ние с

ventilate [ˈventɪleɪt] прове́тривать, вентили́ровать

ventilation [ˌventɪˈleɪʃn] вентиля́ция ж

venture [ˈventʃə] рискова́ть; отва́житься

veranda(h) [vəˈrændə] вера́нда ж, терра́са ж

verbatim [vəˈbeɪtɪm] 1. adv досло́вно; quote ~ цити́ровать досло́вно 2. a: ~ récords стеногра́мма ж

verdict [ˈvəːdɪkt] верди́кт м, реше́ние прися́жных заседа́телей

verge [vəːdʒ] 1. n 1) край м 2) перен. грань ж; on the ~ на гра́ни 2. v: ~ on грани́чить

verify [ˈverɪfaɪ] проверя́ть

vermicelli [ˌvəmɪˈselɪ] вермише́ль ж

verse [vəːs] стихи́ мн.

vertical [ˈvəːtɪkəl] вертика́льный

very [ˈverɪ] 1. adv о́чень; весьма́; he is ~ much pleased он о́чень дово́лен 2. a: the ~ (тот) са́мый

vessel [vesl] 1) сосу́д м 2) кора́бль м, су́дно с (ship)

vest [vest] 1) брит. ни́жняя руба́шка 2) амер. жиле́т м; ~ed suit костю́м-тро́йка м

veteran [ˈvetərən] 1) ветера́н м 2) уча́стник войны́; sécond world war ~s уча́стники второ́й мирово́й войны́

veterinary [ˈvetərɪnərɪ] 1. n ветерина́р м 2. a ветерина́рный

veto [ˈviːtəu] 1. n ве́то с нескл. 2. v налага́ть ве́то

via [ˈvaɪə] че́рез; ~ Móscow че́рез Москву́

vibrate [vaɪˈbreɪt] вибри́ровать; дрожа́ть (with — от)

vice [vaɪs] поро́к м

vice- [vaɪs-] вице-, замести́тель м

vice-president [ˌvaɪsˈprezɪdənt] вице-президе́нт м, замести́тель председа́теля

vice versa [ˌvaɪsɪˈvəːsə] наоборо́т

vicinity [vɪˈsɪnɪtɪ] 1) окре́стности мн.; окру́га ж 2) бли́зость ж; in the ~ of thírty о́коло тридцати́

victim [ˈvɪktɪm] же́ртва ж

victor [ˈvɪktə] победи́тель м; ~ious [vɪkˈtɔːrɪəs] победоно́сный; ~y [ˈvɪktərɪ] побе́да ж

video [ˈvɪdɪəu]: ~ tape recórding тлв. видеоза́пись ж; ~ cassétte видеокассе́та ж

view [vjuː] 1) вид *м*; пейзáж *м* 2) пóле зрéния; he is not yet in ~ егó ещё не вúдно 3) взгляд *м*, мнéние *с*; point of ~ тóчка зрéния; have in ~ имéть в видý; ~-finder [-ˌfaɪndə] *фото* видоискáтель *м*

vigilance [ˈvɪdʒɪləns] бдúтельность *ж*

vigorous [ˈvɪgərəs] сúльный, энергúчный

village [ˈvɪlɪdʒ] дерéвня *ж*, селó *с*

villain [ˈvɪlən] злодéй *м*, негодя́й *м*

vine [vaɪn] виногрáдная лозá

vinegar [ˈvɪnɪgə] ýксус *м*

vineyard [ˈvɪnjəd] виногрáдник *м*

viola [vɪˈəulə] *муз.* альт *м* (*инструмент*)

violate [ˈvaɪəleɪt] нарушáть, попирáть; ~ the rules of the game нарушáть прáвила игры́

violation [ˌvaɪəˈleɪʃn] нарушéние *с* (*правил и т. п.*)

violence [ˈvaɪələns] 1) сúла *ж*, нéистовство *с* 2) насúлие *с* (*forcible act*)

violent [ˈvaɪələnt] сúльный, нéистовый; ~ strúggle ожесточённая борьбá

violet [ˈvaɪəlɪt] 1. *n* фиáлка *ж* 2. *a* фиолéтовый

violin [ˌvaɪəˈlɪn] скрúпка *ж*; ~ist [ˈvaɪəlɪnɪst] скрипáч *м*

violoncello [ˌvaɪələnˈtʃeləu] виолончéль *ж*

VIP [ˌviːaɪˈpiː] (véry impórtant pérson) высокопостáвленное лицó; VIP lounge специáльный зал ожидáния (*в аэропорту*)

virgin [ˈvəːdʒɪn] дéвственный, нетрóнутый; ~ land (soil) целинá *ж*

virtue [ˈvəːtʃuː] 1) добродéтель *ж* 2) достóинство *с* (*merit*)

visa [ˈviːzə] вúза *ж*; éntrance (éxit) ~ вúза на въезд (на вы́езд); through (tránsit) ~ транзúтная вúза; grant a ~ вы́дать вúзу; get a ~ получúть вúзу

visibility [ˌvɪzɪˈbɪlɪtɪ] вúдимость *ж*; éxcellent ~ прекрáсная вúдимость

visible [ˈvɪzəbl] вúдимый, очевúдный

vision [ˈvɪʒn] зрéние *с*

visit [ˈvɪzɪt] 1. *n* визúт *м*, посещéние *с*; cóurtesy ~ визúт вéжливости; pay (retúrn) a ~ нанестú (отдáть) визúт; be on a ~ (to) быть в гостя́х (у) 2. *v* посещáть; навещáть

visiting‖-book [ˈvɪzɪtɪŋbuk] кнúга посетúтелей; ~-card [-kɑːd] визúтная кáрточка

visitor [ˈvɪzɪtə] посетúтель *м*; гость *м*

visual [ˈvɪzuəl] 1) зрúтельный; ~ mémory зрúтельная пáмять 2) нагля́дный; ~ aids нагля́дные пособия

vital [vaɪtl] жúзненно вáжный; насýщный; ~ próblem важнéйший вопрóс

viva [ˈviːvə]: ~! да здрáвствует!

vivid [ˈvɪvɪd] живóй, я́ркий

vocabulary [vəu'kæbjulərı] слова́рь *м*, запа́с слов

vocal ['vəukəl] 1) голосово́й; ~ chords голосовы́е свя́зки 2) вока́льный; ~ duét вока́льный дуэ́т

vocation [vəu'keıʃn] призва́ние *с*; ~al [vəu'keıʃənl]: ~al school шко́ла произво́дственного обуче́ния; ~al guidance по́мощь в вы́боре профе́ссии

vodka ['vɔdkə] во́дка *ж*

vogue [vəug]: be in ~ быть в мо́де

voice [vɔıs] го́лос *м*; ~-over [-əuvə] *тлв., кино* го́лос за ка́дром

volcano [vɔl'keınəu] вулка́н *м*

volleyball ['vɔlıbɔːl] волейбо́л *м*

volt [vəult] эл. вольт *м*; ~age [-ıdʒ] напряже́ние *с* (тока)

volume ['vɔljuːm] 1) том *м* 2) объём *м*; ~ of work объём рабо́т

voluntary ['vɔləntərı] доброво́льный

volunteer [,vɔlən'tıə] 1. *n* доброво́лец *м* 2. *v* вы́зваться (что-л. сделать)

vomit ['vɔmıt] 1. *n* рво́та 2. *v*: he ~ed blood его́ рвало́ кро́вью; I feel like ~ing меня́ тошни́т

vote [vəut] 1. *n* 1) го́лос *м* (на выборах) 2) голосова́ние *с*; unánimous ~ единоду́шное голосова́ние 2. *v* голосова́ть; ~ for (agáinst) голосова́ть за (про́тив); ~ on the mótion

голосова́ть предложе́ние; ~ down отве́ргнуть большинство́м голосо́в; ~r [-ə] избира́тель *м*

voting ['vəutıŋ] голосова́ние *с*; ~ páper избира́тельный бюллете́нь

vouch [vautʃ] руча́ться

vow [vau] 1. *n* обе́т *м*, кля́тва *ж*; make (take) a ~ дать кля́тву 2. *v* дава́ть обе́т, кля́сться (в чём-л.)

voyage ['vɔııdʒ] путеше́ствие *с* (по воде)

VTR [,viːtiː'ɑː] (vídeo tape recórder) видеомагнитофо́н *м*

vulgar ['vʌlgə] вульга́рный, по́шлый

vulnerable ['vʌlnərəbl] уязви́мый; рани́мый

W

wade [weıd] брести́, переходи́ть вброд

wafer ['weıfə] 1) ва́фля *ж* 2) сургу́чная печа́ть (seal)

waffle ['wɔfl] ва́фля *ж*

wage I [weıdʒ] (чаще pl) за́работная пла́та; mónthly básic ~ ме́сячный окла́д; real ~s реа́льная за́работная пла́та; líving ~ прожи́точный ми́нимум

wage II вести́ (войну); ~ war воева́ть

wag(g)on ['wægən] 1) теле́га *ж*, пово́зка *ж* (horse-driven) 2) (авто)фурго́н *м* 3) брит.

ж.-д. товáрный полувагóн 4) *амер. см.* státion-wágon

waist [weɪst] тáлия ж; **~coat** [-kəut] *брит.* жилéт м; **~line** [-laɪn] тáлия ж

wait [weɪt] 1) ждать; I'm sórry to keep you ~ing извинúте, что я заставлляю вас ждать 2) прислýживать *(за столóм)*; where's the girl who ~s on this table? где дéвушка, котóрая обслýживает áтот стол?; **~er** [-ə] официáнт м

waiting-room ['weɪtɪŋrum] 1) приёмная ж 2) ж.-д. зал ожидáния

waitress ['weɪtrɪs] официáнтка ж

wake [weɪk] (woke, waked; waked, wóken) будúть; пробуждáть(ся); ~ **up** разбудúть

walk [wɔːk] 1. *n* 1) ходьбá ж *(тж. спорт.)* 2) прогýлка ж; go for (take) a ~ идтú гуллять 2. *v* 1) идтú пешкóм; гуллять; ~ abóut the cíty гуллять по гóроду 2): ~ him to the hotél проводúте егó до гостúницы

walkie-talkie [,wɔːkɪ'tɔːkɪ] «уóки-тóки» *с нескл.*, портатúвная рáция

walk‖-in ['wɔːkɪn]: ~ clóset большóй стеннóй шкаф, кладóвка ж; **~-up** ['wɔːkʌp] 1) *(тж.* walk-up house) дом без лúфта 2) *(тж.* walk-up apártment) квартúра в дóме без лúфта

wall [wɔːl] стенá ж; ~ cábinet стéнка ж *(мебель);* **~covering** [-,kʌvərɪŋ] (синтетúче-

ские *или* ткáневые) обóи *мн.*, облицóвка ж

wallet ['wɔlɪt] бумáжник м

wall‖-painting ['wɔːl,peɪntɪŋ] рóспись стен; **~paper** [-,peɪpə] обóи *мн.*

Wall Street [,wɔːl'striːt] Уóлл-стрит *(улица в Нью-Йóрке, финáнсовый цéнтр США)*

walnut ['wɔːlnʌt] 1) грéцкий орéх 2) орéховое дéрево *(tree)*

walrus ['wɔːlrəs] морж м

waltz [wɔːls] вальс м

wander ['wɔndə] бродúть, стрáнствовать; блуждáть

want [wɔnt] 1) желáть, хотéть; as much as I ~ при всём желáнии; we ~ two tíckets (this book) дáйте нам два билéта (áту кнúгу) 2) трéбовать; you are ~ed (on the phone) вас зовýт (к телефóну) ◊ "~ed" «разыскивается» *(объявление)*

war [wɔː] войнá ж; at ~ в состоáнии войны

ward [wɔːd] *(тж.* hóspital ward) больнúчная палáта; ~ atténdant санитáр м, санитáрка ж; сидéлка ж, нáня ж

wardrobe ['wɔːdrəub] гардерóб м

ware [wɛə] 1) изделия *мн.* 2) *pl* товáры *мн.* (goods); **~house** [-haus] склад м; пакгáуз м

warm [wɔːm] 1. *a* тёплый; ~ wélcome горлячий (сердéчный) приём 2. *v* грéть(ся), нагревáть(ся); **~up** а) подогревáть; б) *спорт.* дéлать раз-

ми́нку; ~er [-ə] гре́лка ж
warmonger [ˈwɔːˌmʌŋgə]
поджига́тель войны́

warn [wɔːn] предупрежда́ть,
предостерега́ть; ~ing [-ɪŋ]
предупрежде́ние с; предосте-
реже́ние с; make a ~ing сде́-
лать предупрежде́ние

warrant [ˈwɔrənt] руча́ться,
гаранти́ровать *(guarantee)*;
~y [-ɪ] гара́нтия ж

warship [ˈwɔːʃɪp] вое́нный
кора́бль

wary [ˈwɛərɪ] насторо́жен-
ный; be ~ быть начеку́;
остерега́ться

was [wɔz] *ед. прош.* от be

wash [wɔʃ] 1) мы́ть(ся);
~ one's hands (face) мыть
ру́ки (лицо́); I want to ~ я
хочу́ умы́ться 2) стира́ть
(бельё); ~ off смыва́ть; ~-and-
-wear [-ənˈwɛə] несмина́емый
(об одежде); ~er [-ə] 1)
стира́льная маши́на 2) *(тж.*
windshield washer) *авто* оп-
ры́скиватель ветрово́го стекла́

washing [ˈwɔʃɪŋ]: ~ machine
стира́льная маши́на

wash-room [ˈwɔʃruːm] *амер.*
туале́т м *(в общественном
месте)*

wasp [wɔsp] оса́ ж

waste [weɪst] 1. *n* 1) отбро́-
сы *мн. (useless remains)* 2)
изли́шняя тра́та; ~ of time
поте́ря вре́мени; ~ of mоney
вы́брошенные де́ньги 2. *v* тра́-
тить, теря́ть *(время, силы и
т. п.)*

watch I [wɔtʃ] 1) следи́ть,
наблюда́ть 2) сторожи́ть

(guard) ◊ ~ your step! осто-
ро́жнее!; ~ out! береги́сь!

watch II часы́ *мн.*; the ~
doesn't keep good time часы́
пло́хо хо́дят; ~-maker [-ˌmeɪ-
kə] часовщи́к м

watchman [ˈwɔtʃmən] (ноч-
но́й) сто́рож

water [ˈwɔːtə] вода́ ж; boiled
(mineral, drinking) ~ кипячёная (минера́льная, питье-
ва́я) вода́; by ~ по воде́; ~
transport во́дный тра́нспорт;
~-colour [-ˌkʌlə] акваре́ль ж;
~fall [-fɔːl] водопа́д м; ~-me-
lon [-ˌmelən] арбу́з м

water-power [ˈwɔːtəˌpauə]
гидроэне́ргия ж; ~ station
гидроста́нция ж

waterproof [ˈwɔːtəpruːf] 1. *а*
непромока́емый; водонепро-
ница́емый 2. *n брит.* непро-
мока́емый плащ

water skiing [ˈwɔːtəˌskiːɪŋ]
спорт. во́дные лы́жи *(вид
спорта)*

water-supply [ˈwɔːtəsəˌplaɪ]
водоснабже́ние с; водопрово́д
м

watt [wɔt] *эл.* ватт м; this
lamp uses 120 ~s э́та ла́мпа
на 120 свече́й

wave [weɪv] 1. *n* 1) волна́ ж
2) зави́вка ж; finger ~ холо́д-
ная зави́вка 3) *радио* волна́
ж; long (short, middle) ~s
дли́нные (коро́ткие, сре́дние)
во́лны 2. *v* 1) колыха́ться,
развева́ться 2) маха́ть; ~
good-bye махну́ть руко́й на
проща́ние 3) завива́ть; have
one's hair ~d зави́ться

(у парикмахера); ~length
[-leŋθ] *радио* длина́ волны́

wax [wæks] **1.** *n* воск *м*; ski
~ лы́жная мазь **2.** *v*: ~ the
floor натира́ть пол

way [weɪ] 1) доро́га *ж*, путь
м; can you tell me the ~..? как
добра́ться до ..?; not that ~!
а) не туда́!; б) не так!; a long
~ off далеко́; on the ~ back
на обра́тном пути́; we're go´ing
the same ~ нам по доро́ге 2)
мане́ра *ж*, спо́соб *м*; in what
~? каки́м о́бразом?; in such a
~ таки́м путём; ~ of life о́браз
жи́зни ◊ ~ out вы́ход *м (из
положе́ния)*; be in smb's ~
меша́ть кому́-л.; by the ~
ме́жду про́чим; give ~ (to)
уступи́ть *кому́-л.*; be únder ~
быть на ходу́, осуществля́ть-
ся

way-bill [ˈweɪbɪl] спи́сок
пассажи́ров

we [wiː] мы

weak [wiːk] сла́бый; ~ co´ffee
жи́дкий ко́фе; ~ness [-nɪs]
сла́бость *ж*

wealth [welθ] бога́тство *с*;
~y [-ɪ] бога́тый

weapon [ˈwepən] ору́жие *с*

wear [wɛə] **1.** *v* (wore;
worn) носи́ть *(оде́жду)*; ~ out
изна́шивать(ся) **2.** *n* оде́жда
ж; chíldren's ~ де́тская оде́ж-
да

weary [ˈwɪərɪ] 1) уста́лый
2) утоми́тельный; the trip was
~ пое́здка была́ утоми́тельной

weather [ˈweðə] пого́да *ж*;
flýing ~ лётная пого́да

weave [wiːv] (wove; wóven)
ткать; ~r [-ə] ткач *м*, тка-
чи́ха *ж*

we'd [wiːd] *разг.* 1) = we had
2) = we should 3) = we would

wedding [ˈwedɪŋ] сва́дьба
ж

Wednesday [ˈwenzdɪ] среда́
ж

weed [wiːd] сорня́к *м*

week [wiːk] неде́ля *ж*; in a
~ (in two ~s) че́рез неде́-
лю (че́рез две неде́ли); a ~ agó
неде́лю тому́ наза́д; two
(three) times a ~ два (три)
ра́за в неде́лю; ~day [-deɪ]
бу́дний день; ~end [-end]
выходны́е (дни), уик-э́нд *м*,
вре́мя о́тдыха с пя́тницы до
понеде́льника

weekly [ˈwiːklɪ] **1.** *a* еже-
неде́льный **2.** *n* еженеде́льник
м **3.** *adv* еженеде́льно

weep [wiːp] (wept) пла́кать

weigh [weɪ] 1) ве́сить 2)
взве́шивать(ся); ~ out two
pounds of sweets взве́сьте два
фу́нта конфе́т

weight [weɪt] 1) вес *м*; тя́-
жесть *ж*; watch one's ~ сле-
ди́ть за свои́м ве́сом, сиде́ть
на дие́те 2) *спорт.* шта́нга *ж*;
clear the ~ взять шта́нгу 3)
ги́ря *ж*; a pound ~ фунто́вая
ги́ря; ~-lifter [-ˌlɪftə] штан-
ги́ст *м*; ~-lifting [-ˌlɪftɪŋ]
подня́тие тя́жестей

welcome [ˈwelkəm] **1.** *n* при-
ве́тствие *с* **2.** *interj:* ~! добро́
пожа́ловать!; с прие́здом!;
ми́лости про́сим! **3.** *a*:
"thanks", — "You're ~" ‹спа-
си́бо›.— ‹Пожа́луйста (Не

стоит благодарности)▸. **4.** *v*
приветствовать

welfare ['welfɛə] благосо-
стояние *с*; благополучие *с*;
child's ~ centre детская кон-
сультация ◊ be on ~ жить
на пособие

well I [wel] колодец *м*

well II 1. *adv* (better; best)
хорошо; благополучно; ~
done! молодец!; прекрасно!; ~
done meat хорошо прожарен-
ное мясо **2.** *a* (better; best): be
~ чувствовать себя хорошо;
I am quite ~! я вполне
здоров! **3.** *interj*: ~? ну?; ну
что же!; ~, I'm ready я уже
готов

we'll [wɪl] *разг.* 1) = we
shall 2) = we will

well-being [,wel'biːɪŋ] благо-
состояние *с*, благополучие *с*

well ‖-disposed [,weldɪs-
'pəuzd] доброжелательный; ~-
-grounded [-'graundɪd] хорошо
обоснованный; ~**-known**
[-'nəun] известный, знатный;
знаменитый; be ~-known
пользоваться известностью;
~**-paid** [-'peɪd] хорошо оплачиваемый; ~-paid job высо-
кооплачиваемая работа

well-to-do [,weltə'duː] обеспеченный, состоятельный

went [went] *past от* go 1

wept [wept] *past и pp от* weep

were [wəː] *мн. прош. от* be

we're [wɪə] *разг.* = we are

weren't [wəːnt] *разг.* = were
not

west [west] **1.** *n* запад *м* **2.** *a*
западный; W. End Уэст-Энд
м (западный район Лондона);
W. Side Уэст-Сайд *м (запад-
ная сторона Манхэттена в
Нью-Йорке)* **3.** *adv* на за-
пад(е), к западу; sail ~ плыть
на запад; ~ of к западу от,
западнее; ~**ern** [-ən] **1.** *a*
западный **2.** *n кино* вестерн *м*,
ковбойский фильм

wet [wet] мокрый; "~
paint!" ◂осторожно, окраше-
но!▸; get ~ промокнуть

whale [weɪl] кит *м*

what [wɔt] **1.** *pron interrog*
что?; какой?; ~ is your name?
как вас зовут?; ~ time is it?
который час?; ~ is this? что
это такое?; ~ is it for? для
чего это?; ~ do you want?
что вам нужно?; ~ are you
doing? чем вы заняты?; ~
shall we do? что мы будем
делать?; ~ did you say? что
вы сказали?; ~ are you? кем
вы работаете? **2.** *pron conjunct* какой; что; сколько;
I'll do ~ I can я сделаю, что
могу; I don't know ~ the
price is я не знаю, сколько
это стоит

whatever [wɔt'evə] всё что;
что бы ни

wheat [wiːt] пшеница *ж*

wheel [wiːl] 1) колесо *с* 2)
(тж. steering-wheel) руль *м*,
штурвал *м*

when [wen] когда; ~ is the
beginning? когда начало?

whenever [wen'evə] всякий
раз как; когда бы ни; ~ you
want когда угодно

where [wɛə] где; куда; ~

have you been? где вы бы́ли?; ~ is the Póst-Office Géneral? где гла́вный почта́мт?; ~ is the néarest réstaurant? где здесь ближа́йший рестора́н?; ~ is my coat? где моё пальто́?; ~ shall we go? куда́ мы пойдём?; ~ do you come from? отку́да вы прие́хали?

whereabouts [ˈwɛərəbauts]: do you know her ~? (вы зна́ете) где она́ нахо́дится?

wherever [wɛərˈevə] где бы ни, куда́ бы ни

whether [ˈweðə] ли; и́ли; I don't know ~ he is at home я не зна́ю, до́ма ли он

which [wɪtʃ] 1. *pron interrog* кто?; кото́рый?; како́й?; ~ is the right way? каки́м путём лу́чше всего́ пройти́? 2. *pron relat and conjunct* кото́рый; что; this is the watch ~ I chose вот часы́, кото́рые я вы́брал

while [waɪl] 1. *n* вре́мя *c*, промежу́ток вре́мени; for a ~ не́которое вре́мя; can you stay here for a ~? вы мо́жете побы́ть здесь немно́го? 2. *cj* пока́; в то вре́мя как

whip [wɪp] 1. *n* кнут *м*, хлыст *м* 2. *v* хлеста́ть, сечь (*beat*); ~ **up** подстёгивать, подгоня́ть

whirlwind [ˈwəːlwɪnd] вихрь *м*, урага́н *м*

whiskers [ˈwɪskəz] *pl* 1) бакенба́рды *мн.* 2) усы́ *мн.* (*у животных*)

whisk(e)y [ˈwɪskɪ] ви́ски *c*; a shot of ~ рю́мка ви́ски

whisper [ˈwɪspə] 1. *n* шёпот *м*; in ~ шёпотом 2. *v* шепта́ть

whistle [wɪsl] 1. *n* 1) свист *м* 2) свисто́к *м* (*instrument*) 2. *v* свисте́ть

white [waɪt] 1. *a* 1) бе́лый 2) бле́дный; turn ~ побледне́ть ◊ ~ goods посте́льное и столо́вое бельё; ~ sale распрода́жа посте́льного и столо́вого белья́ 2. *n* бе́лый (челове́к); ~ minórity rule госпо́дство бе́лого меньшинства́

white-collar [ˌwaɪtˈkɔlə] 1): ~ wórkers ‹бе́лые воротнички́›, чино́вники 2): ~ crime должностны́е преступле́ния

White House [ˈwaɪthaus] Бе́лый дом (*резиденция президента США*)

who [huː] 1. *pron interrog* кто?; ~ is he (she)? кто э́то?; ~'s there? кто там? 2. *pron relat and conjunct* кото́рый; кто

whoever [huːˈevə] кто бы ни; кото́рый бы ни

whole [həul] 1. *a* весь; це́лый; the ~ day весь день 2. *n* це́лое *c*; as a ~ в це́лом; on the ~ в о́бщем

whole-hearted [ˌhəulˈhɑːtɪd] и́скренний, от всего́ се́рдца

wholesale [ˈhəulseɪl] 1. *n* опто́вая торго́вля 2. *a* опто́вый; ~ príces опто́вые це́ны

wholesome [ˈhəulsəm] поле́зный, здоро́вый

wholly [ˈhəullɪ] целико́м, вполне́

whom [hu:m] *(косв. п. от* who) кого, кому; ~ are you wríting? кому вы пишете?

whose [hu:z] чей; ~ párcel is it? чей это свёрток?

why [waɪ] **1.** *adv* почему; ~ did you miss the cóncert? почему вы не были на концерте? **2.** *interj* да, ведь!; ~ not! ну что же!; ладно!; хорошо!

wicked ['wɪkɪd] злой, плохой

wide [waɪd] **1.** *a* широкий; обширный **2.** *adv* широко; ópen the window ~! распахните окно настежь!

wide-body [,waɪd'bɔdɪ]: ~ plane широкофюзеляжный самолёт

widespread ['waɪdspred] широко распространённый

widow ['wɪdəu] вдова *ж;* ~er [-ə] вдовец *м*

width [wɪdθ] ширина *ж,* широта *ж*

wife [waɪf] жена *ж*

wig [wɪg] парик *м*

wild [waɪld] дикий

will I [wɪl] **1)** воля *ж;* желáние *с;* at ~ по желáнию; of one's own free ~ по своей воле **2)** завещáние *с (document)*

will II (would) **1)** *во 2 и 3 л. ед. и мн. образует будущее время:* he ~ do it он сделает это **2)** *в 1 л. ед. и мн. выражает обещание, намерение, желание:* I ~ let you know я непременно извещу вас; of course, I ~ come конечно,

я приду 3): ~ you have a cup of tea? хотите чаю?

willing ['wɪlɪŋ]: he is ~ он согласен, он готов; ~ly [-lɪ] охотно

willow ['wɪləu] ива *ж*

win [wɪn] (won) выигрывать; одерживать победу; ~ the chámpionship занять первое место; ~ a quárter fínal выйти в полуфинал

wind I [wɪnd] ветер *м;* fair ~ попутный ветер; head ~ встречный ветер

wind II [waɪnd] (wound) **1)** заводить *(часы и т. п.);* ~ one's watch завести часы **2)** виться *(о реке, дороге и т. п.);* ~ing stáircase винтовая лестница

wind instrument ['wɪnd,ɪnstrumənt] духовой инструмент

window ['wɪndəu] окно *с;* ~-pane [-peɪn] оконное стекло

windscreen ['wɪndskri:n] *брит. авто* ветровое стекло

windshield ['wɪndʃi:ld] *амер. авто* ветровое стекло

windy ['wɪndɪ] ветреный

wine [waɪn] **1.** *n* вино *с;* white (red, dry, grape) ~ белое (красное, сухое, виноградное) вино **2.** *v:* ~ and dine угощать; ~-glass [-glɑ:s] бокал *м,* рюмка *ж;* ~-list [-lɪst] карта вин; ~-making [-meɪkɪŋ] виноделие *с*

wing [wɪŋ] **1)** крыло *с* **2)** *pl театр.* кулисы *мн.*

wink [wɪnk] моргать, мигать

winner ['wɪnə] победитель

м (*в соревновании*); prize ~
лауреа́т м, призёр м

winter ['wɪntə] зима́ ж; last
(next) ~ про́шлой (бу́дущей)
зимо́й; ~ coat зи́мнее пальто́;
~ séason зи́мний сезо́н; ~
sports зи́мний спорт; ~ crops
ози́мые хлеба́

wipe [waɪp] вытира́ть, сти-
ра́ть; ~ your feet on the mat!
вытира́йте но́ги!; ~ out выти-
ра́ть, стира́ть

wiper ['waɪpə] (*тж.* wínd-
screen-wíper *брит.*, wínd-
shield-wíper *амер.*) *авто* стек-
лоочисти́тель м, «дво́рник» м

wire ['waɪə] 1. *n* 1) про́во-
лока ж; про́вод м 2) *разг.*
телегра́мма ж; send a ~ те-
леграфи́ровать 2. *v* телегра-
фи́ровать; ~less [-lɪs] 1. *a*
беспро́волочный 2. *n* ра́дио с;
~less óperator ради́ст м; ~less
méssage радиогра́мма ж; ~less
set радиоприёмник м

wisdom ['wɪzdəm] му́дрость
ж

wise [waɪz] му́дрый, благо-
разу́мный

wish [wɪʃ] 1. *n* жела́ние с;
with best ~es с наилу́чшими
пожела́ниями (*в письме*) 2. *v*
жела́ть; I ~ you joy жела́ю
сча́стья

wit [wɪt] ум м; quick ~
сообрази́тельность ж

with [wɪð] 1) с, вме́сте с;
cóffee ~ milk ко́фе с молоко́м;
begínning ~ next week со сле́-
дующей неде́ли; ~ the sun по
со́лнцу; ~ each óther друг
с дру́гом; "handle ~ care!"

«осторо́жно!» (*надпись*) 2)
передаётся тв. п.: ~ a knife
ножо́м 3) от (*по причине*):
shíver ~ cold дрожа́ть от хо́-
лода 4) у, при; he lives ~ his
rélatives он живёт у родственников

withdraw [wɪð'drɔː] (with-
dréw; withdráwn) 1) отдёрги-
вать 2) брать наза́д, отзыва́ть;
~ troops отозва́ть войска́
3) удаля́ться, уходи́ть (*go
away*); ~n [-n] *pp от* withdráw

withdrew [wɪð'druː] *past от*
withdráw

within [wɪ'ðɪn] внутри́; в
преде́лах; from ~ изнутри́

without [wɪ'ðaut] без; ~
permíssion без разреше́ния

witness ['wɪtnɪs] 1. *n* свиде́-
тель (*тж. юр.*); очеви́дец м 2.
v быть свиде́телем, ви́деть

witty ['wɪtɪ] остроу́мный

woke [wəuk] *past от* wake;
~n ['wəukən] *pp от* wake

wolf [wulf] волк м

woman ['wumən] (*pl* wómen)
же́нщина ж

women ['wɪmɪn] *pl от* wóman

won [wʌn] *past u pp от* win

wonder ['wʌndə] 1. *n* 1)
удивле́ние с; no ~ не удиви́-
тельно 2) чу́до с (*miracle*) 2.
v удивля́ться ◊ I ~ ... хоте́л
бы я знать ...; ~ful [-ful] за-
меча́тельный, удиви́тельный

won't [wəunt] *разг.* = will
not

wood [wud] 1) лес м 2)
де́рево с (*материал*); this is
made of ~ э́то сде́лано из

де́рева 3) (*тж.* fírewood) дрова́ *мн.*

wooden [wudn] деревя́нный

wool [wul] 1) шерсть *ж* 2) шерстяна́я ткань (*fabric of wool*)

woollen ['wulən] шерстяно́й

word [wɔːd] 1. *n* сло́во *с*; give one's ~ дава́ть сло́во; ~ of hónour че́стное сло́во; in a ~ одни́м сло́вом; ~ for ~ (translátion) досло́вный (перево́д); write me a few ~s черкни́те мне не́сколько строк 2. *v* формули́ровать; ~ing [-ɪŋ] формулиро́вка *ж*, реда́кция *ж*

wore [wɔː] *past от* wear 1

work [wəːk] 1. *n* 1) рабо́та *ж*; труд *м* 2) произведе́ние *с*; ~ of art произведе́ние иску́сства 2. *v* рабо́тать; де́йствовать, функциони́ровать; where do you ~? где вы рабо́таете?; what are you ~ing at? над чем вы рабо́таете?

worker ['wəːkə] рабо́чий *м*; трудя́щийся *м*

working ['wəːkɪŋ] рабо́чий; ~ class рабо́чий класс

works [wəːks] заво́д *м*; комбина́т *м*

workshop ['wəːkʃɔp] 1) мастерска́я *ж* 2) (междунаро́дный) семина́р (*conference*)

world [wəːld] мир *м*, свет *м*; all óver the ~ во всём ми́ре; всеми́рный; W. Peace Cóngress Всеми́рный конгре́сс сторо́нников ми́ра; W. Youth Day Всеми́рный день молодёжи; ~ récord *спорт.* мирово́е

достиже́ние; ~ récord hólder рекордсме́н ми́ра; ~-**ranking** [-'ræŋkɪŋ]: he is a ~-ránking spórtsman он спортсме́н мирово́го кла́сса; ~-**wide** [-'waɪd] всеми́рный

worm [wəːm] червь *м*

worn [wɔːn] *pp от* wear 1

worry ['wʌrɪ] 1. *v* беспоко́ить(ся); you don't have to ~ вы напра́сно беспоко́итесь 2. *n* беспоко́йство *с*, трево́га *ж*; забо́та *ж*

worse [wəːs] 1. *a* (*сравн. ст. от* bad) ху́дший 2. *adv* (*сравн. ст. от* bádly*) ху́же; he is ~ ему́ ху́же; so much the ~ тем ху́же

worship ['wəːʃɪp] поклоне́ние *с*

worst [wəːst] 1. *a* (*превосх. ст. от* bad) наиху́дший 2. *adv* (*превосх. ст. от* bádly*) ху́же всего́ 3. *n* са́мое плохо́е; at the ~ в ху́дшем слу́чае

worth [wəːθ] сто́ящий; be ~ сто́ить; заслу́живать; ~**less** [-lɪs] ничего́ не сто́ящий

worthwhile [ˌwəːθ'waɪl] сто́ящий

worthy ['wəːðɪ] досто́йный; ~ oppónent досто́йный проти́вник

would [wud] (*past от* will II) 1) *во 2 и 3 л, ед. и мн. образует* а) *бу́дущее в проше́дшем:* he told us he ~ come он сказа́л нам, что придёт; б) *усло́вное накл.:* it ~ be bétter бы́ло бы лу́чше 2) *выража́ет жела́ние:* come when you ~ приходи́те, когда́ захоти́те 3):

~ you mind a walk? давайте пройдёмся!

wound I [wu:nd] **1.** *n* рана *ж* **2.** *v* ранить

wound II [waund] *past и pp от* wind II

wove [wəuv] *past от* weave; ~n *pp от* weave

wrap [ræp] завёртывать; ~ it up, please заверните это, пожалуйста

wrapper ['ræpə] суперобложка *ж (of a book)*

wrath [rɔθ] гнев *м*; ярость *ж*

wreath [ri:θ] венок *м*; place a ~ возложить венок

wrestle ['resl] *спорт.* бороться; ~r [-ə] *спорт.* борец *м*

wrestling ['restliŋ] *спорт.* борьба *ж*

wring [riŋ] (wrung) 1) скручивать 2) выжимать *(clothes)*

wrinkle ['riŋkl] **1.** *n* морщина *ж* **2.** *v* морщить(ся)

wrist [rist] запястье *с*; ~ watch ручные часы

write [rait] (wrote; written) писать; let's ~ to each other давайте переписываться; ~ down записывать; ~r [-ə] писатель *м*

writing ['raitiŋ]: in ~ в письменной форме; ~ materials *pl* письменные принадлежности

written ['ritn] *pp от* write

wrong [rɔŋ] **1.** *a* неправильный, ошибочный; ~ impréssion неверное представление; sómething is ~ with the télephone телефон не в порядке **2.** *adv* неправильно

wrote [rəut] *past от* write

wrung [rʌŋ] *past и pp от* wring

X

xerography [ze'rɔgrəfi] ксерография *ж (способ электрофотографии)*

Xerox ['ziroks] **1.** *n* ксерокс *м* **2.** *v* снимать копию, копировать фотоэлектрическим способом

Xmas ['krisməs] Рождество *с*

X-ray ['eks rei] **1.** *n pl* рентгеновы лучи **2.** *v* просвечивать рентгеновыми лучами; ~ room рентгеновский кабинет

xylograph ['zailəgra:f] гравюра на дереве

xylophone ['zailəfəun] *муз.* ксилофон *м*

Y

yacht [jɔt] яхта *ж*; -club [-klʌb] яхт-клуб *м*; ~ing [-iŋ] *спорт.* парусный спорт

yachtsman ['jɔtsmən] яхтсмен *м*

Yankee ['jæŋki] янки *м нескл.*

yard I [ja:d] ярд *м (мера длины)*

yard II (*тж.* cóurt-yard) двор *м*

yawn [jɔ:n] зевать

year [jiə] год *м*; a ~ agó год

тому́ наза́д; this ~ теку́щий год; в э́том году́; in a ~ (in two ~s) че́рез год (че́рез два го́да); all the ~ round кру́глый год; I am twénty ~s old мне два́дцать лет; ~ly [-lɪ] **1.** *a* ежего́дный **2.** *adv* ежего́дно

yeast [jiːst] дро́жжи *мн.*

yellow [ˈjeləu] жёлтый ◊ "~ pages" *амер.* телефо́нный спра́вочник магази́нов, предприя́тий услу́г и слу́жбы бы́та (*в отличие от алфавитно-поимённой телефонной книги*)

yes [jes] да

yesterday [ˈjestədɪ] вчера́; ~ mórning (afternóon) вчера́ у́тром (днём)

yet [jet] **1.** *adv* ещё; всё ещё; not ~ ещё не(т); he has not come ~ он ещё не прие́хал **2.** *cj* одна́ко, несмотря́ на э́то

yield [jiːld] **1.** *n* 1) урожа́й *м* 2) коли́чество выпуска́емого проду́кта (*amount produced*) **2.** *v* 1) приноси́ть (*урожай*); производи́ть; ~ good resúlts приноси́ть хоро́шие плоды́ 2) уступа́ть (*give way*)

yoghurt [ˈjɔgət] (*тж.* yógurt, yóghourt) йогу́рт *м*, простокваша *ж*

yoke [jəuk] и́го *с*, ярмо́ *с*

you [juː] вы, ты; glad to see ~ рад вас ви́деть

young [jʌŋ] молодо́й, ю́ный; ~ man молодо́й челове́к; ~ girl де́вушка *ж*; ~ wórkers рабо́чая молодёжь; ~ péople ю́ношество *с*; ~er [-ə] мла́дший (*по возрасту*)

your [jɔː] ваш, твой; ва́ши, твои́; ~ fríends ва́ши друзья́; ~s [-z]: I met an acquáintance of ~s я встре́тил ва́шего знако́мого

yourself [jɔːˈself] 1) себя́; -ся, -сь; keep it to ~ держи́те э́то про себя́ 2) (*для усиления*) сам; са́ми; did you do it ~? вы э́то са́ми сде́лали?

youth [juːθ] 1) мо́лодость *ж*, ю́ность *ж* 2) молодёжь *ж* (*young people*) 3) ю́ноша *м* (*young man*); ~ful [-ful] ю́ный, ю́ношеский

Z

zeal [ziːl] усе́рдие *с*, рве́ние *с*; ~ous [ˈzeləs] усе́рдный, ре́вностный

zebra [ˈziːbrə] зе́бра *ж*; ~ cróssing (пешехо́дный) перехо́д ти́па «зе́бра»

zenith [ˈzenɪθ] зени́т *м*

zero [ˈzɪərəu] нуль *м*, ничто́ *с*

zest [zest] 1) «изю́минка» *ж* (*piquancy*) 2) *разг.* интере́с *м*; play with ~ игра́ть с жа́ром

zip I [zɪp] **1.** *n разг.* = zípper **2.** *v* застёгивать на мо́лнию

zip II (*часто* ZIP): ~ code *амер.* почто́вый и́ндекс

zipper [ˈzɪpə] застёжка-мо́лния *ж*

zone [zəun] зо́на *ж*, по́яс *м*; полоса́ *ж*; райо́н *м*; ~ time поясно́е вре́мя

Zoo [zuː] зоопа́рк *м*

zoology [zəuˈɔləʤɪ] зооло́гия *ж*

GAZETTEER

ГЕОГРАФИЧЕСКИЕ

НАЗВАНИЯ

Abu Dhabi [ɑːˌbuːˈdɑːbɪ] *г.* Абу́-Да́би (*capital of United Arab Emirates*)

Accra [əˈkrɑː] *г.* А́ккра (*capital of Ghana*)

Addis Ababa [ˌædɪsˈæbəbə] *г.* Аддис-Абе́ба (*capital of Ethiopia*)

Aden [eɪdn] *г.* Аден

Adriatic Sea [ˌeɪdrɪˈætɪkˈsiː] Адриати́ческое мо́ре

Afghanistan [æfˈɡænɪstæn] Афганиста́н

Africa [ˈæfrɪkə] А́фрика

Albania [ælˈbeɪnɪə] Алба́ния

Algeria [ælˈdʒɪərɪə] Алжи́р

Algiers [ælˈdʒɪəz] *г.* Алжи́р (*capital of Algeria*)

Al Kuwait [ˌælkuˈweɪt] *г.* Эль-Куве́йт (*capital of Kuwait*)

Alma-Ata [ˌælməəˈtɑː] *г.* Алма́-Ата́ (*capital of Kazakhstan*)

Amazon [ˈæməzən] *р.* Амазо́нка

America [əˈmerɪkə] Аме́рика

Amman [əˈmɑːn] *г.* Амма́н (*capital of Jordan*)

Amsterdam [ˈæmstədæm] *г.* Амстерда́м

Andes [ˈændiːz] А́нды

Angola [æŋˈɡəʊlə] Анго́ла

Ankara [ˈæŋkərə] *г.* Анкара́

Antananarivo [ˌæntəˌnænəˈriːvəʊ] *г.* Антананари́ву (*capital of Madagascar*)

Antarctic [æntˈɑːktɪk], **Antarctic Continent** [æntˈɑːktɪkˈkɔntɪnənt] Антаркти́да

Apennines [ˈæpɪnaɪnz] Апенни́ны

Apia [əˈpiːə] *г.* А́пиа (*capital of Western Samoa*)

Appalachian Mountains [ˌæpəˈleɪtʃənˈmauntɪnz] Аппала́чские го́ры

Arctic Ocean [ˈɑːktɪkˈəʊʃn] Се́верный Ледови́тый океа́н

Argentina [ˌɑːdʒənˈtiːnə] Аргенти́на

Arkhangelsk [ɑːrˈkæŋɡelsk] *г.* Арха́нгельск

Armenia [ɑːˈmiːnjə] Арме́ния

Ashkhabad [ˈæʃkəˌbɑːd] *г.* Ашхаба́д (*capital of Turkmenistan*)

Asia [ˈeɪʃə] А́зия; ~ Мinor Ма́лая А́зия

Asuncion [əˌsunsɪˈəun] *г.* Асунсьо́н (*capital of Paraguay*)

Athens [ˈæθɪnz] *г.* Афи́ны

Atlantic Ocean [ətˈlæntɪkˈəʊʃn] Атланти́ческий океа́н

Australia [ɔsˈtreɪljə] Австра́лия

Austria [ˈɔstrɪə] А́встрия

Azerbaijan [ˌæzerbaɪˈdʒɑːn] Азербайджа́н

Bab el Mandeb [ˌbæbelˈmændeb] Баб-эль-Манде́бский проли́в

Bag(h)dad [ˌbæɡˈdæd] *г.* Багдад *(capital of Iraq)*

Bahamas, the [bəˈhɑːməz] Багáмские островá

Bahrain [bɑːˈreɪn] Бахрéйн

Baikal [ˈbaɪˈkɑːl] *оз.* Байкáл

Baku [bɑːˈkuː] *г.* Бакý *(capital of Azerbaijan)*

Balkans [ˈbɔːlkənz] Балкáны

Baltic Sea [ˈbɔːltɪkˌsiː] Балтийское мóре

Bamako [ˌbɑːməˈkəu] *г.* Бамакó *(capital of Mali)*

Bangkok [bæŋˈkɔk] *г.* Бангкóк *(capital of Thailand)*

Bangladesh [ˌbæŋɡləˈdeʃ] Бангладéш

Bangui [bɑːŋˈɡiː] *г.* Бангú *(capital of Central African Republic)*

Banjul [bænˈdʒuːl] *г.* Бан(д)-жýл *(capital of Gambia)*

Barbados [bɑːˈbeɪdəs] Барбáдос

Beirut [beɪˈruːt] *г.* Бейрýт *(capital of Lebanon)*

Belguim [ˈbeldʒəm] Бéльгия

Belgrade [belˈɡreɪd] *г.* Белгрáд

Bengal, Bay of [ˌbeɪəvbeŋˈɡɔːl] Бенгáльский залúв

Benin [bəˈnɪn] Бенúн

Berlin [bəːˈlɪn] *г.* Берлúн

Bern(e) [bəːn] *г.* Берн

Bhutan [buːˈtæn] Бутáн

Birmingham [ˈbəːmɪŋem] *г.* Бúрмингем

Bissau [bɪˈsau] *г.* Бисáу *(capital of Guinea-Bissau)*

Black Sea [ˈblækˌsiː] Чёрное мóре

Bogota [ˌbɔɡəuˈtɑː] *г.* Боготá *(capital of Colombia)*

Bolivia [bəˈlɪvɪə] Болúвия

Bombay [bɔmˈbeɪ] *г.* Бомбéй

Bonn [bɔn] *г.* Бонн

Bosp(h)orus [ˈbɔspərəs] Босфóр

Botswana [bɔˈtswɑːnə] Ботсвáна

Brasilia [brəˈzɪljə] *г.* Бразúлиа *(capital of Brazil)*

Brazil [brəˈzɪl] Бразúлия

Brazzaville [ˈbræzəvɪl] *г.* Браззавúль *(capital of the Congo)*

Bridgetown [ˈbrɪdʒtaun] *г.* Брúджтаун *(capital of Barbados)*

Britain [ˈbrɪtn] *см.* Great Británin

Brussels [brʌslz] *г.* Брюссéль

Bucharest [ˌbjuːkəˈrest] *г.* Бухарéст

Budapest [ˌbjuːdəˈpest] *г.* Будапéшт

Buenos Aires [ˌbwenəsˈaɪərɪz] *г.* Буэнос-Áйрес

Bujumbura [ˌbuːdʒəmˈburə] *г.* Бужумбýра *(capital of Burundi)*

Bulgaria [bʌlˈɡeərɪə] Болгáрия

Burkina Faso [buəˌkiːnəˈfɑːsɔ] Буркинá Фасó

Burundi [buˈrundɪ] Бурýнди

Byelorussia [ˌbjeləˈrʌʃə] Белорýссия

Cabo Verde [ˌkɑːvuːˈvæd] Кáбо-Вéрде

Cairo [ˈkaɪərəu] *г.* Кайр

Calcutta [kælˈkʌtə] *г.* Калькýтта

Cambodia [kæmˈbəudɪə] Камбóджа

Cambridge [ˈkeɪmbrɪdʒ] *г.* Кéмбридж

Cameroon [ˈkæməruːn] Камеру́н

Canada [ˈkænədə] Кана́да

Canberra [ˈkænbərə] *г.* Ка́нберра *(capital of Australia)*

Caracas [kəˈrækəs] *г.* Кара́кас *(capital of Venezuela)*

Caribbean Sea [ˌkærɪˈbiːənˈsiː] Кари́бское мо́ре

Carpathians [kɑːˈpeɪθjənz] Карпа́ты

Cascade Range [kæˈskeɪdˈreɪndʒ] Каска́дные го́ры

Caspian Sea [ˈkæspɪənˈsiː] Каспи́йское мо́ре

Caucasus [ˈkɔːkəsəs] Кавка́з

Central African Republic [ˈsentrəlˈæfrɪkənгɪˈrʌblɪk] Центральноафрика́нская Респу́блика

Chad [tʃæd] Чад

Chicago [ʃɪˈkɑːgəu] *г.* Чика́го

Chile [ˈtʃɪlɪ] Чи́ли

China [ˈtʃaɪnə] Кита́й

Colombia [kəˈlɔmbɪə] Колу́мбия

Colombo [kəˈlʌmbəu] *г.* Коло́мбо *(capital of Sri Lanka)*

Colorado [ˌkɔləˈrɑːdəu] *р.* Колора́до

Comoros, the [ˈkɔməurəuz] Комо́рские острова́

Conakry [ˈkɔnəkrɪ] *г.* Ко́накри *(capital of Guinea)*

Congo [ˈkɔŋgəu] Ко́нго

Copenhagen [ˌkəupnˈheɪgən] *г.* Копенга́ген

Costa Rica [ˌkɔstəˈriːkə] Ко́ста-Ри́ка

Côte d'Ivoire [ˌkɔtdɪˈvuɑː] Кот-д'Ивуа́р

Coventry [ˈkɔvəntrɪ] *г.* Ко́вентри

Crete [kriːt] *о-в* Крит

Crimea [kraɪˈmɪə] Крым

Cuba [ˈkjuːbə] Ку́ба

Cyprus [ˈsaɪprəs] Кипр

Czechoslovakia [ˌtʃekəusləuˈvækɪə] Чехослова́кия

Dacca [ˈdækə] *г.* Да́кка *(capital of Bangladesh)*

Dakar [ˈdækə] *г.* Дака́р *(capital of Senegal)*

Damascus [dəˈmɑːskəs] *г.* Дама́ск *(capital of Syria)*

Danube [ˈdænjuːb] *р.* Дуна́й

Dardanelles [ˌdɑːdəˈnelz] Дардане́ллы, Дардане́лльский проли́в

Dar es Salaam, Daressalam [ˌdɑːressəˈlɑːm] *г.* Дар-эс-Сала́м *(capital of Tanzania)*

Delhi [ˈdelɪ] *г.* Де́ли

Denmark [ˈdenmɑːk] Да́ния

Detroit [dəˈtrɔɪt] *г.* Детро́йт

Djakarta [dʒəˈkɑːtə] *г.* Джака́рта *(capital of Indonesia)*

Djibouti [dʒɪˈbuːtɪ] Джибу́ти *(state and capital)*

Dnieper [ˈdniːpə] *р.* Днепр

Doha [ˈdəuhə] *г.* До́ха *(capital of Qatar)*

Dominican Republic [dəˈmɪnɪkənгɪˈrʌblɪk] Доминика́нская Респу́блика

Dover, Strait of [ˌstreɪtəvˈdəuvə] Па-де-Кале́, Ду́врский проли́в

Dublin [ˈdʌblɪn] *г.* Ду́блин *(capital of Republic of Ireland)*

Dyushambe [djuːˈʃɑːmbə] *г.* Душанбе́ *(capital of Tadjikistan)*

Ecuador [ˌekwəˈdɔː] Эквадо́р

Egypt [ˈiːdʒɪpt] Еги́пет

El Salvador [el'sælvədɔ:] Сальвадо́р

England ['ɪŋglənd] А́нглия

English Channel ['ɪŋglɪʃ-'tʃænl] Ла-Ма́нш

Equatorial Guinea [ˌekwə-'tɔːrɪəl'gɪnɪ] Экваториа́льная Гвине́я

Erie, Lake ['leɪk'ɪərɪ] оз. Э́ри

Estonia [es'təʊnjə] Эсто́ния

Ethiopia [ˌiːθɪ'əʊpjə] Эфио́пия

Europe ['jʊərəp] Евро́па

Fiji [fiː'dʒiː] Фи́джи

Finland ['fɪnlənd] Финля́ндия

France [frɑːns] Фра́нция

Freetown ['friːtaun] г. Фри́таун (*capital of Sierra Leone*)

Frunze ['fruːnzə] г. Фру́нзе (*capital of Kirghizia*)

Gabon [gæ'bɔn] Габо́н

Gaborone [ˌgæbə'rəʊnə] г. Габоро́не (*capital of Botswana*)

Gambia ['gæmbɪə] Га́мбия

Ganges ['gændʒiːz] р. Ганг

Geneva [dʒɪ'niːvə] г. Жене́ва

Georgetown ['dʒɔːdʒtaun] г. Джо́рджтаун (*capital of Guyana*)

Georgia ['dʒɔːdʒjə] Гру́зия

Germany ['dʒɜːmənɪ] Герма́ния

Ghana ['gɑːnə] Га́на

Gibraltar [dʒɪ'brɔːltə] Гибралта́р, Гибралта́рский проли́в

Glasgow ['glɑːsgəu] г. Гла́зго

Great Britain [ˌgreɪt'brɪtn] Великобрита́ния

Greece [griːs] Гре́ция

Greenland ['griːnlənd] Гренла́ндия

Greenwich ['grɪnɪdʒ] г. Гри́нвич

Grenada [gre'neɪdə] Грена́да

Guadeloupe [ˌgwɑːdə'luːp] Гваделу́па

Guatemala [ˌgwætɪ'mɑːlə] Гватема́ла (*state and capital*)

Guinea ['gɪnɪ] Гвине́я

Guinea-Bissau [ˌgɪnɪbɪ'sau] Гвине́я-Биса́у

Guyana [gaɪ'ænə] Гайа́на

Hague, the [heɪg] г. Гаа́га

Haiti ['heɪtɪ] Га́йти

Hanoi [hæ'nɔɪ] г. Хано́й

Harare ['hɑːrəre] г. Хара́ре (*capital of Zimbabwe*)

Havana [hə'vænə] г. Гава́на

Hawaiian Islands [hə'waɪ-ɪən'aɪləndz] Гава́йские острова́

Hebrides ['hebrɪdiːz] Гебри́дские острова́

Helsinki ['helsɪŋkɪ] г. Хе́льсинки

Himalaya(s) [ˌhɪmə'leɪə(z)] Гимала́и

Holland ['hɔlənd] *см.* Netherlands

Honduras [hɔn'djuərəs] Гонду́рас

Hudson ['hʌdsn] р. Гудзо́н

Hudson Bay [ˌhʌdsn'beɪ] Гудзо́нов зали́в

Hungary ['hʌŋgərɪ] Ве́нгрия

Huron, Lake ['leɪk'hjuərən] оз. Гуро́н

Hwang Ho [ˌhwæŋ'həu] р. Хуанхэ́

Iceland ['aɪslənd] Исла́ндия

India ['ɪndjə] Индия
Indian Ocean [ˌɪndjən'əuʃn] Индийский океан
Indonesia [ˌɪndəu'niːzjə] Индонезия
Indus ['ɪndəs] *р.* Инд
Iran [ɪ'rɑːn] Иран
Iraq [ɪ'rɑːk] Ирак
Ireland ['aɪələnd] Ирландия
Islamabad [ɪs'lɑːməbɑːd] *г.* Исламабад (*capital of Pakistan*)
Israel ['ɪzreɪəl] Израиль
Istanbul [ˌɪstæm'buːl] *г.* Стамбул
Italy ['ɪtəlɪ] Италия

Jamaica [dʒə'meɪkə] Ямайка
Japan [dʒə'pæn] Япония
Japan, Sea of [ˌsiːəvdʒə'pæn] Японское море
Java ['dʒɑːvə] *о-в* Ява
Jerusalem [dʒə'ruːsələm] *г.* Иерусалим
Jordan [dʒɔːdn] Иордания

Kabul [kə'bul] *г.* Кабул
Katmandu [ˌkætmæn'duː] *г.* Катманду (*capital of Nepal*)
Kazakhstan [ˌkɑːzɑːh'stɑːn] Казахстан
Kenya ['kənjə, 'kiːnjə] Кения
Khart(o)um [kɑː'tuːm] *г.* Хартум (*capital of Sudan*)
Kiev ['kiːev] *г.* Киев (*capital of Ukraine*)
Kigali [kɪ'gɑːlɪ] *г.* Кигали (*capital of Rwanda*)
Kingston ['kɪŋstən] *г.* Кингстон (*capital of Jamaica*)
Kinshasa [kɪn'ʃɑːsə] *г.* Киншаса (*capital of Zaire*)
Kirghizia [kə'giːzjə] Киргизия

Kishinev [ˌkɪʃɪ'njɔv] *г.* Кишинёв (*capital of Moldova*)
Korea [kɔ'rɪə] Корея
Kuala Lumpur [ˌkwɑːlə'lumpuə] *г.* Куала-Лумпур (*capital of Malaysia*)
Kuwait [ku'weɪt] Кувейт

Lagos ['leɪgɔs] *г.* Лагос (*capital of Nigeria*)
Laos [lauz] Лаос
La Paz [lɑː'pæz] *г.* Ла-Пас (*capital of Bolivia*); *см. тж.* Súcre
Latvia ['lætvɪə] Латвия
Lebanon ['lebənən] Ливан
Leipzig ['laɪpzɪg] *г.* Лейпциг
Leningrad ['lenɪngræd] *г.* Ленинград
Lesotho [lə'səutəu] Лесото
Liberia [laɪ'bɪərɪə] Либерия
Libreville [ˌliːbrə'viːl] *г.* Либревиль (*capital of Gabon*)
Libya ['lɪbɪə] Ливия
Liechtenstein ['lɪktənstaɪn] Лихтенштейн
Lilongwe [lɪ'lɔŋwɪ] *г.* Лилонгве (*capital of Malawi*)
Lima ['liːmə] *г.* Лима (*capital of Peru*)
Lisbon ['lɪzbən] *г.* Лиссабон
Lithuania [lɪθjuː'eɪnjə] Литва
Liverpool ['lɪvəpuːl] *г.* Ливерпуль
Lomé [lɔ'meɪ] *г.* Ломе (*capital of Togo*)
London ['lʌndən] *г.* Лондон
Los Angeles [lɔs'ændʒɪliːz] *г.* Лос-Анджелес
Luanda [luː'ændə] *г.* Луанда (*capital of Angola*).
Lusaka [luː'sɑːkə] *г.* Лусака (*capital of Zambia*)

Luxemburg [ˈlʌksəmbæg] Люксембу́рг

Madagascar [ˌmædəˈgæskə] Мадагаска́р

Madrid [məˈdrɪd] *г.* Мадри́д

Magellan, Strait of [ˌstreɪtəvməˈgelən] Магелла́нов проли́в

Malabo [məˈlɑːbəu] *г.* Мала́бо *(capital of Equatorial Guinea)*

Malawi [məˈlɑːwɪ] Мала́ви

Malaysia [məˈleɪzɪə] Мала́йзия

Maldives [ˈmɔːldɪvz] Мальди́вские острова́

Male [ˈmɑːleɪ] *г.* Ма́ле *(capital of Maldives)*

Mali [ˈmɑːlɪ] Мали́

Malta [ˈmɔːltə] Ма́льта

Managua [məˈnægwɑː] *г.* Мана́гуа *(capital of Nicaragua)*

Manama [məˈnæmə] *г.* Мана́ма *(capital of Bahrain)*

Manchester [ˈmæntʃɪstə] *г.* Манче́стер

Manila [məˈnɪlə] *г.* Мани́ла *(capital of Philippines)*

Maputo [məˈpuːtəu] *г.* Мапу́ту *(capital of Mozambique)*

Maseru [ˈmæzəruː] *г.* Ма́серу *(capital of Lesotho)*

Mauritania [ˌmɔrɪˈteɪnjə] Маврита́ния

Mauritius [məˈrɪʃəs] Маври́кий

Mbabane [mbɑːˈbɑːnɪ] *г.* Мбаба́не *(capital of Swaziland)*

Mediterranean (Sea) [ˌmedɪtəˈreɪnjən(ˈsiː)] Средизе́мное мо́ре

Melbourne [ˈmelbən] *г.* Ме́льбурн

Mexico [ˈmeksɪkəu] Ме́ксика

Mexico (City) [ˈmeksɪkəu(ˈsɪtɪ)] *г.* Ме́хико

Mexico, Gulf of [ˈgʌlfəvˈmeksɪkəu] Мексика́нский зали́в

Michigan, Lake [ˈleɪkˈmɪʃɪgən] *оз.* Ми́чиган

Minsk [mɪnsk] *г.* Минск *(capital of Byelorussia)*

Mississippi [ˌmɪsɪˈsɪpɪ] *г.* Миссиси́пи

Missouri [mɪˈzuərɪ] *р.* Миссу́ри

Mogadishu [ˌmɔgəˈdɪʃuː] *г.* Могади́шо *(capital of Somalia)*

Moldova [mɔlˈdəuvə] Молдо́ва

Monaco [ˈmɔnəkəu] Мона́ко *(state and capital)*

Mongolia [mɔŋˈgəuljə] Монго́лия

Monrovia [mənˈrəuvɪə] *г.* Монро́вия *(capital of Liberia)*

Montevideo [ˌmɔntɪvɪˈdeɪəu] *г.* Монтевиде́о *(capital of Uruguay)*

Montreal [ˌmɔntrɪˈɔːl] *г.* Монреа́ль

Morocco [məˈrɔkəu] Маро́кко

Moroni [məˈrəunɪ] *г.* Моро́ни *(capital of the Comoros)*

Moscow [ˈmɔskəu] *г.* Москва́

Moskva [mʌsˈkvɑː] *р.* Москва́

Mozambique [ˌməuzəmˈbiːk] Мозамби́к

Munich [ˈmjuːnɪk] *г.* Мюнхен

Murmansk [muˈmɑːnsk] *г.* Му́рманск

Muscat [ˈmʌskæt] *г.* Маска́т *(capital of Oman)*

Myanma [ˈmjɑːnma] Мья́нма

Nairobi [naɪˈrəubɪ] *г.* Найро́би *(capital of Kenya)*

Namibia [nəˈmɪbɪə] Нами́бия

Nassau [ˈnæsɔː] *г.* Нассáу *(capital of the Bahamas)*

N'Djamena [ndʒɑːˈmenə] *г.* Нджамéна *(capital of Chad)*

Nepal [nɪˈpɔːl] Непáл

Netherlands, the [ˈneðələndz] Нидерлáнды

Newfoundland [ˈnjuːfəndlənd] *о-в* Ньюфáундлéнд

New Guinea [ˌnjuːˈɡɪnɪ] *о-в* Нóвая Гвинéя

New York [ˌnjuːˈjɔːk] *г.* Нью-Йóрк

New Zealand [ˌnjuːˈziːlənd] Нóвая Зелáндия

Niamey [njɑːˈmeɪ] *г.* Ниамéй *(capital of Niger)*

Nicaragua [ˌnɪkəˈræɡjuə] Никарáгуа

Nicosia [ˌnɪkəuˈsiːə] *г.* Никоси́я *(capital of Cyprus)*

Niger [ˈnaɪdʒə] Ни́гер

Nigeria [naɪˈdʒɪərɪə] Нигéрия

Nile [naɪl] *р.* Нил

North Sea [ˌnɔːθˈsiː] Сéверное мóре

Norway [ˈnɔːweɪ] Норвéгия

Nouakchott [nwɑːkˈʃɔt] *г.* Нуакшóт *(capital of Mauritania)*

Oder [ˈəudə] *р.* Óдер

Odessa [əuˈdesə] *г.* Одéсса

Oman [əuˈmɑːn] Омáн

Ontario, Lake [ˈleɪkɔnˈtɛərɪəu] *оз.* Онтáрио

Oslo [ˈɔzləu] *г.* Óсло

Ottawa [ˈɔtəwə] *г.* Оттáва

Ougadougou [ˌwɑːɡəˈduːɡuː] *г.* Уагадýгу *(capital of Burkina Faso)*

Oxford [ˈɔksfəd] *г.* Óксфорд

Pacific Ocean [pəˌsɪfɪkˈəuʃn] Ти́хий океáн

Pakistan [ˌpɑːkɪsˈtɑːn] Пакистáн

Pamirs [pəˈmɪəz] Пами́р

Panama [ˌpænəˈmɑː] Панáма *(state and capital)*

Panama Canal [pænəˌmɑːkəˈnæl] Панáмский канáл

Papua New Guinea [ˌpæpjuˌnjuːˈɡɪnɪ] Пáпуа Нóвая Гвинéя

Paraguay [ˈpærəɡwaɪ] Парагвáй

Paris [ˈpærɪs] *г.* Пари́ж

Pekin(g) [piːˈkɪn (piːˈkɪŋ)] *г.* Пеки́н

Peru [pəˈruː] Перý

Philadelphia [ˌfɪləˈdelfjə] *г.* Филадéльфия

Philippines [ˈfɪlɪpiːnz] Филиппи́ны

Pnompenh, Pnom-Penh [nɔmˈpen] *г.* Пномпéнь *(capital of Cambodia)*

Poland [ˈpəulənd] Пóльша

Polynesia [ˌpɔlɪˈniːzjə] Полинéзия

Port-au-Prince [ˌpɔːtəuˈprɪns] *г.* Порт-о-Прéнс *(capital of Haiti)*

Port Louis [ˌpɔːtˈluːɪs] *г.* Порт-Луи́ *(capital of Mauritius)*

Port Moresby [ˌpɔːtˈmɔːzbɪ] *г.* Порт-Мóрсби *(capital of Papua New Guinea)*

Port-of-Spain [ˌpɔːtəvˈspeɪn] *г.* Порт-оф-Спéйн *(capital of Trinidad and Tobago)*

Porto-Novo [ˌpɔːtəuˈnəuvəu]

г. Пóрто-Нóво *(capital of Benin)*

Port Said [ˌpɔːtˈsaɪd] *г.* Порт-Сайд

Portugal [ˈpɔːtjugəl] Португáлия

Prague [prɑːg] *г.* Прáга

Praia [ˈpraɪə] *г.* Прáя *(capital of Cabo Verde)*

Pretoria [prɪˈtɔːrɪə] *г.* Претóрия *(capital of Republic of South Africa)*

Puerto Rico [ˌpwætəuˈriːkəu] Пуэ́рто-Рѝко

Pyongyang [ˌpjɔŋˈjæŋ] *г.* Пхеньян

Pyrenees [ˌpɪrəˈniːz] Пиренéи

Qatar [kæˈtɑː] Катáр

Quebec [kwɪˈbek] Квебéк

Quito [ˈkiːtəu] *г.* Кѝто *(capital of Ecuador)*

Rabat [rəˈbɑːt] *г.* Рабáт *(capital of Morocco)*

Rangoon [rænˈɡuːn] *г.* Рангýн *(capital of Myanma)*

Red Sea [ˌredˈsiː] Крáсное мóре

Republic of South Africa [rɪˈpʌblɪkəvˈsauθˈæfrɪkə] Южно-Африкáнская Респýблика

Republic of Yemen [rɪˈpʌblɪkəvˈjemən] Йéменская Респýблика

Reykjavik [ˈreɪkjəviːk] *г.* Рейкьявик

Rhine [raɪn] *р.* Рейн

Riga [ˈriːɡə] *г.* Рѝга *(capital of Latvia)*

Rio de Janeiro [ˌriːəudədʒəˈnɪərəu] *г.* Рѝо-де-Жанéйро

Riyadh [rɪˈjɑːd] *г.* Эр-Рияд *(capital of Saudi Arabia)*

Rockies [ˈrɔkɪz], **Rocky Mountains** [ˌrɔkɪˈmauntɪnz] Скалѝстые гóры

Rome [rəum] *г.* Рим

Ro(u)mania [ruːˈmeɪnjə] Румы́ния

Russia [ˈrʌʃə] Россѝя

Rwanda [ruːˈændə] Руáнда

Saint George's [seɪntˈdʒɔːdʒɪz] *г.* Сент-Джóрджес *(capital of Grenada)*

Sana [sɑːˈnɑː] *г.* Санá *(capital of Republic of Yemen)*

San Francisco [ˌsænfrənˈsɪskəu] *г.* Сан-Францѝско

San José [ˌsænhəuˈzeɪ] *г.* Сан-Хосé *(capital of Costa Rica)*

San Juan [ˌsænˈhwɑːn] *г.* Сан-Хуáн *(Puerto Rico)*

San Marino [ˌsænməˈriːnəu] Сан-Марѝно

San Salvador [sænˈsælvədɔː] *г.* Сан-Сальвадóр *(capital of El Salvador)*

Santiago [ˌsæntɪˈɑːɡəu] *г.* Сантьяго *(capital of Chile)*

Santo Domingo [ˌsæntəudəˈmɪŋɡəu] *г.* Сáнто-Домѝнго *(capital of Dominican Republic)*

São Tomé [ˌsəuŋtuːˈme] *г.* Сан-Томé *(capital of São Tomé and Principe)*

São Tomé and Principe [ˌsəuŋtuːˈmeəndˈprɪnsiːpɪ] Сан-Томé и Прѝнсипи

Saudi Arabia [ˌsɑːudɪəˈreɪbjə] Саýдовская Арáвия

Scotland [ˈskɔtlənd] Шотлáндия

Senegal [ˌsenɪˈɡɔːl] Сенегáл

Seychelles [seɪˈʃelz] Сейшéльские островá

Sheffield [ˈʃefiːld] *г.* Шéффилд

Siberia [saɪˈbɪəriə] Сибúрь

Sierra Leone [sɪˌerəlɪˈəun] Сьéрра-Леóне

Singapore [ˌsɪŋgəˈpɔː] Сингапýр *(state and capital)*

Sofia [ˈsəufjə] *г.* Сóфия

Somalia [səuˈmɑːliə] Сомалú

South-West Africa [ˈsauθˈwestˈæfrɪkə] Юго-Зáпадная Áфрика *(то же, что* Namíbia)

Spain [speɪn] Испáния

Sri Lanka [srɪˈlæŋkə] Шри Лáнка

Stockholm [ˈstɔkhəum] *г.* Стокгóльм

Sucre [ˈsuːkrə] *г.* Сýкре *(capital of Bolivia); см. тж.* La Paz

Sudan [suːˈdɑːn] Судáн

Suez Canal [ˌsuːɪzkəˈnæl] Суéцкий канáл

Superior, Lake [ˌleɪksjuːˈpɪəriə] *оз.* Вéрхнее

Suva [ˈsuːvə] *г.* Сýва *(capital of Fiji)*

Swaziland [ˈswɑːzɪlænd] Свáзиленд

Sweden [swiːdn] Швéция

Switzerland [ˈswɪtsələnd] Швейцáрия

Sydney [ˈsɪdnɪ] *г.* Сúдней

Syria [ˈsɪriə] Сúрия

Tadjikistan [tɑːˌdʒɪkɪˈstɑːn] Таджикистáн

Taiwan [taɪˈwæn] *о-в* Тайвáнь

Tallinn [ˈtɑːlɪn] *г.* Тáллинн *(capital of Estonia)*

Tanganyika [ˌtæŋgəˈnjiːkə] *оз.* Танганьúка

Tanzania [ˌtænzəˈnɪə] Танзáния

Tashkent [tæʃˈkent] *г.* Ташкéнт *(capital of Uzbekistan)*

Tbilisi [tbɪˈliːsɪ] *г.* Тбилúси *(capital of Georgia)*

Tegucigalpa [təˌguːsɪˈgɑːlpɑː] *г.* Тегусигáльпа *(capital of Honduras)*

Teh(e)ran [tɪəˈrɑːn] *г.* Тегерáн *(capital of Iran)*

Tel Aviv [ˌteləˈviːv] *г.* Тель-Авúв

Thailand [ˈtaɪlænd] Таилáнд

Thames [temz] *р.* Тéмза

Thimphu [ˈθɪmpuː] *г.* Тхúмпху *(capital of Bhutan)*

Tien Shan [ˌtjənˈʃɑːn] Тянь-Шáнь

Tirana [tɪˈrɑːnə] *г.* Тирáна *(capital of Albania)*

Togo [ˈtəugəu] Тóго

Tokyo [ˈtəukjəu] *г.* Тóкио

Trinidad and Tobago [ˌtrɪnɪdædəndtəuˈbeɪgəu] Тринидáд и Тобáго

Tripoli [ˈtrɪpəlɪ] *г.* Трúполи *(capital of Libya)*

Tunis [ˈtjuːnɪs] *г.* Тунúс *(capital of Tunisia)*

Tunisia [tjuːˈnɪzɪə] Тунúс

Turkey [ˈtəːkɪ] Тýрция

Turkmenistan [ˌtəːkmenɪˈstɑːn] Туркменистáн

Uganda [juːˈgændə] Угáнда

Ukraine [juːˈkreɪn] Украúна

Ulan Bator [ˈuːlɑːnˈbɑːtɔː] *г.* Улáн-Бáтор

Union of Soviet Socialist Republics [ˈjuːnjənəvˈsəuviet-ˈsəuʃəlɪstrɪˈpʌbliks] **(USSR)** Сою́з Совéтских Социалистúческих Респýблик (СССР)

United Arab Emirates [juːˈnaɪtɪdˈærəbeˈmɪərɪts] Объединённые Арáбские Эмирáты

291

United Kingdom of Great Britain and Northern Ireland [juːˈnaɪtɪdˈkɪŋdəməvˈɡreɪtˈbrɪtnəndˈnɔːðənˈaɪələnd] Соединённое Королёвство Великобритании и Сёверной Ирландии

United States of America [juːˈnaɪtɪdˈsteɪtsəvəˈmerɪkə] **(USA)** Соединённые Штаты Амёрики (США)

Urals [ˈjuərəlz] Урал

Uruguay [ˈuruɡwaɪ] Уругвай

Uzbekistan [ˌuzbekɪˈstɑːn] Узбекистан

Vaduz [vəˈduːts] *г.* Вадуц *(capital of Liechtenstein)*

Valletta [vəˈletə] *г.* Валлётта *(capital of Malta)*

Vatican [ˈvætɪkən] Ватикан

Venezuela [ˌveneˈzweɪlə] Венесуэла

Victoria [vɪkˈtɔːrɪə] *г.* Виктория *(capital of Seychelles)*

Vienna [vɪˈenə] *г.* Вёна

Vientiane [ˌvjænˈtjɑːn] *г.* Вьентьян *(capital of Laos)*

Viet Nam [ˌvjetˈnæm] Вьетнам

Vilnius [ˈvɪlnɪəs] *г.* Вильнюс *(capital of Lithuania)*

Vistula [ˈvɪstjulə] *р.* Висла

Volga [ˈvɔlɡə] *р.* Волга

Wales [weɪlz] Уэльс

Warsaw [ˈwɔːsɔː] *г.* Варшава

Washington [ˈwɔʃɪŋtən] *г.* Вашингтон

Wellington [ˈwelɪŋtən] *г.* Вёллингтон *(capital of New Zealand)*

Western Samoa [ˌwestənsəˈməuə] Западное Самоа

Windhoek [ˈvɪnthuːk] *г.* Виндхук *(Namibia)*

Yamoussoukro [ˌjɑːmuːˈsuːkrə] *г.* Ямуссукро *(capital of Côte d'Ivoire)*

Yangtze (Kiang) [ˈjæŋtsɪ-(ˈkjæŋ)] *р.* Янцзы(цзян)

Yaoundé [ˌjɑːuːnˈdeɪ] *г.* Яунде *(capital of Cameroon)*

Yerevan [ˌjerəˈvɑːn] *г.* Ереван *(capital of Armenia)*

Yugoslavia [ˌjuːɡəuˈslɑːvjə] Югославия

Zaire [zəˈiːə] Заир

Zambia [ˈzæmbɪə] Замбия

Zimbabwe [zɪmˈbɑːbwɪ] Зимбабве

Part 2

RUSSIAN-ENGLISH
DICTIONARY

РУССКО-АНГЛИЙСКИЙ
СЛОВАРЬ

NOTE TO
ENGLISH-SPEAKING USERS

Most words deriving from the same stem are grouped in a single entry, provided the alphabetical sequence is maintained. The swung dash (~) may represent *(a)* the unchangeable part of the headword (printed in bold type), separated from its ending by double vertical strokes (II**), or *(b)* the entire headword when it occurs in collocations and phrases, e.g.

патрио́т	patriot; ~изм *м* pátriotism
перевя́зка *ж*	dréssing; сде́лать ~ bandage
	(i.e. сде́лать перевязку)

Homonyms (i.e. words which are spelt and pronounced the same but have a different meaning) are each allocated a separate entry, distinguished by a Roman numeral, e.g.

по́чка	I *ж анат.* kidney
по́чка	II *ж бот.* bud

The gender of Russian nouns is given immediately after the headword.

Arabic numerals distinguish the different meanings of the headword, as well as the different grammatical functions it may perform. In some cases, the numeral is followed by a stylistic usage label or by a short indicator in italics placed within brackets, e.g.

тру́д *м* 1. labour, work [wə:k] ... 2. *(заботы, хлопоты)* trouble [trʌ −] .... 3. *(научное сочинение)* (scientific [saɪənˈti−]) work [wə:k]

этю́д *м* 1. *шахм., муз.* étude [eiˈtjuːd], exercise 2. *жив.* sketch, study

When multiple translations of a headword are given, those which are closely related in meaning are separated by a comma, whilst a semicolon precedes more remote translations.

The following items are presented in round brackets:

1 two (or more) Russian words used in the pattern in question and their English equivalents;

2 alternative translations;

3 an optional word, or part of a word or expression.

English equivalents of Russian verbs are provided only for perfective verbs; imperfective verbs are presented with references to their perfective counterparts.

Examples of idiomatic usage are preceded by the rhombus sign (◇).

Stress is indicated for all Russian words of more than one syllable. A key to pronunciation, and general notes on Russian pronunciation and stress, can be found on page 298 *et seq*. In the dictionary itself, pronunciation is indicated using the International Phonetic Alphabet.

РУССКИЙ АЛФАВИТ

Аа	Ии	Сс	Ъъ
Бб	Йй	Тт	Ыы
Вв	Кк	Уу	Ьь
Гг	Лл	Фф	Ээ
Дд	Мм	Хх	Юю
Ее	Нн	Цц	Яя
Ёё	Оо	Чч	
Жж	Пп	Шш	
Зз	Рр	Щщ	

RUSSIAN PRONUNCIATION AND STRESS

Pronunciation and the Cyrillic alphabet

There are 33 letters in the Russian alphabet, but there are more than 33 sounds in the language. Most Russian sounds differ somewhat in their articulation from their English counterpart; others have no counterpart in the sound system of the English language (see The Cyrillic Alphabet, page 297). The similarly articulated sounds are those represented by the letters

Б, б	(pronounced 'b')
В, в	(pronounced 'v')
Г, г	(pronounced 'g', except when it occurs in the case ending of adjectives and pronouns, when it is pronounced 'v')
З, з	(pronounced 'z')
М, м	(pronounced 'm')
Н, н	(pronounced 'n')
С, с	(pronounced like 's' in *son* or *sister*)
Ф, ф	(pronounced 'f')
Ш, ш	(pronounced like 'sh' in *shut*)

The sounds represented by the letters п and к differ from the English sounds 'p' and 'k' respectively in their lack of aspiration.

For all the diversity of the Russian sound system, written Russian is actually a fairly precise and consistent reflection of pronunciation. Provided one has mastered the articulation of Russian phonemes and can remember certain variations in their pronunciation which relate to their position in the word, one will have little or no difficulty recognizing them in written form. In other words, Russian is basically spelt as it is pronounced, though there are a few general points to remember if one is to apply this rule correctly.

1 Soft and hard consonants

There are hard and soft consonants in Russian. Fifteen hard consonants have their soft counterparts. Hard consonants appear in the final position, before another hard consonant, or else before the vowels represented by the letters а, о, у, э or ы, e.g.

(house) дом   **(dog)** собака   **(bottle)** бутылка

Soft consonants, when they appear before another consonant in the final position, are indicated by the letter ь (the 'soft sign') written after them.

Otherwise, soft consonants appear before the vowels е, ё, и, ю, я (in some cases being separated from them by the 'soft sign'), e.g.

(tracing paper)	капька	(news)	весть
(coat)	пальто	(buttercup)	лютик
(day)	день	(monk's cell)	келья

Some consonants (ж, ш, д) are always hard, while others (ч, щ) are always soft, irrespective of their position and the letters around them.

2 The 'soft' and 'hard' signs

The 'soft' and 'hard' signs (ь and ъ), apart from indicating either the softness or hardness of the consonant they follow, also serve to separate it from the next sound in a word. Thus, the combination ля will be pronounced differently from лья (cf. also ня and нья; но and нью, etc.)

(beach)	пляж	(monk's cell)	келья
(nanny)	няня	(pig)	свинья
(knife)	нож	(canyon)	каньон

The words in the right-hand column are pronounced as though the 'soft sign' were the final letter in one word, and the following vowel the initial letter in the next word.

3 Voiced and unvoiced consonants

If a voiced consonant (other than л, м, н and р) immediately precedes a voiceless consonant, it tends to lose its resonant quality and turn into its voiceless counterpart. This also happens when the voiced consonant appears in the final position, provided that the following word does not begin with a vowel or another voiced consonant.

(friend)	друг	(pronounced [druk])
but	друга	(pronounced [druga]) (Gen. sing)
(booth)	будка	(pronounced [butka])
but	будок	(pronounced [budok]) (Gen. plural)

The Russian letter c, unlike English s, always stands for the voiceless sound, [s] no matter what position it occupies in a word. e.g.

(dew)	роса	(pronounced [rə'sa])
(table)	стол	(pronounced [stol])
(salt)	соль	(pronounced [sol])

Stress and the reduction of vowels

Russian words have one stressed syllable, no matter how long they are. Stress can fall on any syllable of a word - the first, the second, the third or the last one:

(cat) ко́шка   (impression) впечатле́ние
(picture) карти́на   (interest) интере́с

The stress pattern of each word has to be memorized, as there is no hard and fast rule which might help to predict it. The declension of most nouns and adjectives, although it involves the addition or modification of inflexions, does not normally affect their accentual pattern as represented in the Nominative case, thus:

	Nom.	*Acc.*	*Gen.*	*Dat.*	*Instr.*	*Prepos.*
(bag)	су́мка	су́мку	су́мки	су́мке	су́мкой	су́мке
(evening)	ве́чер	ве́чер	ве́чера	ве́черу	ве́чером	ве́чере
(sun)	со́лнце	со́лнце	со́лнца	со́лнцу	со́лнцем	со́лнце
(room)	ко́мната	ко́мнату	ко́мнаты	ко́мнате	ко́мнатой	ко́мнате
(wind)	ве́тер	ве́тер	ве́тра	ве́тру	ве́тром	ве́тре
(look)	взгля́д	взгля́д	взгля́да	взгля́ду	взгля́дом	взгля́де
(sofa)	дива́н	дива́н	дива́на	дива́ну	дива́ном	дива́не

However, this cannot be treated as a universal rule, for a considerable number of words do change their stress pattern with their form:

	Nom.	*Acc.*	*Gen.*	*Dat.*	*Instr.*	*Prepos.*
(table)	сто́л	сто́л	стола́	столу́	столо́м	столе́
(boot)	сапо́г	сапо́г	сапога́	сапогу́	сапого́м	сапоге́
(key)	клю́ч	клю́ч	ключа́	ключу́	ключо́м	ключе́
(ship)	кора́бль	кора́бль	корабля́	кораблю́	кораблём	корабле́

Sometimes the shift of stress accompanies the change from the Singular to the Plural form, e.g.

	Sing.	Plural		Sing.	Plrual
(house)	дóм	домá	(window)	окнó	óкна
(cloud)	óблако	облакó	(thunderstorm)	грозá	грóзы

The stressed vowels in Russian are longer and are articulated with greater intensity than unstressed vowels. Unstressed vowels undergo considerable reduction in quantity (i.e. duration) of sound (и, е, ю, у, я), or in quality (i.e. openness and intensity) (а, о, э). The vowels а, о and э in the unstressed position are pronounced similarly to the vowel sound in the unstressed syllable of such English words as

    mother   letter   potato   water, etc.

GRAMMAR NOTES

Russian does not use **ARTICLES**. So any noun can have three quite different meanings, depending on context. Thus:

газета

may mean 'a newspaper', 'the newspaper' or 'newspaper'.

Russian has three **GENDERS**: masculine, feminine and neuter. Gender is determined by a noun's ending (exceptions are shown in the dictionary):

	m	*f*	*n*
ending	consonant/й	а/я	о/е

PLURALS are formed as follows:

	sing	*plural*
m	ends in a consonant	add ы or и
	ends in й	change final letter to и
f	ending in а	change а to ы or и
	ending in я	change я to и
n	ending in о	change о to а
	ending in е	change е to я
m/f	ending in ь	change ь to и

стол/столы	table/tables	деревня/деревни	village/villages
флаг/флаги	flag/flags	место/места	place/places
музей/музеи	museum/museums	решение/решения	decision/decisions
стена/стены	wall/walls	дверь/двери (f)	door/doors
книга/книги	book/books	автомобиль/ автомобили (m)	car/cars

Russian has six **CASES**: nominative, accusative, genitive, dative, instrumental and prepositional. Case endings are:

SINGULAR

masculine	theatre	tram	car
nom/acc	театр	трамвай	автомобиль
gen	театра	трамвая	автомобиля
dat	театру	трамваю	автомобилем
instr	театром	трамваем	автомобилем
prep	театре	трамвае	автомобиле

feminine	map	tower	door	excursion
nom	карта	башня	дверь	экскурсия
acc	карту	башню	дверь	экскурсию
gen	карты	башни	двери	экскурсии
dat	карте	башне	двери	экскурсии
instr	картой	башней	дверью	экскурсией
prep	карте	башне	двери	экскурсия

neuter	place	sea	time	building
nom/acc	место	море	время	здание
gen	места	моря	времени	здании
dat	месту	морю	времени	зданию
instr	местом	морем	временем	здаинием
prep	месте	море	времени	здании

Some common Russian nouns do not decline at all, eg: такси (taxi), фойе (foyer), пальто (overcoat), кафе (cafe), кофе (coffee), метро (tube), кино (cinema).

PLURAL

masculine			
nom/acc	театры	трамваи	автомобили
gen	театров	трамваев	автомобилей
dat	театрам	трамваям	автомобилям
instr	театрами	трамваями	автомобилями
prep	театрах	трамваях	автомобилях

feminine			
nom/acc	карты	башни	лвери	экскурсии
gen	карт	башен	дверей	экскурсий
dat	картам	башням	дверям	экскурсиям
instr	картами	башнями	дверями	экскурсиями
prep	картах	башнях	дверях	экскурсиях

neuter			
nom/acc	места	моря	времена	здания
gen	мест	морей	времён	зданий
dat	местам	морям	временам	зданиям
instr	местами	морями	временами	зданиями
prep	местах	морях	временах	зданиях

The **NOMINATIVE** case is used for the subject of a sentence:

The **ACCUSATIVE** is used for the object of most verbs:

> мы хотим посетить картинную галерею
> we would like to visit the art gallery

It is also used after some prepositions which involve motion or direction (eg в to, into; на to, onto; через across, via; за beyond):

> сегодия мы идём в театр
> today we are going to the theatre

The **GENITIVE** denotes possession and can usually be translated by 'of':

квартира Наташи	Natasha's flat
береги Москва-реки	the banks of the Moscow river

It is also used after some prepositions (as shown in the dictionary):

номер без душа	a room without a shower
около вокзала	near the station

The **DATIVE** is used for indirect objects with the verbs of giving and sending (often corresponding to 'to' in English) and with some prepositions:

я послал письмо брату	I've sent a letter to my brother
к востоку	to the east

The **INSTRUMENTAL** is used to show how an action is carried out:

мы пришли самолётом
we arrived by plane

and is also used after some prepositions and in some time expressions:

чай с лимоном	lemon tea
зимой	in the winter
утром	in the morning

The **PREPOSITIONAL** is used with в in, на on/at, о/об about:

в ресторане	на рынке
in the restaurant	at the market

In Russian **NUMERALS** also determine the case a noun takes:

1 and all numbers ending in 1 (eg 71) take the nominative singular. 2, 3, 4 and all numbers ending in 2, 3, or 4 take the genitive singular. All other numbers take the genitive plural:

21 час	21.00 hours
53 километра	53 kilometres
17 фунтов стерлингов	17 pounds sterling

Except for 11, 12, 13 and 14, which take the genitive plural.

ADJECTIVES agree with the nouns to which they refer:

sing.	m	f	n	plural
nom	старый	старая	старое	старые
acc	старый	старую	старое	старые
gen	старого	старой	старого	старых
instr	старым	старой	старым	старыми
prep	старом	старой	старом	старых

это очень старый дом?   is this house very old?

304

The **COMPARATIVE** in Russian is formed by placing the words более (more) or менее (less) before adjective and noun:

> какие блюда злесь более/менее острые?
> which dishes are more/less spicy?

But quite a few common adjectives have irregular comparatives:

большой (big)	больше (bigger)
маленький (small)	меньше (smaller)
старый (old)	старше (older)
дорогий (dear)	дороже (dearer)
дешёвый (cheap)	дешевле (cheaper)

'Than' is чем:

> почему эта икра дороже чем та?
> why is this caviar dearer than that?

The easiest way of forming the **SUPERLATIVE** in Russian is by placing the adverb наиболее in front of the adjective and noun:

> наиболее близкая станция метро
> the nearest tube station

In Russian **ADVERBS** are usually formed by removing the adjectival endings ый or ий and adding о:

медленный slow	медленно slowly
тихий quiet	тихо quietly

POSSESSIVE ADJECTIVES are:

мой my	наш our
твой your (fam)	ваш your (sing pol/pl)
его his/its	
её her	их their

You are only likely to need the following cases:

	m	f	n	plural
nom	мой	моя	моё	мои
acc	мой	мою	моё	мои
gen	моего	моей	моего	моих
prep	моём	моей	моём	моих
nom	наш	наша	наше	наши
acc	наш	нашу	наше	наши
gen	нашего	нашей	нашего	наших
prep	нашем	нашей	нашем	наших

твой declines as for мой, and ваш as for наш. его, её and их do not decline:

уберите вашу сумку пожалуйста	remove your bag please
кто-то украл мою чековую книжку	someone has stolen my cheque-book
мы не видели их гида	we haven't seen their guide

The possessive adjective can be omitted where the object possessed relates directly to the subject of the sentence:

> я оставил ключ в номере
> I left the key in my room

POSSESSIVE PRONOUNS (mine, yours etc) have the same form as possessive adjectives.

PERSONAL PRONOUNS

я	I	мы	we
ты	you* (fam)	вы	you (sing (formal)/pl)
он\она\оно	he/she/it	они	they

They decline as follows:

nom	acc/gen	dat	instr	prep
я	меня	мне	мной	мне
ты	тебя	тебе	тобой	тебе
он	его	ему	им	нём
она	её	ей	ей	ней
мы	нас	нам	нами	нас
вы	вас	вам	вами	вас
они	их	им	ими	них

3rd person singular and plural pronouns take the prefix н after prepositions:

> это подарок для них
> it's a present for them

* Russian has two ways of saying you: ты is informal, for speaking to one relative, friend or child (also used among young people); вы is more formal or for speaking to more than one person.

The word этот ('this') agrees with the noun it precedes:

	m	f	n	plural
nom	этот	эта	это	эти
acc	этот	эту	это	эти
gen	этого	этой	этого	этих
dat	этому	этой	этому	этим
instr	этим	этой	этим	этими
prep	этом	этой	этом	этих

> перед этим магазином
> in front of this shop

There are two main patterns of **VERBS**. In the **PRESENT TENSE** they are:

	1st Conj читать (read)	2nd Conj говорить (speak/say)
я	читаю	говорю
ты	читаешь	говоришь
он/она	читает	говорит
мы	читаем	говорим
вы	читаете	говорите
они	читают	говорят

Verbs ending in -ать or -ять are normally conjugated like читать. Some common exceptions:

	слышать (hear)	спать (sleep)	ждать (wait)	брать (take)
я	слышу	сплю	жду	беру
ты	слышишь	спишь	ждёшь	берёшь
он/она	слышит	спит	ждёт	берёт
мы	слышим	спим	ждём	берём
вы	слышите	спите	ждёте	берёте
они	слышат	спят	ждут	берут

Most verbs ending in -ить and -еть conjugate in a similar way to говорить. But some undergo 'consonant mutation' in the first person singular or add л between stem and ending:

	видеть (see)	любить (like)	платить (pay for)	просить (ask: favour)
я	вижу	люблю	плачу	прошу
ты	видишь	любишь	платишь	просишь
он/она	видит	любит	платит	просит
мы	видим	любим	платим	просим
вы	видите	любите	платите	просите
они	видят	любят	платят	просят

Note also some common irregular verbs:

	есть (eat)	хотеть (want)	пить (drink)	жить (live/stay)
я	ем	хочу	пью	живу
ты	ешь	хочешь	пьёшь	живёшь
он/она	ест	хочет	пьёт	живёт
мы	едим	хотим	пьём	живём
вы	едите	хотите	пьёте	живёте
они	едят	хотят	пьют	живут

Russian has no real word for **to be** in the present. It's simply left out:

> я из Шотландии   I'm from Scotland

to have is expressed in Russian by the preposition у followed by the genitive of the possessor and the object possessed in the nominative:

> у меня один чемодан с собой   I have one case with me

Russian verbs normally have two **ASPECTS** - imperfective and perfective. (This book gives both aspects if the verb is commonly used, and always in the order 'imperfective/perfective'). The **IMPERFECTIVE** aspect is used to form the present and past continuous tenses (expressing duration or repetition). The **PERFECTIVE** is used to form the future and the past tenses (where an action has been completed).

Both **PAST TENSES** are usually formed by removing the final -ть of the appropriate infinitive and adding the following endings: -л (masc), -ла (fem), -ло (neut) and -ли (plural).

So for the verb пить/выпить (drink):

> раньше я пил кофе, а теперь пью только чай
> I used to drink coffee but now I only drink tea

> вчера я впервые выпила стакан кваса
> yesterday I *(fem)* drank my very first glass of kvas

> выпьём за дружбу и мир!
> let's drink to friendship and peace!

Where the perfective aspect is formed simply by adding a prefix to the imperfective (по-, на-, с-, вы-, etc), the **FUTURE** can be formed by adding present tense endings to the perfective stem:

> думать/подумать to think   я подумаю об этом I'll think about it

Some verbs however have completely different perfective aspects. Their conjugation can only be learned:

	говорить/сказать (speak/say)		**брать/взять** (take)	
я	скажу	(I will say)	возьму	(I will take)
ты	скажешь		возьмёшь	
он/она	скажет		возьмёт	
мы	скажем		возьмём	
вы	скажите		возьмёте	
они	скажут		возьмут	

	давать/дать	(to give)	**быть**	(to be)
я	дам	(I will give)	буду	(I will be)
ты	дашь		будешь	
он/она	даст		будет	
мы	дадим		будем	
вы	дадите		будете	
они	дадут		будут	

To make a **NEGATIVE** in Russian, insert не between subject and verb:

> я не понимаю   I don't understand

or in a 'have not' phrase use нет:

> у меня нет денги   I don't have any money (нет takes the genitive here)

ABBREVIATIONS

ав. авиация – aeronautics

авто автомобилизм, автомобильный туризм – car travel

амер. американизм – American usage

анат. анатомия – anatomy

безл. безличная форма – impersonal

биол. биология – biology

бот. ботаника – botany

брит. употребляется в Великобритании – British usage

бухг. бухгалтерия – accounting

вводн. сл. вводное слово – parenthetical usage

воен. военный термин – military

вопр. вопросительное (местоимение)– interrogative pronoun

в разн. знач. в разных значениях – in different meanings

геогр. география – geography

гл. глагол – verb

дат. п. дательный падеж – dative case

дип. дипломатический термин – diplomacy

ед. единственное число – singular

ж женский род – feminine gender

ж. -д. железнодорожное дело – railway

жив. живопись – painting

инф. инфинитив – infinitive

канц. канцелярский термин – office term

карт. термин карточной игры – used in the game of cards

кино кинематография – cinematography

ком. коммерческий термин – commercial

кто-л. кто-либо – somebody

куда-л. куда-либо – somewhere

кул. кулинария – cookery

лингв. лингвистика – linguistics

м мужской род – masculine gender

мат. математика – mathematics

мед. медицина – medicine

мест. местоимение – pronoun

мин. минералогия – mineralogy

мн. множественное число – plural

мор. морской термин – nautical

муз. музыка – music

нареч. наречие – adverb

наст. настоящее время – present tense

особ. особенно – especially

относ. относительное (местоимение) – relative (pronoun)

перен. переносное значение – used figuratively

полит. политический термин – politics

преим. преимущественно – chiefly

пренебр. пренебрежительно – derogatory

прил. прилагательное – adjective

притяж. притяжательное (местоимение) – possessive (pronoun)

прош. прошедшее время – past tense

радио радиотехника – radio

разг. разговорное – colloquial

с средний род – neuter

см. смотри – see

собир. собирательно – collectively

сокр. сокращение, сокращенно – abbreviation

спорт. физкультура и спорт – sports

сущ. существительное – noun

с.-х. сельское хозяйство – agriculture

тв. п. творительный падеж – instrumental case

театр. театральный термин – theatrical

тех. техника – engineering

тж. также – also

тлв. телевидение – television

усил. усилительная (частица) – emphatic particle

физ. физика – physics

фото. фотография – photography

хим. химия – chemistry

част. частица – particle

что-л. что-либо – something

шахм. термин шахматной игры – chess

эк. экономика – economics

эл. электротехника – electrical engineering

элк. электроника – electronics

юр. юридический – law

etc et cetera – и так далее

pl plural – множественное число

smb somebody – кто-либо

smth something – что-либо

sn singular – единственное число

A

a but; and; a **и́менно** námely; that is; **a (не) то...** or else; ótherwise

абажу́р *м* (lámp-)shade

абза́ц *м* páragraph ['pærə-grɑːf]

абитурие́нт *м*, **~ка** *ж* univérsity (cóllege) éntrant

абонеме́нт *м* séason tícket; (библиоте́чный) **~** (líbrary ['laɪ-]) loan depártment

абоне́нт *м* subscríber

абрико́с *м* ápricot ['eɪprɪ-]

абсолю́тн‖ый ábsolute; **~** слух pérfect ear; **~** чемпио́н óverall chámpion; **~ая и́стина** últimate truth [truːθ]; **~ое** ору́жие últimate wéapon ['wepən]

абсу́рд *м* nónsense; **довести́** *что-л.* до **~а** carry *smth* to the point of absúrdity; **~ный** absúrd, ridículous [-'dɪ-]

аванга́рд *м* vánguard, van; **быть в ~е...** be in the van of...

ава́нс *м* advánce [-'vɑːns]; **~ в счёт зарпла́ты** advánce on *one's* sálary ['sæ-]; **~ом** in advánce

ава́ри‖я *ж* (*маши́ны, меха-ни́зма*) bréakdown ['breɪk-]; (*круше́ние*) crash; (*несча́ст-ный слу́чай*) áccident ['æksɪ-]; **потерпе́ть ~ю** have (meet with, be in) an áccident

а́вгуст *м* Áugust

авиаба́за *ж* áir-base [-s]

авиакомпа́ния *ж* áirline

авиали́ния *ж* (áir-)route [-ruːt]

авиапо́чт‖а *ж* áirmail; **от-пра́вить ~ой** post by áir(mail)

авиацио́нный aviátion, áir-craft; **~ заво́д** áircraft fáctory; **~ пра́здник** aviátion paráde

авиа́ция *ж* aviátion, áircraft; **гражда́нская ~** cívil aviátion

австрали́‖ец *м*, **~йка** *ж* Austrálian

австрали́йский Austrálian

авто́бус *м* (*ре́йсовый, город-ско́й*) bus; (*тури́стский и даль-него сле́дования*) coach

автовокза́л *м* bus términal

авто́граф *м* áutograph; **да́йте мне ваш ~, пожа́луйста** give me your áutograph, please

автозаво́д *м* mótor works [wəːks]; *амер.* áutomobile plant

автоинспе́ктор *м* tráffic políceman [-'liːs-]

автомагистра́ль *ж* trunk road; *амер.* híghway ['haɪweɪ]

автома́т *м* **1.** (*маши́на*) auto-mátic [-'mæ-] devíce [-'vaɪs]; róbot; (*торго́вый*) slót-machine [-ʃiːn] **2.** (*ору́жие*) súbmachine-gun; tómmy-gun

автомати́ческ‖ий automátic [-'mæ-]; **~ая** (*межплане́тная*) ста́нция space probe

автомобиль м mótorcar; *преим. амер.* áutomobile; легковóй ~ (pássenger) car; грузовóй ~ lórry; *амер.* truck; мы поéдем на автомобиле we'll take a car; ~ный mótor(-); *амер.* auto-

автонóм‖ия ж autónomy [-'tɔ-]; ~ный autónomous [-'tɔ-]; ~ная óбласть autónomous région; ~ный óкруг autónomous district

автопилóт м automátic [-'mæ-] (róbot) pílot, áutopilot

автопогрýзчик м fórk-lift truck

автопортрéт м self-pórtrait

áвтор м áuthor ['xθǝ]; *(литературного произведения)* writer; *(музыкального произведения)* compóser; *(пьесы)* pláywright, drámatist ['dræ-]

авторáлли с *нескл.* mótor rálly

автореферáт м (áuthor's) ábstract

авторитéт м prestíge [-'tiːʒ]; authórity [-'θɔ-]

авторýчка ж fóuntain-pen

автостóп м hítch-hiking

автострáда ж mótorway; *амер.* (súper-)híghway

автотрáнспорт м mótor tránsport

агéнтство с ágency; телегрáфное ~ news ágency

агитáтор м propagándist

агитáци‖я ж propagánda; вестú ~ю за campáign [-'peɪn] for

агитúровать (за, прóтив) campáign [-'peɪn] (for, agáinst); ~ за кандидáта campáign [-'peɪn] for a cándidate

агитпýнкт м propagánda céntre; *(при избирательном участке)* cánvassing céntre

агрегáт м installátion; únit, óutfit; devíce

агресси́вный aggréssive

агрéссия ж aggréssion

агрéссор м aggréssor

агронóм м agrónomist

агропрóм м agro-indústrial amalgamátion

агротéхника ж cúltural práctices; agrotéchnics

ад м hell

адвокáт м láwyer; *перен.* ádvocate; *(выступающий в суде)* bárrister; *амер.* attórney [ǝ'tɜːnɪ]

административный admínistrative [-'mɪ-]

администрáтор м mánager

администрáция ж mánagement ['mæ-]; мéстная ~ lócal authórities [-'ɔ-] pl

адмирáл м ádmiral

áдрес м addréss; пожáлуйста, скажúте (мне) ваш ~ tell me your addréss, please; достáвить (письмó) по ~y delíver (a létter) at the right addréss

адресáт м addressée

адресовáть addréss

áзбука ж ABC; *(алфавит)* álphabet; ~ Мóрзе Morse code

азербайджáн‖ец м, ~ка ж Azerbaijánian

азиáтский Ásian ['eɪʃ-], of Ásia ['eɪʃǝ]

азóт м nítrogen ['naɪ-];

~**ный** nítric; ~**ная кислота** nítric ácid ['æ-]

áист *м* stork

ай: ~! *разг.* oh!; *амер.* ouch!

академик *м* mémber of the Acádemy [-'kæ-]; academícian [-'mɪʃn]

академический académic [-'de-]

академия *ж* acádemy [-'kæ-]; ~ **наук** Acádemy of Scíences; ~ **медицинских наук** Acádemy of Médical Scíences; ~ **педагогических наук** Acádemy of Pedagógic Scíences; **сельскохозяйственная** ~ Agricúltural Acádemy

акваланг *м* scúba, áqualung; ~**ист** *м* scúba-diver; (*профессиональный тж.*) frógman

акварель *ж* (*краска и картина*) wáter-colour ['wɔːtə,kʌl-]; **писать** ~**ю** paint in wáter--colours

аккомпанемент *м* accómpaniment [ə'kʌm-]; **под** ~ to the accómpaniment (of)

аккомпанировать accómpany [ə'kʌm-]

аккордеон *м* accórdion

аккредитив *м* létter of crédit ['kre-]

аккуратный 1. (*точный*) áccurate ['ækju-]; (*о времени прихода и т. п.*) púnctual **2.** (*опрятный*) neat, tídy

акробат *м* ácrobat

акробатика *ж* acrobátics [-'bæ-]

акселератор *м* *авто* accélerator

акт *м* **1.** (*действие, тж.*

театр.) act **2.** (*документ*) deed; **обвинительный** ~ indíctment [-'daɪt-] **3.** (*протокол*) státement; **составить** ~ draw up a státement

актёр *м* áctor

актив I *м* *фин.* ássets *pl*; ~ **и пассив** ássets and liabílities [,laɪə'bɪ-]; **в** ~**e on the crédit** ['kre-] side

актив II *м* *собир.* áctive mémbers *pl*; áctivists *pl*

активист *м* áctive mémber (wórker), áctivist

активн‖ость *ж* actívity [-'tɪ-]; **повысить** *свою* ~ **в** be more áctive in doing *smth*; ~**ый** áctive

áктовый: ~ **зал** assémbly hall

актриса *ж* áctress

актуальный úrgent; tópical ['tɔ-]; ~ **вопрос** mátter of tópical ínterest; vítal quéstion

акцент *м* áccent ['æksənt]

акционерн‖ый jóint-stock; ~**ое общество** jóint-stock cómpany

акция I *ж* *фин.* share

акция II *ж* (*действие*) áction

алкоголь *м* álcohol

аллергия *ж* állergy ['æ-]

аллея *ж* ávenue ['ævɪ-]; (*в парке*) path ['pɑːθ], álley

алло! hulló [hʌ'ləu]; ~! **Петров у телефона!** hulló! Petróv spéaking!

алмаз *м* díamond ['daɪə-]

алтарь *м* áltar ['ɔːl-]

алфавит *м* álphabet, ABC

áлый red, scárlet; ~ **стяг** red (scárlet) bánner

альбо́м м álbum; *(для рисования)* skétch-book

альпини́зм м mountainéering, móuntain ['mauntɪn] clímbing ['klaɪmɪŋ]

альпини́ст м mountainéer, móuntain ['mauntɪn] clímber ['klaɪmə]

альт м 1. *(инструмент)* vióla 2. *(голос)* álto

алюми́ний м alumínium [-'mɪ-], *амер.* alúminum [-'lu:-]

амба́р м barn, gránary ['græ-]

амбулато́рия ж óut-patient [-,peɪʃnt] clínic ['klɪ-]

америка́н‖ец м, **~ка** ж Américan [ə'me-]

америка́нск‖ий Américan [ə'me-]; US; **~ая а́рмия** US Ármy

амни́стия ж ámnesty

амортиза́тор м *авто* shock absórber

амфитеа́тр м ámphitheatre; circle, *амер.* partérre [pa'tɛə]

ана́лиз м análysis [-'næ-]; **~ кро́ви** blóod-test

анана́с м píneapple

анато́мия ж anátomy [-'næ-]

анга́р м áirshed, hángar

анги́на ж *мед.* tonsillítis, quínsy

англи́йск‖ий Énglish ['ɪŋglɪʃ]; Brítish ['brɪ-]; **~ язы́к** Énglish, the Énglish lánguage; **~ая делега́ция** Brítish delegátion ◊ **~ая була́вка** sáfety pin

англича́н‖ин м Énglishman ['ɪŋglɪʃ-]; **он ~** he is Énglish; **~ка** ж Énglishwoman ['ɪŋglɪʃwu-]; **она́ ~ка** she is Énglish

анекдо́т м stóry, joke

анестез‖и́ровать *мед.* anáesthetize [æ'ni:sθɪ-]; **~и́я** ж *мед.* anaesthésia [,ænɪs'θi:zɪə]; **ме́стная ~и́я** lócal anaesthésia

анке́т‖а ж form, questionnáire; **запо́лнить ~у** fill in (out) a form

анса́мбль м ensémble [ɔn'sɔ-]; *(певцов)* cómpany; *(небольшой)* group ['gru:p̌]; **~ пе́сни и пля́ски** sóng-and-dánce cómpany

анте́нна ж anténna, áerial ['ɛə-]

антибио́тик м antibiótic [-baɪ'ɔtɪk]

антивое́нный ánti-war; *(пацифистский)* pácifist ['pæ-]

антиква́рный antiquárian [-'kwɛə]; **~ магази́н** antíque shop

антиконституцио́нный unconstitútional

антисанита́рный insánitary [-'sæ-]

антифаши́стский anti-fáscist [-'fæ-], anti-Názi [-'nɑ:tsɪ]

антра́кт м ínterval; break; intermíssion [-'mɪʃn]; **~ продли́тся 15 мину́т** the ínterval will last fifteen mínutes

аншла́г м full house; the "sold out" nótice

апельси́н м órange ['ɔrɪ-]

аплоди́ровать appláud, clap one's hands

аплодисме́нты мн. appláuse

апоге́й м *косм.* ápogee ['æ-]; *перен.* clímax; **~ сла́вы** the height (súmmit) of *one's* glóry

аполити́чн‖ость ж polítical

[-'lɪ-] ápathy ['æ-]; ~ый apolítical [-'lɪ-]

аппара́т *м* **1.** apparátus; телефо́нный ~ télephone set; фотографи́ческий ~ cámera ['kæm-] **2.** machínery; госуда́рственный ~ machínery of state **3.** (*штат*) personnél

аппендици́т *м* appendicítis

аппети́т *м* áppetite; прия́тного ~а! enjóy your food!, bon appetít [ˌbɔnɑːpe'tɪ]!; у меня́ нет ~а I'm not húngry, I don't feel like éating

апре́ль *м* Ápril ['eɪp-] ◊ Пе́рвое апре́ля All Fools' Day

апте́ка *ж* chémist's ['ke-] (shop); phármacy; *амер.* drúgstore; где (ближа́йшая) ~? where's the néarest chémist's?

апте́чка *ж* médicine ['me-] chest (cábinet ['kæ-]); доро́жная ~ first-aid kit (óutfit)

арби́тр *м спорт.* úmpire

арбу́з *м* wáter-melon ['wɔːtəˌme-]

аре́н‖а *ж* aréna; ring; ~ ци́рка círcus ring; на междунаро́дной ~е on the internátional aréna (scene)

аре́нд‖а *ж* **1.** (*наём*) lease [-s]; брать что-л. в ~у rent smth; (*на большой срок*) lease smth; сдава́ть что-л. в ~у let smth; (*на большой срок*) lease smth **2.** (*плата*) rent

аре́ст *м* arrést; взять кого-л. под ~ put smb únder arrést; быть под ~ом be únder arrést (in cústody)

арифме́т‖ика *ж* aríthmetic; ~и́ческий arithmétical [-'me-];

~и́ческая зада́ча próblem, sum

а́рия *ж* ária ['ɑːrɪə]

а́рка *ж* arch; (*проезд*) árchway; триумфа́льная ~ triúmphal [traɪ'ʌm-] arch

а́рмия *ж* ármy; Сове́тская А. the Sóviet Ármy

армяни́н *м*, **армя́нка** *ж* Arménian

арома́т *м* scent [sent], frágrance ['freɪ-]

арте́ль *ж* **1.** co-óperative; сельскохозя́йственная ~ agricúltural co-óperative **2.** *ист.* artél

арте́рия *ж анат.* ártery

арти́ст *м* artíste [ɑː'tiːst]; ~ бале́та bállet-dancer; ~ дра́мы áctor; заслу́женный ~ Hónoured Artíste; наро́дный ~ People's Artíste; ~ка *ж* artíste [ɑː'tiːst]; ~ка бале́та ballerína, bállet-dancer; ~ка дра́мы áctress; заслу́женная ~ка Hónoured Artíste; наро́дная ~ка People's Artíste

а́рфа *ж* harp

архео́лог *м* archaeólogist [ˌɑːkɪ'ɔlə-]

архите́ктор *м* árchitect ['ɑːkɪ-]

архитекту́ра *ж* árchitecture ['ɑːkɪ-]

аспира́нт *м*, **~ка** *ж* póst-gráduate [ˌpəust'græ-] (stúdent); reséarch [-'sə-] stúdent

аспиранту́р‖а *ж* post-gráduate [ˌpəust'græ-] course; я учу́сь в ~е I am táking a post-gráduate course

ассамбле́я *ж* assémbly; Генеральная A. Géneral Assémbly

ассистéнт м 1. assístant 2. *(преподаватель вуза)* júnior lécturer; *амер.* instrúctor

ассортимéнт м: широ́кий ~ товáров large seléction (wide varíety) of goods

ассоциáция ж associátion

áстра ж áster

астроно́м м astrónomer [-'trɔ-]

астрономи́ческ‖ий astronómical [-'nɔ-]; ~ие ци́фры astronómical fígures ['fɪ-]

астроно́мия ж astrónomy [-'trɔ-]

асфáльт м ásphalt

асфальти́рованн‖ый ásphalted; ~ая доро́га hard-súrface road

атáка ж attáck; *(пехотная, тж.)* charge; assáult

атаковáть attáck; charge

атеи́ст м átheist ['eɪθ-]

ателье́ с 1. *фото* stúdio 2. *(пошивочное)* dréssmaker's; *(мужской одежды)* táilor's; ~ мод fáshion house [-s] 3.: ~ прокáта réntal sérvice; телевизио́нное ~ télevision [-vɪʒn] sérvice shop

áтлас м átlas; ~ автомоби́льных доро́г róad-book

атлéт м áthlete

атлéтика ж athlétics [-'le-]; лёгкая ~ track and field athlétics; тяжёлая ~ héavy athlétics

атмосфéра ж átmosphere

áтом м átom ['æt-]; ~**ный** atómic [-'tɔ-]; ~**ный** ледоко́л

núclear(-pówered) ['njuː-] íce-breaker; ~ная бо́мба atómic bomb ['bɔm], A-bomb ['eɪbɔm]; ~ная электростáнция núclear ['njuː-] pówer station

атташе́ м attáché [ə'tæʃeɪ]

аттестáт м certíficate [-'tɪ-]; ~ зрéлости Géneral Educátion Certíficate

аттестовáть 1. *(давать характеристику)* give [gɪv] a réference ['re-] 2. *(оценивать знания учащихся)* give a repórt

аттракцио́н м ride; *(представление)* show [ʃəu]; ~ы мн. pláyground

аудито́рия ж 1. *(помещение)* auditórium [-'tɔ-]; *(в школе, институте)* lécture-hall; *(небольшая)* (cláss)room 2. *(слушатели)* áudience

аукцио́н м áuction; продавáть с ~a áuction off

афи́ша ж pláybill, póster

африкáн‖ец м, ~ка ж Áfrican

африкáнский Áfrican

аэро́бика ж aeróbics

аэро́бус м áirbus

аэровокзáл м air términal

аэродро́м м áirfield

аэрозо́ль м áerosol ['ɛərəusɔl], spray

аэропо́рт м áirport

Аэрофло́т м Áeroflot ['ɛərəflɔt]

Б

ба́ба I ж *пренебр.* wóman ['wuː-] ◇ снéжная ~ snów-man ['snəu-]

ба́ба II ж *кул.*: рóмовая ~ rum cake

баб‖ий: ~ье лéто Índian súmmer; ~ьи скáзки old wives' tales

ба́бочка ж bútterfly

ба́бушка ж grándmother [-ˌmʌ-]; *разг.* gránny

багáж м lúggage; *амер.* bággage; ручнóй ~ hand lúggage (*амер.* bággage); сдавáть (вéщи) в ~ régister one's lúggage (*амер.* bággage), have one's lúggage (*амер.* bággage) régistered

багáжный lúggage, *амер.* bággage

багрóвый réddish púrple, crímson; púrple

бадминтóн м bádminton

ба́за ж base [beɪs]; лы́жная ~ ski (réntal) dépot ['depəu]

базáр м márket; кни́жный ~ book fair

ба́зис м básis ['beɪsɪs]

байдáрка ж káyak

бак м tank; cístern

бакалéя ж grócery

ба́кен м buoy [bɔɪ]

баклажáнн‖ый: ~ая икрá égg-plant (áubergine) paste [peɪst]

бактериóлог м bacteriólogist [-ˈɔlə-]

бактериолóгия ж bacteriólogy [-ˈɔlə-]

бактéрия ж bactérium (*мн.* bactéria)

бал м ball; dáncing párty

балáнс м bálance ['bæləns]; торгóвый ~ bálance of trade; подвести́ ~ squáre accóunts

баланси́ровать bálance ['bæ-]; keep *one's* bálance; ~ на грани́ войны́ walk on the brink of war

балери́на ж bállet-dancer ['bæleɪ-], ballerína [ˌbælə'riːnə]

балéт м bállet ['bæleɪ]

балкóн м bálcony; *только театр.* úpper circle

балл м 1. *спорт.* point 2. (*отметка*) mark ◇ вéтер в 5 ~ов fórce-five wind

баллóн м 1. cýlinder ['sɪ-]; гáзовый ~ gas-contáiner 2. *авто* туре, *амер.* tire

бал-маскарáд м fáncy-dress ball

балы́к м balы́k (*cured fillet of sturgeon, etc*)

ба́льн‖ый: ~ые тáнцы báll-room dánces

ба́мпер м *авто брит.* fénder, *амер.* búmper

банáн м banána [bə'nɑːnə]

ба́нда ж gang, band

бандерóль ж prínted mátter; заказнáя ~ régistered prínted mátter; простáя ~ non-régistered prínted mátter; отпрáвить ~ю send by bóok-post

банди́т м thug; *амер.* gángster

банк м bank; госудáрственный ~ the State Bank

ба́нка ж (*стеклянная*) jar; (*жестяная*) tin, *амер.* can

банке́т _м_ bánquet ['bæŋk-wıt]; públic dínner; дать ~ give [gıv] a bánquet

ба́нки _мн._ cups; cúpping--glasses; ста́вить ~ applý cups (to)

бант _м_ bow [bəu]

ба́ня _ж_ báthhouse ['bɑ:θ]; фи́нская ~ sáuna

бар _м_ bar; refréshment room

бараба́н _м_ drum

бара́н _м_ ram

бара́нина _ж_ mútton

бара́нки _мн._ bágels [-gəlz]

бара́ш‖ек _м_ 1. lamb [læm] 2. _(мех)_ lámb-skin; _(каракуль)_ ástrakhan 3. _тех._ wing nut; ~ки _мн._ 1. _(облака)_ fléecy clouds 2. _(гребни волны)_ white horses (caps)

барелье́ф _м_ bás-relief ['bæs-rıli:f]

барито́н _м_ báritone ['bærı-]

баро́кко _с нескл._ baróque

барс _м_ (snow) léopard ['lep-], pánther

ба́рхат _м_ vélvet

барье́р _м_ bárrier; _спорт._ hurdle; взять ~ _спорт._ clear a hurdle

бас _м_ bass [beıs]

баскетбо́л _м_ básketball; ~и́ст _м_, ~и́стка _ж_ básketball pláyer

баскетбо́льн‖ый básketball; ~ая кома́нда (площа́дка) básketball team (ground); ~ мяч básketball

ба́сня _ж_ fable ['feı-]

бассе́йн _м_ 1. básin; ~ реки́ ríver básin 2. pool; закры́тый ~ índoor (cóvered) pool; от-кры́тый ~ óutdoor (ópen-air) pool; пла́вательный ~ swímming-pool; _(небольшой)_ swímming-bath 3.: каменноу́гольный ~ cóal-field

бастова́ть strike, be on strike

батаре́йка _ж_ báttery

батаре́я _ж_ báttery; ~ отопле́ния rádiator

бато́н _м_ long loaf ◊ шоколáдный ~ stick of chócolate, chócolate bar

бахча́ _ж_ mélon-field ['me-]

бахчев‖о́й: ~ы́е культу́ры mélons ['me-]

ба́шенный: ~ кран tówer crane

башмаки́ _мн._ shoes [ʃu:z]

ба́шня _ж_ tówer; _(дом)_ hígh--rise ['haı-] (apártment búil-ding ['bıl-])

бая́н _м_ Rússian accórdion

бди́тельность _ж_ vígilance ['vıdʒ-]

бег _м_ run, rúnning _спорт. тж._ race; ~ на 100 ме́тров 100 métres race; состяза́ние в ~e race; барье́рный ~ húrdles, húrdling; ~ по пересечённой ме́стности cróss-country race; ~ с препя́тствиями stéeple-chase; эстафе́тный ~ reláy (race); ~ трусцо́й jógging

бега́ _мн._ hárness rácing (race)

бе́гать run; ~ трусцо́й jog

бегле́ц _м_ fúgitive, rúnaway ['гʌп-]

бе́гл‖о 1. flúently, quíckly; ~ говори́ть по-англи́йски speak flúent Énglish ['ın-]

2. *(поверхностно)* cúrsorily; ~ просмотре́ть *что-л.* glance through *smth*; ~ый: ~ый взгляд (fléeting) glance; ~ый ого́нь rápid ['ræ-] fire

бегов‖**о́й**: ~ая доро́жка rúnning track; *(на ипподроме)* rácecourse; ~ы́е коньки́ speed skates

бего́м at a run; rúnning

бегу́н *м* rúnner; ~ на дли́нные диста́нции dístance rúnner; ~ на сре́дние диста́нции míddle-distance rúnner; ~ на коро́ткие диста́нции sprínter

бед‖**а́** *ж* trouble [-ʌ-]; *(несчастье)* misfórtune [-'fɔʧ-]; ~ в том, что... the trouble is that... ◊ не ~! no harm done!; как на ~у́ to make mátters worse

бе́дный poor [puə]

бедро́ *с* hip

бе́дстви‖**е** *с* *(тж.* стихи́йное ~) disáster, calámity [-'læ-]; сигна́л ~я distréss sígnal

бежа́ть run; ~ трусцо́й jog

без withóut [wɪð-]; ~ исключе́ния withóut excéption; ~ сомне́ния beyónd doubt; ~ пяти́ (десяти́) мину́т шесть (семь, во́семь) five (ten) mínutes to six (séven, eight); *амер.* ~ пяти́ мину́т (че́тверти) три five mínutes (a quárter) of (before) three

безалкого́льн‖**ый** álcohol-free; ~ые напи́тки soft drinks

беза́томн‖**ый**: ~ая зо́на núclear-free ['njuː-] zone

безвку́сн‖**о** in poor taste [teɪst], withóut taste; ~ый tásteless ['teɪst-]

безвре́дный hármless

беаграни́чн‖**ый** bóundless; ínfinite; ~ просто́р vast expánse; ~ая пре́данность ínfinite devótion

безде́йствовать be ináctive; do nóthing ['nʌ-]; *(о механизме)* stand idle [aɪdl]

безжа́лостный mérciless; *(жестокий)* rúthless ['ruːθ-]

беззащи́тный unprotécted; defénceless

безнадёжный hópeless

безопа́сность *ж* sáfety; secúrity; коллекти́вная ~ colléctive secúrity

безопа́сн‖**ый** safe ◊ ~ая бри́тва sáfety rázor

безрабо́тица *ж* unemplóyment

безрабо́тный unemplóyed

безразли́чн‖**о** indífferently; (мне) ~ it's all the same (to me); ~ый indífferent

безразме́рный stretch

безукори́зненн‖**ый** pérfect, fláwless; irrepróachable; ~ое исполне́ние pérfect perfórmance; *(художественного произведения)* pérfect execútion

безусло́вно cértainly; undóubtedly [-'daut-]; вы ~ пра́вы of course, you are right

безуспе́шно in vain; unsuccéssfully [-sək'ses-]

безъя́дерн‖**ый**: ~ая зо́на núclear-free ['njuː-] zone

безымя́нный: ~ па́лец ríng-finger

беко́н *м* bácon

бе́лка ж 1. squírrel 2. *(мех)* squírrel-fur

беллетри́стика ж fíction

бело́к м 1. *(яйца́, гла́за)* the white 2. *биол.* prótein

белоку́р∥ый fáir(-haired); ~ая де́вушка blonde (girl)

белору́с м, ~ка ж Byelorússian

белосне́жный snów-white

белу́га ж belúga [bɪ'luːgə] *(white sturgeon)*

бе́лый white ◇ ~ медве́дь pólar bear [bɛə]

бельё с clothes; línen ['lɪnɪn]; ни́жнее ~ únderwear; посте́льное ~ bed línen [-'lɪ-]

бельэта́ж м 1. *(до́ма)* first floor [flɔː] 2. *театр.* dress círcle; *амер.* bálcony

бемо́ль м *муз.* flat

бензи́н м *(горючее)* pétrol, *амер.* gásoline ['gæs-], gas

бензоколо́нка ж fílling státion, pétrol státion, *амер.* gas státion

бенуа́р м: ло́жи ~a stall bóxes

бе́рег м *(реки́)* bank; *(мо́ря)* shore; *(побережье)* coast; на ~у́ on the bank; on the shore

берегов∥о́й *(о мо́ре)* cóastal; *(о реке́)* ríverside ['rɪ-]; *(об озере)* lákeside; ~ ве́тер óff-shore wind; ~а́я ли́ния cóastline

берёза ж birch

бере́менная prégnant

бере́менность ж prégnancy

бере́т м béret ['bereɪ]

бере́чь 1. *(заботиться)* take care of 2. *(сохранять)* keep;

maintáin 3. *(щади́ть)* spare; вы себя́ не бережёте you don't take care of yoursélf; ~ся be cáreful; береги́сь по́езда! beware of the trains!; береги́сь! look out!; watch out!

бесе́д∥а ж talk, conversátion; chat; дру́жеская ~ friendly talk; провести́ ~ы о... give [gɪv] a talk on...

бесе́довать talk; chat; о чём вы бесе́дуете? what are you tálking abóut?

бесконе́чный 1. *(беспреде́льный)* ínfinite 2. *(очень дли́нный)* éndless

бескоры́стн∥ый disínterested; sélfless, unsélfish; ~ая по́мощь disínterested aid

беспарти́йный 1. non-párty 2. м non-párty man

беспереса́дочный diréct, through [θruː]

беспе́чн∥ый cáre-free; ~ое отноше́ние к де́лу irrespónsible áttitude to búsiness ['bɪz-]

беспла́тн∥о free of charge, grátis; ~ый free (of charge), grátis

беспло́дн∥ый 1. stérile 2. *(о по́чве)* bárren 3. fútile; ~ые попы́тки fútile (frúitless) attémpts

беспоко́ить 1. *(волновать)* wórry ['wʌ-]; меня́ беспоко́ит... I'm wórried by... 2. *(мешать)* distúrb; trouble [trʌ-]; вас не беспоко́ит..? do you mind..?; здесь не беспоко́ит? *(о боли)* does it hurt?; ◄не ~!► *(надпись)* "do not distúrb!";

~ся 1. *(волноваться)* wórry ['wʌ-], be ánxious; я беспокóюсь (о нём) I'm wórried (abóut him); не беспокóйтесь! don't wórry! 2. *(утруждать себя)* bóther ['bɔðə]; не беспокóйтесь! don't bóther!

беспокóйный 1. *(тревожный)* unéasy 2. *(причиняющий беспокойство)* tróublesome ['trʌ-]; *(о человеке)* réstless

беспокóйство *с* 1. *(тревога)* anxíety [æŋ'zaɪ-]; unéasiness 2. *(нарушение покоя)* trouble [trʌ-]; простúте за ~ I'm sórry to trouble you

бесполéзный úseless, fútile, vain

беспóмощный hélpless

беспорядок *м* disórder; извинúте за ~ sorry for this mess

беспорядочный irrégular ['-re-]

беспосáдочный: ~ перелёт (рейс) non-stóp flight

беспóшлинный dúty-frée

беспощáдный rúthless ['ruːθ-]

беспрáвие *с* ábsence of rights

беспрепятственный unimpéded [ˌʌn-], free; ~ дóступ free áccess

беспрестáнно contínually [-'tɪ-]; incéssantly

беспрецедéнтный unprécedented

беспристрáстн‖ый impártial; unbíased; unpréjudiced; ~ая оцéнка impártial asséssment

бесслáвный inglórious,

ignomínious [-'mɪ-]; ~ конéц inglórious end

бесслéдно withóut a trace, léaving no trace

бессмéртн‖ый immórtal; ~ое произведéние undýing másterpiece

бессмýсленн‖ый 1. absúrd; ~ постýпок sénseless áction; 2. *(неразумный)* póintless, fóolish ◊ ~ взгляд vácant look; ~ая улыбка vácuous smile

бессóнниц‖а *ж* insómnia, sléeplessness; страдáть ~ей súffer from insómnia

бесспóрный indispútable, unquéstionable [-'kwestʃə-]

бессрóчный pérmanent

бесстрáшный féarless

бестáктный táctless; ~ постýпок indiscrétion [-'skreʃn]

бесхозяйственность *ж* mismánagement

бесцéльный áimless, póintless

бесчеловéчный inhúman

бесчúсленн‖ый cóuntless, innúmerable; ~ые вопрóсы éndless quéstions

бесшýмный nóiseless

бетóн *м* cóncrete

бечёвка string, twine

биатлóн *м* biáthlon

библиогрáфия *ж* bibliógraphy

библиотéка *ж* líbrary ['laɪ-]; публúчная ~ públic líbrary; ~-передвúжка *ж* trávelling líbrary

библиотéкарь *м* librárian [-'breə-]

Бúблия *ж* the Bible [baɪbl]

бигуди *мн.* (hair) cúrlers, róllers

билéт *м* 1. tícket; входнóй ~ (éntrance) tícket; сезóнный (транзи́тный, обрáтный) ~ séason (through, retúrn) tícket; ~ на пóезд (на автóбус *и т. п.*) ráilway (bus, *etc*) tícket; пригласи́тельный ~ invitátion card; два ~а тудá и обрáтно, пожáлуйста! two retúrns, please!; «Все ~ы прóданы» "Sórry, we are all booked up" 2. *(документ)* card; профсою́зный (чле́нский) ~ tráde-únion (mémbership) card; ~ный: ~ная кáсса bóoking óffice; *(в кино, театре)* box óffice

билья́рд *м* bílliards

бинóкль *м* fíeld-glass; театрáльный ~ ópera-glasses *pl*

бинт *м* bándage

бинтовáть bándage

биогрáфия *ж* biógraphy

биолóгия *ж* biólogy [-'ɔl-]

биóника *ж* biónics [baɪ'ɔ-]

биофи́зика *ж* biophýsics

биохи́мия *ж* biochémistry [-'ke-]

би́ржа *ж* exchánge [-'ʧeɪ-]; фóндовая ~ stock exchánge

би́рка *ж* tálly; lábel

бис éncore!

бискви́т *м* spónge-cake

бискви́тн‖ый: ~ое пирóжное spónge-cake

би́тва *ж* báttle

битки́ *мн.* round ríssoles, *амер.* méatballs

бить *(ударить)* hit; strike; *(избивать)* beat; ~ в барабáн beat a drum; ~ся 1. *(за что-л.)* struggle (for), fight (for) 2. *(о сердце, пульсе)* beat

бифштéкс *м (натуральный)* steak [-eɪk]; *(рубленый)* hámburger (steak)

бич *м* 1. *(кнут)* whip, lash 2. *перен.* scóurge ['skə:ʤ]

блáг‖о *с* 1. good; óбщее ~ cómmon good 2. *мн.* bénefits ['be-]; духóвные ~a spíritual [-'rɪ-] bénefits; произвóдство материáльных благ prodúction of matérial wealth ['welθ] ◊ всех благ! good luck!

благодари́ть thank; благодарю́ вас thank you

благодáрность *ж* grátitude ['græ-]; вы́разить ~ (комý-л. за что-л.) expréss (one's) grátitude (to smb for smth)

благодáрный: óчень вам благодáрен thank you véry ['verɪ] much; thank you éver so much, véry much oblíged to you

благодаря́ thanks to, due [dju:] to; ~ вáшей пóмощи thanks to your help; ~ томý, что due to the fact that

благополýчно well; я доéхал ~ I had a good [gud] jóurney; всё кóнчилось ~ éverything ['e-] énded háppily

благополýчн‖ый succéssful; ~ое окончáние háppy end; safe énding

благоприя́тн‖ый fávourable; ~ая погóда fávourable wéather ['weðə]; ~ отвéт fávourable ánswer

благорóдный noble [nəubl]

благосостоя́ние *с* well-béing [-'biː-], wélfare

благоустро́енн∥ый cómfortable ['kʌ-], with módern ['mɔ-] convénience; ~ая кварти́ра well-appóinted flat

благоустро́йств∥о *с*: рабо́ты по ~у го́рода cíty ['sɪ-] (town) impróvement [-'pruːv-] and lándscaping

бланк *м* form; ~ для почто́вого перево́да póstal órder form; телегра́фный ~ télegraph form; пожа́луйста, запо́лните ~ fill in the form, please

бле́дный pale; вы (сего́дня) о́чень бледны́ you look véry ['verɪ] pale (todáy)

блеск *м* lústre; brílliance

блесну́ть flash

блесте́ть shine, glítter

блестя́щ∥ий brílliant; shíning; ~ие достиже́ния brílliant achíevements

ближа́йш∥ий néarest ['nɪə-]; *(непосредственно следующий)* next; ~ее почто́вое отделе́ние néarest póst-office; ~ рестора́н (кинотеа́тр) néarest réstaurant (cínema); ~ая стоя́нка такси́ (автобусная остано́вка) néarest táxi stand *или* táxi rank (bus stop)

бли́же néarer ['nɪə-]; как ~ всего́ пройти́ к..? what's the shórtest way to..? ◇ ~ к де́лу! stick to the point!

близ close [-s] to, near [nɪə]

бли́зк∥ий 1. *(в пространстве и во времени)* near [nɪə], close [-s]; са́мый ~ путь the shórtest way **2.** *(сходный)* símilar ['sɪ-], alíke **3.** *(об отношениях)* íntimate; ~ друг íntimate friend

бли́зко near [nɪə] (by), close [-s] (to); мы ~ знако́мы we are clósely acquáinted

близнецы́ *мн.* **1.** *(двойня)* twins; *(тройня)* tríplets **2. Б.** *астр.* Gémini ['dʒemɪniː]

близору́кий néar-sighted ['nɪə-], *тж. перен.* short-síghted

бли́зость *ж* **1.** proxímity **2.** *(об отношениях)* íntimacy

бли́нчики *мн.* (small) páncakes, frítters

блины́ *мн.* páncakes

блок *м* *(группировка)* bloc

блокно́т *м* wríting pad; nóte-book

блонди́н *м* fáir-háired man; ~ка *ж* blonde (girl)

блоха́ *ж* flea

бло́чный: ~ дом prefábricated house (of cóncrete slabs)

блу́зка *ж* blouse

блю́до *с* **1.** *(посуда)* dish, plátter **2.** *(часть обеда, ужина и т. п.)* cóurse; обе́д из трёх блюд thrée-cóurse dínner

блю́дце *с* sáucer

бобо́вые: ~ *(культу́ры)* púlses, légumes ['le-]

бобсле́й *м* *спорт.* bóbsledding

бобы́ *мн.* beans

Бог *м* God

бога́тый rich; ~ урожа́й abúndant hárvest, búmper crop

боги́ня *ж* góddess

богослуже́ние *с* divíne sérvice

бо́дрый vígorous ['vɪ-]; ~ шаг brisk walk (pace)

боев‖о́й fíghting; ~ дух fíghting spírit ['spɪ-]; ~а́я гото́вность (подгото́вка) со́mbat réadiness ['re-] (tráining); ~а́я зада́ча úrgent (vítal) task

боеголо́вка ж wárhead; я́дерная ~ núclear ['njuː-] wárhead

боеспосо́бность ж со́mbat effíciency [-'fɪʃ-]

боец м man, sóldier ['səuldʒə]; рядово́й ~ prívate (sóldier), GI

бой м báttle, áction; (небольшо́й) fight, со́mbat; ~ ме́стного значе́ния lócal engágement ◊ взять с бо́ю take by assáult; уступи́ть без бо́я give [-ɪ-] up withóut a fight; ~ часо́в the chimes

бо́йк‖ий lívely, smart; ~ая торго́вля brisk trade

бойко́т м bóycott

бо́йня ж 1. sláughter-house 2. (о лю́дях) mássacre, bútchery ['bu-]

бок м side; по ~а́м on each side; на ~у́ on the side

бока́л м glass, góblet; подня́ть ~ raise one's glass to

боково́й láteral ['læ-], side

бо́ком sídeways

бокс м bóxing

боксёр м bóxer; ~-средневе́с м míddle-weight bóxer

бо́лее more; ~ и́ли ме́нее more or less; ~ того́ móreover; (всё) ~ и ~ more and more; тем ~ all the more; не ~, чем...

not more than...; ~ всего́ most of all

боле́зненный 1. (нездоро́вый) unhéalthy [-'he-], síckly 2. (причиня́ющий боль) páinful

боле́знь ж íllness; (длительное или хрони́ческое заболева́ние) diséase [-'ziːz]

боле́льщик м спорт. fan

боле́ть 1. (чем-л.) to be ill with, to be down with; я боле́ю гри́ппом I have the flu 2. (о теле, части тела и т. п.) ache [eɪk], hurt; у меня́ боли́т голова́ (зуб) I have a héadache (tóothache); у меня́ боли́т рука́ my hand hurts 3. разг. (за кого́-л.) be a fan; root (for)

болеутоля́ющее с (сре́дство) sóothing (drug), ópiate; разг. páin-killer

боло́то с swamp [-ɔ-], bog, marsh

боль ж pain, ache [eɪk]; (резкая внеза́пная) pang; бо́ли в желу́дке со́lics; головна́я ~ héadache; зубна́я ~ tóothache

больни́ца ж hóspital

больни́чн‖ый hóspital; ~ лист médical ['me-] certíficate [-'tɪ-]; он на ~ом he is on sick leave

бо́льно безл. it is páinful; мне ~ it hurts me; ~ уда́риться hurt onesélf [wʌn-] bádly

больно́й 1. sick 2. м pátient ['peɪʃ-]

бо́льше 1.: э́тот зал ~ того́ this hall is lárger than that one 2.: как мо́жно ~ as much as póssible; спаси́бо, я ~ не хочу́ no more, thanks

большеви́к *м* Bólshevik

большинств‖о́ *с* majority [-'ʤɔ-] в ~é слу́чаев in most cáses

больш‖о́й 1. big, large; ~ го́род big (large) cíty ['sı-]; на ~ ско́рости at high (great) speed; ~ вы́бор wide seléction (choice) **2.** *перен.* great [greıt] ◊ ~а́я бу́ква cápital ['kæ-] létter; ~ па́лец *(руки́)* thumb [θʌm], *(ноги́)* big toe; Б. теа́тр the Bolshói Théatre

бо́мба *ж* bomb [bɔm]; а́томная ~ atómic bomb, A-bomb; водоро́дная ~ hýdrogen bomb, H-bomb; нейтро́нная ~ neútron bomb

бор *м* pine wood

бордо́ I *с нескл. (вино́)* cláret

бордо́ II *(цвет)*, ~вый deep red, réddish purple, wíne-cóloured [-kʌ-]; *амер.* búrgundy

боре́ц *м* **1.** *(сторо́нник)* chámpion; борцы́ за мир chámpions of peace **2.** *спорт.* wréstler ['reslə]

боржо́ми Borzhómi míneral ['mı-] wáter ['wɔ-]

бо́рн‖ый: ~ая кислота́ bóric ácid; ~ вазели́н bóric váseline

борода́ *ж* beard [bıəd]

борозда́ *ж* fúrrow

борона́ *ж* hárrow [-əu]

борони́ть hárrow [-əu]

боро́ться 1. fight, struggle; ~ за мир struggle (work [wə:k]) for peace; ~ за пе́рвое ме́сто compéte for the chámpionship; ~ за ка́чество проду́кции seek to prodúce quálity goods **2.** *спорт.* wrestle [resl]

борт *м* board [bɔːd]; на ~у́ on board; пра́вый ~ stárboard; ле́вый ~ port; вы́бросить за ~ throw óverboard ◊ челове́к за ~ом! man óverboard!

бортмеха́ник *м* flight mechánic [-'kæ-], flight éngineer

бортпроводн‖и́к *м* air stéward; ~и́ца *ж* stéwardess, áir-hostess [-həus-]

борщ *м* borsch *(beetroot and cabbage soup)*

борьба́ *ж* **1.** struggle; ~ за свобо́ду и незави́симость struggle for fréedom and indepéndence; кла́ссовая ~ class struggle **2.** *спорт.* wréstling ['resl-]; во́льная ~ free style wréstling; класси́ческая ~ Gráeco-Róman wréstling

босико́м bárefoot

босо́й bárefooted; на бо́су́ но́гу with no stóckings (socks) on, bárefooted

босоно́жки *мн.* (ópen-toe [-təu]) sándals

бота́ник *м* bótanist ['bɔ-]

бота́ника *ж* bótany ['bɔ-]

ботани́ческий: ~ сад botánical [-'tæ-] gárdens

боти́нки *мн.* boots, *амер.* high shoes [ʃuːz]

бо́чка *ж* bárrel

боя́знь *ж* fear [fıə]

боя́ться be afráid (of), fear [fıə]; я не бою́сь I'm not afráid;

я не бою́сь за него́ I'm not afráid for him; бою́сь, что... I'm afráid (that)...

брак I м márriage; вступи́ть в ~ get márried

брак II м **1.** *(в производстве)* réjects **2.** *(изъян)* deféct [di-'fekt]

браслéт м brácelet; *(запястье)* bangle

брасс м *(стиль плавания)* bréast-stroke ['bre-]

брат м bróther ['brʌ-]

брáтск‖ий brótherly ['brʌ-], fratérnal; ~ая дрýжба fratérnal fríendship

брать take; ~ билéт buy (book) a tícket; ~ начáло oríginate (in, from); ~ примéр с fóllow an exámple of

бревнó с **1.** log **2.** *спорт.* bálance ['bæ-] beam

бред м delírium [-'lɪ-]

брéдить be delírious [-'lɪ-], rave; *перен.* be mad (abóut, on)

брезéнт м tarpáulin

бригáда ж team; концéртная ~ cóncert tóuring group

бригади́р м téam-léader

бриллиáнт м (cut) díamond ['daɪə-]

бритáнский Brítish ['brɪ-]

бри́тва ж rázor; безопáсная ~ sáfety rázor; электри́ческая ~ eléctric sháver

бри́твенн‖ый: ~ прибóр sháving-set; ~ые принадлéжности sháving things

брить shave; ~ся *(самому)* shave; *(у парикмахера)* have a shave

брóви *мн.* éyebrows ['aɪbrauz]

брод м ford

броди́ть *(ходить)* wánder ['wɔndə], roam, stroll

бродя́ч‖ий: ~ая собáка stray dog; ~ие музыкáнты trávelling [-æ-] musícians [-'zɪ-]

брóнза ж bronze; *(изделия)* brónzes

брóнзовый bronze

бронхи́т м bronchítis [brɔŋ'kaɪtɪs]

брóня ж reservátion

броня́ ж ármour

бросáть, брóсить 1. *(кинуть)* throw [-əu]; ~ мяч throw the ball **2.** *(оставить)* abándon, leave **3.** *(перестать)* give [gɪv] up, stop; я брóсил кури́ть I gave up smóking; брóсьте! stop it!, *разг.* drop it!

брóситься 1. throw [-əu] onesélf [wʌn-] (on, upón) **2.:** ~ бежáть start rúnning ◊ мне брóсилось в глазá it struck me

бросóк м *спорт.* throw [-əu]; *(в беге)* spurt; послéдний ~ fínal spurt

брошь ж brooch [brəutʃ]

брошю́ра ж bóoklet, pámphlet

бруснѝка ж *собир.* red bílberries *pl*

брýсья *мн. спорт.* bars; параллéльные ~ párallel bars; разновысóкие ~ unéven (párallel) bars

бры́згать splash

брю́ки *мн.* tróusers *pl;* pants *pl*

брюнет *м* dark(-háired) man; ~ка *ж* brunétte

брюхо *с* bélly

бублики *мн.* bóubliks ['bu:-] (*thick ring-shaped rolls*)

бубны *мн. карт.* díamonds ['daɪə-]

буддист *м* Búddhist ['bu-]

будильник *м* alár(u)m-clock; заведите ~ set the alárum

будить wake up; не надо его ~ don't wake him up

будка *ж* box, cábin ['kæ-], booth

будни *мн.* 1. (*не праздничные дни*) wéek-days 2. (*обыденная жизнь*) húmdrum life; dáily routíne

будто as íf, as though [ðəu]

будущ‖ее *с* the fúture; в (ближайшем) ~ем in the (néarest) fúture

будущ‖ий fúture; next; в ~ем году next year; на ~ей неделе next week

буй *м* buoy [bɔɪ]

буйный 1. wild, víolent 2. (*быстро растущий*) vígorous ['vɪ-]

бук *м* beech

букашка *ж* bug, small ínsect

буква *ж* létter

буквальный líteral ['lɪ-]

букварь *м* school [sku:l] prímer, ABC-book

букет *м* bouquét [bu:'keɪ], bunch of flówers; ~ик *м* nósegay

букинистический: ~ магазин sécond-hand bóokshop

буксир *м* (*судно*) túg (-boat)

булавка *ж* pin; английская ~ sáfety pin

булка *ж* roll

булочка *ж* roll; сдобная ~ bun

булочная *ж* báker's; bákery

бульвар *м* bóulevard ['bu:lva:]

бульон *м* bóuillon ['bu:jɔŋ], clear [klɪə] soup [su:p], broth; куриный ~ chícken broth; мясной ~ beef tea

бумага *ж* páper; папиросная ~ tíssue-paper; почтовая ~ létter-paper, nóte-paper; туалетная ~ tóilet-paper

бумажник *м* wállet ['wɔ-]; я забыл дома ~ I've left my wállet at home

бунт *м* riot, mútiny

буран *м* snów-storm, blízzard

буржуазия *ж* bourgeoisíe [,buəʒwɑ:'zi:]

буржуазный bóurgeois ['buəʒwɑ:]

бурить bore, drill; ~ нефтяную скважину sink (drill) an óil-well

бурлить seethe; *перен. тж.* buzz with excítement

бурн‖ый stórmy, víolent ['vaɪə-]; ~ые аплодисменты storm of appláuse; ~ая жизнь héctic life

буров‖ой: ~ая скважина bore hole; ~ая вышка dérrick

бурун *м* surf

бурый gréyish-brown; ~ медведь brown bear [bɛə]; ~ уголь brown coal, lígnite

буря *ж* storm

бу́сы *мн.* beads, nécklace [-lɪs]

бутербро́д *м* (ópen-faced) sándwich; ~ с икро́й (с сы́ром, с ветчино́й, с колбасо́й) cáviar (cheese, ham, sáusage) sándwich

буто́н *м* bud

буты́лка *ж* bóttle; ~ кефи́ра (молока́, сли́вок, вина́) a bóttle of búttermilk (milk, cream, wine)

буфе́т *м* 1. (*мебель*) síde-board [-bɔd] 2. (*на вокзале и т. п.*) refréshment room, bar; пойдёмте в ~! let's go to the refréshment room!

буха́нка *ж* (tínned) loaf (of bread [bred])

бухга́лтер *м* bóokkeeper, accóuntant [ə'kau-]

бухгалте́рия *ж* (*занятие*) bóokkeeping 2. (*помещение*) accóuntant's óffice

бу́хта *ж* bay

бы: я бы охо́тно посети́л... I would like to vísit ['vɪzɪt]...; я хоте́л бы I would like; вы бы присе́ли! sit down, won't you?; е́сли бы я знал (вы зна́ли) (*наст.*) if I (you) knew; (*прош.*) had I (you) known

быва́ть 1. (*случаться*) occúr [ə'kə:], háppen; быва́ет! it does háppen sómetimes!, such things do háppen!, it may háppen to ánybody 2. (*посещать*) vísit ['vɪzɪt]; он там быва́ет ежедне́вно he is there évery ['evrɪ] day; вы ча́сто быва́ете в теа́тре? do you óften go to the théatre ['θɪə-]? 3.

(*происходить*) be held

бы́вший fórmer; éx-

бык *м* bull [bul]

бы́ло: он чуть ~ не упа́л he had néarly fállen, he was on the point of fálling

быль *ж* fact, true stóry

быстрохо́дный hígh-speed, fast

бы́стрый quick; fast; rápid

быт *м* 1. (*уклад жизни*) mode (way) of life 2. (*повседневная жизнь*) (fámily) life; ~ово́й 1.: ~ово́е обслу́живание sérvice 2.: ~ова́я те́хника home applíances [-'aɪə-]

быть be; где вы бы́ли? where have you been? ◊ как ~? what shall I (you, *etc*) do?; так и ~! all right; бу́дьте (так) добры́ would you be so kind as; ~ в состоя́нии be able; бу́дьте здоро́вы! (*до свидания!*) good-býe [gud-]!

бюдже́т *м* búdget

бюллете́н‖ь *м* 1. búlletin ['bu-]; избира́тельный ~ vóting páper, bállot (páper) 2. (*больничный лист*) médical ['me-] certíficate [-'tɪ-]; он на ~е *разг.* he is on síck-leave (on the síck-list)

бюро́ *с* óffice, buréau [bju-'rəu]; спра́вочное ~ inquíry óffice; туристи́ческое ~ tóurist ágency

бюст *м* bust

бюстга́льтер *м* brássiere ['bræzɪə, brə'zɪər]

В

в in; at; to; ínto [ˈɪntu]; в теáтре *(в здании)* in the théatre [ˈθɪə-]; *(на представлении)* at the théatre; в Москвé in Móscow; в 2 часá дня at two p. m.; в 1981 годý in 1981; в понедéльник on Mónday; в прóшлый раз last time; войти в дом énter a house; éхать в Москвý go to Móscow; в пáмять (о) in mémory (of); в нéскольких киломéтрах от some kílometres from; в нéсколько дней withín séveral days; длинóй в 5 мéтров five métres long; в нéсколько раз бóльше séveral times as mány [ˈmenɪ] *(о сущ. во мн.)*; séveral times as much *(о сущ. в ед.)*; в два рáза мéньше half; half the size; в нéсколько раз мéньше séveral times less; в состáве делегáции on the delegátion; в спúске on the list; пьéса в трёх дéйствиях a play in three acts, a thrée-act play; быть úзбранным в... be elécted to...; в слýчае in case of; в том числé inclúding; в течéние dúring; for; withín; в завúсимости от depénding on

вагóн *м* cárriage [ˈkærɪdʒ], *амер.* car; багáжный ~ lúggage van, *амер.* bággage-car; купúрованный ~ compártment cárriage; спáльный ~ sléeping-car, sléeper; мягкий ~ sóft-seated cárriage; ~-ресторáн *м* díning-car, díner

вагоновожáтый *м* mótorman

вáжн‖ый impórtant; ~ое дéло *(извéстие)* impórtant búsiness [ˈbɪz-] (news)

вáза *ж* vase [vɑːz]

вазелúн *м* váseline [ˈvæsɪliːn]

вакáнсия *ж* vácancy

вакцúна *ж* váccine

вал I *м* **1.** *(насыпь)* bank; mound **2.** *(волна)* róller ◊ девятый ~ the tenth wave

вал II *м тех.* shaft; колéнчатый ~ *авто* cránkshaft; распределúтельный ~ *авто* cámshaft

вал III *м эк.* gross; план по ~у gross tárget fígures [ˈfɪg-]

вáленки *мн.* felt boots

валериáнов‖ый: ~ые кáпли tíncture of valérian

валéт *м карт.* knave, Jack

вальс *м* waltz [-s]

валют‖а *ж* (fóreign [ˈfɔrɪn]) cúrrency; обмéн ~ы cúrrency exchánge; обратúмая ~ convértible cúrrency

вам you; мы к ~ зайдём we'll call on you; мы ~ покáжем we'll show [ʃəu] you; я ~ это дам I'll give it to you

вáми by (with) you; мы пойдём с ~ we'll go alóng with you; мы за ~ зайдём we'll come [kʌm] to fetch you

вáнн‖а *ж* bath [bɑːθ]; принять ~у take a bath; сóлнечная ~ sún-bath

вáнная *ж* báthroom [ˈbɑːθ-]

вáрежки *мн.* míttens

варéники *мн.* varéniks *(curd or fruit dumplings)*

варéнье *с* presérve(s) *(pl)*

варить boil; *(готовить)* cook; ~ кофе make cóffee; ~ся be bóiling, be on

варьетé *c* varíety [vəˈraɪətɪ] show [ʃəu]

вас you; рад ~ вúдеть glad to see you; нет ли у ~ ..? can you spare..?; мы о ~ вспоминáли'we've thought abóut you

василёк *м* córnflower

вáта *ж* cótton (wool)

ватрýшка *ж* curd tart

вáфли *мн.* wáfers *pl*; wáffles *pl*

вáхт‖а *ж* watch; на ~e on dúty

ваш your; yours; ~ друг your friend, a friend of yours

вблизú near [nɪə] by, near

вбок sídeways

введéние *c* introdúction; *(предисловие тж.)* préface [ˈpre-]

ввезтú *см.* ввозúть

вверх up, úpwards; ~ по лéстнице up the stairs, úpstairs; ~ по течéнию upstréam, up the ríver [ˈrɪ-]

вверхý at the top; overhéad [-ˈhed]

ввестú introdúce; bring in; ~ в гáвань pílot (a ship) ínto [ˈɪntu] hárbour; ~ в эксплуатáцию put into operátion ◊ ~ в заблуждéние misléad

ввидý: ~ тогó, что... as, since, in view of the fact that...

вводúть *см.* ввестú

ввоз *м* ímport

ввозúть impórt

вглубь deep (ínto [ˈɪntu]); ~ странú inlánd

вдалекé, вдалú in the dístance

вдвóе twice, double [dʌ-]; twice as mány [ˈmenɪ] *(с сущ. во мн.)*; twice as much *(с сущ. в ед.)*; twice as *(с прилагательным)*; увелúчить ~ double; умéньшить ~ halve

вдвоём the two of us (them, you); togéther

вдвойнé double [dʌ-]; twice; twófold [ˈtuː-]

вдевáть, вдеть pass (thróugh [θruː]); ~ нúтку в игóлку thread [θred] a needle

ВДНХ (Вúставка достижéний нарóдного хозяйства) СССР the USSR Nátional [ˈnæ-] Ecónomy [-ˈkɔ] Fair

вдобáвок besídes, in addítion; ínto [ˈɪntu] the bárgain

вдовá *ж* wídow [ˈwɪdəu]

вдовéц *м* wídower [ˈwɪdəuə]

вдóволь 1. *(в изобилии)* in plénty **2.** *(до полного удовлетворения)* to one's heart's [hɑː-] contént

вдогóнку áfter [ˈɑːftə], in pursúit [pəˈsjuːt] of; пускáться ~ rush áfter

вдоль alóng; идтú ~ бéрега (рекú) go alóng the bank ◊ ~ и поперёк far and wide; знать что-л. ~ и поперёк know *smth* ínside out

вдох *м* breath [breθ]

вдруг súddenly ◊ a ~ мы опоздáем? and what if we are late?

вегетариáнск‖ий: ~ое блюдо vegetárian dish

вéдома: без (егó) ~ a) withóut létting (him) know; *б) (без разрешения)* withóut (his) consént

ве́домственн‖ый departméntal; ~ые барье́ры departméntal bureaucrátic bárriers

ве́домство *с* depártment

ведро́ *с* pail, búcket ['bʌ-]

веду́щ‖ий: ~ая кома́нда léading (tópping) team

ведь but, why; я ~ вам говори́л but I told you; ~ изве́стно, что... why, it's cómmon knówledge that...

ве́ер *м* fan

ве́жлив‖ость *ж* cóurtesy ['kə:-], políteness; долг ~ости políteness requíres...; ~ый políte, cóurteous ['kə:-], cívil

везде́ éverywhere ['evrɪ-]

везти́ 1. *(груз)* cárry; *(кого-л. на автомобиле и т. п.)* drive, take; *(тележку)* draw 2. *безл.:* ему́ везёт he is lúcky; ему́ не везёт he has no luck

век *м* 1. *(столетие)* céntury ['sentʃʊrɪ] 2. *(эпоха)* age 3. *(жизнь)* life

ве́ко *с* éyelid ['aɪ-]

вели́к: э́ти ту́фли (перча́тки *и т. п.*) мне ~й these shoes [ʃuːz] (gloves, *etc*) are too big for me

велика́н *м* giant

вели́кий great [-eɪt]

великоле́пный spléndid, éxcellent, fine

вели́чественный majéstic; magníficent [-'nɪ-]

величина́ *ж* 1. size 2. *мат.* quántity; *(значение)* válue ['væljuː]

велого́н‖ка *ж* bícycle ['baɪsɪkl], cycle [saɪ-] race; ~щик *м* rácing cýclist ['saɪ-], bícycle ['baɪsɪkl] rácer

велодро́м *м* cycle [saɪ-] track

велосипе́д *м* bícycle ['baɪsɪkl], bike; ~и́ст *м* cýclist ['saɪ-]

ве́на *м* vein

вено́к *м* wreath [riːθ], gárland; *(на голову)* cháplet; возлага́ть ~ lay (place) a wreath

вентиля́тор *м* fan

вентиля́ция *ж* ventilátion

ве́ра *ж* 1. faith; belíef 2. *(вероисповедание)* relígion [-'lɪdʒ-], creed; ~ в бо́га relígious belíef; христиа́нская ~ Chrístian relígion (faith)

вера́нда *ж* veránda(h), *амер.* porch

верблю́д *м* cámel ['kæ-]

верёвка *ж* cord; twine; *(толстая)* rope; *(бечёвка)* string

ве́рить belíeve; я вам ве́рю I belíeve you; я э́тому не ве́рю I don't belíeve it; ~ на́ слово take one's word [wə:d] for..., take on trust

вермише́ль *ж* vermicélli

ве́рно *(правильно)* right, corréctly; соверше́нно ~! quite right!

верну́ть retúrn, give [gɪv] back; ~ся retúrn, come [kʌm] back; верни́тесь, пожа́луйста! come back, please!

ве́рн‖ый 1. *(преданный)* true [truː], fáithful, lóyal; ~ друг true friend [frend] 2. *(надёжный)* relíable [-'laɪə-]; из ~ых исто́чников from relíable sóurces **3.** *(правильный)* corréct, right; ~ое решéние corréct decísion; у вас ~ые часы́? is your watch right?

вероисповéдание *с см.* вéра 2

вероя́тно próbably ['prɔ-]; он, ~, придёт he is líkely to come [kʌm]

вероя́тност‖ь *ж*: по всей ~и in all probabílity

вертикáльный vértical

вертолёт *м* helicópter; ~ный: ~ная стáнция héliport

верфь *ж* dóckyard

верх *м* **1.** top; откидной ~ *(автомобиля)* fólding top **2.** *(высшая степень)* height [haɪt]; ~ совершéнства the pink of perféction ◊ одержáть ~ gain (get [get]) the úpper hand

вéрхн‖ий úpper; ~ee плáтье clóthes, gárments, appárel; ~ этáж úpper floor

верхóвный supréme

верхов‖óй: ~áя ездá ríding

верхóм on hórseback; éздить ~ ride

вершúна *ж* top, súmmit, peak

вес *м* weight [weɪt]; какóй у вас ~? how much do you weigh [weɪ]?; прибáвить в ~е gain weight; сбрóсить ~ loose weight

веселúться enjóy onesélf, have a good [gud] time, make mérry, have fun

весёлый mérry, gay, chéerful

весéнний spring

вéсить weigh [weɪ]

веслó *с* oar [ɔ]; *(парное)* scull; *(гребок)* paddle

веснá *ж* spring

веснóй in spring; бýдущей (прóшлой) ~ next (last) spring

весов‖óй: ~áя категóрия *спорт.* wéight-class [weɪt-]

вестú 1. lead; кудá вы нас ведёте? where are you táking us?; кудá ведёт э́та дорóга? where does this road lead to? **2.** *(собрание)* presíde óver, take the chair [ʧɛə] at **3.** *(автомашину)* drive **4.** *(мяч)* dribble **5.**: ~ переговóры negótiate; ~ разговóр have a talk ◊ ~ себя́ beháve (onesélf [wʌn-])

вестибю́ль *м* lóbby, hall

весть *ж* news

весы́ *мн.* **1.** scales, bálance ['bæl-] **2. В.** *астр.* Líbra

весь all; ~ день all day long

вéтер *м* wind [wɪnd]; лёгкий ~ breeze; встрéчный ~ head [hed] wind; попýтный ~ fair wind; штормовóй ~ gale

ветерáн *м* véteran ['ve-]; ~ трудá sénior wórker; *(звание)* Véteran of lábour

ветеринáр *м* véterinary ['vetərɪnərɪ] (súrgeon)

вéтка *ж* branch [brɑ:-]; *(мелкая)* twig

вéтреный wíndy ['wɪn-]

ветчин‖á *ж* ham; яи́чница с ~óй ham and eggs

вéчер *м* **1.** *(вечернее время)* évening; дóбрый ~! good [gud] évening!; по ~áм я всегдá дóма in the évening I am álways in **2.** *(вечеринка)* (éve-

ning) párty; вы пойдёте на ~?
are you góing to atténd the
párty?

вечéрн‖ий évening; ~ee
плáтье évening dress; ~яя
шкóла níght-school [-sku:l]

вéчером in the évening; at
night; вчерá (зáвтра) ~ last
(tomórrow) night; сегóдня ~
toníght

вéчн‖ый etérnal; ~ая мерзлотá pérmafrost

вéшалк‖а ж **1.** (для одежды)
peg; stand; (плечики) hánger;
дáйте мне ~y! will you give
[gɪv] me a hánger? **2.** (у одежды) tab, hánger; у меня обо-
рвалáсь ~ the tab of my coat
is torn off

вéшать hang; ~ пальтó hang
up one's coat

веществó súbstance

вéщи мн. things, belóngings;
где мой ~? where are my
things?, (о багаже тж.) where
is my lúggage?; упаковáть ~
do the pácking

вещь ж thing

взаимный mútual, recíprocal

взаимоотношéние с (inter-)
relátion, relátionship

взаимопóмощ‖ь ж mútual
assístance; кáсса ~и mútual
bénefit fund

взаймы́: брать ~ bórrow;
давáть ~ lend

взамéн in exchánge [-'tʃeɪ-],
in retúrn

взбúт‖ый: ~ые слúвки whip-
ped cream

взволновáть excíte, ágitate
['ædʒɪ-]; (расстроить) upsét;

(растрогать) move [mu:v]; ~ся
get [get] wórried ['wʌ-] (excí-
ted)

взгляд м **1.** look, glance
[glɑ:ns]; с пéрвого ~a at first
sight; брóсить ~ cast a glance
2. (мнение) opínion [-'pɪ-];
óutlook; на мой ~ in my view

вздохнýть sigh [saɪ]; take a
breath [-eθ]; ~ свобóдно
breathe fréely

вздрáгивать, вздрóгнуть
start, give [gɪv] a start

вздыхáть sigh [saɪ]

взимáться be lévied ['le-], be
collécted; тамóженный сбор
не взимáется dúty-free; взимáется штраф a fine is set
(on)

взлетáть, взлетéть fly up;
(о самолёте) take off

взлётн‖ый: ~ая дорóжка
táke-off strip, rúnway

взмах м flap, stroke; (рукú)
wave

взмáхивать, взмахнýть 1.
(крыльями) flap **2.** (рукой,
платком и т. п.) wave

взмóрье с séashore; séaside

взнос м páyment; члéнский
~ mémbership dues; вступú-
тельный ~ éntrance fee

взрóслый ádult ['ædʌ-],
grówn-up ['grəun-]

взрыв м explósion; ~ апло-
дисмéнтов burst of appláuse;
~ смéха óutburst of láughter
[lɑ:f-]

взыскáние с **1.** (наказание)
pénalty ['pe-]; púnishment
['pʌ-]; наложúть ~ impóse
a pénalty (on) **2.** (взимание)

exáction; ~ пóшлины colléction of dúty

взятка *ж карт.* trick

взять take; ~ с собóй take alóng (with); ~ на себя take upón onesélf [wʌn-]; возьмите! here you are! ◊ ~ себя в руки pull onesélf togéther; ~ся: ~ся зá руки join hands; ~ся за дéло get [get] down to búsiness ['bɪz-]

вид *м* 1. *(внешность)* appéarance [-'pɪə-], look 2. *(местности и т. п.)* view [vjuː]; красивый ~ beáutiful lándscape ◊ при ~e at the sight (of); иметь в ~ý a) bear in mind; б) *(намереваться)* inténd, mean

видеозáпись *ж (процесс)* vídeo ['viː-] recórding; *(результат)* vídeo tape

видеомагнитофóн *м* vídeo tape recórder (VTR), vídeo cassétte recórder (VCR)

видеть see; я хорошó (плóхо) вижу my éyesight ['aɪ-] is good [gud] (poor); вы видите? can you see?; я не вижу I cánnot see

видимо évidently ['evɪ-]

видно one can see; былó хорошó ~ one could see quite well; ~, егó нет на месте appárently, he is not in

видоискáтель *м фото* view-finder ['vjuːfaɪ-]

виз‖а *ж* visa ['viːzə]; ~ на въезд (выезд) éntrance (éxit) visa; выдать ~y grant a visa; получить ~y get [get] a visa; транзитная ~ tránsit (through [θruː]) visa

визит *м* visit ['vɪzɪt], call; ~ вежливости cóurtesy visit (call); официáльный ~ call, dúty-call; нанести ~ pay a visit; *(короткий, официáльный)* pay a call; отдáть ~ retúrn a visit

вилка *ж* fork

винá *ж* guilt [gɪ-]; fault

винегрéт *м* Rússian sálad ['sæ-]

винó *с* wine; белое ~ white wine; крáсное ~ red wine; сухóе ~ dry wine; полусухóе ~ sémi-dry wine

виногрáд *м* grapes

виногрáдарство *с* víticulture ['vɪ-]

виногрáдник *м* víneyard ['vɪnjəd]

виногрáдн‖ый grape; ~ое винó (grape) wine

винодéлие *с* wíne-making

винт *м* screw [-ruː]

винтóвка *ж* rifle [raɪfl]

винтов‖óй spíral; ~áя лéстница spíral (wínding) stáircase; ~áя передáча hélical gear [gɪə]; ~áя нарéзка (screw) thread [-ed]

виолончéль *ж* violoncéllo [-'tʃeləu], 'cello

виртуóз *м* virtuóso

вирус *м* vírus; ~ный víral

висéть hang

виски *с* whísky; шотлáндское ~ Scotch

вискóзный: ~ шёлк ráyon ['reɪɔn]

висóк *м* temple

високóсный: ~ год léap-year

витамин *м* vítamin

виток *м* coil; *(один оборот тж.)* turn, revolútion *(на орбите)*; círcuit [-kɪt]

витри́на *ж* **1.** shop window [-əu] **2.** *(в музее)* shów-case [ʹʃəu-]

ви́ться 1. *(о реке, дороге и т. п.)* wind [waɪnd] **2.** *(о волосах)* curl

вишнёв‖ый: ~ сад chérry órchard; ~ сиро́п chérry sýrup; ~ого цве́та chérry-colour [-kʌ-], *амер.* búrgundy

ви́шня *ж* chérry; *(дерево тж.)* chérry-tree

вклад *м* depósit [-ʹpɔz-]; invéstment; ~ в де́ло ми́ра contribútion to the cause [kɔːz] of peace

включа́ть(ся) *см.* включи́ть (-ся)

включа́я, включи́тельно inclúding [-ʹkluː-]; *после сущ.* inclúded

включи́ть 1. *(ввести в состав)* inclúde [-ʹkluːd]; ~ в соста́в делега́ции (кома́нды) inclúde in the delegátion (team) **2.** *(ввести в действие)* switch on, turn on; включи́те ра́дио (телеви́зор) turn on the rádio (the TV); ~ся join in; énter

вкра́тце bríefly, in short

вкруту́ю: яйцо́ ~ hárd-bóiled egg

вкус *м* taste [teɪ-]; быть го́рьким на ~ taste bítter; де́ло ~a a mátter of taste

вку́сно: (как) ~! how tásty [ʹteɪ-] it is!, it is véry [ʹverɪ] delícious [-ʹlɪʃəs]

вку́сный tásty [ʹteɪ-], delí-cious [-ʹlɪʃəs]; ~ обе́д good [gud] (nice) dínner

вкусов‖о́й (grossly) subjéc-tive, árbitrary; ~щи́на *ж* (gross) subjéctive bias in decís-ion-making [-ʹsɪʒn-]; árbit-rary mánagement [ʹmæ-] méthods [ʹme-]

владе́лец *м* ówner [ʹəu-]

владе́ть 1. own [əun], pos-séss; я владе́ю (не владе́ю) англи́йским языко́м I know [nəu] (don't know) Énglish; каки́м языко́м вы владе́ете? what lánguage do you know? **2.:** ~ собо́й contról onesélf [wʌn-]

вла́жн‖ость *ж* humídity [-ʹmɪ]; ~ый кли́мат damp clímate; ~ый во́здух moist (húmid) air

вла́сти *мн.* authórities [-ʹθɔ-]

власт‖ь *ж* **1.** pówer; authó-rity [-ʹθɔ-]; быть у ~и be in pówer; прийти́ к ~и come [kʌm] to pówer **2.** *(владычест-во)* rule [ruːl]

вле́во to the left; ~ от to the left of

влезть get in, climb in [klaɪm]; ~ в тролле́йбус get on a trólley bus; ~ на де́рево climb (up) a tree ◊ ~ в долги́ get into debt [det]

влия́ние *с* ínfluence; оказа́ть ~ ínfluence, exért ínfluence (on); име́ть ~ have ínfluence (on)

влия́ть ínfluence

ВЛКСМ (Всесою́зный Ле́-нинский Коммунисти́ческий Сою́з Молодёжи) L.Y.C.L.S.U.

(Léninist Young [jʌŋ] Cómmunist League [liːg] of the Sóviet Únion)

влюби́ться, влюбля́ться fall in love [lʌv] (with smb)

вме́сте togéther [-'geðə]; ~ со мной (с ним, с ва́ми) togéther with me (him, you); вы́йдем ~ let's go out togéther; ~ с тем at the same time

вмести́тельный: ~ зал spácious hall

вме́сто instéad [-'sted] (of)

вмеша́ться, вме́шиваться interfére (in); meddle (in); step in

вмя́тина ж dent

внача́ле at first, in (at) the begínning

вне out of, outsíde, beyónd [-'jɔnd]; ~ ко́нкурса hors concóurs [ɔːkɔːŋ'kuː] ◊ ~ себя́ besíde onesélf [wʌn-] (with)

внедре́ние с: ~ но́вой те́хники application of new technólogies [tek'nɔ-]; ~ передово́го о́пыта introdúction of advánced knów-how ['nəu-]

внеза́пно súddenly

внеземно́й extraterréstrial

внеочередно́й 1. out of turn **2.** (о заседании и т. п.) extraórdinary [ɪk'strɔːdnrɪ]

внести́ 1. bring in, cárry in; внеси́те (э́то) сюда́! bring (it) óver here! **2.** (уплатить) pay in; ~ де́ньги pay the móney **3.** (включить) inclúde [-'kluːd], énter; ~ в спи́сок énter on a list **4.** (о предложении) move [muːv], submít; ~ предложе́ние make a propósal; (в кон-

кретной формулировке) move a mótion

вне́ш‖ий óutward, extérnal; ~ вид look, (óutward) appéarance [-'pɪə-]; ~я торго́вля fóreign trade

вне́шность ж extérior; (о человеке) look, appéarance [-'pɪə-]

вниз down, dównwards; ~ по ле́стнице down the stairs, dównstairs

внизу́ belów [-'ləu]; dównstairs; подожди́те меня́ ~ wait for me dównstairs

внима́ни‖е с 1. attétion; ~! attétion! **2.:** приня́ть во ~ take ínto ['ɪntu] considerátion (ínto accóunt); обрати́те ~ на... pay attétion to...; не обраща́йте ~я take no nótice (of), don't pay attétion (to)

внима́тельный 1. attétive **2.** (заботливый) considerate [-'sɪ-]; вы о́чень внима́тельны you are véry ['verɪ] considerate

вничью́: игра́ ко́нчилась ~ the game was drawn, the game énded in a draw

вновь agáin

вноси́ть см. внести́

внук м grándson [-sʌn]

вну́треннее (о лекарстве) for intérnal use [juːs]

вну́тренн‖ий ínner; insíde; intérnal; ~яя торго́вля home (doméstic) trade

внутри́ insíde; in

внутрь ínwards; ínto ['ɪntu]; ínside

вну́чка ж gránddaughter

вня́тный distínct; áudible

вовлека́ть, вовле́чь draw in (ínto ['ıntu])

во́время in time; не ~ inopportúnely; at the wrong time

во-вторы́х sécondly ['se-]

вод‖а́ ж wáter ['wɔːtə]; холо́дная ~ cold wáter; горя́чая ~ hot wáter; кипячёная ~ boiled wáter; газиро́ванная ~ aeráted wáter; минера́льная ~ míneral ['mı-] wáter; питьева́я ~ drínking (fresh) wáter; нельзя́ ли попроси́ть (у вас) стака́н ~ы́? may I have a glass of wáter?

водеви́ль м váudeville ['vəudəvıl], cómic ['kɔ-] sketch

води́тель м dríver

води́ть см. вести́

во́дка ж vódka

во́дн‖ый: ~ спорт aquátics, aquátic sports; ~ тра́нспорт wáter ['wɔːtə] tránsport; ~ая ста́нция aquátic sports céntre ['sentə]; ~ое по́ло wáter pólo; ~ые лы́жи wáter skis [ˌwɔːtə-ˈskiːz]

водоизмеще́ние с мор. displácement

водока́чка ж wáter-tower ['wɔ-]

водола́з м díver

Водоле́й м астр. Aquárius

водопа́д м wáterfall ['wɔːtə-]; falls pl

водопрово́д м 1. (в квартире) rúnning wáter ['wɔːtə] 2. (в городе) wáter-supply; ~чик м plúmber ['plʌmə]

водоро́д м hýdrogen ['haı-]; пе́рекись ~а см. пе́рекись

водохрани́лище с réservoir [-wɑː]; stórage pond (pool)

воéнн‖ый 1. war(-); mílitary ['mı-]; ~ая слу́жба mílitary sérvice **2.** м sérvice-man; он ~ he is in the ármy

вождь м **1.** léader **2.** (племени) chief

возврати́ть retúrn, give [gıv] back; возврати́те мне э́то retúrn it to me; ~ся retúrn, come [kʌm] back; когда́ мы возврати́мся? when do we get [get] back?

возвраща́ть(ся) см. возврати́ть(ся)

возвраще́ние с retúrn; ~ домо́й retúrn home; hóme-coming [-kʌm-]

возвыше́ние с **1.** (процесс) rise **2.** (помост) plátform **3.** (на местности) elevátion

возвы́шенность ж hill, elevátion

возгла́вить, возглавля́ть head [hed], be at the head (of); делега́цию возглавля́ет... the delegátion is héaded (by)...

во́зглас м exclamátion; shout; ~ы одобре́ния cheers of appróval; ~ы удивле́ния (восто́рга) shouts of surpríse (enthúsiasm)

воздвига́ть, воздви́гнуть eréct

возде́йствовать ínfluence, afféct; (на кого-л.) bring ínfluence to bear [bɛə] upon smb

воздержа́ться, возде́рживаться keep onesélf [wʌn-] (from), abstáin (from)

во́здух м air ◊ на (открытом) ~e in the ópen air; out of doors [dɔːz]

возду́шн‖ый air; ~ое сообще́ние air sérvice; ~ые гимна́сты áerialists ['ɛə-] ◊ ~ змей kite; ~ шар ballóon

воззва́ние с appéal; proclamátion

вози́ть см. везти́ 1

во́зле near [nɪə]; by; ~ до́ма near the house

возложи́ть lay, place; ~ вено́к на lay a wreath on; ~ отве́тственность на *кого-л.* put the mátter in *smb's* hands; ~ вину́ на *кого-л.* lay (put) the blame on *smb*

возлю́бленн‖ая swéetheart [-hɑːt]; gírl-friend [-fre-]; ~ый swéetheart [-hɑːt]; bóy-friend [-fre-]

возмо́жн‖о 1. *безл.* it is póssible; вполне́ ~ it is quite póssible **2.** *вводн. сл.* perháps; póssibly; ~, бу́дет дождь it may rain; ~ость ж possibílity [-'bɪ-]; *(удобный случай)* opportúnity, chance; дать ~ость give [gɪv] a chance (an opportúnity), enáble; име́ть ~ость have a chance (an opportúnity), to be able, to be in a posítion to; ~ый póssible; ~ый победи́тель póssible wínner

возмути́ться, возмуща́ться be indígnant (at)

вознагради́ть, вознагражда́ть rewárd [-'wɔːd]; *(материально)* remúnerate, récompense

вознагражде́ние с **1.** *(награда)* rewárd [-'wɔːd] **2.** *(оплата)* remunerátion

возника́ть, возни́кнуть aríse; spring up; *(появляться)* appéar; come [kʌm] ínto ['ɪntu] béing ['biː-]; у него́ возни́кла мысль it occúrred to him

возникнове́ние с órigin, begínning(s)

возобнови́ть, возобновля́ть resúme

возража́ть см. возрази́ть

возраже́ние с objéction; у вас нет возраже́ний? have you got ány objéctions?, you don't objéct, do you?

возрази́ть objéct (to), raise an objéction (agáinst)

во́зраст м age; в ~е (от... до...) áged (from... to...); вы́йти из ~a pass the age; excéed the age límit ['lɪ-]

возрастн‖о́й: ~ ценз age qualificátion; ~а́я гру́ппа age group

Возрожде́ние с Renáissance

войн‖а́ ж war; Вели́кая Оте́чественная ~ the Great Patriótic war; гражда́нская ~ cívil war; мирова́я ~ world [wɔːld] war; вести́ ~у́ wage war; хими́ческая (бактериологи́ческая, термоя́дерная) ~ chémical ['ke-] (bacteriológical, núclear ['njuː-]) wárfare

войска́ *мн.* troops; fórce(s); сухопу́тные ~ land fórces

войти́ go in; come [kʌm] in; énter; ~ в зал énter a hall; войди́те! come in!

вокза́л м (ráilway) státion;

términal; речно́й ~ boat stá-tion (términal); морско́й ~ maríne pássenger términal

вокру́г aróund; round; ~ го́-рода aróund the cíty ['sı-]

вола́н *м спорт.* shúttlecock

волейбо́л *м* vólleyball ['vɔ-]; ~и́ст *м,* ~и́стка *ж* vólleyball ['vɔ-] pláyer

волейбо́льн‖ый vólleyball ['vɔ-]; ~ая площа́дка vólley-ball court; ~ мяч vólleyball; ~ая се́тка vólleyball net

волк *м* wolf [wulf]

волн‖а́ *ж* wave; длина́ ~ы́ wáve-length; на дли́нных (ко-ро́тких, сре́дних) ~а́х long (short, míddle) wave (trans-míssion)

волне́ние *с* excítement; emó-tion

волнова́ть excíte; wórry ['wʌ-]; меня́ волну́ет... what wórries me is...; ~ся 1. *(быть возбуждённым)* be excít-ed 2. *(беспокоиться)* be wór-ried ['wʌ-]

волоки́та *ж* red tape

волокно́ *с* fíbre ['faıbə]; ис-ку́сственное ~ artifícial fíbre [-'fıʃəl...]

во́лосы *мн.* hair

волше́бн‖ик *м* magícian, wízard; *(колдун)* sórcerer; ~ый mágic(al); enchánting [-'tʃɑ:-]

во́льн‖ый free; unrestríct-ed; ~ая борьба́ *спорт.* frée-style wréstling ['reslıŋ]

во́л‖я *ж* will; си́ла ~и wíll-power

вон I: ~ там óver there

вон II out; awáy; ~ отсю́да! get [get] out!

вообще́ génerally ['dʒ-]; on the whole [həul]; *(с отрица-нием)* at all ◊ ~ говоря́ as a mátter of fact, génerally spéak-ing

воодушевле́ние *с* enthúsiasm

вооруже́ни‖е *с* ármament, arms; го́нка ~й arms race (drive), ármaments race (drive); сокраще́ние ~й redúction of ármaments; контро́ль над ~ями arms contról [-'trəul]

во-пе́рвых fírstly, in the first place

вопреки́ in spite of, despíte, cóntrary to

вопро́с *м* quéstion ['kwestʃ-ən]; ~ в том, что... the point is that...; э́то ещё ~ that is to be seen; разреши́те зада́ть ~ may I ask a quéstion?

вор *м* thief ◊ карма́нный ~ píckpocket

воробе́й *м* spárrow [-əu]

во́рон *м* ráven ['reı-]

воро́на *ж* crow [-əu]

воро́нка *ж* 1. *(для налива-ния)* fúnnel 2. *(яма)* cráter

воро́та *мн.* 1. gate 2. *спорт.* goal

воротни́к *м* cóllar ['kɔ-]

воротничо́к *м* cóllar ['kɔ-]

ворча́ть 1. grúmble (at, abóut) 2. *(о собаке)* growl (at)

восемна́дцать eightéen [eı-'ti:n]

во́семь eight [eıt]

во́семьдесят éighty ['eıtı]; ему́ за ~ *(лет)* he is óver éighty

восемьсо́т eight [eɪt] hún-dred

воск м wax

восклики́нуть excláim

восклица́ние с exclamátion

воско́вка ж sténcil(s)

воскресе́нье с Súnday [-dɪ]

воскре́сник м Súnday vólunteer ['vɔ-] wórk-in

воспале́ние с inflammátion; ~ лёгких pneumónia; ~ по́чек nephrítis

воспита́ние с educátion; úpbringing

воспита́ть, воспи́тывать bring up; éducate ['ed-]

воспо́льзоваться use [juːz], make use [juːs] of; мо́жно ~ (ва́шим)..? may I use (your)..?

воспомина́ние с mémory ['me-], recolléction

воспомина́ния мн. mémoirs ['memwɑːz]

воспрети́ть forbíd, prohíbit [-'hɪ-]; (на́дпись) «вход воспрещён!» "no admíttance" (éntry)

воспроизведе́ние с (зву́ка) pláy-back

восстана́вливать см. восстанови́ть

восста́ние с rebéllion, revólt

восстанови́ть 1. restóre 2. (си́лы, здоро́вье) recóver [-'kʌ-]

восстановле́ние с restorátion; recóvery

восста́ть rise (agáinst), revólt

восто́к м east; Бли́жний Восто́к Middle (Near) East; Да́льний Восто́к Far East

восто́рг м rápture ['ræptʃə], delíght; я в ~е от... I am delíghted with...

восто́чни‖ый east; éastern; oriéntal; ~ая Евро́па Eastern Éurope

востре́бован‖ие: до ~ия (на письма́х) post réstante ['poust 'restɑːnt], to be called for, амер. géneral delívery [-'lɪ-]

восхити́ть(ся) см. восхища́ть(ся)

восхища́ть delíght, enrápture [-'ræp-], enchánt [-'tʃɑː-]; ~ся admíre; be cárried awáy (by), be delíghted (with); я восхищён I am delíghted

восхище́ние с admirátion; прийти́ в ~ be delíghted (with)

восхо́д м rise; ~ со́лнца súnrise

восхожде́ние с ascént (of)

восьмичасово́й: ~ рабо́чий день éight-hour wórking-day ['eɪt-...]

восьм‖о́й eighth [eɪtθ]; ~о́е января́ the eighth of Jánuary; ~а́я страни́ца page eight; полови́на ~о́го half past séven ['sevn]

вот here; there; ~ э́тот this one

впервы́е for the first time; я здесь ~ I've néver been here before

вперёд fórward ◊ у вас часы́ (иду́т) ~ your watch is fast

впереди́ 1. in front [frʌ-] of; ahéad [ə'hed] (of); вста́нем ~ let's take a stand in front 2. (в бу́дущем) befóre; in store

впечатле́ние *с* impréssion; произвести́ ~ make (prodúce) an impréssion (on); impréss (smb)

вплоть: ~ до... down to, up to

вполго́лоса in a low [ləu] voice; говори́ть ~ speak in an úndertone

вполне́ quite, pérfectly

впо́ру: э́то пальто́ мне ~ (не ~) this óvercoat fits (doesn't fit) me

впосле́дствии áfterwards ['ɑːftə-], láter on

впра́во to the right; ~ от to the right of

впро́чем howéver [-'evə], but

впуска́ть, впусти́ть let in

впятеро́м the five of them (us)

враг *м* énemy ['en-]

вражде́бный hóstile

вра́жеский énemy('s)

вразби́вку at rándom

врасплóх unawáres, by surpríse

врата́рь *м* góalkeeper

врач *м* physícian [fɪ'zɪʃn], dóctor; зубно́й ~ déntist

враче́бн‖ый médical ['me-]; ~ая по́мощь médical aid

враща́ть revólve, rotáte [rəu-], turn

враще́ние *с* rotátion [rəu-]; revolútion

вред *м* harm, ínjury; *(ущерб)* dámage ['dæ-]; причини́ть ~ harm, do harm (to), ínjure

вре́дный hármful, bad; *(для здоровья)* házardous ['hæ-]; unhéalthy [-'he-]

вре́менн‖ый témporary; provísional [-'vɪʒ-]; ~ая ме́ра stóp-gap méasure ['meʒə]; ~ый комите́т ínterim commíttee

вре́м‖я *с* time; за́втра в э́то ~ this time tomórrow; ~ го́да séason; ско́лько ~ени? what time is it?; в то же ~ at the same time; в то ~ как just when, while; в настоя́щее ~ at présent; на ~ for a while; с тече́нием ~ени in time, evéntually; его́ ~ his time; показа́ть лу́чшее ~ *спорт.* make the best time; тем ~енем méanwhile; у нас ещё есть ~ we've still got time

вро́де like, such as

врозь apárt, séparately ['se-]

вруча́ть *см.* вручи́ть

вруче́ние *с* hánding; delívery [-'lɪ-]; ~ награ́д bestówal of awárds; ~ призо́в prízing (of the competítion)

вручи́ть hand in, delíver [-'lɪ-]; разреши́те вам ~... may I presént to you...

вручну́ю by hand

вряд ли hárdly; он ~ пойдёт he is not líkely to go there

вса́дник hórseman

все all; éverybody ['evrɪbədɪ]; ~ здесь? is éverybody here?

всё all; éverything ['evrɪ-]; ~ равно́ (it's) all the same; ~ ещё still; ~ ещё не not yet

всевозмо́жный all kinds of; of évery ['evrɪ] descríption, várious ['veə-]

всегда́ álways

вселе́нная ж únіverse

всеме́рно in évery póssible way [...'ev- ...]

всеми́рный world [wə:ld]; Всеми́рный конгре́сс сторо́нников ми́ра World Peace Cóngress

всенаро́дн‖ый nátional ['næʃ-]; ~ пра́здник (день) nátional hóliday; (празднова́ние) nátional celebrátion; ~ое обсужде́ние nátionwide discússion

всеобщ‖ий géneral ['dʒe-], univérsal; ~ее одобре́ние géneral appróval; ~ее обуче́ние univérsal educátion

всесою́зный nátional ['næʃ-]; (of) the USSR

всесторо́нний comprehénsive; all-róund

всё-таки nevertheléss [ne-], yet, still

всеце́ло entírely, whólly ['hǝu-]

вска́кивать см. вскочи́ть

вскипяти́ть boil

вско́ре soon; ~ по́сле soon áfter ['ɑ:ftǝ]

вскочи́ть jump up; ~ на́ ноги jump up, jump to one's feet

вскри́кивать, **вскри́кнуть** cry out, scream

вслед áfter ['ɑ:ftǝ]; ~ за (о собы́тиях и т. п.) fóllowing

всле́дствие due to, ówing ['ǝu-] to; in cónsequence of; ~ э́того ówing to this

вслух alóud

всмя́тку: яйцо́ ~ sóft-boiled egg

вспомина́ть, **вспо́мнить** gе-

colléct, remémber, recáll; я вспо́мнил, что... I've just remémbered that...

вспы́шка ж фото (electrónic) flash

встава́ть см. встать

вста́вить, **вставля́ть** insért; put [put] in; ~ стекло́ в очки́ set a glass in a pair of spéctacles

встать 1. stand up, rise; вста́ньте, пожа́луйста stand up, please; ~ из-за стола́ rise from the table 2. get [get] up; я уже́ встал I am up alréady

встре́тить (кого́-л.) meet; где я вас встре́чу? where shall I meet you?; я встре́тил I met; ~ся meet (with); (случа́йно) come [kʌm] acróss; где мы (с ва́ми) встре́тимся? where shall we meet?; ~ Но́вый год célebrate New Year's Eve

встре́ча ж 1. méeting; дру́жеская (тёплая) ~ fríendly (warm) méeting 2. (приём) recéption 3. спорт. match

встреча́ть(ся) см. встре́тить (-ся)

встреча́ющ‖ий м: бы́ло мно́го ~их mány ['menɪ] people came to meet...

встре́чный: ~ по́езд the ón-coming [-kʌ-] train; ~ ве́тер head wind ['hed...]

вступа́ть см. вступи́ть

вступи́тельн‖ый: ~ое сло́во ópening addréss

вступи́ть énter; ~ в чле́ны join

вступле́ние с introdúction (тж. муз.)

всю́ду éverywhere ['evrı-]

вся all, whole [həul], entíre; ~ страна́ all the cóuntry ['kʌ-]

вся́к‖ий *(любой)* ány ['enı]; *(каждый)* évery ['evrı]; во ~ое вре́мя at ány time ◊ во ~ом слу́чае at ány rate, ányhow

в тече́ние dúring ['djuə-]; for

втира́ние *с (лекарство)* líniment ['lı-]

втира́ть rub (in)

втори́чн‖о for the sécond ['se-] time; ~ый sécondary ['se-]; ~ый проду́кт bý-product; ~ое сырьё sálvage, utílity waste [-'tı-...]

вто́рник *м* Túesday ['tjuːzdı]; по ~ам évery Túesday ['ev-...]

второ́е *с (блюдо)* sécond ['se-] (main) course

второ́й sécond ['se-]

второку́рсник *м* sécond-year ['se-] stúdent; *амер.* sóphomore

второпя́х in a húrry, in haste [heı-]

в-тре́тьих thírdly

втро́е three times; thréefold; ~ бо́льше three tímes as mány ['menı] *(с сущ. во мн.)*, three tímes as much *(с сущ. в ед.)*

втроём the three of us (of them)

вуз *м (высшее учебное заведение)* ínstitute of hígher educátion, hígher school, cóllege ['kɔlıdʒ]

вулка́н *м* volcáno

вход *м* **1.** *(дверь и т. п.)* éntrance; гла́вный ~ main

éntrance; служе́бный ~ staff [stɑːf] éntrance **2.**: *(надпись)* ‹~ воспрещён!› "no éntrance!"; ‹вхо́да нет!› "no admíttance!"; ~ по биле́там éntrance by tícket; ~ беспла́тный éntrance free, admíssion free **3.**: ~ в пло́тные слои́ атмосфе́ры re-éntry

входи́ть *см.* войти́

ВЦСПС (Всесою́зный Центра́льный Сове́т Профессиона́льных Сою́зов) The Céntral Cóuncil of Trade Únions of the USSR

вчера́ yésterday [-dı]; ~ у́тром yésterday mórning; ~ днём yésterday afternóon; ~ ве́чером last night

вчера́шн‖ий yésterday('s) [-dı(z)]; во ~ей газе́те in yésterday's páper

вче́тверо four times; fóurfold

вчетверо́м the four of us (of them)

въезд *м* **1.** éntrance **2.** *(дорога)* drive (way); *(путь, ведущий к чему-л.)* appróach

въезжа́ть, въе́хать 1. énter; *(в экипаже)* drive ínto ['ıntu]; *(верхом, на велосипеде)* ride ínto **2.** *(в квартиру)* move [muːv] ínto

вы you; ~ гото́вы? are you réady?

выбира́ть 1. choose, seléct; выбира́йте! take your choice! **2.** *(голосовать)* eléct

вы́бор *м* choice; на ~ at one's choice; *(отбор)* seléction; *(из нескольких возможностей)* altérnative

вы́боры *мн.* eléction(s)

выбра́сывать *см.* вы́бросить

вы́брать *см.* выбира́ть

вы́бритый: чи́сто ~ cléan-sháven

вы́бросить throw [-əu] out; throw awáy

выбыва́ть, вы́быть leave, quit; вы́был из игры́ left the game

вы́везти 1. take out **2.** expórt

вы́вернуть 1. *(вывинтить)* unscréw **2.** *(наизнанку)* turn ínside out

вы́веска *ж* sígn (board)

вы́вести 1. lead out; *(исключить)* expél, exclúde [ɪkˈskluːd]; ~ войска́ withdráw the troops; ~ из соста́ва кома́нды expél from the team **2.** *(уничтожить)* extérminate; *(пятна)* remóve [-ˈmuːv], take out

вы́вих *м* dislocátion

вы́вихнуть díslocate, put [put] out of joints

вы́вод *м* **1.** *(заключение)* conclúsion [-ˈluːʒn]; сде́лать ~ draw a conclúsion **2.** withdráwal [-ˈdrɔːəl]

выводи́ть *см.* вы́вести

вы́воз *м* éxport

вывози́ть *см.* вы́везти

вы́гладить íron [ˈaɪən], press; вы́гладьте мне пла́тье (руба́шку) would you íron my dress (shirt); отда́йте, пожа́луйста, ~ моё пла́тье please get [get] my dress pressed

вы́глядеть look; вы хорошо́ (пло́хо) вы́глядите you look well (bad)

вы́глянуть look out

выгова́ривать 1. réprimand **2.** pronóunce, artículate [-ˈtɪ-]; вы пра́вильно (непра́вильно) выгова́риваете... you pronóunce... corréctly (wrong)

вы́говор *м* **1.** *(порицание)* réprimand **2.** *(произношение)* pronunciátion; у вас хоро́ший (плохо́й) ~ your pronunciátion is good [gud] (bad)

вы́говорить *см.* выгова́ривать

вы́год‖**а** *ж* **1.** *(прибыль)* prófit [ˈprɔ-], gain **2.** *(польза)* bénefit [ˈbe-], advántage; извле́чь из... ~y bénefit by...

вы́годный prófitable [ˈprɔ-]

выгружа́ть, вы́грузить unlóad

выдава́ть, вы́дать 1. give [gɪv] out; distríbute [-ˈstrɪ-]; ~ де́ньги give (pay) the móney **2.** *(предавать)* betráy

вы́дача *ж* **1.** delívery [-ˈlɪ-]; distribútion **2.** *(преступника)* extradítion

выдаю́щийся outstánding; *(о человеке тж.)* próminent [ˈprɔ-]

выдвига́ть, вы́двинуть 1. *(теорию и т. п.)* put [put] fórward, advánce [-ˈvɑː-] **2.** *(на должность и т. п.)* promóte **3.** *(предлагать к избранию и т. п.)* nóminate [ˈnɔ-]

вы́держанн‖**ый 1.**: ~ое вино́ old [əuld] wine; ~ сыр (таба́к) séasoned cheese (tobácco) **2.** *(о человеке)* self-posséssed [-z-]

вы́держать, вы́держивать bear [bɛə], endúre [-ˈdjuə];

stand; ~ нáтиск протѝвника *спорт.* get [get] through [θru:] the oppónent's attáck; ~ боль endúre pain

вы́держка I *ж (из статьи и т. п.)* éxtract

вы́держк‖а II *ж* **1.** *(самообладáние)* self-contról [-'trəul], fírmness **2.** *фóто* expósure [-'rəuʒə]; с большóй ~ой with long expósure; с ~ой... секу́нд expósed for... séconds ['se-]

вы́дох *м* exhalátion; вдох! ~! breathe in! breathe out!; inhále! exhále!

вы́думать invént

вы́думка *ж* invéntion

выду́мывать *см.* вы́думать

вы́езд *м* depárture

выездн‖óй: ~áя вѝза éxit vísa ['vɪ-]

выезжáть, вы́ехать leave; depárt; мы сейчáс выезжáем we are léaving now; онѝ ужé вы́ехали they have left alréady

вы́звать 1. *(заказáть)* call; ~ таксѝ (машѝну) call a táxi ['tæksɪ] (a car); ~ врачá call in a dóctor **2.** *(звать)* ask (to); call; вы́зовите, пожáлуйста, (к телефóну) please ask to (the télephone) **3.** *(возбудѝть)* cause, stir; ~ интерéс excíte ínterest

выздорáвливать *см.* вы́здороветь

выздорáвливающий convaléscent

вы́здороветь recóver [-'kʌ-], get [get] well

вы́зов *м* **1.:** ~ по телефóну télephone call **2.** chállenge ['tʃæ-]; ~ на состязáние chállenge to compéte

вызывáть *см.* вы́звать

вы́играть, выѝгрывать win; ~ состязáние win the cóntest

вы́игрыш *м* prize; gain

вы́игрышн‖ый *(имéющий преимýщество)* advantágeous; в ~ом положéнии in an advantágeous posítion

вы́йти 1. go out; вы́йдем на ýлицу let's go out; ~ из машѝны get [get] out of the car **2.** *(появѝться)* appéar [ə'pɪə]; be out, be íssued ['ɪʃu:d]; be reléased [-s-]; кнѝга тóлько что вы́шла (из печáти) the book has just come [kʌm] out **3.** *(удáться)* come out, turn out; из негó вы́йдет хорóший спортсмéн he will make a good [gud] spórtsman; из э́того у меня́ ничего́ не вы́шло I fáiled to do it ◊ ~ зáмуж márry

вы́кидыш *м* miscárriage

выключáтель *м* switch

выключáть, вы́ключить turn off, switch off

вы́кройка *ж* páttern

вы́лет *м* start; táke-off

вылетáть, вы́лететь start, leave; take off; мы вылетáем в 6 часóв we leave at 6 o'clóck; когдá мы вылетáем? when do we leave?

вылéчивать, вы́лечить cure (of)

вылива́ть, вы́лить pour [pɔ:] out

вы́мыть wash; вы́мойте мне гóлову I want a shampóo,

please; ~ посу́ду do the díshes; ~ся wash (onesélf)

вы́нести 1. cárry out; ~ ве́щи bring out the things **2.** (*терпеть*) endúre [-'djuə]; stand

вынима́ть *см.* **вы́нуть**

выноси́ть *см.* **вы́нести**

выно́сливый hárdy

вы́нуть take out

выпада́ть, вы́пасть 1. fall out; (*о волосах и т. п.*) come [kʌm] out; вы́пасть из рук slip through [θruː] one's fíngers; fall out of one's hands **2.** (*об осадках*) fall; вы́пал снег there was a fall of snow [snəu]

выпива́ть *см.* **вы́пить**

вы́писать, выпи́сывать write out; órder; subscríbe (to); ~ кни́гу órder a book; каки́е газе́ты и журна́лы вы выпи́сываете? what pápers and magazínes do you subscríbe to?

вы́пить drink; вы́пейте ча́шку ко́фе (ча́ю) have a cup of cóffee (tea)

вы́плата ж páyment

выполне́ние *с* **1** (*обязанностей и т. п.*) execútion **2.** (*решения, плана и т. п.*) implementátion; realizátion

вы́полнить, выполня́ть cárry out, ímplement, fulfíl; éxecute ['eksı-]

вы́пуск *м* **1.** (*денег и т. п.*) íssue ['ıʃuː], emíssion; ~ ма́рок íssue of stamps **2.** (*группа учащихся*) co-gráduates [-'græ-]; весе́нний ~ spring gráduates; class of

выпуска́ть *см.* **вы́пустить**

выпускни́к *м* gráduate ['græ-], alúmnus (*pl* alúmni [-aı]); выпускники́ 1987 го́да class of '87

выпускни́ца *ж* gráduate ['græ-], alúmna (*pl* alúmnae [-iː])

вы́пустить 1. let out; вы́пустите меня́ let me out **2.** (*издать*) íssue ['ıʃuː]; ~ но́вую кни́гу íssue a new book; ~ но́вую моде́ль автомоби́ля prodúce a new make of a car **3.** (*исключить*) omít; ~ часть те́кста omít a pórtion of the text

вы́работка *ж* **1.** manufácture; ~ шёлка (ше́рсти) manufácture of silk (wool) **2.** (*продукция*) óutput [-put]

выража́ть *см.* **вы́разить**

выраже́ние *с* expréssion; ~ лица́ look, cóuntenance

вырази́тельный expréssive

вы́разить expréss; ~ удово́льствие (сожале́ние) show [ʃəu] pléasure (regrét)

выраста́ть, вы́расти grow [-əu] (up)

вы́рваться break [breık] loose [luːs], get [get] free; ~ вперёд get ahead [ə'hed]

вы́резка *ж* **1.** (*из газеты*) préss-clipping, préss-cutting **2.** (*кусок мяса*) fíllet, ténderloin

выруча́ть, вы́ручить help smb out; (*спасти*) réscue; save

вырыва́ться *см.* **вы́рваться**

вы́садить 1. (*на берег*) land, disembárk; (*из автомобиля*) drop, set down **2.** (*растение*) plant [-ɑː-]; ~**ся** land, disem-bárk *(тж. из самолёта)*

выса́живать(ся) *см.* вы́са-дить(ся)

вы́сказать speak out; ~ мне́-ние expréss an opínion; ~ предположе́ние suggést; sur-míse; ~**ся** decláre; ~ за speak for; ~ про́тив speak agáinst, oppóse

выска́зывание *с* státement, pronóuncement; útterance

выска́зывать(ся) *см.* вы́-сказать(ся)

вы́слушать, выслу́шивать 1. lísten ['lɪsn] (to); hear [hɪə] out **2.** *мед.* sound

высо́кий high; *(рослый)* tall; ~ гость distínguished (émi-nent) guest

высоко́ high (up); alóft

высота́ *ж* height [haɪt]; *(тж. над уровнем моря)* áltitude

высо́тн‖ый: ~ое зда́ние múlti-storied (tall) búilding, high-rise (búilding); ~ костю́м G-suit (grávity ['græ-] suit)

вы́спаться: я хорошо́ вы́-спался I've had a good [gud] sleep; я не вы́спался I am still sléepy

вы́ставить 1. *(картины и т. п.)* exhíbit [ɪgˈzɪ-] **2.** *(кан-дидатуру)* nóminate ['nɔ-]

вы́став‖ка *ж* **1.** exhibítion [ˌeksɪ'bɪ-]; exhíbit [ɪgˈzɪ-]; fair; промы́шленная (сельскохо-зя́йственная) ~ indústrial (ag-ricúltural) exhibítion (*или* fair); в музе́е но́вая ~ карти́н there is a new exhíbit of páint-ings in the muséum [mjuː-

ˈzɪəm]; ~ соба́к dóg-show [-ʃəu] **2.** *(витрина)* shów-case; на ~ke in the shów-case

выставля́ть *см.* вы́ставить

выстра́ивать *см.* вы́строить 2

вы́стрел *м* shot

вы́строить 1 *(построить)* bu-ild [bɪld]; ~ теа́тр (шко́лу, заво́д) build a théatre ['θɪə-] (school [skuːl], fáctory) **2.** *(в ряды́)* draw up; form; line (up); *(в колонну и т. п.)* ar-ránge [əˈreɪndʒ]

вы́ступ *м* projéction, pro-túberance; *(горы тж.)* jut

выступа́ть, вы́ступить come [kʌm] fórward; ~ на ми́тинге speak at a rálly; ~ со статьёй come out with an árticle

выступле́ние *с* **1.** *(в печати)* árticle; *(устное)* speech *(в пре-ниях)* intervéntion **2.** *(на сце-не)* perfórmance; *спорт.* de-monstrátion

вы́сш‖ий hígher; the híghest; the supréme; ~его ка́че-ства of supérior (éxtra) quál-ity, high-grade

вы́тереть, вытира́ть wipe; вытира́йте но́ги! wipe your feet (on the mat)!

вы́учить 1. *(что-л.)* learn; ~ наизу́сть learn by heart [hɑːt] **2.** *(кого-л.)* teach, train

вы́хлоп *м* *авто* exháust [ɪgˈzɔː-]

вы́ход *м* éxit ['eksɪt]; *перен.* way out; ◄~а нет► *(объявле-ние)* "no éxit"; друго́го ~а нет it's the ónly way out

выходи́ть *см.* вы́йти

выходно́й: ~ день day off, rést-day, day of rest

вы́честь *мат.* subtráct

вычисле́ние *с* calculátion

вычисли́тельн‖ый compúting; ~ая маши́на compúter; ~ый центр compúter centre

вычита́ние *с* subtráction

вычита́ть *см.* вы́честь

вы́ше 1. hígher; *(о росте)* táller **2.** abóve [ə'bʌv]; ~ нуля́ abóve zéro

вы́шивка *ж* embróidery

вышина́ *ж* height [haɪt]

вы́шка *ж* (wátch-)tówer; парашю́тная ~ párachute tówer

вы́яснить find [faɪnd] out; ~ся turn out; как вы́яснилось as it túrned out; э́то сего́дня вы́яснится todáy it will becóme clear

выясня́ть(ся) *см.* вы́яснить (-ся)

вью́га *ж* snówstorm ['snəu-]; *(пурга)* blízzard ['blɪ-]

вяз *м* élm(-tree)

вяза́льн‖ый *(о спицах)* knítting; *(о крючке)* cróchet ['krəuʃeɪ]; ~ая спи́ца knítting néedle; ~ крючо́к cróchet hook; ~ая маши́на knítting machíne

вя́заный knítted

Г

га *м* héctare *(2,47 акра)*

габарди́н *м* gáberdine ['gæ-]

гав: ~! ~! bów-wów!

га́вань *ж* hárbour; войти́ в ~ énter a hárbour

гада́ть 1. *(предсказывать)* tell fórtunes [-tʃənz] **2.** *(предполагать)* guess (at), surmíse

гадю́ка *ж* ádder; víper *(тж. перен.)*

га́ечный: ~ ключ *тех.* spánner, *амер.* wrench

газ I *м* gas ◊ дать ~ *авто* step on the gas, step on it

газ II *м (ткань)* gauze [gɔz]

газе́та *ж* néwspaper, páper; у́тренняя (вече́рняя) ~ mórning (évening) páper; стенна́я ~ wall néwspaper

газиро́вка *ж* fízzy wáter ['wɔ-]; sóda(-wáter)

га́зов‖ый gas; ~ая плита́ gás-stove, gas cóoker

газо́н *м* lawn ◊ по ~ам не ходи́ть! keep off the grass!

газопрово́д *м* gásmain

ГАИ (Госуда́рственная автоинспе́кция) tráffic políce

га́йка *ж* nut

галантере́йный: ~ магази́н haberdáshery, *амер.* dry goods store

галантере́я *ж* haberdáshery; *амер.* dry goods store

галере́я *ж* gállery ['gæ-]; карти́нная ~ pícture gállery

га́лка *ж* daw, jáckdaw

гало́п *м* gállop ['gæ-]; ~ом at a gállop; скака́ть ~ом gállop

гало́ши *мн.* galóshes, óvershoes [-uːz]; *амер.* rúbbers

га́лстук *м* (néck)tie [-taɪ]; ~-ба́бочка *м* bów-tie ['bəu-]

гамби́т *м шахм.* gámbit

га́мма ж *муз.* scale

га́нгстер м gángster

гандика́п м hándicap

ганте́ли *мн.* dúmbbells ['dʌm-]

гара́ж м gárage [-ɑ:dʒ]

гаранти́ровать guarantée

гара́нт‖ия ж guáranty ['gæ-]; wárranty; с ~ей на... guarantéed for...

гардеро́б м 1. *(шкаф)* wárdrobe 2. *(помещение)* clóakroom; *амер.* chéckroom; где ~? where is the clóakroom?

гармо́ника ж 1. *(гармонь)* accórdion 2. *(концертино)* concertína [-'ti:nə]

гарни́р м trímmings, gárnish

гарниту́р м 1. *(комплект)* set 2. *(мебель)* спа́льный ~ bédroom suite 3. *(бельё)* шёлковый ~ ládies' sílken twó-piece (thrée-piece) únderwear

гаси́ть 1. put [put] out, extínguish; ~ электри́чество turn off the light 2. *спорт.:* ~ мяч kill the ball

гастро́ли *мн.* tour [tuə]

гастроно́м м *(продовольственный магазин)* food store

гастроно́мия ж gróceries and provísions [-'vɪʒnz]; *амер.* delicatéssen

гва́рди‖я ж Guards *pl*; ~и полко́вник Guards cólonel ['kə:nəl]

гвозди́ка ж 1. *(цветок)* carnátion 2. *(пряность)* clove

гвоздь м 1. nail 2.: ~ сезо́на hit of the séason

где where; ~ вы бы́ли? where have you been?; ~ гла́вный почта́мт (театра́льная ка́сса, спра́вочное бюро́, ресторан, туале́т)? where is the Céntral Póst-Office (bóx-óffice, inquíry-óffice, réstaurant, lávatory)?; ~ моё пальто́? where is my coat?

где́-либо, где́-нибудь, где́-то sómewhere ['sʌmwɛə]; ánywhere ['enɪwɛə]

гекта́р м *см.* га

ген м *биол.* gene

генера́л м géneral ['dʒe-]

генера́льн‖ый géneral ['dʒe-]; ~ая репети́ция dress rehéarsal

гене́тика ж genétics [-'ne-]

гениа́льный of génius ['dʒi:njəs], great [-eɪ-]; ~ челове́к a man of génius

ге́нн‖ый: ~ая инжене́рия genétic engineéring [-'ne-...]

гео́граф м geógrapher

геогра́фия ж geógraphy

гео́лог м geólogist

геоло́гия ж geólogy

геоме́трия ж geómetry

георги́н м dáhlia ['deɪ-]

гера́нь ж geránium

герб м arms; госуда́рственный ~ nátional ['næʃ-] émblem

гербици́д м hérbicide, wéed-killer

геркуле́с м *(овсяная крупа)* óatmeal

герма́нский Gérman

герои́ня ж héroine ['he-]

геро́й м héro; Г. Сове́тского Сою́за Héro of the Sóviet Únion; Г. Социалисти́ческого

Труда́ Héro of Sócialist Lábour

герц м эл. cycle per sécond
['se-]

ги́бкий fléxible; supple

гига́нт м gíant

гигие́на ж hýgiene

гигиени́ческ‖ий: ~ая сал-
фе́тка sánitary ['sæ-] nápkin

ги́дро‖самолёт м flýing
boat, hýdroplane; ~ста́нция ж
wáter ['wɔ-] (hýdro-eléctric)
pówer-station

гимн м ánthem; госуда́рст-
венный ~ nátional ['næʃ-]
ánthem; ~ демократи́ческой
молодёжи Fréedom Song

гимна́ст м gýmnast; выступ-
ле́ния ~ов gymnástics displáy

гимна́стика ж gymnástics;
спорти́вная ~ compétitive
gymnástics; худо́жественная
~ callisthénics, free stánding
éxercises

гимнасти́ческ‖ий: ~ зал
gymnásium, gym; ~ие упраж-
не́ния gymnástic éxercises,
gymnástics; ~ костю́м léotard
['liːə-]

гимна́стка ж gýmnast

гипертони́я ж мед. high
blood préssure [...blʌd...]

гипс м pláster (of Páris);
(минерал) gýpsum

ги́псов‖ый of pláster; ~ая
повя́зка pláster (of Páris)
bándage

гирля́нда ж gárland, festóon;
украша́ть ~ми deck with gár-
lands

ги́ря ж 1. weight [weɪt]
2. спорт. dúmbbell

гита́ра ж guitár [gɪ-]

глава́ 1. м и ж (старший)
head [hed]; ~ делега́ции head
of the delegátion 2. ж (книги)
chápter

гла́вн‖ый main, chief; príncipal; ~ го́род страны́ cápital;
~ врач head [hed] physícian;
~ почта́мт Céntral Póst-Office ◊ ~ым о́бразом máinly

гла́дить 1. stroke, caréss 2.
(утюгом) press, íron ['aɪən]

гла́дкий smooth; (о ткани)
plain

глаз м eye [aɪ]

глазн‖о́й: ~ врач óculist
['ɔk-]; ~а́я лече́бница éye-
-hóspital ['aɪ-]; ~о́е я́блоко
éyeball

глазу́нья ж fried eggs, eggs
súnny-side up

гла́нды мн. анат. tónsils

гла́сно públicly, ópenly

гла́сность ж ópenness, trans-
párency; glásnost

гли́на ж clay

глота́ть swállow [-əu]

глото́к м gulp; sip

глубин‖а́ ж depth; на ~é
10 ме́тров at the depth of ten
métres; измеря́ть ~у́ sound
(на море)

глубо́к‖ий deep; (перен. тж.)
profóund; ~ое о́зеро deep lake;
~ая о́сень late áutumn; ~ая
ста́рость vénerable ['ve-] age

глубоко́ deep, déeply; здесь
~? is it deep here?; я ~ взвол-
но́ван I am déeply moved

глуп‖ость ж fóolishness, stu-
pídity [-'pɪ-]; ~ый fóolish,
sílly, stúpid

глухо́й 1. deaf [def] 2. *м* deaf man

глухонемо́й 1. déaf-and--dúmb [ˌdefən'dʌm] 2. *м* déaf--múte

глуши́тель *м авто* múffler

гляде́ть look; гляди́те! look!

гна́ться pursúe; ~ за мячо́м run áfter ['ɑːftə] the ball

гнев *м* ánger, wrath [rɔθ]

гнездо́ *с* nest

гнёт *м* oppréssion; *(иго)* yoke

гнило́й rótten; decáyed

гной *м* pus

гобеле́н *м* góbelin tápestry ['tæ-]

гобо́й *м* háutboy ['əubɔɪ], óboe ['əubəu]

говори́ть speak, talk; вы гово́рите по-англи́йски? do you speak Énglish?; говоря́т, что... they say (that)...; что вы гово́рите! you don't say so! ◊ со́бственно говоря́ as a mátter of fact

говя́дина *ж* beef

год *м* year; ~ (два го́да) тому́ наза́д a year (two years) agó; теку́щий ~ this year; уче́бный ~ académic year; *(в школе)* school [skuːl] year; че́рез ~ (два го́да) in a year (two years); из го́да в ~ year in, year out; кру́глый ~ all the year róund; Но́вый ~ New Year; с Но́вым го́дом! Háppy New Year!

годи́ться do, be súitable ['sjuː-]; э́то (никуда́) не годи́тся that won't do

годи́чный ánnual

го́дный súitable ['sjuː-]; fit; ~ для питья́ drínkable; fit to drink

годово́й ánnual

годовщи́на *м* annivérsary

гол *м* goal; заби́ть ~ score a goal

голова́ *ж* 1. head [hed] 2. *(скота)* head; 50 голо́в скота́ fifty head of cattle

головн||о́й: ~а́я боль héadache ['hedeɪk]; ~ убо́р hat; héad-dress; héad-gear [-gɪə]

головокруже́ние *с* gíddiness ['gɪ-]

головоло́мка *ж* puzzle

голо||гра́мма *ж* hólogram ['hɔ-]; ~гра́фия *ж* hológraphy

го́лод *м* húnger; *(бедствие)* fámine ['fæmɪn]; испы́тывать ~ be húngry

голода́ть starve

голо́дный húngry; я го́лоден I am húngry

гололе́дица *ж* glazed frost, *амер.* glaze; sleet, íce--crusted ground

го́лос *м* 1. voice 2. *полит.* vote; пра́во ~a súffrage; the vote; реша́ющий ~ *(при разделении голосов)* cásting vote; пра́во реша́ющего (совеща́тельного) ~a vóting (spéaking) right

голосова́ние *с* vóting; vote; *(тайное)* bállot ['bæ-]; поста́вить вопро́с на ~ put [put] the quéstion ['kwestʃən] to the vote; провести́ ~ по да́нному предложе́нию have (take) a vote on the mótion

голосова́ть (за, про́тив) vote (for, agáinst)

голубой blue [-uː], ský-blue

голубцы *мн.* stuffed cábbage-rolls

голубь *м* pígeon ['pɪdʒɪn], dove [dʌv]; ~ мира the dove of péace

голы‖й náked [-kɪd] ◊ ~е факты bare facts

гомеопатическ‖ий: ~ая аптека homoeopáthic chémist's; ~ие средства homoeopáthic rémedies

гонки *мн. спорт.* ráce(s); автомобильные ~ mótor ráce(s); парусные (гребные) ~ regátta

гонорар *м* fee

гоночный: ~ автомобиль rácing car, rácer; ~ велосипед rácing bícycle, rácer

гонщик *м* rácer; rácing driver

гора *ж* móuntain [-tɪn]; *(невысокая)* hill; в гору úphill; под гору dównhill; кататься с горы *(на санках)* tobóggan

гораздо much, far; ~ больше (меньше) much more (less); ~ лучше (хуже) much bétter (worse), bétter (worse) by far

горбуша *ж (рыба)* húmpbacked sálmon ['sæmən]

горбушка *ж* crust

гордиться be proud of; я горжусь I am proud of

гордость *ж* pride

горе *с.* grief

гореть *(об огне)* burn

горец *м* mountainéer [-tɪ-]; Híghlander *(главным образом кавказский и шотландский)*

горизонт *м* horízon

горизонтальный horizóntal

горисполком *м* (исполнительный комитет городского Совета народных депутатов) Exécutive (Committee) of the Cíty/Town Cóuncil (Soviet of Péople's Députies) [...'sɪ- ... 'piːp-'de-]; Cíty/Town Exécutive

гористый móuntainous [-tɪ-], hílly

горло *с* throat; у меня болит ~ I have a sore throat

горничная *ж* maid, hóusemaid; *(в гостинице)* chámbermaid ['tʃeɪ-]

горн‖ый móuntain(ous) [-tɪn-]; ~ая болезнь móuntain síckness; ~ая промышленность míning índustry

горняк *м* míner

город *м* town; cíty ['sɪ-]; мы из одного ~а we are from the same town, we are féllow--tównsmen; жить за ~ом live out of town; *(работая в городе)* be a commúter, commúte; ~-герой *м* Héro Cíty ['sɪ-]

городской úrban; town(-); munícipal [-'nɪ-]; ~ транспорт munícipal (cíty ['sɪ-]) tránsport

горожанин *м* tównsman

горох *м* peas *pl*

горошек *м:* душистый (зелёный) ~ sweet (green) peas *pl*

горсовет *м* (городской совет) Town (Cíty ['sɪ-]) Sóviet; Town (Cíty) Cóuncil

горсть *ж* hándful

горчица *ж* mústard

горчичник *м* mústard pláster; ста́вить ~ appl*ý* a mústard pláster (to)

горчи́чница *ж* mústard-pot

горшо́к *м* pot; цвето́чный ~ flówer pot

гор‖**ы́** *мн.* móuntains [-ınz]; в ~а́х in the móuntains

го́рький bítter

горю́чее *с* fúel; *(тж. для автомаши́ны)* pétrol; *амер.* gás(oline)

горя́чий hot; *(о встре́че)* warm

госба́нк *м* (госуда́рственный банк) the State Bank

госбезопа́сность *ж* State secúrity

го́спиталь *м* (mílitary) hóspital

господа́ *мн.* géntlemen; *(в обраще́нии: да́мы и господа́)* ládies and géntlemen

господи́н *м* 1. *(при фами́лии)* Mr ['mıstə]; *(в обраще́нии)* sir 2. *(хозя́ин)* máster

госпо́дство *с* suprémacy [-'pre-]; dominátion; rule [ruːl]

госпожа́ *ж* 1. lády 2. *(при фами́лии)* Mrs ['mısız]; *(о незаму́жней же́нщине)* Miss; *(в тради́циях движе́ния за эмансипа́цию же́нщин)* Ms [mız]; *(в обраще́нии)* Mádam 3. *(хозя́йка)* místress

гостево́й: ~ биле́т cóurtesy tícket ['kɜːtsı...]

гостеприи́м‖**ный** hóspitable; ~**ство** *с* hospitálity [-'tæ-]; оказа́ть ~**ство** show [ʃəu] hospitálity; play host

гости́ная *ж* dráwing-room

гости́ниц‖**а** *ж* hotél [həu-]; inn; останови́ться в ~е put up (stay *или* stop) at a hotél

гости́ть stay (with smb.) *(в го́роде, стране́)* be on a vísit ['vız-] (to), be vísiting

гост‖**ь** *м* guest; vísitor ['vız-]; дороги́е ~и dear guests; быть в ~я́х (у) be on a vísit (to); встреча́ть ~е́й wélcome one's guests; идти́ в ~и go vísiting, pay a vísit; позва́ть в ~и invíte smb; приходи́те (к нам) в ~и! come [kʌm] to see us!

го́стья *ж* (lády) guest, vísitor ['vı-]

госуда́рственный state; nátional ['næʃ-]; ~ строй polítical sýstem [-'lı-...]; ~ язы́к offícial lánguage [-'fıʃəl...]; слу́жащий góvernment emplóyee ['gʌv-...]; *(в А́нглии)* cívil sérvant ['sı-...]

госуда́рство *с* state; *(страна́)* cóuntry ['kʌ-], nátion

гото́вить 1. *(подготавливать)* prepáre, make réady ['re-]; ~ концѐртную програ́мму work [wɜːk] at a cóncert prógramme 2. cook; ~ обе́д cook (make) dínner; ~**ся** prepáre (for), get [get] réady ['re-] (for); ~**ся** к встре́че be prepáring to recéive...; get réady for a méeting

гото́вый réady ['re-]; вы гото́вы? are you réady?; мы гото́вы вести́ перегово́ры we are prepáred to negótiate; обе́д гото́в dínner is sérved; всегда́ гото́в! álways réady! ◊ ~ к услу́гам *(в письме́)* yours fáithfully

гравю́ра ж engráving print; *(офо́рт)* étching

град м hail; идёт ~ it is háiling

гра́дус м degrée; 20 ~ов тепла́ *(моро́за)* twénty degrées abóve (belów) zéro; ско́лько сего́дня ~ов? what is the témperature todáy?

гра́дусник м thermómeter

граждани́н м, **гражда́нка** ж cítizen ['sɪ-]; права́, свобо́ды и обя́занности гра́ждан the rights, fréedoms and dúties of cítizens

гражда́н‖ский cívil ['sɪ-]; *(подобаю́щий граждани́ну)* cívic ['sɪ-]; *(шта́тский)* civílian [-'vɪ-]; ~ство с cítizenship ['sɪ-]; nationálity [ˌnæʃə'næ-]; приня́ть ~ство be náturalized, join cítizenship

грамза́пис‖ь: в ~и on a disk (récord ['re-])

грамм м gram(me)

гра́мот‖а ж 1. réading and wríting 2. *(докуме́нт)*: вери́тельные ~ы credéntials; похва́льная ~ Certíficate of Encóuragement; почётная ~ Diplóma of Hónour ['ɔnə]

гра́мотный *(о челове́ке)* líterate ['lɪ-], éducated

грана́т I м бот. pómegranate

грана́т II м мин. gárnet

грандио́зный grándiose; imménse, vast

грани́т м gránite ['græ-]

грани́ц‖а ж 1. bórder; *(госуда́рственная)* fróntier ['frʌ-];

(го́рода) bóundary; за ~ей abróad; из-за ~ы from abróad; ~ футбо́льного по́ля line of the fóotball field 2. *(преде́л)* límit ['lɪ-]; э́то перехо́дит все ~ы it is strétching the límit

грани́чить *(с чем-л.)* bórder (on, upón); *перен.* verge [vɜːdʒ] (on)

гра́фика ж gráphic arts, bláck-and-whíte art

графи́н м caráfe [-'ɑːf], decánter [-'kæ-]

грацио́зный gráceful

грач м rook

гребёнка ж, **гре́бень** м comb [kəum]

гре́бля ж rówing ['rəu-]

гре́лка ж hót-water [-wɔːtə] bottle, fóotwarmer

греме́ть rattle; *(о гро́ме)* thúnder

гренки́ мн. tóast-squáres; *(для су́па)* síppets

грести́ row [rəu]

греть 1. warm; heat; ~ ру́ки (но́ги) warm one's hands (feet) 2. give [gɪv] out warmth; со́лнце си́льно гре́ет it's véry ['verɪ] warm in the sun; ~ся warm onesélf; ~ся у ками́на warm onesélf by the fíre-place

грех м sin ◊ э́то мой ~ this is my fault

гре́цкий: ~ оре́х wálnut

гречи́ха ж búckwheat

греч‖ка ж *(крупа́)* búckwheat; ~невая ка́ша (búckwheat) kásha ['kæʃə]

гриб м múshroom; марино́ванные ~ы́ pickled múshrooms; собира́ть ~ы́ go músh-rooming

грим м máke-up

гримёр м máke-up man

гримирова́ть, ~ся make up

грипп м flu [fluː], influénza [-fluː-], grippe

гриф м *муз.* fínger-board, neck

гроб м cóffin

гроза́ ж thúnderstorm, storm

грози́ть thréaten ['θre-]

гром м thúnder; ~ греми́т it thúnders; ~ аплодисме́нтов storm of appláuse

грома́дн‖ый huge, enór-mous [-'nɔ-]; vast; я получи́л (от конце́рта *и т. п.*) ~ое удово́льствие I enjóyed (the cón-cert, *etc*) imménsely

гро́мк‖ий loud; ~o loud, lóudly, alóud; не говори́те так ~o don't speak so loud

громкоговори́тель м loud-spéaker

гро́мче: говори́те ~ speak lóuder; speak up

гроссме́йстер м grand máster

гро́хот м crash; rumble; rattle

гру́б‖ость ж rúdeness ['ruːd-]; *спорт.* (unnécessary [-'ne-]) róughness ['rʌf-]; до-пусти́ть ~ commít rough [rʌf] play; ~ый rough [rʌf], coarse [kɔːs]; (*невежливый*) rude [ruːd]; (*об ошибке, нарушении*) gross; (*об изделии, работе*) crude [-uː-]; (*о голосе*) harsh, gruff; ~ая игра́ *спорт.* rough play

груди́нка ж bácon

грудно́й: ~ ребёнок báby

грудь ж breast [-e-]; (*грудная клетка*) chest; (*бюст*) bósom ['buzəm]

груз м load; (*судна*) cárgo

грузи́н м, ~ка ж Géorgian ['dʒɔ-]

грузи́ть load

грузови́к м lórry ['lɔ-]; *амер.* truck

грузов‖о́й: ~о́е движе́ние goods' [gudz] tráffic

гру́зчик м lóader; (*в порту*) stévedore ['stiːvɪdɔ-], dócker; *амер.* lóngshoreman

грунт м 1. (*почва*) soil 2. *жив.* ground

гру́ппа ж group [-uː-]; ~ зри́-телей clúster of spectátors; ~ кро́ви blood group ['blʌd...] (type)

грусти́ть be sad

гру́стный sad

гру́ша ж (*плод*) pear [pɛə]; (*дерево*) péar-tree

гря́дка ж (végetable-)bed

гряз‖и мн. мед. mud; (*грязевые ванны*) múd-baths [-bɑːθs]

грязн‖о: на у́лице сего́дня ~ it's múddy outsíde; ~ый dírty, fílthy

грязь ж dirt; filth; (*слякоть*) mud

гуа́шь ж gouáche [gu'ɑːʃ]

губа́ ж lip; ве́рхняя (ни́ж-няя) ~ úpper (lówer) lip

гу́бка ж sponge [spʌndʒ]

губн‖о́й: ~а́я гармо́ника móuthorgan; ~а́я пома́да líp-stick

гуде́ть (*об автомобиле*) hoot, honk

гудо́к *м* hóoter; *(фабрич-ный)* (fáctory) whistle; *(авто-мобильный тж.)* horn

гуля́нье *с* wálking; наро́дное ~ públic mérry-making

гуля́ть walk, go for *(или* take) a walk; ~ по го́роду (па́рку) walk abóut the cíty ['sɪ-] (in the park)

гуля́ш *м кул.* góulash ['guː-læʃ], stew [stjuː]

гума́нный humáne [-'meɪn]

густо́й thick; dense; ~ лес dense fórest; ~ое населе́ние dense populátion; ~ суп thick soup

гусь *м* goose *(мн.* geese)

гутали́н *м* shoe [ʃuː] pólish ['pɔ-]; blácking ['blæ-]

ГЭС (гидроэлектроста́нция) hýdro-eléctric pówer-station

Д

да I yes; да, я зна́ю! yes, I know [nəu]!

да II *союз* 1. *(соединитель-ный)* and 2. *(противительный)* but; да я там был but I've been there

да III: да здра́вствует! long live!

дава́ть *см.* дать ◊ дава́йте пойдём! let's go!; ~ сло́во *(обещать)* give [gɪv] one's word [wəːd]

давле́ние *с* préssure [-ʃə]; кровяно́е ~ blóod préssure

давно́ long agó [ə'gəu]; for a long time; я вас о́чень ~ не

ви́дел I haven't seen you for áges

да́же éven

да́лее: и так ~ etc, and so on, and so forth

далеко́ far awáy, a long way off; нам ещё ~ идти́ (е́хать)? have we much fárther ['fɑːðə] to go?

дальне́йш‖ий fúrther ['fəːðə]; в ~ем láter on

да́льний dístant; ~ путь dístant jóurney

дальнови́дный far-síghted

дальнозо́ркий long-síghted

дальтони́зм *м* cólour-blíndness ['kʌ-]

да́льше fúrther ['fəːðə]; fárther ['fɑːðə]; пойдёмте ~ let's go on (fúrther); а ~ что? and then what?

да́ма *ж* 1. lády; *(в танцах)* pártner 2. *карт.* queen; ~ пик the queen of spades

да́мк‖а *ж* king; проводи́ть в ~и crown; проходи́ть в ~и be crowned

да́мск‖ий: ~ зал ládies' háirdressing salóon; ~ая ко́мната ládies' room

да́нн‖ые *мн.* facts, dáta; у него́ хоро́шие спорти́вные ~ he's got the mákings of a good [gud] spórtsman; ба́за ~ых *элк.* dátabase

да́нн‖ый this; gíven; в ~ое вре́мя at présent, at the móment; в ~ом слу́чае únder the círcumstances, in this case

дань *ж* tríbute ['trɪ-], contribútion

дар *м* gift ['gɪ-]

дари́ть make a présent ['preznt]; ~ на па́мять give [gɪv] smb smth as a kéepsake

дарова́ние *c* tálent ['tæ-], gift [gɪ-]

да́ром 1. *(бесплатно)* free (of chárge) **2.** *(очень дёшево)* for next to nóthing, for a song **3.** *(бесполезно)* in vain

да́т‖а *ж* date; поста́вить ~y date (a létter, dócument)

дать 1. give [gɪv]; да́йте им знать let them know [nəu]; да́йте, пожа́луйста... *(в магазине)* I want...; *(за столом)* pass..., please; ~ согла́сие give one's consént; ~ концéрт give a cóncert **2.** *(позволить)* let; да́йте, пожа́луйста, пройти́ let me pass, please

да́ч‖а *ж* súmmer-house, búngalow; я живу́ на ~e I live out of town, I live in the cóuntry ['kʌ-]

два two

двадца́тый twéntieth

два́дцать twénty

два́жды twice

двена́дцать twelve

дверь *ж* door [dɔ]; входна́я ~ éntrance

две́сти two húndred

дви́гатель *м* éngine; *амер.* mótor

дви́гать(ся) move [muːv]

движе́н‖ие *c* móvement ['muːv-]; у́личное ~ tráffic; ~ за мир Peace Móvement; во́льные ~ия free éxercise, floor éxercise; правосторо́ннее (ле-восторо́ннее) ~ ríght-hand

(léft-hand) tráffic; односторо́ннее ~ óne-way ['wʌn-] tráffic

дви́нуть(ся) *см.* дви́гать(ся)

дво́е two; у меня́ ~ дете́й I have two chíldren

дво́ичный bínary; ~ код bínary code

дво́йка *ж* **1.** *спорт.* double [dʌ-] **2.** *(отметка)* two, "poor" **3.** *карт.* two, deuce [djuːs]; ~ пик *и т. п.* the two of spades, *etc*

двойно́й double [dʌ-]

двойня *ж* twins *pl*

двор *м* yard, court; проходно́й ~ communicáting cóurtyard; на ~é тепло́ (прохла́дно, хо́лодно, жа́рко) it's warm (cool, cold, véry ['verɪ] warm) outsíde

дворе́ц *м* pálace ['pæ-]

дво́рник *м* dvórnik; cáretaker; *амер.* jánitor

дворня́жка *ж* móngrel

двою́родн‖ый: ~ брат, ~ая сестра́ cóusin [kʌ-]

двубо́ртный: ~ пиджа́к dóuble-breasted ['dʌblbre-] jácket

двусмы́сленн‖ость *ж* ambigúity [-'gjuːɪtɪ]; ~ый ambíguous [-'bɪgju-], equívocal [-'kwɪ-]

двусторо́нн‖ий biláteral [baɪ'læ-]; ~ее соглаше́ние biláteral agréement; ~ее движе́ние twó-way tráffic

двухме́стн‖ый: ~ая каю́та cábin for two ['kæ-... 'tuː]; ~ое купе́ dóuble compártment

дебю́т *м* **1.** début ['deɪbuː],

first appéarance 2. *шахм.* ópening

Дéва *ж астр.* Vírgo [-gəu]

девáть *см.* деть

дéвочка *ж* (little) girl

дéвушка *ж* girl ◊ ~! *(в обращении)* miss!

девянóсто nínety

девянóстый nínetieth

девя́тка *ж карт.* nine; ~ пик *и т. п.* the nine of spades, *etc*

девятнáдцать ninetéen

девя́тый ninth [naınθ]

дéвять nine

девятьсóт nine húndred

дед *м* grándfather [-fɑːðə], grándad

Дед-Морóз *м* Fáther ['fɑːðə], Chrístmas ['krısməs], Sánta Claus [-ɔːz]

дéдушка *м см.* дед

дежу́рить be on dúty

дежу́рн‖ый 1. *м* man on dúty 2. on dúty ◊ ~ое блюдо todáy's [-'deız] spécial ['speʃ-]

дежу́рство *с* dúty

дéйствие *с* 1. áction, deed 2. *(влияние)* efféct; оказáть ~ afféct 3. *театр.* act; вторóе ~ начнётся чéрез 5 минýт the sécond act will begín in five mínutes ['mın-]

действи́тельност‖ь *ж* reálity; в ~и in fact, in reálity

дéйствовать 1. *(функционировать)* act, work [wəːk]; *(о машине)* run; телефóн (радиоприёмник, телеви́зор) не дéйствует the télephone (rádio, TV-set) is out of órder 2. *(влиять)* afféct, tell on; лекáрство хорошó дéйствует the

médicine is véry ['verı] efféctive

дéйствующ‖ий: ~ее лицó cháracter ['kærıktə]

декáбрь *м* Decémber

декáда *ж* tén-day périod

декáн *м* dean

деканáт *м* dean's óffice

декламáция *ж* recitátion

декларáция *ж* declarátion

декорáция *ж* scénery ['siːn-]

декрéт *м* decrée

декрéтный: ~ óтпуск matérnity leave

дéлать do; make; ~ сообщéние make a repórt; ~ попы́тку make an attémpt; что нам ~? what shall we do?; пóезд дéлает 70 км в час the train makes 70 km an hóur; ~ся 1. *(происходить)* háppen; что здесь дéлается? what is góing on (háppening) here? 2. *(становиться)* becóme [-'kʌm]

делегáт *м* délegate ['delıgıt]

делегáц‖ия *ж* delegátion [ˌdelı-]; в состáве ~ии on the delegátion

делéние *с* divísion [-'vıʒn]

делéц *м* búsinessman ['bız-]

дели́ть divíde; ~ на гру́ппы divíde ínto ['ıntu] groups [-uː-]; ~ся 1. be divíded 2. *(с кем-л.)* share (with); ~ся впечатлéниями tell one's impréssions, compáre notes

дéл‖о *с* 1. affáir, búsiness ['bız-]; concérn; как вáши ~á? how are you gétting ['get-] on? 2. *(поступок)* deed 3. *(цель, интересы)* cause [kɔz]; ~ ми́ра cause of peace **4.** *юр.* case; возбуди́ть ~ про́тив кого́-л. bring an áction agáinst smb **5.** *канц.* file ◊ ~ в том, что... the point is that...; в чём ~? what is the mátter?; ~ не в э́том that's not the point; в са́мом ~е? you don't mean it!, réally?; пе́рвым ~ом the first thing to be done is...

делов‖о́й búsiness ['bız-]; búsiness-like; ~о́е свида́ние búsiness appóintment

де́льный efficíent [ı'fıʃ-], práctical; ~ сове́т práctical advíce

дельфи́н *м* dólphin

демилитариза́ция *ж* demilitarizátion

демобилиза́ция *ж* demobilizátion

демократи́ческий democrátic [-'kræ-]

демокра́тия *ж* demócracy [dı'mɔk-]

демонстра́ция *ж* **1.** demonstrátion; march; полити́ческая ~ political [-'lı-] manifestátion [ˌmæ-] **2.** *(показ)* displáy, show [ʃəu]; ~ фи́льма film show; ~ моде́лей гото́вого пла́тья fáshion show

де́нежный: ~ перево́д móney ['mʌ-] órder

день *м* day; до́брый ~! *(до полудня)* good [gud] mórning!; *(после полудня)* good afternóon!; в 2 часа́ дня at two p.m.; ~ рожде́ния bírthday; це́лый ~ all day long; ~ о́тдыха day of rest, day off; че́рез ~ évery ['evrı] óther day;

(послезавтра) the day áfter ['ɑːftə] tomórrow

де́ньги *мн.* móney ['mʌ-]; ме́лкие ~ (small) change; кру́пные ~ big bank notes; игра́ть не на ~ *карт.* play for love [lʌv]

депута́т *м* députy ['dep-]; пала́та ~ов Chámber of Députies; наро́дный ~ People's [piːplz] Députy

дере́вня *ж* víllage; олимпи́йская ~ Olýmpic víllage

дере́в‖о *с* **1.** tree **2.** *(материал)* wood; э́то сде́лано из ~а this is made of wood; кра́сное ~ mahógany; чёрное ~ ébony ['e-]

деревя́нный wóoden

держа́ва *ж:* вели́кая ~ Great [-eı-] Pówer

держа́ть hold; keep; ~ за́ руку hold by the hand; ~ в рука́х hold smb in one's hands; ~ся **1.** *(за что-л.)* hold on (to); держи́тесь за пери́ла hold on to the bánisters **2.** *(на чём-л.)* be suppórted by ◊ ~ся вме́сте keep togéther [-'geðə]

десе́рт *м* dessért [-'zɜːt]; на ~ for dessért

десяти́чный décimal ['de-]

деся́тка *ж карт.* ten; ~ пик *и т. п.* the ten of spades, *etc*

деся́ток *м* ten; *перен.* score

деся́тый tenth

де́сять ten

дета́ль *ж* détail; *(машины)* part

дета́льно in détail

де́ти *мн.* chíldren ['tʃı-]; *разг.* kids

детский child's; chíldren's ['tʃɪ-]; ~ дом chíldren's home; *(для сирот)* órphanage; ~ сад kíndergarten; núrsery school [skuːl]

детство с chíldhood

деть put [put]; куда вы дели карандаш? where have you put the péncil?

дефицит м shórtage; ~ный: ~ные товары goods [gudz] in short supplý

дёшево cheap; это очень ~ it's véry ['verɪ] cheap

дешёвый inexpénsive, cheap

деятель м: государственный ~ státesman; общественный ~ públic fígure ['fɪgə]; públic wórker ['wəːkə]; политический ~ públic fígure; ~ность ж 1. actívities [æk'tɪv-] 2. *(занятие)* occupátion; ~ный áctive, energétic [ˌenə'dʒe-]; ~ный руководитель an aggréssive mánager ['mænɪ-]

джаз м jazz

джазовый jazz; ~ая музыка jazz músic

джаз-оркестр м jazz band

джем м jam

джемпер м júmper; *(мужской)* púll-over ['pul-]

джинсовый: ~ая ткань dénim ['de-]

джинсы мн. jeans *pl*

дзюдо с нескл. júdo

диагноз м diagnósis

диалект м díalect ['daɪə-]

диалектика ж dialéctics [ˌdaɪə'lek-]

диалектический dialéctical [ˌdaɪə'lek-]

диаметр м diámeter [daɪ'æ-]

диван м sófa; ~-кровать м sófa bed, convértible (sófa)

диез м *муз.* sharp; до ~ C sharp [siː-]

диета ж díet ['daɪət]; быть на ~е be on a díet

диетический: ~ магазин dietétic food shop; ~ая столовая dietétic réstaurant

дизентерия ж dýsentery ['dɪs-]

диктатура ж dictátorship; ~ пролетариата dictátorship of the proletáriat

диктовать dictáte

диктор м *радио* annóuncer; *амер.* bróadcaster ['brɔː-]

диктофон м dictáting machíne [-'ʃiːn], dictophóne

динамик м loudspéaker

диоптрия ж dióptre [daɪ'ɔ-]

диплом м diplóma; он получил университетский ~ he is a univérsity gráduate

дипломат м 1. díplomat 2. *(чемоданчик)* (attaché [æ'tæ-ʃeɪ]) case

дипломатический diplomátic [-'mæ-]; ~ корпус diplomátic corps [kɔː]

директор м diréctor; mánager ['mænɪ-]; ~ школы príncipal; *(мужчина)* head [hed] máster; *(женщина)* head místress; ~ института príncipal; ~ фабрики (завода) fáctory mánager

дирекция ж mánagement, ['mænɪdʒ-]; diréctor's óffice

дирижёр м condúctor

дирижёрск‖ий: ~ая па́лоч-ка ба́ton ['bæ-]

дирижи́ровать condúct; дирижи́рует N condúcted by N

дискоте́ка ж dísco

дискредити́ровать discrédit

дискуссия ж discússion, debáte

диспансе́р м prophyláctic céntre ['sentə]; ~иза́ция ж ánnual clínical ['klɪ-] check-up

дисплей м элк. displáy

диспут м debáte; организова́ть ~ spónsor a debáte

диссерта́ци‖я ж thésis ['θiːsɪs], dissertátion; защища́ть ~ю maintáin a thésis, defénd a dissertátion

диста́нци‖я ж спорт. dístance; сойти́ с ~и withdráw, scratch

дисципли́на ж díscipline ['dɪsɪplɪn]

дитя́ с нескл. child

дичь ж 1. game 2. (жаркое) fowl

длин‖а́ ж léngth; в ~у́ léngthwise; ~о́й в 5 ме́тров five métres ['miːtəz] long; ~ волны́ рад. wávelength

дли́нный long

дли́тельный lásting; long; prolónged

дли́ться last

для for; to; ~ же́нщин for wómen ['wɪmɪn]; ~ мужчи́н for men; ~ него́ э́то уда́р it is a blow to him; я прие́хал сюда́ ~... I have come [kʌm] here (+ гл. в инф.); ~ того́, что́бы in órder to

дневни́к м díary

дневно́й day(-)

днём by day; in the dáy--time; за́втра ~ tomórrow afternóon; сего́дня ~ this afternóon; вчера́ ~ yésterday [-dɪ] afternóon

дно с bóttom; на дне at the bóttom; ~ море́й и океа́нов séabed and ócean ['əuʃn] floor; пей до дна! bóttoms up!

до I муз. C [siː]

до II 1. (пространственный и т. п. предел) (up, down) to; до го́рода 5 км it's five km to the town; ско́лько остано́вок до..? how mány ['menɪ] stops are there to..?; до 30 челове́к up to thírty pérsons **2.** (временно́й предел) to, till, untíl; от 5 до 10 дней from five to ten days; я ждал вас до двух часо́в I wáited for you till two o'clóck; я отложу́ э́то до ва́шего возвраще́ния I'll postpóne it untíl your retúrn **3.** (раньше) befóre; до ва́шего прие́зда befóre your arríval; до револю́ции befóre the revolútion ◊ до сих пор so far

доба́вить, добавля́ть add

доба́вочный 1. addítional [-'dɪ-] **2.** м (телефо́нный но́мер) exténsion; ~ 23, пожа́луйста exténsion 23, please

добива́ться seek, strive for

доби́ться get [get], achíeve; obtáin, win; ~ своего́ get (one's) own way

добро́: ~ пожа́ловать! wélcome!

доброво́лец м voluntéer

добровольный vóluntary ['vɔlən-]

доброжелательн‖ый kind; well-dispósed; ~ое отношéние benévolence, góodwill ['gud-]

доброкачественный 1. of high (good [gud]) quálity 2. *мед.* benígn ['-aın], non-malígnant

добросовестный consciéntious; hónest ['ɔnı-]

добрый kind; good [gud] ◊ будьте добры! be so kind!; всего доброго! good-býe!

добыча ж óutput

довезти take to; я вас довезý до... I'll take you to... (as far as...)

доверенность ж power of attórney [ə'təːnı]; wárrant

довери‖е с trust; cónfidence; заслуживающий ~я trústworthy; постáвить вопрóс о ~и call for a vote of cónfidence

доверить, доверять 1. *(что-л.)* entrúst 2. *(кому-л.)* trust; confíde in *(тайну)*

довести lead (up to, to); *(привести к чему-л.)* bring; я вас доведý до... I'll see you to...; доведите меня... would you take me to...?

довод м árgument, réason

доводить *см.* довести

довозить *см.* довезти

довольно 1. quite, fáirly; ~ хóлодно prétty cold 2. *(достаточно)* enóugh [ı'nʌf]; ~! that will do, that's enóugh

довольный: я óчень довóлен! I'm véry ['verı] glad!, I'm híghly pleased!

довольствоваться *(чем-л.)* be contént, be sátisfied ['sæ-] (with)

довыборы *мн.* by-eléction *sn*

догадаться, догадываться guess; suspéct *(подозревать)*

догнать óvertake; catch up (with)

договариваться *см.* договориться

договор м 1. agréement; tréaty; ~ о взаимопóмощи (о ненападéнии) mútual assístance (non-agréssion) pact; ~ о частичном запрещéнии ядерных испытáний pártial tést-ban tréaty 2. cóntract

договориться come [kʌm] to an agréement; мы договорились о встрéче we've made an appóintment

догонять *см.* догнать

доезжать, доехать reach; как вы доéхали? did you have a good [gud] jóurney?

дождевик м *(плащ)* ráincoat

дождь м rain; идёт (проливнóй) ~ it's ráining (póuring); ~ моросит it is drízzling

доить milk

дойти reach; письмó (не) дошлó the létter reached (didn't reach)

док м dock

доказательств‖о с proof; *юр.* évidence ['evı-]; приводить ~а show [ʃəu] (give [gıv]) proof; fúrnish évidence

доказать prove [pruːv]

доказывать árgue, try to

prove [pruːv]; *(наглядно)* démonstrate, show [ʃəu]

до́кер м dócker

докла́д м repórt; lécture; ~ (не) состои́тся the repórt (the lécture) will (not) take place; де́лать ~ а) delíver a lécture (a repórt); б) *(научный)* read a páper

докла́дчик м lécturer, spéaker; *(подкомиссии и т. п.)* rapportéur [-ʹtɜ-]

докла́дывать *см.* доложи́ть

до́ктор м dóctor, *(врач тж.)* physícian [fɪʹzɪʃn]; ~ нау́к Dóctor of Scíence *(сокр.* D.Sc.); ~ филологи́ческих нау́к Dóctor of Philólogy

докуме́нт м dócument [ʹdɔ-], páper

документа́льный documéntary; ~ фильм *кино* documéntary (film)

долг м 1. *(обязанность)* dúty; вы́полнить свой ~ do one's dúty 2. *(денежный)* debt [det]; брать в ~ bórrow; дава́ть в ~ lend; отдава́ть ~ repáy the debt

долг‖ий long; ~ое вре́мя (for) a long time

долгоигра́ющ‖ий: ~ая пласти́нка lóng-playing récord *(сокр.* LP)

долгота́ ж *геогр.* lóngitude [-dʒɪ-]

до́лжен: я ~ э́то сде́лать I must do it; я ~ вам сказа́ть I must tell you ◊ должно́ быть appárently [-ʹpæ-]; должно́ быть, он бо́лен he must be ill

до́лжность ж post [pəu-], posítion [-ʹzɪ-]; *разг.* job

доли́на ж válley [ʹvælɪ]

до́ллар м dóllar [ʹdɔlə]

доложи́ть 1. *(сообщить)* infórm; repórt 2. *(о ком-л.)* annóunce; ~ о прихо́де... annóunce the arríval of...

доло́й! down with..!

до́льше lónger

до́ля ж *(часть)* share

дом м *(здание)* house; *(домашний очаг)* home; ~ о́тдыха rést-home; hóliday céntre [ʹsentə]; ~ культу́ры recreátion céntre, commúnity céntre

до́ма at home; его́ нет ~ he is not in; он ~? is he at home?

дома́шн‖ий house(-); home; doméstic [dəu-]; ~ее живо́тное doméstic ánimal [ʹæ-], pet; ~яя пти́ца póultry [ʹpəu-]; ~ее хозя́йство hóusekeeping; ~яя хозя́йка hóusewife

домино́ с 1. *(игра)* dóminoes [ʹdɔ-] pl 2. *(маскарадный костюм)* dómino [ʹdɔ-]

до́мна ж blást-fúrnace

домово́дство с hóusekeeping

домо́й home; пойдёмте ~ let's go home; пора́ ~ it's time to go home

домоуправле́ние с house mánagement [ʹmæ-]; hóuse mánager's

допла́та ж addítional [-ʹdɪʃ-] charge (pay)

доплати́ть, допла́чивать pay éxtra; pay in addítion [-ʹdɪʃ-]; ско́лько ну́жно доплати́ть? how much have I to pay éxtra?;

я доплачу I'll make up the difference

дополнительный supplementary, additional

допо́лнить, дополня́ть add

допра́шивать *см.* допроси́ть

допро́с *м* interrogátion; перекрёстный ~ cross-examinátion

допроси́ть intérrogate

допуска́ть, допусти́ть 1. admít; ~ оши́бку commít an érror **2.** *(предположить)* assúme; допу́стим, что... let's assúme (that)...

доро́г‖а *ж* **1.** road; way; нам по ~е we are góing the same way; прегради́ть ~у bar the way (to); уступи́ть ~у make way (for) **2.** *(путешествие)* trip; jóurney [-'dʒɚ-]; отправля́ться в ~у start on a trip; я про́был в ~е 3 дня the trip took me three days

до́рого dear [dɪə]; *(о стоимости тж.)* expénsive

доро́гой on the way

дорого́й 1. *(ценный)* expénsive; ~ пода́рок expénsive présent ['preznt] **2.** *(милый)* dear [dɪə]; ~ друг dear friend

дорожи́ть appréciate

доро́жка *ж* **1.** path; *спорт.* track **2.** *(на магнитной ленте)* track

доро́жный road; trávelling ['træ-]; ~ велосипе́д róadster; ~ знак road sign

доса́да *ж* aggravátion; кака́я ~! what a núisance!

доса́дно: как ~! what a shame!

доска́ *ж* **1.** board; кла́ссная ~ bláckboard **2.:** ~ почёта hónour roll; ~ объявле́ний nótice board

досло́вный word [wɚd] for word, líteral; ~ перево́д word for word translátion

досмо́тр *м*: тамо́женный ~ cústoms examinátion [-,zæ-]

достава́ть *см.* доста́ть

доста́вить 1. *(препроводить)* delíver [-'lɪ-]; доста́вьте поку́пки в гости́ницу delíver (send) the púrchases to the hotél **2.** *(причинить)* give [gɪv], cause; ~ ра́дость (удово́льствие) give pléasure

доста́вк‖а *ж* delívery [-'lɪ-]; с ~ой на́ дом to be delívered home, home delívery

доставля́ть *см.* доста́вить

доста́точно enóugh [ɪ'nʌf]; э́того ~ that will do

доста́ть 1. *(дотянуться)* reach **2.** *(приобрести)* get [get] **3.** *(вынуть)* take out

достига́ть *см.* дости́чь

достиже́н‖ие *с* achíevement; мировы́е ~ия *спорт.* world [wɚld] récords

дости́чь reach

достове́рн‖ый relíable; trústworthy [-wɚðɪ]; ~ые све́дения relíable informátion

досто́йный wórthy ['wɚðɪ], desérving to; ~ внима́ния desérving (wórthy of) atténtion

достопримеча́тельности *мн.* sights; ~ го́рода sights of the city ['sɪ-]; city's pláces of ínterest

достоя́ние *с* próperty ['prɒрэ-]; всенаро́дное ~ nátional ['næʃ-] próperty

до́ступ м áccess ['æks-]; ~ откры́т... is ópen to the públic

досу́г м léisure ['leʒə]; на ~е at (one's) léisure

дотра́гиваться, дотро́нуться touch [tʌtʃ]

дохо́д м íncome [-kʌm]; трудово́й ~ éarned íncome; (особ. государственный) révenue ['revɪ-]

доходи́ть см. дойти́; не доходя́... just befóre you reach...

доце́нт м dócent, lécturer; амер. assístant proféssor

дочь ж dáughter

дошко́льный pré-school [-sk-]

дои́р м dáiry ['dɛə-] fármer

дои́рка ж mílkmaid, dáiry-maid ['dɛə-]

драгоце́нности мн. jéwelry ['dʒuːəlrɪ]

драгоце́нн‖ый précious ['preʃəs]; ~ые ка́мни précious stones, gems

драже́ с нескл. súgar-plum, drops

дра́ма ж dráma ['drɑː-]

драмати́ческий dramátic [-'mæ-], dráma ['drɑː-]; ~ теа́тр dráma théatre ['θɪə-]

драмату́рг м pláywright, drámatist ['dræ-]

драп м (thick) cloth

древеси́на ж 1. wood 2. (материалы) tímber

дре́вко с pole, staff; ~ зна́мени flágstaff

дре́вний áncient ['eɪnʃ-]

дрема́ть doze

дрессирова́ть train

дрессиро́вка ж tráining

дрессиро́вщик м tráiner

дробь ж мат. fráction

дрожа́ть tremble; shíver ['ʃɪ-]

друг I м friend [frend]; среди́ друзе́й amóng friends

друг II м: ~ дру́га each óther ['ʌðə]; ~ за дру́гом one áfter ['ɑːftə] anóther; ~ про́тив дру́га face to face; agáinst each óther; ~ с дру́гом with each óther

друг‖о́й 1. anóther (мн. óther ['ʌðə]); (в) ~ раз anóther time; с ~ стороны́ on the óther hand; нет ли у вас ~и́х значко́в? have you ány óther bádges? 2. (следующий) next; на ~ день the next day; спроси́те кого́-нибудь ~о́го ask sómeone else

дру́жба ж fríendship ['fre-]; ~ наро́дов internátional [-'næʃ-] fríendship

дружелю́бный fríendly ['fre-]

дру́жеский, дру́жественный fríendly ['fre-]

дружи́н‖а ж (по охране общественного порядка) públic órder squad; ~ник м mémber of a públic órder squad

дружи́ть 1. be friends [fre-] 2. (школьное, разг.) go stéady ['ste-]

дру́жно unánimously [juː'næ-]; (о работе и т. п.) hámmer and tongs [tɔŋz]

дру́жный (единодушный) unánimous [juː'næ-]; (о семье и т. п.) close [-s], clóse-knit

дуб _м_ oak

дублёнка _ж_ shéepskin coat

дублёр _м_ **1.** dúplicate, cóunterpart; _разг._ ópposite númber **2.** _(космонавт)_ báck-up pílot(man) **3.** _кино (актёр для отдельных эпизодов)_ stánd-in; _(каскадёр)_ stúntman

дублировать dúplicate; ~ кинофильм dub (double [dʌbl]) a film; ~ роль double (únderstudy) a part

дубов‖**ый** oak(-); ~ая рóща óak-grove

думать think; _(намереваться)_ inténd; я думаю, что... I think (that)...; я думаю завтра уéхать I think of léaving tomórrow

дупло _с_ **1.** _(в дереве)_ hóllow **2.** _(в зубе)_ cávity ['kæ-]

дуть blow [-əu]; дует _(сквозит)_ there is a draught [drɑːft] here

дух _м_ **1.** spírit ['spɪ-]; в ~е дрýжбы in the spírit of fríendship ['fre-] **2.**: быть (не) в ~е be in a good [gud] (bad) mood, be in high (low [ləu]) spírits

духи _мн._ pérfume, scent [sent]

духовéнство _с_ clérgy

духов‖**óй**: ~ оркéстр brass band; ~ы́е инструмéнты wind ínstruments

духотá _ж_ clóseness, stúffiness

душ _м_ shówer; (я хочý) принять ~ I'd like to take a shówer

душ‖**á** _ж_ soul .[səul]; всей ~óй with all (one's) heart

[hɑːt]; от всей ~й from the bóttom of my heart

душистый frágrant ['freɪ-]; sweet-scénted

душн‖**о**: здесь óчень ~ it's véry ['ve-] stúffy here; ~ый stúffy, close [-s]

дуэт _м_ duét [djuːˈet]

дым _м_ smoke

дымохóд _м_ flue [fluː]

дыня _ж_ mélon ['me-], músk-melon; cántaloupe [-luːp]

дыхáние _с_ breath [-e-]; перевести ~ catch (hold) one's breath ◊ вторóе ~ sécond ['se-] wind

дышáть breathe; дышите глýбже breathe déeper

дюжина _ж_ dózen ['dʌ-] ◊ чёртова ~ báker's dózen

дядя _м_ uncle

Е

Евáнгелие _с_ Góspel

еврéй _м_, ~ка _ж_ Jew [dʒuː]; он (онá) еврéй (~ка) he (she) is Jéwish

еврéйский Jéwish ['dʒuː-]; ~ язы́к а) _(идиш)_ Yíddish; б) _(иврит)_ Hébrew ['hiːbruː]

европéец _м_ Européan

европéйский Európeán; _(исключая Англию)_ continéntal

егó **I** him; _(для неодушевл. предметов)_ it; вы ~ не видели? have you seen him?

егó **II** _притяж. мест._ his; _(для неодушевл. предметов)_ its; это ~ мéсто this is his seat

еда́ ж food; *(завтрак, обед и т. п.)* meal; за едо́й while éating; пе́ред едо́й befóre meals; по́сле еды́ áfter ['ɑːftə] meals; сы́тная ~ substántial (héarty ['hɑːtɪ]) meal

едва́ hárdly; scárcely; ~ ли it's dóubtful (whéther, that); ~ слы́шно hárdly áudible; э́того ему́ ~ хвати́ло it was scárcely enóugh [ɪ'nʌf] for him

едини́ца ж 1. únit 2. *(цифра)* one

единогла́сно unánimously [juːˈnæ-]; приня́ть ~ pass (cárry) unánimously

единоду́шие с unanímity [-ˈnɪ-]

еди́нство с únity; ~ де́йствий únity of áctions

еди́ный 1. *(объединённый)* united; ~ фронт united front 2. *(общенациональный и т. п.)* nátional ['næʃ-], single 3. *(неделимый)* undivísible [-ˈvɪ-]

её I her; *(для неодушевл. предметов)* it; я ~ то́лько что ви́дел I have just seen her

её II *притяж. мест.* her, hers; *(для неодушевл. предметов)* its; её ве́щи здесь her things are here

ёж м hédgehog ◊ морско́й ~ séa-urchin

ежеви́ка ж 1. *собир.* bláckberries *pl* 2. *(кустарник)* brámble

ежего́дник м yéar-book

ежего́дн‖о ánnually, évery ['evrɪ] year; **~ый** ánnual; yéarly

ежедне́вн‖о évery ['evrɪ]

day, dáily; по́езд отхо́дит (прихо́дит) ~ в 10 the train leaves (arríves) at ten dáily; **~ый** dáily; **~ая** газе́та dáily (páper)

ежеме́сячн‖о évery ['evrɪ] month [mʌ-], mónthly ['mʌ-]; **~ый** mónthly ['mʌ-]

еженеде́льник м wéekly

еженеде́льн‖о évery ['evrɪ] week, wéekly; **~ый** wéekly

езд‖а́ ж dríving; я люблю́ бы́струю **~у́** I love [lʌv] fast dríving; в двух часа́х **~ы́** от... twó-hour's drive from...

е́здить go (by); *(на автомобиле)* drive; *(верхом)* ride; *(путешествовать)* trável ['træ-]; ~ на велосипе́де go cýcling ['saɪ-]

ей her, to her; *(для неодушевл. предметов)* it, to it; сообщи́те ей об э́том infórm her abóut it

е́ле 1. *(с трудом)* hárdly; он ~ спа́сся he had a nárrow escápe 2. *(едва только)* no sóoner... than; он ~ успе́л сде́лать э́то, как... hárdly had he fínished ['fɪ-] dóing it when...; no sóoner had he fínished dóing it than...

ёлка ж fir(tree); новогодняя (рожде́ственская) ~ New Year's (Christmas ['krɪsməs]) tree

ель ж fir(tree)

ему́ him, to him; *(для неодушевл. предметов)* it, to it; я ~ скажу́ I'll tell him; переда́йте ~ приве́т give [gɪv] him my regárds

е́сли if, in case; ~ то́лько

provided, if ónly ['əu-]; ~ бы
тóлько if ónly; ~ хотúте if
you like

естéственный nátural ['næʧ-]
естествознáние *с* nátural
['næʧ-] scíence ['saɪ-]

есть I *(кушать)* eat

есть II *(имеется)* is (aváilable); there is, there are; ~ ли у
вас..? have you got..? у меня
~ ... I have...; у нас всегдá ~
вы́бор... a chóice of... is álways
aváilable here

ефрéйтор *м* lance córporal;
амер. prívate 1st class

éхать go (by); *(на автомобиле)* drive; *(верхóм)* ride; ~
пóездом (в метрó) go by train
(únderground); кудá вы éдете?
where are you góing?; я éду
зáвтра I'm léaving tomórrow
[-əu]

ещё some [sʌm] more; yet;
still; else; повторúте ~ раз,
пожáлуйста will you repéat it
once [wʌns] more, please; мы
~ успéем тудá we still can get
[get] there in time; я ~ не го-
тóв I'm not réady ['re-] yet;
дáйте мне ~ give [gɪv] me some
more, please; покажúте мне
чтó-нибудь ~! show [ʃəu] me
sómething else, please! ◊ ~
бы! should think so!, and how!;
амер. you bet!

éю (by, with) her; éю óчень
довóльны they are híghly
pleased with her

Ж

жáба *ж* toad
жáбры *мн.* gills [g-]
жáворонок *м* (ský)lark
жáдный gréedy
жáжд‖а *ж* thirst; испы́ты-
вать ~y be thírsty; утолять ~y
quench (slake) one's thirst; ~
знáний thirst for knówledge
['nɔlɪʤ]

жакéт *м* jácket

жалéть 1. *(кого-л.)* píty
['pɪtɪ], feel sórry for **2.** *(сожа-
леть)* be sórry; я жалéю, что...
I'm sórry (that)... **3.** *(щадить)*
spare

жáлить sting *(тж. перен.);*
(о змее) bite

жáлко *см.* жаль

жáлоба *ж* compláint; кнúга
жáлоб и предложéний com-
pláints and suggéstions book

жáловаться compláin; на что
вы жáлуетесь? what are your
compláints?, what do you complain of?; ~ на (головнýю
боль) compláin of (a héadache
['hedeɪk])

жаль píty ['pɪtɪ]; как ~
what a píty; óчень ~, что вы...
too bad you...

жанр *м* genre ['ʒɑ:-]

жар *м* **1.** heat; *(перен. тж.)*
árdour ['ɑ:də] **2.** *(повышенная
температура)* féver, high témperature; у меня (у негó) ~
I have (he has) got a féver

жарá *ж* heat

жáреный *(в духовке)* róast;
(на сковороде) fríed; *(на открытом огне)* bróiled, grílled

жа́рк‖ий hot; *перен.* héated; **~ая** пого́да hot wéather ['weðə]; **~** спор héated discússion

жа́рко hot, warm; сего́дня **~** it's hot todáy; мне **~** I am hot

жарко́е *с* roast; meat course

жаропонижа́ющее *с (средство)* fébrifuge; *разг.* ánti-feb

жа́тва *ж* hárvest

жать I 1. *(давить)* press; pinch; ту́фли (мне) жмут (my) shoes [ʃuːz] pinch **2.** *(пожимать):* жму ва́шу ру́ку *(в письме)* with best wíshes

жать II *с.-х.* reap

ждать wait (for); expéct; кого́ вы ждёте? whom are you wáiting for?; он не ждал тако́го большо́го успе́ха he didn't expéct such a great [greɪt] succéss

же I *союз* but; and; я же зна́ю, что... but I know [nəu]

же II *усил. част.* когда́ же? when (on earth)?

же III *част. (означает тождество)* тот же, э́тот же, тако́й же the same; здесь же, там же at the same place; туда́ же to the same place; в то же вре́мя at the same time

жева́ть chew [tʃuː]

жела́н‖ие *с* **1.** wish; *(стремление)* desíre; при всём **~ии** as much as I want to; про́тив **~ия** agáinst (one's) wíshes **2.** *(просьба)* requést [-'kwest]; по **~ию** by requést; по его́ **~ию** at his requést; про́тив **~ия** agáinst one's will

жела́ть wish; want; жела́ю

успе́ха (сча́стья)! good [gud] luck!

желе́ *с* jélly

железа́ *ж* gland; поджелу́дочная **~** páncreas [-rɪəs]

желе́зная доро́га ráilway; *амер.* ráilroad

железнодоро́жник *м* ráilway man

железнодоро́жн‖ый ráilway; *амер.* ráilroad; **~ая** ве́тка bránch-line ['brɑː-]; **~ое** движе́ние ráilway tráffic; train sérvice; **~** у́зел júnction

желе́зный íron ['aɪən]

желе́зо *с* íron ['aɪən]

железобето́н *м* reinfórced [ˌriːɪn'fɔːst] cóncrete ['kɔnkriːt]

желто́к *м* yolk [jəuk]

желту́ха *ж* jáundice

жёлтый yéllow [-əu]

желу́док *м* stómach ['stʌmək]

жёлудь *м* ácorn ['eɪ-]

жёлч‖ный: **~** пузы́рь *анат.* gáll-bladder; **~** челове́к acrimónious man; **~ь** *ж* bile, gall

же́мчуг *м* pearl [pɜːl]

жена́ *ж* wife

жена́тый márried; я жена́т I am márried

жени́ться márry

жени́х *м* fiancé [ˌfɪɑːn'seɪ], brídegroom; они́ **~** и неве́ста they are engáged

же́нский 1. *(для женщин)* lády's, wómen's ['wɪmɪnz] **2.** féminine ['femɪnɪn]; fémale

же́нщина *ж* wóman ['wu-] (*мн.* wómen ['wɪ-])

жеребёнок *м* foal, colt

жеребьёвка *ж* dráwing (cásting) lots

жéртва 1. ж sácrifice 2. *м и ж* (*пострадавший*) víctim

жéртвовать sácrifice

жест *м* gésture; объяснять (-ся) ~ами exprést in (convérse by) géstures; язы́к ~ов sign [saɪn] lánguage

жёстк‖ий hard; ~ая вода́ hard wáter ['wɔːtə]

жестóкий cruel [kruəl]; *перен.* sevére

жесть ж tín(-plate)

жечь burn

жи́во 1. (*оживлённо*) lívely; ~ расска́зывать reláte vívidly ['vɪ-] 2. (*быстро*) quíckly

жив‖óй 1. alíve; жив и здорóв safe and sound 2. (*оживлённый*) vívid ['vɪ-], lívely; ~а́я бесéда lívely talk

живопи́сный picturésque [-'resk]

жи́вопись ж páinting

живóт *м* 1. (*желудок*) stómach ['stʌmək]; у меня́ боли́т ~ I have a stómachache [-eɪk] 2. abdómen, bélly; ра́на в ~ an abdóminal wound [wuː-]

животновóд *м* cáttle--breeder; ~ство *с* (*выведение*) cáttle-breeding; lívestock fárming, ánimal ['ænɪ-] húsbandry

живóтное *с* ánimal ['ænɪ-]

жи́дк‖ий 1. líquid 2. (*не густой*) thin, weak; ~ кóфе weak cóffee; ~ие вóлосы thínning hair; ~ость ж líquid

жизнера́достный chéerful, jóyful, full of life

жизнеспосóбный víable, of great [-eɪ-] vitálity

жизнь ж life; обще́ственная ~ públic life; о́браз жи́зни way (mode) of life

жилéт *м* wáistcoat, vest

жилéц *м* lódger, ténant ['te-]

жили́ще *с* dwélling

жили́щн‖ый hóusing; ~ое строи́тельство hóusing (schémes), hóuse-building

жил‖óй inhábited [-'hæ-]; fit to live [lɪv] in; ~óе помещéние hábitable prémises ['pre-]; ~ы́е кварта́лы residéntial dístricts

жир *м* fat; grease; ры́бий ~ cód-liver oil

жи́рный fat; (*о супе и т. п.*) rich

жи́тель *м* inhábitant [-'hæ-]; городскóй ~ tównsman; кореннóй ~ nátive; ~ство *с*: мéсто ~ства (place of) résidence ['rez-]; (*временное*) sójourn

жить live [lɪv]; я живу́ в... I live in...; где вы живёте? where do you live?

жнéйка ж hárvester

жонглёр *м* júggler

жрéбий *м* lot; тяну́ть (броса́ть) ~ draw (cast) lots

ЖСК (жили́щно-строи́тельный кооперати́в) hóusing co--óperative [-'ɔp-]

жук *м* beetle, *амер.* bug

журна́л *м* 1. magazíne [ˌmægə'ziːn], jóurnal ['dʒɜ-]; номера́ ~a íssues of the magazíne; ~ мод fáshion magazíne 2.: кла́ссный ~ (class) régister; ~и́ст *м*, ~и́стка ж jóurnalist ['dʒɜ-]; (*о мужчине тж.*) préssman

жюри́ *с нескл.* júry ['dʒuərɪ]

З

за 1. *(о местоположении):* *(позади)* behínd; *(за пределами, вне)* beyónd [-'jɔnd]; *(по ту сторону)* acróss; за вокзáлом behínd the státion; за рекóй acróss (beyónd) the ríver ['rɪ-]; за нéсколько киломéтров от... a few kilométres (awaý) from... **2.** *(вслед)* áfter ['ɑ:ftə]; пошлúте за... send for... **3.** *(ради, во имя кого-л., чего-л.; вместо)* for; благодарю́ вас за... thank you for... **4.** *(о времени)* dúring ['djuər-]; in, withín; сдéлать э́то за нéсколько часóв do it in séveral hóurs; за нéсколько часóв до... a few hóurs befóre ◊ держи́тесь за перúла hold on to the ráil

забáва *ж* amúsement, fun

забастóвка *ж* strike; всеóбщая ~ géneral strike

забивáть *см.* забúть

забинтовáть, забинтóвывать bándage

забúть 1. *(гвоздь и т. п.)* dríve in; ~ я́щик náil down a box **2.:** ~ гол score

заблуди́ться lose [lu:z] one's way, get [get] lost

заблуждéние *с* érror, mistáke; misconcéption

заболевáние *с* diséase [-'zi:z]

заболевáть, заболéть fall ill; *(о части тéла)* hurt, ache [eɪk]; у меня́ заболéла головá I have a héadache ['hedeɪk]

забóр *м* fence

забóта *ж* care; concérn; *(беспокóйство, хлопóты)* trouble [-ʌ-]; ~ всех о блáге кáждого и ~ кáждого о блáге всех the concérn of all for the good [gud] of each and the concérn of each for the good of all

забóтиться take care of

забóтливый consíderate [kən'sɪd-], thóughtful

забрáсывать *см.* забрóсить, забросáть

забрáться: ~ на get [get] on (ónto); ~ в get in (ínto ['ɪntu])

забросáть shówer (on), pelt (with); ~ цветáми (вопрóсами) pelt with flówers (quéstions ['kwestʃənz])

забрóсить: ~ мяч throw [-əu] a ball (ínto ['ɪntu])

забывáть *см.* забы́ть

забы́т‖ый forgótten; ~ые вéщи lost things

забы́ть forgét [-'get]; не забу́дьте don't forgét; вы ничегó не забы́ли? you've táken éverything ['evrɪ-] with you, haven't you?

заведéние *с*: вы́сшее учéбное ~ hígher educátional estáblishment

завéдовать mánage ['mæ-]; be in charge of

завéдующий *м* mánager ['mæ-], chief, head [hed]; superinténdent

завéрить assure [ə'ʃuə]; он меня́ завéрил в том, что... he assúred me that...

завернýть, завёртывать 1. wrap up; заверни́те, пожáлуйста... wrap (it) up, please **2.:** ~ зá угол turn the córner

заверш‖áть, заверш‖úть

compléte, accómplish; bring to a close; **~и́ться** *(чем-л.)* end in *(smth)*

завести́ 1. bring smb sómewhere ['sʌmwɛə] **2.** *(начать)* start; ~ разгово́р start a conversátion; ~ (с ним) знако́мство make (his) acquáintance **3.** *(часы и т. п.)* wind up; ~ мото́р start a mótor

завеща́ние *с* will, téstament

завива́ть(ся) *см.* зави́ть(ся)

зави́вка *ж* wave

зави́довать énvy, be énvious of

зави́сеть depénd (on); э́то зави́сит от... it depénds on...; э́то от меня́ не зави́сит it doesn't depénd on me, I can't help it

зави́симост||ь *ж* depéndence; в ~и от... depénding on...

зави́ть wave, curl; **~ся** *(у парикмахера)* have one's hair waved (cúrled)

заво́д I *м* fáctory; works [wə:ks]; plant [-ɑ:-]; mill

заво́д II *м*: у мои́х часо́в ко́нчился ~ my watch has run down

заводи́ть *см.* завести́

завоева́ть 1. cónquer [-kə] **2.** *(добиться)* win; ~ пе́рвое ме́сто win the first place

заво́з *м* delívery [-'lı-]

за́втра tomórrow [-əu]; ~ у́тром tomórrow mórning; ~ днём tomórrow afternóon; ~ ве́чером tomórrow night

за́втрак *м* bréakfast ['bre-]; что сего́дня на ~? what have we got for bréakfast todáy?; за ~ом at bréakfast

за́втракать have bréakfast

за́вуч *м* diréctor of stúdies ['stʌ-]

завхо́з *м* assístant mánager ['mæ-] for máintenance and supplý

завяза́ть, завя́зывать 1. tie [taı] up; *(узлом)* knot; завяжи́те, пожа́луйста tie (it) up, please **2.**: ~ разгово́р start a conversátion

зага́дка *ж* ríddle, púzzle; *(тайна)* mýstery

зага́р *м* tan, súnburn

загла́вие *с* títle [-aı-]

заглуша́ть, заглуши́ть múffle; *(о чувствах)* suppréss; *(о боли)* still

загля́дывать, загляну́ть peep; look in

за́говор *м* plot, conspíracy [-'spı-]

заголо́вок *м* héadline ['he-]

загора́ть *см.* загоре́ть

загоре́лый súnburnt, súnbaked

загоре́ть tan, get [get] súnburnt

за́городн||ый cóuntry [kʌ-]; subúrban; ~ая прогу́лка óuting, trip to the cóuntry

загото́витель *м* (Góvernment ['gʌ-]) pervéyor; **~ный**: ~ный пункт procúrement státion

загото́вить, заготовля́ть lay in, store up, stock up

заграни́ца *ж* fóreign ['fɔrın] cóuntries ['kʌ-]; поéхать за грани́цу go abróad; за грани́цей abróad

заграни́чный fóreign ['fɔrın]; ~ па́спорт fóreign pássport

загру́зка ж **1.** lóading **2.** *(степень использования)* wórk-load; *(машины)* load

загрязне́ние с: ~ окружа́ющей среды́ pollútion

загрязня́ть pollúte; make dírty

загс м *(отде́л за́писи а́ктов гражда́нского состоя́ния)* régistry óffice

задава́ть *см.* зада́ть

задави́ть crush; *(автомоби́лем и т. п.)* run óver

зада́ние с task; *(пла́новое)* tárget

зада́ток м depósit [-'рɔ-]

зада́ть set; ~ вопро́с ask a quéstion ['kwestʃən]

зада́ча ж próblem; *(цель)* task

задева́ть *см.* заде́ть

задержа́ть detáin; *(отсро́чить)* deláy; ~ отве́т deláy the ánswer; он был заде́ржан he was detáined; ~ дыха́ние hold one's breath ['breθ]; ~ся be deláyed; stay too long; не заде́рживайтесь don't stay too long; я немно́го задержу́сь I'll be deláyed a bit

заде́рживать(ся) *см.* задержа́ть(ся)

заде́ржк‖а ж deláy; без ~и withóut deláy; из-за чего́ произошла́ ~? what caused the deláy?

заде́ть touch [-ʌ-]

за́дн‖ий back; rear [rɪə]; ~ие места́ seats in the back

задохну́ться choke, súffocate

задрема́ть doze off

заду́маться muse

заду́мчивый thóughtful

заду́мываться *см.* заду́маться

задыха́ться súffocate; *(тяжело́ дыша́ть)* pant

заём м loan; госуда́рственный ~ наро́дного хозя́йства góvernment ['gʌv-] económic [-'nɔ-] devélopment [-'ve-] loan

заже́чь 1. *(ого́нь и т. п.)* set fire to *(smth)*; set smth on fire **2.** *(свет и т. п.)* light up; turn on; зажги́те свет (газ), пожа́луйста turn on the light (the gas), please

зажига́лка ж (cigarétte [sɪgə-]) líghter

зажига́ние с *авто* ignítion [-'nɪʃn]

зажига́ть *см.* заже́чь

зажи́м м **1.** clip; clamp **2.** *(подавле́ние)* clámpdown, suppréssion; ~ кри́тики suppréssion of críticism ['krɪ-]

зажи́точный well-to-dó, prósperous

заика́ться stámmer, stútter

заи́мствование с *лингв.* lóan-word

заинтересова́ть, заинтересо́вывать ínterest, excíte curiósity [,kjuərɪ'ɔ-]; меня́ заинтересова́л... I took ínterest (in)...

зайти́ 1. drop ínto ['ɪntu]; drop in on smb, drop at some [sʌm] place, call on; зайдём в кафе́ (в рестора́н, в кино́, в магази́н, на по́чту) let's drop ínto the café (réstaurant, cínema, shop, póst-office); я за ва́ми зайду́ I'll call for you, I'll come [kʌm] to fetch you **2.** *(о солнце)* set

зака́з *м* órder; на ~ made to órder; cústom made; стол (отде́л, бюро́) ~ов órder cóunter; delívery óffice *(с доставкой на дом)*

заказа́ть órder; ~ обе́д (за́втрак, у́жин) órder dínner (bréakfast ['bre-], súpper); ~ биле́т book a tícket

заказн‖о́й: ~о́е письмо́ régistered létter; «~а́я бандеро́ль» *(надпись)* "prínted mátter"

зака́зчик *м* cústomer

зака́зывать *см.* заказа́ть

зака́лывать *см.* заколо́ть

зака́нчивать *см.* зако́нчить

зака́т *м* súnset; *перен.* declíne; на ~е at súnset

закле́ивать, закле́ить stick up; *(конверт)* seal

заключа́ть *см.* заключи́ть

заключе́ни‖е *с в разн. знач.* conclúsion [-'luːʒn]; ~ догово́ра conclúsion of a tréaty; я пришёл к ~ю, что... I arríved at a conclúsion that... ◊ в ~ in conclúsion

заключи́тельн‖ый final; ~ конце́рт fínal cóncert; ~ое сло́во clósing speech

заключи́ть conclúde; *(окончить)* close down; ~ соглаше́ние (догово́р, сою́з) conclúde an agréement (a tréaty), form an allíance

зако́лка *ж (для волос)* hair clip

заколо́ть *(что-л.)* pin (up); ~ була́вкой fásten with a pin

зако́н *м* law

зако́нность *ж* legálity [-'gæ-]; социалисти́ческая ~ sócialist ['səuʃ-] law (legálity)

зако́нный légal, láwful; *(о праве наследования, ребёнке)* legítimate [-'dʒɪ-]

законода́тельный législative ['ledʒɪs-]

законопрое́кт *м* bill

зако́нчить fínish ['fɪ-]

закрепи́тель *м фото* fíxing ágent

закрепи́ть, закрепля́ть fix, fásten [-sn]; ~ результа́ты consólidate the succéss; ~ за кем-л. resérve (for)

закрыва́ть *см.* закры́ть

закры́т‖ый closed; в ~ом помеще́нии indóors; ~ спекта́кль closed perfórmance; *(просмотр)* préview

закры́ть 1. shut, close; закро́йте дверь (окно́) shut the door (wíndow [-əu]) **2.** close; закры́то closed *(о магазине)*; ~ собра́ние close the méeting; заседа́ние объявля́ю закры́тым the meeting is adjóurned [-əːnd]

закупа́ть *см.* закупи́ть

закупи́ть 1. *(скупить)* buy [baɪ] in, buy up **2.** *(запасти)* lay in a stock (of)

заку́пки *мн.* púrchases; о́птовые ~ whólesale ['həul-] púrchases

заку́почн‖ый: ~ая цена́ whólesale (state púrchase) price

закури́вать, закури́ть light

up; ~ сигаре́ту light a cigarétte [sɪgə-]; разреши́те закури́ть? would you mind my smóking?

закуси́ть have a snack

заку́с‖ка ж snack; *(перед обедом)* hors-d'óeuvre [ˌɔː'dəvrə], áppetizer ['æpɪ-]; горячая ~ hot áppetizer; холо́дная ~ hors-d'óeuvre; на ~ку for an hors-d'óeuvre; to begín with

заку́сочная ж snack bar

заку́сывать *см.* закуси́ть

заку́таться, заку́тываться muffle (wrap) onesélf [wʌn-] up

зал м hall; зри́тельный ~ hall; ~ ожида́ния wáiting-room; чита́льный ~ réading-room

зали́в м bay; *(с узким входом)* gulf

заливн‖о́е с jélly; ~áя осетри́на jéllied stúrgeon

зало́г м depósit [-'pɔz-]

заме́длить, замедля́ть slow [sləu] down

заме́на ж 1. *(действие)* substitútion 2. *(то, что заменяет)* súbstitute

замени́ть, заменя́ть súbstitute (for)

замерза́ть, замёрзнуть freeze (up)

замести́тель м députy ['de-], vice-; ~ председа́теля vice-cháirman, vice-président [-'prez-]

заме́тить 1. *(увидеть)* nótice 2. *(сказать)* remárk, obsérve; я заме́тил, что... I obsérved

that...; заме́тьте, что... mind you that...

заме́т‖ка ж páragraph; note; *(в газете)* short item; де́лать ~ки make (take) notes

заме́тн‖ый nóticeable; ~ая ра́зница marked dífference

замеча́ние с remárk, observátion; *(выговор)* reprimánd; сде́лать ~ reprimánd

замеча́тельно wónderfully ['wʌ-], remárkably

замеча́тельный wónderful ['wʌ-], remárkable; spléndid

замеча́ть *см.* заме́тить

замеща́ть repláce; *(исполнять обязанности)* act for

за́мок м castle [kɑːsl]

замо́к м lock; *(висячий)* pádlock

замолча́ть becóme [-'kʌm] sílent

за́морозки мн. (slight) frosts

за́муж: вы́йти ~ márry

за́мужем márried

за́мша ж suéde [sweɪd], chámois(-léather) ['ʃæmɪ('le-)]

замыка́ние с эл.: коро́ткое ~ short círcuit [-kɪt]

за́мысел м scheme [skiːm]; *(намерение)* inténtion

за́навес м cúrtain; ~ подня́лся (опусти́лся) the cúrtain was ráised (fell)

занести́ 1. *(принести)* bring 2. *(вписать)* put [put] down; put on récord ['re-]; ~ в спи́сок énter on a list; ~ в протоко́л take down (énter) in the mínutes ['mɪnɪ-], put on récord

занима́ть *см.* заня́ть I, II

занима́ться 1. do; go in for;

(в данный момент) be búsy ['bɪ-] dóing...; чем вы занимáетесь? а) *(сейчас)* what are you dóing?; б) *(кем работаете)* what are you?; ~ спóртом go in for sports **2.** *(учиться)* stúdy ['stʌ-]; где вы занимáетесь? where do you stúdy?

зáново anéw

занóза ж splínter

заносúть *см.* занестú

занятие *с* **1.** occupátion [ɔk-] **2.** *(учебное)* lésson

занят‖ия *мн.* clásses; stúdies ['stʌ-]; часы ~ий school [skuːl] hours

зáнятый búsy ['bɪ-]; вы зáняты? are you búsy?; я сегóдня зáнят I'm búsy todáy; это мéсто зáнято this seat is óccupied [ɔk-] (táken); зáнято *(о телефóне)* engáged, the line is búsy

занять I *(деньги)* bórrow [-əu]

занять II 1. óccupy ['ɔk-]; take; *(делом)* keep búsy ['bɪ-]; займúте местá! take your seats!; ~ пéрвое мéсто be placed first; это займёт немнóго врéмени it won't take much time **2.** *(развлекать)* entertáin; ~ся *см.* занимáться

заокеáнский 1. overséas **2.** *(об Амéрике)* transatlántic [-z-]

заóчник *м* extérnal (correspóndence) stúdent

заóчно by correspóndence

заóчн‖ый: ~ое обучéние correspóndence course

зáпад *м* west

западноевропéйский West Européan

зáпадный west, wéstern

запáс *м* stock, supplý

запасáть(ся) *см.* запастú(сь)

запáска ж *разг.* *авто* spare

запасн‖óй: ~ игрóк súbstitute; ~ые чáсти spare parts, spares

запáсный: ~ вы́ход emérgency éxit

запастú store, stock up; ~сь lay in; ~сь билéтами на (в)... book the tíckets to... in advánce

зáпах *м* smell; ódour

заперéть lock (in, up); запрúте дверь lock the door

запечáтать, запечáтывать seal (up)

запирáть *см.* заперéть

записáть take down; *(торопливо)* jot down; ~ áдрес take down an addréss; ~ на плёнку recórd on tape

запúск‖а ж note; послáть ~у send a word [wɜːd]

запúски *мн.* mémoirs [-wɑːz]; учёные ~ transáctions

записн‖óй: ~áя кнúжка nóte-book, wríting-pad

запúсывать *см.* записáть

зáпись ж éntry; recórd ['re-]

заплáта ж patch

заплатúть pay (for)

заповéдник *м* nátional ['næʃ-] park

зáповедь ж commándment

запóлнить, заполнять fill (in, up); заполните, пожáлуйста, бланк fill in the form, please

запоминáть, запóмнить mémorize; remémber

запóмниться stick in one's mémory

зáпонки *мн.* cúff-links; studs

запóр I *м* lock; дверь на ∼е the door is locked

запóр II *м мед.* constipátion

запрáвить, заправлять 1. *авто* fill up; *амер. тж.* buy gas **2.** *(ленту в магнитофон и т. п.)* thread *(the tape, etc)*

запрáшивать *см.* запросúть

запретúть, запрещáть forbíd; prohíbit [-'hɪ-], ban

запрещéние *с* prohibítion, ban; ∼ термоядерного (áтомного) орýжия bán on H-(A-)--wéapons

запрóс *м* inquíry; сдéлать ∼ make inquíries (abóut)

запросúть make inquíries

зáпуск *м* láunching; ∼ в кóсмос space shot; ∼ на орбúту órbital launch

запускáть *см.* запустúть

запустúть I 1. *(о ракетах)* launch; ∼ в кóсмос launch into órbit **2.** *авто:* ∼ двúгатель start up the éngine

запустúть II negléct; ∼ дом negléct one's hóusehold

зарабáтывать, зарабóтать earn, make; скóлько вы зарабáтываете? how much do you earn?

зáработок *м* éarnings

заражáть *см.* заразúть

заражéние *с* inféction; ∼ крóви blood-póisoning

заразúть inféct; ∼ся catch an íllness

зарáнее in advánce [-'vɑː-]; befórehand

зарегистрúровать régister; ∼ билéт *(при посáдке в самолёт)* check in; ∼ся be régistered

зарплáта *ж* (зáработная плáта) pay; wáges; sálary *(у служащих)*

зарубéжный fóreign ['fɔrɪn]

зар‖я́ *ж (ýтренняя)* dawn; *(вечéрняя)* súnset, évening glow [-əu]; на ∼é at dáwn

зарядúть 1. load; ∼ фотоаппарáт (винтóвку) load a cámera ['kæ-] (rifle [raɪfl]) **2.** *эл.* charge; ∼ батарéю *авто* charge the báttery

заря́дк‖а *ж спорт.* sétting--up éxercises; mórning éxercises; дéлать ýтреннюю ∼y do one's mórning éxercises

заряжáть *см.* зарядúть

заседáние *с* méeting; séssion; sítting; открыть (закрыть) ∼ ópen (close) a méeting (séssion)

заседáтель *м:* нарóдный ∼ people's [piːplz] asséssor

заседáть sit; be in séssion

заслýга *ж* mérit ['me-]

заслýженный meritórious; mérited ['me-]; hónoured ['ɔnəd]; ∼ дéятель наýки Mérited Scíence ['saɪ-] Wórker ['wəːkə]; ∼ дéятель искýсств Mérited Art Wórker; ∼ мáстер спóрта Hónoured Máster of Sports

заслýживать, заслужúть desérve; be wórthy ['wəːðɪ] of

засмея́ться burst out láughing ['lɑːf-]

заснуть fall asléep

застáва ж **1.** town gate (way) **2.**: пограничная ~ fróntier guard's post

заставáть см. застáть

застáвить, заставлять make, force, compél; он застáвил себя ждать he made (us) wait; я не застáвил себя ждать? I haven't kept you wáiting, have I?

застáть find, catch; я вас застáну (дóма)? shall I catch you (at home)?; я егó не застáл I míssed him

застёгивать(ся) см. застегнýть(ся)

застегнýть bútton (up); (на крючки) hook (on, up); (молнию) zip (up); (пряжку) buckle (up); застегните ремни (в самолёте) fásten ['fɑːsn] seat belts; ~ся bútton onesélf [wʌn-] up

застёжка ж fástening [-sn-]; ~-мóлния ж zípper

застóй м эк. stagnátion; ~ в торгóвле slack trade

застрáивать см. застрóить

застрó‖ить build up; этот райóн недáвно ~ен this área has récently been built up

застрять get stuck; (задержаться) be held up

заступáться, заступиться stand up (for); take sómeone's ['sʌmwʌnz] part

зáсух‖а ж drought [draut]; борьбá с ~ой cómbating drought

засыпáть см. заснýть

затéм áfter ['ɑːftə] that; then

затмéние с eclípse; сóлнечное ~ eclípse of the sun

затó ah, but; but then

затóр м jam; tráffic jam

затрáгивать см. затрóнуть

затрáта ж expénse; expénditure

затрóнуть afféct; touch [-ʌ-]; ~ вопрóс о... touch upón the quéstion ['kwestʃən] of

затруднéн‖ие с dífficulty; hitch; выйти из ~ия get [get] out of trouble [trʌ-], find a way out

затруднить, затруднять trouble [trʌ-]; (когó-л.) embárrass; вас не затруднит... would you mind...

затыл‖ок м back of one's head [hed]; почесáть в ~ке scratch one's head

заýчивать, заучить mémorize; learn by heart [hɑːt]

зафиксировать fix; ~ врéмя clock the time; time

захватить 1. seize; óccupy ['ɔk-] **2.** (брать с собóй) take, bring

захвáтчик м aggréssor, inváder

захвáтывать см. захватить

захлóпнуть slam, bang; ~ дверь slam the door

захóд м **1.** (о сóлнце) súnset **2.** (о сýдне) call; с ~ом в... with a call to...

заходить см. зайти

зачéм (почему) why; (для чего) what for; ~-то for some réason or óther

зачёркивать, зачеркнýть cross out; strike out

зачёт м crédit ['kre-], test; сдать ~ pass a (crédit) test

зачётн‖ый: ~ые соревнова́ния válid ['væl-] (secúrity) competítions

зачи́слить, зачисля́ть enróll; enlíst *(в армию)*, take on the staff [-ɑːf] *(в штат)*

зашива́ть, заши́ть sew [səu] (up); mend *(чинить)*

зашнурова́ть, зашнуро́вывать lace up

защёлка ж *(в двери)* latch

защи́т‖а ж defénce; protéction; в ~у ми́ра in defénce of peace

защити́ть см. защища́ть

защи́тник м 1. protéctor, defénder 2. *юр.* cóunsel for the defénce, defénce cóunsel 3. *спорт.* back

защища́ть defénd; protéct; back; stand up for (with); ~ честь свое́й кома́нды defénd the cólours of one's team; ~ся defénd onesélf [wʌn-]

заяви́ть decláre, state

заявле́ние с státement; *(хода́тайство)* applicátion; сде́лать ~ make a státement

заявля́ть см. заяви́ть

за́яц м hare

зва́ние с rank, títle ['taɪ-]; почётное ~ hónorary title; учёное ~ (académic [-'de-]) rank

звать 1. call; вас зову́т you're wánted **2.**: как вас зову́т? what's your name?; меня́ зову́т… my name is… **3.** *(приглашать)* invíte

звезда́ ж star

звене́ть ring

звено́ с 1. link 2. *(группа людей)* group [-uː-], team; *(организационная единица)* séction, únit; хозрасчётное ~ self-suppórting únit (of a colléctive); пионе́рское ~ group of Young [jʌŋ] Pionéers

зверь м (wild) beast

звон м rínging; *(колоколов)* toll, tólling

звони́ть ring; ~ по телефо́ну phone, ring up, call up

зво́нкий clear [-ɪə]; rínging; ~ смех rínging láughter ['lɑː-]

звоно́к м *(на двери)* bell; *(звук)* ring; ~ по телефо́ну télephone call

звук м sound

звукоза́пис‖ь ж sóund recórding; сту́дия ~и sóund-recording stúdio; конце́рт переда́ётся в ~и the cóncert was pre-recórded [ˌpriː-]

звуча́ть sound

зву́чный rínging

зда́ние с building ['bɪl-]; ~ университе́та univérsity building

здесь here; вы ~? are you here?; я ~! I am here!

зде́шний lócal; я не ~ I'm a stránger here

здоро́ваться greet; ~ за ру́ку shake hands

здоро́вый héalthy ['he-]; я (вполне́) здоро́в I'm quite all right; бу́дьте здоро́вы *(при прощании)* good-býe! [gud-]; *(при чиханье)* keep well; God bless you!

здоро́вье с health [he-]; как

вáше ~? how are you?; за вáше ~! (to) your health!; спасибо! — на ~! thank you! — you're wélcome!

здрáвница ж health [he-] resórt

здравоохранéние с públic health [he-]

здрáвствуйте how do you do?

здрáвый: ~ смысл cómmon sense

зевáть 1. yawn **2.** *разг. (пропускать)* miss; let slip

зелёный green

зéлень ж **1.** *(растительность)* vérdure ['vɜːdʒə] **2.** *(овощи)* greens; свéжая ~ fresh végetables

землевладéлец м lándowner [-əunə]

земледéлец м fármer, húsbandman ['hʌzbənd-]

земледéлие с ágriculture, fárming

землетрясéние с éarthquake

земля́ ж **1.** earth; land **2.** *(почва)* soil, ground **3.** *(земной шар)* the globe

земля́к м féllow cóuntryman ['kʌ-]; *(об одном городе)* féllow tównsman; *(об одной деревне и т. д.)* féllow víllager, *etc*

земляника ж wild stráwberry

земнóй éarthly; ~ шар the globe

зéркало с mírror, lóoking--glass

зéркальце с pócket mírror

зернó с grain; кóфе в зёрнах cóffee-beans *pl*

зерновы́е *мн.* céreals, grain crop

зернохрани́лище с gránary ['græ-]

зимá ж wínter

зи́мний wínter; ~ сезóн wínter séason

зимовáть wínter (at, in)

зимóв‖**ка** ж wínter stay; *(жильё)* pólar státion; на ~ке at a pólar státion

зимóй in wínter; бу́дущей (прóшлой) ~ next (last) wínter

злáки *мн.* céreals

зло с évil; wrong; добрó и ~ right and wrong

злободнéвный búrning; ~ вопрóс the íssue of the day, vítal íssue

злой wícked [-ɪd]; bad-témpered; ángry

злокáчественн‖**ый** malígnant; ~ая óпухоль malígnant túmour

злость ж málice ['mæ-], spite; *(ярость)* fúry

злоупотреби́ть, злоупотребля́ть abúse [ə'bjuːz]; take advántage [-'vɑː-] of

змея́ ж snake

знак м sign [saɪn], mark; в ~ дру́жбы in tóken of fríendship ['frend-]; опознавáтельный ~ identificátion mark; дорóжные ~и tráffic signs [saɪnz]

знакóмить 1. *(с кем-л.)* introdúce **2.** *(с чем-л.)* acquáint (with), let smb know [nəu] smth; ~ с прогрáммой show [ʃəu] a prógramme ['prəugræm]; ~ся *(с кем-л.)* meet; *(с чем-л.)*

see; get [get] to know [nəu]; знакóмьтесь..! meet..!

знакóмст‖во *c* acquáintance; *(знание)* knówledge ['nɔlɪʤ] of; нóвые ~ва new (récent) acquáintances

знакóмый 1. *м* acquáintance; э́то мой нóвый ~ he's a new acquáintance of mine **2.** famíliar [-'mɪ-]; его́ лицó мне знакóмо his face is famíliar to me

знаменáтельн‖ый signíficant [sɪg'nɪ-]; ~ая дáта signíficant date

знамени́тый fámous; ~ арти́ст fámous áctor

знаменóсец *м* stándard-béarer [-'bɛə]

знáм‖я *c* bánner; flag; под ~енем... únder the bánner of...

знáни‖е *c* knówledge ['nɔlɪʤ]; со ~ем дéла skílfully, with éxpert knówledge; приобрести́ ~я acquíre knówledge

знáтн‖ый well-knówn [-'nəun]; noble [nəu-]; ~ые лю́ди renówned (próminent ['prɔ-]) people [piːpl]; públic fígures ['fɪg-]

знатóк *м* éxpert, connoisséur [ˌkɔnɔ'sɜː]; ~ жи́вописи (му́зыки, литерату́ры) éxpert in páinting (músic, líterature); он ~ своегó дéла he knows [nəuz] his búsiness ['bɪz-]

знать know [nəu]; дать ~ let hear [hɪə] (know); я егó знáю I know him

значéние *c* **1.** *(смысл)* méaning **2.** *(важность)* signíficance [sɪg'nɪ-]; имéть ~ be of impórt-

ance; придавáть ~ attách impórtance

значи́тельный *(большой)* consíderable; *(важный)* impórtant; signíficant [sɪg'nɪ-]

значить mean; sígnify; что э́то зна́чит? what does it mean?

значóк *м* badge; *(пометка)* sign [saɪn], mark

знобить: меня́ зноби́т I feel chílly

зодиа́к *м астр.* zódiac; знáки ~а signs [saɪnz] of the zódiac

зóдчий *м* árchitect ['ɑːkɪ-]

золá *ж* áshes *pl*

золóвка *ж (сестра мужа)* síster-in-law

зóлото *c* gold

золот‖óй gold; *перен.* gólden; ~áя середи́на the gólden (háppy) mean, the háppy médium; ~óе кольцó gold ring; ~áя медáль gold médal ['me-]

Зóлушка *ж* Cinderélla

зóна *ж* zone, área; безъя́дерная ~ núclear-free ['njuːk-] zone

зонт, зóнтик *м* umbrélla; súnshade, parasól *(от солнца)*

зоолóгия *ж* zoólogy [zəu'ɔl-]

зоопáрк *м* Zoo

зоотéхник *м* zootechnícian

зóркий shárp-sighted, lýnx--eyed [-aɪd]

зрачóк *м* púpil (of the eye [aɪ])

зрéлище *c* sight; *(театральное)* perfórmance

зрéлищн‖ый: ~ые предприя́тия pláces of entertáinment; entertáinment índustry

зрéлый 1. ripe **2.** matúre

[-'tʃuə]; ~ мáстер matúre ártist

зрéние с éyesight ['aɪ-]; у меня хорóшее (плохóе) ~ my sight is good [gud] (poor)

зреть rípen

зри́тель м spectátor; ónlooker

зря in vain; for nóthing [nʌ-]; for no réason at all

зуб м tooth (мн. teeth); у меня боли́т ~ I have a bad tooth

зубн‖óй: ~áя щётка tóoth-brush; ~ врач déntist

зубоврачéбный: ~ кабинéт the déntist's

зубочи́стка ж tóothpick

зуд м itch

зу́ммер м búzzer

зябь ж с.-х. plóughland ['plau-]

зять м 1. (муж дочери) són-in-law ['sʌn-] 2. (муж сестры) bróther-in-law ['brʌðə-]

И

и and; и вот and now; и вы, и я both you and me; и так дáлее etc [ɪt'setrə]; and so on, and so forth

и́ва ж willow [-əu]

игло‖терапи́я ж, ~ука́лывание с ácupuncture ['æ-]

и́го с yoke

иго́лка ж needle

игр‖á ж 1. game; play 2. спорт. game; ~ окóнчилась со счётом... the game énded with the score...; в ~é in play;

вне ~ы off side; Олимпи́йские ~ы Olýmpic games; Всеми́рные студéнческие ~ы World stúdents games

игрáть 1. play; ~ в футбóл (тéннис, хоккéй) play fóotball (ténnis, hóckey); ~ на гитáре (скри́пке, роя́ле) play the guitár (the víolin, the piáno) 2. (об актёрах) act, perfórm

игрóк м pláyer; (в азартные игры) gámbler

игру́шка ж toy, pláything

идеологи́ческий ideológical [,aɪ-]

идеоло́гия ж ideólogy [,aɪ-]

идéя ж idéa [aɪ'dɪə]

и́диш м Yíddish, the Yíddish lánguage

идти́ 1. go; ~ пешкóм walk, go on foot; идёмте! let's go!; вы идёте? are you góing? 2. run; автóбус идёт до... the bus runs as far as... 3. (о представлении) be on; амер. be shówing ['ʃəu-]; что сегóдня идёт? what is on (амер. shówing) tonight? 4. (к лицу) suit

иеро́глиф м híeroglyph ['haɪərəglɪf], cháracter ['kæ-]

иждивéнец м depéndant

из 1. (откуда) from; out of (изнутри); я приéхал из Лóндона I've come [kʌm] from Lóndon; пить из стака́на (из чáшки) drink from a glass (from a cup) 2. (при обозначении части от целого; о материале) of; э́то один из мои́х друзéй he is one of my friends [fre-]; из чегó э́то сдéлано? what is it made of?

изба́ ж log cábin [ˈkæ-]; cóttage, hut, péasant [ˈpe-] house

изба́вить save (smb from); rid (smb of); delíver [-ˈlɪ-]; **~ся** get [get] rid of

избавля́ть(ся) *см.* изба́вить (-ся)

избега́ть *см.* избежа́ть

избежа́ние *с*: во ~ to avóid

избежа́ть avóid; escápe; ~ опа́сности escápe from dánger

избира́тель *м* vóter; *брит.* eléctor

избира́тельн‖ый: ~ое пра́во súffrage; ~ая систе́ма eléctoral sýstem; ~ бюллете́нь vóting páper

избира́ть *см.* избра́ть

и́збранн‖ый chósen, selécted; *(выбранный)* elécted; ~ые сочине́ния selécted works [wəːks]

избра́ть choose; *(на выборах)* eléct; ~ представи́теля на... eléct a délegate to...

избы́т‖ок *м* excéss, súrplus; с ~ком in plénty

изверже́ние *с* erúption

изве́ст‖ие *с* news; получи́ть ~ get [get] a méssage; после́дние ~ия látest news, news of the hour

извести́ть infórm, nótify, let smb know [nəu]; вас извести́ли? have you been infórmed?

изве́стно it is known [nəun]; вам ~, что..? do you know that..?, are you awáre that..?; как ~ it is known that; насколько мне ~ as far as I know;

насколько мне ~ — нет not that I know of

изве́стн‖ость ж reputátion; по́льзоваться ~остью be well known [nəun]; ~ый **1.** *(знаменитый)* well-knówn [-ˈnəun] **2.** *(определённый)* cértain; в ~ых слу́чаях in cértain cáses

извеща́ть *см.* извести́ть

извеще́ние *с* notificátion; *(повестка)* súmmons [-z]

извине́н‖ие *с* excúse; apólogy [-ˈp-э]; приношу́ ~ия I apólogize, I óffer my apólogy

извини́ть: извини́те! excúse me!, (I) beg your párdon!

извини́ться, извиня́ться apólogize [-ˈp-э] (to); извиня́юсь! *разг.* (I'm) sórry!; párdon me!

извне́ from óutside

изврати́ть distórt, twist; ~ фа́кты distórt the facts

изги́б *м* bend, curve

и́згородь ж fence; жива́я ~ hedge

изготовле́ние *с* manufácture

издава́ть *см.* изда́ть

издалека́, и́здали from afár; мы прие́хали издалека́ we've come [kʌm] from far off

изда́ние *с* **1.** publicátion; ~ газе́т (журна́лов) públishing of néwspapers (magazínes) **2.** *(книги и т. п.)* edítion [-ˈdɪʃ-]; второ́е ~ э́той кни́ги sécond edítion of this book

изда́тель *м* públisher; ~ство *с* públishing house, públishers

изда́ть 1. públish; кни́га и́здана в 1987 году́ the book was públished in 1987; ~ зако́н íssue a law **2.** *(звук)* útter

изде́л‖ие *с* próduct ['prɔ-]; (manufáctured) árticle; куста́рные ~ия hándicraft árticles

изде́ржки *мн.* expénses; (*госуда́рственные*) expénditure(s)

изжо́га *ж* héartburn ['hɑ:-]

из-за: ~ грани́цы from abróad [ə'brɔːd]; встать ~ стола́ get [get] up from the table [teɪbl]; ~ э́того becáuse of this

излага́ть, изложи́ть state; expóund; ~ свою́ мысль state one's idéa [aɪ'dɪə]

изли́шек *м* 1. (*избы́ток*) súrplus 2. (*ли́шнее*) excéss

излуче́ние *с* radiátion; жёсткое ~ hard radiátion

излю́бленный fávourite

изме́на *ж* tréason, betráyal; ~ ро́дине high tréason

измене́н‖ие *с* change; организацио́нные ~ия strúctural chánges; (*части́чное*) alterátion; без ~ий as it was, unchánged

измени́ть 1. (*меня́ть*) change; álter ['ɔːl-]; ~ маршру́т álter the itínerary; ~ мне́ние change one's opínion 2. (*чему-л., кому-л.*) betráy; be unfáithful to; ~ся change; вы о́чень измени́лись you have changed a lot

изме́нник *м* tráitor

изменя́ть(ся) *см.* измени́ть (-ся)

изме́рить, измеря́ть méasure ['meʒə]; ~ температу́ру take the témperature

измышле́ние *с* invéntion, fabricátion

измя́ть crumple; (*пла́тье и т. п.*) rumple

изна́нка *ж* the wrong side

изно́с *м* wear [wɛə]; *тех.* wear and tear [tɛə]; рабо́тать на ~ wear onesélf out

изнутри́ from withín; on the ínside

изоби́лие *с* abúndance

изобража́ть *см.* изобрази́ть

изображе́ние *с* 1. (*де́йствие*) portráyal 2. (*о́браз*) pícture

изобрази́тельн‖ый: ~ые иску́сства fine arts

изобрази́ть represént; depíct

изобрести́ invént

изобрета́тель *м* invéntor

изобрета́ть *см.* изобрести́

изобрете́ние *с* invéntion

из-под from únder; коро́бка ~ конфе́т cándy-box; ~ стола́ from benéath the table [teɪbl]

изра́ильский Isráeli [ɪz'reɪlɪ]

израсхо́довать use (up); (*де́ньги*) spend

и́зредка now and then; from time to time

изуми́тельный wónderful ['wʌ-], amázing

изуми́ть amáze, astónish [-'tɔ-]; ~ся be amázed

изумля́ть(ся) *см.* изуми́ть (-ся)

изумру́д *м* émerald ['em-]

изуча́ть stúdy, learn; я изуча́ю англи́йский язы́к I stúdy Énglish ['ɪŋglɪʃ]

изуче́ние *с* stúdy; (*вопро́са*) examinátion

изучи́ть learn

изю́м *м* ráisins *pl*

изя́щный gráceful, élegant ['elɪ-]

ика́ть híccup ['hɪkʌp]

ико́на *ж* ícon

икра́ I *ж* 1. *(рыбья)* roe [rəu] 2. *(кушанье)* cáviar(e) ['kæ-]; зерни́стая ~ (soft) cáviar(e); па́юсная ~ pressed cáviar(e); чёрная ~ (black) cáviar(e); кéто́вая ~ red cáviar(e) 3. *(из овощей)* paste [peɪst]

икра́ II *ж (ноги́)* calf [kɑːf]

и́ли or; ~ ... ~ ... éither ['aɪðə] ... or...; ~ же or else

иллюмина́тор *м мор.* pórthole; *ав.* window

иллюмина́ция *ж* illuminátion

иллюстра́ция *ж* illustrátion; нагля́дная ~ gráphic illustrátion

иллюстри́рованный: ~ журна́л pictórial

им I *дат. п. от* они́ them; э́то им ска́зано they were told this; скажи́те им, что... tell them that...

им II *твор. п. от* он (by) him; э́то сде́лано им it is done by him

имени́нн‖ик *м*, ~ица *ж* one celebráting his (her) náme-day; он (она́) ~ик (~ица) it's his (her) náme-day

и́менно just; a ~ námely; exáctly; such as; вот ~ that's it

име́ть have; я име́ю возмо́жность... I have a chance (an opportúnity) of...; име́ете ли вы возмо́жность..? can you..?, have you a chance of..?; э́то не име́ет никако́го значе́ния it doesn't mátter at all; ~ успе́х be a succéss; ~ся: име́ется there is; there are; в прода́же име́ется... ...sold here

и́ми by (with) them; ~ ещё ничего́ не сде́лано they haven't done a thing yet

иммигра́нт *м* ímmigrant

иммигри́ровать ímmigrate

иммуниза́ция *ж мед.* immunizátion [-naɪ-]

иммунитет *м мед. юр.* immúnity

импера́т‖ор *м* émperor; ~ри́ца *ж* émpress

империали́зм *м* impérialism

империалисти́ческий impérialist

импе́рия *ж* émpire

и́мпорт *м* ímport

импорти́ровать impórt

импрессиони́зм *м* impréssionism

иму́щество *с* próperty ['prɔ-]

и́мя *с* 1. *(фамилия)* name 2. Chrístian ['krɪs-] (first) name; *амер.* gíven name; как ва́ше и́мя (и фами́лия)? what is your first (and last) name?; и́мени... named áfter...; до́брое ~ good [gud] name, reputátion

и́на́че 1. *(по-друго́му)* dífferently, in anóther way; э́то на́до сде́лать ~ it must be done in anóther way 2. *(в проти́вном слу́чае)* or, ótherwise ['ʌðə-]; ~ мы не успе́ем ótherwise we won't be in time

инвали́д *м* ínvalid ['ɪnvəlɪd]; ~ труда́ (войны́) disábled wórker ['wɑːkə] (sóldier)

инвентáрь м: спорти́вный ~ sports equípment

индéец м (Amèrican [ə'meri-]) Índian

индéйка ж túrkey

индéйский (Amèrican [ə'meri-]) Índian

и́ндекс м 1. эк. indicátor; 2.: почтóвый ~ póst-code ['pəust-]

индиáнка ж Índian

индивидуáльный indivídual [-'vidʒuəl]

инди́ец м Índian

инди́йский Índian

инду́с м, ~ка ж Híndu ['hindu:]

инду́сский Híndu ['hindu:]

индустриализáция ж industrializátion

индустри́я ж índustry; лёгкая (тяжёлая) ~ light (héavy) índustry

индю́∥к м túrkey(-cock); ~шка ж túrkey(-hen)

и́ней м hóarfrost, rime

инженéр м engineér [,endʒi-'niə]; ~-механик м mechánical [-'kæ] engineér

инжи́р м fig

инициáлы мн. inítials [i'niʃəlz]; как ва́ши ~? what are your inítials?

инициати́в∥а ж inítiative [i'niʃiətiv]; прояви́ть ~y show [ʃəu] inítiative

инкрустáция ж ínlay

иногдá sómetimes ['sʌm-], once [wʌns] in a while, at times

иногорóдн∥ий 1. of (from) anóther town 2. м out-of--tówner; ~им предоставля́ется

общежи́тие (объявление) lódgings are made aváilable to out-of-tówners, out-of-tówners are lodged in hóstels

инóй óther ['ʌðə]; anóther; sómeone ['sʌm-] else; ины́ми слова́ми in óther words [wə:dz] ◊ ~ раз at times

иностра́н∥ец м, ~ка ж fóreigner ['fɔrinə]

иностра́нный fóreing ['fɔrin]

институ́т м cóllege ['kɔlidʒ]; ínstitute; нау́чно-исслéдова-тельский ~ reséarch ínstitute; педагоги́ческий ~ téacher--tráining cóllege

инстру́ктор м instrúctor, téacher; спорт. coach

инстру́кция ж instrúctions pl; diréctions pl

инструмéнт м tool; (музыкальный, точный, хирургический) ínstrument; на каком ~е вы игра́ете? what ínstrument do you play?

инсу́льт м мед. разг. (apopléctic [,æ-]) stroke; (как термин) cérebral ['se-] thrombósis [θrɔm-]

интеллигéнция ж intelléctuals [,inti'lektʃu-], the intelligéntsia

интервью́ с ínterview [-vju:]; взять ~ ínterview; дать ~ give [giv] smb an ínterview

интерéс м ínterest ['intrist]; с ~ом with ínterest; э́то в ва́ших ~ах it is for your own bénefit ['be-] (good)

интерéсн∥о (it is) ínteresting ['intrist-]; éсли вам ~ if you

find it ínteresting; ~ знать...
I wónder...; **~ый 1.** ínteresting
['ıntrıst-] **2.** *(красивый)* good-
-lóoking [ˌgudˈluk-], attráctive

интересова́ть ínterest ['ıntrıst]; меня́ интересу́ет... a) I'm
ínterested in...; б) I wónder,
if...; **~ся** be ínterested ['ıntrıst-] in

интерна́т *м* bóarding-school
['bɔːdıŋskuːl]

Интернациона́л I *м (гимн)*
Internationále [ˌıntənæʃəˈnɑːl]

Интернациона́л II *м (организация)* Internátional
[-ˈnæ-]

интернационали́зм *м* internátionalism [ˌıntəˈnæʃnəlızm]

интернациона́льный internátional [ˌıntəˈnæʃənl]

Интури́ст *м* Intóurist [-ˈtuə-]
Ágency

инфа́ркт *м мед.* córonary
(thrombósis); *разг.* heart ['hɑːt]
attáck

инфекцио́нный inféctious
[-ʃəs], contágious

инфе́кция *ж* inféction

информа́тика *м* informátion
scíence ['saıəns]

информацио́нн‖ый: ~ое бюро́ informátion (búreau ['bjuərəu])

информа́ци‖я *ж* informátion; тео́рия **~и** informátion théory

информи́ровать infórm

инциде́нт *м* íncident

и. о. (исполня́ющий обя́занности) ácting

ипподро́м *м* rácecourse

ирла́нд‖ец *м* Írishman; **~ка**
ж Írishwoman [-wu-]

ирла́ндский Írish; ~ язы́к
Írish, the Írish lánguage

ирони́ческий irónic(al)

иро́ния *ж* írony ['aıərə-]

иск *м* áction, suit [sjuːt]; *ком.*
claim

искажа́ть, исказ́ить distórt;
~ фа́кты misrepresént the
facts

искале́чить cripple, maim

иска́ть look for, search;
я ищу́... I'm lóoking for...;
что (кого́) вы и́щете? what
(whom) are you lóoking for?

исключа́ть *см.* исключи́ть

исключа́я excépt

исключе́н‖ие *с* **1.** excéption;
в ви́де **~ия** as an excéption;
за **~ием** excépt; без **~ия** withóut excéption **2.** *(откуда-л.)*
expúlsion

исключи́тельн‖ый excéptional; в **~ых** слу́чаях in unúsual
cáses

исключи́ть *(кого-л.)* expél;
(что-л.) exclúde [ıkˈskluːd]; ~
из соста́ва кома́нды exclúde
from the team

ископа́емые *мн.:* полéзные
~ mínerals ['mı-], míneral
resóurces [-ˈsɔ-]

и́скра *ж* spark

и́скренн‖ий sincére; **~е** sincérely; **~е** пре́данный Вам
(в письме) sincérely yours,
yours trúly ['truː-]; *(официально)* yours fáithfully; **~ость** *ж*
sincérity [-ˈser-]

иску́сный skílful, cléver
['klevə], éxpert

искусственн‖ый artifícial [-'fɪʃl]; ~ жéмчуг imitátion pearls [pə:lz]; ~ые зýбы false teeth; ~ шёлк ráyon

искýсств‖о *с* 1. art; произведéние ~a work [wə:k] of art 2. *(умение)* skill

искуш‖áть tempt [temt]; ~éние *с* temptátion [tem-'teɪ-]; вводить в ~éние lead ínto temptátion; впадáть в ~éпие be témpted; поддáться ~éнию yield to temptátion

исповедь *ж* conféssion

исполкóм *м* (исполнительный комитéт) exécutive [ɪg'ze-] (committee)

исполнéн‖ие *с* 1. execútion; в экспортном ~ии made for éxport 2. *(пьесы и т. п.)* perfórmance; *(инструментального и вокального произведения)* recítal; в ~ии... perfórmed by...

исполнител‖ь *м* 1. perfórmer; кóнкурс ~ей cóntest of instruméntalists; ~ рóли... the áctor, pláying the part of...; состáв ~ей *театр.* cast 2. administrative [-'mɪ-] ófficer

исполнить 1. *(выполнить)* cárry out; éxecute ['eksɪ-]; исполните мою прóсьбу please do what I ask you 2. *театр.* act, play; *(спеть)* sing, recíte; *(станцевать)* dance; ~ на рояле play on the piáno; ~ся 1. be fulfílled, come [kʌm] true [tru:] 2.: (сегóдня) мне исполнилось 20 лет I'm twénty (todáy)

исполнять(ся) *см.* исполнить(ся)

использование *с* use [ju:s]; utilizátion [-laɪ'zeɪʃn]

использовать use; emplóy

испóртить spoil; ruin [ruɪn]; corrúpt; я испóртил конвéрт (бланк) I've spoiled the énvelope (form); ~ся detériorate; be spoiled; go bad *(о продуктах)*; погóда испóртилась the wéather becáme bad

исправить, исправлять corréct; fix; *(починить тж.)* repáir; ~ ошибку corréct (réctify) a mistáke; ~ положéние impróve [-u:v] the situátion

испýг *м* fright

испугáть scare, fríghten; вы меня óчень испугáли you scared me out of my wits; ~ся get [get] scared, get fríghtened

испытáние *с* tríal ['traɪəl]; test; выдержать ~ stand the test

испытáть, испытывать 1. test; *(испробовать)* try; ~ (свой) силы try one's strength 2. *(ощутить)* expérience; я испытáл большóе удовóльствие I felt híghly pleased

исслéдовани‖е *с* investigátion; reséarch [rɪ'sə:-]; ~я космического прострáнства explorátions of (óuter) space

исслéдователь *м* reséarch [rɪ'sə:-] wórker ['wə:-]; *(страны и т. п.)* explórer

исслéдовать exámine [ɪg-'zæ-]; ánalyse ['ænə-]; *(страну и т. п.)* explóre

истина *ж* truth [-u:θ]

исток м source; *(реки тж.)* river-head ['rɪvəhed]

историк м histórian [-'tɔ-]

истори́ческий histórical [-'tɔrɪ-]; *(имеющий истори́ческое значе́ние)* históric [-'tɔrɪk]

исто́рия ж 1. hístory 2. *(рассказ)* stóry ['stɔrɪ]

исто́чник м 1. spring; минера́льный ~ míneral spring 2. source; из достове́рных ~ов from relíable sóurces

истоща́ть, истощи́ть exháust [ɪg'zɔ-]; wear out ['wɛə ...], drain; ~ся be exháusted [...ɪg'zɔ-]; у них истощи́лись запа́сы... they ran out of...

истреби́ть, истребля́ть destróy; extérminate

исче́знуть disappéar [dɪs-], vánish ['væ-]

исче́рпывающ‖ий exháustive [ɪg'zɔ-]; ~ие све́дения exháustive informátion

ита́к so, and so

и т. д. (и так да́лее) etc, et cétera [ɪt'set-]

ито́г м 1. bálance ['bæ-]; *(сумма)* sum; о́бщий ~ (sum) tótal 2. *(результат)* resúlt; ~и соревнова́ний resúlts of the competítion; в ~е on bálance

итого́ tótally, all in all

и т. п. (и тому́ подо́бное) etc, et cétera [ɪt'set-]

их I them; их здесь не́ было they haven't been here; вы ви́дели их? have you seen them?

их II *притяж. мест.* their; theirs; э́то их места́ (ве́щи) these seats (things) are theirs

ию́ль м Julý [dʒuːˈlaɪ]

ию́нь м June [dʒuːn]

Й

йог м yógi ['jɔugɪ]

йод м íodine ['aɪədiːn]; насто́йка ~a tíncture of íodine

К

к 1. to; *(в разн. знач.)* towárds; иди́те к нам come [kʌm] to us; подойдём к ним let's come up to them 2. *(о времени)* by; приходи́те к пяти́ (к двум) часа́м come by five (two) o'clóck 3. *(по отношению к)* for; к чему́? what for?; любо́вь к ро́дине love [lʌv] for one's hómeland ◊ к тому́ же moreóver, besídes, in addítion; к сча́стью lúckily

кабачки́ *мн.* végetable ['vedʒɪ-] márrows ['mærəuz]; *амер.* squáshes ['skwɔʃɪz]

ка́бель м cable [keɪbl]; возду́шный ~ óverhead cable

каби́на ж cábin ['kæb-]; *(для синхронного перевода)* booth; ~ для голосова́ния pólling-booth; душева́я ~ shówer-box; ~ ли́фта car; ~ пило́та cóckpit

кабине́т м óffice; *(комната в квартире)* stúdy ['stʌ-]; ~ дире́ктора mánager's ['mænɪ-]

(private) óffice; ~ мини́стров cábinet ['kæ-]; пройди́те, пожа́луйста, в пя́тый ~ go óver to room five, please

каблу́к *м* heel; на высо́ком (на ни́зком, на сре́днем) ~é high-heeled (lów-heeled, médium-heeled)

кавале́р *м* 1. *(в танцах)* pártner 2.: ~ о́рдена béarer of the órder

кадр *м кино (на экране)* shot; *(одиночный)* frame; *(в фоторекламе)* still

ка́др‖ы *мн.* mánpower; personnél; нехва́тка ~ов mánpower shórtage; отде́л ~ов personnél depártment; подгото́вка и расстано́вка ~ов personnél tráining and appóintments pólicy ['pɔ-]

ка́ждый évery ['evrɪ]; ~ день évery day; ~ из нас each of us

ка́жется *см.* каза́ться

каза́к *м* Cóssack

каза́ться 1. seem; мне ка́жется it seems to me 2.: ка́жется, что… it seems that..; я, ка́жется, не опозда́л? I don't seem to be late, do I?

каза́х *м* Kazákh

каза́хский Kazákh; ~ язы́к Kazákh, the Kazákh lánguage

каза́шка *ж* Kazákh

казнь *ж* execútion; сме́ртная ~ cápital púnishment

как 1. *вопрос.* how; what; ~ вам нра́вится..? how do you like..?; ~ пройти́ (прое́хать)? can you tell me the way (to)?; ~ ва́ше и́мя?, ~ вас зову́т? what is your name?; ~ назы-

ва́ется э́та у́лица (пло́щадь)? what's the name of this street (square)?; ~ мне попа́сть в (на, к) ..? how can I get [get] to..? 2. *относ.* as; я ви́дел, ~ он ушёл I saw him góing ◊ с тех пор ~ since; ~ бу́дто as if; ~ раз just, exáctly; ~ наприме́р for exámple; ~ мне быть? what shall I do?

кака́о *с нескл.* cócoa ['kəukəu]

ка́к-нибудь sómehow ['sʌm-]; *(когда-нибудь)* sómetime ['sʌm-]

каков: каковы́ результа́ты игры́? what is the score of the game?

как‖о́й: what; which; ~и́м о́бразом? how?; ~у́ю кни́гу (~и́е духи́) вы мне рекоменду́ете? what book (pérfume) can you recomménd me?

како́й-нибудь some [sʌm]; ány ['enɪ]

како́й-то 1. ány ['enɪ]; some [sʌm] 2. *(похожий на)* a kind of

ка́к-то: я э́того ~ не заме́тил sómehow ['sʌm-] I haven't nóticed it; я ~ здесь был I was here one day

кале́ка *м и ж* cripple

календа́рь *м* cálendar ['kælɪn-]; насто́льный ~ lóose-leaf (table [teɪbl]) cálendar; отрывно́й ~ téar-óff cálendar

кали́тка *ж* wícket(-gate)

кальсо́ны *мн.* dráwers; *брит.* pants

ка́мбала *ж* flóunder

ка́менный stone(-)

ка́менщик *м* brícklayer

ка́мень м stone; драгоце́нный ~ précious stone, jéwel

ка́мера ж **1.** cell; chámber ['tʃeɪm-]; ~ хране́ния багажа́ clóakroom **2.** *фото* cámera ['kæmə-] **3.** *(резиновая)*: ~ мяча́ bládder; автомоби́льная ~ hose; *амер.* tube

ка́мерн‖ый: конце́рт ~ой му́зыки chámber ['tʃeɪm-] músic cóncert

камея ж cameo ['kæ-]

ками́н м fíre-place

кампа́ния ж campáign [-'peɪn]; избира́тельная ~ eléction campáign

ка́мфора ж cámphor

кана́ва ж ditch; *(сточная)* gútter

кана́д‖ец м, ~ка ж Canádian

кана́дский Canádian

кана́л м *(естественный)* chánnel; *(искусственный)* canál; ороси́тельный ~ irrigátion canál

канализа́ция ж séwerage, séwers

кана́т м rope

кандида́т м cándidate; ~ нау́к Cándidate of Science ['saɪ-] *(примерно соответствует)* Ph. D. [‚piːeɪtʃ'diː]

кандидату́ра ж cándidature; вы́ставить чью-л. кандидату́ру nóminate *smb* for eléction

кани́кулы мн. vacátion; *(в школе)* hólidays ['hɔlədɪz]; *амер.* recéss; зи́мние (ле́тние) ~ wínter (súmmer) vacátion

кани́стра ж cánister ['kæ-], can

канонер‖ка ж gúnboat; поли́тика ~ок gúnboat diplómacy [-'plɔ-]

канта́та ж cantáta [-'tɑː-]

кану́н м eve

канцеля́рия ж óffice

канцеля́рск‖ий: ~ие принадле́жности státionery *sn собир.*

капе́лла ж *(хор)* chóir ['kwaɪə]

капита́л м cápital ['kæ-]

капитали́зм м cápitalism ['kæ-]

капитали́ст м cápitalist

капиталисти́ческий cápitalist ['kæ-]

капита́льн‖ый cápital ['kæ-], fundaméntal; ~ое строи́тельство cápital construction

капита́н м cáptain [-tɪn]; *(в торговом флоте)* (ship-) master; ~ кома́нды *спорт.* cáptain of the team

ка́пл‖я ж drop; глазны́е ~и éye-drops ['aɪ-]

капо́т м *авто* bónnet; *амер.* hood

капро́н м kaprón *(kind of nylon)*

капу́ста ж cábbage; брюссе́льская ~ Brússels sprouts; ки́слая ~ sauerkraut ['sauə-kraut]; цветна́я ~ cáuliflower

карава́й м round loaf

кара́куль м astrakhán (fur)

караме́ль ж *собир.* cáramel (cándies)

каранда́ш м péncil; цветно́й ~ cráyon ['kreɪən]

каранти́н м quárantine [-tiːn]

кара́сь _м_ crúcian ['kruːʃɪən]

карау́л _м_ guard [gɑːd]; почётный ~ guard of hónour ['ɔnə]

карбюра́тор _м авто_ carburéttor

каре́льск‖ий Karélian ◊ ~ая берёза sílver birch

ка́рий brown

карикату́ра _ж_ cartóon; _(злая сатира)_ caricatúre [ˌkærɪkə-'tjuə]

карка́с _м_ frámework

ка́рлик _м_ dwarf, pýgmy

карма́н _м_ ро́cket ['pɔkɪt]; положи́ть в ~ put [put] in the pócket

карма́нн‖ый: ~ слова́рь pócket ['pɔkɪt] díctionary; ~ые де́ньги pócket móney ['mʌ-] _sn_

карнава́л _м_ cárnival

карни́з _м_ córnice; _(окна́)_ edge

карп _м_ carp

ка́рт‖а _ж_ 1. _геогр._ map 2. _(игральная)_ card; игра́ть в ~ы play cards 3. _(меню)_ ménu ['me-], bill of fare; ~ вин wine-list

карти́на _ж_ pícture ['pɪktʃə]; _(в живописи тж.)_ páinting, cánvas

картон _м_ cárdboard [-bɔːd]; ~ный: ~ная коро́бка carton

карто́фель _м_ potáto(es)

карто́фельн‖ый potáto; ~ое пюре́ mashed potátoes _pl_

ка́рточка _ж_ card; _(меню)_ ménu ['me-]; визи́тная ~ (vísiting-)card; фотографи́ческая ~ phóto

карусе́ль _ж_ mérry-go-round

карье́р I _м спорт._ full gállop ['gæ-]

карье́р II _м_ mine; _(каменоломня)_ quárry; _(песчаный)_ sand-pit

карье́ра _ж_ caréer

каса́ться 1. touch [tʌtʃ]; _перен._ touch upón; э́того вопро́са мы не каса́лись we did not touch upón this próblem 2. _(иметь отношение)_ concérn ◊ что каса́ется as to, as regárds

ка́ска _ж_ hélmet

каска́д _м_ cascáde; chain; _элк._ stage

каскадёр _м_ stunt man

ка́сса _ж_ pа́y-box, pа́y-desk; биле́тная ~ bóoking óffice; театра́льная ~ box óffice; сберега́тельная ~ sávings-bank; ~-автома́т _ж_ slot machine [-'ʃiːn]

кассе́т‖а _ж фото_ magazíne [ˌmægə'ziːn]; _(магнитофонная)_ cassétte; ~ный: ~ный магнитофо́н cassétte recórder; _(плейер)_ cassétte pláyer

касси́р _м_ cashíer [kæ'ʃɪə]

кастрю́ля _ж_ sáucepan

катало́г _м_ cátalogue ['kætə-lɔg]; есть ли у вас ~? have you got a cátalogue?

ката́р _м_ catárrh

катастро́фа _ж_ catástrophe [-fɪ], disáster; автомоби́льная ~ car áccident ['æks-]

ката́ться go for a ride; go for a drive; ~ на велосипе́де cycle [saɪ-]; ~ на конька́х skate, go skáting; ~ на ло́дке go bóating; ~ на ло́шади ride

катафа́лк *м* hearse [hɜːs]

категори́ческий categórical; flat

катего́рия *ж* cátegory ['kætɪ-]

ка́тер *м* mótor boat

като́к *м* skáting-rink; ле́тний ~ artifícial íce-rink

като́лик *м* (Róman) Cátholic ['kæθ-]

католици́зм *м* Róman-Cathólicism [-kə'θɔ-]

кату́шка *ж* reel; bóbbin

каучу́к *м* cáoutchouc ['kautʃuk], rúbber

кафе́ *с* cáfe [-feɪ], cóffee--house; ле́тнее ~ open-áir cáfe

ка́федр‖а *ж* chair; depártment; заве́дующий ~ой head of the chair (depártment)

ка́фель *м* tiles *pl*

кафе́-моро́женое *с* íce--cream cáfe [-feɪ]

кача́лка *ж* rócking-chair

кача́ть 1. rock; swing; shake **2.** (*насосом*) pump; ~ся **1.** rock; swing; ~ся в кре́сле rock; ~ся в гамаке́ swing in the hámmock; ~ся на каче́лях swing **2.** (*пошатываться*) stágger

каче́ли *мн.* swing; (*доска на верёвке*) séesaw

ка́честв‖о *с* quálity; вы́сшего (плохо́го) ~a best (bad) quálity; вы́играть (пожéртвовать) ~ *шахм.* win (lose [luːz] the exchánge

ка́чк‖а *ж* pítching and róll-

ing; я не переношу́ ~и I am a bad sáilor

ка́ша *ж* (cooked) céreal, pórridge; (*жидкая*) gruel [gruəl]; гре́чневая ~ búckwheat gróats; ма́нная ~ cream of wheat; овся́ная ~ pórridge; ри́совая ~ cream of rice

ка́шель *м* cough [kɔf]; у меня́ ~ I have a cough

ка́шлять cough [kɔf]

кашне́ *с* múffler

кашта́н *м* chéstnut

каю́та *ж* cábin ['kæb-]

квадра́т *м* square; в ~е *мат.* squared

ква́кать croak

квалифици́рованный skílled; éxpert; quálified

кварта́л *м* **1.** (*города*) block **2.** (*четверть года*) quárter

кварте́т *м* quartét(te)

кварти́р‖а *ж* flat; *амер.* apártment; ~ из трёх ко́мнат thrée-room flat; отде́льная ~ one fámily flat; sélf-contáined flat; ~а́нт *м* lódger

квартпла́та *ж* (кварти́рная пла́та) rent

квас *м* kvass [-ɑː-]

кве́рху up, úpwards

квинте́т *м* quintét(te)

квита́нц‖ия *ж* recéipt [-'siːt]; да́йте ~ию, пожа́луйста may I have a recéipt, please; возьми́те ~ию, пожа́луйста take the recéipt, please; бага́жная ~ lúggage (*амер.* bággage) tícket

кво́рум *м* quórum

кегельба́н *м* bówling ['bəu-]

кедр *м* cédar; сиби́рский ~

Sibérian [saɪ-] (stone) pine
кéды *мн.* keds *pl*
кекс *м* cake
кем: ~ вы рабóтаете? what is your occupation?; с ~ вы разговáривали? whom were you tálking to?
кéмпинг *м* cámping(-site)
кéпи *с нескл.* képi ['keɪpɪ]
кéпка *ж* cap
кéтá *ж* Sibérian [saɪ-] sálmon ['sæmən]
кефáль *ж* grey múllet
кефи́р *м* búttermilk
кибернéтик *м* cybernéticist [,saɪbə'ne-]; ~a *ж* cybernétics [,saɪbə'ne-]
кивáть, кивнýть nod
кидáть *см.* ки́нуть
кило́ *с нескл.*, **килогрáмм** *м* kílogram(me)
километр *м* kílometre ['kɪ-]
кино́ *с нескл.* cínema ['sɪnəmə], *амер.* móvies ['muː-]; ~актёр *м* film (screen) áctor; ~актри́са *ж* film (screen) áctress; ~журнáл *м* néws-reel; ~звездá *ж* móvie ['muː-] star; ~кáмера *ж* (móvie ['muː-]) cámera ['kæ-]; ~карти́на *ж* film, mótion pícture, *амер. разг.* móvie ['muː-]; ~комéдия *ж* screen cómedy ['kɔmɪ-]; ~оперáтор *м* cámeraman ['kæm-]; ~режиссёр *м* (film) diréctor; ~стýдия *ж* film stúdio; ~сценáрий *м* film script, scenário [sɪ'nɑːrɪəu]; ~съёмка *ж* fílming, shóoting; ~теáтр *м* cínema ['sɪnəmə]; *амер.* móvie ['muː-] house, móvie théatre; ~фестивáль *м*

film féstival; ~фильм *м* film, mótion pícture; ~хрóника *ж* néws-reel; специáльный вы́пуск ~хрóники spécial néws--reel
ки́нуть throw [-əu]
кио́ск *м* stall, stand, booth; kiósk; газéтный ~ néws-stand; кни́жный ~ bóok-stall; цветóчный ~ flówer-stand; табáчный ~ tobácconist's
кипéть boil; ~ ключóм seethe
кипяти́ть boil
кипятóк *м* bóiling wáter ['wɔːtə]
кирги́з *м*, ~ка *ж* Kirghíz
кирги́зский Kirghíz; ~ язы́к Kirghíz, the Kirghíz lánguage
кирпи́ч *м* brick
кирпи́чный brick(-)
кисéль *м* thin jélly
кислорóд *м* óxygen ['ɔksɪ-]
кислотá *ж* ácid ['æsɪd]
ки́слый sóur ['sauə]
ки́сточка *ж* 1. brush; ~ для бритья́ sháving-brush 2. (*украшение*) tássel
кисть *ж* 1. (*руки́*) hand 2. clúster, bunch; ~ виногрáда bunch of grapes 3. (*для рисования*) brush 4. (*украшение*) tássel
кит *м* whale [weɪl]
кишéчник *м* bówels, intéstines
клавиатýра *ж* kéyboard ['kiːbɔːd]
клáвиша *ж* key [kiː]
клáдбище *с* cémetery ['se-], gráveyard
клáняться bow; (*приветст-*

вовать) greet; кла́няйтесь ему́ от меня́ give [gɪv] him my (best) regárds

кларне́т *м* clarinét

класс I *м* (*помещение*) cláss-room

класс II *м* (*общественный*) class; рабо́чий ~ wórking ['wə:k-] class

класс III *м* (*разряд*) class; он спортсме́н мирово́го ~а he is a world-ránking [ˌwɜːld-] spórtsman

кла́ссик *м* clássic

класси́ческ‖ий clássical; ~ая му́зыка clássical músic; ~ бале́т clássical bállet ['bæ-leɪ]

кла́ссовый class(-)

класть put [put], place

кле́вер *м* clóver

клевета́ *ж* slánder, cálumny ['kæ-]; (*наказуемая законом*) líbel

клеёнка *ж* óilcloth

клей *м* glue

клеймо́ *с* brand; фабри́чное ~ trade mark

клён *м* maple [meɪpl], máple(-tree)

кле́тка *ж* 1. cage 2. *биол.* cell 3. (*на материи*) check

кле́тчатый checked

клёцк‖и *мн.* dóugh-boys ['dəu-], dúmplings; суп с ~ами soup with dóugh-boys

клие́нт *м* client; cústomer

кли́мат *м* clímate; мя́гкий ~ mild clímate; континента́льный ~ continéntal clímate; суро́вый ~ inclément (rígorous ['rɪ-]) climate

климати́ческ‖ий: ~ие усло́вия climátic condítions

кли́ника *ж* clínic ['klɪnɪk]

кло́ун *м* clown

клуб *м* club

клубни́ка *ж* stráwberry; ~ со сли́вками creamed stráwberry

клу́мба *ж* flówer-bed

клю́ква *ж* cránberry

ключ I *м* key [kiː] (*тж. муз.*); куда́ положи́ть ~? where shall I put [put] the key?; я забы́л ~й I've left the keys

ключ II *м* (*источник*) spring

ключи́ца *ж* clávicle ['klæ-]

клю́шка *ж* (hóckey ['hɔ-]) stick

кля́кса *ж* blot

кля́тва *ж* oath

кни́га *ж* book

кни́жный: ~ магази́н bóok-shop, *амер.* bóokstore

кно́пк‖а *ж* 1. bútton; нажми́те ~у press the bútton 2. (*канцелярская*) dráwing-pin, *амер.* thúmb-tack ['θʌm-] 3. (*на одежде*) dréss-stud, *амер.* snáp-fástener [-ˌfɑːsnə]

коали́ция *ж* coalítion

ковёр *м* cárpet; (*небольшой*) rug

ко́врик *м* mat

когда́ 1. *вопрос.* when; ~ нача́ло? when is the begínning?; ~ мы пое́дем? when shall we go? 2. *относ.*: мы пойдём, ~ все соберу́тся we'll leave when éveryone ['evrɪ-] is here

когда́-нибудь some [sʌm] day, some time; (*о будущем*) one of these days; вы ~ бы́ли..? have you éver been to..?

когда́-то at one time, fórmerly

кого́ whom; ~ вы име́ете в виду́? whom do you mean?; ~ ещё нет? who is still míssing?

ко́декс *м* code; ~ зако́нов о труде́ lábour code

ко́е-где́ here and there

ко́е-ка́к 1. *(небрежно)* ányhow ['enɪ-] **2.** *(с трудом)* with difficulty

ко́е-како́й some [sʌm]

ко́е-кто́ sómebody ['sʌmbədɪ], some (people [piː-])

ко́е-что́ sómething ['sʌm-]

ко́ж‖а *ж* **1.** skin **2.** *(материал)* léather ['leðə]; сде́ланный из ~и made of léather

ко́жаный léather ['leðə]

кожура́ *ж* peel, skin; *(у апельсина тж.)* rind

коза́ *ж* goat; shé-goat

козёл *м* bílly-goat ◊ ~ отпуще́ния scápegoat

Козеро́г *м астр.* Cápricorn

ко́зыр‖ь *м* trump; объяви́ть ~я call one's hand; покры́ть ~ем trump; ходи́ть ~ем lead (play) a trump

ко́йка *ж* **1.** *(больничная)* bed **2.** *(на корабле)* bunk, berth

кокс *м* coke

коктейль *м* cócktail

колбаса́ *ж* sáusage ['sɔsɪdʒ]; варёная ~ bóiled sáusage; bológna [-'ləʊnjə]; копчёная ~ smoked sáusage; salámi [-'lɑːmiː]; ли́верная ~ líverwurst

колго́тки *мн.* tights *pl*; pántyhose

колду́н *м* sórcerer, wízard ['wɪ-]

колеба́ни‖е *с* **1.** oscillátion **2.** *(нерешительность)* hesitátion [ˌhezɪ-]; shílly-shállying; без ~й withóut hesitátion

коле́нн‖ый: ~ая ча́шечка knée-pan

коле́но *с* knee

коле́нчатый: ~ вал *авто* cránkshaft

колесо́ *с* wheel

колея́ *ж* **1.** rut **2.** *ж.-д.* track; широ́кая (у́зкая) ~ broad [brɔd] (nárrow) gauge [geɪdʒ]

коли́честв‖о *с* quántity ['kwɔ-]; amóunt; númber; в ~е десяти́ ten in númber

колле́гия *ж* board; суде́йская ~ *спорт.* júdges, board of referées

колле́дж *м* cóllege ['kɔlɪdʒ]

коллекти́в *м* colléctive (bódy); staff [stɑːf]; group [-uːp]; трудово́й ~ work [wɜk] colléctive

коллективиза́ция *ж* collectivizátion

коллекти́вный colléctive; joint

коллекционе́р *м* colléctor

колле́кция *ж* colléction

коло́да *ж (карт)* pack

коло́дец *м* well

ко́локол *м* bell

колоко́льчик *м* **1.** hándbell **2.** *бот.* blúebell ['bluː-]

колониа́льный colónial

колониза́тор *м* colónialist; поли́тика ~ов colónialists' pólicy ['pɔ-]

колониза́ция ж colonizátion

коло́ния ж có́lony ['kɔ-]

коло́нка ж 1. *(в ванной)* gé́yzer ['giːʒə]; *(на у́лице)* (street) wá́ter fó́untain 2. *(бензи́новая)* pé́trol pump; *амер.* gas pump

коло́нна ж 1. pí́llar; мра́морная ~ má́rble pí́llar 2. có́lumn ['kɔləm]; ~ спортсме́нов a có́lumn of spó́rtsmen

ко́лос м ear [ɪə], spike

коло́ть I *(раска́лывать)* break; *(руби́ть)* chop, split; ~ оре́хи crack nuts; ~ дрова́ chop (split) wood [wud]

коло́ть II *(прока́лывать)* 1. *(зака́лывать)* stab 2. *(иго́лкой)* prick 3. *(убива́ть скот)* slaughter ['slɔːtə]

колхо́з м (collé́ctive) farm; collé́ctive, co-ó́perative; kolkhoz [kəl'kɔːz]; животново́дческий ~ cá́ttle-growing [-əu-] farm; рыболове́цкий ~ fí́shers' co-ó́perative; председа́тель ~a má́nager ['mæ-] of the farm

колхо́зн‖ик м, ~ица ж (collé́ctive) fá́rmer; ~ый (collé́ctive) farm; ~ ры́нок fá́rmers' má́rket; ~ая (пти́це-)фе́рма the collé́ctive's (pó́ultry ['pəu-]) farm

колыбе́ль ж crá́dle ['kreɪdl]; ~ный: ~ная (пе́сня) lú́llaby [-baɪ]

кольцо́ с ring

колю́чий prí́ckly, thó́rny

коля́ска ж 1. cá́rriage; де́тская ~ pram, *амер.* (bá́by) cá́rriage 2. *(у мотоци́кла)* sí́de-car

кома́нд‖а ж 1. *(прика́з)* commá́nd; по ~e at the commá́nd (of) 2. *(отря́д)* detá́chment 3. *мор.* crew [kruː] 4. *спорт.* team; сбо́рная ~ natió́nal ['næʃənl] team

командирова́ть send on a mí́ssion

командиро́вка ж mí́ssion, bú́siness ['bɪznɪs] trip

кома́ндовать commá́nd

кома́р м mosquí́to [məs'kiː-]

комба́йн м *с.-х.* (há́rvesting) có́mbine

комба́йнер м (há́rvesting) có́mbine ó́perator ['ɔr-]

комбико́рм м *с.-х.* fó́rmula feed; составля́ть (приготовля́ть) ~ blend (compó́und) a fó́rmula feed

комбина́т м works [wəːks]; plant; ~ бытово́го обслу́живания é́very-day ['evrɪ-] sé́rvice cé́ntre ['sentə]

комбина́ция ж 1. *(оде́жда)* slip, combiná́tions 2. *(в спо́рте)* combiná́tion

комбинезо́н м *(спецоде́жда)* ó́veralls *pl*; *(зи́мняя оде́жда)* quí́lted suit; *(да́мский костю́м)* jú́mpsuit, ó́ne-piece suit

коме́дия ж có́medy ['kɔmɪ-]; музыка́льная ~ mú́sical (có́medy)

комиссио́нный: ~ магази́н sé́cond-hand ['se-] shop

коми́ссия ж commí́ttee [-'mɪtɪ]; commí́ssion; постоя́нная ~ stá́nding commí́ssion; медици́нская ~ mé́dical board

комите́т м commíttee; постоя́нный ~ stánding commíttee

коммента́тор м cómmentator

комменти́ровать cómment (on, upón)

коммуна́льн‖ый munícipal [-'nı-]; públic; ~ое хозя́йство munícipal sérvices; ~ые услу́ги públic utílities [-'tı-]; ~ая кварти́ра shared apártment

коммуни́зм м cómmunism

коммуни́ст м cómmunist; mémber of the (Cómmunist) Párty

коммунисти́ческий cómmunist; Коммунисти́ческая па́ртия Сове́тского Сою́за the Cómmunist Párty of the Sóviet Únion

коммуни́стка ж см. коммуни́ст

коммута́тор м switch-board; алло́! ~! да́йте доба́вочный... helló [-'ləu], operátor, exténsion...

ко́мната ж room; (служебное помещение) óffice

компа́ния ж cómpany ['kʌm-]

компа́ртия ж (коммунисти́ческая па́ртия) Cómmunist Párty

ко́мпас м cómpass

ко́мплекс м group [-uː-], cómplex; ~ неполноце́нности inferiórity cómplex; жило́й ~ residéntial quárters; то́пливно-энергети́ческий ~ Fúel and Énergy Séctor; ~ный integráted; comprehénsive; ~ная механиза́ция comprehénsive mechanizátion; ~ный

обе́д fixed price lunch; ~ное соглаше́ние páckage deal

компле́кт м set

комплектова́ть compléte; form

комплиме́нт м cómpliment; де́лать ~ pay a cómpliment

компози́тор м compóser

компо́т м stewed fruit [fruːt]

компью́тер м compúter

комсомо́л м (коммунисти́ческий сою́з молодёжи) Kómsomol, YCL (Young [jʌŋ] Cómmunist League [liːg])

кому́ whom; ~ вы пи́шете? whom are you wríting to?; ~ принадлежи́т э́та кни́га? whose book is it?

комфорта́бельный cómfortable

конве́йер м convéyer (belt)

конве́рт м énvelope ['envələup]; cóver ['kʌvə]

конверти́руем‖ый: ~ая валю́та convértible cúrrency

конгре́сс м cóngress; convéntion; К. сторо́нников ми́ра Peace Cóngress

конди́терск‖ая ж conféctioner's, pástry ['peıst-] shop; ~ий: ~ие изде́лия conféctionery

кондиционе́р м áir-conditioner [-dı-]

конду́ктор м ж.-д. condúctor; guard

конево́дство с hórse-bréeding

коне́ц м end; я оста́нусь до конца́ I'll stay here till the end ◊ в конце́ концо́в áfter ['ɑːftə] all, fínally

конéчно of course [kɔːs]; ~ (да)! yes, of course!; ~ нет! of course, not!

конéчн‖ый last, final; ~ая стáнция términus, términal (státion); ~ая останóвка last stop

конкрéтный cóncrete ['kɔn-kriːt], specífic [-'sɪ-]

конкурéнт *м* compétitor [-'petɪ-]

конкурéнция *ж* competítion [-'tɪ-]

кóнкурс *м* competítion [-'tɪ-]; cóntest

кóнный: ~ спорт equéstrian sports

консерватóрия *ж* consérvatoire [-twɑː]; *амер.* consérvatory

консéрвы *мн.* tinned food; *амер.* canned food; овощны́е ~ tinned végetables; мясны́е ~ tinned meat; ры́бные ~ tinned fish; фруктóвые ~ tinned fruit

конспéкт *м* sýnopsis ['sɪ-], précis ['preɪsɪ], súmmary

конститýция *ж* constitútion

констрýктор *м* desígner [-'zaɪnə]

кóнсул *м* cónsul; генерáльный ~ cónsul-géneral ['dʒe-]

кóнсульство *с* cónsulate; генерáльное ~ cónsulate-géneral

консультáнт consúltant, advíser

консультáц‖ия *ж* **1.** *(совет)* consultátion; получи́ть ~ию get [get] a piece of advíce **2.** *(учреждение)* жéнская ~ matérnity céntre ['sentə]

консульти́ровать advíse; ~ся consúlt

контéйнер *м* contáiner; crate; ~ный: ~ный терминáл contáiner términal; ~овóз *м* contáiner ship

континéнт *м* cóntinent, máinland

контóра *ж* óffice

контрабáс *м* double-báss [,dʌbl'beɪs]

контрáкт *м* cóntract; agréement

контрáльто *с нескл.* contrálto

контролёр *м* **1.** inspéctor; *(проверяющий соответствие стандарту)* téster **2.** *ж.-д., театр.* tícket-colléctor

контроли́ровать contról [-'trəul]; inspéct; check up

контрóль *м* inspéction; нарóдный ~ people's [piː-] inspéction; государственный ~ state inspéction

конферансьé *м нескл.* máster of céremonies ['serɪmə-], host

конферéнция *ж* cónference

конфéта *ж* sweet; *амер.* cándy

конфетти́ *с* conféтти

конфли́кт *м* cónflict

конфóрка *ж (на плите)* ring, búrner

концéпция *ж* concéption

концéрт *м* **1.** cóncert; дать ~ give [gɪv] a cóncert; пойдёмте на ~ let's go to the cóncert; вы бы́ли на ~e? have you been to the cóncert? **2.** *(музыкаль-*

ное произведение) concérto [-'ʧɚ-]

концертме́йстер м **1.** cóncert-máster **2.** accómpanist

конча́ть, ко́нчить 1. fínish ['fɪ-], end (up); be through [θruː]; вы ко́нчили? are you through?; я ещё не ко́нчил I've not fínished yet **2.** *(высшее учебное заведение)* gráduate ['græ-]; *(среднюю школу, техникум и т. п.)* fínish; что вы ко́нчили? what is your educátion?; **~ся** end; be óver; ва́ше вре́мя ко́нчилось your time's up; конце́рт ко́нчился в 12 часо́в the cóncert énded at twelve

конь м **1.** horse **2.** *спорт.* váulting-horse; pómmel horse **3.** *шахм.* knight

конькй *мн.* skates; беговы́е ~ rácing skates; ~ на ро́ликах róller-skates

конькобе́жец м skáter

конья́к м brándy, cógnac ['kɔnjæk]

ко́нюх м groom, stáble-man ['steɪ-]

коню́шня ж stáble ['steɪ-]

кооперати́в м *(организация, магазин)* co-óperative [kəu-'ɔrə-]

коопера́ция ж **1.** *(сотрудничество)* co-operátion **2.** *(общественная организация)* co-óperative [kəu'ɔrə-]

копа́ть dig

копе́йка ж cópeck

копи́рк‖а ж cárbon páper; писа́ть под **~y** make a cárbon cópy ['kɔpɪ]

ко́пи‖я ж cópy ['kɔpɪ]; *(картины)* réplica; *(второй экземпляр)* dúplicate; снима́ть **~ю** make a cópy (of smth)

копчён‖ый smoked; **~ая** селёдка red hérring; *(свежекопчёная)* blóater

копь‖ё spear [spɪə], lance; мета́ние **~я** jávelin thrówing [-əu-]

кора́ ж **1.** crust; *(деревьев)* bark, rind **2.** *анат.* córtex

кораблекруше́ние с shípwreck

кора́бль м ship; véssel; косми́ческий ~ space véhicle; spáceship, spácecraft

Кора́н м the Korán [-'rɑːn]

коренно́й 1. rádical ['ræ-] **2.** *(о жителе)* nátive

ко́рень м root

корзи́на ж básket

коридо́р м córridor, pássage

кори́ца ж cínnamon

кори́чневый brown

ко́рка ж **1.** crust; ~ хле́ба crust of bread [bred] **2.** *(кожура)* rind, peel; апельси́новая ~ órange ['ɔr-] peel

корм м fódder

корм‖а́ ж stern; на **~é** in the stern

корми́лец м *(в семье)* bréadwinner ['bred-]

корми́ть feed; здесь хорошо́ ко́рмят you can get [get] good [gud] food here

коро́бка ж box; ~ конфе́т box of sweets; ~ спи́чек box of mátches; ~ переда́ч géar-box; автомати́ческая ~ переда́ч automátic transmíssion

коро́ва ж cow

коро́вник м có́w-shed

короле́ва ж queen (*тж. шахм.*)

коро́ль м king (*тж. шахм., карт.*)

коро́на ж crown

коро́тк‖ий short: ~ое замыка́ние short cíŕcuit

короткометра́жный: ~ фильм short (film)

ко́рпус м **1.** (*здание*) búilding ['bɪ-]; я живу́ во второ́м ~е I live in búilding two **2.** (*туловище*) bó́dy ['bɔ-]; ло́шадь опереди́ла други́х на два ~а the horse won by two lengths **3.** (*приёмника и т. п.*) cá́binet ['kæ-]

корреспонде́нт м correspó́ndent

корреспонде́нция ж correspó́ndence

корт м (*теннисный*) court

ко́ршун м (black) kite

коса́ I ж *с.-х.* scythe [saɪð]

коса́ II ж *геогр.* spit

коса́ III ж (*волос*) plait; tress, braid; заплести́ ко́су plait (tress, braid) one's hair

коси́лка ж mó́wer ['məuə]

коси́ть *с.-х.* mow [məu]

космети́ческий: ~ кабине́т béauty ['bjuː-] pá́rlour

косми́ческий có́smic ['kɔz-]

космодро́м м có́smodrome ['kɔz-]; (spá́cecraft) lá́unching site

космона́вт м spá́ceman, (*советский*) có́smonaut ['kɔz-], (*американский*) á́stronaut

['æs-]; ~-иссле́дователь м space explóer

ко́смос м (ó́uter) space

косну́ться *см.* каса́ться

костёр м bó́nfire; разжéчь ~ build [bɪld] a fire

ко́сточка ж **1.** bone **2.** (*плода*) seed, stone

кость ж bone

костю́м м có́stume, dress; мужско́й (да́мский) ~ suit; двубо́ртный (однобо́ртный) ~ dóuble-bré́asted [ˌdʌ-] (síngle-bré́asted) suit; ~ для подво́дного пла́вания wet suit; косми́ческий ~ space suit

косы́нка ж scarf

кот м (tó́m-)cat ◊ ~ в сапога́х (*в сказке*) Puss [pus] in Boots

котёл м bó́iler; а́томный ~ ató́mic [-'tɔ-] pile, reá́ctor

котле́та ж: отбивна́я ~ chop; ру́бленая ~ ríssole, mé́at-ball; *амер.* há́mburger; ~ по-ки́евски chícken á́ la Kíev [ɑːlɑː'kɪəv]

кото́рый (*о людях*) who; (*о животных и неодушевл. предметах*) which; that; ~ из них? which of them?; ~ час? what's the time?; ~ раз? which time?

котте́дж м có́ttage

ко́фе м có́ffee ['kɔfɪ]; ~ с молоко́м (со сли́вками) có́ffee with milk (cream); чёрный ~ black có́ffee; раствори́мый ~ ínstant có́ffee

кофева́рка ж có́ffee má́ker

кофе́йник м có́ffee-pot ['kɔfɪ-]

ко́фт‖а, **~очка** ж (wóman's ['wu-]) blouse

коча́н м: ~ капу́сты head [hed] of cábbage

кочега́р м fíreman; stóker

кошелёк м purse [рə:s]

ко́шка ж cat ◊ игра́ть в ко́шки-мы́шки play cat-and-móuse

краб м crab; **~ы** мн. *(консервы)* crábmeat

краеве́дческий: ~ музе́й Muséum [mju:'zıəm] of Lócal Lore

кра́жа ж theft; *юр.* lárceny; ~ со взло́мом búrglary; ме́лкая ~ pétty lárceny; магази́нная ~ shóplifting

край м 1. brim; edge; на са́мом краю́ го́рода at the óutskirts of the town 2. *(местность)* région; cóuntry ['kʌ-] 3. *(административно-территориальная единица)* Térritory; Примо́рский ~ Máritime ['mæ-] Térritory

кра́йне: я ~ удивлён I'm útterly amázed

кра́йн‖ий extréme; К. Се́вер Far North ◊ по ~ей ме́ре at least

кран м 1. *(водопроводный)* tap, *амер.* fáucet ['fɔ:sıt] 2. *(подъёмный)* crane

крапи́в‖а ж (stínging) nettle; **~ница** ж 1. *мед.* néttle-rash 2. *(бабочка)* néttle bútterfly

краса́вец м hándsome man

краса́вица ж béauty ['bju:-]

краси́вый béautiful ['bju:-]; hándsome

кра́сить paint; *(о материи, волосах)* dye [daı]

кра́ска ж paint; *(для материи, волос)* dye [daı]

кра́ски мн. cólours ['kʌləz]; акваре́льные ~ wáter-colours ['wɔ:-]; ма́сляные ~ óil-colours

красну́ха ж *мед.* Gérman measles *pl*

кра́сн‖ый red ◊ Кра́сная пло́щадь Red Squáre; Кра́сная кни́га The Red Book; Кра́сная Ша́почка *(в сказке)* Little Red Ríding Hood; **~ая ры́ба** sálmon ['sæmən]; **~ая икра́** red cáviar(e) ['kæ-]; **~ое де́рево** mahógany [-'hɔ-]; **~ая строка́** new páragraph ['pæ-]

красота́ ж béauty ['bju:tı]

кра́ткий short; brief; concíse

кратковре́менный short-líved [-'lıvd], short-térm

крахма́л м starch

крахма́льный: ~ воротничо́к stiff cóllar

креди́т м crédit ['kre-]; в ~ on crédit

крем м cream; ~ для о́буви shoe [ʃu:] pólish

кремато́рий м crematórium

креме́нь м flint

Кремль м the Krémlin

кре́ндель м knot-sháped bíscuit ['bıskıt]; *(подсоленный)* prétzel

кре́пкий strong, firm; ~ чай strong tea

крепле́ния мн.: лы́жные ~ ski [ski:] bínding

кре́пость ж 1. *(оплот)* strónghold 2. *(укреплённое место)* fórtress

кре́сло *с* árm-chair; *театр.* stall

крест *м* cross

крестья́нин *м* péasant ['pe-]

крестья́нский péasant ['pe-]

криво́й 1. curved; crooked **2.** *(одноглазый)* one-éyed [-'aid]

кри́зис *м* crísis ['kraısıs]; экономи́ческий ~ económic crísis

крик *м* shout, cry

криста́лл *м* crýstal

кри́тик *м* crític ['krı-]

кри́тика *ж* críticism ['krı-]

критикова́ть críticize ['krı-]

крича́ть shout, cry; *(пронзительно)* yell, scream

крова́ть *ж* bed; cot; *(без постельных принадлежностей)* bédstead [-sted]; двуспа́льная ~ dóuble ['dʌ-] bed

кровоизлия́ние *с* háemorrhage ['hemərıdʒ]

кровообраще́ние *с* circulátion of the blood [blʌd]

кровотече́ние *с* bléeding; háemorrhage ['hemərıdʒ]; останови́ть ~ stop the bléeding

кровь *ж* blood [blʌd]

кро́лик *м* rábbit

кроль *м* *(стиль плавания)* crawl (stroke)

кро́ме besídes, but, excépt, save; ~ того́ besídes (that), móreover

кронште́йн *м* brácket

кросс *м* cross-cóuntry [-'kʌn-] race

кроссво́рд *м* cróss-word ['wə:d] puzzle

кро́шк‖а *ж* **1.** crumb [-ʌm]; ~и хле́ба bréad-crumbs ['bred-

krʌmz] **2.** *(малютка)* líttle (one)

круг *м* **1.** círcle; беговóй ~ ráce-course **2.** *(среда)* círcle; в ~у́ знако́мых (друзе́й) amóng acquáintances (friends [frendz]); в семе́йном ~у́ in the fámily círcle **3.** *(сфера)* sphere [sfıə]; range; ~ интере́сов range of ínterests ['ıntrısts]

кру́глый round ◊ ~ год the whole [həul] year (round); ~ые су́тки (all) day and night, round the clock, twénty four hours

круго́м aróund; обойдём ~ let's go aróund ◊ он ~ винова́т it's his fault all the way through [θru:]

кру́жево *с* lace

кружи́ться whirl; spin (round); у него́ голова́ кру́жится he feels gíddy ['gı-]; *перен.* he's dízzy (with)

кру́жка *ж* mug; ~ пи́ва stein [staın] of beer

кружо́к *м* círcle; wórkshop

крупа́ *ж* groats; *(полуфабрикат)* céreals *pl*; ма́нная ~ semolína [-'lı-], *амер.* farína [-'ri:-]; гре́чневая ~ búckwheat; перло́вая ~ (péarl-) bárley ['pə:l-]; овся́ная ~ óatmeal

кру́пный 1. *(большой)* big; ~ виногра́д big grapes **2.** *(видный)* great [-eı-]; próminent ['prɔ-]; э́то ~ учёный he is a próminent scíentist ['saı-] (schólar)

круто́й 1. *(о спуске)* steep; ~ поворо́т sharp turn **2.** *(вне-

запный) súdden; *(резкий)* abrúpt

крушéние *с* áccident ['æksı-], wreck; *перен.* rúin ['ruːın]; collápse

крыжóвник *м* góoseberry

крылáт‖ый winged ◊ ~ая ракéта crúise [-uːz] míssile [-aıl]

крылó *с* 1. *(тж. ав.)* wing 2. *авто* múdguard, *тж. амер.* fénder

крыльцó *с* porch

крыша *ж* roof; черепичная (шúферная) ~ tiled (state) roof

крышка *ж* lid; cóver ['kʌ-]; top

крюк *м* 1. hook 2. *(окольный путь)* détour ['diːtuə]; сдéлать ~ make a détour

крючóк *м см.* крюк 1

ксилофóн *м* xýlophone ['zaı-]

кстáти incidéntally, by the way; вы пришли óчень ~ you came just at the véry right móment; это было бы ~ that might come [kʌm] in hándy; ~ об этом tálking abóut this…; как, ~, егó здорóвье? by the way, how is he?

кто who; ~ это? who is he (she)?; ~ это сказáл? who said it?; ~ там? who is it?

ктó-нибудь sómebody ['sʌmbədı]; ánybody ['enı-]

куб *м* cube; три в ~e three cube; возводить в ~ cube

кýбик *м* block, brick ◊ ~ Рýбика Rúbik's cube

куб‖óк *м* cup; рóзыгрыш ~ка cup tóurnament

кувшин *м брит.* jug; *амер.* pítcher

кувшинка *ж* wáter-lily ['wɔːtə‚lılı]

кудá where (to); ~ мы пойдём? where shall we go?; ~ он ушёл? where has he left for?; ~ идёт этот автóбус? what's the route [ruːt] of the bus?

кудá-нибудь sómewhere ['sʌm-]

кýдри *мн.* curls

кудрявый cúrly

кузнéц *м* blácksmith

кузнéчик *м* grásshopper

кýзница *ж* forge

кýзов *м авто* bódy ['bɔ-]

кýк‖ла *ж* doll [dɔl]; теáтр ~ол púppet-théatre

кýкольный: ~ теáтр púppet-théatre

кукурýза *ж* máize, *амер.* corn

кукýшка *ж* cúckoo ['ku-]

кулáк *м* fist

кулебяка *ж* pie [paı] *(with fish, meat, rice, etc)*; pátty

кулинáрия *ж* 1. cúlinary art, art of cóoking 2. *(магазин)* delicatéssen [‚delıkə'te-] (shop), déli ['delı]

кулис‖ы *мн.* wings; за ~ами *перен.* behínd the scenes

кулуáры *мн.* lóbby

культ *м:* ~ лúчности cúlt of personálity [-'næ-]

культýр‖а *ж* cúlture; ~ный cúltured

культýры *мн. с.-х.* crops; зерновые ~ céreal crops; технические ~ indústrial crops

купáльн‖ик *м разг.* swimsuit; ~ый: ~ костюм swímsuit; báthing [ˈbeɪð-] suit; ~ые трусы́ swimming trunks

купа́ть bathe; ~**ся** bathe; *(в ванне)* take a bath [bɑːθ]

купе́ *с* compártment

купи́ть buy [baɪ]; что вы купи́ли? what have you bought?

купле́т *м* **1.** stánza, verse **2.**: ~ы *мн.* tópical [ˈtɔ-] (satíric) song

ку́пол *м* cúpola, dome

кура́тор *м* súpervisor [ˈsuː-]

кури́льщик *м* smóker

кури́тельн‖ый: ~ая ко́мната smóking-room

кури́ть smoke; не ~!, ~ воспреща́ется! no smóking!

ку́рица *ж* hen; *(кушанье)* chícken

куропа́тка *ж* pártridge

куро́рт *м* health [he-] (hóliday [ˈhɔlədɪ]) resórt; *(с минеральными водами)* spa [spɑː]; морско́й ~ séaside resórt

курс *м* **1.** *(направление)* course [kɔːs], route [ruːt]; взять ~ на... head (hed) for... **2.** *(учебный)* course; я на тре́тьем ~е I'm in the third year **3.** *(валюты)* rate of exchánge [-ˈtʃeɪndʒ]; по ~у... at the rate...

курси́в *м* itálics [-ˈtæ-]

курси́ровать ply; парохо́д курси́рует ме́жду... the ship plies from... to...

курсов‖о́й: ~а́я рабо́та *(в вузе)* ánnual course thésis

курс‖ы *мн.* cóurses [ˈkɔːs-]; я учу́сь на ~ах англи́йского

языка́ I atténd the Énglish clásses; ~ы повыше́ния квалифика́ции advánced tráining course

ку́ртка *ж* jácket

курье́р *м* cóurier [ˈku-]

куря́щ‖ий *м* smóker; ваго́н для ~их smóking-cárriage

куса́ть bite; *(о насекомых)* sting

кусково́й: ~ са́хар lump sugar [ˈʃu-]

кусо́к *м* piece; *(о сахаре)* lump

кусо́чек *м* bit; переда́йте мне ~ хле́ба pass me óver a slice of bread, please

куст *м* bush [buʃ], shrub

куста́рник *м* shrúbbery

куста́рн‖ый hándicraft, hóme-made; ~ая промы́шленность cóttage índustry; ~ые изде́лия hándicraft wares

ку́хня *ж* **1.** *(помещение)* kítchen **2.** *(стол)* cóokery; францу́зская ~ French cuisíne [kwiːˈziːn]; здесь прекра́сная ~ they know [nəu] how to cook (serve éxcellent meals) here

ку́ча *ж* pile, heap

ку́шанье *с* dish

ку́шать eat; ку́шайте, пожа́луйста please have some [sʌm]...; please help yoursélf (to)...; почему́ вы не ку́шаете? why aren't you éating?; ~ по́дано dínner (súpper, etc) is sérved

куше́тка *ж* couch

кювет́ *м* *(у дороги)* ditch

Л

лабири́нт *м* maze

лабора́нт *м* laboratory [-'bɔrə-] (lab) assístant [ə'sıs-]

лаборато́рия *ж* laboratory [-'bɔrə-], lab

ла́вка I *ж* shop; *амер.* store; овощна́я ~ gréengrocery

ла́вка II *ж (скамья)* bench

лавр *м* láurel

лавро́вый láurel; ~ вено́к crown of láurels; ~ лист láurel (bay) leaf

лавса́н *м* lavsán [ləv'sɑːn] *(synthetic fabric)*

ла́герь *м* camp; альпини́стский ~ álpine [-aın] camp; пионе́рский ~ pionéer súmmer camp; туристи́ческий ~ tóurist camp; ~ ми́ра camp of peace

ла́дно well, all right, okáy; ~, я приду́ all right, I'll come [kʌm]

ладо́нь *ж* palm

ладья́ *ж шахм.* rook, castle

ла́зер *м* láser

ла́зить climb [-aım]

лай *м* bárk(ing)

ла́йка *ж (собака)* húsky

ла́йков‖ый ~ые перча́тки kíd-gloves [glʌ-]

лак *м* várnish; lácquer; ~ для ногте́й nail pólish ['pɔ-]

лакиро́ванн‖ый várnished; ~ая шкату́лка várnished box; ~ая о́бувь pátent-léather shoes [ʃuːz]

ла́мпа *ж* lamp; ~ дневно́го све́та luminéscent lamp; насто́льная ~ désk lamp

ла́мпочка *ж эл.* bulb; ~ перегоре́ла the bulb (has) fused

ла́ндыш *м* líly ['lı-] of the válley

ла́па *ж* paw

лапша́ *ж* nóodles; кури́ная ~ chícken (nóodle) soup; моло́чная ~ cream of nóodles (soup)

ларёк *м* stand, stall

ла́сковый afféctionate; ténder; sweet

ла́сточка *ж* swállow [-əu]

ла́сты *мн.* flíppers, fins

латви́йский Látvian

лати́нский: ~ алфави́т (шрифт) Róman álphabet (type)

латы́ш *м*, ~ка *ж* Lett; ~ский: ~ский язы́к Lett, the Léttish lánguage

лауреа́т *м* láureate ['lɔːrııt]; prize wínner; ~ Ле́нинской пре́мии Lénin ['le-] Prize Wínner; ~ междунаро́дного ко́нкурса Internátional [-'næʃ-] Cóntest Láureate

ла́цкан *м* lapél

ла́ять bark

лгать lie [laı], tell lies [laız]

ле́бедь *м* swan [swɔn]

лев *м* 1. líon 2. Л. *астр.* Léo ['liːəu]

ле́в‖ый 1. left; с ~ой стороны́ on the left side 2. *полит.* léft-wing

леге́нда *ж* légend ['ledʒ-]

легенда́рный légendary ['ledʒ-]

лёгкие *мн.* lungs

лёгк‖ий 1. light; ~ за́втрак light bréakfast ['bre-]; ~ое вино́ light wine 2. *спорт.* ~ая атле́тика track and field (evénts) **3.** *(нетру́дный)* éasy; у меня́ ~ая рабо́та I've got an éasy job to do

легкоатле́т *м* (track and field) áthlete [-iː t]

легкове́с *м* líght-weight [-weɪt]

легково́й: ~ автомоби́ль car; *амер. тж.* áuto(mobile) [-biː l]

легча́йш‖ий *спорт.:* ~ая весова́я катего́рия bántam-weight [-weɪt] *(бокс, тяжёлая атлетика, борьба)*

лёд *м* ice; сухо́й ~ artifícial [-ˈfɪʃl] ice; поста́вить на ~ stand on ice; со льдом *(о напитке)* on the rocks

ледене́ц *м* frúit-drop [ˈfruː t-], súgar-candy [ˈʃuː-]; ~ на па́лочке lóllipop

ледни́к *м (глетчер)* glácier [ˈglæs-]

ледоко́л *м* íce-breaker

ледохо́д *м* drífting (flóating) of ice

ледян‖о́й ícy; *(холодный тж.)* chílly; ~о́е по́ле *спорт.* íce-rink

лежа́ть lie [laɪ]; где лежа́т мои́ ве́щи? where are my things?; он ещё лежи́т а) he is still in bed; б) *(болен)* he is still laid up

ле́зви‖е *с* blade; ~я для безопа́сной бри́твы sáfety rázor blades

лейкопла́стырь *м* adhésive bándage, *амер. тж.* bánd-aid

лейтена́нт *м* lieuténant [lef-, *амер.* luː-]

лека́рство *с* médicine [ˈmedsɪn]; прими́те ~ take the médicine; прописа́ть ~ write a prescríption

ле́ктор *м* lécturer, réader

ле́кц‖ия *ж* lécture; нача́ло ~ии в 3 часа́ the lécture begíns at three o'clóck; чита́ть ~ию delíver (give[gɪv]) a lécture; слу́шать ~ию atténd a lécture

лён *м* flax

лени́вый lázy

ленини́зм *м* Léninizm [ˈle-]

ле́нинский Lénin [ˈle-]; Léninist; Lénin's

лени́ться be lázy

ле́нта *ж* **1.** ríbbon **2.** *тех.* band; tape; *(для записи изображения)* vídeo [ˈvɪ-] tape; магни́тная ~ (magnétic) tape

лень *ж* láziness

лепесто́к *м* pétal [ˈpe-]

лепи́ть módel [ˈmɔ-]

лес *м* **1.** fórest [ˈfɔrɪst]; *(небольшой)* wood; в ~у́ in the woods **2.** *(материал)* tímber, *амер.* lúmber *(пиломатериалы)*; сплавля́ть ~ raft tímber

леса́ *мн. (строительные)* scáffolding

лесно́‖й 1. fórest [ˈfɔrɪst]; ~е хозя́йство fórestry **2.** *(о материале, промышленности)* tímber(-), *амер.* lúmber *(о пиломатериалах)*

ле́стниц‖а *ж* stáircase; stairs; *(приставная)* ládder; пара́дная ~ front stáircase; чёрная ~ báckstairs; поднима́ться (спуска́ться) по ~e up (down) the stairs

лета́ *мн.* years; age; мне (ему́, ей) 18 лет I am (he, she is) eightéen years old; мы одни́х лет we are the same age; ско́лько вам лет? how old are you?; я не́сколько лет не был там I haven't been there for séveral ['se-] years

лета́ть, лете́ть fly

ле́тний súmmer; ~ сезо́н súmmer séason

лётн‖ый: ~ая пого́да flýing wéather ['weðə]; ~ый соста́в air crews, *амер.* flight [flaɪt] personnél; ~ое по́ле áirfield

ле́то *с* súmmer

ле́том in súmmer; бу́дущим (про́шлым) ~ next (last) súmmer

лётчи‖к *м*, ~ца *ж* pílot, flíer ['flaɪə], áviator; ~-испыта́тель *м* test pílot; ~-космона́вт *м* space pílot

лече́бница *ж* hóspital; clínic ['klɪ-]

лече́бн‖ый médical ['me-]; cúrative; ~ая физкульту́ра phýsical ['fɪ-] thérapy ['θe-], physiothérapy (éxercises)

лече́ни‖е *с* médical ['me-] tréatment; пройти́ курс ~я have (úndergo) a course [kɔːs] of tréatment

лечи́ть treat; его́ ле́чат от... he is tréated for...; ~ся be tréated; take a cure [kjuə]; где вы ле́читесь? where do you take the course [kɔːs] of tréatment?; у кого́ вы ле́читесь? who is your dóctor?

лечь lie [laɪ] (down); ~ спать go to bed; *разг.* turn in; вы хоти́те ~? would you like to go to bed?; я ско́ро ля́гу I'll go to bed soon

лещ *м* bream

лжец *м* líar

ли: возмо́жно ли? is it póssible?; не пойти́ ли (не взять ли) нам..? shouldn't we go (take)..?; зна́ет ли он об э́том? does he know [nəu] abóut it?; сто́ит ли..? is it worth [wəːθ] while to..?

ли́бо or; ~ ... ~ ... (éither ['aɪ-, *амер.* 'iː-]) ... or ...

либре́тто *с нескл.* librétto (*мн.* librétti), book

ли́вень *м* (héavy ['he-]) shówer, dównpour

лиди́ровать be in the lead

лиза́ть lick

ликвида́ция *ж* eliminátion; (*отмена*) liquidátion, abolítion [-'lɪʃ-]

ликвиди́ровать do awáy with; elíminate; abólish [-'bɔ-]

ликёр *м* liquéur [-'kjuə]

ликова́ть rejóice

лило́вый purple

лимо́н *м* lémon ['le-]

лимона́д *м* lemonáde

лине́йка *ж* 1. rúler ['ruː-] 2.: ла́герная ~ róll-call

ли́нза *ж* lens

ли́ни‖я *ж в разн. знач.* line; за боково́й ~ей *спорт.* out; ~ авто́буса (метро́) bus (métro) line

линя́ть fade; (*в воде*) run; э́та мате́рия не линя́ет this cloth does not fade

ли́па *ж* lime (-tree), línden

лири́ческий (*о стиле*) lýric

_['lı-]; *(о настроении и т. п.)* lýrical ['lı-]

лиса ж, **лисица** ж fox; чёрно-бу́рая ~ sílver fox

лист м 1. leaf 2. *(бумаги)* sheet; да́йте мне ~ бума́ги, пожа́луйста give [gıv] me a sheet of páper, please

листва́ ж fóliage ['fəulııdʒ]

ли́ственный: ~ лес léaf-bearing [-bɛə-] fórest

листо́вка ж léaflet

лита́вры *мн.* kéttle-drum

лите́йный: ~ заво́д fóundry

лите́йщик м fóunder, cáster

литера́тор м man of létters; wríter

литерату́ра ж líterature ['lı-]; худо́жественная ~ fíction, belles-léttres [ˌbel'letr]

лито́в‖ец м, **~ка** ж Lithuánian [ˌlıθu'eınıən]

лито́вский Lithuánian [ˌlıθu'eınıən]; ~ язы́к Lithuánian, the Lithuánian lánguage

литр м lítre ['li:tə]

лить pour [pɔ:]; *(кровь, слёзы)* shed

лифт м lift, *амер.* élevator ['elı-]; там есть ~? do they have a lift there?; подни́мемся на ~e let's take the lift

лифтёр м lift óperator ['ɔpə-], *амер.* élevator boy

лихора́дить: меня́ лихора́дит I am in a féver, I am féverish

лихора́дка ж féver

лицеме́р м hýpocrite

лице́нзия ж lícence

лиц‖о́ с 1. face; ва́ше ~ мне знако́мо your face is famíliar

to me 2. *(человек)* pérson; на два ~á for two pérsons; де́йствующие ли́ца cháracters ['kæ-]

ли́чн‖ый pérsonal, prívate; ~ая со́бственность pérsonal próperty; ~oè пе́рвенство *спорт.* indivídual [-'vı-] chámpionship

лиша́ть, лиши́ть depríve of; ~ пра́ва уча́стия в соревнова́ниях disquálify

лиши́ться lose [lu:z]

ли́шн‖ий 1. spare [spɛə]; éxtra; odd; у вас есть ~ каранда́ш? have you a péncil to spare? 2. *(ненужный)* unnécessary; not wánted ◊ три с ~им киломе́тра до... three odd kílometres to (up to)...

лишь ónly ['əu-] ◊ ~ бы if ónly

лоб м fórehead ['fɔrıd, *амер.* 'fɔ:hed]

лови́ть catch; ~ ры́бу angle

ло́вкий adróit; smart

ло́вля ж: ры́бная ~ físhing

ло́дк‖а ж boat; мото́рная ~ mótor boat; ката́ться на ~e go bóating

ло́дочки *мн. (туфли)* pumps

ло́дочн‖ый: ~ая ста́нция bóating státion (club)

лоды́жка ж ánkle

ло́ж‖а ж box; места́ в ~e seats in a box

ложи́ться *см.* лечь

ло́жка ж spoon; десе́ртная ~ dessértspoon; столо́вая ~ táblespoon ['teıbl-]; ча́йная ~ téaspoon

ложь ж lie [laı]

ло́зунг м slógan; *(девиз)* mótto

ло́коть м élbow [-əu]

лом I м *(орудие)* crówbar [-əu-]

лом II м *собир.* scrap

лома́ть break [breɪk]

ло́мтик м slice; ~ хле́ба (лимо́на *и т. п.*) slice of bread (lémon ['le-], *etc*)

ло́пасть ж blade

лопа́та ж shóvel ['ʃʌvl], spade

лопа́тк‖а ж shóulder-blade ['ʃəu-]; положи́ть на ~и *спорт.* throw [-əu]

лососи́на ж, **ло́со́сь** м sálmon ['sæmən]

лось м elk, *амер. тж.* moose

лотере́я ж lóttery; ráffle

ло́цман м pílot

ло́шадь ж horse; бегова́я ~ rácehorse; верхова́я ~ sáddle horse

луг м méadow ['med-]

лу́жа ж púddle

лужа́йка м lawn

лук I м ónion ['ʌn-]; зелёный ~ green ónions *pl*, scállion ['skæ-]

лук II м *(оружие)* bow [bəu]; стрельба́ из ~a árchery

луна́ ж moon

лунохо́д м moon róver

лу́па ж mágnifying glass

луч м ray, beam

лу́чше bétter; здесь ~ ви́дно (слы́шно) you can see (hear [hɪə]) bétter from here; мне ~ I'm bétter now ◊ тем ~ all the bétter; ~ бы вы... you had bétter...; ~ не спо́рить с

ним it's bétter not to árgue with him; ~ всего́ best of all

лу́чш‖ий bétter; the best; в ~ем слу́чае at best; э́то ~ее представле́ние this is the best perfórmance; всего́ ~его! good-býe [gud-]!

лы́ж‖и *мн.* ski(s) [skiː(z)]; ходи́ть на ~ах ski, go skíing; во́дные ~ wáter ['wɔ-] ski(s)

лы́жни‖к м, ~ца ж skíer ['skiːə]

лы́жн‖ый ski [skiː]; ~ спорт Nórdic skíing; ~ая мазь ski wax

лыжня́ ж skí-track ['skiː-]

лы́сый bald

льго́та ж prívilege [prɪ-], advántage [-'vɑː]

льди́на ж block of ice; íce-floe

любе́зн‖ый kind, oblíging, políte; бу́дьте ~ы... be so kind as to...

люби́мец м pet; fávourite

люби́мый 1. dear [dɪə], loved [lʌ-], belóved [-'lʌ-]; *(предпочита́емый)* fávourite; ~ вид спо́рта (а́втор *и т. п.*) fávourite sport (áuthor, *etc*) **2.** м dárling

люби́тель м **1.** lóver ['lʌ-] (of); fan; ~ му́зыки músic-lover **2.** *(непрофессионал)* ámateur ['æmətə:]

люби́ть love [lʌv]; like; лю́бите ли вы му́зыку (спорт, та́нцы)? do you like músic (sports, dáncing)?

любова́ться admíre

любо́вь ж love [lʌv]; ~ к

ро́дине love for one's cóuntry ['kʌntrɪ]

любо́й ány ['enɪ]; ~ из нас ány (each) of us

любопы́т‖ный cúrious ['kjuərɪəs], inquísitive [-'kwɪzɪ-]; **~ство** с curiósity [ˌkjuərɪ'ɔsɪtɪ]

лю́ди мн. people ['piːpl]

лю́дн‖ый crówded; **~ая у́ли**ца crówded (búsy ['bɪzɪ]) street

люж м спорт. luge (см. тж. cа́нный спорт)

люк м hatch; (театра́льный) trap

люкс м de lúxe [də'lʌks, də'luks]

лю́лька ж cradle

лю́стра ж chandelíer [ˌʃændɪ'lɪə]

ля муз. A [eɪ]; ля мино́р A mínor

лягу́шка ж frog

M

мавзоле́й м mausoléum [ˌmɔːsə'lɪəm], tomb [tuːm]

магази́н м shop, амер. store; ~ гото́вого пла́тья réady--made ['re-] clothes shop; обувно́й ~ fóotwear shop; конди́терский ~ conféctionary (shop); продово́льственный ~ food stores; промтова́рный ~ drý-goods [-gudz] (shop); хозя́йственный ~ hárdware store; ювели́рный ~ jéweller's (shop)

магистра́ль ж híghway; же-

лезнодоро́жная ~ main line; водопрово́дная (га́зовая) ~ wáter ['wɔː-] (gas) main

магни́т м mágnet

магнитофо́н м tápe recórder; **~ный:** ~ная приста́вка tape deck

мажо́р м муз. májor (key [kiː]); га́мма до ~ C-májor scale

ма́зать 1. (нама́зывать) smear [smɪə], spread [-e-] (on); (ма́слом) bútter **2.** (сма́зывать) oil, lúbricate ['luː-]

мазь ж óintment; (жи́дкая) líniment ['lɪ-]; сапо́жная ~, ~ для о́буви blácking shoe [ʃuː] pólish ['pɔ-]

май м May

ма́йка ж jérsey, fóotball--shirt, амер. T-shirt ['tiː]; (без рукаво́в) athlétic [-'le-] shirt

майоне́з м mayonnáise [-'neɪz]

мак м póppy

макаро́ны мн. macaróni

маке́т м móck-up; (постро́ек, декора́ций) scale módel ['mɔ-]

ма́кси máxi ['mæ-]; пальто́ ~ máxi-coat

максима́льно as much as póssible, at most

мал: э́то пла́тье мне ~о́ this dress is too small for me

малахи́т м málachite ['mæ-]

мале́йш‖ий least; slíghtest; ни ~его сомне́ния not the slíghtest doubt

ма́ленький 1. líttle; small **2.** (незначи́тельный) slight **3.** м báby, child

мали́на ж ráspberry ['rɑːzb-]

мали́новка *ж* róbin ['rɔ-]

мали́нов‖ый 1. ráspberry ['rɑːzb-]; ~ое моро́женое ráspberry íce-cream 2. (*цвет*) crímson

ма́ло líttle (*с сущ. в ед.*); few (*с сущ. во мн.*); not much (*недостаточно*) not enóugh [ɪ'nʌf]; здесь ~ наро́ду there are few people [piːpl] here; э́того сли́шком ~ this is too líttle ◊ ~ того́ more óver, more than that

малогабари́тн‖ый small; ~ая кварти́ра small apártment

малолитра́жка *ж* (*малолитражный автомобиль*) míni-car ['mɪ-]; *амер.* cómpact (car)

ма́ло-пома́лу grádually ['græ-], líttle by líttle

малосо́льн‖ый: ~ые огурцы́ new píckles

малочи́сленный not númerous; scánty

ма́льчик *м* (líttle) boy

маля́р *м* (hóuse) páinter

маля́рия *ж* malária [-'lɛərɪə]

ма́ма *ж* múmmy, mámma, móther ['mʌðə]

мандари́н *м* mándarin; tangeríne [-'riːn]

манда́т *м* mándate; vote; credéntials

мандоли́на *ж* mándolin, mandolíne [-'liːn]

мане́ж *м* ríding-house; (*в цирке*) aréna; (*для ребёнка*) (pláy-)pen

мане́ра *ж* mánner; style; ~ исполне́ния style of perfórmance (execútion)

мане́ры *мн.* mánners; хоро́шие (плохи́е) ~ good [gud] (bad) mánners

манже́ты *мн.* cuffs

маникю́р *м* mánicure ['mæ-nɪ-]; де́лать ~ mánicure, do one's nails

маникю́рша *ж* mánicurist

манифе́ст *м* manifésto

манто́ *с* mántle; ópera-cloak

мануфакту́ра *ж* 1. téxtiles; drápery 2. *эк.* manufáctory

марафо́н *м см.* марафо́нский

марафо́нский: ~ бег *спорт.* Márathon (race)

ма́рган‖ец *м* manganése; ~цо́вка manganése solútion

маргари́н *м* margaríne [ˌmɑː-dʒə'riːn]

марина́д *м* 1. píckle; marináde 2. (*маринованный продукт*) píckles

маринова́ть píckle

марионе́т‖ка *ж* marionétte; púppet; теа́тр ~ок púppet-show [-ʃəu]

ма́рка *ж* 1. (*почтовая*) (póstage ['pəust-]) stamp 2. (*фабричная*) tráde mark 3. (*вина́, табака́*) brand

маркси́зм *м* Márxism

маркси́ст *м* Márxist

ма́рля *ж* gauze [gɔːz]

мармела́д *м* cándied fruit [fruːt], jélly

март *м* March

марш *м* march

маршру́т *м* route [ruːt]; itínerary [aɪ'tɪ-]; како́й у нас ~? what is our itínerary?

маршру́тн‖ый: ~ое такси́

fíxed-route [-ruːt] táxi; ~ поезд through [-uː] train

máска ж mask

маскара́д м fáncy-dress ball

маслёнка ж *(посуда)* bút-
ter-dish, bútter-plate

масли́на ж ólive ['ɔlɪv]

ма́сло с 1. *(коровье)* bútter;
(растительное) oil; сли́вочное
~ bútter; топлёное ~ boiled
bútter; подсо́лнечное ~ súnflower oil; прова́нское ~ ólive
oil; ро́зовое ~ áttar of róses 2.:
карти́на ~м oil páinting

ма́сса ж 1. mass 2. *(множество)* a lot of, plénty (of);
~ наро́ду a lot of people
[piːpl]

масса́ж м mássage [-ɑːʒ];
де́лать ~ mássage; ~и́ст м
mássagist, masséur [-'səː];
~и́стка ж masséuse [-'səːz]

ма́ссов‖ый mass(-); ~ая ор-
ганиза́ция organizátion with
mass mémbership

ма́стер м 1. *(на заводе)*
fóreman 2. *(знаток)* éxpert,
máster 3.: ~ спо́рта Máster of
Sports

мастерска́я ж wórkshop
['wəːk-]; *(художника)* átelier
['ætəliei], ártist's stúdio

мастерство́ с skill, mástery;
высо́кое (спорти́вное) ~ outstánding (spórting) profíciency
[-'fɪʃənsɪ]

масть ж *карт.* suit [sjuːt]; хо-
ди́ть в ~ fóllow suit

масшта́б м scale; в большо́м
~е on a large scale

мат м *шахм.* chéckmate;
mate; сде́лать ~ mate

матема́тик м mathematícian
[-'tɪʃn]

матема́тика ж mathemátics
[-'mæ-]; *разг.* math

материа́л м 1. matérial;
stuff 2. *(ткань)* cloth

материали́зм м matérialism

материалисти́ческий mate-
rialístic

матери́к м cóntinent; máinland

матери́нство с matérnity

мате́рия ж 1. *(ткань)* cloth,
matérial 2. *(в философии)*
súbstance, mátter

матра́ц м máttress

матро́с м sáilor

матч м *спорт.* match; то-
ва́рищеский ~ fríendly
['fren-] match

мать ж móther ['mʌðə]; ~-
-геро́иня ж Móther-Héroine;
~-одино́чка ж unmárried
móther

маха́ть, махну́ть wave;
(крыльями) flap; ~ руко́й
wave one's hand (to)

махро́в‖ый: ~ое полоте́нце
térry tówel

ма́чеха ж stépmother
[-mʌðə]

ма́чта ж mast

машбюро́ с týping pool

маши́на ж 1. machíne
[-'ʃiːn]; éngine; шве́йная ~
séwing-machíne; стира́льная
~ wáshing-machíne 2. *разг.*
(автомобиль) car, mótor-car;
грузова́я ~ lórry, *амер.* truck;
легкова́я ~ (pássenger) car

машини́ст м éngine-driver
['endʒɪn-]; enginéer [,endʒɪ'nɪə]

машини́стка ж týpist

маши́нка ж: пи́шущая ~ týpewriter

машиностроéние с mechánical [-'kæ-] enginéering; machíne-buílding [-'ʃiːn,bɪl-]; электро́нное ~ electrónics [-'trɔ-] (enginéering)

мая́к м líghthouse; (тж. перен.) béacon

ма́ятник м péndulum ['pendju-]

МБР (межконтинентальная баллистическая ракета) IBM [,aɪbiː'em]

МГУ (Моско́вский госуда́рственный университéт) Móscow (State) Univérsity

мéбель ж fúrniture; мя́гкая ~ uphólstered fúrniture

меблирова́ть fúrnish; меблиро́ванная (немеблиро́ванная) кварти́ра fúrnished (unfúrnished) apártment

мегафо́н м mégaphone ['megə-]

мёд м hóney ['hʌ-]

меда́ль ж médal ['me-]; (больша́я) золота́я ~ (big) gólden médal; серéбряная ~ sílver médal; бро́нзовая ~ bronze médal; вручи́ть ~ presént (give [gɪv]) a médal; получи́ть ~ get [get] a médal

медальо́н м lócket ['lɔkɪt], medállion

медвéдица м: Больша́я М. (созвездие) Úrsa Májor, the Dípper; Ма́лая М. Úrsa Mínor

медвéдь м bear [bɛə]; бéлый ~ pólar bear

мéдик м 1. médical ['me-] man 2. médical stúdent

медици́на ж médicine ['medsɪn]; médical ['me-] scíence ['saɪəns]

медици́нск‖ий: ~ институ́т médical ['me-] cóllege ['kɔlɪdʒ] (ínstitute); ~ая по́мощь médical aid; ~ое обслу́живание health [he-] sérvice

мéдленно slów(ly) ['sləu-]; говори́те мéдленнее, пожа́луйста speak slówer, please; don't speak so fast, please

медосмо́тр м médical ['me-] examinátion; пройти́ ~ have a médical examinátion

медпу́нкт м (медици́нский пункт) first-áid post

медсестра́ ж (медици́нская сестра́) (médical ['me-]) nurse

медь ж cópper

мéжду: ~ двумя́ и тремя́ (часа́ми) betwéen two and three (o'clóck); ~ дома́ми betwéen the hóuses ◊ ~ тем méanwhile, in the méantime; ~ тем как while

междугоро́дный: ~ разгово́р trúnk-call; амер. long-distance call

междунаро́дный internátional [-'næʃ-]; Междунаро́дный жéнский день Internátional Wómen's ['wɪmɪnz] Day; Междунаро́дный день защи́ты детéй Internátional Day in Defénce of Chíldren; Междунаро́дный день студéнтов Internátional Stúdents' Day

межконтинента́льный intercontinéntal

мел *м* chalk

мéлк‖ий 1. *(некрупный)* small; *перен.* pétty; ~ие яблоки (грýши) small apples (pears) **2.** *(неглубокий)* shállow [-әu]; ~ая рекá shállow ríver ['rɪ-]

мелóдия *ж* mélody ['me-], tune

мéлоч‖ь *ж* **1.** *(мелкие вещи)* small things; всякая ~ (all sorts of) odds and ends **2.** *(мелкие деньги)* change [ʧeɪndʒ]; у меня нет ~и I have no change **3.** *(пустяки)* trifle [-aɪ-]; это ~! that's trifle!

мель *ж* shoal, shállow [-әu]; *(песчаная)* sándbank; сесть на ~ run agrόund

мелькáть flash, gleam

мéльком in pássing; я егό видел ~ I caught a glimpse of him

мéльница *ж* mill

мемориáльн‖ый: ~ая доскá memόrial plaque [plɑːk]

мéнее less; не ~ двух (трёх, пяти) часόв (дней, недéль) not less than two (three, five) hόurs (days, weeks); всё ~ и ~ less and less ◊ тем не ~ neverthelέss

мéньше: этот зал (стадиόн) ~ this hall (stádium) is smáller; здесь ~ нарόду there are féwer people [piːpl] here; как мόжно ~ as little (few) as pόssible

мéньш‖ий smáller; по ~ей мéре at least

меньшинств‖ό *с* minόrity [maɪ'nɔ-]; оказáться в ~é

(при голосовании) be όutvoted

меню *с* ménu ['menjuː], bill of fare; дáйте ~ may I have the (ménu) card, please

меня: у ~ есть... I have..; у ~ нет... I have no...; для ~ for me

менять change [ʧeɪndʒ]; ~ мéсто change the place *(в театре:* seat); ~ дéньги change mόney ['mʌ-]

мéр‖а *ж в разн. знач.* méasure ['meʒә]; ~ы длины (вéса) méasures of length (weight [weɪt]); принять ~ы take méasures ◊ по ~е возмόжности as far as pόssible; по крáйней ~е at least; в извéстной ~е to a degrée, to a cértain extént

мерзлотá *ж:* вéчная ~ pérmafrost

мёрзнуть freeze; be chílly

мéрить 1. *(измерять)* méasure ['meʒә]; ~ температýру take the témperature **2.** *(примерять)* try on

мéрк‖а *ж* méasure ['meʒә]; снимáть ~у *(с кого-л.)* take *(smb's)* méasure; по ~е made to méasure

мероприятие *с* méasure ['meʒә], arrángement

мёртвый dead [ded]

мести sweep

мéстничество *с* localístic téndencies; paróchialism

мéстность *ж* locálity [-'kæ-]; place; дáчная ~ cόuntry ['kʌ-] place; горúстая ~ hílly place; mόuntainous région

местный **416**

ме́стн‖**ый** lócal; по ~ому вре́мени lócal time

ме́ст‖**о** с **1.** place; spot; за-ня́ть пе́рвое ~ be placed first, win the chámpionship **2.** *(свободное пространство)* room, space **3.** *(должность)* job **4.** *(в театре и т. п.)* seat; *(спальное)* berth; ве́рхнее (ни́жнее) ~ úpper (lówer) berth; свобо́дное ~ vácant seat; все ~á за́няты all the seats are óccupied; уступи́ть ~ give [gɪv] up one's seat to sómebody ['sʌm-] **5.** *(местность)* place, locálity [-'kælɪ-]; в э́том ~е я ещё не́ был I haven't been to this place yet **6.** *(багажное)* piece, thing

местожи́тельство с (place of) résidence ['rez-]

местонахожде́ние с locátion, the whéreabouts

местоположе́ние с posítion, locátion, situátion; краси́вое ~ béautiful ['bju:-] site

местопребыва́ние с résidence ['rez-]; the whéreabouts

месть ж véngeance ['vendʒəns]; revénge; кро́вная ~ vendétta

ме́сяц м **1.** *(часть года)* month [mʌnθ]; ~ тому́ наза́д a month agó; про́шлый (бу́дущий) ~ last (next) month **2.** *(луна)* moon; молодо́й ~ new moon

ме́сячник м a month [mʌnθ] (of); ~ а́нгло-сове́тской дру́жбы a month of Ánglo-Sóviet fríendship ['frend-]

ме́сячный mónthly ['mʌ-]; ~

за́работок (окла́д) mónthly pay (sálary) (básic wage)

мета́лл м métal ['me-]; ~и́ст м métal-worker ['metlwə:-]

металли́ческий metállic [-'tæ-], métal ['me-]

металлоло́м м scrap métal ['me-]

металлу́рг м metállurgist [me-]; stéel-worker [-wə:kə]

металлурги́ческий: ~ заво́д métal ['me-] (íron and steel) works [wəks]

металлу́рги́я ж metállurgy [me-]; чёрная ~ férrous métal ['me-] índustry, íron ['aɪən] and steel índustry; цветна́я ~ non-férrous métal índustry

мете́ль ж snów-storm ['snəu-]

метеоро́лог м meteorólogist

метеорологи́ческ‖**ий:** ~ая сво́дка wéather-repórt ['weðə-]; ~ая ста́нция meteorológic(al) státion, wéather-station

метеороло́гия ж meteorólogy

ме́тка ж mark

ме́ткий wéll-áimed; *перен.* тж. póinted; *(о стрельбе)* áccurate ['ækju-]

метла́ ж broom

ме́тод м méthod ['meθəd]

метр м métre ['mi:tə]

метрдоте́ль м maitre d'[ˌmetrə'di:]; head [hed] wáiter

ме́трика ж bírth-certíficate [-'tɪf-]

метро́ с, **метрополите́н** м únderground (ráilway); *амер.* súbway; *разг.* tube *(в Лондоне)*; *(в Москве)* the Métro

мех *м* 1. fur; на ~ý fúr-lined 2. *мн.* fúrriery ['fʌr-], furs

механиза́тор *м* dríver-mechánic [-'kæ-]; machíne [-'ʃiːn] óperator ['ɔ-]

механи́зм *м* méchanism ['mek-]; gear [gɪə]; machínery

меха́ник *м* mechánic [mɪ-'kæ-], enginéer [-'nɪə]

меха́ника *ж* mechánics [mɪ'kæ-]

меховóй fur; ~ воротни́к fur-cóllar

меховщи́к *м* fúrrier ['fʌr-]

ме́ццо-сопра́но *с* mézzo-sopráno [-dzəʊsəˈprɑː-]

меч *м* sword [sɔːd] ◊ перекова́ть мечи́ на ора́ла beat the swords into plóughshares ['plauʃɛəz]

мечéть *ж* mosque [mɔsk]

мечта́ *ж* dream

мечта́ть dream

меша́ть I *(размешивать)* stir; *(смешивать)* mix

меша́ть II 1. *(препятствовать)* prevént (from), hínder, hámper 2. *(беспокоить)* distúrb; не меша́ло бы... it wouldn't be bad...

мешóк *м* sack, bag

мещани́н *м* 1. *эк.* pétty bóurgeois ['buəʒwɑː]; míddle-class pérson 2. *(обыватель)* Phílistine ['fɪlɪstaɪn]

ми *с муз.* E [iː]

миг *м* ínstant; в оди́н ~ in no time ◊ ~ом in a jíffy

мига́ть *см.* мигну́ть

мигну́ть 1. *(глазом)* blink 2. *(мерцать)* twinkle

ми́ди mídi ['mɪ-]; пла́тье ~ mídi-dress

мизи́нец *м (на руке)* little fínger; *(на ноге)* little toe [təu]

микроавто́бус *м* mínibus ['mɪ-]

микрорайóн *м* (úrban, residéntial) commúnity; residéntial cómplex; строи́тельство нóвого ~a hóusing devélopment próject

микрофóн *м* mícrophone ['maɪ-]; *разг.* mike

миксту́ра *ж* míxture

милиционéр *м* milítiaman [-'lɪʃə-]; постовóй ~ *(регулировщик)* tráffic milítiaman

мили́ция *ж* milítia [-'lɪʃə]

миллиа́рд *м* mílliard; *амер.* bíllion

миллиóн *м* míllion

милосéрдие *с* mércy, chárity ['tʃæ-]

ми́лост‖**ь** *ж* fávour; ~и прóсим! wélcome!

ми́лый 1. nice, sweet 2. *м (в обращении)* dear [dɪə], dárling

ми́ля *ж* mile

мим *м* mime

ми́мика *ж* mímicry ['mɪ-]

ми́мо by, past; пройти́ (проéхать) ~ pass by; ~! miss(ed)!

мимохóдом in pássing; заéхать ~ drop in when pássing by (on one's way)

минда́ль *м* 1. *(дерево)* álmond-tree ['ɑːmənd-] 2. *(плоды)* álmonds ['ɑːməndz]

минера́л *м* míneral ['mɪnərəl]

минерало́гия *ж* minerálogy [ˌmɪnəˈrælədʒɪ]

ми́ни míni ['mɪ-]; ю́бка ~ míni-skirt

миниатю́ра ж míniature

министе́рство с mínistry ['mɪnɪstrɪ]; board; *амер.* depártment; М. здравоохране́ния Mínistry of Públic Health; *(в Великобритании и США)* Depártment of Health; М. иностра́нных дел Mínistry of Fóreign ['fɔrɪn] Afáirs; *(в США)* State Depártment; М. иностра́нных дел и по дела́м Содру́жества *(в Великобритании)* Fóreign and Cómmonwealth Óffice; М. культу́ры Mínistry of Cúlture; М. торго́вли Mínistry of Trade; *(в Великобритании и США)* Depártment of Trade; М. просвеще́ния Mínistry of Educátion *(тж. в Великобритании)*; *(в США)* Depártment of Educátion; М. социа́льного обеспе́чения Mínistry of Sócial Wélfare; М. фина́нсов Mínistry of Fináance; *(в Великобритании и США)* Tréasury ['treʒərɪ]

мини́стр м mínister ['mɪnɪstə]; sécretary

минова́ть 1. *(проехать)* pass; мы минова́ли ... we passed... 2. *(избежать)* escápe 3. *(пройти)* be óver; ле́то минова́ло the súmmer is óver

мино́р м *муз.* mínor key [kiː]; ми ~ E [iː] mínor

ми́нус м 1. *мат.* mínus 2. *(температура)* ~ 20 гра́дусов 20 belów (zéro) céntigrade 3. *(недостаток)* dráwback

мину́т‖а ж mínute ['mɪnɪt]; без двадцати́ мину́т четы́ре twénty to four; де́сять мину́т пя́того ten past four; сию́ ~у just a mínute; мину́т че́рез пять in abóut five mínutes

мир I м world [wəld]; во всём ~e throughóut the world, all óver the world

мир II м peace; защи́та (де́ла) ми́ра defénce of peace; ~ во всём ~e univérsal peace; борьба́ за ~ work [wək] (struggle) for peace

ми́рн‖ый peace; péaceful; péaceable; péace-time; ~ догово́р peace tréaty; ~ая поли́тика (инициати́ва) peace pólicy (inítiative [-'nɪʃ-]); ~ое урегули́рование (спо́ров) péaceful séttlement (of dísputes)

мировоззре́ние с óutlook; creed

мирово́й world(-) [wəld]

миролюби́в‖ый péace-loving [-ˌlʌv-]; ~ые наро́ды péace-lóving nátions

ми́ска ж bowl [bəul]; básin ['beɪsn]

ми́ссия ж 1. míssion; ~ дру́жбы míssion of fríendship ['frend-] 2. *дип.* legátion, míssion

ми́тинг м méeting; *(массовый)* rálly ['ræ-]

митрополи́т м metropólitan

мише́нь ж tárget ['tɑːgɪt]

младе́нец м ínfant; báby

мла́дш‖ий 1. *(по возрасту)* yóunger ['jʌŋ-]; са́мый ~ the yóungest; ~ая сестра́ yóunger síster; он мла́дше меня́ he is my júnior [ˈdʒuː-] **2.** *(по положению)* júnior; ~ научный сотрудник júnior reséarch assístant

млечный: М. Путь the Mílky Way, the Gálaxy [ˈgæ-]

мне me, for me, to me; ~ жáрко (хóлодно) I'm hot (cold); дáйте ~ ... please, give [gɪv] me...; это ~? is this for me?; это принадлежит ~ it belóngs to me

мнён‖ие c opínion [əˈpɪnjən]; обмéниваться ~иями exchánge opínions, discúss; по моемý ~ию in my opínion, to my mind

мнóгие mány [ˈmenɪ]; ~ из нас mány of us

мнóго much *(с сущ. в ед.)*; mány [ˈmenɪ] *(с сущ. во мн.)*; plénty (of); a lot of; здесь ~ нарóду there are plénty of people [piːpl] here; этого (слишком) ~ it's (too) much; ~ вещéй mány things

многодéтн‖ый: ~ая мать móther [ˈmʌðə] of mány [ˈmenɪ] children

многокрáтный repéated; ~ чемпиóн (мира) mány [ˈmenɪ] times (world [wɜːld]) chámpion

многолéтний 1. of mány [ˈmenɪ] years; of long stánding **2.** *бот.* perénnial

многоотраслев‖óй: ~áя эконóмика divérsified [daɪˈvɜ-] ecónomy [-ˈkɔ-]

многотирáжка ж fáctory [ˈfæ-] (cóllege [ˈkɔ-], *etc*) néwspaper [ˈnjus-]

многоуважáемый dear [dɪə]

многочисленный númerous

мнóжество c múltitude

мной, мнóю by (with) me; вы пойдёте со мной в теáтр? will you go to the théatre [ˈθɪə-] with me? это мнóю провéрено I've checked it up

могила ж grave; брáтская ~ cómmon grave; ~ Неизвéстного солдáта the tomb [tuːm] of the Unknówn [-ˈəun] Sóldier [-dʒə]

могучий mighty, pówerful

могущество c might, pówer

мóд‖а ж fáshion, vogue [vəug]; быть в ~е be in fáshion (vogue); входить в ~у come [kʌm] ínto [ˈɪntu] fáshion; выходить из ~ы go out of fáshion

модéл‖ь ж módel [ˈmɔdl]; дом ~ей fáshion house; выставка ~ей fáshion show

модельéр м (dress) desígner [-ˈzaɪnə]

мóдный fáshionable; ~ костюм stýlish suit (dress)

мóжет быть perháps, máybe; я, ~, пойдý perháps I'll go

мóжно one can; *(разрешено)* one may; ~ войти (взять)? may I come [kʌm] in (have it)?; здесь ~ курить? is smóking allówed here?; éсли ~ if póssible; как ~ скорéе as soon as póssible

мозáика ж mosáic

мозг м brain; *(костный)* márrow [-əu]

мозóль ж corn; *(волдырь)* blíster

мой my; mine; да́йте ~ чемода́н, пожа́луйста please, give [gıv] me my su̇itcase; э́то моя́ кни́га it's my book; моё ме́сто здесь my place is here

мо́йка ж 1. sink 2. *авто* car wash

мо́крый wet

мол м pier [pıə], bre̍akwater ['breıkwɔ:-]

молдава́н‖ин м, ~ка ж Moldávian

молда́вский Moldávian; ~ язы́к Moldávian, the Moldávian lánguage

моли́тва ж práyer

моли́ться pray

мо́лни‖я ж 1. lightning; сверка́ет ~ the lightning is flashing 2. *(застёжка)* zípper; ку́ртка с ~ей jácket with a zípper

молодёжный youth [ju:θ]; ~ анса́мбль youth ensémble (group [-u:-])

молодёжь ж youth [ju:θ], young [jʌŋ] people [pi:pl]; уча́щаяся ~ stúdents; рабо́чая ~ young wórkers ['wɜ:-]; демократи́ческая ~ democrátic youth

молодо́й young [jʌŋ]; ~ челове́к young man

мо́лодость ж youth [ju:θ]

молоко́ с milk; сыро́е ~ new (raw) milk; кипячёное ~ boiled milk; сгущённое ~ condénsed milk

мо́лот м hámmer; серп и ~ hámmer and sickle

молоти́лка ж thréshing machíne [-'ʃi:n]

молоти́ть thresh

молото́к м hámmer

моло́чник м *(посуда)* créamer

моло́чн‖ый milk; ~ые проду́кты da̍iry próducts

молчали́вый táciturn ['tæsıtən]; qui̇et ['kwaıət], si̍lent

молча́ние с si̍lence; храни́ть ~ keep si̍lent; нару́шить ~ break [breık] the si̍lence

молча́ть be (keep) si̍lent

моль ж moth

мольбе́рт м éasel

моме́нт м móment; i̍nstant; в оди́н ~ in a móment; в э́тот (са́мый) ~ at that (véry ['ve-]) móment

монасты́рь м *(мужской)* mónastery ['mɔ-]; *(женский)* nu̍nnery

мона́х м monk [mʌŋk]

мона́хиня ж nun

моне́та ж coin

моноло́г м mónologue ['mɔnəlɒg]

монопо́лия ж monópoly [-'nɔpəlı]

моноре́льс м mónorail ['mɔ-]; ~овый: ~овая доро́га mónorail

монпасье́ с fruit [fru:t] drops *pl*

монта́ж м 1. assémbling, móunting 2. *кино* cútting; éditing ['e-]; ~ный: ~ный сто́лик *кино* éditor ['e-]

монтёр м electrícian [-'trıʃn]

монти́ровать assémble, fit, mount

монуме́нт м mónument ['mɔn-], memórial [mı'mɔːrı-]

монумента́льный monuméntal [ˌmɔ-]

мопе́д м mótorbike

мора́ль ж mórals [ˈmɔrəlz] pl

мо́ре с sea

морепла́вание с navigátion, séa-faring .

морж м 1. wálrus [ˈwɔ-] 2. (любитель зимнего плавания) wínter báther

морко́вь ж cárrot

моро́жен‖ое с íce-créam; ~ с ва́флями íce-créam sándwich; по́рция ~ого an íce-créam; сли́вочное ~ íce-créam; ~ в ва́фельном стака́нчике íce-créam cone

моро́з м frost; 10° ~a ten degrées belów zéro

мороси́ть drizzle; дождь мороси́т it's drízzling

морс м fruit [fruːt] drink

морск‖о́й sea(-); nával; ~а́я боле́знь séa-sickness

моря́к м séaman, sáilor

москви́ч м, ~ка ж Múscovite

моско́вский Móscow

Моссове́т м (Моско́вский Сове́т наро́дных депута́тов) Móscow Cíty Sóviet (Cóuncil)

мост м bridge; железнодоро́жный ~ ráilway bridge; возду́шный ~ áirlift [ˈɛə-]

мостки́ мн. gángway plank

мостова́я ж róad(way)

моти́в м 1. (песни и т. п.) tune; на ~ ... to the tune of... 2. (побуждение) cause [kɔːz], mótive, ground

мотивиро́вка ж réason, motivátion

мотого́нки мн. spéedway races, mótorcycle [-saɪkl] races

мотокро́сс м mótocross

мото́р м éngine; mótor

мото́рка ж mótorboat

моторо́ллер м (mótor)scóoter

мотоци́кл(ет) м mótorcycle [-ˌsaɪkl], mótorbike

мотоцикли́ст м mótorcyclist [-ˌsaɪk-]

мотошле́м м crásh-helmet

моча́лка ж bást wisp

мочь be able to; могу́ ли я пойти́? may I go?; могу́ ли я попроси́ть вас (помо́чь вам)? may I ask you (help you)?; вы мо́жете подожда́ть? can you wait?; я могу́ I can; я не могу́ I can't

мо́щность ж pówer; míghtiness; тех. capácity [-ˈpæ-]; (в лошадиных силах) horse-power

мо́щный pówerful, mighty

мощь ж might

мра́мор м marble

мра́морн‖ый marble; ~ая ста́туя marble státue [ˈstæ-]

мра́чный glóomy; sómbre; (угрюмый) dísmal [-z-], dréary [ˈdrɪə-]

мудре́ц м sage; wise man

му́дрый wise

муж м húsband [ˈhʌzbənd]

му́жество с cóurage [ˈkʌ-], fórtitude; прояви́ть ~ show [ʃəu] cóurage

мужск‖о́й: ~ зал (в парикмахерской) men's háirdresser's, амер. bárber's; ~а́я ко́мната men's room

мужчи́на *м* man (*мн.* men)

музе́й *м* muséum [mju:'zɪəm]

музе́й-уса́дьба *м* (Nátional ['næʃ-]) Histório Estáte (Site); memórial estáte

му́зыка *ж* músic

музыка́льн‖ый músic; músical; ~ая шко́ла músic school [sku:l]

музыка́нт *м* musícian [-'zɪʃn]

му́ка *ж* tórment

мука́ *ж* flóur ['flauə]

мультфи́льм *м* (*мультипликацио́нный фильм*) (ánimated ['æ-]) cartóon(s)

муниципалите́т *м* municipál‖ity [-'pæ-]

му́скул *м* muscle [mʌsl]

му́сор *м* rúbbish, *амер.* gárbage

мусоропрово́д *м* dúst-line, rúbbish chute, *амер.* incínerator

мусульма́н‖ин *м*, ~ка *ж* Múslim; ~ский Múslim, Móslem; ~ство *с* Íslam ['ɪzlɑ:m]

му́ха *ж* fly

му́чить tormént, tórture

мча́ться rush alóng, speed alóng, tear [tɛə] alóng; ~ во весь опо́р rush at full speed

мще́ние *с* véngeance [-dʒəns], revénge

мы we; мы гото́вы we're réady ['re-]; мы вас ждём we're wáiting for you

мы́лить soap; láther ['lɑ:ðə]

мы́ло *с* soap; туале́тное ~ tóilet soap

мы́льница *ж* sóap-box

мыс *м* cape

мысль *ж* thought [θɔ:t],

idéa [aɪ'dɪə]; э́то хоро́шая ~ it's a good [gud] idéa

мыть wash; ~ ру́ки (лицо́) wash one's hands (face); ~ся wash onesélf; ~ся в ва́нне (под ду́шем) take a bath [bɑ:θ] (a shówer)

мы́шца *ж* muscle [mʌsl]

мышь *ж* mouse (*мн.* mice)

мя́гк‖ий soft, *перен.* mild, gentle; ~ое кре́сло éasy chair; ~ая вода́ soft wáter ['wɔ:-]; ~ая поса́дка soft (gentle) lánding

мясно́й meat; ~ суп meat soup

мя́со *с* flesh; (*как еда*) meat; варёное (жа́реное) ~ boiled (roast) meat

мясокомбина́т *м* meat and sáusage ['sɔs-] fáctory, meat-pácking fáctory

мясору́бка *ж* míncing-machíne [-'ʃi:n]; *амер.* (meat) grínder [-aɪ-]

мя́тый rúmpled

мяч *м* ball; пропусти́ть ~ miss the ball

Н

на 1. (*сверху; тж. указывает на местоположение*) on; на столе́ on the table [teɪbl]; на афи́ше on the pláybill; на реке́ on the ríver ['rɪ-] 2. (*указывает на местопребывание*) in; at; на ю́ге in the south; на како́й у́лице вы живёте? what street do you live [lɪv] in?; я живу́ на... у́лице I live in... street; я был на стадио́не (на конце́рте) I was at the stádium (at a cóncert) **3.** *(куда)* to; *(в направлении)* towárds; на восто́к to the east; я иду́ на конце́рт (на стадио́н) I go to the cóncert (to the stádium) **4.** *(при обозначении способа передвижения)* by; in; е́хать на авто́бусе go by bus; пое́дем на такси́ (на метро́) let's take the táxi ['tæksı] (the métro) **5.** *(во время, в течение)* dúring ['djuə-]; *(при обозначении года)* in; *(при обозначении дня)* on; на кани́кулах dúring the vacátion; на сле́дующий день on the next day, next day; на бу́дущей неде́ле next week **6.** *(при обозначении срока)* for; я прие́хал на две неде́ли I've come [kʌm] for two weeks; *(назна́чить)* на три часа́ (на за́втра) (fix) for three o'clóck (for tomórrow [-əu]) **7.:** на двух челове́к for two; на за́втрак (обе́д; у́жин) for bréakfast ['bre-] (lunch, dínner *or* súpper)

на́бережная ж embánkment, quay [ki:, keı]

набира́ть *см.* набра́ть

наблюда́тель м obsérver [-'zɜ:və]

наблюда́тельный 1. observátion [-zɜ:-]; ~ пункт observátion post **2.** *(внимательный)* obsérvant [-'zɜ:-]

наблюда́ть 1. watch; obsérve [-'zɜ:v]; ~ за пловца́ми watch the swímmers **2.** *(над-*

зира́ть) look áfter ['ɑ:ftə]; súpervise

наблюде́н‖ие с **1.** observátion [-zɜ:-]; по мои́м ~иям as I could nótice **2.** *(надзор)* supervísion [-'vıʒn]; под ~ием únder the supervísion of

набо́р м **1.** *(приём)* admíssion **2.** *(комплект)* set; *(деталей)* kit; шокола́дный ~ box of chócolates; ~ карандаше́й box of péncils; ~ «сде́лай сам» dó-it-yoursélf kit

набра́ть 1. gáther ['gæðə]; colléct **2.** *(вербовать)* recrúit [-'kru:t] ◊ набери́те но́мер díal (the númber)

набро́сок м sketch

наве́рное 1. *(несомненно)* for cértain **2.** *(вероятно)* próbably ['prɔ-], líkely; он, ~, придёт (опозда́ет) he is líkely to come [kʌm] (to be late)

наве́рх up; úpwards ['ʌpwədz]; поднима́ться ~ go upstáirs

наверху́ abóve [ə'bʌv]; *(на верхнем этаже)* úpstairs; я живу́ ~ I live upstáirs

наве́с м shed; *(парусиновый)* áwning

навести́ *(направить)* diréct; point; ~ бино́кль на *театр.* aim one's ópera-glasses at ◊ ~ спра́вки make inquíries

навести́ть, навеща́ть vísit ['vızıt], call on, go to see

на́взничь báckwards [-dz]; упа́сть ~ fall on one's back

наводи́ть *см.* навести́

наводне́ние с flood [-ʌ-]

наво́з м manúre [-'njuə]

на́волочка ж píllow-case [-эu-]

навсегда́ for éver ['evə], for good [gud.]

навстре́чу towárds [tə-'wɔːdz]; вы́йти (вы́ехать) ~ go to meet; пойти́ ~ *перен.* meet smb half-wáy

на́глость ж ímpudence

на́глухо: ~ забить дверь náil up the door; ~ застегну́ться do up all one's búttons

нагля́дн‖ый clear [-iэ]; gráphic ['græ-]; óbvious ['ɔbviэs]; ~ые посо́бия vísual aids

наго́й náked [-kid], nude

на́голо: постри́чься ~ have one's head shaved

нагота́ ж núdity, nákedness [-kidnis]

нагото́ве ready ['re-]; быть ~ stand by, be ready to act

награ́да ж rewárd; prize; в ~у in rewárd; прави́тельственная ~ góvernment ['gʌv-] decorátion (awárd)

награди́ть, награжда́ть rewárd; awárd; décorate ['dekə-]; награди́ть о́рденом (меда́лью, значко́м) awárd an órder (médal, badge)

нагру́зка ж load; ~ на ось *авто* axle load; преподава́тельская ~ téaching load; по́лная (непо́лная) нагру́зка fúll-time (párt-time) job

над óver, abóve [ə'bʌv]; ~ реко́й abóve the ríver ['ri-]; ...ме́тров ~ у́ровнем мо́ря ...métres abóve the sea lével; ~ чем он рабо́тает? what is he wórking ['wэːk-] at?

надба́вка ж эк. bónus; ~ за вы́слугу лет lóng-sérvice bónus

надво́дн‖ый abóve-wáter [ə'bʌv,wɔːtə]; ~ая часть су́дна dead works [wэːks], úpper works

надева́ть *см.* наде́ть

наде́жда ж hope

надёжный relíable; trústworthy

наде́ть put [put] on

наде́яться hope; я наде́юсь, что... I hope...; я наде́юсь уви́деть вас (с ва́ми уви́деться) (I) hope to see you agáin

на дня́х *(о бу́дущем)* one of these days, some [sʌm] of these days, in a day or two; *(о про́шлом)* the óther day; a day or two agó

на́до it's nécessary; one must; мне ~ уе́хать I must go awáy; нам ~ идти́ we must be góing

надоеда́ть, надое́сть bore; *(беспоко́ить)* bóther ['bɔðə], trouble [trʌbl]; мне э́то о́чень надое́ло! I'm sick and tíred of it!

надо́й м: ~ молока́ milk yield

надо́лго for a long time; вы ~ прие́хали? have you come [kʌm] for a long time?; how long will you stay here?

на́дпись ж inscríption

надува́ть *см.* наду́ть

надувн‖о́й: ~а́я ло́дка infláttable (rúbber) boat; ~а́я поду́шка áir-cushion

наду́ть: ~ ка́меру pump up a tire; ~ мяч blow [bləu] up a ball

наедине́ alóne; in prívate

нае́здни‖к *м* hórseman; цирково́й ~ círcus ríder; **~ца** *ж* hórsewoman [-wu-]; equéstrian

наёмник *м* mércenary, híreling; *(солдат тж.)* sóldier ['səuldʒə] of fórtune [-ʧən]

наёмный: ~ труд wage lábour; ~ уби́йца híred assásin [-'sæ-]

нае́хать *авто (ударить)* run ínto; *(сбить)* run óver

нажа́ть press (on); push [puʃ]; нажми́те кно́пку press the bútton

нажи́м *м* préssure

нажима́ть *см.* нажа́ть

наза́д báck(wards); ...тому́ ~ ...agó; пройдёмте ~ let's go back a little; сдви́ньте маши́ну ~, пожа́луйста *авто* back your car up, please

назва́ние *с* name; *(книги)* títle [-aɪ-]

назва́ть call, name; назови́те мне... tell me the name(s)...

назнача́ть *см.* назна́чить

назначе́н‖ие *с* 1. appóintment 2. *(цель)* púrpose ◇ ме́сто ~ия destinátion

назна́чить 1. *(на должность и т. п.)* appóint 2. *(устанавливать)* fix; назна́чьте день... fix the date...

называ́ть *см.* назва́ть

называ́ться be called; как называ́ется э́та у́лица (пло́щадь)? what's the name of this street (square)?

наи́вный naíve [nɑː'iːv]; *(бесхитростный)* ingénuous

наизна́нку: вы́вернуть (на-

де́ть) ~ turn (put [put]) smth insíde out

наизу́сть by heart [hɑːt]

наилегча́йш‖ий *спорт.*: ~ая весова́я катего́рия flýweight [-weɪt] *(бокс, тяжёлая атле́тика, борьба́)*; пе́рвая ~ая весова́я катего́рия light flýweight *(бокс)*; páper weight *(борьба́)*

наименова́ние *с* name, denominátion

на́искось slánting, oblíquely [ə'bliːklɪ]

найти́ find [faɪnd]; я не нашёл... I couldn't find...; как мне ~..? how can I find..?

нака́з *м*: ~ы избира́телей eléctors' mándates

наказа́‖ние *с* púnishment ['pʌ-]; *спорт.* pénalty ['pe-]; **~ть** púnish ['pʌ-]

нака́зывать *см.* наказа́ть

накану́не the day befóre; *(перед каким-л. событием)* on the eve (of); ~ ве́чером the prévious night

нака́пать drop, pour [pɔː] out; ~ лека́рства pour out some [sʌm] médicine ['medsɪn]

нака́т *м авто* cóasting; дви́гаться ~ом coast

накача́ть, нака́чивать pump up; ~ ши́ну *авто* inflate a tyre

наки́дка *ж* cape; *(длинная)* cloak

накле́йка *ж (ярлык)* lábel

наклони́ть bend, bow; **~ся** bend óver

наклоня́ть(ся) *см.* наклони́ть(ся)

наконе́ц at last, fínally; ~-то! at last!

наконе́чник м point, tip

накорми́ть feed

накрыва́ть, накры́ть cóver ['kʌ-]; ~ на стол lay the table [teɪbl]

нала́дить, нала́живать arránge [ə'reɪndʒ]; put [put] smth right; ~ отноше́ния set up good [gud] relátions; estáblish cóntact; (после ссоры) patch up a quárrel

нале́во to (on) the left; пройди́те (сверни́те) ~ pass (turn) to the left; ~ от вас on your left

налегке́ 1. (без багажа) with no lúggage, unencúmbered **2.** (в лёгком костюме) líghtly clad

налёт м: ~ авиа́ции air raid

налива́ть см. нали́ть

нали́вка ж liquéur [-'kjuə]

нали́ть pour [pɔː] out; нале́йте мне воды́ (ча́я, ко́фе, вина́) pour me out some [sʌm] wáter ['wɔː-] (tea, cófee, wine)

налицо́: быть ~ (о человеке) be présent; (о предмете) be aváilable; все ~ éverybody ['evrɪ-] is présent (here)

нали́чные мн. (деньги) cash, ready ['re-] móney ['mʌ-]

нало́г м tax

нало́женн‖ый: ~ым платежо́м cash on delívery (сокр. c.o.d.)

нам us, to us; где ~ выходи́ть? where must we get [get] off?; да́йте ~ 2 биле́та (э́ту кни́гу) we want two tíckets (this book)

намёк м hint

намека́ть, намекну́ть hint (at)

намерева́ться inténd; что вы намерева́етесь де́лать? what do you inténd to do?; я намерева́юсь пойти́ в теа́тр (в музе́й, на вы́ставку) I inténd to go to the théatre ['θɪə-] (to the muséum [mjuː'zɪəm], to the exhibítion [ˌeksɪ'bɪ-])

наме́рен: что вы ~ы де́лать? what are you góing to do?; я ~... I am góing to...

наме́тить, намеча́ть 1. (кандидатов) propóse for nominátion **2.** (план) óutline

на́ми (by, with) us; пойдёмте с ~ come [kʌm] with us

намота́ть wind [waɪnd] (round); reel (on); эл. coil (round)

нанести́: ~ визи́т pay a vísit; ~ пораже́ние deféat; ~ уда́р deal (strike) a blow [bləu]

на́ново разг. anéw

наноси́ть см. нанести́

наоборо́т 1. on the cóntrary; совсе́м ~ quite the cóntrary **2.** (не так, как следует) the óther way round

наотре́з: отказа́ться ~ refúse point-blánk

напада́ть см. напа́сть

напада́ющий спорт. **1.** м fórward **2.** attácking

нападе́ние с **1.** attáck (тж. спорт.) **2.** (часть команды в футболе) fórwards pl

напа́рни‖к м, ~ца ж wórkmate

напа́сть attáck *(тж. спорт.)*; *(в боксе тж.)* rush, fight

напёрсток *м* thimble

напеча́тать print; *(на машинке)* type

написа́ть 1. write; напиши́те мне write to me; напиши́те печа́тными бу́квами please, print; я вам напишу́ you will hear [hɪə] from me **2.** *(картину)* páint **3.** *(музыкальное произведение)* compóse

напи́т‖ок *м* drink, béverage ['be-]; спиртны́е ~ки alcohólic béverages; líquor; прохлади́тельные ~ки soft drinks

напи́ться 1. *(утолить жажду)* drink, quench one's thirst **2.** *(опьянеть)* get [get] drunk

наплы́в *м*: ~ зри́телей (посети́телей) flow of spectátors (vísitors ['vɪz-])

напо́лнить, наполня́ть fill; ~ бока́лы fill the glásses

напомина́ть, напо́мнить remínd (of); напо́мните мне... remínd me...

напра́вить diréct; send; меня́ напра́вили к вам I was sent to you; ~ся go, be bound for; куда́ мы напра́вимся? where shall we go?

направле́н‖ие *с* diréction; в како́м ~ии..? in what diréction..?; в ~ии... towards...

направля́ть(ся) *см.* напра́вить(ся)

напра́во to (on) the right; пройди́те (сверни́те) ~ pass (turn) to the right; ~ от вас on your right

напра́сно in vain; for nó-

thing ['nʌθ-]; вы ~ беспоко́итесь you don't have to wórry ['wʌ-]

наприме́р for exámple [ɪɡ'zɑːmpl], for ínstance; вот, ~... let's take for ínstance...

напрока́т *(см. тж. прока́т)* *(о предлагаемых вещах)* for hire, for rent; *(о взятых вещах)* on hire, híred; réntal; ло́дка, взя́тая ~ a híred boat; взять ~ hire, rent

напро́тив ópposite; я живу́ ~ I live [lɪv] in the house acróss the street ◊ совсе́м ~ quite the cóntrary

напряга́ть strain; ~ (все) си́лы (зре́ние) to strain évery nerve (one's sight)

напряжён‖ие *с* **1.** *(усилие)* strain; éffort; ténsion; с больши́м ~ием strénuously ['stre-] **2.** vóltage; ли́ния высо́кого ~ия high ténsion line

напряжённо‖сть *ж* strain, ténsion; разря́дка междунаро́дной ~сти détente ['deɪtɑːnt], relaxátion of internátional [-'næʃ-] ténsion(s)

напря́чь *см.* напряга́ть

наравне́ on a par (with); on an équal fóoting; *(подобно)* just as, like

нарасхва́т: раскупа́ться ~ sell like hot cakes; э́та кни́га идёт ~ this book sells like hot cakes (is in great demánd)

нарва́ть I *(цветов и т. п.)* pick, pluck

нарва́ть II *см.* нарыва́ть

наре́чие *с* díalect ['daɪə-]; ме́стное ~ lócal díalect

нарза́н *м* Narzán míneral ['mı-] wáter ['wɔː-]

нарисова́ть draw

нарко́з *м* anaesthésia [-zıə]; под ~ом anáesthetized

наркома́н *м* drug áddict

нарко́тик *м* narcótic [-'kɔ], drug; *разг.* dope

наро́д *м* people [piːpl]; ~ы ми́ра peoples (nátions) of the world [wɔːld]; на стадио́не бы́ло мно́го ~y there were crowds of people at the stádium

наро́дно-демократи́ческий people's [piːplz] democrátic [-'kræ-]

наро́дн‖ый people's [piːplz], pópular ['pɔ-]; folk [fəuk]; ~ая пе́сня folk song

народонаселе́ние *с* populátion

наро́чно on púrpose; *(в шут-ку)* for fun ◇ как ~! as luck would have it!

нарсу́д *м* (наро́дный суд) people's [piːplz] court

нару́жное *(о лекарстве)* for extérnal use [juːs]

нару́жность *ж* appéarance [-'pıər-]

нару́жный extérnal, extérior [-'tıərıə]; ~ вид extérior

нару́жу outsíde, out

наруша́ть *см.* нару́шить

наруше́ние *с* breach; *(зако-нов, правил)* infríngement, violátion; *(тишины)* distúrb-ance; ~ пра́вил у́личного движе́ния infríngement on (violátion of) tráffic regulátions

нару́шить break [-eık]; *(за-кон, правило)* infrínge, víolate

['vaıə-]; *(тишину)* distúrb; ~ пра́вила игры́ break (infrínge upón, víolate) the rules of the game; ~ обеща́ние break one's prómise

нары́в *м* ábscess

нарыва́ть: у меня́ нарыва́ет па́лец I have a sore fínger

наря́д *м (одежда)* dress, at-tíre

наря́дный élegant ['el-], stýlish; smart; *разг.* dréssy

наряду́ side by side (with); alóng with

нас us; вы ~ проводи́те? will you see us off?; will you show [ʃəu] us the way?; не забыва́йте ~ don't forgét us

насеко́мое *с* ínsect

населе́ние *с* populátion

населённый: ~ пункт séttlement

наси́лие *с* víolence ['vaıə-]

насквозь: промо́кнуть ~ get [get] wet through, get soaked

наско́лько as far as; ~ мне изве́стно... as far as I know [nəu]...

на́скоро hástily ['heı-], húrriedly

наслади́ться, наслажда́ться enjóy

насле́дие *с* légacy ['le-], héritage ['herı-]

насме́шка *ж* móckery ['mɔkə-]

насме́шливый mócking ['mɔ-], derísive [-sıv]

на́сморк *м* cold (in the head [hed]); у меня́ ~ I have a cold (in the head)

насо́с *м* pump

наспех in a húrry; (*небрежно*) cárelessly ['kɛə-]

настáивать insíst (on)

настáть come [kʌm]; настáло ýтро mórning came; лéто настáло súmmer came (set in)

настóйчивый persístent; préssing

настóлько so; я ~ устáл (зáнят), что... I'm so tíred (búsy) that...

настóльн‖ый: ~ая лáмпа désk lamp

настоя́ть have one's way

настоя́щ‖ий 1. real [rɪəl]; ~ая дрýжба true fríendship ['frend-] 2. (*о времени*) présent ['pre-]; в ~ее врéмя at présent

настроéние *с* mood, frame of mind

наступáть *см.* настáть

наступи́ть I tread [-ed] on

наступи́ть II *см.* настáть

наступлéн‖ие I *с* cóming ['kʌ-], appróach; с ~ием лéта when súmmer comes; с ~ием темноты́ at níghtfall

наступлéние II *с* offénsive; перейти́ в ~ start an offénsive

насчёт as regárds, regárding, concérning; ~ чегó..? what abóut..?; ~ э́того on that score

насчи́тывать númber; ~ся númber; их насчи́тывается... they númber...

нáсыпь *ж* embánkment; dam

натáлкиваться 1. run agáinst 2. (*встречаться*) run acróss; meet with

натерéть: я натёр себé нóгу my foot is rubbed sore

нáтиск *м спорт.* push [puʃ], attáck

НÁТО (Североатланти́ческий Сою́з) NATO (North Atlántic Tréaty Organizátion)

натолкнýться *см.* натáлкиваться

натощáк on an émpty stómach ['stʌmək]

натýга *ж* éffort, strain

натýра *ж* náture ['neɪtʃə]; (*позирующая художнику*) módel ['mɔ-], sítter

натурáльн‖ый: ~ шёлк real [rɪəl] silk; в ~ую величинý life-sízed

натюрмóрт *м* still life

натя́гивать, натянýть stretch; draw on; ~ сéтку fix the net tight

наугáд at rándom

наýка *ж* scíence ['saɪəns]

научи́ть teach; ~ся learn; я недáвно научи́лся говори́ть по-англи́йски I learnt to speak Énglish récently

наýчно-исслéдовательский: ~ институ́т reséarch ínstitute (céntre ['sentə])

наýчно-популя́рный: ~ кинофи́льм pópular scíence film

наýчно-фантасти́ческий: ~ ромáн scíence ['saɪə-] fíction (nóvel ['nɔ-])

наýчн‖ый scientífic [ˌsaɪən-'tɪ-]; ~ая рабóта reséarch work [wək]; ~ рабóтник scíentist, reséarch wórker

наýшники *мн.* éar-phones ['ɪə-], héad-phones ['he-]

находи́ть см. найти́; ∼ся be; где нахо́дится..? where is..?

нахо́д‖ка ж find; бюро́ ∼ок Lost and Found

нахо́дчивый resóurceful [-'sɔ-]

наце́нка ж éxtra charge

национализа́ция ж nationalizátion [ˌnæʃnəlaɪ-]

национализи́ровать nátionalize ['næʃnə-]

национа́льно-освободи́тельный nátional-liberátion ['næʃ-]

национа́льн‖ость ж nationálity [ˌnæʃə'næ-]; како́й вы ∼ости? what is your nationálity?; ∼ый nátional ['næʃ-]; ∼ый костю́м nátional cóstume

на́ция ж nátion, people [pi:pl]

нача́л‖о с 1. begínning; óutset; в ∼e in the begínning; с са́мого ∼a from the véry ['verɪ] begínning; ∼ в ... часо́в утра́ (дня, ве́чера) ... is to begín at... a.m. (p.m.); в ∼e пя́того (ча́са) soon áfter ['ɑ:ftə] four (o'clóck) 2. (источник) órigin ['ɔrɪ-]; source

нача́льник м chief; supérior [-'pɪə-], boss

нача́льн‖ый inítial [ɪ'nɪʃl]; first; eleméntary; ∼ое обуче́ние eleméntary educátion

нача́льство с supériors [-'pɪə-]

нача́ть begín, start; ∼ся begín, start; конце́рт уже́ начался́ the cóncert has begún alréady

начеку́: быть ∼ be on the alért

начина́ть(ся) см. нача́ть(ся)

начи́нка ж fílling; stúffing

наш our; ours; где ∼и места́? where are our seats?; ∼и друзья́ our friends [fre-]; вот ∼ но́мер this is our room

нашаты́рный: ∼ спирт líquid ammónia

наше́ствие с invásion [-'veɪʒən]

наяву́ when awáke; гре́зить ∼ dáy-dream

не not; я не зна́ю (не ви́жу) I don't know [nəu] (see); не на́до! don't!; не то́лько not ónly ['əu-] ◊ не раз more than once [wʌns]; не́ за что! (в ответ на благода́рность) don't méntion it!; not at all!, амер. you're wélcome; тем не ме́нее nevertheléss

небе́сный celéstial, héavenly ['he-]; ∼ цвет sky-blue ['skaɪ-] cólour ['kʌ-]

неблагоприя́тный unfávourable

не́бо с sky; héaven ['he-]

небольшо́й small; (о расстоя́нии, сро́ке) short; на ∼ высоте́ at low áltitude; ∼ переры́в short ínterval, break [-eɪk]

небоскрёб м ský-scráper ['skaɪ-]

небре́жн‖ость ж négligence, cárelessness ['keə-]; ∼ый cáreless ['keə-], slípshod; ∼ая рабо́та slóppy work

нева́жно: э́то ∼ it doesn't mátter; я чу́вствую себя́ ∼ I don't feel véry ['verɪ] well; ∼! néver mind!

невежливый impolíte, discóurteous [-'kætjəs]

неверн‖ый 1. wrong; ~ое представлéние wrong impréssion **2.** *(изменивший)* unfáithful

невероя́тный incrédible [-'kre-]

невесо́мость ж wéightlessness ['weit-]

невéста ж fiancée [fɪ'ɑːnseɪ]; bride

невéстка ж *(жена сына)* dáughter-in-law; *(жена брата)* síster-in-law

невзира́я: ~ ни на что in spite of ánything ['enɪ-]

невиди́мый invísible [-'vɪ-]

невино́вный ínnocent

невку́сный unsávoury, insípid [-'sɪp-]

невмеша́тельство с nón-interférence [-tə'fɪərəns]; nón-intervéntion (in)

невозмо́жно: э́то ~ it's impóssible

нево́льно invóluntarily [-'vɔ-]; unintentionally

невреди́мый unhármed, unínjured, unhúrt, safe; цéлый и ~ safe and sóund

невы́годный no good; *(в деньгах)* at a loss; э́тот зака́з ~ this órder does not pay

невыполни́мый imprácticable, unréalizable [-'rɪə-]

нéгде nówhere; there's no room

неглу́пый sénsible; он ~ человéк he is quite an intélligent pérson

него́ him; мы пойдём без ~

we'll go withóut him; у ~ нет врéмени he is búsy

негодова́ние с indignátion

негр м Négro ['niː-]

негра́мотн‖ость ж illíteracy [-'lɪ-]; ~ый illíterate [-'lɪ-]

негритя́нка ж Négro ['niː-] (black) girl (wóman ['wu-])

негритя́нский Négro ['niː-], black

неда́вно récently, not long agó; látely; я прие́хал (совсе́м) ~ I've come [kʌm] (quite) récently

недалёк‖ий near [nɪə], not far off; в ~ом бу́дущем in the near fúture; в ~ом про́шлом not long ago

недалеко́ not far awáy; э́то ~? is it far from here?

неда́ром 1. *(не без основа́ния)* not for nóthing, not withóut réason **2.** *(не без цели)* not withóut púrpose

недействи́тельный 1. inefféctive **2.** *юр.* inválid [-'væ-]; null and void

недéл‖я ж week; чéрез ~ю (две ~и) in a week (in two weeks, in a fórtnight); ~ю тому́ наза́д a week ago; два (три) ра́за в ~ю two (three) times a week

недовéрие с distrúst, lack of cónfidence

недово́льный disconténted, dissátisfied [-'sæ-]

недодéржка ж *фото* under-expósure [-зə]

недо́лго not long; я вас ~ задержу́ I shan't keep you long

недомога́ние *c* indisposítion; чу́вствовать ~ be unwéll, not to feel quite well

недопусти́мый intólerable [-'tɔ-], inadmíssible

недорабо́тка *ж (упущение)* deféct; *разг.* bug

недоразуме́ние *c* misunderstánding; э́то (про́сто) ~ it's a (mere) misunderstánding

недо́рого at a low [ləu] price; э́то ~ it's cheap (inexpénsive)

недосмо́тр *м* óversight; по ~y by an óversight

недоставáть lack

недостáт‖ок *м* **1.** *(нехватка)* lack, shórtage; за ~ком вре́мени for want of time **2.** *(дефект)* deféct, shórtcoming

недосту́пный inaccéssible [‚ɪnæk'ses-]

не́дра *мн.* depths, bówels of the earth

не́друг *м* foe

нежелáтельн‖ый undesíra-ble [-'zaɪərə-]; э́то ~o it's undesírable

нежена́тый unmárried

не́жный ténder; *(о вкусе, красках и т. п.)* délicate ['delɪkɪt]

незабу́дка *ж* forgét-me-not [fə'get-]

незави́сим‖ость *ж* indepénd-ence; ~ый indepéndent

незадо́лго not long (befóre); shórtly (befóre); ~ до ва́шего прие́зда shórtly before your arríval

незаму́жняя unmárried

не́зачем no need; no use [juːs]

нездоро́вый 1. *(о человеке)* síckly; я нездоро́в I'm unwéll **2.** *(о климате и т. п.)* unhéalthy [-'he-]

незнако́мый unfamíliar [-fə'mɪlɪə]; unknówn [-'nəun]; мы незнако́мы we haven't met before

незначи́тельный *(маловаж-ный)* insigníficant [-'nɪfɪkənt], unimpórtant; *(маленький)* slight

незре́лый únripe; green; *(перен. тж.)* immatúre [-'tjuə]

неизбе́жно inévitably

неизве́стно unknówn [-'nə-un]; ~, смогу́ ли я прийти́ I don't know whéther I'll be able to come [kʌm]

неизве́стн‖ый unknówn [-'nəun]; по ~ым причи́нам the réasons béing unknówn

неизлечи́мый incúrable [-'kjuə-]

неизме́нно inváriably

неиспра́вн‖ый deféctive, out of órder; маши́на ~a the car is in disrepáir

ней her; вы с ~ незнако́мы? haven't you met her befóre?

нейло́н *м* nýlon

нейтралите́т *м* neutrálity [-'træ-]

нейтра́льный néutral

неквалифици́рованный un-skílled, unquálified [-'kwɔ-]

не́когда: мне ~ I have no time

не́котор‖ый a cértain; some [sʌm]; ~ым о́бразом sómehow, áfter ['ɑːftə] a fáshion; ~ые some

некста́ти not to the point, irrélevant [-'re-]; out of place

не́куда nówhere ['nəu-]

некуря́щ‖ий 1. nón-smóking **2.** м nón-smóker; ваго́н для ~их nón-smóking cárriage (car)

нелётн‖ый: ~ая пого́да non-flýing wéather ['weðə]

нело́вк‖ий áwkward; ~ое движе́ние áwkward móvement

нельзя́ (невозмо́жно) it's impóssible; one can't; здесь ~ пройти́ there's no way through [θru:] here; ~ ли посети́ть вы́ставку (вы́ехать пора́ньше)? can't we vísit ['vɪzɪt] the exhibítion [,eksɪ'bɪ-] (leave éarlier)?

нём him; я о ~ не слы́шал I haven't heard of him

нема́ло 1. (перед сущ. в ед.) not a little, much; (перед сущ. во мн.) not a few, quite a few **2.** (при глаголе) a great [-eɪ-] deal, a lot

неме́дленно immédiately, at once [wʌns], right awáy; мы ~ выезжа́ем we leave right awáy

не́мец м Gérman

неме́цкий Gérman; ~ язы́к Gérman, the Gérman lánguage

не́мка ж Gérman (wóman ['wu-])

немно́го a little; few, some [sʌm]; ~ фру́ктов some fruit; ~ люде́й few people [pi:pl]; ~ вре́мени little time

немо́дный unfáshionable [-'fæʃ-], out of fáshion

немо́й 1. dumb [dʌm] **2.** м dumb man

нему́ him; зайдём к ~ let's drop in on him

ненави́деть hate

не́нависть ж hátred ['heɪ-]

ненадо́лго not for long, for a short while; я прие́хал ~ I've come [kʌm] for a short while

необходи́м‖о it is nécessary ['ne-]; мне ~ ви́деть I must see; ~ый nécessary ['ne-], esséntial [ɪ'senʃəl]; ~ые све́дения the nécessary informátion

необыкнове́нный extraórdinary [ɪks'trɔːdnrɪ], remárkable; ~ успе́х unúsual succéss

неограни́ченный unlímited [-'lɪ-], unrestrícted

неоднокра́тно repéatedly, more than once [wʌns]

неодобре́ние с disappróval

неожи́данный unexpécted

неосторо́жн‖ость ж cárelessness, incáutiousness [-'kɔːʃəs-]; imprúdence [-'pruː-]; ~ый cáreless; imprúdent

неотло́жн‖ый úrgent; ~ая по́мощь first aid

неплóх‖о not bad, rather ['rɑː-] well; ~о́й quite good, not bad; ~а́я мысль not a bad idéa [aɪ'dɪə]

непобеди́мый invíncible, uncónquerable

непого́да ж foul wéather

неподходя́щий unfít, unsúitable [-'sjuː-], inapprópriate

непоко́рный unrúly, rebéllious

непо́лный incompléte

непонима́ние с incomprehénsion; (непра́вильное понима́ние) misunderstánding

непоня́тный incomprehén-sible; мне непоня́тно... I don't understánd

непоря́док *м* disórder

непосре́дственный 1. immédiate [-'miː-], diréct **2.** *(естественный)* spontáneous

непостоя́нный incónstant; *(о погоде и т. п.)* chángeable ['tʃeɪ-]

непра́вда *ж* fálsehood, lie; э́то ~ it's not true

непра́вильный 1. *(неверный)* wrong, incorréct **2.** irrégular [ɪ'regjʊlə]

непредви́денн‖ый unforeséen; ~ая заде́ржка unforeséen deláy

непреме́нно súrely ['ʃʊə-], cértainly, without fail; я ~ приду́ I'm sure to come [kʌm]; ~ приходи́те come without fail

непривы́чн‖ый unúsual; ~ая обстано́вка unúsual situátion

непригóдный unfít; unsúit-able [-'sjuː-]

неприе́млем‖ый unaccépt-able [-ək'sep-]; ~ые усло́вия unaccéptable condítions

неприкоснове́нность *ж* immúnity; ~ ли́чности inviola-bílity of the pérson; дипломати́ческая ~ diplomátic [-'mæ-] immúnity

неприли́ч‖но impróperly; ~ный impróper; *(непристойный)* indécent

непринуждённ‖ый uncon-stráined; nátural ['nætʃə-]; ~ая бесе́да free and éasy talk

неприя́тно: мне о́чень ~... I

find it véry ['verɪ] unfórtunate that...; I am véry sórry, that...

неприя́тн‖ость *ж* trouble [-ʌ-]; núisance ['njuː-s-]; кака́я ~! what a píty!; ~ый un-pléasant [-'ple-]; disagréeable; ~ый вкус násty taste

непродолжи́тельн‖ый short; ~ое вре́мя for a short time

непромока́ем‖ый wáter-proof ['wɔːtə-]; ~ое пальто́ wáterproof coat

непро́чный unstáble [-'steɪ-], not strong; *(о материи)* flímsy

неработоспосо́бный inca-pácitated [-'pæ-], disábled

нерабо́чий: ~ день day off; hóliday ['hɔ-]

нера́венство *с* inequálity

нера́вный unéqual [-'iːkw-]

неразлу́чный inséparable [-'se-]

нераспростране́н‖ие *с*: дого-во́р о ~ии я́дерного ору́жия nón-proliferátion tréaty

нерв *м* nerve; ~ный nérvous

неруши́мос‖ть *ж*: при́нцип ~ти грани́ц the prínciple of inviolabílity [-ˌvaɪələ'bɪ-] of fróntiers

несве́жий not fresh; *(чёрствый)* stale

несвоевре́менный untímely; inópportune; unséasonable

несессе́р *м* dréssing-case

не́скольк‖о 1. some [sʌm], séveral ['se-], a few; a líttle; ~ челове́к séveral ['se-] people [piːpl]; ~ раз séveral times; в ~их слова́х in a few words [wɜːdz] **2.** *(в некоторой* *степени)* sómewhat [ˈsʌm-]; slíghtly; in a way

неслы́ханный unhéard of [-ˈhəːd], unprécedented [-ˈpresɪ-]

несмотря́ на in spite of, notwithstánding, despíte

несовершенноле́тний 1. únder-age **2.** *м* mínor

несправедли́в‖ость *ж* injústice; ∼ый unjúst

нести́ 1. cárry **2.** *(переноси́ть)* bear [bɛə]; ∼ наказа́ние (отве́тственность) bear púnishment (responsibílity)

несча́стный unháppy, unlúcky, unfórtunate; ∼ слу́чай áccident

несча́сть‖е *с* misfórtune, disáster; к ∼ю unfórtunately

нет I no; not; вы его́ зна́ете? — Нет, не зна́ю do you know [nəu] him? — No, I don't; во́все ∼ not at all; ещё ∼ not yet

нет II *(не име́ется)* there is no; there are no; у меня́ ∼ вре́мени I have no time; здесь никого́ ∼ there's nóbody [-bədɪ] here; кого́ сего́дня ∼? who's ábsent todáy?; таки́х книг у нас ∼ we don't have such books

нетерпе́ние *с* impátience [-ʃəns]

нетерпи́мость *ж* intólerance [-ˈtɔ-]

нето́чный ináccurate [-ˈækju-]; inexáct

нетрудов‖о́й: ∼ы́е дохо́ды *мн.* unéarned [-ˈəːnd] íncome *sn*

нетрудоспосо́бный disábled [-ˈeɪbld]

неуваже́ние *с* disrespéct; прояви́ть ∼ show [ʃəu] disrespéct

неуда́ч‖а *ж* fáilure; терпе́ть ∼y fail

неуда́чн‖ый unsuccéssful [-səkˈses-]; ∼ая попы́тка unsuccéssful attémpt

неудо́бно uncómfortably [-ˈkʌm-]; в э́том кре́сле ∼ сиде́ть this árm-chair is uncómfortable to sit in; мне, пра́во, ∼ беспоко́ить вас I hate to bóther you

неуже́ли réally [ˈrɪə-]; ∼ э́то пра́вда? is it réally true?

неусто́йчивый unstáble [-ˈsteɪ-]; unstéady [-ˈste-]; chángeable [ˈtʃeɪn-]

нефтепрово́д *м* (oil) pípeline

нефть *ж* oil

нефтя́ник *м* óil-índustry wórker [ˈwəːkə]

неча́янно accidéntally [ˌæksɪ-]; uninténtionally; извини́те, я ∼ sórry, I didnt' mean it

не́чего I nóthing [ˈnʌ-]; мне ∼ сказа́ть I have nóthing to say

не́чего II *(незачем)* no need; вам ∼ спеши́ть (беспоко́иться) you needn't húrry (wórry [ˈwʌ-])

нечётный odd

нешта́тный párt-time

нея́сный vague [veɪg]; результа́ты (ещё) неясны́ the resúlts are not clear [-ɪə] (yet)

ни: ни... ни... néither...nor...; ни бо́льше, ни ме́ньше no less

than...; как бы то ни было be
it as it may

нигде́ nówhere ['nəuwɛə]; его́
~ нет he's not to be found
ánywhere ['enɪwɛə]; мы ещё
~ не́ были so far we haven't
been ánywhere

ни́жний únder ['ʌndə]; lówer ['ləuə]; ~ эта́ж ground
floor

ни за что́ by no means; not
for the world [wəːld]!

ни́зкий 1. low [ləu] **2.** (под-
лый) mean, base [-s]

ни́зший lówer ['ləuə]; the
lówest ['ləu-]; ~ сорт inférior
quálity

ника́к by no means; ~ не
могу́ I réally ['rɪə-] can't

никогда́ néver ['nevə]; я ~
здесь не был I've néver been
here befóre; ~ в жи́зни néver
in one's life; почти́ ~ hárdly
éver

никто́ nóbody [-bədɪ], no one

никуда́ nówhere ['nəuwɛə];
я ~ не пойду́ I shan't go
ánywhere ['enɪwɛə]

ним 1. him; я с ~ (не) ви-
де́лся I have (not) seen him
2. them; пойдём к ~ let's go
to them, let's call on them

ни́ми them; пойдём с ~
let's go with them

ни́тка ж, **нить** ж thread
[θred]

них them; мы у ~ бы́ли we
vísited ['vɪz-] them; я узна́л
о ~ мно́го интере́сного I learnt
a lot of ínteresting ['ɪntrɪst-]
things abóut them

ничего́ nóthing ['nʌ-]; у меня́

~ нет I've nóthing ◊ ~! néver
mind!; it doesn't mátter!

ничто́ nóthing ['nʌ-]

ничу́ть not at all, not a bit;
я ~ не уста́л I'm not a bit
tíred

ничь‖я́ ж спорт. a draw; сде́-
лать ~ю draw

но but; не то́лько..., но и...
not ónly ['əu-]..., but álso...

нова́тор м ínnovator; pionéer [ˌpaɪə-]

нови́нка ж nóvelty ['nɔ-]

новобра́чные мн. the néwly-
weds ['njuː-]

нового́дний New Year's

новолу́ние с new moon

новорождённый 1. néw-born
2. м (ребёнок) néw-born báby

новосёл м (в доме) new
[njuː] ténant ['te-]

новосе́лье с hóuse-warming
['hauswɔːmɪŋ] (párty)

новостро́йка ж **1.** new constrúction site **2.** (новое здание)
néwly erécted búilding ['bɪl-];
(новый завод) néwly erécted
plant

но́вость ж news

но́в‖ый new; что ~ого?
what's the news?, what's new?,
any news?

нога́ ж (ступня) foot (мн.
feet); (выше ступни) leg ◊
идти́ в но́гу keep in step

но́готь м nail; (на ноге)
tóe-nail ['təu-]

нож м knife; столо́вый ~
táble-knife ['teɪbl-]

но́жницы мн. scíssors ['sɪzəz]

нока́ут м knóckout

нокда́ун м knóckdown

ноль м zéro [ˈzɪərəu]; nought

но́мер м 1. númber; ~ до́ма número of the house 2.: ~ о́буви (перча́ток) size of shoes [ʃuːz] (gloves [glʌ-]) 3. (газеты и т. п.) íssue [ˈɪʃuː]; númber 4. (в концерте и т. п.) turn, ítem 5. (в гостинице) room; у вас есть свобо́дные ~á? have you ány vácant rooms?; в како́м ~е вы живёте? what is your room númber?; ключ от ~а key [kiː] of the room

но́рка ж mink

но́рм‖а ж quóta; rate; stándard; вы́полнить дневну́ю ~у prodúce the dáily quóta; ~ при́были rate of prófit

норма́льн‖ый nórmal; (умственно полноценный) sane; ~ая температу́ра nórmal témperature

нормати́в м эк. stándard

нос м nose

носи́лки мн. strétcher

носи́льщик м pórter

носи́ть 1. cárry 2. (одежду) wear [wɛə]

носки́ мн. socks

носо́к м (ноги, обуви, чулка) toe [təu]

но́та ж в разн. знач. note

но́т‖ы мн. músic; игра́ть без нот play without músic; игра́ть по ~ам play from músic

ночева́ть spend the night, stay óvernight

ночле́г м lódging for the night; устро́иться на ~ find a lódging for the night

ночно́й night(-)

ночь ж night; споко́йной но́чи! good [gud] night!; в 2 часа́ но́чи at two a.m.

но́чью at (by) night, in the night time; мы вернёмся по́здно ~ we'll be back late at night (после полуночи — in small hours, éarly in the mórning); наш по́езд прихо́дит ~ our train arríves at night; сего́дня ~ (до 24 ч.) this night; (после 24 ч.) in the mórning; за́втра ~ (до 24 ч.) tomórrow night; (после 24 ч.) the day áfter [ˈɑːftə] tomórrow

ноя́брь м Novémber [nəuˈvembə]

НПО с (научно-производственное объедине́ние) R&D [ˌɑːənˈdiː] and prodúction amalgamátion [æ-]

нра́виться: нра́вится ли вам..? do you like..?; мне не нра́вится... I don't like...

нра́вы мн. (обычаи) cústoms

нужда́ться (в чём-л.) need, be in need of, want; я нужда́юсь в сове́те (в о́тдыхе) I need advíce (rest)

ну́жно it is nécessary [ˈne-]; мне ~ идти́ I must go; что вам ~? what do you want?; мне не ~ э́того I don't need it

нуль м zéro [ˈziːrəu], nought [nɔːt]; (в телефонном номере) 0 [əu]

нырну́ть, ныря́ть dive

ня́ня ж nurse; (детская тж.) nánny; báby-sitter

O

о, об 1. *(относительно)* abóut, of; о ком (о чём) вы говорите? whom (what) are you tálking abóut?; не беспокóйтесь об э́том! don't wórry ['wʌ-] abóut it!; лéкция о жи́зни на планéтах lécture on life on the plánets **2.** *(при обозначении соприкосновения, столкновения)* agáinst, on, upón; я уда́рился о дверь I hit agáinst the door

óба both [bəuθ]

обвинéние *с* **1.** accusátion [ˌækjuː-]; charge **2.** *(сторона в суде)* the prosecútion

обвини́ть, обвиня́ть accúse [ə'kjuːz] (of); charge (with)

обвяза́ть, обвя́зывать tie [taɪ] (round); ~ верёвкой tie a rope round

обгóн *м авто* pássing, óvertaking; ◄~ запрещён!► *(надпись)* "no pássing!", "do not óvertake!"

обгоня́ть *см.* обогна́ть

обду́в *м:* ~ ветровóго стекла́ *авто* wíndscreen ['wɪ-] defógger and defróster

обду́мать, обду́мывать think smth óver, consíder [-'sɪ-]

óбе both [bəuθ]

обéд *м (в середине дня)* lunch; *(поздний)* dínner; зва́ный ~ dínner-party; пóсле ~a in the afternóon

обéдать have lunch (dínner); *(на званом обеде)* dine

обéденный dínner; ~ стол dínner table [teɪbl]; ~ переры́в lunch break [breɪk]

обезья́на *ж* mónkey ['mʌ-]; *(человекообразная)* ape

обели́ск *м* óbelisk ['ɔbɪ-]

оберну́ть wrap up

оберну́ться turn (round)

обёртка *ж* wrápper; énvelope ['envələup]

обёртывать *см.* оберну́ть

обёртываться *см.* оберну́ться

обеспéчен‖ие *с* secúrity; guarantée [ˌgærə-]; социа́льное ~ sócial ['səuʃ-] secúrity; ~ный **1.** províded with **2.** *(состоятельный)* well-to-dó, well-óff

обеспéчивать, обеспéчить 1. *(снабжать)* províde (with) **2.** *(гарантировать)* secúre; ensúre [-'ʃuə]

обеща́ние *с* prómise ['prɔ-]

обеща́ть prómise ['prɔ-]

обжéчь burn; ~ся burn onesélf [wʌn-]

обжига́ть(ся) *см.* обжéчь (-ся)

обзóр *м* súrvey; reviéw [-'vjuː]

оби́вка *ж (материал)* uphólstery [-'həu-]

оби́д‖а *ж* offénce, ínsult; grudge; не дать себя́ в ~y be able to stand up for onesélf [wʌn-]

оби́деть offénd, hurt; ~ся be offénded, take offénce; be hurt

обижа́ть(ся) *см.* оби́деть(ся)

оби́льный abúndant

обихо́д *м:* предме́ты дома́шнего ~а hóusehold uténsils

обката́ть *авто* run in; *амер.* break [breɪk] in

обка́тка *ж авто* rúnning in; *амер.* bréaking [ˈbreɪk-] in, bréak-in périod

обко́м *м* (областно́й комите́т) régional commíttee

обла́ва *ж* (*оцепление*) róund-up

облада́ть posséss [-ˈzes]; have

о́блако *с* cloud

о́бласть *ж* 1. région; próvince [ˈprɔ-] 2. (*отрасль*) field, sphere [sfɪə], domáin

о́блачный clóudy

облегчи́ть 1. facílitate [-ˈsɪ-], make éasier [ˈiːzɪə] 2. (*боль*) relíeve [-ˈliːv]; (*страдания*) alléviate; (*наказание*) commúte, mítigate [ˈmɪ-]

облива́ть, обли́ть pour [pɔː] (óver); (*нечаянно*) spill óver

облисполко́м *м* (областно́й исполни́тельный комите́т Сове́тов наро́дных депута́тов) Exécutive [-ˈze-] (Commíttee) of the Régional (Províncial [-ˈvɪn-]) Cóuncil of Péople's [ˈpiː-] Députies [ˈde-]

обло́жка *ж* cóver [ˈkʌ-]; (*суперобложка*) dúst-jacket [-dʒæ-]

облока́чиваться, облоко-ти́ться lean one's élbows [-əuz] (on); «не облока́чиваться» (*надпись*) "no léaning"

обло́мок *м* 1. frágment 2. *мн.* débris [ˈdebriː]

облучи́ться (*непреднаме-*

ренно) be expósed to (take a dóse of) radiátion; (*в лечебных целях*) be tréated with radiátion

обма́н *м* fraud, decéption, húmbug

обману́ть, обма́нывать decéive; cheat; ~ чьи-л. наде́жды let *smb* down

обма́хиваться fan onesélf [wʌn-] (with)

обме́н *м* exchánge [ɪksˈtʃeɪn-]; ~ мне́ниями exchánge of opínions; ~ о́пытом exchánge of expérience; sháring knów-how [ˈnəu-]

обме́ниваться, обменя́ться exchánge [ɪksˈtʃeɪndʒ]

обморо́зиться get fróst-bitten

о́бморок *м* faint, swoon; па́дать в ~ faint

обмо́тка *ж эл.* wínding

обнадёжить reassúre, give [gɪv] hope (to)

обнаро́довать públish, promulgáte; ~ прое́кт зако́на для всенаро́дного обсужде́ния make the terms of the propósed law [lɔː] públic for a pópular [ˈpɔ-] debáte

обнару́живать(ся) *см.* обнару́жить(ся)

обнару́жить 1. (*найти*) discóver [dɪsˈkʌ-] 2. (*проявить*) displáy; ~ся 1. (*отыскаться*) be found; turn up 2. (*выяснить-ся*) appéar [əˈpɪə], turn out

обнима́ть, обня́ть embráce

о́бо *см.* о

обобщи́ть súmmarize

обогна́ть overtáke, outstríp

обогре́в м тех. héating

обогрева́тель м авто héater

ободри́ть, ободря́ть encóurage [-'kʌ-]

обознача́ть, обозна́чить 1. (помечать) mark **2.** (значить) mean; sígnify

обозрева́тель м cómmentator

обозре́ние с revié́w [-'vjuː]

обойти́ 1. (вокруг) go round **2.** (закон и т. п.) evа́de ◊ ~ молча́нием pass óver in sílence

обойти́сь 1. (чем-л.) mа́nage ['mænɪdʒ]; (без чего-л.) do withóut **2.** (стоить) cost, come [kʌm] to...; э́то обошло́сь до́рого (дёшево) this cost me a prе́tty pе́nny (a trifle) **3.** (обраща́ться) treat

оборва́ть (прекратить) cut short; **~ся 1.** break [-eɪk] **2.** (прерваться) stop súddenly

оборо́на ж defénce [-s]

оборони́ть(ся) defénd (onesе́lf [wʌn-])

оборо́т м **1.** (речи) turn of speech, phrase **2.** эк. turnóver **3.** тех. revolútion; пя́тый ~ вокру́г Земли́ fifth revolútion aróund the Earth **4.:** на ~е on the back; смотри́ на ~е please turn óver (P.T.O.)

обору́дование с equípment; machínery [-'ʃiːn-]

обору́довать equíp, fit out

обосно́ванный wе́ll-fóunded, wе́ll-gróunded

обоснова́ть, обосно́вывать substа́ntiate, ground

обостри́ть, обостря́ть 1. inténsify, shárpen **2.** а́ggravate;

~ отноше́ния strain relа́tions

обо́чина ж róadside; амер. shoulder ['ʃəu-]

обраба́тывать treat; (землю) till, cúltivate

обраба́тывающ‖ий: ~ая промы́шленность manufácturing índustries; ~ центр (станóк-автомáт) machíning [-'ʃiː-] centre

обрабо́тать см. обраба́тывать

обра́довать glа́dden, make smb há́ppy; **~ся** be glad, rejóice (at, in)

о́браз м **1.** image ['ɪmɪdʒ]; литерату́рный ~ chа́racter ['kæ-] **2.** (способ) mа́nner, way; каки́м ~ом? how?; таки́м ~ом thus; in that way; гла́вным ~ом má́inly, prínсipally; нико́им ~ом by no means

образе́ц м mо́del ['mɔ-], pа́ttern; (образчик) sample [sɑːmpl], spécimen ['spesɪmɪn]; прода́жа по образца́м to be órdered at the shówroom ['ʃəu-]; вы́ставочный ~ demonstrа́tion ítem, sample

образова́ние I с formа́tion

образова́ние II с educа́tion; сре́днее (вы́сшее) ~ sécondary (hígher) educа́tion; техни́ческое ~ téchnical educа́tion; наро́дное ~ públic educа́tion; получи́ть ~ be éducated ['edjuː-]

образо́ванный (wе́ll-)éducated [-'edjuː-]

образова́ть make, form; **~ся** be formed

образо́вывать(ся) см. образова́ть(ся)

образцо́вый mо́del ['mɔdl]

обрати́ть: ~ внима́ние (на) pay atténtion (to); nótice; ~ чьё-л. внима́ние (на) call (draw) smb's atténtion (to)

обрати́ться (к кому-л.) addréss; ~ с призы́вом appéal; ~ к врачу́ (go and) see a dóctor

обра́тно back

обра́тн‖ый: ~ биле́т retúrn tícket; ~ путь the way back; в ~ую сто́рону in the ópposite diréction

обраща́ть см. обрати́ть

обраща́ться 1. см. обрати́ться **2.** (с кем-л.) treat; (с чем-л.) handle

обраще́ние с **1.** (к кому-л.) addréss; appéal **2.** (с кем-л.) tréatment; (с чем-л.) hándling

обре́зать, обреза́ть cut off

о́бруч м hoop

обруча́льн‖ый: ~ое кольцо́ wédding ring

обры́в м (крутой откос) précipice ['pre-]

обрыва́ть(ся) см. оборва́ть (-ся)

обря́д м rite, céremony ['serɪ-]

обсервато́рия ж obsérvatory

обсле́довать inspéct; invéstigate; (больного) exámine [ɪɡ'zæ-]

обслу́живан‖ие с sérvice; бюро́ ~ия Sérvice Búreau

обслу́живать см. обслужи́ть

обслу́живающий: ~ персона́л (staff of) atténdants

обслужи́ть serve, atténd to

обстано́вка ж **1.** (мебель) fúrniture **2.** (положение дел) situátion; círcumstances pl

обстоя́тельств‖о с círcumstance; ~а измени́лись the círcumstances have áltered; при любы́х ~ах in any ['enɪ] case

обсуди́ть, обсужда́ть discúss, debáte

обсужде́ни‖е с discússion, debáte; предме́т ~я súbject únder discússion; point at íssue ['ɪʃu:]; внести́ на ~ вопро́с о... introdúce an ítem on...; всенаро́дное ~ nátional ['næʃ-] debáte

обсчита́ть, обсчи́тывать cheat; обсчита́ть на рубль overchárge by one rouble ['ru:-]

обтека́емый 1. тех. stréamlined **2.** перен. smooth; ~ отве́т evásive [-'veɪs-] ánswer ['ɑ:nsə]

обува́ться см. обу́ться

о́бувь ж fóotwear ['futwɛə]; shoes [ʃu:z], boots; де́тская (же́нская, мужска́я) ~ chíldren's (ládies', men's) shoes; рези́новая ~ rúbber shoes and boots; моде́льная ~ fáshion shoes

обу́ться put [put] on one's shoes [ʃu:z]

обуча́ть(ся) см. обучи́ть(ся)

обуче́ние с tráining, instrúction; обяза́тельное ~ compúlsory educátion; совме́стное ~ co-educátion

обучи́ть teach, train; ~ся learn, be trained

обхо́д *м* **1.** *(кружной путь)* róund-abóut way **2.** *(о враче, дежурном и т. д.)* round; де́лать ~ make one's round

обходи́ть *см.* обойти́

обходи́ться *см.* обойти́сь

обши́рный spácious, exténsive

обща́ться assóciate with; meet

общежи́тие *с* hóstel; *амер.* dórm(itory); студе́нческос ~ students' hóstel, hall of résidence; *амер.* stúdents' dórm (-itory)

общеизве́стный wéll-known

общенаро́дн‖ый públic; nátional ['næʃ-]; социалисти́ческое ~ое госуда́рство sócialist ['souʃ-] state of the whole people [piːpl]

обще́ние *с* cóntact; íntercourse; communicátion; ли́чное ~ pérsonal cóntact

обще́ственн‖ость *ж* públic; públic opínion [ə'pı-]; commúnity; мирова́я ~ world [wəld] públic opínion; ~ый públic, sócial ['souʃ-]; ~ое мне́ние públic opínion; ~ое пита́ние públic cátering

о́бществ‖о *с* society [sə'saı-]; commúnity; О. áнгло-сове́тской дру́жбы Brítish-Sóviet Fríendship ['frend-] Society; интере́сы ~а ínterests ['ıntrısts] of the community

общ‖ий 1. géneral ['dʒe-]; ~ee пра́вило géneral rule [ruːl] **2.** cómmon; *(совместный)* mútual ['mjuːtʃu-]; ~ие интере́сы cómmon ínterests ['ınt-

rısts] ◇ в ~ем on the whole [həul]; in géneral ['dʒe-]

общи́тельный sóciable ['sou-]

о́бщность *ж* commúnity; ~ интере́сов commúnity of ínterests ['ıntrısts]

объедине́ние *с* **1.** *(союз)* únion; associátion; pool **2.** *(действие)* unificátion; *(слияние)* amalgamátion, mérger

объединённый united; combíned

объедини́ть uníte; combíne; pool; consólidate [-'sɔlı-]; ~ уси́лия join éfforts; ~ся uníte

объединя́ть(ся) *см.* объедини́ть(ся)

объе́зд *м* détour

объезжа́ть *см.* объе́хать

объекти́в *м* lens

объекти́вный objéctive; *(беспристрастный)* impártial, unbíassed

объём *м* vólume ['vɔ-]

объе́хать 1. *(препятствие)* go round; make a détour **2.** *(посетить)* trável ['træ-] óver

объяви́ть decláre; announce

объявле́ние *с* **1.** advértisement **2.** *(действие)* declarátion; annóuncement

объявля́ть *см.* объяви́ть

объясне́ние *с* explanátion

объясни́ть, объясня́ть expláin

объя́тие *с* embráce

обыва́тель *м (мещанин)* Phílistine ['fı-]; *(рядовой человек)* man in the street

обыгра́ть, обы́грывать beat smb; ~ кого́-л. со счётом... win with the score...

обыкнове́нный ordinary; úsual [ʹjuːʒ-]

о́быск *м* search [səːʧ]

обы́чай *м* cústom

обы́чный *см.* обыкнове́нный

обя́занность *ж* dúty; всеоб́щая во́инская ~ univérsal mílitary [ʹmɪ-] sérvice

обяза́тельно cértainly, withóut fail; он ~ придёт he is sure to come [kʌm]

обяза́тельство *с* commítment; pledge; приня́ть (взять) ~ úndertake (to do)

обяза́ть 1. charge smb with the task (of dóing…) 2. *(заста́вить)* force 3. *(сде́лать одолже́ние)* oblíge; ~ся pledge onesélf [wʌn-]; commít onesélf

обя́зывать(ся) *см.* обяза́ть (-ся)

О́вен *м астр.* Áries [ʹɛəriːz]

овёс *м* oats *pl*

овладева́ть, овладе́ть seize; take hold of; *(зна́ниями)* máster

о́вод *м* gádfly

о́вощ‖и *мн.* végetables [ʹvedʒɪ-]; ~но́й végetable; ~но́й магази́н (gréen)grócery (store)

овся́нка *ж* 1. *(крупа́)* óatmeal 2. *(ка́ша)* (óatmeal) pórridge

овца́ *ж* sheep *(мн.* sheep); *(ове́чка)* ewe [juː]

овцево́дство *с* shéep-breeding

овча́рка *ж* shéep-dog; неме́цкая ~ Alsátian

оглавле́ние *с* (table [teɪbl] of) cóntents

огласи́ть, оглаша́ть 1. annóunce 2. *(предава́ть огла́ске)* make smth públic

огляде́ться, огля́дываться look round

огляну́ться turn to look *(at smth)*, turn round; look back

огнетуши́тель *м* fíreextínguisher

огова́риваться, оговори́ться 1. *(ошиби́ться)* make a slip (in spéaking) 2. *(сде́лать огово́рку)* make a reservátion

огово́рка *ж* 1. *(обмо́лвка)* slip of the tongue [tʌŋ] 2. *(усло́вие)* reservátion

ого́нь *м* 1. fire 2. *(свет)* light

огоро́д *м* kítchen gárden; *амер.* truck gárden

огорча́ть(ся) *см.* огорчи́ть (-ся)

огорче́ние *с* grief, sórrow [-əu]

огорчи́ть distréss; grieve; *(разочарова́ть)* disappóint; я огорчён, что… I'm disappóinted that…; ~ся grieve; не огорча́йтесь! cheer up!

огра́да *ж* fence

ограниче́н‖ие *с* restríction; limitátion; без ~ия without restríction; ~ ско́рости *авто* speed límit [ʹlɪ-]

ограни́ченный 1. límited [ʹlɪm-] 2. *(неу́мный)* nárrow-mínded [-əuʹmaɪn-]

ограни́чивать(ся) *см.* ограни́чить(ся)

ограни́чить límit [ʹlɪm-], restríct; ~ся confíne onesélf [wʌn-] (to)

огро́мный huge, imménse; vast [-ɑː-]

огры́зок м bit, end; stump

огур‖е́ц м cúcumber; солё-ные ~цы́ sálted cúcumbers, píckled cúcumbers

одарённый gífted, tálented ['tæ-]

одева́ть(ся) см. оде́ть(ся)

оде́жда ж clothes [-ðz]; ве́рхняя ~ stréet-clothes

одеколо́н м Éau-de-Cológne [ˌəudəkəˈləun]

одержа́ть, оде́рживать: ~ верх gain (get [get]) the úpper hand; ~ побе́ду gain (win) a víctory

оде́ть dress, clothe; ~ся dress; put [put] smth on

одея́ло с blánket; *(стёганое)* quilt

оди́н 1. one **2.** *(без других)* alóne

одина́ковый idéntical [aɪ-ˈden-], the same

оди́ннадцать eléven [-ˈle-]

одино́кий lónely, sólitary ['sɔ-]; *(холостой)* síngle

одино́чество с sólitude

одино́чк‖а ж lone pérson; в ~y alóne

одна́ см. оди́н

одна́жды once [wʌns]

одна́ко howéver [-ˈevə]; (and) yet

одно́: ~ и то же one and the same thing

одновре́ме́нно simultáneous-ly, at the same time

однодне́вный óne-day ['wʌn-]

одноко́мнатн‖ый: ~ая квар-тíра twó-room ['tuː-] flat *(амер.* apártment); *амер. тж.* stúdio (apártment)

однообра́зный monótonous [-ˈnɔtn-]

однооро́дный úniform, homo-géneous

односторо́нний one-síded ['wʌn-]; uniláteral [-ˈlætə-]

однофами́лец м námesake

одноэта́жный one-stóreyed [ˌwʌnˈstɔː-]; síngle-stóreyed; ~ дом cóttage; búngalow [-ləu]

одобре́ние с appróval [əˈpruː-]

одо́брить, одобря́ть appróve [əˈpruː-] (of)

одолже́ние с fávour; сде́-лайте ~ do me a fávour

одува́нчик м dándelion [-laɪ-ən]

ожере́лье с nécklace [-lɪs]

ожесточённ‖ый bítter; fierce [fɪəs]; ~ая борьба́ fierce struggle

оживле́ние с animátion

оживлённый ánimated ['ænɪ-], lívely

ожида́н‖ие с wáiting, ex-pectátion; в ~ии... pénding...; зал ~ия wáiting room

ожида́ть expéct; wait (for); я не ожида́л вас уви́деть I didn't expéct to see you

ожо́г м burn; *(кипятком, паром)* scald

озабо́ченность ж preoccupá-tion; *(забота)* concérn

оздорови́тельный health ['helθ] impróvement [-ˈruːv-]; sánitary ['sæ-], hygíenic [haɪ-ˈdʒiːnɪk] озелене́ние *с* lándscape gár-dening

о́зеро *с* lake

ози́м‖ый: ~ые хлеба́ wínter crops

означа́ть mean, sígnify; что означа́ет э́то сло́во? what does this word [wəd] mean?

озно́б *м* chill, (fit of) féver; у меня́ ~ I'm shívering ['ʃɪ-] (féverish)

озя́бнуть be chílly, be cold

оказа́ть rénder; show [ʃəu]; ~ по́мощь help, rénder assíst-ance (aid); ~ гостеприи́м-ство show hospitálity; ~ся 1. turn out, prove [-uːv] (to be) 2. (*очути́ться*) find onesélf [wʌn-]

ока́зывать(ся) *см.* оказа́ть (-ся)

океа́н *м* ócean ['əuʃən]; ~ский ócean ['əuʃən]

о́кись *ж хим.* óxide ['ɔksaid]

окла́д *м* sálary ['sæ-]; básic [-sɪk] wage (pay)

оклевета́ть slánder, defáme

оклика́ть, окли́кнуть háil, call (to)

окно́ *с* wíndow [-dəu]

о́коло 1. (*во́зле*) near [nɪə], by; (*ря́дом*) next to 2. (*при-бли́зительно*) abóut; в э́том за́ле ~ 500 мест this hall seats abóut five húndred

оконча́ние *с* 1. (*спекта́кля и т. п.*) terminátion; end 2. *шахм.* éndspiel [-ʃp-]

оконча́тельный fínal

око́нчить fínish ['fɪ-]; ~ шко́-лу fínish (leave) school [skuːl]; ~ вуз gráduate from a cóllege ['kɔlɪdʒ]; конце́рт око́нчен the

cóncert is óver; ~ся end, tér-minate

о́корок *м* ham, gámmon

око́шко *с* wíndow [-dəu]

окра́ина *ж* (*го́рода*) óut-skirts *pl*

окра́сить, окра́шивать paint; (*ткань и т. п.*) dye [dai]; (*слегка́*) tíncture; осторо́жно, окра́шено! fresh paint!; *амер.* wet paint!

окре́стност‖ь *ж* envírons *pl* [ɪn'vaɪə-]; в ~и in the néigh-bourhood

окро́шка *ж* okróshka (*cold kvass-and-vegetable soup*)

о́круг *м* dístrict; избира́тель-ный ~ constítuency, eléctoral dístrict

окружа́ть *см.* окружи́ть

окруже́ние *с* (*среда́*) enví-ronment [ɪn'vaɪər-]

окружи́ть 1. surróund (by); дом был окружён забо́ром there was a fence round the house 2. *воен.* encírcle [ɪn'sɜːkl]

октя́брь *м* Octóber

окули́ст *м* óculist; *разг.* éye-doctor ['aɪ-]

о́кунь *м* perch

оку́рок *м* cigarétte-end [ˌsɪgə-], butt

ола́дьи *мн.* páncakes (*thick and small*)

оле́нь *м* deer (*мн.* deer)

олимпиа́да *ж спорт.* Olým-piad

олимпи́йск‖ий Olýmpic; Олимпи́йские и́гры Olýmpic games; ле́тние (зи́мние) Олим-пи́йские и́гры Súmmer (Wín-ter) Olýmpics; ~ ого́нь (деви́з, символ, флаг) Olýmpic flame (mótto, sýmbol, flag); ~ая клятва Olýmpic oath

олово *c* tin

омлéт *м* ómelette [ˈɔmlɪt]

он he; *(для неодушевл. предметов)* it; он тóлько что вышел he has just gone out

онá she; *(для неодушевл. предметов)* it; онá бýдет в три часá she will come [kʌm] at three

они they; ~ всегдá вам рáды they are álways glad to see you

онó it; пожáлуйста, дáйте мне пальтó, ~ висит в шкафý please give [gɪv] me my coat, it hangs in the wárdrobe

ООН (Организáция Объединённых Нáций) *см.* организáция

опáздывать *см.* опоздáть

опáсн‖ость *ж* dánger [ˈdeɪ-]; ~ый dángerous [ˈdeɪ-]

óпера *ж* ópera [ˈɔpərə]

операция *ж* operátion

опередить, опережáть outstríp; *(во времени)* forestáll

оперéтта *ж* músical (cómedy [ˈkɔ-]); operétta

оперировать óperate (on)

óперный ópera [ˈɔpərə]; ~ теáтр ópera-hóuse; ~ певéц ópera sínger

опилки *мн.* sáwdust *sn*

описáние *c* descríption

описка *ж* slip of the pen

оплáта *ж* páy(ment); remunerátion

оплатить pay

оплáченн‖ый: с ~ым отвéтом replý-paid

оплáчивать *см.* оплатить

оплóт *м* búlwark, strónghold

опоздáн‖ие *c* cóming [ˈkʌm-] late; unpunctuálity [-ˈælɪ-]; *(задержка)* deláy; без ~ия in time; с ~ием на час an hour [ˈauə] late

опоздáть be late; ~ на 5 минýт be five mínutes late; ~ на пóезд miss the train; пóезд опáздывает the train is óverdue

опóр‖а *ж* suppórt; *(моста)* pier [pɪə]; ~ линии электропередáчи pýlon ◊ тóчка ~ы fúlcrum [ˈful-]

оппонéнт *м* oppónent

опрáв‖а *ж* rim, frame; *(камня)* sétting; встáвить в ~у set, mount; очки без ~ы rímless glásses

оправдáние *c* 1. justificátion; excúse [-s] 2. *юр.* acquíttal

оправдáть, опрáвдывать 1. excúse 2. *юр.* acquít

определéние *c* definítion

определённый définite [ˈde-]

определить, определять defíne; detérmine

опреснéние *c* desalinátion [-ˌsælɪˈneɪʃn]

опровержéние *c* refutátion, deníal

опрокидывать, опрокинуть upsét; overtúrn; topple down

опрóс *м* interrogátion; *(населения)* poll; ~ общéственного мнéния (públic opínion [-ˈpɪ-]) poll

óптика *ж* 1. *(наука)* óptics

2. *(приборы)* óptical ínstruments and devíces; ‹**óптика**› *(надпись)* "Optícian" [-'tıʃn]

óптов‖ый whólesale; ~**ые цéны** whólesale príces

óптом whólesale; ~ **и в рóзницу** whólesale and retáil

опубликовáть, опубликóвывать públish

опускáть(ся) *см.* опустить (-ся)

опустé‖ть becóme [-'kʌm] émpty; **зал** ~**л** éverybody ['evrıbɔdı] left the hall

опустить 1. lówer ['ləuə]; ~ **письмó** drop a létter **2.** *(пропустить)* omít; ~**ся 1.** fall; *(погрузиться)* sink; *(на колени)* kneel **2.** *(морально)* degráde, degénerate [-'dʒe-]

óпухоль *ж* swélling; *мед.* túmour; **доброкáчественная** ~ benígn [-'naın] túmour; **злокáчественная** ~ malígnant túmour

óпыт *м* **1.** *(навыки)* expérience [-'pıər-]; **производственный** ~ knów-how ['nəuhau] **2.** *(эксперимент)* expériment [-'perı-]; test

óпытн‖ый 1. *(о человеке)* expérienced [-'pıər-] **2.** *(относящийся к опытам)* experiméntal; ~**ая устанóвка** pílot plant

опять agáin

орáнжевый órange

оранжерéя *ж* hóthouse [-s], gréenhouse, consérvatory

орáтор *м* spéaker

орбит‖а *ж* órbit; **промежýточная** ~ párking órbit; **выведéние на** ~**у** plácing (bóosting,

pútting [put-]) ínto ['ıntu] órbit

óрган *м* órgan; **bódy** ['bɔ-]; **законодáтельный** ~ législative bódy; **исполнительный** ~ exécutive bódy; ~**ы влáсти** the authórities

оргáн *м муз.* órgan

организáтор *м* órganizer

организáция *ж* organizátion; **Организáция Объединённых Нáций** the Uníted Nátions (Organizátion)

организовáть órganize, arránge [-'reı-]

óрден *м* órder, decorátion; ~ **Лéнина** Órder of Lénin; ~ **Крáсного Знáмени** Órder of the Red Bánner; ~ **Крáсной Звезды** Órder of the Red Star; ~ ‹**Знак почёта**› the Badge of Hónour; **наградить** ~**ом** décorate with an órder

орденонóсец *м* órder-bearer [-bɛərə]

óрдер *м* wárrant; ~ **на квартиру** authorizátion (wárrant for) to an apártment

орёл *м* eagle

орéх *м* **1.** nut; **земляной** ~ péanut; **кокóсовый** ~ cóconut; **грéцкий** ~ wálnut **2.** *(дерево)* nút tree; *(материал)* wálnut

оригинáльный oríginal [-'rı-dʒə-]

оркéстр *м* órchestra ['ɔkıstrə]

орнáмент *м* órnament

оросить, орошáть írrigate

орошéние *с* irrigátion

орýдие *с* **1.** ímplement; tool; ínstrument **2.** *воен.* gun

ору́жие *с* wéapon ['we-]; *собир.* arms *pl*, wéapons *pl*; ~ ма́ссового уничтоже́ния wéapons of mass destrúction (extermination, annihilátion [ə,naɪə'leɪʃn])

оса́ *ж* wasp

оса́да *ж* siege [si:dʒ]

оса́дки *мн.* *(атмосферные)* precipitátion, ráinfall

осва́ивать *см.* осво́ить

осведо́миться, осведомля́ться inquíre, make inquíries

освежа́ться, освежи́ться refrésh onesélf [wʌn-]; take an áiring

освети́ть, освеща́ть illúminate; light (up); *перен.* cast (throw [-əu]) light (upón)

освеще́ние *с* illuminátion; *перен.* elucidátion [ɪ,luːsɪ-]; электри́ческое ~ eléctric light

освободи́тельн‖ый liberátion; emancipátory; ~ое движе́ние liberátion móvement

освободи́ть, освобожда́ть (set) free, líberate ['lɪ-]; reléase [-s]

освобожде́ние *с* liberátion; emancipátion; *юр.* reléase [-s]

освое́ние *с* mástering; ~ нефтяно́го месторожде́ния devélopment [-'ve-] of an óilfield

осво́ить máster; assímilate [-'sɪ-]; ~ о́пыт assímilate an expérience; ~ся famíliarize [fə'mɪljə-] onesélf [wʌn-] with; feel éasy; ~ся с обстано́вкой fit onesélf ínto the situátion

осёл *м* dónkey; ass

осе́нний áutumn ['ɔːtəm]; ~ сезо́н áutumn séason

о́сень *ж* áutumn ['ɔːtəm]; *амер.* fall

о́сенью in áutumn ['ɔːtəm]; бу́дущей (про́шлой) ~ next (last) áutumn

осётр *м* stúrgeon

осетри́на *ж* stúrgeon

оси́на *ж* áspen ['æspən]

оскорби́ть insúlt, offénd

оскорбле́ние *с* ínsult, offénce

оскорбля́ть *см.* оскорби́ть

ослабева́ть, ослабе́ть grow [grəu] weak (feeble)

осла́бить, ослабля́ть 1. wéaken **2.** *(уменьшать напряжение)* reláx

осложне́ние *с* complicátion

осма́тривать *см.* осмотре́ть

осме́ливаться, осме́литься dare

осмо́тр *м* inspéction; examinátion [ɪg,zæmɪ-]; súrvey; медици́нский ~ médical examinátion, chéck-up

осмотре́ть inspéct, exámine [ɪg'zæmɪn]; *(здание и т. п.)* go óver; ~ го́род go on a tour of a cíty ['sɪ-]; *разг.* do the cíty

осно́ва *ж* base [beɪs]; básis [-sɪs]; foundátion

основа́ние *с* **1.** *(действие)* foundátion **2.** *(причина)* grounds, réason

основа́тель *м* fóunder; ~ный **1.** sólid ['sɔ-] **2.** *(обоснованный)* well-gróunded, well-fóunded **3.** *(тщательный)* thórough ['θʌ-]

основа́ть found

основно́й fundaméntal, básic [-sɪk], príncipal

осно́вывать *см.* основа́ть;

~ся *(о предложении и т. п.)* be based (on)

особенн‖о especially [is-'peʃ-], particularly, in particular; **~ый** spécial ['speʃ-], partícular

особый spécial ['speʃ-]; partícular; *(необычный)* pecúliar

óсп‖а ж smállpox; привúть **~у** комý-л. váccinate smb (agáinst smállpox); вéтряная **~** chícken pox

оспáривать dispúte, contést; **~** пéрвое мéсто conténd for the chámpionship (title [taɪtl])

оставáться *см.* остáться

остáвить, оставля́ть leave; *(покинуть)* abándon; **~** в покóе leave smb alóne; **~** далекó позадú leave far behínd; я остáвил дóма... I left... at home

остальнóе the rest

останáвливать(ся) *см.* останови́ть(ся)

останови́ть stop; put [put] an end (to); **~ся 1.** stop; маши́на останови́лась у ворóт the car pulled [puld] up (stopped) at the gate **2.** *(в гостинице и т. п.)* stay (at)

останóв‖ка ж **1.** stop; без **~ок** without [wɪð-] ány stops; **~** автóбуса (трамвáя, троллéйбуса) bus (tram, trólley-bus) stop **2.** *(перерыв в путешествии)* stópover; сдéлать **~ку** в Варшáве make a stópover in Wársaw

остáться 1. stay; remáin **2.** *(быть оставленным)* be left;

наш багáж остáлся на перрóне we left the lúggage on the plátform; до отхóда пóезда остáлось дéсять минýт the train leaves in ten mínutes

осторóжн‖о cárefully; cáutiously ['kɔːʃəslɪ]; **~!** *(надпись)* cáution!; look out!; **~ый** cáreful, cáutious ['kɔːʃəs]

остриё с **1.** point **2.** *(ножа)* edge

остри́ть *(говорить остроты)* joke, jest, crack jokes

óстров м ísland ['aɪlənd]

острóта ж *(остроумное выражение)* joke, wítticism; *разг.* wísecrack

остроýмный wítty

óстр‖ый 1. *(заострённый)* sharp **2.** keen; acúte; **~ая** боль sharp pain; **~** сóус hot (píquant ['piːkənt]) sauce

остывáть, остыть cool (down), get [get] cold

осуди́ть, осуждáть 1. *(порицать)* blame **2.** *юр.* séntence (to)

осушéние с dráinage

осуществи́ть, осуществля́ть cárry out, réalize ['rɪə-], fulfíl; **~ся:** моя́ мечтá осуществи́лась my dream has come [kʌm] true

от from; я получи́л письмó от родн́ых I got a létter from my folks (rélatives); я узнáл э́то от негó I learnt from him abóut it; к сéверу от to the north of; кто стои́т (сиди́т) слéва (спрáва) от вас? who is stánding (sítting) on your left (right)?; дáйте мне чтó-нибудь от головно́й бо́ли give [gɪv] me some [sʌm] rémedy for héadache [ˈhedeɪk]; от всего́ се́рдца, от всей души́ with all (from the bóttom of) one's heart [hɑːt]; я в восто́рге от э́той пое́здки (от ва́шего предложе́ния) I'm delíghted with this trip (with your propósal); э́то от меня́ не зави́сит it doesn't depénd on me, I can't help it; э́то зави́сит от нас it lies with you

отбива́ть см. **отби́ть**

отбивна́я ж кул.: теля́чья (бара́нья) ~ cútlet; (с косточкой) veal (lamb) chop; свина́я ~ (pork) chop

отбира́ть см. **отобра́ть**

отби́ть (отрази́ть ата́ку) beat off, repúlse, repél; (мяч) retúrn

отбо́р м seléction; есте́ственный ~ nátural [ˈnæ-] seléction

отбо́рный seléct, choice

отбро́сы мн. réfuse [ˈrefjuːs] sn, gárbage sn, wáste [weɪst] sn

отбыва́ть depárt

отбы́тие с depárture

отва́жный courágeous, brave

отвезти́ take awáy; drive

отверга́ть, отве́ргнуть rejéct, turn down; (голосова́нием) vote down; ~ законопрое́кт kill the bill

отверну́ть (отвинти́ть) unscréw [-ˈskruː]; (откры́ть) turn on; ~ кран turn on the tap

отверну́ться turn awáy (from), turn one's back (on)

отве́рстие с ópening; órifice; (дыра́) hole

отвёртка ж scréwdriver [ˈskruː-]

отвёртывать см. **отверну́ть**

отвести́ 1. lead (take) asíde 2. (отклони́ть) rejéct 3. (уда́р и т. п.) párry 4. (помеще́ние и т. п.) allót

отве́т м ánswer [ˈɑːnsə]; replý; в ~ (на) in ánswer (replý) (to)

отве́тить ánswer [ˈɑːnsə]; replý; ~ на вопро́с ánswer a quéstion [ˈkwestʃən]

отве́тственн‖ость ж responsibílity [-ˈbɪ-]; ~ый respónsible; (отвеча́ющий за) in charge of; ~ый секрета́рь exécutive [-ˈze-] sécretary

отвеча́ть (за что-л.) ánswer [ˈɑːnsə] for; (нести́ отве́тственность) be respónsible (ánswerable) for

отвлека́ть, отвле́чь distráct, divért; ~ внима́ние distráct smb's atténtion

отводи́ть см. **отвести́**

отвози́ть см. **отвезти́**

отвора́чиваться см. **отверну́ться**

отвори́ть, отворя́ть ópen

отвраще́ние с disgúst, lóathing

отгада́ть, отга́дывать guess

отгова́ривать, отговори́ть dissuáde; talk smb out of dóing smth; ~ся excúse onesélf [wʌn-]

отгово́рка ж excúse [-s], prétext

отдава́ть, отда́ть 1. give [gɪv]; (возврати́ть) retúrn, give back; я о́тдал ему́ кни́гу I retúrned the book to him **2.:** ~ до́лжное rénder smb his due

отде́л м séction; *(учрежде́ния тж.)* depártment

отделе́ние с **1.** *(часть чего́-л.)* séction; divísion [dɪ-'vɪʒn] **2.** *(филиа́л)* depártment; branch; ~ мили́ции (lócal) milítia státion; почто́вое ~ póst-office **3.** *(конце́рта)* part

отдели́ть séparate ['sepə-]; divíde; *(разъединя́ть)* disjóin; ~**ся** séparate ['sepə-]; *(о предме́те)* get [get] detáched

отде́лка ж *(украше́ние)* trímming

отде́льный séparate ['seprɪt]; indivídual [-'vɪd-]; ~ но́мер single room

отделя́ть(ся) *см.* отдели́ть (-ся)

отдохну́ть rest, have (take) a rest

о́тдых м rest, repóse; relaxátion; recreátion

отдыха́ть *см.* отдохну́ть

оте́ц м fáther ['fɑːðə]

оте́чественн‖ый nátional ['næʃ-]; home, doméstic; ~ого произво́дства hómemade

оте́чество с hómeland, mótherland ['mʌ-], nátive land

о́тзыв м *(сужде́ние)* opínion [-'pɪ-]; réference ['ref-]; *(реце́нзия)* revíew [-'vjuː]

отзы́в м *(посла́ и т. д.)* recáll

отзыва́ть(ся) *см.* отозва́ть (-ся)

отзы́вчивый respónsive, sympathétic [ˌsɪmpə'θetɪk]

отка́з м refúsal

отказа́ть, отка́зывать refúse;

не откажи́те в любе́зности... be so kind to...; ~**ся 1.** refúse; declíne **2.** *(от)* give [gɪv] up; не откажу́сь I wón't say no

откидн‖о́й fólding ['fəu-]; ~**о́е** сиде́нье (кре́сло) collápsible seat, jump seat (chair [tʃɛə])

откла́дывать *см.* отложи́ть

о́тклик м respónse [-s]

отклони́ть *(про́сьбу и т. п.)* declíne, rejéct; ~**ся** move [muːv] asíde; defléct; déviate; *(от те́мы)* digréss (from)

отклоня́ть(ся) *см.* отклони́ть(ся)

открове́нный frank; *(о челове́ке тж.)* outspóken

открыва́ть *см.* откры́ть

откры́тие с **1.** ópening; *(вы́ставки и т. п.)* inaugurátion. **2.** *(нау́чное)* discóvery [-'kʌ-]

откры́тка ж póstcard ['pəu-]

откры́тый ópen

откры́ть 1. ópen; откро́йте дверь ópen the door; музе́й откры́т с... the muséum [mjuː-'zɪəm] is ópen from... **2.** *(торже́ственно)* ináugurate; *(па́мятник)* unvéil [-'veɪl] **3.** *(собра́ние, пре́ния и т. п.)* ópen, start **4.** *(обнару́жить)* find out; *(сде́лать откры́тие)* discóver [-'kʌ-]

отку́да where... from; ~ вы? where are you from?; ~ вы э́то зна́ете? how do you know [nəu] it?

отку́да-нибудь from sómewhere ['sʌmwɛə]

отку́поривать, отку́порить uncórk, ópen

откуси́ть, отку́сывать bite off, take a bite (of)

отлёт *м* depárture; start, take-óff

отли́в I *м* ebb, low [ləu] tide

отли́в II *м (оттенок):* с си́ним (ро́зовым) ~ом shot with blue (pink)

отлича́ть *см.* отличи́ть; ~ся 1. *см.* отличи́ться 2. díffer from 3. *(чем-л. характеризова́ться)* be remárkable for

отли́ч‖**ие** *с* dífference; distínction; в ~ от... unlíke; as distínct from; зна́ки ~ия insígnia

отличи́ть distínguish; ~ся *(вы́делиться)* distínguish onesélf [wʌn-] (by)

отли́чн‖**о** éxcellent, pérfectly; it's éxcellent; ~! éxcellent!; ~ый 1. *(превосхо́дный)* éxcellent, pérfect 2. *(друго́й)* dífferent (from)

отло́гий slóping

отло́женн‖**ый**: ~ая па́ртия *шахм.* adjóurned game

отложи́ть 1. *(положи́ть в сто́рону)* lay asíde 2. *(отсро́чить)* put [put] off, deláy; *(заседа́ние)* postpóne [pəu-], adjóurn [-ɜː-]

отложно́й: ~ воротничо́к túrn-down cóllar

отме́на *ж* abolítion [-ˈlɪ-]; *(зако́на)* abrogátion, revocátion; *(распоряже́ния)* cancellátion, cóuntermand; ~ эмба́рго lífting of the embárgo

отмени́ть, отменя́ть cáncel; abólish [-ˈbɔ-]; repéal

отмере́ть die off, die out

отме́тить mark; note

отме́тка *ж* mark; note

отмеча́ть *см.* отме́тить

отмира́ть *см.* отмере́ть

отмора́живать *см.* отморо́зить

отморо́зить: ~ себе́ нос get one's nose fróst-bitten

отнести́ take (to); cárry (awáy)

отнима́ть *см.* отня́ть

относи́тельн‖**о** 1. rélatively [ˈre-] 2. *(каса́тельно)* concérning, about; ~ый rélative [ˈre-]; comparative

относи́ть *см.* отнести́

относи́ться 1. *(име́ть отноше́ние)* concérn; apply to 2. *(обходи́ться с кем-л.)* treat

отноше́н‖**ие** *с* 1. *(обраще́ние)* tréatment; хоро́шее (плохо́е) ~ good [gud] (ill) tréatment 2. *(связь)* relátion; в ~ии... in connéction with... 3. *(пози́ция)* áttitude, stand 4. *(докуме́нт)* létter; memorándum, mémo [ˈmeməu]

отня́ть *(взять)* take away

ото *см.* от

отобра́ть 1. *(отня́ть)* take awáy 2. *(вы́брать)* seléct, pick out

отовсю́ду from éverywhere [ˈevrɪ-]

отодвига́ть(ся) *см.* отодви́нуть(ся)

отодви́нуть, ~ся move [muːv] (asíde, back)

отозва́ть 1. *(в сто́рону)* take asíde 2. *(посла́)* recáll; ~ся *(отве́тить)* ánswer [ˈɑːnsə], replý; écho [ˈekəu]

отойти 1. move [mu:v] awáy; ~ в сто́рону step asíde (from) **2.** *(о поезде и т. п.)* leave **3.** *(отстраниться)* withdráw

отопле́ние *с* héating; центра́льное (парово́е) ~ céntral héating

оторва́ть 1. tear [tɛə] (awáy, from, off) **2.** *перен.* distúrb; prevént (from); **~ся 1.** come [kʌm] off; пу́говица оторвала́сь the bútton has come off; **~ся** от земли́ *(о самолёте)* take off **2.** *(отвлекаться от чего-л.)* tear [tɛə] onesélf [wʌn-] awáy (from) **3.** *спорт.:* ~ся от проти́вника get [get] free of the oppónent

отосла́ть send awáy (off)

отпере́ть, отпира́ть ópen, unlóck

отпеча́тать print

отпеча́ток *м* ímprint; ~ па́льца fínger-print

отплыва́ть sail

отплы́тие *с* sáiling; depárture

отплы́ть *см.* отплыва́ть

отпо́р *м* rebúff

отправи́тель *м* sénder

отпра́вить send, dispátch; **~ся** set off, leave (for); по́езд отпра́вится в 5 часо́в the train leaves at five o'clóck

о́тпуск *м* leave; *(регулярный)* hóliday ['hɔlədɪ]; *амер.* vacátion; ~ по боле́зни síck-leave; ~ по бере́менности и ро́дам matérnity leave; в ~e on leave

отпуска́ть, отпусти́ть 1. let go; set free **2.** *(товар и т. п.)* serve

отра́ва *ж* póison

отравле́ние *с* póisoning

отража́ть *см.* отрази́ть

отраже́ние *с* **1.** refléction **2.** *(нападения)* repúlse

отрази́ть *спорт.* beat back

отраслев‖о́й *эк.* séctoral; территориа́льное и ~о́е плани́рование territórial and séctoral plánning

о́трасль *ж* branch, field; ~ промы́шленности an índustry

отре́з *м* **1.** cút-off (line) **2.** *(ткань):* ~ на костю́м (на пла́тье, на пальто́, на брю́ки) súiting (dréssgoods, cóating, tróusering)

отре́зать, отреза́ть cut off

отрица́ть dený

отруба́ть, отруби́ть chop off, cut off

о́труби *мн.* bran *sn*

отры́в *м:* ~ от проти́вника *спорт.* bréak-away [-еɪ-]; без ~а от произво́дства on a párt-time básis

отрыва́ть(ся) *см.* оторва́ть (-ся)

отры́вок *м* éxtract, frágment; pássage

отря́д *м* detáchment

отсе́к *м* séction, compártment, bay; módule ['mɔ-]; прибо́рный ~ ínstrument bay (compártment); лу́нный ~ lúnar ['lu:-] módule

отсро́чивать, отсро́чить postpóne [pəu-], put [put] off

отстава́ть, отста́ть 1. lag behínd; *перен.* be báckward (behínd); не отстава́йте don't lag behínd **2.:** часы́ отстаю́т на 10 минут the watch (clock) is ten minutes slow [sləu]

отста́вк‖а _ж_ retírement; **вы́йти в** ~у resígn [rɪˈzaɪn], go ínto retírement

отста́л‖ый 1. rétrograde; ~ые взгля́ды outdáted views [vju:z] **2.** báckward, under-devéloped [-ˈve-]

отстёгивать, отстегну́ть un-bútton; unfásten [-ˈfɑːsn], undó [ʌnˈduː]

отступа́ть, отступи́ть 1. step back; retréat **2.** (_от правила и т. п._) déviate (from)

отсу́тствие _с_ **1.** ábsence **2.** (_неимение_) lack (of)

отсу́тствовать be ábsent

отсю́да 1. from here **2.** (_из этого_) hence

отте́нок _м_ shade; (_цвета_) tint, hue [hju:]

о́ттепель _ж_ thaw

о́ттиск _м_ (_статья из журнала_) reprínt

оттого́ thérefore; ~ что becáuse

отту́да from there

отхо́д _м_ **1.** (_поезда_) depár-ture **2.** (_отклонение_) deviátion

отходи́ть _см._ отойти́

отхо́д‖ы _мн._ wáste [ˈweɪst] próducts [ˈprɔ-]; перерабо́т-ка промы́шленных ~ов recý-cling [-ˈsaɪ-] of indústrial waste

отча́сти pártly

отча́яни‖е _с_ despáir; в ~и in despáir

отчего́ why

о́тчество _с_ patroný́mic [-ˈnɪm-]; как ва́ше ~? what is your patroný́mic?

отчёт _м_ accóunt [əˈkau-]; (_доклад_) repórt

о́тчим _м_ stépfather [-fɑː-]

отчита́ться, отчи́тываться give [gɪv] an accóunt [əˈkau-]; repórt

отъе́зд _м_ depárture

официа́льный offícial [əˈfɪ-ʃəl]; fórmal

официа́нт _м_ wáiter; (_на самолёте, судне_) stéward; ~ка _ж_ wáitress; (_на самолёте, судне_) stéwardess

офо́рмить (_придать форму_) put [put] ínto [ˈɪntu] shape

оформле́ние _с_ (_искусство_) móunting; сцени́ческое ~ stáging; худо́жественное ~ décorative desígn

оформля́ть _см._ офо́рмить

офо́рт _м_ étching

охвати́ть, охва́тывать envé-lop [-ˈve-]; embráce; comprise

охлади́ть, охлажда́ть cool (off)

охо́та _ж_ húnting

охо́титься hunt; _перен. тж._ chase

охо́тник _м_ húnter

охо́тно wíllingly; gládly, réadily [ˈre-]

охра́на _ж_ **1.** (_стража_) guard **2.** (_действие_) guárding; ~ мате́ринства и младе́нчества móther [ˈmʌ-] and child wél-fare; ~ труда́ lábour protéction

охраня́ть guard (from), pro-téct (from)

охри́пнуть get [get] hoarse [hɔːs]

оце́нивать, оцени́ть 1. (_опре-делить цену_) éstimate, eváluate [ɪ'væ-] **2.** *(признавать достоинства)* appréciate [-'priː∫-]

оце́нка *ж* **1.** *(определение цены)* evaluátion; estimátion; *(высокая)* appreciátion **2.** *(отметка)* mark

оча́г *м* hearth; *перен.* hótbed; ~ войны́ hótbed of war

очарова́тельный chárming

очеви́дец *м* éyewitness ['aɪ-]

очеви́дно évidently ['evɪ-]; *(вероятно)* appárently [-'pæ-]; соверше́нно ~ óbviously

о́чень véry ['verɪ]; *(с глаголами)* véry much; ~ вам благода́рен thank you véry much

очередни́к *м* pérson on a (the) wáiting list

о́чередь *ж* **1.** turn; тепе́рь моя́ ~ it's my turn now **2.** *(людей)* queue [kjuː], *амер.* line; *(список)* wáiting list

о́черк *м* sketch; éssay; *(в газете)* (féature) árticle

очи́стить, очища́ть 1. clean, púrify **2.** *(овощи и т. п.)* peel

очки́ *мн.* spéctacles, (éye-)glasses ['aɪ-]

очко́ *с спорт.* point

очну́ться recóver [-'kʌ-]; regáin cónsciousness, come [kʌm] to onesélf

о́чн‖ый: ~ое обуче́ние fúll-time stúdies ['stʌ-]

оше́йник *м* (dog) cóllar

ошиба́ться, ошиби́ться be mistáken; make a mistáke

оши́бк‖а *ж* mistáke; *(заблуждение)* érror; гру́бая ~ blúnder; по ~e by mistáke

оштрафова́ть fine; *спорт.* púnish ['pʌ-]

ощути́ть, ощуща́ть sense, feel

ощуще́ние *с* sensátion

П

па *с* step

павильо́н *м* pavílion [-'vɪljən]

павли́н *м* péacock

па́водок *м* spring flóods ['flʌ-] *pl*, high [haɪ] wáter ['wɔ-]

па́дать 1. fall; *(быстро)* drop **2.** *(понижаться)* sink; *(быстро)* drop

паде́ние *с* **1.** fall; drop **2.** *(правительства)* dównfall

паёк *м* rátion ['ræ-]

пай *м* share

паке́т *м* pácket ['pæ-]; párcel

пакт *м* pact; ~ о взаимопо́мощи mútual assistance pact; ~ о нападе́нии nón-aggréssion pact

пала́та *ж* **1.** *(в больнице)* ward **2.** *(учреждение)* chámber ['t∫eɪ-]; *(законодательная тж.)* House; ~ ло́рдов the House of Lords, the Lords; ~ общин the House of Cómmons, the Cómmons; ~ представи́телей *амер.* the House of Represéntatives; торго́вая ~ the Chámber of Cómmerce; Оруже́йная ~ Ármoury

пала́тка *ж* **1.** tent **2.** *(ларёк)* booth, stall

пала́точный: ~ городо́к encámpment, camp, cámping-site

па́лец м (руки́) fínger [-gə]; (ноги́) toe [təu]; большо́й ~ (руки́) thumb [θʌm]; (ноги́) big toe; указа́тельный ~ fórefinger, índex (fínger); безымя́нный ~ ríng-fínger; сре́дний ~ middle fínger

па́лка ж stick

па́лочка I 1. ж (little) stick 2. бараба́нная ~ drúmstick 3. дирижёрская ~ báton ['bæ-]

па́лочка II ж (бактерия) bacíllus (pl -li)

па́луба ж deck; ве́рхняя (ни́жняя) ~ úpper (lówer) deck

па́льма ж pálm (tree); коко́совая ~ cóco, cóconut tree; фи́никовая ~ dáte (palm)

пальто́ с (óver)coat; зи́мнее (ле́тнее, осе́ннее) ~ winter (súmmer, áutumn ['ɔːtəm]) óvercoat; мужско́е (да́мское, де́тское) ~ man's (lády's, child's) óvercoat

па́мятник м mónument ['mɔ-]; memórial [mɪ'mɔːrɪəl]; поста́вить ~ кому́-л. eréct a mónument to smb; заложи́ть ~ lay the foundátion of a mónument

па́мять ж 1. mémory ['mem-] 2. (воспоминание) recollection, remémbrance; на ~ as a kéepsake; в ~ о на́шей встре́че in mémory (in commemorátion) of our méeting ◊ на ~ (наизусть) by heart [hɑːt]; он без па́мяти he is uncónscious

панно́ с pánel ['pæ-]

пансио́н м 1. (школа) bóard-ing-school ['bɔːdɪŋsk-] 2. (гостиница) bóarding-house; по́лный ~ board and lódging

пансиона́т м bóarding-house

па́па I м (отец) dád(dy), papá [pə'pɑː]

па́па II м (глава католической церкви) Pope

папиро́са ж cigarétte [ˌsɪgə-] (with a cardboard holder)

па́пка ж (для бумаг) fólder ['fəu-]

пар I м steam

пар II м с.-х. fallow ['fæləu]

па́ра ж 1. pair; ~ боти́нок pair of shoes [ʃuːz] 2.: супру́жеская ~ márried couple

пара́граф м páragraph ['pæ-]

пара́д м paráde; воен. revíew [-'vjuː]; принима́ть ~ inspéct a paráde, hold a revíew

парадо́кс м páradox; ~ в том, что… it is irónic [aɪ'rɔ-] that…

парашю́т м párachute [-ʃuːt]; ~и́ст м párachutist [-ʃuːt-], párachute [-ʃuːt-] júmper; ~ный: ~ная вы́шка párachute tówer; ~ный спорт párachute sport

па́рень м féllow [-əu]; chap; амер. guy [gaɪ]

пари́ с bet; держу́ ~, что I bet that

пари́к м wig

парикма́хер м háirdresser; (только мужской) bárber

парикма́херская ж háirdressing salóon, the háir-dresser's; (мужская) bárber shop

пари́льня ж stéam-room, Túrkish bath

парк м park; ~ культу́ры и о́тдыха park of cúlture and recreátion; amúsement park

парке́т м párquet [-keɪ]

парла́мент м párliament [-lə-mənt]; nátional ['næʃ-] assémbly; *(не английский тж.)* díet ['daɪət]

парово́з м (stéam-)engine; *амер.* locomótive

парово́й steam(-)

паро́дия ж párody ['pæ-]

паро́ль м pássword

паро́м м férry(boat)

парохо́д м stéamer, (stéam-) ship; boat; мы пое́дем на ~e we'll take (go by) stéamer; ~ство с: Балти́йское ~ство Báltic Lines

па́рта ж (school) desk

партбиле́т м (парти́йный биле́т) Párty card

партёр м *театр.* pit; *(передние ряды)* stalls; тре́тий ряд ~a third row of the stalls

партиза́н м, ~ка ж guerílla(-fíghter) [gəˈrɪlə-], partisán [-ˈzæn]

парти́йн‖ость ж *(принадлежность к партии)* Párty mémbership; ~ый **1.** párty; ~ый съезд Párty Cóngress **2.** м Párty mémber

партиту́ра ж *муз.* score

па́ртия I ж párty; коммуни́стическая ~ Cómmunist Párty; социа́л-демократи́ческая ~ Sócial Democrátic Párty

па́рти‖я II ж **1.** *(отряд)* párty; detáchment; пе́рвая ~ тури́стов уже́ вы́ехала the first group of tóurists has alréady left **2.** *(товара)* batch; lot **3.** *спорт.* game, set; сыгра́ем ~ю в те́ннис (в ша́хматы) let's have a set (a game of chess) **4.** *муз.* part; ~ю роя́ля исполня́ет... at the piáno...

партнёр м, ~ша ж pártner

па́рус м sail; поднима́ть ~á set sail; идти́ под ~áми sail

паруси́на ж cánvas

па́русн‖ый: ~ое су́дно sáiling véssel, sáiler; ~ спорт sáiling (sport); yáchting ['jɔt-ɪŋ]

парфюме́рия ж perfúmery

парфюме́рный: ~ магази́н perfúmer's shop

пас м pass

па́смурный: ~ день dull (místy) day

пасова́ть *спорт.* pass

па́спорт м pássport

пасса́ж м *(с магазинами)* (shópping) árcade

пассажи́р м pássenger

па́ста ж paste [peɪst]; зубна́я ~ tóoth-paste

пасте́ль ж *жив.* pastél [-ˈtel]

пасти́ graze, tend, shépherd ['ʃepəd]

пастила́ ж fruit ['fruːt] (bérry) swéetmeat, fruit fudge

па́стор м mínister ['mɪ-], pástor

пасту́х м hérdsman, shépherd

Па́сха ж Éaster

па́сынок м stépson

пат м *шахм.* stálemáte; де́лать ~ stálemáte

пате́нт м pátent

патенто́ванн‖ый pátent; ~ое сре́дство pátent médicine

патефо́н _м_ grámophone ['græ-]

патриа́рх _м_ pátriarch ['peɪt-rɪɑːk]

патрио́т _м_ pátriot; **~и́зм** _м_ pátriotism; **~и́ческий** patriótic [-'ɔtɪk]

патро́н _м_ cártridge

патру́ль _м_ patról [-'trəul]

па́уза _ж_ pause [pɔːz]

пау́к _м_ spíder

паха́ть plough [-au], till

па́хнуть smell (of); _(неприятно)_ reek (of), stink

пацие́нт _м_ pátient ['peɪʃnt]

па́чка I _ж_ páckage; ~ сигаре́т páckage (pack) of cigaréttes [ˌsɪgə-]

па́чка II _ж (балерины)_ tútu ['tuːtuː]

па́шня _ж_ árable ['ær-] (land)

паште́т _м_ meat pie [paɪ], pâté ['pɑːteɪ]

пая́ть sólder ['sɔ-]

ПВО (противовозду́шная оборо́на) air defénce

пев‖е́ц _м_, **~и́ца** _ж_ sínger

педаго́г _м_ téacher; _(деятель образования)_ educátionist

педа́ль _ж_ pédal ['pe-]

пейза́ж _м_ lándscape

пелёнка _ж_ náppy; _амер._ díaper

пельме́н‖и _мн._ pelméni _(meat dumplings)_; **~ная** _ж_ "Pelméni" snack bar

пе́на _ж_ foam

пена́льти _м и с спорт._ pénalty

пе́ние _с_ sínging

пе́нка _ж (на молоке и т. п.)_ skin

пенсионе́р _м,_ **~ка** _ж_ pénsioner ['penʃənə]

пе́нсия _ж_ pénsion ['penʃn]; персона́льная ~ pérsonal capácity [-'pæ-] pénsion; ~ по инвали́дности (по во́зрасту) disability (retírement) pénsion; ~ по слу́чаю поте́ри корми́льца pénsion for loss of bréadwinner ['bred-]

пенсне́ _с_ pínce-nez ['pænsneɪ]; (éye-)glasses ['aɪ]

пень _м_ stump, stub

пе́пел _м_ ásh(es)

пе́пельница _ж_ ásh-tray

пе́рвенство _с_ chámpionship; ~ ми́ра по футбо́лу (волейбо́лу) fóotball (vólleyball) world [wəːld] chámpionship

пе́рвое _с (блюдо)_ first course [kɔːs]; что на ~? what is there for the first course?

первокла́ссник _м_ first-fórmer

первокла́ссный first-ráte, first-cláss; _амер._ A 1

первоку́рсник _м_ first-year stúdent; fréshman

Первома́й _м_ May Day

пе́рв‖ый first; **~ое** число́ the first of...; ~ час past twelve; в **~ом** часу́ past twelve; полови́на **~ого** half past twelve; ~ эта́ж ground floor; _амер._ main floor, first floor; Пе́рвое ма́я May Day; прийти́ **~ым** _спорт._ win, finish ['fɪ-] first

перебега́ть, перебежа́ть run acróss, cross at a run (rúnning)

перебива́ть, переби́ть interrúpt ◊ ~ поку́пку óffer a hígher price for a thing to get [get] it

перебра́ться 1. get over **2.** *(переселиться)* move [muːv]

перева́л *м* (móuntain) pass

перевезти́ transpórt; *(через реку)* put [put] (take) acróss

переверну́ть turn óver, overtúrn; ~ страни́цу turn a page

переве́с *м (численный)* superiórity; *(излишек веса)* óverweight [-eɪt]

перевести́ 1. *(на другой язык)* transláte; *(устно)* intérpret; переведи́те, пожа́луйста! transláte, please! **2.** *(деньги по почте)* remít **3.** *(в другое ме́сто)* transfér; move [muːv] **4.:** ~ часы́ (вперёд, наза́д) put [put] the watch (on, back)

перево́д *м* **1.** *(в другое ме́сто)* tránsfer **2.** *(на другой язык)* translátion; *(устный)* interpretátion; синхро́нный *(после́довательный)* ~ simultáneous (consécutive) interpretátion **3.** *(почто́вый)* póstal ['pǝu-] órder

переводи́ть *см.* перевести́

перево́дчик *м (письменный)* translátor; *(устный)* intérpreter

перевози́ть *см.* перевезти́

переворо́т *м* coup (d'état) [ˌkuː (deɪ'tɑː)], uphéaval

перевы́боры *мн.* (ré-)eléction(s)

перевяза́ть 1. *(рану)* bándage; dress **2.** *(связать)* tie up

перевя́зк‖**а** *ж* dréssing; сде́лать ~у bándage

перевя́зывать *см.* перевяза́ть

перегиб *м* **1.** *(складка)* fold **2.** *(крайность)* excéss, extréme, exaggerátion; э́то ~ that is góing too far

перегна́ть outstríp, outrún

переговóрный: ~ пункт trúnk-call óffice

перегово́ры *мн.* negotiátions; talks; вести́ ~ negótiate (with); cárry on negotiátions

перегоня́ть *см.* перегна́ть

перегора́ть, перегоре́ть burn out, fuse

перегоро́дка *м* partítion

перегре́в *м* overhéating

перегру́зка *ж* óverload

пе́ред 1. *(впереди)* befóre, in front [frʌ-] of; ~ ва́ми карти́на... the pícture befóre you is... **2.** *(до)* befóre; ~ концéртом befóre the cóncert; ~ обéдом (за́втраком, у́жином) befóre lunch (bréakfast ['bre-], súpper) **3.** *(в отношении)* to; я ~ ним извиню́сь I will apólogize to him

передава́ть *см.* переда́ть

переда́тчик *м радио* transmítter, transmítting set

переда́ть 1. pass, give [gɪv]; *(вручить)* hand; переда́йте, пожа́луйста, хлеб pass me the bread, please; переда́йте ему́ привéт remémber me to him, give him my regárds (love [lʌv]); **2.** *(сообщить)* tell; give a méssage **3.** *(по радио)* bróadcast ['brɔːd-]

переда́ча *ж радио* bróadcast ['bɔːd-]; *тлв. тж.* télecast ['te-]

передвига́ть(ся) см. передви́нуть(ся)

передвиже́н‖ие с móvement ['muːv-]; сре́дства ~ия means of convéyance

передви́нуть move [muːv]; shift; ~ся move [muːv]

переде́лать, переде́лывать álter, remáke, change

переде́ржка ж фото óver-expósure [-ıks'pəuzə]

пере́дний front [frʌ]

пере́дняя ж hall, ánteroom ['æntı-]

передово́й advánced; progréssive; ~ челове́к a progréssive

перее́зд м 1. pássage; (по воде) cróssing 2. ж.-д. cróssing; (на шоссе) híghway cróssing 3. (на другое место) remóval [-'muːv-]

переигра́ть, переи́грывать (заново) play anéw; ~ игру́ repláy the match

переизбира́ть, переизбра́ть (снова выбрать) re-eléct

переизда́ние с reprínt

перейти́ 1. pass, cross, go óver; перейдём на друго́е ме́сто let's go over to some [sʌm] óther place; ~ у́лицу cross the street 2. (превратиться) turn 3. (в другие руки) pass (to)

перека́т м (на реке) bar, shállow

пе́рекись ж: ~ водоро́да hýdrogen ['haı-] peróxide

перекли́чка ж róll-call

переключа́тель м switch

перекрёсток м cróss-road(s); interséction

переку́р м разг. (smoke) break [breık]

перелёт м 1. flight 2. (птиц) migrátion

перелива́ние с: ~ кро́ви blood [blʌd] transfúsion

перело́м м 1. (кости) frácture 2. (кризис) crísis ['kraısıs] 3. (поворотный пункт) túrning point; (прорыв) bréakthrough

переме́на ж 1. change [tʃeı-]; ~ декора́ций change of scénery 2. (в школе) ínterval, break [-eık], recéss

перемени́ть change [tʃeı-]; ~ костю́м change; ~ся change [tʃeı-]

переми́рие с ármistice, truce [truːs]

перенести́, переноси́ть I 1. (на другое место) cárry; transfér 2. (отложить) postpóne [‚pəust-], put [put] off; соревнова́ние (конце́рт) перенесли́ на... the cóntest (cóncert) is postpóned till...; заседа́ние перенесено́ на... (более близкую дату) the date of the méeting is advánced to...

перенести́, переноси́ть II (боль и т. п.) endúre [-'djuə], stand, bear [bɛə]

переобува́ться, переобу́ться change [tʃeı-] one's shoes [ʃuːz], boots, etc

переодева́ть(ся) см. переоде́ть(ся)

переоде́ть 1. (кого-л.) change [tʃeı-] smb's clothes 2. (что-л.) change (smth); ~ся 1. change [tʃeı-] (one's clothes); мне на́до ~ся I have to change

2. *(для маскировки)* dress up (as); disguíse onesélf [wʌn-] as

переписа́ть *(заново)* réwrite; *(на машинке)* type

перепи́ск‖а *ж* **1.** *(действие)* cópying ['kɔpɪ-]; *(на машинке)* týping **2.** *(корреспонденция)* correspóndence, létters; подде́рживать ~у be in correspóndence

перепи́сывать *см.* переписа́ть; ~ся correspónd (with); дава́йте ~ся! let's write to each óther!

пе́репись *ж (населения)* cénsus ['sensəs]

переплёт *м* bínding, (bóok-)cóver ['kʌ-]; кни́га в ~е (без ~а) hard cóver (páper-back) edítion [ɪ'dɪʃn]

перепо́лнить, переполня́ть overfíll, overflów [-'fləu]

перепра́ва *ж* cróssing

переры́в *м* ínterval, break [-eɪk]; без ~а withóut interrúption; ~ на 10 мину́т ten mínutes' break; ~ на обе́д lunch hour

переса́дк‖а *ж* **1.** *ж.-д.* tránsfer, change [tʃeɪ-]; сде́лать ~у change trains; я опозда́л на ~у I missed a connéction **2.** *(сердца и т. п.)* transplantátion

переса́живаться *см.* пересе́сть

пересека́ть cross

переселе́нец *м* séttler; *(иммигрант)* ímmigrant

переселя́ть, переселя́ть move [muːv]

пересе́сть 1. *(на другое ме́сто)* change [tʃeɪ-] seats; дава́йте переся́дем бли́же (да́льше) let's take seats clóser (fárther) **2.** *(в другой поезд)* change trains; *(с самолёта на самолёт)* take a connécting flight

пересла́ть send; *(вслед)* fórward; перешли́те по по́чте send by post; mail

пересма́тривать, пересмотре́ть revíse; reconsíder

переспра́шивать, переспроси́ть ask agáin

переставать stop, cease [-s]; переста́ньте разгова́ривать! stop tálking!; дождь переста́л the rain has ceased

переста́вить, переставля́ть 1. *(перемещать)* rearránge [-'reɪ-]; move [muːv]; shift **2.** *(часы)* put [put] (on, back); переста́вьте часы́ на час (на 2 часа́) наза́д (вперёд) put the clock one hóur (two hóurs) back (fórward)

переста́ть *см.* перестава́ть

перестра́иваться, перестро́иться chánge [tʃeɪndʒ]; adópt new [njuː] méthods (of work) (a new appróach (to work))

перестро́йка *ж* **1.** *(здания)* rebúilding [-'bɪ-], reconstrúction **2.** *(реорганизация)* réorganizátion; restrúcturing **3.** *(обновление)* renéwal [rɪ'njuːəl], change [tʃeɪndʒ] **4.** *полит.* perestróika

пересыла́ть *см.* пересла́ть

пересы́лк‖а *ж* sénding; ~ това́ров cárriage; ~ де́нег remíttance; сто́имость ~и *(по почте)* póstage ['pəu-]

переу́лок *м* side street, bý-street ['baɪ-]; *(в названиях)* Lane

переутоми́ться, переутомля́ться óverstráin onesélf; *(работой тж.)* óverwórk onesélf; be óverwórked

переучёт *м* stócktaking, invéntory

перехо́д *м* 1. pássage 2. *(превращение)* transítion [-'zıʃn]; convérsion

переходи́ть *см.* перейти́

пе́рец *м* répper; кра́сный ~ cayénne; чёрный ~ répper; с пе́рцем réppery, hot; фарширо́ванный ~ stuffed cápsicum

пе́речень *м* list

перечи́слить, перечисля́ть 1. enúmerate; перечи́слите, пожа́луйста... enúmerate..., please 2. *(на счёт)* transfér

пе́речница *ж* répper pot, pépperbox

перешѐек *м* ísthmus

пери́ла *мн.* ráil(ing); *(лестницы)* bánisters ['bænɪ-]

пери́од *м* périod ['pɪə-]

пе́рист‖ый: ~ые облака́ *мн.* fleecy (círrus) clouds

перламу́тр *м* móther-of-pearl [.mʌ-... -'pə:l]

перло́вка *ж (перловая крупа)* péarl-bárley ['pə:l-]

пермане́нт *м (завивка)* pérmanent wave

перо́ *с* 1. *(птицы)* féather ['feðə] 2. *(для письма)* pen

перочи́нный: ~ нож pénknife

перро́н *м* plátform

пе́рсик *м* peach

персона́л *м* personnél, staff [stɑːf]; медици́нский ~ médical staff

перфока́рта *ж* элк. púnched card

перфоле́нта *ж.* элк. púnched tape

перча́тки *мн.* gloves [-ʌ-]

пёс *м* dog

песе́ц *м* pólar fox

пе́сня *ж* song; наро́дная ~ folk [fəuk] song

песо́к *м* sand

пёстрый mótley; gay

песча́ник *м* sándstone

пе́тля́ *ж* 1. loop; *перен.* noose [-s]; *(для пуговицы)* búttonhole; *(в вязании)* stitch 2. *(оконная)* hinge 3. *ав.* loop 4. *(виселица)* gállows

петру́шка *ж (овощ)* pársley

пету́х *м* cock; *амер.* róoster

петь sing

печа́ль *ж* sórrow [-əu]; sádness; ~ный sad; sórrowful ['sɔrə-]

печа́тать print; ~ на маши́нке type

печа́ть I *ж* seal, stamp; ста́вить ~ stamp

печа́ть II *ж (пресса)* press

печёнка *ж* líver ['lɪ-]

пе́чень *ж* líver ['lɪ-]

пече́нье *с* bíscuit ['bɪskɪt]

пе́чка *ж см.* печь I

печь I *ж* stove; *(духовая)* óven; *тех.* fúrnace

печь II 1. bake 2. *(о солнце)* scorch, parch

пешехо́д *м* pedéstrian

пешехо́дн‖ый: ~ая доро́жка

fóotpath; ~ перехо́д pedéstrian cróssing

пе́шка ж pawn

пешко́м: идти́ ~ walk, go on foot; пойдём(те) ~ let's walk

пеще́ра ж cave

пиани́но с úpright piáno [pɪˈænəu]

пиани́ст м, **~ка** ж piánist [pɪˈæ-]

пивна́я ж pub, ále-house; táproom; *амер.* bár-room, salóon

пи́во с beer [bɪə]; бо́чковое ~ draft beer

пиджа́к м jácket, coat

пижа́ма ж pyjámas [pəˈdʒɑː-məz], *амер.* pajámas

пи́ки мн. *карт.* spades

пил‖**а́** ж saw; кру́глая ~ círcular saw; развести́ (заточи́ть) **~ý** set (file) a saw

пи́лка ж: ~ для ногте́й (náil-)file

пило́т м pílot

пилю́ля ж pill

пина́ть *см.* пнуть

пино́к м kick

пионе́р м pionéer [ˌpaɪəˈnɪə]; **~вожа́тый** м pionéer léader

пипе́тка ж pipétte [pɪ-]; *(для лекарства тж.)* (médicine [ˈmedsɪn]) drópper

пирами́да ж pýramid [ˈpɪ-]

пиро́г м pie [paɪ]; ~ с капу́стой cábbage pie; ~ с мя́сом meat pie; я́блочный ~ ápple-pie; ~ с варе́ньем jam tart

пиро́жное с cake, pástry; слоёное ~ puff pástry

пирож‖**о́к** м pátty; ~ с мя́сом meat pátty; **~ки́** *амер.* (Rússian [ˈrʌʃ-]) piróshki [-ˈrɔʃkɪ]

пирс м *мор.* pier [pɪə]

писа́тель м wríter; áuthor

писа́ть 1. write; он давно́ мне ничего́ не пи́шет I haven't heard from him for a long time **2.** *(в газетах, в журналах)* write (for); contríbute [-ˈtrɪ-] (to) **3.** *(красками)* paint **4.** *(музыку)* compóse

пистоле́т м pístol, gun

пи́сьменн‖**ый:** ~ стол wríting table, desk; **~ые** принадле́жности wríting matérials; ~ прибо́р désk set

письмо́ с létter; откры́тое ~ а) póstcard; б) ópen létter *(в газете)*; заказно́е ~ régistered létter; це́нное ~ létter with státement of válue

пита́ние с díet; nóurishment [ˈnʌ-]; nutrítion [njuːˈtrɪ-]

пита́тельный nóurishing [ˈnʌ-], nutrítious [njuːˈtrɪ-]

пита́ться live [lɪv] (on), feed (on)

пить drink; я хочу́ ~ I'm thírsty; ~ за чьё-л. здоро́вье drink smb's health

питьё с drink, béverage [ˈbe-]

пи́ща ж food

пла́вание с **1.** *спорт.* swimming **2.** *(на судах)* navigátion [ˌnævɪ-]; *(путешествие)* vóyage [ˈvɔɪɪdʒ], trip

пла́вать *см.* плыть

пла́вки мн. swímming trunks

пла́вленый: ~ сыр cream cheese

плака́т м póster [ˈpəu-]

плáкать weep, cry

плакýч‖ий wéeping; ~ая и́ва wéeping wíllow [-əu]

плáмя с flame

план м plan

планёр м glíder

планери́зм м glíding

планери́ст м glíder-pilot

планéта ж plánet ['plæ-]

планетáрий м planetárium [ˌplænɪ'tɛərɪəm]

плани́ровать plan

плáнов‖ый planned; ~ое хозя́йство planned ecónomy

плáстика ж 1. (вид искусства) plástic art 2. (движения) sense of rythm [rɪðm]

пласти́нка ж plate; граммофóнная ~ (grámophone) récord; долгоигрáющая ~ lóng-pláying récord, álbum

пластмáсса ж plástic ['plæ-]

плáстырь м см. лейкоплáстырь

плáта ж páyment; charge; (за проезд) fare; входнáя ~ éntrance fee

плáтина ж plátinum ['plætɪnəm]

плати́ть pay; ~ по счёту pay a bill; settle an accóunt

платóк м shawl; носовóй ~ hándkerchief

платфóрма ж (перрон) plátform

плáтье с 1. (женское) dress, gown; вечéрнее ~ évening dress 2. (одежда) clothes; готóвое ~ réady-made clothes

плацкáрта ж ж.-д. resérved berth; ~ стóит... reservátion charge is...

плацкáртн‖ый: ~ вагóн sléeper with resérved (númbered) berths

плащ м cloak; (дождевик) ráincoat

плевáтельница ж spittóon

плевáть см. плю́нуть

плед м trávelling rug ['træ-]; (шотландский) plaid [plæd]

племеннóй 1. tríbal 2. (скот) pédigree ['pe-]

плéмя с tribe

племя́нн‖ик м néphew [-vjuː]; ~ица ж niece [niːs]

плен м captívity [-'tɪ-]; брать когó-л. в ~ take smb prísoner ['prɪz-]

плёнка ж фото, кино film; цветнáя ~ cólour ['kʌ-] film; высокочувстви́тельная ~ high-speed film

плéнум м plénary (séssion)

плескáть, плеснýть splash

плéчики мн. (вешалка) clóthes hanger; (для пальто) cóat hanger

плеч‖ó с shóulder ['ʃəu-]; пожáть ~áми shrug one's shóulders

плиссирóванн‖ый: ~ая ю́бка pléated skirt

плитá ж (кухонная) (kítchen-)range; (газовая) gás-stóve

пли́тка I ж 1. (облицовочная) tile 2. (шоколада и т. п.) brick, bar

пли́тка II ж (cóoking) range ['reɪndʒ]; электри́ческая ~ eléctric stove

плов‖éц м, ~чи́ха ж swímmer

плод *м* fruit [fruːt]

плодово́дство *с* frúit-growing ['fruːt,grəu-]

пломб‖а *ж* **1.** seal **2.** (*зубная*) stópping; *амер.* fílling; ста́вить ~у stop a tooth; *амер.* fill a tooth

пломбирова́ть 1. seal **2.** (*зуб*) stop; *амер.* fill

пло́ский flat

плоскогу́бцы *мн.* (pair of) plíers

плоскосто́пие *с* flát-feet; у него́ ~ he is flát-footed

плот *м* raft

плоти́на *ж* dam; (*защитная*) dike, dyke

пло́тник *м* cárpenter

пло́тн‖о clóse(ly) ['kləus-], tíghtly; ~ пое́сть have a héarty ['hɑːti] meal; ~ый tight; (*о населении*) dense

пло́х‖о bád(ly); мне ~ I'm unwéll; я ~ себя́ чу́вствую I feel bad; ~ игра́ть play bádly; ~о́й bad; (*о качестве, здоровье*) poor [puə]

площа́дка *ж* **1.** ground **2.** (*для игр*) pláyground; (*спортивная*) sports ground; court **3.** (*лестницы*) lánding ◊ поса́дочная ~ lánding ground; де́тская ~ а) ópen-air pláyground; б) súmmer play céntre ['sentə]

пло́щадь *ж* **1.** square **2.** *мат.* área ['ɛəriə]

плуг *м* plough [plau]

плыть 1. swim; (*о предметах*) float **2.** (*на судах*) návigate ['nævigeit], sail, cruise [kruːz]

плю́нуть spit

плющ *м* ívy

пляж *м* beach

пляса́ть dance

пля́ска *ж* dance

пнуть kick

по 1. (*на поверхности*) on **2.** (*вдоль*) alóng; погуля́ем по у́лицам let's walk alóng the streets **3.** (*посредством; согласно*): посыла́йте по по́чте send by post; мне на́до поговори́ть по телефо́ну I have to make a phone call; он выступа́ет по ра́дио he speaks óver the rádio; по распоряже́нию by órder **4.** (*вследствие*) by; (*из-за*) through [θruː]; я по оши́бке взял ва́шу кни́гу I've táken your book by mistáke **5.** (*при обозначении времени*) in, at, on; по вечера́м in the évening **6.** (*в разделительном значении*): по́ два two each; in twos **7.** (*до*) to ◊ вы говори́те по-англи́йски? do you speak Énglish?

побе́д‖а *ж* víctory; одержа́ть ~у win a víctory

победи́тель *м* víctor; cónqueror ['kɔŋkərə]; *спорт.* wínner

победи́ть, побежда́ть win; cónquer ['kɔŋkə]

побере́жье *с* sea coast

побли́зости near [niə]; нет ли ~ телефо́на-автома́та? is there a públic télephone nearby?

побрати́м *м* sworn bróther ['brʌ-]; города́-~ы twin cíties ['si-]

побри́ть shave; побре́йте, пожа́луйста! I want a shave, please!; ~ся *(самому)* shave; *(у парикма́хера)* have a shave; где мо́жно ~ся? where can I have a shave?

побыва́ть be, vísit ['vɪzɪt]; ~ в теа́тре (в музе́е) vísit a théatre ['θɪə-] (a muséum [mjuːˈzɪəm])

по́вар *м* chef [ʃef], cook; ~ри́ха *ж* cook

поведе́ние *с* beháviour, cónduct

поверну́ть turn; ~ нале́во (напра́во, за́ угол) turn left (right, the córner); ~ся turn; поверни́тесь! turn aróund!

пове́рх óver

пове́сить hang

пове́стка *ж* nótice; *(в суд)* súmmons, subpóena [-ˈpiː-] ◊ ~ дня agénda, órder of the day

по́весть *ж* stóry ['stɔːrɪ]

по-ви́димому appárently [əˈpærənt-]; он, ~, не придёт in all probabílity he won't come [kʌm]

повинова́ться obéy; submít (to)

по́вод *м* occásion [əˈkeɪʒn]; réason; ground; по ~y in connéction with; дать ~ give [gɪv] occásion (rise)

повора́чивать(ся) *см.* поверну́ть(ся)

поворо́т *м (доро́ги)* túrn(ing); *(реки́)* bend; *перен.* túrning point; второ́й ~ напра́во sécond túrn(ing) to the right; пра́вый (ле́вый) ~ *авто* right (left) turn

повреди́ть *(что-л.)* ínjure ['ɪndʒə], hurt; *(маши́ну и т. п.)* spoil; dámage ['dæmɪdʒ]; я повреди́л себе́ но́гу (ру́ку) I ínjured my foot (hand)

поврежде́ние *с* dámage ['dæmɪdʒ]; ínjury ['ɪndʒə-]; получи́ть ~ be dámaged

повседне́вный dáily, éveryday ['ev-]

повсю́ду éverywhere ['ev-]

повтори́ть, повторя́ть repéat; повтори́те, пожа́луйста! repéat it, please!

повы́сить, повыша́ть raise; ~ся rise

повыше́ни‖е *с* rise; *(по слу́жбе)* promótion [-ˈməʊʃn]; э́то привело́ к ~ю у́ровня жи́зни this resúlted in hígher ['haɪə] líving ['lɪ-] stándards

повя́зка *ж* bándage

погаси́ть put [put] out, extínguish [ɪksˈtɪŋgwɪʃ]; погаси́те свет! turn off the light!

погово́рка *ж* sáying

пого́д‖а *ж* wéather ['we-]; тёплая (жа́ркая, холо́дная) ~ warm (hot, cold) wéather; плоха́я (хоро́шая) ~ bad (good [gud]) wéather; прекра́сная (отврати́тельная) ~ fine (béastly, foul) wéather; прогно́з ~ы wéather fórecast; сво́дка ~ы wéather repórt

поголо́вье *с* head [hed]; ~ скота́ head of cáttle

пого́ня *ж* chase

пограни́чн‖ик *м* fróntier-guard ['frʌ-]; ~ый fróntier(-); ~ая ста́нция fróntier státion

погрузи́ть 1. (*грузить*) load **2.** (*погружать*) dip, plunge

погру́зка ж lóading

под 1. únder **2.** (*для*) for **3.** (*около*) near [nɪə]; ~ Москво́й мно́го краси́вых мест there are mány béautiful [ˈbjuː-] sights in the énvirons of Móscow **4.** (*накануне*) on the eve of **5.** (*наподобие*) in imitátion; сте́ны отде́ланы ~ мра́мор the walls are made in imitátion marble **6.** (*в сопровождении*) to; ~ аккомпанеме́нт роя́ля to the accómpaniment of the piáno **7.** (*к*): ~ коне́ц towárds the end; ~ ве́чер towárds évening

подавля́ющ‖ий: ~ее большинство́ overwhélming majórity

пода́гра ж gout

подари́ть give [gɪv]; presént (smb with smth); ~ на па́мять give smth as a kéepsake

пода́рок м gift [gɪft], presént [ˈpreznt]

пода́ть 1. give [gɪv]; ~ пальто́ help smb on with his (her) coat; ~ ру́ку hold out (óffer) one's hand (to); обе́д по́дан dínner is served; ~ мяч serve the ball **2.:** ~ (маши́ну) наза́д back the car

подборо́док м chin

подва́л м (*этаж*) básement; (*погреб*) céllar

подвезти́ give [gɪv] smb a lift; вас ~? would you like a lift?

по́двиг м feat, heróic deed, éxploit

подвига́ть(ся) *см.* подви́нуть(ся)

подви́нуть move [muːv]; ~ся (*посторониться*) give [gɪv] way, make room; ~ся бли́же draw néarer [ˈnɪə-]; подви́ньтесь, пожа́луйста! will you make a little room, please!

подво́дн‖ый únderwater; ~ое пла́вание (*без акваланга*) skin díving; (*с аквалангом*) scúba díving

подвози́ть *см.* подвезти́

подвя́зка ж gárter; (*мужская*) suspénder

подгота́вливать(ся) *см.* подгото́вить(ся)

подгото́вить prepáre; ~ся prepáre (for); get [get] réady [ˈre-] (for)

подгото́вк‖а ж preparátion; вое́нная ~ mílitary tráining; без ~и withóut preparátion, offhánd

по́ддан‖ный м súbject; ~ство с cítizenship [ˈsɪ-]; приня́ть ~ство be naturalízed [nǽ-]

подде́лать fálsify; (*деньги, документы*) forge, cóunterfeit [-fɪt]; *разг.* fake

подде́лка ж **1.** (*документа*) fórgery **2.** (*вещь*) imitátion; fake

подде́лывать *см.* подде́лать

поддержа́ть, подде́рживать suppórt; (*мнение*) back (up); ~ предложе́ние sécond a mótion

подде́ржк‖а ж suppórt; при ~е with the suppórt (of)

поджа́ренный 1. *см.* жа́реный **2.** browned; ~ хлéбец toast

поджáривать, поджáрить 1. *см.* жáрить **2.** *(слегка)* brown; *(о хлебе)* toast

поджигáте‖ль *м:* ~ли войны́ wármongers

поджóг *м* árson

подклáдка *ж* líning

подкóва *ж* hórseshoe [-ʃuː]

пóдкуп *м* bríbery

подкупáть, подкупи́ть bribe

подлéц *м* scóundrel, víllain

подли́вка *ж* grávy

пóдлинник *м* oríginal [ə'rɪ-]

пóдлый mean, base

подмести́, подметáть sweep

подмётк‖а *ж* sole; стáвить ~и sole

поднимáть(ся) *см.* подня́ть (-ся)

поднóжка *ж* **1.** *(вагона и т. п.)* fóotboard, step **2.** *спорт.* trip

поднóс *м* tray

подня́ть lift, raise; ~ бокáл raise one's glass (to); ~ флаг hoist a flag; ~ глазá uplíft one's eyes [aɪz]; ~**ся 1.** rise; ~ся с мéста rise to one's feet **2.** *(повыситься)* go up; у негó поднялáсь температýра his témperature rose

подóбн‖ый like; símilar ['sɪmɪlə]; в ~ых слýчаях in such cáses; ничегó ~ого nóthing of the kind

подождáть· wait (for smb, smth) a little; подожди́те, пожáлуйста! wait a little, please!

подозревáть suspéct

подозрéние *с* suspícion

подойти́ 1. *(приблизиться)* come [kʌm] up to, appróach; подойди́те сюдá! come aróund here! **2.** *(годиться)* do; *(кому-л.)* suit [sjuːt]; э́то мне не подойдёт this won't suit me; не подхóдит! that won't do!

подорвáть blow [-əu] up, blast; ~ авторитéт undermine one's préstige (authórity [ɔ'θɔ-])

подóшва *ж* sole

подписáть(ся) sign [saɪn]

подпи́ска *ж* subscríption

подпи́сывать(ся) *см.* подписáть(ся)

пóдпись *ж* sígnature

подполкóвник *м* lieuténant--cólonel [lef,tenənt'kɑːnl, *амер.* luː-]

подпóлье *с* únderground (wòrk); уйти́ в ~ go únderground

подпóрка *ж* prop, suppórt

подражáние *с* imitátion

подражáть imitáte

подрóбн‖о in détail, at length; ~ости *мн.* détails; partículars [-'tɪ-]; ~ый détailed

подрóсток *м* téen-ager; adoléscent; *(юноша)* youth [juːθ]; *(девушка)* young [jʌŋ] girl; *разг.* flápper

подрýга *ж* friend [fre-]

подружи́ться make friends [fre-]

подрывáть *см.* подорвáть

подря́д I *м* cóntract; бригáдный ~ work-team cóntract; семéйный ~ fámily ['fæ-] cóntract

подря́д II in succéssion; пять часо́в ~ five hours on end

подсве́чник *м* cándlestick

подсказа́ть prompt

подска́зка *ж* prómpt(ing)

подска́зывать prompt; не ~ ! no prómpting!

подслу́шать, подслу́шивать overhéar; *(с помощью спецтехники)* bug, intercépt

подсо́лнечн‖ый: ~ое ма́сло súnflower oil

подсо́лнух *м* súnflower

подсо́с *м авто разг.* choke

подстака́нник *м* gláss-holder

подсуди́м‖ый *м* accúsed; deféndant; скамья́ ~ых the dock

подтверди́ть, подтвержда́ть confírm

подтя́жки *мн.* bráces; *амер.* suspénders

поду́мать think

поду́шка *ж* píllow [-əu]; *(диванная)* cúshion ['ku-]

подфа́рник *м авто* sídelight [-laɪt]

подходи́ть *см.* подойти́

подъе́зд *м* éntrance, porch; dóorway; пе́рвый (второ́й и т. д.) ~ éntrance one (two, etc)

подъезжа́ть *см.* подъе́хать

подъём *м* 1. *(восхождение)* ascént [ə'sent] 2. *(развитие)* upsúrge, uphéaval; *амер.* úpswing; на́ша промы́шленность на ~e our índustry is on the úpgrade 3. *(воодушевление)* enthúsiasm

подъе́хать drive up (to); pull [pul] up

по́езд *м* train; ско́рый ~ fast train; пассажи́рский ~ pássenger train; това́рный ~ goods [gudz] train; *амер.* freight train; при́городный ~ subúrban train

пое́здка *ж* jóurney ['dʒəːnɪ]; trip; *(экскурсия)* óuting; нам предстои́т интере́сная ~ we are in for an ínteresting trip

пое́сть eat; have a meal; *(закусить)* have a snack; я уже́ пое́л I have éaten alréady; я не успе́л ~ I've had no time to eat

пое́хать 1. go 2. *разг. (о чулках)* run; у меня́ чуло́к пое́хал I have a run in my stócking

пожа́луй perháps, véry ['verɪ] líkely

пожа́луйста please; да́йте, ~, ... give [gɪv] me..., please; *(разрешение)* cértainly!, with pléasure ['pleʒə]!; *(при угощении)* have some [sʌm] ..., please.

пожа́р *м* fire; ~ный 1. fire; ~ная кома́нда fíre-brigade 2. *м* fíreman

пожа́ть: ~ ру́ку shake smb's hand

пожела́ние *с* wish

пожива́ть: как вы пожива́ете? how are you?, how are you gétting ['get-] on?

пожило́й élderly

пожима́ть *см.* пожа́ть

по́за *ж* áttitude, pósture ['pəu-]

позавчера́ the day befóre yésterday [-dɪ]

позади́ behínd; он оста́лся ~ he stayed behínd

позволе́н‖ие *с* permíssion, leave; проси́ть ~ия ask permíssion; с ва́шего ~ия with your permíssion, by your leave

позво́лить, позволя́ть allów; позво́льте мне... let me...

позвоно́чник *м* báckbone

по́здн‖ий late; ~о late; ~о ве́чером late at night; ~о но́чью *(после 12 часов ночи)* in the éarly hours (éarly in the mórning); сего́дня уже́ ~о туда́ идти́ it's too late to go there todáy

поздра́вить congrátulate [kən'grætʃu-] (on); поздравля́ю вас I congrátulate you (on)

поздравле́ние *с* congratulá-tion

поздравля́ть *см.* поздра́вить

пози́ция *ж* stand, áttitude; *(спорт. тж.)* posítion [-'zıʃn]

познако́мить introdúce (smb to smb else); ~ся meet; make the acquáintance [ə'kweın-] (of); рад с ва́ми ~ся glad to meet you

позо́р *м* shame, disgráce; како́й ~! what a shame!

позо́рный shámeful, disgrá-ceful

по́иск‖и *мн.* search; в ~ах in search of

пои́ть give [gıv] smb smth to drink; *(скот)* wáter ['wɔ:tə]

пойма́ть catch

пойти́ go; пойдёмте (со мной) let's go (with me); ~ в теа́тр go to the théatre

пока́ 1. *(в то время как)* while 2. *(до тех пор пока)* till;

(до сих пор) so far, for the présent ['preznt]; ~ что in the méantime; я э́того ~ не зна́ю I haven't heard abóut it yet; побу́дьте ~ здесь can you stay here for a while?

показа́тель *м эк.* índicator

показа́тельный 1. *(образцо́вый)* demonstrátion; módel; ~ уро́к óbject lésson; ~ проце́сс show tríal 2. *(типичный)* týpical ['tı-], significant [-'nı-]

показа́ть show [ʃəu]; покажи́те, пожа́луйста..! show me..., please!

показу́ха *ж разг.* window dréssing ['wı-]

пока́зывать *см.* показа́ть

покида́ть, поки́нуть abán-don; *(уезжать)* leave

поклоне́ние *с* wórship

поклони́ться bow

покло́нн‖ик *м,* ~ица *ж* admírer; *(ярый сторонник)* enthúsiast; *(спортивной команды, ансамбля)* fan; *(преследующий свою звезду)* gróupie ['gru:-]

поко́й *м* 1. rest, peace; ему́ ну́жен ~ he needs rest 2.: приёмный ~ *(в больнице)* recép-tion room

поко́йный late

поколе́ние *с* generátion

покоре́ние *с* cónquest; *(стихии и т. п.)* táming; ~ э́той верши́ны the cónquest of this peak

поко́рно húmbly; *(послушно)* obédiently

покро́й *м* cut

покры́шка *ж авто* tire

покупа́тель *м* cústomer; *амер.* pátron ['peɪ-]; *(оптовый и т. п.)* púrchaser

покупа́ть buy [baɪ]; púrchase

поку́пк‖и *мн.* púrchases; пойти́ за ~ами go shópping

пол I *м* floor [flɔː]

пол II *м биол.* sex

полага́ть suppóse, think; assúme; *амер.* guess

полага́ться *см.* положи́ться

полго́да *мн.* six months

по́лдень *м* noon, mídday

по́ле *с (тж. спорт.)* field; бе́лое (чёрное) ~ *шахм.* white (black) square

полев‖о́й field; ~ы́е рабо́ты field work

поле́зн‖о úseful ['juːs-]; it is úseful; ~ для здоро́вья it is héalthy, it is whólesome; ~ый úseful ['juːs-]

полёт *м* flight

поликли́ника *ж* óutpatients' [-peɪʃnts] clínic ['klɪ-], polyclínic [ˌpɔlɪ'klɪnɪk]

поли́тика *ж* pólitics ['pɔlɪ-]; *(линия)* pólicy ['pɔ-]; ми́рная ~ peace pólicy, the pólicy of peace

полити́ческий polítical [pə-'lɪtɪkəl]

по́лка *ж* shelf; кни́жная ~ bóokshelf

полко́вник *м* cólonel ['kɜnl]

полне́ть put on weight [weɪt]

полнометра́жный: ~ фильм fúll-length film

полномо́чия *мн.* mándate; credéntials *pl*

по́лностью whólly ['həʊlɪ], complétely

полнот‖а́ *ж* **1.** *(полная мера)* compléteness; для ~ы́ карти́ны to make the pícture compléte **2.** córpulence; *(чрезмерная)* obésity; *(ребёнка, женщины)* plúmpness

полноце́нный fúll-bódied [-'bɔ-]; fúll-blóoded [-'blʌ-]

по́лночь *ж* mídnight ['mɪd-]; в ~ at mídnight

по́лный 1. *(наполненный)* full; зал (стадио́н) по́лон the hall (stádium) is packed; ~ бак, пожа́луйста! fill it up, please! *(на бензоколо́нке)* **2.** *(весь)* compléte **3.** *(человек)* stout, plump

полови́на *ж* half [hɑːf]; ~ тре́тьего half past two; ~ игры́ half

полово́дье *с* flood [-ʌd]; high [haɪ] wáter ['wɔː-]

полов‖о́й *биол.* séxual, sex; ~а́я зре́лость púberty

положе́ние *с (состояние)* condítion [-'dɪ-], state; situátion

положи́ть put [put]; ~ся relý [-'laɪ] (upón)

полоса́ *ж* **1.** stripe **2.** *(узкая)* strip **3.** *геогр.* zone **4.**: ~ часто́т *радио* fréquency band

полоска́ние *с* **1.** *(действие)* rínsing [-s-]; *(горла)* gárgling **2.** *(жидкость)* gargle

полоска́ть rinse [-s-]; ~ го́рло gargle (one's throat)

полоте́нце *с* tówel; вы́трите ру́ки ~м wipe your hands on the tówel

полотно́ *с* **1.** línen ['lɪnɪn]

2.: ~ желе́зной доро́ги ráilway bed, pérmanent way **3.** (*карти́на*) cánvass

полтора́ one and a half [hɑːf]

полтора́ста one húndred and fífty

полуботи́нки *мн.* (Óxford) shoes [ʃuːz]; *амер.* low [ləu] shoes

полуго́дие *с* hálf-year ['hɑːf-]

полуголо́дный half-stárved [ˌhɑːf-]

полуго́лый half-náked [-'neɪkɪd]

полуживо́й half-déad [-'ded]; (*от стра́ха*) more dead than alíve

полуо́стров *м* península

полупальто́ *с* hálf-length ['hɑːfleŋθ] (short) óvercoat

полупроводни́к *м* sémicondúctor [ˌse-], transístor

получа́ть, получи́ть recéive, get [get]; я получи́л письмо́ I have recéived a létter; ~ призна́ние be récognized

полуша́рие *с* hémisphere ['he-]

полушерстяно́й wool and cótton; ...⁰/₀ wool, ...⁰/₀ cótton

полушу́бок *м* hálf-length ['hɑːf-] shéepskin coat

полчаса́ *мн.* half [hɑːf] an hour [auə]; за ~ до... half an hour befóre...

по́льз‖а *ж* use [juːs]; bénefit ['be-] ◊ в ~у in fávour (of)

по́льзоваться (*испо́льзовать*) use, make use [-s] of; (*име́ть*) enjóy; ~ слу́чаем take the opportúnity

по́лька *ж* (*та́нец*) pólka ['pɔl-]

полюби́ть grow [grəu] fond of; (*влюби́ться*) fall in love [lʌv] (with)

по́люс *м* pole

поля́ *мн.* (*шля́пы*) brim

поля́на *ж* glade, cléaring

поля́рник *м* wórker ['wəːkə] in the Árctic, Árctic wórker

поля́рный pólar, Árctic

пома́да *ж:* губна́я ~ lípstick

помести́ть place, put [put]; ~ся go in, squeeze in

поме́стье *с* estáte

по́месь *ж* cróssbreed

поме́х‖а *ж* híndrance, óbstacle; быть ~ой be in the way

поме́шанный insáne

помеша́ть 1. (*воспрепя́тствовать*) hínder ['hɪndə] **2.** (*побеспоко́ить*) distúrb; я вам не помеша́ю? am I distúrbing you?, am I in your way?

помеща́ть *см.* помести́ть; ~ся **1.** *см.* помести́ться **2.** (*находи́ться*) be sítuated ['sɪ-], be locáted

помеще́ние *с* **1.** prémises ['pre-] **2.** (*де́йствие*) plácing

помидо́р *м* tomáto [-'mɑː-, *амер.* -'meɪ-]

поми́ловать párdon, show mércy

по́мнить remémber; вы по́мните? do you remémber?

помога́ть, помо́чь help; помоги́те мне, пожа́луйста! help me, please!

по-мо́ему (*по моему́ мне́нию*) to my mind, as I see it

помо́йка *ж разг.* rúbbish heap; *(контейнер)* dústbin; *амер.* gárbage can

помо́щник *м* assístant; help; пассажи́рский ~ (капита́на) *(на судне)* púrser

по́мощ‖ь *ж* help; assístance; оказа́ть ~ give [gɪv] help; rénder aid; при ~и by means (of); пе́рвая ~ first aid; ско́рая ~ *(автомоби́ль)* ámbulance (car)

понеде́льник *м* Mónday [ˈmʌndɪ]

понемно́гу little by little

понижа́ть(ся) *см.* пони́зить (-ся)

пони́зить lówer [ˈləuə]; ~ся fall; sink

понима́ни‖е *с* 1. understánding, comprehénsion 2. *(толкова́ние)* interpretátion; в нау́чном ~и in the scientífic [ˌsaɪənˈtɪ-] sense

понима́ть *см.* поня́ть

поно́с *м мед.* diarrhéa [-ˈrɪə]; у меня́ ~ I've got a loose stómach [ˈstʌmək]

по́нчики *мн.* dóughnuts [ˈdəu-]

поня́тно clear [klɪə]; э́то ~ that's clear

поня́ть understánd; я вас (не) понима́ю I (don't) understánd you

поочерёдно by turns, in turn

поощре́ние *с* encóuragement [-ˈkʌr-]; rewárd; материа́льное ~ bónus

поп *м* priest

попада́ние *с (в цель)* hit; прямо́е ~ diréct hit

попада́ть, попа́сть 1. *(куда́-л.)* get [get]; *(на по́езд и т. п.)* catch; как попа́сть на вокза́л? how can I get to the ráilway státion? 2. *(в цель)* hit

поперёк acróss

поплаво́к *м* float

попо́зже (a little) láter

попола́м in two; in half [hɑːf]; *амер.* fifty-fifty; дели́ть ~ halve

попра́вить *(оши́бку)* corréct

попра́виться *(вы́здороветь)* recóver [-ˈkʌ-]

попра́вка *ж* 1. *(исправле́ние)* corréction 2. *(к докуме́нту, законопрое́кту)* améndment

поправля́ться *см.* попра́виться

по-пре́жнему as úsual [ˈjuːʒ-], as befóre

попуга́й *м* párrot

популя́рный pópular [ˈpɔpjulə]

попурри́ *с* pot-póurri [pəuˈpuriː], médley

попы́тк‖а *ж* attémpt; *спорт.* tríal [ˈtraɪəl]; пе́рвая (втора́я, тре́тья) ~ first (sécond, third) tríal; сде́лать ~у make an attémpt; уда́чная ~ válid tríal

пора́ 1. *ж* time; с каки́х пор since when?; с тех пор since then; до сих пор а) *(о вре́мени)* hítherto; б) *(о ме́сте)* so far, up to here 2. *безл.* it's time; ~ идти́ it's high time to go

поража́ть *см.* порази́ть

пораже́ние *с* deféat; потерпе́ть ~ súffer a deféat; be deféated; *спорт.* lose

порази́тельный stríking; amázing

порази́ть 1. *(ударить)* strike, *(неприятеля)* deféat; ~ цель hit the tárget **2.** *(удивить)* amáze

по-ра́зному dífferently, in dífferent ways

порва́ть 1. *(что-л.)* tear [tɛə] **2.** *(с кем-л.)* break [-eɪ-] (with smb)

поре́зать cut; ~ ру́ку cut one's arm (hand); ~ся cut onesélf [wʌn-]

порица́ть blame; cénsure (for)

по́ровну équally ['iːkwəlɪ]; раздели́ть что-л. ~ divíde smth ínto ['ɪntu] équal parts

поро́г *м* thréshold ['θreʃhəu-]

поро́ги *мн.* *(речные)* rápids ['ræ-]

поро́да I *ж* *(животного)* breed, stock; *(растения)* sort; *(людей)* kind, type

поро́да II *ж* *мин.* rock

поро́й now and then; at times

поро́к *м* vice; ~ се́рдца heart [haːt] diséase [-'ziːz]

поросёнок *м* súcking-pig, píglet; жа́реный ~ под хре́ном *кул.* roast súcking-pig with hórse-raddish sauce

по́рох *м* (gun)pówder

порошо́к *м* pówder; зубно́й ~ tooth-pówder; стира́льный ~ detérgent

порт *м* port

порта́ти́вный pórtable

по́ртить spoil; *(ухудшать)*

mar; ~ся get [get] (be) spoilt; *(о продуктах)* go bad, rot; пого́да по́ртится the wéather ['weðə] is chánging for the worse

портни́ха *ж* dréssmaker

портно́й *м* táilor

портре́т *м* pórtrait [-rɪt], pícture

портфе́ль *м* bríef-case; *(министерский)* portfólio

портье́ *м* dóorman ['dɔː-]; *брит.* pórter

по-ру́сски in Rússian ['rʌʃn]; говори́ть ~ speak Rússian

поруча́ть *см.* поручи́ть

поруче́н||ие *с* commíssion; érrand; *(устное)* méssage; по ~ию áuthorized by; at smb's requést; *(от имени)* on behálf of

поручи́ть charge (with); commíssion; áuthorize ['ɔːθə-]; *(вверять)* entrúst with

по́рци||я *ж* pórtion, *(кушанья)* hélping; две ~и сала́та sálad for two

поры́в *м* **1.** *(ветра и т. п.)* gust **2.** *(чувств)* ímpulse; ~ гне́ва fit of témper; ~ ра́дости óutburst of joy

поря́док *м* órder; ~ дня (рабо́ты) agénda; órder of the day (of búsiness ['bɪz-])

поря́дочно 1. *(довольно значительно)* fairly, rather ['rɑːðə] **2.** *(честно)* décently

посади́ть 1. *(усадить)* seat; place **2.** *(растение)* plant

поса́дк||а *ж* **1.** *(в поезд и т. п.)* entráining; *амер.* bóarding; *(на пароход)* embarkátion;

внима́ние! начина́ется ~! atténtion! pássengers are invíted to take their seats; объявля́ется ~ на самолёт, отлета́ющий ре́йсом №... flight númber ... is now bóarding **2.** *(самолёта)* lánding; де́лать ~у make a lánding, land **3.** *(расте́ний)* plánting

поса́дочн‖ый: ~ая полоса́ rúnway; *(поле)* lánding strip

по-своему in one's own [əun] way (mánner)

посвяти́ть, посвяща́ть 1. devóte **2.** *(что-л. кому-л.)* dédicate ['dedɪ-]

посе́в м sówing ['səu-]

посевн‖о́й: ~а́я кампа́ния sówing campáign; ~а́я пло́щадь área únder crop (cultivátion)

посели́ть settle; *(размести́ть)* lodge; ~ся *(в до́ме)* move [mu:v] in; *(в го́роде, стране́)* settle, take up one's résidence ['rezɪ-]

посёлок м séttlement; tównship

поселя́ть(ся) см. посели́ть (-ся)

посереди́не in the middle (céntre ['sentə])

посети́тель м vísitor ['vɪzɪ-]; ча́стый ~ frequénter

посети́ть, посеща́ть 1. vísit ['vɪzɪt]; call on **2.** *(ле́кцию и т. п.)* atténd

посеще́ние с **1.** vísit ['vɪzɪt]; *(о кра́тком официа́льном визи́те)* call **2.** *(ле́кций и т. п.)* atténdance

посе́ять sow [səu]

поскользну́ться slip

поско́льку since, so long as

посла́нец м énvoy; délegate ['de-]

посла́нник м énvoy, mínister ['mɪ-]

посла́ть send; dispátch; ~ письмо́ post (send) a létter; *амер.* mail a létter; ~ приве́т send one's gréetings, send one's (best) regárds

по́сле áfter ['ɑ:ftə]; áfterwards ['ɑ:ftəwədz], láter (on); об э́том мы поговори́м ~ we'll speak abóut it láter (on); ~ ле́кции бу́дет конце́рт (кино́) the lécture will be fóllowed by a cóncert (a móvie); он пришёл ~ всех he was the last to come [kʌm]; я не ви́дел его́ ~ возвраще́ния I haven't seen him since he retúrned

после́дн‖ий 1. last; в ~ раз я здесь был в... last time I was here in...; за ~ее вре́мя récently, látely, of late **2.** *(са́мый но́вый)* new, the látest

после́дствие с cónsequence

послеза́втра the day áfter ['ɑ:ftə] tomórrow [-əu]

посло́вица ж próverb ['prɔvəːb]

послу́шный obédient, dútiful

посме́нно in turn; рабо́тать ~ work in shifts

посо́бие с **1.** relíef; grant **2.** *(уче́бное)* téxtbook, mánual

посо́л м ambássador; Чрезвыча́йный и Полномо́чный П. Ambássador Extraórdinary and Plenipoténtiary

посо́льство с émbassy

поспевать см. поспеть I, II

поспеть I *(созреть)* rípen, grow [grəu] (get [get]) ripe

поспеть II *(успеть)* be in time; keep up

поспешить см. спешить 1

посреди in the middle of; amíd

посредник м médiator, gó-betwéen; *(в торговле)* míddleman

посредственный mediócre [‚miːdɪ'əukə]; *(об отметке)* satisfáctory

посредством by means of

пост I м post [-əu-]

пост II м *(воздержание от пищи)* fast(ing)

поставить 1. put [put]; place; set; поставьте чемодан сюда put the súitcase here 2. *(пьесу)* stage; prodúce; put on 3.: ~ условия lay down (make) terms

поставка ж delívery [-'lɪvə-] of goods [gudz]

поставлять supplý (with)

постановить pass a decísion; decrée

постановка ж 1. театр. prodúction; *(пьесы тж.)* stáging 2.: ~ дела way of dóing things 3.: ~ голоса voice tráining

постановление с decísion [-'sɪʒn]; resolútion; *(правительства)* decrée

постановлять см. постановить

постель ж bed; лечь в ~ go to bed; постелить ~ make a bed

постельн‖ый bed; ~ые принадлежности bédding; ~ режим confínement to bed

постепенно grádually ['græ-], little by little

постн‖ый *(не жирный)* lean; ~ое масло végetable oil ['vedʒ-]

посторонн‖ий 1. м stránger ['streɪn-], óutsider; ~им вход воспрещён no admíttance; "staff ónly" 2. irrélevant [-'relɪ-]; óutside

постоянный cónstant; pérmanent; ~ адрес pérmanent addréss

постричь cut smb's hair; ~ся have one's hair cut; мне нужно ~ся I need a háircut

построить build (up) [bɪ-], constrúct; eréct

постройка ж 1. *(действие)* búilding ['bɪ-]; eréction; constrúction 2. *(здание)* búilding

поступать, поступить 1. act; do 2. *(на службу и т. п.)* énter; take on (a job)

поступок м 1. act, áction; смелый ~ act of cóurage ['kʌ-] 2. *(поведение)* beháviour

посуда ж tábleware, plates and díshes; чайная ~ téa-things

посылк‖а ж 1. *(пакет)* párcel; отправить (получить) ~у post (get [get]) a párcel 2. *(действие)* sénding

посыльный м méssenger

пот м sweat [-et]

потеря ж loss; ~ времени waste of time

потерять lose [luːz]

потеть sweat [swet], perspíre

потеха ж fun, amúsement

поток *м* stream, flow [-əu]

потолок *м* céiling

потом *(затем)* then; *(после)* áfterwards ['ɑːftə-]; *(позже)* láter on; ~ мы пойдём в театр (в кино, в музей) then we'll go to the théatre ['θɪə-] (cínema, muséum [mju:'zɪəm]); ~! not now!, láter on!

потому, ~-то that's why; ~ что becáuse

поточн‖ый: ~ое производство flow [fləu] prodúction; ~ая линия prodúction line

потребитель *м* consúmer

потреблён‖ие *с* consúmption; общественный фонд ~ия sócial consúmption fund

потребность *ж* necéssity; need; *(спрос)* demánd

похвала *ж* praise

похититель *м* kídnapper; abdúctor; *(самолёта)* híjacker

поход *м* march

походить *(на кого-л.)* resémble [-z-] *smb*, be like *smb*

походка *ж* gait

походный field; camp

похожий símilar ['sɪmɪ-] to, resémbling, like

похороны *мн.* fúneral

поцеловать kiss

поцелуй *м* kiss

почасовик *м* part-time instrúctor (lécturer)

почва *ж* soil

почём *(по какой цене)* how much?; what is the price?; ~ яблоки? how much are the apples?

почему why; ~ вы не были на концерте? why did you miss the cóncert?

почерк *м* hándwriting; у него хороший (плохой) ~ he writes a good [gud] (a bad) hand

почёт *м* hónour ['ɔnə]: круг ~а *спорт.* hónour tour (lap); пьедестал ~а hónorary ['ɔnə-] pedéstal

почётный hónorary ['ɔnə-]; ~ член hónorary mémber

почин *м* inítiative [ɪ'nɪ-]

починить repáir; mend; мне надо ~ туфли I must have my shoes [ʃuːz] repáired

починк‖а *ж* repáiring; repáirs; ménding; отдать в ~у have *smth* repáired

почка I *ж* анат. kídney

почка II *ж* бот. bud

почки *мн. (кушанье)* kídneys

почт‖а *ж* 1. post [pəust]; по ~e by post 2. *(почтовое отделение)* póst-office 3. *(корреспонденция)* mail

почтальон *м* póstman ['pəust-], létter-carrier

почтамт *м* póst-office ['pəust-]; главный ~ Céntral Póst-Office

почти álmost, néarly ['nɪə-]; я ~ готов I'm abóut (álmost) réady

почтить pay hómage ['hɔ-] (to); hónour ['ɔnə] (by); ~ память вставанием obsérve a mínute ['mɪ-] of sílence

почтовый post [pəust], póstal ['pəu-]; ~ ящик létter-box; *амер.* máil-box; ~ индекс ZIP code

по́шлин‖а ж cústoms dúty; опла́ченный ~ой dúty paid; облага́ть ~ой tax; уплати́ть ~y pay the cústoms dúty

по́шлый vúlgar

поща́д‖а ж mércy; проси́ть ~ы cry (beg) for mércy

пощёчина ж slap in the face

поэ́зия ж póetry ['pəuɪ-]

поэ́ма ж póem ['pəuɪm]

поэ́т м póet ['pəuɪt]

поэти́ческий poétic [pəu'et-]

поэ́тому thérefore ['ðɛə-]; *(итак)* and so; ~ я и пришёл and so I've come [kʌm]; я до́лжен побыва́ть в музе́е, ~ я спешу́ I have to vísit the muséum [mjuː'zɪəm] that's why I'm in a húrry

появи́ться, появля́ться appéar [ə'pɪə]; show [ʃəu] up

по́яс м 1. belt 2. *(женское бельё)* gírdle 3. *(зона)* zone

поясне́ние с explanátion, elucidátion [-ˌluːsɪ-]

поясни́ть, поясня́ть expláin, elúcidate [-'luːsɪ-]; *(примером)* exémplify

поясни́ц‖а ж waist; loins *pl*; small of the back; боль, про́стрел в ~e lumbágo

права́ *мн.*: води́тельские ~ dríver's lícense

пра́вда ж truth [truːθ]; э́то ~? is it true [truː]?; не ~ ли? isn't it so?

правди́вый trúthful ['truːθ-]

пра́вил‖о с rule [ruːl]; ~a у́личного движе́ния tráffic regulátions; ~a вну́треннего распоря́дка regulátions

пра́вильный 1. right, corréct

2. *(регулярный)* régular ['reg-]

прави́тельственный governméntal; góvernment ['gʌv-]; *амер.* (of) the administrátion

прави́тельство с góvernment ['gʌv-], *амер.* administrátion; Сове́тское ~ Sóviet Góvernment ['gʌv-]

правле́ние с 1. rule [ruːl]; góvernment ['gʌv-] 2. *(орган управления)* mánagement ['mæ-], board (of diréctors)

пра́вну‖к м gréat-grándson [greɪt-]; ~чка ж gréat-gránd-daughter [-dɔːtə]

пра́во с 1. right; ~ на труд right to work [wəːk]; всео́бщее избира́тельное ~ univérsal súffrage 2. *юр.* law; междунаро́дное ~ internátional [-'næʃ-] law

правонаруше́ние с *юр.* offénce

правопоря́д‖ок м law and órder; охра́на ~ка máintenance of law and órder

правосу́дие с jústice

пра́в‖ый 1. right; с ~ой стороны́ to the right; on the right side 2. *полит.* ríght-wíng

пра́вящ‖ий rúling ['ruː-]; ~ие круги́ rúling círcles

пра́зднество с féstival; *(торжество)* celebrátion

пра́здник м hóliday ['hɔlədɪ]; feast; всенаро́дный ~ nátional ['næ-] hóliday

пра́зднование с celebrátion

пра́здновать célebrate ['sel-]

пра́ктик‖а ж práctice; на ~e in práctice

практикум *м* labóratory (lab) work

прачечная *ж* láundry

пребывание *с* stay; sójourn [ˈsɔdʒæn]

превзойти, **превосходить** surpáss, outdó [-ˈduː]

превосходн‖ый spléndid, éxcellent; pérfect; я сегодня в ~ом настроении I'm in a spléndid mood todáy; ~ обед (завтрак, ужин) éxcellent dínner (bréakfast [ˈbre-], súpper)

превосходство *с* superiórity [sjuːˌpɪərɪˈɔr-]

превратить, **превращать** turn (ínto), convért (ínto); ~ в пыль redúce to pówder

превысить, **превышать** excéed; surpáss, outdó [-ˈduː]

преграда *ж* bar, bárrier; (*препятствие*) óbstacle

преданн‖ость *ж* devótion; ~ый devóted (to); ~ый вам (*в письме*) yours fáithfully, yours trúly [ˈtruː-]

предатель *м* tráitor

предварительн‖ый prelíminary [-ˈlɪ-]; ~ая продажа билетов advánce tícket sale; по ~ым подсчётам by rough calculátion; ~ отчёт ínterim repórt

предвидение *с* fóresight [-saɪt]

предвыборный eléction

предел *м* límit [ˈlɪ-]

предисловие *с* préface [ˈprefɪs]

предлагать *см.* предложить

предлог *м* (*повод*) excúse [ɪksˈkjuːs], prétext

предложение *с* 1. propósal; (*совет*) suggéstion; óffer; принять ~ accépt an óffer 2. (*на собрании*) mótion; внести ~ make a mótion, move [muːv] 3. (*о браке*) propósal; сделать ~ propóse (to *smb*) 4. эк. supplý [-ˈplaɪ]; спрос и ~ demánd and supplý

предложить 1. propóse (that); óffer; (*советовать*) suggést (that) 2.: ~ руку и сердце propóse to smb

предместье *с* súburb [ˈsʌ-]

предмет *м* 1. óbject; ~ы первой необходимости the necéssities 2. (*тема; тж. в преподавании*) súbject; ~ спора point at íssue

предназначать, **предназначить** inténd (for); помещение предназначено для… the room is resérved for…

предок *м* áncestor, fórefather [-fɑːðə]

предоставить, **предоставлять** 1. (*давать*) give [gɪv] 2. (*позволять*) leave (to)

предохранитель *м тех.* sáfety devíce; (*sáfety*) fuse

предполагать 1. (*думать*) suppóse; я предполагаю, что… I think (belíeve) that… 2. (*намереваться*) inténd, propóse; когда вы предполагаете уехать? when do you plan (propóse) to leave?

предположить *см.* предполагать 1

предпоследний last but one

предпочесть, **предпочитать** prefér; я предпочитаю яблоки (мя́со, сухо́е вино́) I prefér apples (meat, dry wine); я предпочёл бы пойти́ в теа́тр (в кино́) I'd ráther go to the théatre ['θɪə-] (móvies ['muː-])

предпринима́ть, предприня́ть undertáke

предприя́тие *с* **1.** *(производственное)* fáctory, works [wəːks]; plant **2.** undertáking; énterprise; *(делово́е)* búsiness ['bɪz-]; риско́ванное ~ vénture

предрассу́док *м* préjudice

председа́тель *м* *(собра́ния)* cháirman; *(како́й-л. организа́ции)* président ['pre-]

представи́тель *м* represén-tative; *(делега́т, ора́тор от гру́ппы, представи́тель учрежде́ния)* spókesman; полномо́чный ~ plenipoténtiary; ~**ство** *с* representátion; ~ство СССР при... USSR Míssion to...

предста́вить 1. introdúce: разреши́те ~ вам... let me introdúce to you...; предста́вьте, пожа́луйста, меня́... please, introdúce me to... **2.** *(вообрази́ть)* imágine ['ɪˈmædʒɪn]; ~ себе́ что-л. imágine smth **3.** *(предъяви́ть)* submít, presént; prodúce; ~**ся** introdúce onesélf [wʌn-]; разреши́те ~**ся** I beg to introdúce mysélf

представле́ние *с* **1.** *(поня́тие)* idéa [aɪˈdɪə]; име́ть ~ have an idéa **2.** *теа́тр.* perfórmance, show [ʃəu] **3.** *(докуме́нтов и т. п.)* presentátion, submíssion

представля́ть 1. *см.* предста́вить **2.** *(чьи-л. интере́сы)* re-

presént **3.** *теа́тр.* perfórm, show [ʃəu]

предстоя́ть: мне предстои́т встре́титься с... I am to meet...

предупреди́ть, предупрежда́ть 1. *(уве́домить)* let smb know [nəu] **2.** *(предостере́чь)* warn

предупрежде́ние *с* wárning; nótice; сде́лать ~ *спорт.* cáution; make (íssue ['ɪʃuː]) a wárning

предъяви́ть, предъявля́ть prodúce; *(показа́ть)* show [ʃəu]; предъяви́те биле́ты! show your tíckets!

прее́мник *м* succéssor

пре́жде befóre; *(в пре́жнее вре́мя)* fórmerly; ~ на́до побыва́ть на вы́ставке the exhi-bítion should be done first; ~ и тепе́рь in the past and nówa-days ◊ ~ всего́ first of all, in the first place

пре́жний fórmer

презервати́в *м* cóndom

президе́нт *м* président ['pre-]

прези́диум *м* presídium [prɪ-ˈsɪdɪəm]

преиму́щество *с* advántage [-ˈvɑːntɪdʒ]; доби́ться ~**a** gain an advántage (óver); име́ть ~ have the advántage (of)

прекра́сный éxcellent; *(краси́вый)* béautiful ['bjuːtɪ-]; fine, lóvely ['lʌ-]

прекрати́ть, прекраща́ть stop, cease; *(положи́ть коне́ц)* put [put] an end (to)

преле́стный chárming, lóvely ['lʌv-], delíghtful

пре́лесть *ж* charm

премирова́ть awárd a prize (bónus)

пре́ми‖я ж prize, bónus; *(награда)* rewárd; получи́ть (присуди́ть) ~ю get [get] (awárd) a prize (bónus)

премье́ра ж first night

премье́р-мини́стр м prime mínister

пре́ния мн. debáte

преоблада́ть preváil; predóminate [-'dɔ-]

преобразова́ть change; transfórm; *(реорганизовать)* refórm, restrúcture

преодолева́ть см. преодоле́ть

преодоле́ть overcóme [-'kʌm]

преподава́ние с téaching

преподава́тель м téacher

преподава́ть teach; что (где) вы преподаёте? what (where) do you teach?

препя́тствие с óbstacle; impédiment [-'pedɪ-]; *спорт.* hurdle; взять ~ clear the hurdle

прерва́ть, прерыва́ть *(что-л.)* break [-eɪk] off; *(кого-л.)* interrúpt; *(оборвать кого-л.)* cut smb short

пресле́довать *(гнаться за)* pursúe, chase [-s], be áfter ['ɑːftə]

пре́сса ж press

пресс-конфере́нция ж préss-conference

прести́ж м préstige [-tiːʒ]

преступле́ние с crime

престу́пник м críminal ['krɪ-]; offénder

претенде́нт м cándidate; pre-

ténder; *спорт.* fávourite

прете́нз‖ия ж claim, preténsion; предъявля́ть ~ии (lay) claim (to); у меня́ нет никаки́х ~ий к... I have no claims to...

преувеличе́ние с exaggerátion

преувели́чить exággerate

при 1. *(около)* by, at, near [nɪə] 2. *(в присутствии кого-л.)* in the présence ['pre-] of 3. *(во время, в эпоху)* únder; in the time of 4. *(при известных обстоятельствах)* when; ~ слу́чае я расскажу́ об э́том sómetime [sʌm-] I'll tell you abóut it 5. *(с собой)* with, abóut; ~ мне нет карандаша́ I have no péncil abóut me 6. *(в подчинении)* únder (the áuspices); attáched to; ~ Министе́рстве культу́ры únder (the áuspices of) the Mínistry of Cúlture; ~ заво́де attáched to the fáctory ◊ ~ всём том они́ всё же проигра́ли and still (for all that) they lost

приближа́ться, прибли́зиться appróach, come [kʌm] néarer ['nɪərə] (clóser ['kləusə])

прибо́й м surf

прибо́р м 1. ínstrument; apparátus 2. *(столовый)* cóver ['kʌ-]; ~ный: ~ная доска́ *авто* dáshboard

прибыва́ть см. прибы́ть

при́быль ж prófit ['prɔ-]

прибы́тие с arríval (at, in)

прибы́ть arríve (at, in); по́езд прибыва́ет в час the train comes [kʌmz] at one o'clóck

прива́л м halt [hɔːlt]

привезти́ bring

привести́ 1. *(куда-л.)* bring 2. *(к чему-л.)* lead (to), resúlt (in) 3. *(факты, данные)* cite, addúce 4.: ~ в поря́док put [put] in órder; ~ в движе́ние set in mótion

приве́т *м* regárds; переда́йте ~... give [gɪv] my (best) regárds (to)...

приве́тливый fríendly ['fre-]

приве́тствие *с* gréeting

приве́тствовать greet; salúte [-'luːt]; wélcome ['welkəm]

приви́вка *ж мед.* vaccinátion [ˌvæ=] *(особ. от оспы)*

при́вкус *м* smack, flávour; име́ть ~ smack (of)

привлека́ть, привле́чь draw, attráct; ~ внима́ние attráct (arrést) atténtion; ~ к уча́стию draw in

приводи́ть *см.* привести́

привози́ть *см.* привезти́

привыка́ть, привы́кнуть get [get] accústomed [ə'kʌs-] (used [juːst]) to

привы́чк‖**а** *ж* hábit ['hæ-]; по ~e by force of hábit, out of hábit

пригласи́ть, приглаша́ть invíte; разреши́те ~ вас... let me invíte you...

приглаше́н‖**ие** *с* invitátion; по ~ию on the invitátion; я получи́л ~ I recéived an invitátion

пригово́р *м* séntence; *(присяжных)* vérdict

пригоди́ться be of use [juːs], prove [pruːv] úseful ['juːs-]; come [kʌm] in hándy

приго́дность *ж* fítness, úsefulness

при́город *м* súburb ['sʌ-]

пригото́вить 1. prepáre, make réady ['re-] 2. *(пищу)* cook; ~ся get [get] réady ['re-]; prepáre (for), be prepáred; ~ся! внима́ние! марш! *спорт.* on your mark! get set! go!; réady ['re-]! stéady ['ste-]! go!

приготовле́ние *с* preparátion; ~ пи́щи cóoking

приготовля́ть *см.* пригото́вить; ~ся get [get] prepáred

приду́мать, приду́мывать invént, think (of)

прие́зд *м* arríval (at, in); с ~ом! wélcome!

приезжа́ть *см.* прие́хать

приезжа́ющий *м* vísitor ['vɪz-], newcómer [-'kʌ-], arríval

прие́м *м* 1. recéption; оказа́ть тёплый ~ give [gɪv] a warm (héarty ['hɑːtɪ]) wélcome; устро́ить ~ give a recéption 2. *(способ)* méthod ['meθ-], way; devíce 3. *(в члены)* admíttance; enrólment [-'rəul-] 4. *спорт. (борьба)* hold

прие́мная *ж* wáiting-room; ánteroom

прие́мник *м радио* rádio (set), wíreless; транзи́сторный ~ transístor (rádio); *(в системе)* túner

прие́мн‖**ый** 1. adópted; ~ сын fóster-son; ~ оте́ц fóster-father 2.: ~ые часы́ recéption hóurs

приéхать arríve (at, in); come [kʌm]; когда́ вы приéхали? when did you arríve?

приз *м* prize; получи́ть (пéрвый, второ́й, трéтий) ~ get [get] the (first, sécond, third) prize; утеши́тельный ~ consolátion prize

призва́ни‖е *с* vocátion, cálling; по ~ю by vocátion

приземли́ться, приземля́ться land; touch [tʌtʃ] down

призёр *м спорт.* príze-wínner

признава́ть(ся) *см.* призна́ть(ся)

при́знак *м* sign [saɪn]; ~ боле́зни sýmptom

призна́ние *с* 1. *(чего́-л.)* acknówledgement [ək'nɔlɪdʒ-]; recognítion [-'nɪʃn]; *юр.* admíssion [-'mɪʃn]; получи́ть ~ be récognized 2. *(в чём-л.)* conféssion; ~ в любви́ declarátion of love [lʌv]

призна́ть admít; ~ себя́ побеждённым own onesélf [wʌn-] béaten; *разг.* throw [-əu] up the sponge; ~ся conféss; ~ся в любви́ decláre one's féelings

призов‖о́й prize(-); ~о́е мéсто prize plácing

при́зрак *м* spectre, ghost [gəust]; *разг.* spook

призы́в *м* 1. appéal [ə'piːl]; call 2. *(лозунг)* slógan 3. *(в а́рмию)* cáll-up; conscríption; draft

при́иск *м* mine; золоты́е ~и góldfields

прийти́ come [kʌm]; *(прибы́ть)* arríve (at. in); ~ домо́й come home; ~ пéрвым come in first; ~ к соглашéнию come to an agréement

прика́з *м* órder

приказа́ть, прика́зывать órder

прика́лывать *см.* приколо́ть

прикаса́ться *см.* прикосну́ться

прикладн‖о́й applíed; ~о́е иску́сство applíed arts

приключéние *с* advénture

приколо́ть *(була́вкой)* pin; fásten [-sn] (attách) with a pin

прикосновéние *с* touch [tʌtʃ]

прикосну́ться touch [tʌtʃ]

прикрепи́ть, прикрепля́ть fásten [-sn], attách

прила́вок *м* cóunter

прили́в *м* 1. flow [fləu]; high [haɪ] tide; *перен.* surge; ~ и отли́в flow and ebb, high and low [ləu] tide 2. *(крови)* rush

прили́ч‖ие *с* décency; пра́вила ~ия rules [ruːlz] of décency

приложéние *с* ánnex; súpplement

прилунéние *с* moon (lúnar ['luː-]) lánding

прилуни́ться, прилуня́ться land on the Moon

при́ма-балери́на *ж* príma ['priːmə] ballerína [-'riːnə]

прима́нка *ж* bait, lure

применéние *с* applicátion, use [juːs], emplóyment

примени́ть, применя́ть applý [-'laɪ], use [juːz], emplóy

примéр *м* exámple [ɪg'zɑːmpl], ínstance; брать ~ с кого́-л.

fóllow smb's exámple; подавáть ~ set an exámple

примéрить *(на себя)* try on; *(на другого)* fit; ~ костюм try on a suit

примéрк‖а ж trýing-on; fítting; без ~и without trýing-on

примерять *см.* примéрить

примечáние *с* cómment; *(сноска)* fóotnote

принадлежáть belóng (to)

принести bring, fetch; ~ пóльзу be of use [ju:s]

принимáть *см.* принять

приносить *см.* принести

принýдить, **принуждáть** compél, force, coérce

принцип *м* prínciple

принципиáльный of prínciple; он ~ человéк he is a man of prínciple

принять 1. *(кого-л.)* recéive; take; когдá он принимáет? when does he recéive?; радýшно ~ wélcome héartily ['ha:t-]; ~ за когó-л. take for smb else **2.** *(что-л.)* take; *(резолюцию)* pass; ~ вáнну take a bath; ~ лекáрство take médicine; примите закáз take an órder **3.** *(в организацию)* admít (to)

приобрести, приобретáть 1. acquíre, gain **2.** *(купить)* buy [baɪ]

припáдок *м* fit; *(о болезни тж.)* attáck

припéв *м* chórus ['kɔ-]; refráin

приписки *мн. эк.* repórts, óverstated pádding

припрáва ж séasoning, dréssing; rélish ['re-]

прирóд‖а ж náture ['neɪtʃə]; от ~ы by náture

прирóст *м* growth [grəuθ], íncrease [-s]; ~ населéния growth of the populátion

прислáть send; я пришлю вам письмó (приглашéние) I'll send a létter (an invitátion); пришлите это нá дом, пожáлуйста delíver it, please

прислон‖иться, ~ **яться** lean (rest) agáinst; не ~ яться! do not lean!

присоединить 1. join; add **2.** *эл.* connéct; ~ся **1.** join; join in **2.** *(к мнению, заявлению и т. п.)* subscríbe (to); assóciate (with)

присоединять(ся) *см.* присоединить(ся)

приставáть *см.* пристáть

пристань ж pier [pɪə]; lándingstage; *амер.* dock; *(товарная)* wharf [wɔːf]

пристáть *(к берегу)* land, come [kʌm] to shore

пристрáстный *(доброжелательный)* pártial ['pɑ:ʃəl]; *(предвзятый)* unfáir, préjudiced, biased ['baɪəst] (agáinst, in fávour of)

пристрóйка ж ánnex(e); exténsion; *(лёгкая)* léan-to

приступ *м* attáck; bout; *(острый)* ~ бóли pang; лёгкий ~ touch [tʌtʃ]

приступáть, **приступить** start; set (to); приступим к дéлу let's get [get] down to búsiness ['bɪz-]

присудить, присуждáть 1. *(премию)* awárd; ~ пéрвую

прémию give [gɪv] the first prize **2.** *(степень)* confér (on)

прису́тств‖ие *с* présence ['pre-]; в ~ии кого́-л. in smb's présence

прису́тствовать be présent ['pre-]; atténd; на приёме прису́тствовало **60 челове́к** síxty people [pi:pl] atténded the recéption

присыла́ть *см.* присла́ть

прися́га *ж* óath

прито́к *м* **1.** *(реки)* tríbutary ['trɪ-] **2.** *(наплыв)* flow [-əu], ínflux

притяже́ние *с* attráction

приуса́дебный: ~ уча́сток prívate (hóusehold) plot, pérsonal (subsídiary) [-ɪ-] plot

приходи́ть *см.* прийти́

прихо́жая *ж* (éntrance) hall; ánteroom ['ænti-]

прице́п *м авто* tráiler; ~-да́ча *м* cáravan, *амер.* tráiler

прича́л *м* móorage

прича́ливать, прича́лить moor

причеса́ть comb [kəum], do (arránge) the hair; ~ся do one's hair; *(у парикма́хера)* have one's hair done

причёск‖а *ж (мужска́я)* háircut; *(да́мская)* coiffúre [kwɑ'fjuə]; háir-do; сде́лать ~у have one's hair done

причёсывать(ся) *см.* причеса́ть(ся)

причи́на *ж* cause [kɔ:z]; *(основа́ние)* réason

пришива́ть, приши́ть sew [səu] (on)

пришко́льный: ~ уча́сток

school [sk-] gárden (grounds)

прище́пка *ж* clóthes peg

прию́т *м* **1.** shélter, réfuge ['re-] **2.** *(де́тский)* órphanage

прия́тн‖о pléasant(ly) ['plez-]; it's pléasant; о́чень ~! *(при знако́мстве)* glad to meet you!; ~ый pléasant ['plez-], agréeable

про abóut, of

про́б‖а *ж* **1.** *(де́йствие)* tríal ['traɪəl], test; *(актёра)* audítion [-'dɪʃn] **2.** *(образчик)* sample [sɑ:mpl] **3.** *(клеймо́)* hállmark; зо́лото **583-й (750-й)** ~ы **14-cárat** (pure *or* 18-cárat) gold

пробе́г *м* run; *спорт.* race

пробежа́ть run; run by

проби́рка *ж* test tube

проби́ть *(о часа́х)* strike

про́бка *ж* **1.** cork **2.** *(зато́р)* (tráffic) jam

пробле́ма *ж* próblem; э́то сло́жная ~ that is quite a chállenge

про́бовать try; attémpt; *(на вкус)* taste [teɪ-]

пробо́р *м* párting; прямо́й (косо́й) ~ middle (side) párting; де́лать ~ part one's hair

пробы́ть stay, remáin; я там про́был не́сколько дней I stáyed there séveral days; ~ не́сколько дней в... spend séveral days in...

прова́л *м (неуда́ча)* fáilure; *разг.* flop

прова́ливаться, провали́ться 1. fall through [θru:], collápse **2.** *(терпе́ть неуда́чу)* fail; он провали́лся на экза́-

менах he failed in his examinátion

провансáль *м (соус)* mayonnáise; капýста ~ cábbage píckled with grápes and bérries

провáнск‖ий: ~ое мáсло ólive ['ɔ-] oil

провéрить check (up), vérify ['ve-]

провéрка *ж (контроль)* chéck-up, contról [-'trəul]; verificátion; ~ паспортóв pássport contról [-'rəul]

проверять *см.* провéрить

провести *(осуществить)* cárry out; ímplement; ~ собрáние hold a méeting; ~ в жизнь put ínto ['ɪntu] práctice, réalize

провéтривать, провéтрить air; *(о помещении тж.)* véntilate

прóвод *м* wire; ~ под тóком live wire

проводить I *см.* провести; ~ полѝтику мѝра pursúe the pólicy of peace

проводить II *(кого-л. куда-л.)* see smb off; разрешѝте ~ вас? may I accómpany you?; ~ домóй see smb home; ~ на пóезд see off to the státion; проводѝте меня will you see me off?

проводнѝк *м* 1. *(в горах и т. п.)* guide [gaɪd] 2. *(в поезде)* guard [gɑːd]; *амер.* condúctor

провожáть *см.* проводѝть II

провожáющ‖ий *м:* бы́ло мнóго ~их mány people [piːpl] came to see (us) off

провóз *м* transportátion; cárriage ['kærɪdʒ]

провозгласѝть, провозглашáть procláim; ~ лóзунг set forth a slógan; ~ тост *(за чьё-л. здорóвье)* propóse the health (of)

провокáция *ж* provocátion

прогнóз *м* fórecast, prognósis [-'nəusɪs]

проголодá‖ться get [get] húngry; я ~лся I'm húngry

прогрáмм‖а *ж* prógramme ['prəugræm]; ~ концéрта prógramme of the cóncert; ~ спортѝвных состязáний competítion cálendar ['kæ-]; учéбная ~ sýllabus, currículum; телевизиóнная ~ TV guide (schédule ['ʃe-]); ~ радиопередáч rádio schédule

прогревáть *см.* прогрéть

прогрéсс *м* prógress ['prəu-]

прогрессѝвка *ж разг.* progréssive rates of remunerátion

прогрессѝвный progréssive

прогрéть heat; *авто* warm up

прогýл *м* trúancy; ábsence from work; fáilure to repórt for dúty

прогýлка *ж* walk [wɔːk]

прогýльщ‖ик *м,* ~ица *ж* shírker, absentée, trúant

прогуляться take (go for) a walk [wɔːk], take a turn

продавáть *см.* продáть

продавéц *м* shop assístant; sálesman

продавщѝца *ж* sálesgirl, shop girl, sáleswoman [-wu-]

продáжа *ж* sale

продáть sell

продовольствие *с* provísions

продолжа́ть contínue [-'tɪn- juː], go on; продолжа́йте! go on!; ~ся contínue [-'tɪnjuː], last, go on, be in prógress ['prǝu-]

продолже́ние *с* continuátion; séquel; ~ сле́дует to be con- tínued

продолжи́тельный long, pro- lónged; dúrable ['djuǝ-]

проду́кты *мн.* próducts ['prɔ- dʌkts]; моло́чные ~ dáiry próducts

проду́кция *ж* prodúction, óutput; *с.-х.* próduce

прое́зд *м* pássage; пла́та за ~ fare; *(по мосту, по автодо- роге)* toll [tǝul]; ~а нет no thóroughfare ['θʌ-]

прое́здом in pássing

проезжа́ть go (past, by); pass (by, through ['θruː])

прое́кт *м* próject ['prɔdʒekt], desígn [dɪ'zaɪn]; blúeprint; ~ резолю́ции draft resolútion; ~ зако́на bill

прое́хать *см.* проезжа́ть

прожё́ктор *м* séarchlight; flóodlight; *театр.* límelight; *брит.* spótlight

про́за *ж* prose

прозева́ть *(пропустить)* miss, let smth slip

проигра́ть 1. lose [luːz]; кома́нда проигра́ла... очко́в the team lost... points (to) 2.: ~ пласти́нку play a (grámo- phone) récord ['re-]

прои́грыватель *м* récord- player ['re-]; phónograph; *(в системе)* túrntable

прои́грывать *см.* проигра́ть

про́игрыш *м* loss; *спорт.* deféat; он оста́лся в ~e he was the lóser, he lost

произведе́ние *с* work [wǝk]; ~ иску́сства work of art

произвести́ 1. prodúce 2. *(выполнить)* make, éxecute ['eksɪ-] ◇ ~ впечатле́ние make (prodúce) an impréssion

производи́тельность *ж* pro- ductívity [-'tɪvɪtɪ]; ~ труда́ productívity of lábour

производи́ть *см.* произвести́

произво́дств‖о *с* 1. prodúc- tion; спо́соб ~a mode of prodúc- tion; сре́дства ~a means of prodúction; ору́дия ~a ímple- ments of prodúction 2. *(завод и т. п.)* works [wǝks], fáctory; índustry ['ɪnd-]

произнести́, произноси́ть pronóunce; ~ речь make a speech

произноше́ние *с* pronunciá- tion; áccent ['æksǝnt]; хоро́- шее ~ good [gud] pronunciátion

произойти́, происходи́ть *(случаться)* háppen, occúr [ǝ'kǝ], take place; что про- изошло́? what's góing on here?; what's up?

про́иски *мн.* intrígues [-'triːgz]

происхожде́ние *с* órigin

происше́ствие *с* íncident; *(несчастный случай)* áccident ['æksɪ-]; *(событие)* evént, occúrrence [ǝ'kʌ-]

пройти́ 1. go; pass; ~ ми́мо go (pass) by; пройди́те сюда́ come [kʌm] óver here 2. *(о вре-*

мени) pass, elápse, go by; прошло́ 2 часа́ two hóurs passed **3.** *(состояться)* go off; конце́рт прошёл уда́чно the cóncert went off well **4.** *(кончаться)* be óver

прока́за ж *(шалость)* míschief, prank

прока́т I м *(см. тж. напрока́т)* híre; ~ автомоби́лей cars for híre; *амер.* "rent-a-cár"

прока́т II м *тех. (изделие)* rólled ['rəu-] métal ['me-]; ~**ка** ж rólling ['rəu-]

прокол м púncture

прокурату́ра ж óffice of públic prósecutor ['prɔsɪ-]

прокуро́р м públic prósecutor ['prɔsɪ-]; Генера́льный ~ Procurátor-Géneral, *брит.* Attórney Géneral

пролетариа́т м proletáriat [,prəulɪ'tɛərɪət]

пролета́рий м proletárian [,prəulɪ'tɛərɪən]

пролета́рский proletárian [,prəulɪ'tɛərɪən]

проли́в м strait(s)

пролива́ть, проли́ть 1. spill **2.** *(слёзы, кровь)* shed; ~**ся** spill

проливно́й: ~ дождь póuring rain

про́мах м **1.** *(при стрельбе)* miss **2.** *(ошибка)* blúnder

промежу́ток м **1.** *(времени)* ínterval **2.** *(пространство)* space, gap

промока́ть, промо́кнуть get [get] wet, get soaked; ~ до косте́й get drénched, get wet to the skin

промочи́ть drench; soak; ~ но́ги get [get] one's feet wet

промтова́рный: ~ магази́н clóthing and géneral shop; *амер.* géneral store

промы́шленн‖ость ж índustry; ~**ый** indústrial; ~**ый** райо́н (центр) indústrial área (céntre ['sentə])

проника́ть, прони́кнуть pénetrate ['pe-] (ínto); ~ че́рез pénetrate through [θruː]

пропага́нда ж propagánda; publícity [-'lɪ-]; техни́ческая ~ téchnical informátion; ~ передово́го о́пыта advánced knów-how ['nəu-] promótion campáign [-'peɪn]

пропаганди́ровать propagándize; ádvertize

пропада́ть *см.* пропа́сть

пропа́жа ж loss

пропа́сть 1. be lost **2.** *(исчезнуть)* disappéar [-'pɪə] **3.** *(проходить бесполезно)* be wásted ['weɪs-]

про́пасть ж précipice ['pre-], abýss

пропи́ска ж (résidence ['rez-]) registrátion; постоя́нная ~ pérmanent offícial [-'fɪʃəl] résidence

про́поведь ж sérmon

пропо́лка ж wéeding

пропо́рция ж propórtion, rátio

про́пуск м **1.** *(документ)* pass **2.** *(непосещение)* ábsence (from), non-atténdance (of) **3.** *(пустое место)* gap, blank

пропуска́ть *см.* пропусти́ть

пропускн‖о́й: ~ пункт

check-point; ~ая спосо́бность capácity [-'pæ-]

пропусти́ть 1. *(кого-л. куда-л.)* let pass (through [θru:]); пропусти́те его́ let him pass **2.** *(не яви́ться)* miss **3.** *(недоглядеть, упусти́ть)* miss

прора́б *м* (constrúction) superinténdent

проре́ктор *м* více-réctor, více-príncipal

проро́к *м* próphet ['prɔ-]

про́рубь *ж* íce-hole

проры́в *м* **1.** *(достижение)* bréak-through ['breikθru:] **2.** *(провал)* bréakdown

просвеще́ние *с* (géneral) educátion; englíghtenment [-'lait-]

просёлок *м* cóuntry road ['kʌ-]; cárt-road

проси́ть ask; ~ разреше́ния ask permíssion; ~ извине́ния beg smb's párdon; прошу́ вас! please!; прошу́ (угоща́йтесь) help yoursélf, please!

просмо́тр *м* súrvey; *(докуме́нтов)* examinátion [ig,zæmi-'neiʃn]; *(кинофи́льма и т. п.)* préview ['pri:-]

просмотре́ть 1. *(ознако́миться с кни́гой и т. п.)* look through [θru:] **2.** *(пропусти́ть)* miss, overlóok **3.** *(пье́су и т. п.)* see

просну́ться wake up; awáke; ~ ра́но (по́здно) wake up éarly (late)

про́со *с* míllet

проспе́кт *м* **1.** *(у́лица)* ávenue ['ævinju:] **2.** *(програ́мма)* prospéctus

проститу́тка *ж* próstitute;

call girl; *(у́личная)* stréet-walker

прости́ть forgíve [-'giv], párdon; прости́те! sórry!, excúse me!, (I) beg your párdon!; ~ся say good-býe [gud'bai] (to)

прост‖о́й simple; *(несло́жный)* éasy; *(обыкнове́нный)* cómmon, órdinary; ~ челове́к cómmon man, man in the street

простоква́ша *ж* yóghurt ['jɔgət]

простра́нство *с* space

просту́да *ж* cold, chill

простуди́ться catch cold; я простуди́лся I caught cold

простыня́ *ж* sheet

просыпа́ться *см.* просну́ться

про́сьба *ж* requést; у меня́ к вам ~ may I ask you a fávour?; ~ не кури́ть! no smóking, please!

проте́ктор *м авто* tread [tred]

проте́ст *м* prótest; заяви́ть ~ lodge (make) a prótest (agáinst)

протеста́нт *м* Prótestant

протестанти́зм *м* Prótestantism

протестова́ть protést (agáinst)

про́тив 1. agáinst; кто ~? those agáinst? **2.** *(напро́тив)* ópposite

проти́вник *м* oppónent *(тж. спорт.)*; *(неприя́тель)* énemy ['enimi]; досто́йный ~ wórthy oppónent

противога́з *м* gas mask

противозача́точн‖ый: ~ое сре́дство contracéptive

противополо́жн‖ость ж со́ntrast; ~ый oppósite; oppósing

противоре́чие с contradíction

противоре́чить contradíct

противостоя́ть oppóse

противоя́дие с (*против*) ántidote (for)

протоко́л м mínutes ['mɪnɪts]; (*дипломати́ческий*) prótocol; вести́ ~ keep the mínutes

профбиле́т м trade-únion card

профессиона́льн‖ый proféssional [-'feʃ-]; occupátional; ~ое заболева́ние occupátional diséase

профе́ссия ж (*род заня́тий*) occupátion; proféssion [-'feʃn]; (*ремесло́*) trade

профе́ссор м proféssor

профко́м м lócal trade únion commíttee

профсою́з м trade únion; *амер. тж.* lábour únion

профсою́зный tráde-union; ~ биле́т tráde-union card

профтехучи́лище с vocátional (tráining) school; trade school

прохлади́тельн‖ый: ~ые напи́тки soft drinks

прохла́дн‖о: сего́дня ~ it's cool todáy; ~ый cool, fresh

прохо́д м pássage; ~ закры́т no pássage; (*ме́жду ряда́ми*) aisle [aɪl]

проходи́ть *см.* пройти́

проходна́я ж éntrance chéckpoint

прохо́жий м pásserby

проце́нт м 1. per cent; per-

céntage 2. (*с капита́ла*) ínterest

проце́сс м 1. prócess 2. *юр.* trial, légal procéedings

проце́ссия ж procéssion; ~ автомаши́н mótorcade

про́чий óther ['ʌðə]

про́чный 1. (*кре́пкий*) strong, sólid ['sɔl-]; dúrable ['djuərəbl] 2. *перен.* lásting; ~ мир lásting peace

прочь awáy; ру́ки ~! hands off!

про́шлое с the past

про́шл‖ый past; last; ~ раз last time; на ~ой неде́ле last week; в ~ом году́ last year

проща́й(те)! good-býe [gud-'baɪ]!

проща́ние с farewéll; (*расстава́ние*) párting; на ~ at párting; махну́ть руко́й на ~ wave good-býe [gud'baɪ]

проща́ть(ся) *см.* прости́ть (-ся)

проя́витель м *фо́то* devéloper [-'ve-]

прояви́ть, проявля́ть 1. show [ʃəu]; displáy 2. *фо́то* devélop

пруд м pond

пружи́на ж spring

пры́гать, пры́гнуть jump; ~ с шесто́м póle-vault; ~ с упо́ром vault

прыгу́н м *спорт.* júmper

прыжо́к м jump; spring; cáper; ~ с парашю́том párachute jump; прыжки́ в во́ду díving; ~ в во́ду с трампли́на (с вы́шки) spríngboard (plátform) dive; ~ в высоту́ high jump; ~ в длину́ long jump;

амер. broad jump; тройнóй ~ triple jump; hop, step and jump; *амер.* hop, skip and jump

прыщ *м* pimple, spot

пряжа *ж* yarn

пряжк‖**а** *ж* buckle; застегнýть ~y buckle up

прям‖**о** straight; идите ~ go straight; ~**óй 1.** straight; ~**áя линия** straight line **2.** *(непосредственный)* diréct **3.** *(откровенный)* frank; outspóken

пряники *мн.* gíngerbread ['dʒɪndʒə‚bred]

пряность *ж* spice

прясть spin

прятать hide; ~**ся** hide onesélf [wʌn-]

псевдоним *м* pséudonym ['(p)sjuː-]

психический méntal, psýchical ['saɪ-]

птица *ж* bird; домáшняя ~ póultry ['pəul-]

птицевóдство *с* póultry ['pəul-] fárming; póultry ráising

птицеферма *ж* póultry farm

ПТУ *см.* профтехучилище

нýблика *ж* públic; *(в театре, на лекции)* áudience

публиковáть públish

публичный públic

пýговица *ж* bútton

пýдра *ж* pówder

пýдреница *ж* pówder-case

пýдрить pówder; ~**ся** pówder one's face

пульверизáтор *м* spráyer, púlverizer

пульс *м* pulse; щýпать ~ feel one's pulse

пульт *м* **1.** *(подставка для нот)* (músic-)stand **2.**: ~ управлéния contról [-'trəul] pánel ['pæ-]

пункт *м* **1.** point **2.** státion; céntre ['sentə]; медицинский ~ médical ['me-] céntre; переговóрный ~ trúnk-call óffice; ~ пéрвой пóмощи first-aid post; контрóльно-пропускнóй ~ check point **3.** *(параграф, статья)* ítem; ~ повéстки дня ítem of the agénda

пургá *ж* snówstorm, blízzard

пускáть, пустить 1. *(отпускать)* let smb go; set smb free **2.** *(впускать)* let smb in; пустите его сюдá let him in here ◊ ~ в ход машину set a machíne [-'ʃiːn] in mótion

пустóй 1. émpty **2.** *(о разговоре)* idle [aɪdl]; *(о человеке)* shállow [-əu]

пустотá *ж* void; vácuum [-æ-]

пустыня *ж* désert ['dez-]; wílderness ['wɪ-]

пустырь *м* vácant lot

пусть: ~ он войдёт! let him in!

путёвка *ж* pérmit; accommodátion tícket (card); ~ в дом óтдыха vóucher to a rest home; туристическая ~ tóurist vóucher

путеводитель *м* guide [gaɪd]; ~ по гóроду cíty (town) guide

путепровóд *м* únderpass; óverpass

путешéственник *м* tráveller ['træv-]

путешéствие *с* trável ['træ-],

jóurney ['dʒɜːnɪ]; *(по морю)* vóyage ['vɔɪɪdʒ]

путешéствовать trável ['træ-]; *(по морю)* vóyage ['vɔɪɪdʒ]

пут‖ь *м* 1. way, road; железнодорóжный ~ track; счастлúвого ~й! háppy jóurney ['dʒɜːnɪ]l; на обрáтном ~й on the way back 2. *(способ)* means, way; какúм ~ём? in what way?, by what means?; мúрным ~ём péacefully

пух *м* down

пушúстый flúffy

пушнúна *ж* furs

пчелá *ж* bee

пчеловóдство *с* bée-keeping

пшенúца *ж* wheat

пшенó *с* míll_t

пы́жиков‖ый: ~ая шáпка déer-skin cap

пылесóс *м* vácuum ['vækjuəm] cléaner

пыль *ж* dust; ~ный dústy

пьéса *ж* *театр.* play; *муз.* piece

пья́ный drunk

пюрé *с* púree ['pjuəreɪ]; картóфельное ~ mashed potátoes

пятáк *м* fíve-cópeck coin

пятёрка *ж* 1. *(отметка)* five; *амер.* A [eɪ] 2. *карт.* five; ~ пик и т. д. the five of spades, etc 3. *(банкнота)* five-róuble [-'ruː-] note; fíver

пя́теро five

пятилéтка *ж* Fíve-Year Plan

пятилéтний *ж* fíve-year, of five years; *(о возрасте)* fíve-year-óld

пятиэтáжный fíve-stóreyed

пя́тка *ж* heel

пятнáдцать fiftéen

пя́тница *ж* Fríday [-dɪ]

пятнó *с* spot; stain

пятновыводúтель *м* stain-remóver [-'muːvə]

пя́тый fifth

пять five

пятьдеся́т fífty

пятьсóт five húndred

Р

раб *м*, **рабá** *ж* slave

рабóта *ж* work [wɜːk], job

рабóтать work [wɜːk]; где вы рабóтаете? where do you work?; кем вы рабóтаете? what are you?; what's your occupátion?; телефóн не рабóтает the télephone is out of órder; над чем вы рабóтаете? what are you wórking at?

рабóтница *ж* (wóman-)wórker [('wumən)'wɜːkə]; домáшняя ~ hóuse-maid; *амер.* help

рабóч‖ий 1. *м* wórker ['wɜːkə]; я ~ I am a wórker 2. wórking ['wɜː-]; ~ее движéние wórking-class móvement; ~ класс wórking class

рабфáк *м* wórkers' divísion [-'vɪʒn]

рáвенство *с* equálity [iː'kwɔlɪtɪ]; суверéнное ~ sóvereign ['sɔvrɪn] equálity

равнопрáвие *с* equálity [iː'kwɔlɪtɪ] (of rights)

рáвный équal

рагу́ *с* stew

рад glad; ~ вас ви́деть glad to see you

радáр *м* rádar

рáди for the sake of; ~ меня́ for my sake; ~ э́того for the sake of this; чегó ~? what for?

радиáтор *м* *авто* radiátor

радиáция *ж* radiátion; áтомная (сóлнечная) ~ núclear ['njuk-] (sólar) radiátion

рáдио *с* rádio; по ~ by rádio; передавáть по ~ bróadcast ['brɔːd-]; слу́шать ~ lísten to the rádio, lísten in; ~вещáние *с* bróadcasting ['brɔːd-]

радиогрáмма *ж* rádiogram; wíreless méssage, *амер.* rádiotélegram [-'te-]

рáдио‖лáмпа *ж* valve; *амер.* tube; ~люби́тель *м* rádio ámateur ['æmətɜ]; ~передáча *ж* bróadcast ['brɔːd-], transmíssion; ~приёмник *м* wíreless (rádio) set; ~стáнция *ж* bróadcasting ['brɔːd-] (rádio) station

рáдист *м* wíreless óperator ['ɔrə-]

рáдиус *м* rádius

рáдовать gládden, make smb háppy (glad); ~ся be glad; rejóice (in, at)

рáдостный jóyful

рáдость *ж* joy; *с* ~ю with joy

рáдуга *ж* ráinbow [-bəu]

радýшный héarty ['hɑː-], córdial; ~ приём héarty (córdial) wélcome

раз 1. *м* time; вся́кий ~ évery ['evrı] time; нéсколько ~ séveral times; в пéрвый (во вторóй) ~ for the first (sécond) time; в другóй ~ next time **2.** *(при счёте)* one **3.** *(если)* since; ~ вы э́того хоти́те since you want it ◊ как ~ just, exáctly; как ~ то the véry ['verı] thing

разбéг *м* run; *спорт.* rúnning start; *ав.* táke-off run; прыжóк с ~y rúnning jump

разбивáть(ся) *см.* разби́ть (-ся)

разбирáть *см.* разобрáть

разби́тый bróken

разби́ть 1. break [-eık] **2.** *воен.* deféat; ~ся break [-eık]

разбóй *м* róbbery

разбóрн‖ый collápsible; ~ая констру́кция collápsible design

разбрáсывать, **разбросáть** throw [-əu] abóut; scátter (abóut)

разбуди́ть wake; разбуди́те меня́ в 7 (8, 9) часóв wake me up at séven ['sevn] (eight [eıt], nine) o'clóck; когдá вас ~? when shall I wake you up?

развáлины *мн.* ruins ['ruınz]

рáзве réally ['rıə-]; ~? réally?, is that so?; ~ он приéхал? has he réally come [kʌm]?

развернýть 1. unfóld; unwráp; ~ газéту unfóld the páper; ~ свёрток unwráp the páper **2.** *перен.* devélop [dı'veləp]; ~ся unróll; unfóld

развёртывать(ся) *см.* развернýть(ся)

развесели́ть cheer [tʃıə] smb up; bríghten; ~ся cheer [tʃıə] up; bríghten

развести́ 1. *(вырастить)* (о

животных) breed; (*о растениях*) grow [-əu], cúltivate
2. (*растворить*) dissólve [-z-];
~ся divórce; be divórced

развивáть(ся) *см.* развúть
(-ся)

развúтие *с* devélopment [dɪ-
've-]; **~ культýрных связей**
exténsion of cúltural relátions
(exchánges [-'ʧeɪ-])

развитóй 1. (*физически*)
wéll-devéloped [-dɪ've-] **2.** (*умственно*) intélligent

развúть(ся) devélop [dɪ've-
ləp]

развлекáть(ся) *см.* раз-
влéчь(ся)

развлечéние *с* amúscment,
entertáinment

развлéчь entertáin, amúse;
~ся amúse onesélf [wʌn-]

развóд *м* divórce

разводúть(ся) *см.* развес-
тú(сь)

разводнóй: ~ мост dráw-
bridge; **~** (*гáечный*) ключ
adjústable spánner; mónkey
['mʌ-] wrench

разворóт *м авто* Ú-turn
['juː-]; **~ запрещён** no Ú-turn

развязáть, развязывать undó [ʌn'duː]; untíe ◊ **~ войнý**
unléash a war

разгласúть, разглашáть di-
vúlge, disclóse, give [gɪv] awáy

разговáривать speak, talk

разговóр *м* conversátion,
talk

разговóрник *м* phráse-book

разговóрчивый tálkative

разгóн *м* **1.** (*толпы и т. п.*)
dispérsal **2.** *авто* accelerátion

разгружáть, разгрузúть unlóad; dischárge

разгрýзка *ж* unlóading

раздавáть(ся) *см.* раздáть
(-ся)

раздáть distríbute [-'trɪ-];
~ся (*о звуке*) resóund

раздевáлка *ж* clóak-room

раздевáть(ся) *см.* раздéть
(-ся)

раздéл *м* divísion [-'vɪʒn];
partítion; (*часть*) séction;
(*книги*) part

разделéние *с* divísion
[-'vɪʒn]

разделúть, разделять 1. divíde; séparate ['sepə-] **2.**
(*участь, мнение*) share; **~
чьё-л. мнéние** share *smb's* view
[vjuː]

раздéть undréss; **~ся** undréss; (*снять верхнее платье*)
take off one's (hat and) coat

раздýмать change [ʧeɪ-]
one's mind; **я раздýмал** I've
changed my mind

раздýмывать 1. *см.* раздýмать **2.** (*размышлять*) pónder

разжéчь, разжигáть kindle
[kɪndl]; (*тж. перен.*) rouse,
перен. infláme

разлúв *м* flood [-ʌ-]

разливáть, разлúть 1. (*про-
лить*) spill **2.** (*налить*) pour out

различáть *см.* различúть

разлúчие *с* distínction

различúть distínguish; **я не
мог ~ их** I couldn't tell one
from anóther

разлúчный 1. (*неодинаковый*) dífferent **2.** (*разнообразный*) divérse, várious ['veər-]

разложе́ние *с* decomposition; *(моральное)* corrúption

разложи́ть 1. *(на составные части)* decompóse **2.** *(деморализовать)* corrúpt; demóralize **3.** *(расстелить)* lay out; spread [-e-] **4.** *(распределить)* distríbute [-'trɪ-]

разма́х *м* *(деятельности и т. п.)* range [-eɪ-], scope

разме́н *м* exchánge [-'ʧeɪ-]; ~ валю́ты cúrrency exchánge

разме́нивать, разменя́ть change [ʧeɪ-]

разме́р *м* size; э́то не мой ~ this is not my size

разми́нка *ж* wárming-up, *амер.* wórk-out

размножа́ть, размно́жить múltiply; *(документ)* dúplicate

размышля́ть refléct, pónder

ра́зница *ж* dífference; кака́я ~ ? what is the dífference?; кака́я ~ ! *(всё равно)* it makes no dífference!; огро́мная ~ great [greɪt] dífference

разногла́сие *с* disagréement, dífference (of opínion)

ра́зное *с* *(пункт повестки дня)* ány ['e-] óther ['ʌðə] búsiness ['bɪz-], AOB [ˌeɪəu'biː]

разнообра́з‖ие *с* varíety [və'raɪə-], divérsity; для ~ия for a change [ʧeɪ-]

разносторо́нний vérsatile [-aɪl]

разноцве́тный párticoloured [-ˌkʌ-]; múlticoloured, of dífferent cólours ['kʌ-]

ра́зный 1. *(неодинаковый)* dífferent **2.** *(разнообразный)* divérse, várious ['vɛərɪəs]

разобра́ть 1. *(на части)* take apárt, dismántle [-'mæ-] **2.** *(прочитать)* make out **3.** *(проанализировать)* ánalyse

разойти́сь leave; part, séparate ['sep-]; *(о мнениях)* díffer

разорва́ть 1. tear [tɛə] **2.** *(порвать)* break [-eɪk] off; ~ся **1.** break [-eɪk]; *(о материи)* tear [tɛə] **2.** *(взорваться)* explóde

разоружа́ться *см.* разоружи́ться

разоруже́ние *с* disármament; всео́бщее и по́лное ~ géneral and compléte disármament

разоружи́ться disárm

разочарова́ние *с* disappóintment

разочарова́ть disappóint; ~ся be disappóinted

разочаро́вывать(ся) *см.* разочарова́ть(ся)

разре́з *м* **1.** cut **2.** *(сечение)* séction; попере́чный ~ cróss-section **3.** *тех.* ópen-cast mine

разре́зать, разреза́ть cut

разреша́ть *см.* разреши́ть

разреше́н‖ие *с* *(позволение)* permíssion; с ва́шего ~ия with your permíssion; проси́ть ~ия ask permíssion; получи́ть ~ get [get] permíssion; без ~ия withóut permíssion

разреши́ть *(позволить)* allów, permít; разреши́те (мне) allów (me); разреши́те войти́? may I come [kʌm] in?; разреши́те пройти́ let me pass; разреши́те закури́ть? — Пожа́луйста! would you mind my smóking? — Not at all!

разру́ха *ж* devastátion, rúin

разрыва́ть(ся) *см.* разорва́ть(ся)

разря́д *м (категория)* cátegory ['kæ-]

разря́дка *ж:* ~ *(междунаро́дной напряжённости)* détente ['deɪtɑːnt]

разря́дник *м (спортсмен, имеющий первый, второй или третий разряд)* (first, sécond, third) cátegory ['kæ-] spórtsman

ра́зум *м* réason; *(ум)* mind, íntellect

разу́мный réasonable

разъедини́ть, разъединя́ть 1. *(разделять)* séparate ['sep-] 2. *(разговаривающих по телефону)* cut off

разыска́ть find [faɪnd]

разы́скивать look (for)

рай *м* páradise ['pærədaɪs]

райисполко́м *(исполни́тельный комите́т райо́нного Сове́та наро́дных депута́тов)* the Dístrict Exécutive [-'ze-] (Commíttee) of the Cóuncil of People's ['pi-] Députies [-'de-]

райко́м *м (райо́нный комите́т)* dístrict commíttee [-'mɪtɪ]

райо́н *м* dístrict; *(местность)* área ['ɛərɪə]

райсове́т *м (райо́нный Сове́т наро́дных депута́тов)* Dístrict Cóuncil (of People's ['pi-] Députies [-'de-])

рак I *м* 1. cráyfish 2. P. *астр.* Cáncer

рак II *м мед.* cáncer

раке́т‖а *ж* rócket; míssile [-aɪl]; запусти́ть ~у launch a rócket; баллисти́ческая ~ ballístic míssile; ~-носи́тель *ж* bóoster(-rocket)

раке́тка *ж* rácket

раке́тн‖ый rócket; ~ая те́хника rócket enginéering, rócketry

ра́ковина *ж* 1. shell 2. *(водопрово́дная)* sink

раку́шка *ж* cóckle-shell; *(двуство́рчатая)* mússel

ра́ма *ж* 1. frame; око́нная ~ window-frame 2. *авто* chássis ['ʃæsɪ]

ра́мк‖и *мн.* límits ['lɪ-]; в ~ах догово́ра withín the frámework of a tréaty

ра́мпа *ж театр.* fóotlights

ра́на *ж* wound [wuːnd]

ранг *м* rank

ра́неный wóunded ['wuːndɪd]

ра́нец *м (школьный)* sátchel

ра́нить wound [wuːnd]

ра́нн‖ий éarly; ~ие о́вощи (фру́кты) éarly végetables ['vedʒɪ-] (fruits [fruːts])

ра́но éarly; ещё ~ обе́дать it's too éarly to have dínner; ~ у́тром éarly in the mórning

ра́ньше 1. éarlier; приходи́те как мо́жно ~ come [kʌm] as éarly as póssible 2. *(когда́-то)* fórmerly

ра́са *ж* race

раси́‖зм *м* rácism; ~ст *м* rácist

раска́лывать *см.* расколо́ть

расклад‖у́шка *ж* fólding bed, cot

раскол *м* split; divísion [-ʹvɪ-]

расколоть split; cleave; *(орехи)* crack

раскрывать(ся) *см.* раскрыть(ся)

раскрыть 1. ópen **2.** *перен.* revéal; **~ся 1.** ópen **2.** *(обнаружиться)* come [kʌm] out

расовый rácial [ʹreɪʃəl]

распаковать, распаковывать unpáck

распахивать, распахнуть throw [-əu] ópen, ópen wide

распечатать, распечатывать ópen, unséal

расписан‖ие *с* tíme-table [-teɪbl], schédule [ʹʃedjuːl, *амер.* ʹskedjuːl]; **~** поездов train schédule; по **~ию** accórding to the tíme-table, accórding to schédule

расписаться, расписываться sign [saɪn] (one's name)

расписка *ж* recéipt [-ʹsiːt]; *(о денежном долге)* IOU ("I owe [əu] you") [aɪʹəujuː]

расплат‖а *ж* páyment; час **~ы** day of réckoning

расплатиться, расплачиваться pay (off); settle accóunts [əʹkau-] (with)

располагать *(иметь в распоряжении)* have at one's dispósal; вы располагаете временем? do you have time to spare?

расположение *с* **1.** *(порядок)* arrángement [-ʹreɪ-] **2.** *(настроение)* mood

распорядок *м* órder

распоряжение *с* órder, instrúction

расправа *ж* reprísal [-z-]; *(кровавая)* mássacre, cárnage

распределение *с* distribútion

распределить, распределять distríbute [-ʹtrɪ-]; divíde; assign [əʹsaɪn]; **~** время divíde one's time; **~** выпускников assígn gráduates to várious [ʹvɛərɪəs] jobs

распродажа *ж* (cléarance) sale

распространение *с* spréading [ʹspre-]; disseminátion

распутье *с* cróss-roads

распухать, распухнуть swell (up)

рассадить, рассаживать *(поместить)* seat; óffer seats

рассвет *м* dawn; на **~е** at dawn

рассердиться get [get] ángry (with)

рассеянный ábsent-mínded

рассказ *м* (short) stóry [ʹstɔːrɪ], tale

рассказать, рассказывать tell; reláte; расскажите, пожалуйста tell (me, us), please

расследовать invéstigate; look (ínto), hold an inquíry (ínto)

рассматривать, рассмотреть exámine [ɪgʹzæmɪn]; *(дело)* consíder [-ʹsɪ-]

рассольник *м* rassólnik *(soup with pickled cucumbers)*

расспрашивать, расспросить quéstion [ʹkwestʃən]; quéry (with); make inquíries

рассро́чк‖а ж: в ~y by instálments; покýпка в ~y híre-púrchase

расстава́ться, **расста́ться** part (with)

расстёгивать, **расстегнýть** unfásten [-'fɑːsn], undó [ʌn'duː]; *(пуговицы)* unbútton; *(крючок)* unhóok; *(молнию)* unzíp; *(пряжку)* unbúckle

расстоя́ние с dístance

расстра́ивать(ся) *см.* расстро́ить(ся)

расстре́л м (shóoting) execútion

расстро́ить 1. *(что-л.)* disórder; *(планы и т. п.)* frustráte; upsét **2.** *(кого-л.)* upsét; ~ся be upsét

расстыко́вка ж undócking

рассчита́ть cálculate; count; он не рассчита́л свои́х сил he óveréstimated his strength; ~ся settle accóunts [ə'kau-] (with); *(в ресторане, отеле)* pay the bill

рассчи́тывать 1. *(на кого-л.)* count on **2.** *(предполагать)* inténd, mean; я рассчи́тываю уви́деть вас... I hope to see you...

рассы́пать, **рассыпа́ть** scátter; spill

раство́р м solútion

расте́ние с plant

растеря́ться be at a loss

расти́ grow [grəu]; incréase; *(о детях)* grow up

расти́тельн‖ость ж vegetátion; ~ый végetable ['ve-]; ~ый мир végetable kíngdom

растя́гивать, **растянýть 1.**

stretch **2.** *(продлить)* prolóng **3.**: ~ мýскул (свя́зку) strain a muscle (a téndon)

расхи́тить, **расхища́ть** misapprópriate

расхо́д м *см.* расхо́ды

расходи́ться *см.* разойти́сь

расхо́довать spend

расхо́ды мн. expénse(s); *(государственные)* expénditure(s)

расцве́т м bloom; *перен.* prospérity [-'pe-]; héyday; в ~е сил in the prime of (one's) life

расцве́тка ж cólours ['kʌ-]

расчёска ж comb ['kəum]

расчёт м **1.** calculátion; производи́ть ~ с кем-л. settle accóunts with smb; мы в ~е we are quits **2.** *(увольнение):* дава́ть ~ dismíss; *амер.* fire

расшире́ние с exténsion; expánsion

расши́риться, **расширя́ться** wíden; exténd

ра́унд м round

рафина́д м lump súgar ['ʃugə]

рационализа́ция ж impróvements [-'pruːv-]

ра́ция ж (rádio) transmítter; *(портативная)* wálkie-tálkie

рва́ный torn

рвать 1. *(на части)* tear [tɛə] **2.** *(собирать)* pick **3.** *(выдёргивать)* pull out

ре с *муз.* D [diː]

реакцио́нный reáctionary [riːˈæ-]

реа́кция ж reáction [riːˈæ-]

реали́зм м réalizm [ˈrɪə-]

реа́льный real [rɪəl]

ребёнок м child; *(грудно́й)* báby

ребро́ с rib

ребя́та *мн.* chíldren [ˈtʃɪl-]; *разг.* kids

реви́зия ж inspéction; *(бухга́лтерская)* áudit [ˈɔːdɪt]

ревнова́ть be jéalous [ˈdʒe-]

ре́вность ж jéalousy [ˈdʒe-]

революционе́р м revolútionary [-ˈluː-]

революцио́нный revolútionary [-ˈluː-]

револю́ция ж revolútion [-ˈluː-]; Вели́кая Октя́брьская социалисти́ческая ~ the Great Octóber Sócialist Revolútion

ре́гби с rúgby (fóotball)

регистра́ция ж: ~ пассажи́ров *(перед поса́дкой в аэропорту́)* chéck-in

регла́мент м 1. regulátions 2. *(на собра́нии)* stánding órder

регули́ровать 1. régulate [ˈreg-]; *(механизм тж.)* adjúst, set; 2. *(у́личное движе́ние)* contról [-ˈtrəul] 3. *авто* tune up

регулиро́вка ж 1. adjústment; sétting 2. *(у́личного движе́ния)* (tráffic) contról [-ˈtrəul] 3. *авто:* ~ дви́гателя éngine túne-up

регуля́рный régular [ˈreg-]

редакти́ровать édit [ˈed-]

реда́ктор м éditor [ˈed-]; гла́вный ~ éditor-in-chíef

реда́кция ж 1. *(помеще́ние)* editórial [-ˈtɔː-] óffice 2. *(коллекти́в)* editórial staff [stɑːf]

реди́с(ка) ж rádish [ˈræ-]

ре́дкий 1. *(не густо́й)* thin, sparse 2. *(ре́дко встреча́ющийся)* rare; *(необы́чный)* uncómmon

ре́дко séldom, rárely [ˈreə-]; о́чень ~ véry [ˈverɪ] séldom

режи́м м regíme [reɪˈʒiːm]; ~ пита́ния díet

режиссёр м diréctor

ре́зать cut

резе́рв м resérve(s) [-ˈzɜːv(z)]

рези́на ж rúbber

рези́нка ж 1. *(для стира́ния)* eráser 2. *(тесьма́)* elástic [ɪˈlæ-] 3. *(подвя́зка)* suspénder, *(кру́глая)* gárter 4. *(жева́тельная)* chéwing gum

рези́новый rúbber

ре́зкий sharp; harsh; *(внеза́пный)* abrúpt; acúte

резолю́ция ж resolútion [-ˈluː-]

результа́т м resúlt; óutcome [-kʌm]; объяви́ть ~ы annóunce the resúlts

резьба́ ж cárving; ~ по де́реву (по ка́мню) wood (stone) cárving

резюме́ с súmmary

рейс м trip; *(морско́й тж.)* pássage; *ав.* flight; но́мер ~a flight númber

река́ ж ríver [ˈrɪvə]

рекла́ма ж *(объявле́ние)* advértisement; ad; *(как меропри́ятие)* publícity [pʌbˈlɪsɪ-]

реклами́ровать ádvertise

рекомендова́ть recomménd

реконстру́кция ж constrúction

реко́рд м récord ['re-]; по-би́ть ~ break [-eɪ-] a récord; установи́ть ~ set (estáblish) a récord

рекордсме́н м récord-hólder ['re-]

ре́ктор м réctor, príncipal

религио́зный relígious [-'lɪ-dʒəs]

рели́гия ж relígion [-'lɪdʒ-]

рельс м rail; сойти́ с ~ов be deráiled

реме́нь м strap; *(пояс)* belt; ~ безопа́сности *авто* seat belt

реме́сленник м cráftsman

ремесло́ с trade; hándicraft

ремо́нт м repáir(s); в ~е únder repáir

ремонти́ровать repáir

рентге́новский: ~ кабине́т X-ráy room

репертуа́р м répertoire ['re-pətwɑ:], répertory ['repə-]

репети́тор м coach, tútor

репети́ция ж rehéarsal [rɪ-'hɜːsəl]; генера́льная ~ dréss rehéarsal

ре́плика ж 1. *театр.* cue [kjuː] 2. *(замечание)* remárk

репорта́ж м repórting, stóry

репроду́ктор м loudspéaker

репроду́кция ж reprodúction

ресни́цы *мн.* éyelashes ['aɪ-]

респу́блика ж repúblic; Сове́тская Социалисти́ческая Р. Sóviet Sócialist Repúblic; авто́нóмная ~ autónomous [-'tɔ-] repúblic

рессо́ра ж *авто* spring

рестора́н м réstaurant ['re-stərɣʊ]; пойти́ в ~ go to a réstaurant

рефера́т м ábsract, sýnopsis ['sɪ-]

рефо́рма ж refórm

рецензе́нт м revíewer [-'vjuː-]

реце́нзия ж revíew [-'vjuː]

реце́пт м récipe ['resɪpɪ]; *мед.* prescríption; вы́писать ~ prescríbe smth; могу́ ли я заказа́ть лека́рство по э́тому ~у? can I have this prescríption made up, please?; могу́ ли я получи́ть э́то лека́рство без ~а? can I buy [baɪ] this médicine withóut a prescríption?

речь ж 1. *(беседа)* speech; ~ идёт о том... the quéstion ['kwestʃən] is...; о чём ~? what are you tálking abóut? 2. *(выступление)* speech; вы́ступить с ~ю make a speech; приве́тственная ~ speech of wélcome

реша́ть *см.* реши́ть

реша́ющий decísive [-'saɪ-sɪv]

реше́ние с 1. decísion [-'sɪʒn]; принима́ть ~ make (take) a decísion 2. *(документ)* resolútion

решётка ж *(ограды)* ráiling, grille; *(на окне)* bars

решето́ с sieve [sɪv]

реши́тельный 1. *(решающий)* decísive [-'saɪsɪv] 2. *(твёрдый)* firm; *(о человеке)* résolute ['rezə-]

реши́ть 1. decíde; я ещё не реши́л I haven't yet made up my mind 2. *(проблему)* solve; э́то реша́ет всё де́ло it settles the whole mátter

ре́шка *ж:* орёл или ~? heads [hedz] or tails?

ржано́й: ~ хлеб rye [raɪ] bread [bred]

ринг *м спорт.* ring

рис *м* rice

рискну́ть, рискова́ть run a risk; *(чем-л.)* risk *(smth)*

рисова́ть draw

рису́нок *м* dráwing; ~ акваре́лью wáter-colour ['wɔːtəkʌ-] (páinting); ~ карандашо́м (пасте́лью) péncil (pástel) dráwing; ~ у́глем chárcoal

ритм *м* rhýthm ['rɪðəm]

РНК (рибонуклейновая кислота́) *ж биол.* RNA [ˌɑːrən'ei] (ribonúcleic ácid ['æ-])

ро́бкий tímid ['tɪ-], shy

ро́бот *м* róbot

рове́сник *м* coéval [kəu'iːvəl]; мы ~и we are of the same age

ро́вн‖о *(точно)* sharp, exáctly; ~ый 1. *(гладкий)* flat; éven 2. *(равномерный)* éven; équal; équable

рог *м* horn; *(олений)* ántler

род *м* 1. kin, clan; э́то у них в ~у́ this runs in their fámily ['fæ-] 2. *биол.* génus

роддо́м *м* (роди́льный дом) matérnity hóspital

ро́дина *ж* hómeland, mótherland ['mʌðə-], nátive land

роди́тели *мн.* párents ['pɛə-]

роди́ть give [gɪv] birth (to); ~ся 1. be born; я роди́лся в Полта́ве I was born in Poltáva; я роди́лся в 1929 г. I was born in 1929; где вы роди́лись? where were you born? 2. *(воз-никнуть)* come [kʌm] ínto ['ɪntu] béing

родно́й own [əun]; ~ брат full bróther

родны́е *мн.:* мой ~ my people ['piːpl], my folk *разг.*

ро́дственник *м* rélative ['re-], relátion

ро́ды *мн.* chíldbirth *sn;* *(период)* confínement *sn;* *(процесс)* delívery [-'lɪ-] *sn;* lábour *sn*

рожа́ть *см.* роди́ть

рожда́емость *ж* birth rate

рожде́н‖ие *с* birth; день ~ия bírthday; поздравля́ю вас с днём ~ия mány ['menɪ] háppy retúrns (of the day); ме́сто ~ия bírth-place

Рождество́ *с* Christmas ['krɪsməs], Xmas ['krɪsməs]

рожь *ж* rye [raɪ]

ро́за *ж* rose

ро́зниц‖а *ж:* продава́ть в ~у sell retáil

ро́зовый *(цвет)* pink

ро́зыгрыш *м* 1. *(займа, лотереи)* dráwing 2. *(посредством жребия)* tóssing (of) a coin 3.: ~ ку́бка *спорт.* cup tóurnament

рой *м* swarm; ~ пчёл swarm of bees

рок I *м* fate

рок II *м* róck('n'roll)

ро́лики *мн.* *спорт.* róller skates

роль *ж* role, part; в ро́ли Га́млета выступа́ет N N acts (plays) Hámlet

ром *м* rum

рома́н *м* nóvel ['nɔ-]

рома́нс _м_ romа́nce, song

рома́шка _ж_ óx-eye ['ɔksaɪ] dáizy; _мед._ cámomile ['kæmə-]

ромб _м_ rhómb(us), díamond ['daɪə-]

роса́ _ж_ dew

ро́скошь _ж_ lúxury ['lʌkʃə-]

ро́спись _ж_ páinting; ~ стен wáll-painting

рост _м_ **1.** height [haɪt]; высóкого (ни́зкого) ~a tall (short)...; срéднего ~a of mёdium (height) **2.** _(процесс)_ growth [grəuθ]; _перен. тж._ íncrease [-s], devélopment [-'ve-]

ро́стбиф _м_ roast beef

рот _м_ mouth

ро́ща _ж_ grove

роя́ль _м_ piáno [pɪ'ænəu]; _(концертный)_ grand piáno

ртуть _ж_ mércury, quícksilver

руба́нок _м тех._ plane

руба́шка _ж (мужская)_ shirt; _(женская)_ chemíse [ʃə'miːz]; ночна́я ~ _(мужская)_ níght-shírt; _(женская)_ níght-gown; ни́жняя ~ úndershirt

рубе́ц _м_ **1.** _(шов)_ hem; seam **2.** _(от раны)_ scar

руби́н _м_ rúby ['ruːbɪ]

руби́ть chop; mince; _(деревья)_ fell

рубль _м_ rouble [ruː-]

руга́ть scold, abúse; ~ся **1.** swear [sweə], curse **2.** _(ссориться)_ quárrel

руда́ _ж_ ore

рудни́к _м_ mine, pit

ружьё _с_ rifle [raɪfl], gun; охо́тничье ~ fówling-piece

рук‖а́ _ж (кисть)_ hand; _(от_ кисти до плеча)_ arm; пожа́ть ру́ку shake hands (with); ◄~а́ми не тро́гать!► _(надпись)_ "do not touch!"; брать под ~y take smb's arm; идти́ под ~y walk arm-in-árm; протя́гивать ру́ку stretch out (exténd) one's hand

рука́в _м (одежды)_ sleeve

рукави́ца _ж_ mítten

руководи́тель _м_ léader; head [hed]

руководи́ть lead, guide [gaɪd]

руково́дство _с_ **1.** léadership; guídance ['gaɪ-] **2.** _(пособие)_ mánual ['mæ-], hándbook [-buk]

рукоде́лие _с_ néedlework

ру́копись _ж_ mánuscript ['mæ-]

рукопожа́ти‖е _с_ hándshake; обменя́ться ~ями shake hands (with)

рукоя́тка _ж_ handle

рулев‖о́й **1.** _м_ hélmsman, man at the wheel; _амер._ quártermaster ['kwɔːtə-]; _спорт._ cóxswain ['kɔksn] _амер._ **2.** stéering ['stɪə-]; ~о́е устро́йство rúdder; stéering gear

рул‖ь _м_ helm; rúdder; _(у автомобиля)_ wheel; _(у велосипеда)_ hándle-bars; пра́вить ~ём steer [stɪə]

румя́ный rósy; rúddy

ру́пор _м_ mégaphone ['megəfəun]

руса́лка _ж_ mérmaid

ру́сло _с_ ríver-bed ['rɪ-]

ру́сская _ж_ Rússian ['rʌʃ-]

ру́сский **1.** Rússian; ~ язы́к

Rússian, the Rússian lánguage
2. *м* Rússian ['rʌʃ-]

рýсый áuburn; fáir(-haired)

ручáться vouch for; *(за ко-го-л.)* ánswer ['ɑːnsə] for; *(за что-л.)* guarantée [ˌgærən'tiː]; я ручáюсь, что... I ensúre you that...; я за э́то не ручáюсь I can't guarantée it

ручéй *м* stream, brook

рýчка *ж* 1. *(рукоятка)* hándle 2. *(для письма)* pen; шáриковая ~ báll-point pen

ручнóй 1. hand(-) 2. *(приручённый)* tame

рýба *ж* 1. fish 2. Р. *мн. астр.* Písces ['piːsɪz]

рыбáк *м* físherman

рыбáчить fish; *(с удочкой)* angle

рýбий: ~ жир cód-liver [-lɪ-] oil

рýбный fish; ~ суп fish soup

рыболóв *м* físher; *(с удочкой)* ángler

рывóк *м* dash, spurt

рыдáть sob

рýжий red(-háired)

рýнок *м* márket; мировóй ~ world [wɜːld] márket

рысáк *м* trótter

рысь I *ж (аллюр)* trot; ~ю at a trot

рысь II *ж (зверь)* lynx

рыть dig

рýцарь *м* knight

рычáг *м* léver ['leː-, 'liː-]

рюмка *ж* wíne-glass

рябúна *ж* móuntain [-tɪn] ash

рябчик *м* házel-hen, házel-grouse [-s]

ряд *м* 1. row [rəu]; line; сидéть в пéрвом (трéтьем, десятом) ~ý sit in the first (third, tenth) row 2. *авто* lane; движéние в прáвом ~ý right lane tráffic 3. *(серия)* a númber (of), a séries (of); у меня к вам ~ вопрóсов I want to ask you a númber of quéstions ['kwes-tʃənz]

рядом 1. *(один подле другого)* side by side; сидéть ~ с кем-л. sit next to smb; сядем ~ let's sit togéther [-'geðə] 2. *(по соседству)* next (to), near [nɪə]; я живý ~ I live [lɪv] close by, I live next door

ряженка *ж кул.* ryázhenka *(baked yoghurt)*

С

с 1. with, and; вы с нáми пойдёте? will you go with us?; кóфе с молокóм cóffee with milk; с разрешéния by permíssion (of) 2. *(откуда)* from; *(прочь тж.)* off; с Кавкáза from the Cáucasus; уберúте э́то со столá take this off the table [teɪbl] 3. *(с определённого момента)* since; from; со вчерáшнего дня since yésterday [-dɪ]; с бýдущей недéли begínning with next week ◊ с начáла до концá from begínning to end

сáбля *ж* sábre ['seɪbə] *(тж. спорт.)*; тáнец с ~ми sábre dance

сад *м* gárden; городскóй ~

the gárdens; фруктóвый ~ órchard

садиться *см.* **сесть**

садóвник *м* gárdener

садовóдство *с* hórticulture; gárdening

сáжа *ж* soot

сажáть 1. *(усаживать)* seat **2.** *(растения)* plant [-ɑ:-]

сáженец *м (молодое растение)* sápling

сазáн *м* wild carp

саквояж *м* trávelling-bag [-æ-]; *амер.* gríp-sack

саксофóн *м* sáxophone ['sæksə-]

салáка *ж* sprat

салáт *м* **1.** *(блюдо)* sálad ['sæ-] **2.** *(растение)* léttuce ['letɪs]

сáло *с* fat; grease [-s]; *(свиное)* lard

салóн *м (в гостинице, на пароходе)* lóunge; ~ жи́вописи ártist's átelier ['æ-]

салфéтка *ж* nápkin, serviétte [ˌsævɪ'et]

сáльто *с* sómersault ['sʌ-]

салют *м* salúte [-'lu:t]; произвести́ ~ salúte

сам *(1 л.)* mysélf; *(2 л.)* yoursélf; *(3 л.)* himsélf, hersélf, itsélf ◊ самó собóй разумéется it goes without sáying

сáмбо *с* júdo ['dʒu:dəu]

самéц *м* male; *(при названии животного)* he-; *(оленя, антилопы, зайца, кролика)* buck; *(лисы, волка)* dog; *(слона, кита)* bull [bul]; *(птиц)* cock

сáми oursélves [-'selvz]

сáмка *ж* fémale; *(при назва*нии *животного)* she-; *(слона, носорога, кита, тюленя)* cow; *(оленя, антилопы, зайца, кролика)* doe; *(птиц)* hen

самовáр *м* samovár

самогóн *м* hóme-brew [-bru:]; móonshine *(амер.)*

самодéльный hóme-made

самодéятельность *ж:* худóжественная ~ ámateur arts (perfórmances)

самозащи́та *ж* self-defénce

самокри́тика *ж* self-críticism ['krɪ-]

самолёт *м* plane; áircraft; *(пассажирский)* áirliner

самолюби́вый tóuchy ['tʌ-]; proud

самолюбие *с* self-estéem; pride

самонадéянный self-cónfident

самообладáние *с* self-contról [-'trəul]

самообслуживани‖е *с* self-sérvice; прáчечная ~я láundromat

самоопределéние *с* self-determinátion; прáво на ~ right to self-determinátion

самоотвéрженный sélfless

самосвáл *м авто* típ-lorry, *амер.* dúmp-truck

самостоятельный indepéndent

самоуби́йство *с* súicide

самоувéренный self-assúred [-ə'ʃuəd]; *разг.* cock-súre [-'ʃuə]

самоуправлéн‖ие *с* self-góvernment [-'gʌv-]; óрганы (мéстного) ~ия lócal (munícipal) authórities

самоучи́тель м self-instrúctor, Teach Yoursélf Book

самоцве́ты мн. précious ['preʃ-] stones

самочу́вствие с: как ва́ше ~? how do you feel?

са́м‖ый 1. the véry ['verɪ]; тот же ~ the same; тот ~ the véry same; just the same; в ~ом нача́ле at the véry begínning (of); до ~ого ве́чера untíl night; до ~ого до́ма all the way home; в то же ~ое вре́мя just when...; just then, at the same time **2.** (для образова́ния превосхо́дной сте́пени многосло́жных прилага́тельных) the most [məust]; ~ си́льный the stróngest ◊ в ~ом де́ле indéed, in fact

санато́рий м sanatórium

са́ни мн. sleigh [sleɪ], sledge

санита́р м hóspital atténdant

санитари́я ж hýgiene [-dʒiːn]; sanitátion

санита́рка ж júnior ['dʒuːnjə] nurse, (ward) atténdant

санита́рный sánitary ['sæ-]

са́нкция ж appróval [-'ruː-]

са́нный: ~ спорт luge [luːʒ]

сантéхника ж (обору́дование) plúmbing ['plʌmɪŋ] fíxtures

сантиме́тр м céntimetre ['sentɪˌmiːtə]

сану́зел м tóilet facílities [-'sɪ-] pl

сапоги́ мн. (high) boots

сапо́жник м shóemaker ['ʃu-]

сапфи́р м sápphire ['sæfaɪə]

сарафа́н м sarafán [-'fæn]

сарде́льки мн. chain sáusage ['sɔsɪdʒ]; knáckwurst ['næk-]

сарди́ны мн. sardínes [-'diːnz)

сати́нов‖ый: ~ое пла́тье cótton dress

сати́ра ж sátire ['sætaɪə]

са́хар м súgar ['ʃugə]

са́харница ж súgar basin ['ʃugə-]

са́харный súgar(-) ['ʃugə-]; ~ песо́к gránulated súgar

сберега́тельн‖ый: ~ая кни́жка sávings-bank book

сберега́ть см. сбере́чь

сбереже́ния мн. sávings

сбере́чь save; ~ вре́мя save time; ~ си́лы spare one's éfforts

сберка́сса ж (сберега́тельная ка́сса) sávings-bank

сбива́ть, сбить 1. knock down; сбить с ног knock smb off his (her) feet **2.** (с толку) put [put] out

сбо́ку (где) on (at) one side; (откуда) from one side; вид ~ síde-view; обойди́ его́ ~ pass it aróund

сбор м **1.** colléction; ~ урожа́я hárvesting **2.** (собра́ние) gáthering, méeting ◊ по́лный ~ теа́тр. full house

сбо́рка ж тех. assémbly

сбо́рная ж спорт. (страны́) nátional ['næ-] team

сбо́рник м colléction; ~ расска́зов collécted stóries ['stɔrɪz]

сбо́рн‖ый 1. (собира́емый из часте́й) collápsible; ~ые дома́ prefábricated [priː-] hóuses **2.** (ме́сто): ~ пункт assémbly point (place)

сбра́сывать, сбро́сить throw [-əu] off

сбыва́ться см. сбы́ться

сбыт м sale(s), márketing; ры́нок ~а éxport márket; замдире́ктора по ~y márketing mánager ['mæ-]

сбы́ться come [kʌm] true [truː]

сва́дьба ж wédding

сва́ливать, свали́ть 1. (опроки́нуть) throw [-əu]; knock down 2. (дерево) fell ◊ ~ вину́ на кого́-л. shift the blame on smb

све́ден∥ие с informátion; довести́ до ~ия bring to the nótice (of), infórm; приня́ть к ~ию take ínto ['ɪntu] considerátion

свеж∥ий fresh; ~ие проду́кты fresh food; ~ во́здух fresh (cool) air

свёкла ж béet(root); са́харная ~ súgar-beet ['ʃugə-]

свеко́льник м béetroot soup [suːp]; амер. borsch

сверга́ть, све́ргнуть throw [-əu] down; óverthrow

сверже́ние с overthrów

сверка́ть, сверкну́ть spárkle; (я́рко) glítter; (о мо́лнии и т. п.) flash; (ослепи́тельно) glare

сверли́ть drill

сверло́ с drill; (наконе́чник) bit

сверну́ть 1. (в руло́н) roll up 2. (с пути́) turn; ~ напра́во (нале́во) turn to the right (left)

свёрток м párcel; bundle

свёртывать см. сверну́ть 1

сверх (в добавле́ние) (óver and) abóve [ə'bʌv], in addítion to; ~ пла́на óver and abóve the plan; ~ програ́ммы in addítion to the prógramme; ~ ожида́ний beyónd all expectátions

сверхзвуково́й: ~ пассажи́рский самолёт supersónic [-'sɔ-] áirliner

сверхпла́новый (prodúced) abóve [ə'bʌv] the plan

све́рху from abóve [-ʌ-]

свет м light; при ~e by the light (of)

света́ть: света́ет (the) day is dáwning (bréaking ['breɪk-])

свети́льник м lamp

свети́ть shine

светл∥ый light; (я́сный) clear [klɪə]; перен. bright; ~ая ко́мната light room; ~ костю́м light-coloured [-kʌ-] suit

светов∥о́й light; lúminous ['luːmɪ-]; ~а́я рекла́ма illúminated signs [saɪnz]

светоси́ла ж фото díaphragm ['daɪə-] ópening

светофи́льтр м фото fílter

светофо́р м tráffic lights pl

свеч∥а́ ж 1. cándle 2. авто (spark) plug ◊ ла́мпочка в сто ~е́й 100 watt eléctric bulb

свида́ни∥е с (делово́е) méeting; appóintment; (любо́вное) date; назна́чить ~ make an appóintment; make a date; до ~я good-býe [gud-]

свиде́тель м wítness

свиде́тельство с 1. (показа́ние) évidence ['ev-], téstimony

2. (*удостоверение*) certíficate [-'tɪ-]; ~ о рождéнии birth certíficate

свинéц *м* lead [led]

свинúна *ж* pork

свиновóдство *с* píg-breeding, swíne-breeding

свинья́ *ж* pig

свистáть, свистéть whistle [wɪsl]

свистóк *м* whistle [wɪsl]

свúтер *м* swéater ['swe-]

свобóда *ж* fréedom; líberty ['lɪ-]; ~ слóва (печáти, собрáний, сóвести) fréedom of speech (of the press, of assémbly, of cónscience)

свобóдн‖ый free; ~ дóступ free áccess; ~ое врéмя léisure, free time; вы ~ы? do you have time to spare? ◊ ~ костю́м loose dress

свóдка *ж* súmmary; repórt

своеобрáзный oríginal [-'rɪ-]; pecúliar

свой (*1 л.*) my; (*3 л.*) his, her, its; (*1 л. мн.*) óur; (*2 л. мн.*) your; (*3 л. мн.*) their; я потеря́л свою́ кнúгу I've lost my book ◊ он сам не ~ he is not himsélf; в своё врéмя (*своевремéнно*) in due course [kɔːs]

свóйство *с* (*предметов*) próperty ['prɔ-]; (*людей*) quálity

своя́ *ж см.* свой

свы́ше óver

связáть tie [taɪ]; bind; *перен.* connéct

связк‖а *ж* **1.** sheaf; bunch **2.** *мн.:* голосовы́е ~и vócal chords [kɔːdz]

свя́зывать *см.* связáть

связ‖ь *ж* **1.** tie [taɪ], bond; connéction: в ~й с... in connéction with...; культу́рные ~и cúltural ties **2.** (*ж.-д., телегрáфная и т. п.*) communicátion

свящéнник *м* priest

сговáриваться, сговорúться arránge [-'reɪ-] things (with); come [kʌm] to an agréement

сгóвор *м* collúsion [-'luːʒn]

сгорáть, сгорéть 1. burn down; burn out **2.** (*израсхóдоваться*) be consúmed (úsed)

сдавáть(ся) *см.* сдáть(ся)

сдать 1. hand in; give [gɪv]; (*помещéние*) let; ~ багáж на хранéние régister (*амер.* check) one's lúggage (*амер.* bággage) **2.:** ~ экзáмен pass an examinátion **3.** *карт.* deal; ~ся surrénder, capítulate [kə-'pɪtjuː-]

сдáч‖а *ж* (*дéньги*) change [tʃeɪndʒ]; давáть (получáть) ~у give [gɪv] (get [get]) change

сдвиг *м* **1.** (*смещéние*) displácement **2.** (*прогрéсс*) impróvement [-'pruːv-]; change [tʃeɪndʒ] for the bétter

сдéлать make; do

сдéлка *ж* deal, bárgain [-gɪn]

сдéльный píece-work

сдержáть 1. (*когó-л.*) restráin, hold back **2.** (*чувства*) restráin; suppréss **3.:** ~ слóво keep one's word [wəd]; ~ся contról [-'trəul] onesélf [wʌn-]

сдéрживать(ся) *см.* сдержáть(ся)

сеанс *м кино* show [ʃəu]

себе *(1 л.)* to mysélf; *(2 л.)* to yoursélf; *(3 л.)* to himself, hersélf, itsélf; *(1 л. мн.)* to oursélves; *(2 л. мн.)* to yoursélves; иметь при ~ have with (me, you, *etc*); ‹к ~› *(надпись на двери)* pull [pul]; ‹от себя› *(надпись на двери)* push [puʃ]

себестоимость *ж* prime cost, cost price

себя *(1 л.)* mysélf; *(2 л.)* yoursélf; *(3 л.)* himself, hersélf, itsélf; *(1 л. мн.)* oursélves; *(2 л. мн.)* yoursélves; *(3 л. мн.)* themsélves ◊ прийти в ~ come [kʌm] to (hersélf, himself, *etc*)

сев *м* sówing ['səu-] campáign

север *м* north

северный north, nórthern [-ðən]

северо-восток *м* north-éast

северо-запад *м* north-wést

севооборот *м* crop rotátion

севрюга *ж* sevrúga *(kind of sturgeon)*

сегодня todáy; ~ утром (днём) this mórning (afternóon); ~ вечером tonight; не ~ завтра ány day now

сегодняшний todáy's [-'deɪz]

седло *с* saddle

седой grey(-háired)

сезон *м* séason; разгар ~a high séason

сейчас 1. *(теперь)* now **2.** *(очень скоро)* présently, soon; ~ же just (right) now; ~! in a minute!; он ~ придёт he'll be here right now

секрет *м* sécret ['siː-]

секретарь *м* sécretary

секретный sécret ['siː-]; *(о документах)* clássified

секс *м* sex

секунд‖а *ж* sécond ['se-]; сию ~y just a móment

секундомер *м* stóp-watch

селёдка *ж* hérring

селезёнка *ж* spleen

селектор *м* íntercom

село *с* víllage

сельдерей *м* célery ['se-]

сельдь *ж* hérring

сельпо *с* géneral ['dʒe-] store

сельск‖ий rúral ['ruə-], víllage; ~ое хозяйство ágriculture

сельскохозяйственный agricúltural

сельсовет *м* (сельский совет) víllage sóviet (cóuncil)

семафор *м* sémaphore ['seməfɔ:]

сёмга *ж* sálmon ['sæmən]

семейный fámily ['fæ-]

семена *мн.* seeds

семёрка *ж карт.* séven ['sevn]; ~ пик *и т. д.* the séven of spades, *etc*

семестр *м* term

семечки *мн.* súnflower seeds

семинар *м* séminar ['semɪ-]

семнадцать seventéen [‚se-]

семь séven ['sevn]

семьдесят séventy ['se-]

семьсот séven ['sevn] húndred

семья *ж* fámily ['fæ-]

сено *с* hay

сеновал *м* háyloft

сенокос *м* háy-making

сенокоси́лка *ж* (grass-) mówer [-'məuə]

сентя́брь *м* Septémber

се́ра *ж* súlphur

серва́нт *м* sídeboard

серви́з *м* set; обе́денный (ча́йный) ~ dínner (tea) set

серде́чный 1. heart(-) [hɑː-]; ~ при́ступ heart attáck **2.** *перен.* héarty ['hɑː-], córdial

серди́тый ángry, cross

серди́ть make smb ángry; ~ся be ángry, be cross (at smth, with smb)

се́рдц‖**е** *с* heart [hɑːt]; от всего́ ~а from the bóttom of one's heart

серебро́ *с* sílver

сере́бряный sílver

середи́н‖**а** *ж* middle; в ~е in the middle

сержа́нт *м* sérgeant ['sɑːdʒənt]

се́рия *ж* séries ['sɪəriːz]

серп *м* sickle; ~ и мо́лот hámmer and sickle

серпанти́н *м* páper stréamers

се́рый grey

се́рьги *мн.* éar-rings ['ɪə-]

серьёзный sérious ['sɪərɪəs]; grave

се́ссия *ж* séssion

сестра́ *ж* síster; родна́я ~ full síster; двою́родная ~ (first) cóusin [kʌzn]; медици́нская ~ (médical) nurse

сесть 1. sit down; ся́дь(те), пожа́луйста! sit down, please! **2.** *(о солнце)* set **3.** *(в вагон и т. п.)* get [get] in, board; ~ на по́езд take the train

се́тка *ж* net; *(для вещей в*

вагоне) rack; ~ для воло́с háir-net

сеть *ж* net; *(система)* nétwork, sýstem

се́ялка *ж* séeder

се́ять sow [səu]

сжать I press; squeeze; *(зубы, кулаки)* clench

сжать II *с.-х.* reap

сжима́ть *см.* сжать I

сза́ди from behínd; *(позади)* behínd

си *с муз.* B [biː]; си-дие́з B sharp

сиби́рский Sibérian

сига́ра *ж* cigár

сигаре́ты *мн.* cigaréttes [ˌsɪgə-]; ~ с фи́льтром fílter (típped) cigaréttes

сигна́л *м* sígnal; *(автомобиля)* horn; дать ~ give [gɪv] a sígnal; *(об автомобиле)* hoot

сиде́лка *ж* (síck-)nurse; *(в больнице тж.)* ward atténdant

сиде́нье *с* seat

сиде́ть 1. sit; ~ за столо́м sit at the table [teɪbl]; ~ в кре́сле sit in an ármchair; оста́ться ~ remáin séated **2.** *(о платье)* fit; пла́тье хорошо́ на вас сиди́т the dress fits you nícely (verý ['verɪ] well)

си́л‖**а** *ж* strength; force; *тех.* pówer; Вооружённые Си́лы СССР Armed Fórces of the USSR; взаи́мный отка́з от примене́ния ~ы и́ли угро́зы ~ой mútual renunciátion of the use or threat [θret] of force; по́лный сил full of strength; изо всех сил with all one's strength; не по ~ам beyónd one's pówers; о́бщими ~ами with combíned éffort; в си́лу... by force of...; ~ой *(наси́льно)* by force

сила́ч *м* strong man

си́лос *м (корм)* sílage ['saɪlɪdʒ]

си́лосн∥ый: ~ая ба́шня tówer sílo; ~ая я́ма pit sílo

си́льный strong; *(мо́щный)* pówerful

симфони́ческ∥ий symphónic [-'fɔ-]; ~ая му́зыка symphónic músic; ~ конце́рт sýmphony cóncert; ~ орке́стр sýmphony órchestra

симфо́ния *ж* sýmphony

синаго́га *ж* sýnagogue ['sɪnəgɔg]

си́ний blue [blu:]

сини́ца *ж* tómtit

сино́д *м* sýnod ['sɪ-]

сино́птик *м* wéather ['we-] fórcaster; wéatherman

синхро́нный simultáneous; ~ перево́д simultáneous interpretátion

синя́к *м* bruise [-u:z]; *(под гла́зом)* black eye [aɪ]

сиро́п *м* sýrup ['sɪ-]; вода́ с ~ом sýrup and wáter ['wɔːtə]

сирота́ *м и ж* órphan

систе́ма *ж* sýstem; ~ образова́ния sýstem of educátion

си́тец *м* print; *амер.* cálico ['kæ-]

си́тцев∥ый: ~ое пла́тье cótton dress

сказа́ть say; *(что-л. кому́-л.)* tell; скажи́те, пожа́луйста tell (me, us), please; тру́дно ~ it's hard to say

ска́зк∥а *ж* tale, stóry ['stɔːrɪ]; fáiry-tale ['fɛə-]; наро́дные ~и folk tales

скака́лка *ж* skípping rope

скака́ть 1. jump, leap **2.** *(на коне́)* gállop ['gæ-]

скала́ *ж* rock

скаме́йка *ж,* **скамья́** *ж* bench

скарлати́на *ж мед.* scárlet féver

ска́терть *ж* táblecloth ['teɪbl-]

скафа́ндр *м (водола́зов)* díving-suit [-sju:t]; *(космона́втов)* space suit

ска́чки *мн.* ráces; ~ с препя́тствиями stéeplechase

сква́жина *ж (бурова́я)* bórehole (bóring) well; буре́ние сква́жин well-bóring

сквер *м* públic gárden

сквози́ть: сквози́т *(ду́ет)* there is a draught [drɑːft] here

сквозня́к *м* draught [drɑːft]

сквозь through [θru:]

скворе́ц *м* stárling

ски́дк∥а *ж* discóunt; redúction; со ~ой at a discóunt

склад *м* stórehouse; това́рный ~ wárehouse

скла́дка *ж* fold; pleat; *(на брю́ках)* crease [-s]

складно́й fólding, collápsible

скла́дывать *см.* сложи́ть

скле́ивать, скле́ить glue smth togéther [-'geðə]; скле́ить (магни́тную) ле́нту (киноплёнку) splice the tape (film)

склон *м* slope

скло́нность *ж* inclinátion [-klɪ-]

сковорода́ ж frýing-pan

скользи́ть slide; *(поскользну́ться)* slip

ско́льзкий slíppery

ско́лько *(с сущ. во мн.)* how mány ['me-]; . *(с сущ. в ед.)* how much; ~ раз how mány times; ~ э́то сто́ит? how much is it?; ~ вре́мени? what's the time?; ~ вам лет? how old are you?

ско́рая ж *разг.* (ско́рая по́мощь) ámbulance

скорлупа́ ж shell; ~ оре́ха nútshell; яи́чная ~ éggshell

ско́ро 1. *(вско́ре)* soon; он ~ придёт he'll come [kʌm] soon **2.** *(бы́стро)* quíckly, fast

скорова́рка ж préssure cóoker

скоростно́й high-spéed

ско́рост‖ь ж **1.** speed; со ~ью 100 км в час at the speed (rate) of 100 km per hóur **2.** *авто разг.* gear [gɪə]; на пе́рвой (второ́й *и т. д.*) ~и in the first (sécond ['se-], *etc*) gear

Скорпио́н м *астр.* Scórpio

ско́р‖ый 1. *(бы́стрый)* quick, fast; ~ по́езд fast train **2.** *(бли́зкий по вре́мени)* near [nɪə]; в ~ом вре́мени befóre long; до ~ого свида́ния! see you láter (soon)!

скот м cattle; кру́пный рога́тый ~ cattle; ме́лкий рога́тый ~ small cattle

скотово́дство с cáttle-breeding

скре́пка ж (páper) clip

скрипа́ч м víolinist ['vaɪə-]; *(у́личный)* fíddler

скрипа́чка ж víolinist ['vaɪə-]

скрипи́чный: ~ ключ *муз.* treble clef

скри́пк‖а ж violín [vaɪə-]; *разг.* fiddle; игра́ть пе́рвую ~у *перен.* play the first fiddle

скро́мный módest ['mɔdɪst]

скрыва́ть(ся) *см.* скры́ть(ся)

скры́тый sécret ['si:-]

скрыть hide, concéal; ~ся hide (onesélf [wʌn-]) (from); *(убежа́ть)* escápe

ску́ка ж: кака́я ~! what a bore!

ску́льптор м scúlptor

скульпту́ра ж scúlpture

ску́мбрия ж máckerel ['mæk-]

скупо́й stíngy

ску́тер м *спорт.* scóoter

скуча́ть be bored; *(грусти́ть)* be lónely; *(по кому́-л.)* miss

ску́чный dull, bóring ['bɔ-]

слаби́тельное с *мед.* purge, láxative ['læksə-]

сла́б‖ость ж wéakness; ~ый weak, féeble; ~ое здоро́вье délicate (poor) health [helθ]

сла́ва ж fame, glóry ['glɔrɪ]

сла́вный 1. glórious ['glɔrɪəs], fámous ['feɪməs] **2.** *(ми́лый)* nice

славяни́н м Slav [slɑ:v]

славя́нский Slavónic [-'vɔ-]

сла́дкий sweet

сла́дости *мн.* sweets

сла́лом м *спорт.* slálom ['sleɪ-]; гига́нтский ~ gíant slálom; ~и́ст м slálom ['sleɪ-] rácer

сле́ва to (on) the left; ~ от

to (on) the left of; ~ от негó to (on) his left

слегкá slíghtly

след *м* track; trace; *(ногú)* fóotprint

следи́ть 1. *(наблюдáть)* watch; fóllow ['fɔləu] 2. *(присмáтривать)* look áfter ['ɑːftə]

следователь *м* invéstigator; *амер.* detéctive

следовательно thérefore, cónsequently

след‖овать 1. fóllow ['fɔləu]; пóезд ~ует до Москвы́ the train is bound for Móscow 2.: ~ует пóмнить it should be remémbered 3.: скóлько с меня́ ~ует? how much do I owe (you)? ◇ как ~ует well, próperly

следствие *с* 1. *(результáт)* cónsequence; efféct 2. *юр.* investigátion; ínquest

следующий 1. next, fóllowing ['fɔləu-]; на ~ день the next day; в ~ раз next time 2. *м:* ~! next, please!

слеза́ *ж* tear [tɪə]

слепой 1. blind 2. *м* blind man

слéпок *м* mould ['məu-], сópу ['kɔ-]

слéсарь *м* lócksmith; *(монтáжник)* fítter; *(водопровóдчик)* plúmber ['plʌmə]

слёт *м* gáthering, rálly ['rælɪ]

сли́ва *ж* plum

сли́вки *мн.* cream

слизь *ж* múcus; slime

сли́шком too (much), óver-; э́то ~ дóрого (далекó) it is too expénsive (far)

словáрь *м* díctionary; *(к определённому тéксту)* vocábulary [-'kæ-]; *(по тéме)* glóssary

слóво *с* 1. word [wəːd]; давáть ~ give [gɪv] one's word; чéстное ~ word of hónour ['ɔnə] 2.: ~ имéет N N has the floor [flɔː]; взять ~ take the floor, rise to speak; ~ к (по) порядку ведéния собрáния point of órder

слоёный: ~ пирóг púff-pastry

сложéние *с* addítion

сложи́ть 1. *(газéту и т. п.)* fold 2. *(в однó мéсто)* put [put] togéther [tə'geðə] 3.: ~ вéщи pack, do the pácking 4. *мат.* add (up), sum up

слóжный 1. cómplicated; cómplex 2. *(составнóй)* cómpound

слой *м* láyer; *(чегó-л.)* strátum; ~ крáски coat of paint

сломáть(ся) break [-eɪk]

слон *м* 1. élephant ['el-] 2. *шáхм.* bíshop

слонóв‖ый: ~ая кость ívory

слугá *м* sérvant

служащий *м* employée [-lɔɪ'iː]

слу́жба *ж* sérvice; work [wəːk]

служи́ть 1. serve 2. *(рабóтать)* work [wəːk]

слух *м* 1. héaring ['hɪə-]; *(музыкáльный)* ear [ɪə]; у негó хорóший ~ he has a good [gud] ear for músic 2. *(молвá)* rúmour ['ruː-]

слу́ч‖ай *м* 1. case; в ~ае in

case (of); во всяком ~ae at ány rate; в любóм ~ae in ány case; на всякий ~ (just) in case; ни в кóем ~ae by no means; в худшем ~ae at the worst **2.** (*возможность*) occásion, chance; при ~ae on occásion **3.** (*событие*) occásion, evént **4.** (*происшествие*) íncident; несчáстный ~ áccident

случáйн‖о by chance, accidéntally [‚æksı-]; **~ость** ж chance; по счастлúвой ~ости by a lúcky chance; **~ый** chance, accidéntal [‚æksı-], cásual [ˈkæз-]; **~ая встрéча** chance méeting

случáться, случúться háppen; take place; что случúлось? what has háppened?; what's up?

слýшать (*когó-л.*) lísten [ˈlısn] (to); слýшаю! hulló!; вы слýшаете? (*в телефóнном разговóре*) are you there?; **~ся** obéy

слýшать hear [hıǝ]; вы об этом слýшали? have you heard abóut it?; я ничегó не слýшу I can't hear ánything [ˈenı-]

слýшно: мне не ~ I can't hear [hıǝ]

смáзка ж **1.** (*мáсло*) grease [-s], lúbricant **2.** (*процéсс*) gréasing; lubricátion

смéл‖ость ж cóurage [ˈkʌ-]; dáring [ˈdɛǝr-]; **~ый** courágeous [kǝˈreı-], bold; dáring [ˈdɛǝr-]

смéна ж **1.** (*на завóде*) shift **2.** (*подрастáющее поколéние*) young [jʌŋ] generátion **3.:** ~ бельá (*постéльного*) change [tʃeındʒ] of línen [ˈlı-]

смеркáться: смеркáется it's gétting [ˈget-] dark

смéртность ж death [deθ] rate; mortálity [-ˈtæ-] (rate)

смерть ж death [deθ]

смерч м tornádo

смесь ж míxture; blend

смéта ж éstimate

сметáна ж sóur [ˈsauǝ] cream

сметь dare

смех м láughter [ˈlɑːftǝ]

смéшанный mixed

смешнóй fúnny

смеяться laugh [lɑːf]

смúрно quíetly [ˈkwaıǝt-] ◊ **~!** atténtion!

смолá ж résin [ˈrez-]; tar

сморкáться blow [blǝu] one's nose

сморóдина ж: крáсная (чёрная) ~ red (black) cúrrant

смотр м inspéction; ~ худóжественной самодéятельности féstival of ámateur arts

смотрéть 1. look; ~ на когó-л. (на что-л.) look at smb (at smth) **2.** (*за кем-л., чем-л.*) look áfter [ˈɑːftǝ] ◊ как вы на это смóтрите? what do you think abóut it?; смотря по обстоятельствам it depénds

смýтн‖о váguely, dímly; **~ый** vague, dim

смущéние с embárrassment [ım'bæ-]

смущённый confúsed; (*растерявшийся*) embárrassed [ım'bæ-]

смысл м sense; (*значéние*) méaning; нет ~a there is no

sense (point) (in); в каком ~е? in what sense?

смычо́к *м* bow [bəu], fíddlestick

снабди́ть, снабжа́ть províde with, supplý with, fúrnish with

снабже́ние *с* supplý

сна́йпер *м* sníper; shárpshooter; *амер.* éxpert (márksman)

снару́жи on the óutside; *(с нару́жной стороны́)* from the óutside

снаря́д *м спорт.* apparátus

снача́ла 1. *(сперва)* at first **2.** *(снова)* all óver agáin

снег *м* snow [snəu]; идёт ~ it's snówing

снегопа́д *м* snówfall ['snəu-]

снегоубо́рочн‖ый: ~ая маши́на snów-plough ['snəuplau]

снегохо́д *м* snówmobile ['snəuməbiːl]

снегу́рочка *ж* Snow [snəu] Máiden

снежи́нка *ж* snów-flake ['snəu-]

снести́ *(разрушить)* pull [pul] down

сниже́ние *с* lówering ['ləu-]; decréase [-s]; *(качества)* deteriorátion [dɪˌtɪərɪə-]; ~ цен price redúction

сни́зу from belów [-'ləu]

снима́ть *см.* снять

сни́мок *м* phóto(graph); *(моментальный)* snápshot

сни́ться dream

сно́ва agáin; начина́ть ~ start anéw, begín agáin

сноп *м* sheaf

сно́ска *ж* fóotnote

сно́сный tólerable

снотво́рное *с* *(средство)* sléeping pill, soporífic [-'rɪ-]

сноше́ние *с* íntercourse; *дип.* relátions *pl*

снять 1. take off; ~ шля́пу *(одежду, пальто)* take off one's hat (clóthes, coat); ~ урожа́й hárvest; ~ ме́рку take smb's méasure ['meʒə] **2.** *(помещение)* rent **3.** *фото* take a phótograph; *(сделать моментальный снимок)* snápshot

со *см.* с

соба́ка *ж* dog

собесе́дник *м* interlócutor [-'lɔk-], compánion [-'pæ-]

собира́ть(ся) *см.* собра́ть (-ся)

собла́зн *м* temptátion; вводи́ть в ~ tempt, lead ínto temptátion

соблюда́ть, соблюсти́ obsérve [-'zɜːv]; keep

собо́й *тв. пад. от* себя́

соболе́знование *с* condólence; вы́разить ~ presént one's çondólences to smb

со́боль *м* sable [seɪbl]

собо́р *м* cathédral [kə'θiːdrəl]

собра́ние *с* **1.** méeting, gáthering ['gæð-]; rálly ['rælɪ] **2.** *(коллекция)* colléction

собра́ть 1. gáther ['gæðə]; colléct; *(ягоды)* pick; ~ ве́щи pack **2.** *(машину)* assémble; ~ся **1.** *(вместе)* gáther ['gæðə], meet; сове́т собира́ется за́втра the cóuncil meets tomórrow [-əu]; собрало́сь мно́го наро́ду there were mány ['menɪ] people [piːpl] **2.** *(намереваться)* be góing to; я собира́юсь е́хать в... I inténd to go to...; я не собира́лся I wasn't góing to...

со́бственность ж próperty ['prɔ-]; ównership; госуда́рственная ~ state próperty; общенаро́дная ~ próperty belónging to all the people [piːpl]; nátional (people's) próperty; кооперати́вная ~ coóperative próperty; ча́стная ~ prívate próperty

собы́т‖ие с evént; теку́щие ~ия cúrrent evénts; látest devélopments [dɪ've-]

сова́ ж owl

соверше́нно quite, ábsolutely; ~ ве́рно quite right; вы ~ пра́вы you are ábsolutely (quite) right

совершенноле́тний of age

соверше́нств‖о с perféction; в ~е pérfectly, to perféction

со́весть ж cónscience [-ʃns]

сове́т I м **1.** *(орган госуда́рственной вла́сти в СССР)* Sóviet; *(ме́стный тж.)* cóuncil; Верхо́вный С. СССР Supréme Sóviet of the USSR; С. Сою́за Sóviet (House) of the Únion; С. Национа́льностей Sóviet (House) of Nationálities; С. наро́дных депута́тов Sóviet of People's Députies; городско́й (райо́нный, поселко́вый, се́льский) С. Cíty ['sɪ-] (District, Séttlement, Víllage) Cóuncil **2.** *(администрати́вный и обще́ственный о́рган)* cóuncil; С. Мини́стров Cóuncil of Mínisters; С. Безопа́сности

Secúrity Cóuncil; учёный ~ Académic [-'de-] Cóuncil

сове́т II м *(наставле́ние)* advíce [-s]; дать ~ give [gɪv] smb a piece of advíce; по его́ ~y on his advíce; сле́довать ~y take (fóllow ['fɔləu]) smb's advíce

сове́тник м advíser, cóunsellor

сове́товать advíse; ~**ся** consúlt smb

сове́тск‖ий Sóviet; Сове́тский Сою́з Sóviet Únion; ~ая власть Sóviet pówer

совеща́н‖ие с cónference; быть на ~ии be in cónference

совмести́тель м plúralist; ~**ство** с plúralism *(holding a part-time job in addition to the main one)*

совме́стный joint

совпада́ть, совпа́сть coincíde [kəu-]; concúr

совреме́нник м contémporary

совреме́нн‖ый contémporary; módern ['mɔ-]; up-to-dáte; ~ое положе́ние présent situátion

совсе́м quite, entírely; tótally

совхо́з м state farm

согла́сие с consént; дать ~ give [gɪv] one's consént; получи́ть ~ get [get] smb's consént

согласи́ться consént; agrée *(с чем-л., с кем-л. — with; на что-л. — to)*

согла́сно accórding [ə'kɔː-] (to)

согла́с‖ный: быть ~ным

agrée (to), consént (to); я ~ен I agrée

соглашáться *см.* **согласи́ться**

соглашéн‖ие *с* agréement; приходи́ть к ~ию come [kʌm] to an agréement; по (взаи́мному) ~ию с... by (mútual) agréement with...

согревáть(ся) *см.* **согрéть (-ся)**

согрéть warm; ~ вóду heat the wáter ['wɔːtə]; ~ся get [get] warm

сóда *ж хим.* sóda; питьевáя ~ hóusehold sóda

содéйств‖ие *с* assístance; при их ~ии with their assístance

содéйствовать assíst

содержáние *с* 1. (*книги и т. п.*) cóntents; крáткое ~ súmmary; фóрма и ~ form and cóntents 2. (*сущность*) mátter, súbstance

содержáть 1. (*заключáть в себé*) contáin 2. (*семью*) suppórt, maintáin

содрýжество *с* co-operátion [kəuˌɔrə-]; commúnity

сожалéн‖ие *с* regrét; (*жáлость*) píty ['pɪtɪ] (for); к ~ию unfórtunately

сожалéть regrét; píty ['pɪtɪ], be sórry; я óчень сожалéю, что... I áwfully regrét that..., I am véry ['verɪ] sórry that...

созвáть call; (*тж. съезд, конферéнцию*) convéne, convóke

создавáть *см.* **создáть**

создáние *с* 1. (*дéйствие*) creátion [krɪ'eɪʃn] 2. (*существо*) créature ['kriːtʃə]

создáть creáte [krɪ'eɪt] ·

сознавáть réalize ['rɪə-]; ~ся *см.* **сознáться**

сознáние *с* 1. cónsciousness ['kɔnʃəsnɪs] 2. (*чýвство*) sénses; терять ~ lose [luːz] cónsciousness; faint; прийти́ в ~ come [kʌm] to one's sénses

сознáтельно cónsciously ['kɔnʃəs-]; (*с умыслом*) delíberately [-'lɪ-]

сознáтельный 1. cónscious ['kɔnʃəs] 2. (*намéренный*) delíberate [-'lɪ-]

сознáться conféss

созревáть, созрéть rípen, matúre; (*о нарыве*) come [kʌm] to a head [hed]

созывáть *см.* **созвáть**

сойти́ 1. descénd, go down; ~ с лéстницы go down the stairs; вы схóдите на этой останóвке? are you gétting ['get-] off here? 2. (*о кóже, крáске и т. п.*) come [kʌm] off 3. (*за когó-л.*) pass as

сок *м* juice [dʒuːs]; виногрáдный ~ grape juice

сóкол *м* fálcon ['fɔ-]

сокращáть, сократи́ть 1. shórten; cut down; (*уменьшать*) redúce 2. (*увольнять*) dismíss, dischárge

сокращéние *с* redúction, cut-back; ~ вооружéний и вооружённых сил ármaments and armed fórces redúction

сокрóвище *с* tréasure ['tre-]

солдáт *м* sóldier ['səuldʒə]

солён‖ый salt [sɔːlt]; (*посо-*

ленный) sálted; *(на вкус)* sálty; ~ые огурцы́ pickles

соле́нья *мн.* pickles

солида́рность *ж* solidárity [-'dæ-]

солида́рный sólidary ['sɔ-]

соли́ст *м*, ~**ка** *ж* sóloist

соли́ть 1.. salt [sɔlt] 2. *(гри-бы, капусту и т. п.)* píckle

со́лнечный súnny

со́лнце *с* sun

со́ло *с* sólo

солове́й *м* níghtingale

соло́м‖а *ж* straw; ~**енный** straw; ~**енная** крыша thatched roof

соло́нка *ж* sáltcellar ['sɔlt-]

соль I *ж* salt [sɔlt]

соль II *с муз.* G [dʒiː]; ~**-бемо́ль** G flat

соля́нка *ж* solyánka *(soup with pickles and various sorts of meat)*

соля́рий *м* sun deck, solárium [səu'lɛərıəm]

сомнева́ться doubt [daut]; мо́жете не ~ you may be sure; я не сомнева́юсь, что... I have no doubt that...

сомне́н‖ие *с* doubt [daut]; нет никако́го ~ия в том, что... there's no doubt whatéver that...

сон *м* sleep; *(сновидение)* dream; ви́деть ~ (have a) dream; ви́деть во сне dream abóut

сообща́ть *см.* сообщи́ть

сообще́ние *с* 1. communicá-tion; прямо́е ~ through [θruː] sérvice (way); возду́шное ~ air sérvice; авто́бусное ~ bus

sérvice; железнодоро́жное ~ ráilway (train) sérvice; паро-хо́дное ~ stéamship lines; stéam(er) sérvice 2. *(известие)* informátion, news (repórt); communicátion; телегра́фное ~ telegráph(ic) méssage

сообщи́ть infórm, repórt; commúnicate

сообщн‖и́к *м*, ~**ица** *ж* accómplice; *юр.* accéssory

сооруди́ть, сооружа́ть eréct, build [bıld]

сооруже́ние *с* constrúction, búilding ['bı-]; strúcture

соотве́тствовать correspónd (to)

соотéчественник *м* cóuntry-man ['kʌn-]; compátriot [-'pæt-]

соотноше́ние *с*: ~ сил bál-ance ['bæ-] of fórces

сопе́рник *м* ríval; *спорт.* oppónent

сопра́но 1. *с* sopráno [-'rɑː-] 2. *ж (певица)* sopráno, soprán-ist [-'rɑː-]

сопровожда́ть accómpany [ə'kʌm-]

сопротивле́ние *с* resístance; оказа́ть ~ put [put] up (show [ʃəu]) resístance

сопротивля́ться resíst

сора́тник *м* assóciate [-'səuʃ-]; bróther-in-árms ['brʌ-]

сорва́ть 1. *(цветы и т. п.)* pick 2. *(провалить)* frustráte; ~**ся** 1. *(упасть)* fall 2. *(не удаться)* fail

соревнова́ние *с* competítion [-'tıʃn]; cóntest; *(спортивное тж.)* tóurnament ['tuə-], evénts;

~ в бе́ге rúnning race competítion; провести́ ~ hold a tóurnament; ~ легкоатле́тов an athlétics

соревнова́ться compéte

сори́ть lítter

сорня́к м weed

со́рок fórty

соро́ка ж mágpie

соро́чка ж (мужская) shirt; (женская) chemíse [ʃɪˈmiːz]

сорт м 1. (разновидность) sort, kind 2. (качество) quálity; пе́рвый ~ first rate; разг. first chop; второ́го ~a sécond [ˈse-] rate

соса́ть suck

сосе́д м, ~ка ж néighbour [ˈneɪbə]

сосе́дний néighbouring [ˈneɪbə-]; néighbour [ˈneɪbə]

сосе́дство с néighbourhood [ˈneɪbə-]

соси́ски мн. Páris sáusages [ˈsɔsɪdʒɪz]; fránkfurters

со́ска ж cómforter; dúmmy, амер. pácifier; (на бутылочке) nipple

сосна́ ж píne(-tree)

соста́в м 1. composítion [-ˈzɪʃn]; strúcture 2. (коллектив людей) staff [stɑːf]; театр. (исполнители) cast; в ~е на́шей делега́ции пятна́дцать челове́к there are fíftéen people [ˈpiːpl] in óur delegátion; ли́чный ~ personnél, staff

соста́вить, составля́ть 1. put [put] togéther [təˈɡeðə]; make up **2.** (сочинить) compóse, compíle

составно́й cómpound

состоя́ни‖е с (положение) condítion [-ˈdɪʃn]; state; я не в ~и I can't, I am unáble; I am not in a posítion to...

состоя́ть 1. (заключаться) consíst (of) **2.** (быть в составе) be; ~ чле́ном спорти́вного клу́ба be a mémber of the sports club; ~ся take place; ве́чером состои́тся конце́рт a cóncert is on toníght

сострада́ние с compássion

состяза́ни‖е с competítion [-ˈtɪʃn], cóntest; спорти́вные ~я athlétic (sports) competítion (evénts)

состяза́ться compéte

сосу́д м véssel; кровено́сные ~ы blóod-vessels

сосу́лька ж ícicle

сосуществова́ние с coexístence [ˌkəʊɪɡˈzɪstəns]; ми́рное ~ péaceful coexístence

сосчита́ть count; ~ся (свести́ счёты) square accóunts

со́тня ж húndred

сотру́дник м (служащий) employée, wórker [ˈwəːkə]; нау́чный ~ scientífic wórker

сотру́дничать 1. co-óperate [kəʊˈɔpə-], colláborate [-ˈlæbə-] **2.** (в газете и т. п.) contríbute [-ˈtrɪ-] (to); write for

сотру́дничество с co-operátion [kəʊˌɔpə-], collaborátion; междунаро́дное ~ internátional co-operátion

со́ус м sauce; (мясной) grávy; (к салату и т. п.) dréssing

сохрани́ть, сохраня́ть keep; presérve

социали́зм м sócialism [ˈsəʊ-]

социали́ст *м* sócialist [ˈsəu-]
социалисти́ческий sócialist [ˈsəuʃəl-]

социа́льно-бытов‖о́й: ~ые усло́вия wélfare; ~ се́ктор wélfare depártment; *(профко́ма и т. п.)* wélfare commíssion

социа́льный sócial [ˈsəuʃəl]

сочета́ние *с* combinátion

сочине́н‖ие *с (произведе́ние)* work [wɜːk]; *(музыка́льное)* compositíon [-ˈzɪʃn]; и́збранные ~ия selécted works; по́лное собра́ние ~ий compléte works (of)

со́чный 1. júicy [ˈdʒuːsɪ] 2. *(о кра́сках и т. п.)* rich

сочу́вствие *с* sýmpathy (with)

сочу́вствовать sýmpathize (with)

сою́з *м* 1. *(объедине́ние)* únion; allíance [əˈlaɪəns]; в ~е с... in únion with... 2. *(госуда́рственный)* Únion; Сове́тский Сою́з Sóviet Únion 3. *(о́бщество)* únion, league [liːg]

сою́зник *м* álly [ˈælaɪ]

сою́зно-республика́нск‖ий: ~ое министе́рство Únion-Repúblic mínistry [ˈmɪ-]

сою́зн‖ый I Únion; ~ая респу́блика Únion Repúblic, the USSR constítuent [-ɪ-] Repúblic

сою́зн‖ый II allíed; ~ая держа́ва allíed pówer

со́я *ж* sóya [ˈsɔɪə] bean

спад *м* slump; ~ делово́й акти́вности recéssion (in trade)

спа́льный sléeping

спа́льня *ж* bédroom

спа́ржа *ж* aspáragus

спартакиа́да *ж* Spártakiade

спаса́тель *м (на пля́же)* lifeguard

спаса́тельн‖ый réscuing; lifesaving; ~ая ло́дка lífeboat; ~ по́яс lífebelt; ~ая кома́нда réscue team

спаса́ть(ся) *см.* спасти́(сь)

спасе́ние *с* 1. *(де́йствие)* réscuing, sáving 2. *(результа́т)* réscue

спаси́бо thanks!, thank you!; большо́е ~! thanks a lot!, mány [ˈmenɪ] thanks!, thank you véry [ˈve-] much!

спасти́ save, réscue; ~сь escápe

спать sleep; ложи́ться ~ go to bed; я хочу́ ~ I'm sléepy

спекта́кль *м* perfórmance, show [ʃəu]; дневно́й ~ matinée [ˈmætɪneɪ]

спе́лый ripe

спе́рва at first

спе́реди in front [frʌnt] (of)

спеть I *(пе́сню)* sing

спеть II *(зреть)* rípen

специали́ст *м* éxpert (in); authórity [-ˈθɒ-] (on)

специа́льн‖ость *ж* speciálity [-ʃɪˈælɪ-]; ~ый spécial [ˈspeʃəl]

спе́ции *мн.* spícery

спецко́р *м (специа́льный корреспонде́нт)* spécial [ˈspeʃ-] correspóndent

спецоде́жда *ж* (wórking [ˈwɜːk-]) óveralls *pl*

спеши́ть 1. (be in a) húrry; ~ на по́езд be in a húrry to catch the train 2. *(о часа́х)* be fast; ва́ши часы́ спеша́т your watch is fast

спешный úrgent

СПИД *м* (синдром приобретённого иммунодефицита) AIDS [ˈeɪdz] (acquíred immúne-deficiency sýndrome)

спидо́метр *м авто* speedómeter; *(счётчик пройденных километров)* odómeter [əuˈdɔ-]

спина́ *ж* back

спиннинг *м* 1. *(ужение рыбы)* spínning 2. *(снасть)* spínning-reel

спирт *м* álcohol, spírit [ˈspɪ-]

спис‖ок *м* list; в ~ке on the list

спица *ж* knítting needle

спич‖ки *мн.* mátches; коробка ~ек a box of mátches

сплетня *ж* góssip

сплошно́й contínuous [-ˈtɪ-]; óverall, all-róund; sólid [ˈsɔ-]; ~ лёд sólid ice; ~ лес unbróken fórest

споко́йный quíet [ˈkwaɪət]; calm [kɑːm]

споко́йствие *с* cálmness [ˈkɑːm-]; tranquíllity

сполна́ in full; complétely

спор *м* árgument; discússion; debáte; *(научный)* cóntroversy

спорить árgue; dispúte; *(заключать пари)* bet

спорный dispútable, controvérsial [-ʃəl]; quéstionable

спорт *м* sport; во́дный ~ aquátics [əˈkwætɪks]; занима́ться ~ом go in for sports

спорти́вн‖ый spórting, athlétic [-ˈle-]; ~ая площа́дка sports ground (field); ~ зал gymnásium, gym

спортклу́б *м* (спорти́вный клуб) sports club

спортсме́н *м* spórtsman; ~ка *ж* sportswóman [-ˈwu-]

спо́соб *м* way, mánner; méthod [ˈmeθ-]; ~ произво́дства mode of prodúction; други́м ~ом in a dífferent way

спосо́бный 1. *(одарённый)* gifted; able [eɪbl]; cléver [ˈkle-] 2. *(к чему-л.)* cápable of

спосо́бствовать fúrther, promóte

споткну́ться, спотыка́ться stumble (óver)

спра́ва to (on) the right; ~ от to (on) the right of; ~ от него́ to (on) his right

справедли́в‖ость *ж* jústice; ~ый 1. fair, just 2. *(правильный)* true; э́то ~о that's true

спра́виться 1. *(осведомиться)* ask (abóut), inquíre 2. *(одолеть)* cope (with), mánage [ˈmænɪdʒ]

спра́вка *ж* 1. *(запрос)* inquíry [-ˈkwaɪə-] 2. *(документ)* certíficate [-ˈtɪ-] 3.: ~ по вопро́су о... báckground páper on...

справля́ться *см.* спра́виться

спра́вочник *м* réference [ˈre-] book, hándbook; guide [gaɪd]; карма́нный ~ vade-mécum [ˌveɪdɪˈmiːkəm]; железнодоро́жный ~ ráilway guide

спра́шивать *см.* спроси́ть

спрос *м* 1. demánd (for); run (on); по́льзоваться ~ом be in demánd 2.: без ~а withóut permíssion

спроси́ть ask; разреши́те ~?

may I ask you (a quéstion [ˈkwestʃən])?

спря́тать hide

спуск *м* **1.** descént **2.** *(откос)* slope

спуска́ть(ся) *см.* спусти́ть (-ся)

спусти́ть 1. *(вниз)* let down; lówer [ˈləuə] **2.** *(о шине)* deflate; у меня́ спусти́ла ши́на I have a púnctured tire; *амер.* I have a flat; **~ся** go down, descénd

спустя́ áfter [ˈɑːftə], láter

спу́тник *м* **1.** compánion [-ˈpæ-]; *(по путешествию тж.)* fellow-tráveller [ˌfeləuˈtræ-] **2.** *астр.* sátellite [ˈsæ-]; иску́сственный **~** Земли́ artifícial sátellite of the Earth, spútnik; запусти́ть **~** launch a sátellite; метеорологи́ческий **~** wéather [ˈwe-] sátellite; **~** свя́зи communicátion sátellite

сравне́н‖ие *с* compárison [-ˈpæ-]; по **~ию** с... as compáred with...

сра́внивать compáre

сравни́тельно compáratively

сравни́ть *см.* сра́внивать

сраже́ние *с* battle

сра́зу 1. at once [wʌns]; right awáy **2.** *(одновременно)* at the same time

срам *м* shame

среда́ I *ж* *(окружение)* envíronment [ɪnˈvaɪər-]; surróundings

среда́ II *ж* *(день недели)* Wédnesday [ˈwenzdɪ]

среди́ 1. amóng **2.** *(посредине)* in the middle

средиземномо́рский Mediterránean

среднеазиа́тский Céntral Ásian

средневеко́вый mediéval

сре́дн‖ий 1. áverage [ˈævə-]; *(находящийся посредине)* middle; в **~ем** on the áverage; **~их** лет middle-áged

сре́дств‖о *с* **1.** means; **~а** свя́зи means of communicátion; **~а** ма́ссовой информа́ции the mass média (of communicátion) **2.** *(лекарство)* rémedy [ˈre-]

срок *м* **1.** *(назначенное время)* date; term; в **~** in time **2.** *(промежуток времени)* périod [ˈpɪə-]

сро́чн‖ый úrgent; **~** зака́з rush órder; **~ая** телегра́мма expréss télegram

сруб *м* frame of logs; *(постройка)* log cábin [ˈkæ-]

срыв *м* frustrátion; fáilure; *(нарушение нормального режима)* bréakdown, upsét

срыва́ть(ся) *см.* сорва́ть(ся)

сса́дина *ж* scratch, bruise [-uːz]

ссо́ра *ж* quárrel [ˈkwɔ-]

ссо́риться quárrel [ˈkwɔ-]

ссу́да *ж* loan

ссыла́ть, сосла́ть éxile, bánishment [ˈbæ-]

ссы́лка I *ж* éxile

ссы́лка II *ж* *(на источник)* reference [ˈre-]

ста́вить 1. put [put]; place; set; **~** стака́н на стол put a glass on the table [teɪbl]; **~** термо́метр take smb's témperature ['temprɪtʃə]; ~ на голосова́ние put to the vote **2.** *(пьесу)* stage; prodúce; put on **3.**: ~ усло́вия lay down the terms

ста́вка ж **1.** *(тарифа и т. д.)* rate **2.** *(в игре)* stake

стадио́н м stádium

ста́дия ж stage

ста́до с herd; *(коз, овец)* flock

стаж м seniórity [-'ɔrɪ-], récord of sérvice

стажёр м trainée

стажиро́вка ж *(обучение)* tráining périod; *(проверка)* tríal périod

стака́н м glass

сталева́р м steel máker

ста́лкиваться *см.* столкну́ться

сталь ж steel; нержаве́ющая ~ stáinless steel

стаме́ска ж chísel ['tʃɪzl]

станда́ртный stándard

станови́ться *см.* стать 1, 2

стано́к м machíne [-'ʃiːn] tool; bench; *(токарный)* lathe [leɪð]; *(ткацкий)* loom; *(печатный)* prínting-press; ~ с ЧПУ (числовы́м програ́ммным управле́нием) NC-machíne (numérically [-'me-] contrólled machíne)

стано́к-автома́т м *(токарный)* automátic [-'mæ-] lathe [leɪð]; *(фрезерный)* automátic mílling machíne [-'ʃiːn]

ста́нция ж státion; во́дная ~ aquátic sports céntre

стара́ться try; endéavour [-'de-]; seek

старе́йшина м élder; Сове́т Старе́йшин Cóuncil of Élders (of the USSR Supréme Sóviet)

стари́к м old [əuld] man

ста́роста м *(в учебном заведении)* mónitor ['mɔ-]; *(в школе тж.)* cáptain; ~ кла́сса form cáptain; ~ ку́рса class cáptain; ~ кружка́ wórkshop mónitor

ста́рость ж old [əuld] age; глубо́кая ~ vénerable ['ve-] age

старт м start; на ~! get [get] on your mark!

ста́ртер м stárter

стартова́ть start

стару́ха ж old [əuld] wóman ['wu-]

старшекла́ссник м sénior púpil; *амер.* (sénior) high-school stúdent

старшеку́рсник м sénior stúdent; gráduating stúdent

ста́рший 1. *(по возрасту)* élder; óldest; sénior [-njə]; *(среди родственников)* the éldest; са́мый ~ the óldest; ~ брат élder bróther; он на пять лет ста́рше меня́ he is five years ólder than I, he is five years my sénior **2.** *(по положению)* sénior; ~ нау́чный сотру́дник sénior reséarch assístant; кто здесь ~? who is in charge here?

ста́рый old [əuld]

стати́стика ж statístics

статуэ́тка ж statuétte [ˌstætju'et], fígurine ['fɪgjuriːn]

ста́туя ж státue ['stæt-]

стать 1. stand; ~ в о́чередь

queue (up) **2.** *(сделаться)* becóme [-'kʌm], get [get]; grow [grəu]; ~ учи́телем becóme a téacher; ста́ло хо́лодно (темно́) it got cold (grew·dark) **3.** *(остановиться)* stop; часы́ ста́ли the watch stopped ◊ во что бы то ни ста́ло at ány price, at all costs

статья́ ж **1.** *(в газете и т. п.)* árticle; передова́я ~ léading árticle, léader **2.** *(договора)* clause, árticle

стациона́р м **1.** pérmanent estáblishment **2.** *(больница)* hóspital

ста́я ж *(птиц)* flock, flight [-aıt]; *(рыб)* run, school, shoal; *(собак, волков)* pack

ствол м *(дерева)* trunk, stem

сте́бель м stem, stalk

стёганый quílted, wádded

стекло́ с glass

стекля́нный glass

стели́ть spread [-ed]; ~ посте́ль make a bed

стелла́ж м shélving; shelves *pl*

сте́лька ж ínsole

стена́ ж wall

стенгазе́та ж *(стенная газета)* wall néwspaper

сте́нка ж: гимнасти́ческая ~ wáll-bars

стеногра́мма ж verbátim récord ['re-]

стеногра́фия ж stenógraphy, shórthand

сте́пен‖ь ж degrée; учёная ~ académic [-'de-] degrée; пе́рвой (второ́й) ~и first (sécond ['se-]) degrée

степь ж steppe [step]

стереофони́ческ‖ий stéreo, stereophónic; ~ прои́грыватель (магнитофо́н) stéreo récord ['re-] pláyer (tape recórder); ~ая пласти́нка stéreo récord

стёрлядь ж stérlet *(a kind of small sturgeon)*

стесни́ть, стесня́ть 1. *(затруднять)* hínder, hámper; я вас не стесню́? am I not in your way? **2.** *(смущать)* embárrass

стесня́ться be (feel) shy, be (feel) ashámed; не стесня́йтесь! don't stand on céremony!

стиль м style

стипендиа́т м grantée; *(получающий повышенную, именную стипендию)* schólar ['skɔ-]

стипе́ндия ж grant; *(повышенная, именная)* schólarship ['skɔ-]; *(аспирантская)* féllowship [-əu-]

стира́льн‖ый: ~ая маши́на wáshing ['wɔ-] machíne [-'ʃiːn]; ~ порошо́к detérgent

стира́ть I wipe off; eráse

стира́ть II *(бельё)* wash

стихи́ мн. póems ['pəuımz], póetry ['pəuıtrı]

сти́хнуть calm [kɑːm] down

стихотворе́ние с póem ['pəuım]

стлать *см.* стели́ть

сто húndred

стог м stack

сто́имость ж cost; válue ['væljuː]

сто́ить 1. cost; ско́лько э́то сто́ит? how much is it? **2.** *(заслуживать)* desérve; be worth

[wɑːθ] ◇ не сто́ит благода́р-
ности don't méntion it, not at
all; *амер.* you're wélcome

сто́йка *ж* 1. *(бара)* bar 2.
спорт. stance

стол *м* table [teɪbl]; за ~о́м
at the table; накрыва́ть на ~
lay the table; пи́сьменный ~
desk

столб *м* píllar; *(фонарный)*
lamp post

столе́тие *с* *(век)* céntury
[-ʧ-]; *(годовщина)* centénary

сто́лик *м* *(в ресторане)* table
[teɪbl]

столи́ца *ж* cápital ['kæ-]

столи́чный metropólitan

столкнове́ние *с* collísion;
(перен. тж.) cónflict

столкну́ться collíde (with);
run ínto ['ɪntu]; *перен.* clash
(with)

столо́вая *ж* 1. *(комната)*
díning room 2. réstaurant
['restərɔːŋ]; *(в учреждении)*
cantéen; cafetéria

сто́лько so mány ['menɪ] *(о
сущ. во мн.);* so much *(о сущ.
в ед.);* ~ же as mány as; as
much as

столя́р *с* jóiner

стоп! stop!

стопа́ *ж* foot

сто́пка *ж* *(кучка)* pile

стоп-кра́н *м* emérgency brake

сто́рож *м* wátchman, guard

сторожи́ть guard, keep
watch (over)

сторон‖**а́** *ж* 1. side; с пра́вой
~ы́ from the right; на той ~е́
(улицы) acróss (the street);
в ~е́ asíde 2. *(в споре)* párty

сторо́нник *м* suppórter;
adhérent; ádvocate; ~и ми́ра
peace suppórters (defénders,
lóvers), chámpions of peace;
он ~ ми́рного урегули́рования
he ádvocates the idéa [aɪ'dɪə]
of péaceful séttlement

стоя́нка *ж* 1. stop 2. *(автомобиля)* párking lot; ~ маши́н
запрещена́ no párking

стоя́ть stand; по́езд стои́т
10 мину́т the train stops ten
mínutes; сто́йте! stop! *(пого-
дите)* just (wait) a mínute!; ~
за *(защищать)* be (stand) for;
be in fávour of

страда́ть súffer

страна́ *ж* cóuntry ['kʌ-]

страни́ца *ж* page

стра́нный strange [streɪnʤ],
odd; *разг.* fúnny, *брит.* rum

страсть *ж* pássion

стра́ус *м* óstrich

страх *м* fear [fɪə]

страхка́сса *ж* (ка́сса соци-
а́льного страхова́ния) sócial
insúrance [-'ʃuər-] fund

страхова́ние *с* insúrance
[-'ʃuər-]; ~ жи́зни (иму́щества)
life (próperty) insúrance; со-
циа́льное ~ sócial insúrance

стра́шный térrible; dréadful
['dred-]; féarful ['fɪə-]

стрекоза́ *ж* drágon-fly
[-æ-]

стрела́ *ж* árrow; *(крана)*
boom, jib

Стреле́ц *м астр.* the Árcher,
Sagittárius [-ɛə-]

стре́лка *ж* 1. *(часов)* hand;
(компаса) needle 2. *ж.-д.*
ráilway point, switch

стрело́к м shot; ме́ткий ~ márksman; он плохо́й ~ he is a poor [puə] shot (márksman)

стре́лочник м ж.-д. switch-man

стрельба́ ж shóoting

стреля́ть shoot

стреми́ться strive (for), seek; (страстно желать) long (for)

стре́мя с stírrup

стремя́нка ж stép-ladder

стриж м swift

стри́женый (о человеке) shórt-haired; (коротко) bobbed

стри́жка ж (волос) háircut

стричь cut; ~ся have one's hair cut

стро́гий strict; (суровый) stern; severе́ [sɪ'vɪə]

строе́ние с 1. (постройка) búilding ['bɪ-], constrúction 2. (структура) strúcture

строи́тель м búilder ['bɪ-]; ~ный búilding ['bɪ-]; ~ство с constrúction

стро́ить build [bɪ-], constrúct

строй м sýstem, órder

стро́йка ж búilding ['bɪ-] (próject); constrúction (site)

стро́йный slénder, slim

строка́ ж line

стро́чка I ж см. строка́

стро́чка II ж (шов) stitch

струна́ ж string

стру́нный: ~ инструме́нт string ínstrument; ~ орке́стр string órchestra ['ɔːkɪstrə]

стручо́к м pod

струя́ ж jet, spurt; ~ свежего во́здуха cúrrent of fresh air

студе́нт м, ~ка ж under

gráduate [-'ɡrædjuɪt] (stúdent), stúdent

сту́день м méat-jelly

сту́дия ж stúdio; (актёрская школа) school

стук м knock; (тихий) tap; ~ в дверь knock at the door

стул м chair [tʃɛə]

ступа́ть см. ступи́ть

ступе́нь ж (стадия) stage

ступе́нька ж step

ступи́ть take (make) a step; set foot (on); step (on)

стуча́ть(ся) knock; (громко) bang; (тихо) tap

стыд м shame

стыди́ться be ashámed of

стыко́вка ж línk-up, cóupling; dócking

стю́ард м stéward; ~е́сса ж stéwardess, air hóstess

суббо́та ж Sáturday ['sætədɪ]

суббо́тник м Sáturday vólunteer ['vɔ-] wórk-in; всесою́зный ~ Sáturday Wórk-for-the-Nátion Day

сувени́р м sóuvenir ['suːvə-]

суво́ровец м Suvórov Mílitary ['mɪ-] cadе́t

сугро́б м snówdrift ['snəu-]

суд м 1. court (of law или of jústice); наро́дный ~ Péople's [piːplz] Court 2. (процесс) trial ['traɪəl]

суда́к м zánder

суди́ть 1. (кого-л.) try 2. (отзываться, обсуждать) judge 3. спорт. referе́e

су́дно с véssel; ship; ~ на подво́дных кры́льях hýdrofoil ['haɪ-]; ~ на возду́шной поду́шке hóvercraft

су́дорога ж cramp

судохо́д‖ный návigable [ˈnævɪ-]; **~ство** с navigátion [ˌnævɪ-]

судьба́ ж fate; déstiny

судья́ м judge; *спорт.* referée [ˌre-]; *(главный)* úmpire; наро́дный ~ people's [piːplz] judge; ~ на ли́нии línesman

суеве́рие с superstítion

суета́ ж fuss

сук м *(ветка)* bough [ˈbəu]; *(в доске)* knot

су́ка ж bitch

сукно́ с cloth

сумасше́дший mad, insáne; crázy

сумасше́ствие с mádness, insánity [-æ-]; méntal íllness

сумато́ха ж bustle, túrmoil

су́мерки мн. twílight

су́мка ж bag; да́мская ~ (hánd)bag; хозя́йственная ~ shópping bag

су́мма ж sum

суп м soup [suːp]

суперобло́жка ж wrápper; dúst-jacket

супру́г м húsband [ˈhʌzbənd]; **~a** ж wife

суро́в‖ый sevére [sɪˈvɪə]; **~ые** ме́ры drástic méasures [ˈmeʒəz]

суро́к м mármot

су́слик м gópher [ˈgəu-]

суста́в м joint

су́тки мн. day (and night), twénty four hóurs; кру́глые ~ round the clock

су́точные мн. per díem [ˈdɪəm] (subsístence allówance) *sn*

сухари́ мн. toasts; rusks

сухо́й dry

сушёный dried [draɪd]

суши́ть dry

существо́ с 1. béing, créature 2. *(суть)* éssence, gist

существова́ть exíst

су́щность ж éssence; ~ де́ла gist of the mátter

схвати́ть, схва́тывать seize; grasp; catch

сходи́ть 1. *см.* сойти́ 2. *(куда-л.)* go; ~ за чем-л. (go and) fetch; ~ посмотре́ть go and see; **~ся** *(идти навстречу)* meet

схо́дство с líkeness, resémblance

сце́н‖а ж 1. *(подмостки)* stage; враща́ющаяся ~ revólving stage 2. *(акт)* scene [siːn]; ма́ссовые **~ы** crowd scenes...

сцена́рий м scenário [sɪˈnɑːrɪəu]; (screen) script

счастли́вый háppy; fórtunate, lúcky

сча́стье м háppiness; *(удача)* luck

счёт м 1. *бухг.* accóunt [əˈkau-] 2. *(за товар, в рестора́не)* bill, *амер.* check; плати́ть по **~y** séttle the accóunt, pay the bill 3. *спорт.* score; како́й **~?** what is the score?

счётно-вычисли́тельн‖ый: ~ центр compúter céntre; **~ая** маши́на compúter

счетово́д м book kéeper, accóuntant [əˈkau-]

счёты мн. ábacus [ˈæ-]

счита́ть 1. count 2. *(полага́ть)* think, belíeve 3. *(кого-л.*

кем-л.) consíder [-'sɪdə]; ~**ся**
1. take ínto considerátion 2.
(слыть) be consídered, be
repúted

сшивáть *см.* сшить 2

сшить 1. *(сделать)* make; *(у
портнихи)* have a dress made
2. *(вместе)* sew [səu] togéther
[tə'geðə]

съедáть *см.* съесть

съедóбн‖ый édible [é-]; ~**ые
грибы́** édible múshrooms

съезд *м* cóngress

съéздить go; *(ненадолго)*
make a short trip (to)

съезжáться *см.* съéхаться

съёмка *ж кино* fílming,
shóoting

съестн‖óй: ~**ые припáсы**
fóod-stuffs; víctuals ['vɪtlz],
éatables

съесть eat (up)

съéхаться assémble; arríve

сыгрáть play

сын *м* son [sʌn]

сыпь *ж* rash

сыр *м* cheese; плáвленый ~
cream cheese

сырóй 1. *(влажный)* damp 2.
(неварёный) raw, uncóoked

сырь‖ё *с* raw matérial(s);
~**евóй:** ~**евы́е материáлы**
(prímary) commódities [-'mɔ-];
торгóвля ~**евы́ми товáрами**
commódity trade

сыск *м* investigátion

сы́тный nóurishing ['nʌ-]; ~
обéд héarty ['hɑːtɪ] meal; я сыт
I've had enóugh [ɪ'nʌf], I'm full
[ful]

сы́щик *м* detéctive; *(в граж-
данской одежде)* pláin-
-clothes man

сюдá here; пожáлуйста, ~
this way, please

сюжéт *м* 1. súbject; tópic
['tɔ-] 2. *(романа)* plot

сюрпри́з *м* surpríse

Т

та that; та карти́на that
pícture; та жéнщина that
wóman ['wu-]

табáк *м* tobácco; трýбочный
~ pipe tobácco

табакá: цыплёнок ~ chícken
tabaká [ˌtɑːbɑːˈkɑː] *(flattened
and grilled)*

тáбель *м (контроль явки на
работу)* tíme-board; ~**щик**
м, ~**щица** *ж* tímekeeper

таблéтки *мн.* táblets, pills; ~
от головнóй бóли pills for
héadache ['hedeɪk]

табли́ца *ж* table [teɪbl]; ~
умножéния multiplicátion table

таблó *с* (illúminated [-'lu-])
informátion board

тáбор *м* (gípsy) camp

табýн *м* herd

табурéтка *ж* stool

таджи́‖к *м* Tadzhík [-ɑː-];
~**чка** *ж* Tadzhík (woman)

таз I *м анат.* pélvis

таз II *м (посуда)* básin

тайгá *ж* táiga ['taɪgɑː] *(forest)*

тайкóм sécretly ['siː-]

тайм *м спорт.* half [hɑːf]
périod (game)

тайм-áут *м спорт.* time-óff;
амер. time-óut

тайн‖а ж sécret ['si:krɪt]; mýstery; **~ый** sécret ['si:krɪt]

тайни́к м (*тайный склад*) cache [kæʃ], híding-place

так 1. so, like that; like this; сде́лайте **~!** do it like this (this way)! **2.** (*утверждение*) just so; вот **~!** that's the way!, that's right! **3.** (*настолько*) so; бу́дьте **~·добры́...** be so kind (as to)... ◊ та́к себе́ só-so

та́кже álso; too; as well; (*в отрицательных предложениях*) éither ['aɪ-]; я **~** пое́ду I'll go (there) too

так как as, since

так‖о́й such; **~и́м о́бразом** thus; thérefore; в **~о́м слу́чае** if that is so; что **~о́е?** what's that?; what's the mátter?; кто э́то **~?** who is it?; **~** же the same

та́кса I ж (fíxed) rate, táriff [-æ-]

та́кса II ж (*собака*) dáchshund ['dækshund]

такси́ с táxi ['tæksɪ]; вы́зовите **~,** пожа́луйста! call a táxi, please!; стоя́нка **~** táxi-stand, táxi-rank

такси́ст м táxi-driver

такт I м tact

такт II м *муз.* time; в **~** in time

такти́чный táctful; délicate ['de-]

тала́нт м tálent ['tæ-], gift [gɪft]

тала́нтливый gífted ['gɪ-], tálented ['tæ-]

та́лия ж waist; то́нкая **~** slénder waist

там there

тамада́ м tóast-man, tóast-master

тамо́женн‖ый cústom(s); **~ досмо́тр** cústoms examinátion; **~ая по́шлина** cústoms dúty

тамо́жня ж cústom-house [-s]

та́нго с tángo

тан‖е́ц м dance [dɑ:-]; ве́чер **~цев** dáncing-party; совреме́нные **~цы** báll-room dánces; **~цы на льду** *спорт.* ice dáncing

та́нкер м tánker

танцева́льн‖ый dáncing ['dɑ:-]; dance [dɑ:-]; **~ая му́зыка** dance músic; **~ коллекти́в** dance group

танцева́ть dance [dɑ:-]

та́почки *мн.* slíppers; *спорт.* sports shoes [ʃu:z]

та́ра ж pácking, páckaging

тарака́н м (cóck)roach

таре́лка ж plate; **ме́лкая ~** flat plate; **глубо́кая ~** soup [su:p] plate; **лета́ющая ~** flýing sáucer

тари́ф м táriff ['tæ-], rate

тасова́ть *карт.* shuffle

ТАСС (Телегра́фное аге́нтство Сове́тского Сою́за) TASS (Télegraph Ágency of the Sóviet Únion)

тафта́ ж táffeta ['tæfɪtə]

тахта́ ж óttoman, couch

та́чка ж whéelbarrow

тащи́ть cárry; pull [pul], drag

та́ять melt; (*о льде, снеге*) thaw; **сего́дня та́ет** it's tháwing todáy

твёрдый hard; (*перен. тж.*) firm

твист *м (танец)* twist

твой your; yours; где ~ багáж? where is your lúggage?; э́то твои́ кни́ги? are these books yours?; твоя́ о́чередь! your turn!

твори́ть creáte [kriː'eɪt]

творо́г *м* .curds

творо́жник *м* cheese páncake, curd frítter

тво́рческ‖ий creátive [kriː-'eɪtɪv]; constrúctive; ~ путь худо́жника devélopment [-e-] of an ártist; ~ая мысль creátive thought [θɔːt]; ~ о́тпуск ≅ sabbátical [-æ-] leave

тво́рчество *с* creátion [kriː-'eɪʃn]; (creátive [kriː'eɪtɪv]) work [wəːk]

те those; а где те кни́ги? (but) where are those books?

теáтр *м* théatre ['θɪə-]; ~ опере́тты músical cómedy théatre; пойти́ в ~ go to the théatre; Большо́й теáтр the Bolshói Théatre

тебе́ you; мы о ~ говори́ли we spoke abóut you; ~ переда́ли письмо́? have you been gíven the létter?

тебя́ you; ~ в э́то вре́мя не́ было you were not there at the móment; я ~ ви́дел в теáтре I saw you at the théatre ['θɪə-]

тёзка *м и ж* námesake

текст *м* text; words [wəː-]

тексти́льный téxtile

теку́честь *ж* fluídity; fluctuátion; ~ рабо́чей си́лы fluctuátion of mánpower

теку́чка *ж* routíne [ˌruː'tiːn] búsiness ['bɪznəs]

теку́щ‖ий cúrrent; ~ие дела́ cúrrent affáirs; *(на повестке дня)* cúrrent búsiness; ~ ремо́нт routíne repáirs

телеавтомáтика *ж* remóte contról

телеви́дение *с* télevision ['telɪ-], TV [ˌtiː'viː]

телеви́зор *м* TV [ˌtiː'viː], (télevision ['telɪ-]) set; по ~у on télevision

телегрáмм‖а *ж* wire, télegram ['telɪ-]; cable [keɪbl]; дать ~у send a wire

телегрáф *м* télegraph ['telɪ-]

телеграфи́ровать wire, télegraph ['telɪ-]; cable [keɪbl]

теле́жка *ж* cart

телекáмера *ж* TV cámera ['kæ-]

телемóст *м* space bridge

телёнок *м* calf [kɑːf]

телеобъекти́в *м* telephóto [ˌtelɪ'fəutəu] (lens)

телепередáча *ж* télecast ['telɪ-], TV [ˌtiː'viː] transmíssion [-'mɪʃn]

телесту́дия *ж* TV [ˌtiː'viː] stúdio

телетáйп *м* téletype, téleprinter; ~ный: ~ная ле́нта téletape

телефи́льм TV [ˌtiː'viː] film

телефо́н *м* (téle)phone ['telɪ-]; говори́ть по ~у speak óver the (téle)phone; позвони́ть по ~у (téle)phone, ring smb up; вы́звать к ~у call to the phone; подойти́ к ~у ánswer ['ɑːnsə] the call; я у ~а! spéaking!; мне ну́жно позвони́ть по ~у I want to make a télephone call; вас про́сят к ~у you're wánted on the phone

телефо́н-автома́т м **1.** públic télephone ['telɪ-] **2.** *(бу́дка)* (públic) cáll-box

телефони́стка ж (télephone ['telɪ-]) óperator ['ɔrə-]

телефо́нн‖ый télephone ['telɪ-]; ~ая тру́бка (télephone) recéiver; ~ая ста́нция (télephone) exchánge; ~ая кни́га télephone diréctory; ~ая бу́дка cáll-box

телефонограмма ж (phone) méssage

Теле́ц м *астр.* Táurus, Bull [bul]

телецентр м TV [ˌtiːˈviː] céntre ['sentə]

тёлка ж héifer ['hefə]

те́ло с bódy ['bɔdɪ]

телогре́йка ж pádded jácket

телосложе́ние с build, frame

телохрани́тель м bódy-guard ['bɔ-]

теля́тина ж veal

тем I *(тв. п. от* тот) by this; with this ◊ ~ вре́менем méanwhile

тем II *(дат. п. от* те) them

те́ма ж **1.** súbject, tópic ['tɔ-]; ~ разгово́ра súbject of the conversátion **2.** *муз.* theme [θiːm]

темне́ть get [get] (grow [grəu]) dark; темне́ет it's gétting dark

тёмно-си́ний dárk-blue; *(ткань)* návy-blue

темнот‖а́ ж dárk(ness); в ~é in the dárk(ness)

тёмный 1. dark **2.** *(нея́сный)*

obscúre [-ˈskjuə]; vague [veɪg]

темп м rate; pace; témpo

темпера́мент м témperament

температу́р‖а ж témperature ['temprɪtʃə]; повы́шенная ~ *(у больно́го)* high témperature; ме́рить ~у take the témperature

тени́стый shády

те́ннис м ténnis; насто́льный ~ táble-ténnis ['teɪbl-]; игра́ть в ~ play ténnis; ~и́ст м, ~и́стка ж ténnis-pláyer

те́ннисн‖ый ténnis; ~ая площа́дка ténnis-court; ~ мяч ténnis-ball

те́нор м ténor ['tenə]

тент м áwning ['ɔ-]

тен‖ь ж shade; *(чья-л.)* shádow ['ʃædəu]; в ~и́ in the shade

тео́рия ж théory ['θɪərɪ]

тепе́рь now, at présent

тепли́ца ж hóthouse, gréenhouse; *(при доме)* consérvatory

тепл‖о́ 1. wárm(ly); it's warm; сего́дня ~ it's warm todáy; в ко́мнате ~ it's warm in the room; мне ~ I'm warm; одева́ться ~ dress wármly **2.** с warmth; heat; 2 гра́дуса ~á two (degrées) abóve [əˈbʌv] zéro

теплово́з м díesel locomótive

теплосе́ть ж héating sýstem

теплотра́сса ж héating main

теплохо́д м mótor ship; boat; ~ ‹Алекса́ндр Пу́шкин› отплыва́ет за́втра m/s [ˌemˈes] "Alexánder Púshkin" sails tomórrow

тёпл‖ый warm; ~ приём héarty ['hɑːtɪ] (warm) wélcome; ~ая одéжда warm clóthing

терапéвт *м* therapéutist [-'pjuː-]; physícian [-'zɪʃn]; *(участковый врач)* géneral practítioner

терéть 1. rub 2. *(об обуви)* rub, chafe 3. *(измельчать)* grate

тёрка *ж* gráter

термóметр *м* thermómeter [-'mɔmɪ-]; постáвить ~ take smb's témperature ['temprɪtʃə]

тéрмос *м* vácuum flask

термоядерн‖ый thermonúclear [-'njuː-]; ~ая энéргия thermonúclear énergy ['e-]; ~ое орýжие thermonúclear wéapon(s) ['we-]

терпелúвый pátient ['peɪʃ-]

терпéть endúre [ɪn'djuə]; súffer; bear [bɛə]; ~ поражéние súffer a deféat

террáса *ж* térrace; verándah [-'rændə], *амер.* porch

территориáльн‖ый: ~ая цéлостность госудáрства territórial intégrity of the state; ~ые вóды territórial wáters ['wɔː-]

территóрия *ж* térritory

террóр *м* térror; ~úзм *м* térrorism; госудáрственный ~úзм state térrorism; ~úст *м*, ~úстка *ж* térrorist

терьéр *м* térrier

терять lose [luːz]; *(напрасно тратить)* waste [weɪst] ◊ ~ сознáние faint, lose cónsciousness

тéсно: здесь ~ it's crówded here

тéсн‖ый 1. *(о пространстве)* cramped; *(об одежде)* tight; *(об улице)* nárrow [-əu]; *(о помещении)* small; ~ая óбувь tight shoes [ʃuːz] ◊ мир тéсен! it's a small world! 2. *(узы и т. п.)* close [-s], íntimate ['ɪntɪ-]

тéсто *с* dough [dəu]

тесть *м* fáther-in-law ['fɑː-]

тетрáдь *ж* wríting-book; *(школьная)* cópy-book ['kɔpɪ-]; éxercise ['eksəsaɪz] book

тётя *ж* aunt [ɑːnt]

тéфтéли *мн. кул.* méat-balls

тéхник *м* technícian [-'nɪʃn]

тéхника *ж* 1. technólogy [tek'nɔ-]; *(промышленных предприятий)* machínery [-'ʃiː-]; equípment; наýка и ~ science ['saɪ-] and technólogy, science and enginéering; ~ безопáсности sáfety méasures ['me-] 2. *(приёмы исполнения)* techníque [tek'niːk]; ~ перевóда translátion techníque

тéхникум *м* júnior ['dʒuː-] cóllege ['kɔ-], spécialised sécondary school [skuːl]

технúческий téchnical ['tek-]

течéни‖е *с* 1. *(о времени)* course [kɔːs]; с ~ем врéмени in the course of time; in (due) time, evéntually 2. *(реки)* cúrrent, stream; по ~ю with the stream; прóтив ~я agáinst the stream

течь 1. flow [fləu]; run 2. *(пропускать воду)* leak

тёща ж móther-in-law ['mʌ-]

тигр м tíger

тип м 1. type 2. (человек) féllow; (странный) strange cháracter ['kæ-]

типи́чный týpical ['tɪ-] (of)

типогра́фия ж prínting-house

тир м shóoting-range

тира́ж м print; ~ кни́ги edítion; print run; ~ газе́ты circulátion of the páper; ~ за́йма dráwing of the loan

тира́н м týrant

тиски́ мн. тех. vice sn

тита́н м (кипятильник) bóiler

тиф м týphus ['taɪfəs]; брюшно́й ~ týphoid féver

ти́хий quíet ['kwaɪət], calm [kɑːm]; (о голосе) low [ləu]

ти́хо quíetly ['kwaɪət-]; ста́ло ~ it becáme quíet; ~ говори́ть speak in a low [ləu] voice

ти́ше: говори́те ~! don't talk so loud!; ~! hush!, quíet ['kwaɪət]!

тишин‖а́ ж quíet ['kwaɪət]; calm [kɑːm], stíll(ness); (молчание) sílence; соблюда́йте ~у́! keep sílence!, keep quíet!

ткань ж fábric, cloth

ткач м, ~и́ха ж wéaver

то I (ср. род от тот) that; он узна́л то, что ему́ ну́жно he learnt what he wánted to; то, что... the fact that; то́ есть that is (to say)

то II союз then; ótherwise; то... то... now... now...; то тут, то там now here, now there

тобо́й, тобо́ю (by, with) you; я пойду́ с ~ I'll go with you

това́р м wares, goods [gudz];

commódity [-'mɔ-]; хо́дкий ~ sálable goods; ~ы наро́дного потребле́ния consúmer goods

това́рищ м cómrade ['kɔm-rɪd]; шко́льный ~ schóolmate ['skuːl-], friend [frend]

това́рищество с 1. cómrade-ship, féllowship 2. associátion; cómpany; ~ по совме́стной обрабо́тке земли́ ист. agricúltural co-óperative; креди́т-нос ~ crédit ['kre-] associá-tion; ~ на пая́х ист. jóint--stock cómpany

това́рно-де́нежн‖ый: ~ые отноше́ния эк. commódity--móney [-'mɔ-...-'mʌnɪ] relá-tions

тогда́ 1. then 2.: ~ как whereás, while

то есть (т. е.) that is (to say); (в письме) i. e. (читается that is)

то́же álso, too; я ~ пойду́ I'll go (there) too; мне нра́вит-ся э́та кни́га.— Мне ~ I like this book.— So do I; я не зна́ю его́.— Я ~ не зна́ю I don't know [nəu] him.— Néither do I

ток I м эл. cúrrent

ток II м с.-х. thréshing-floor [-flɔ]

то́карь м túrner

толк м 1. (смысл) sense; сбить с ~y confúse; muddle; с ~ом with sense; без то́лку а) (бестолково) sénselessly; б) (напрасно) for nóthing ['nʌ-] 2. (польза) use [juːs]

толка́ть push [puʃ]; не толка́й меня́! don't push me!; ~ся push [puʃ] one anóther (each óther [ˈʌðə]); не толка́йтесь! don't push!

толка́ч *м (человек)* supplý ágent, fíxer

толкова́ние *с* interpretátion

толкова́ть intérpret

толпа́ *ж* crowd

то́лстый 1. thick **2.** *(о челове́ке)* fat

толчо́к *м* push [puʃ]

толщина́ *ж* **1.** thíckness **2.** *(о челове́ке)* córpulence, stóutness

толь *м* (tarred) róofing páper

то́лько ónly [ˈəun-]; е́сли ~ возмо́жно if it's ónly póssible; ~ что just (now); ~ вчера́ ónly yésterday [-dɪ]; лишь ~ as soon as

том *м* vólume [ˈvɔl-]

тома́т *м* tomáto [-ˈmɑː-, *амер.* -ˈmeɪ-]; ~**ный** tomáto; ~ная па́ста tomáto paste; ~ный сок (со́ус) tomáto juice (sauce)

тон *м в разн. знач.* tone

то́нк‖**ий 1.** thin; *(о фигу́ре)* slénder, slim; ~ие чулки́ thin (fine) stóckings **2.** *(утончён-ный)* délicate [ˈde-]; ~ вкус délicate taste; ~ая рабо́та fine work [wəːk] **3.** *(о слу́хе и т. п.)* keen

то́нна *ж* ton [tʌn]

тонне́ль *м* túnnel

тону́ть drown; *(о предме́те)* sink

топа́з *м* tópaz

топлён‖**ый** *кул.:* ~ое ма́сло clárified bútter; ~ое молоко́ báked milk

то́пливно-энергети́ческий: ~

ко́мплекс fúel and énergy [ˈe-] séctor

то́пливо *с* fuel [fjuəl]

то́поль *м* póplar

топо́р *м* axe [æks]

то́пот *м* stámp, trámp, tread [tred]

торг‖**ова́ть** *(с кем-л.)* trade (with); *(чем-л.)* deal in; мага-зи́н ~у́ет до восьми́ часо́в ве́чера the shop is ópen till eight [eɪt] p. m.; магази́н сего́дня не ~у́ет the shop is closed todáy

торго́вля *ж* trade, cómmerce

торго́в‖**ый** trade, commér-cial; ~ое су́дно mérchant ship

торгпре́д *м* (торго́вый пред-стави́тель СССР) trade re-preséntative of the USSR

торгпре́дство *с* (торго́вое представи́тельство СССР) Trade Míssion of the USSR

торже́ственн‖**ый** sólemn [ˈsɔləm]; ~ое откры́тие inau-gurátion; ceremónial ópening; ~ое закры́тие ceremónial clós-ing

торжество́ *с (пра́здник)* fés-tival, celebrátion

то́рмоз *м* brake

тормози́ть brake, put [put] the brake on; *перен.* hínder [ˈhɪn-], hámper

тормозн‖**о́й:** ~а́я дви́гатель-ная устано́вка rétrorocket, bráking rócket

торопи́ть húrry, hásten [ˈheɪsn]; не торопи́те меня́ don't húrry (press) me; ~**ся** (be in a) húrry, hásten [ˈheɪsn]; ~ся к по́езду húrry to catch the train; я тороплю́сь I'm in a húrry; торопи́тесь! húrry (up)!, be quick!; не торопи́тесь! take your time!, don't húrry!; не торопя́сь withóut haste

торо́с *м* (ice-)húmmock
торс *м* trunk; *жив.* tórso
торт *м* cake; кусо́чек ~a tart
торф *м* peat

торше́р *м брит.* stándard lamp, *амер.* floor [flɔ] lamp

тоска́ *ж* 1. mélanchóly ['melənkəlɪ]; ~ по... lónging for...; ~ по ро́дине hómesickness 2. *(скука)* bóredom

тоскова́ть 1. be sad, be mélancholy ['melənkə-] 2. *(скучать)* be bored 3. *(по ком-л.)* miss; ~ по ро́дине be hómesick

тост I *м* toast, health [-e-]; провозгласи́ть ~ toast, give [gɪv] (propóse) a toast, drink to the health (of)

тост II *(поджаренный хлебец)* toast

тот that; ~ же са́мый the véry ['verɪ] same; ~ и́ли друго́й éither ['aɪ-, *амер.* 'i:-]

то́тчас at once [wʌns], ínstantly

точи́ть shárpen; *(нож, топор)* grind; *(на точильном камне)* whet ◊ зу́бы на кого́-л. have a grudge agáinst smb

то́чка *ж* 1. point 2. *(знак)* dot 3. *(знак препинания)* full [ful] stop; ~ с запято́й semicólon [ˌsemɪ'kɔlən] ◊ ~ зре́ния point of view

то́чн||о exáctly [ɪg'zæk-]; *(о времени)* sharp; ~ в 5 часо́в at five o'clóck sharp; ~ пере-

води́ть intérpret (transláte) áccurately; ~ так же just as; ~ый exáct [ɪg'zækt]; *(пунктуальный)* púnctual; ~ое вре́мя exáct time; чтобы быть ~ым to be precíse

тошни́ть: меня́ (их) тошни́т I (they) feel sick

трава́ *ж* grass
тра́вма *ж* tráuma, ínjury
травмпу́нкт *м* fírst-aïd céntre

траге́дия *ж* trágedy ['trædʒɪ-]
тра́ктор *м* tráctor; ~и́ст *м* tráctor dríver
трал *м* *(сеть)* trawl
трамв||а́й *м* tram, *амер.* stréet-car; éхать на ~áe go by tram; сесть в ~ take the tram
трампли́н *м спорт.* spríng-board; лы́жный ~ ski jump
транзи́стор *м* (transístor) rádio
транзи́тн||ый tránsit, through [θru:]; ~ая ви́за tránsit vísa
трансля́ция *ж* bróadcast ['brɔd-]; transmíssion
тра́нспорт *м* tránsport
трансформа́тор *м эл.* transfórmer
трап *м мор.* ládder; *(сходни)* gángboard, gángway; сходи́ть (поднима́ться) по ~y go down (up) the gángway
тра́сса *ж разг.* *(дорога)* road, rout [ru:t]
тра́тить spend; *(впустую)* waste [weɪ-]
тра́улер *м* tráwler; морози́льный ~ refrígerator tráwler

тра́урн‖ый *(скорбный)* mо́urnful; mо́urning; *(похоронный)* fúneral; ~ая проце́ссия fúneral procéssion; ~ая ле́нта crape band

тре́бовать 1. demánd; urge **2.** *(нуждаться)* call (for); requíre; ~ся: на э́то тре́буется мно́го вре́мени it takes much time

трево́га *ж* **1.** *(беспокойство)* alárm, anxíety [-'zaɪə-] **2.** *(сигнал)* alárm, alért; ло́жная ~ false alárm

тре́звый sо́ber

трек *м спорт.* track

тренажёр *м* tráiner, símulator ['sɪ-]; косми́ческий ~ space símulator

тре́нер *м спорт.* tráiner, coach

трениро́вать train, coach; ~ся be in tráining, train onesélf [wʌn-]; work [wɜk] out

трениро́вка *ж* tráining, cо́aching

трено́жник *м* trípod

тре́пет *м* trémbling; c ~ом with trepidátion

трепета́ть tremble

треск *м* crackle, crácking; *(шум ударов)* crash

треска́ *ж* cod

тре́тий third; в тре́тьем часу́ áfter ['ɑːftə] two

тре́тье *с (блюдо)* swéet; dessért [dɪ'zɜːt]; что на ~? what's for dessért?

третьеку́рсник *м* third--year stúdent, *амер.* júnior

треуго́льник *м* tríangle

тре́фы *мн. карт.* clubs

трёхзна́чный three-dígit [-'dɪdʒɪt]

трёхра́зов‖ый: ~ое пита́ние three meals a day

трёхэта́жный three-stо́reyed

тре́щина *ж* crack, split

трещо́тка *ж* rattle

три three

трибу́на *ж* **1.** rо́strum; *(подмостки)* plátform; tríbune ['trɪ-] **2.** *(на стадионе и т. п.)* stand **3.** *перен.* fо́rum

тридца́тый thírtieth

три́дцать thírty

три́жды three times

трико́ *с* **1.** *(ткань)* trícot ['trɪkəu] **2.** *(одежда)* tights *pl* **3.** *(дамские панталоны)* pants *pl*

трикота́ж *м* **1.** *(ткань)* knítted fábric **2.** *(изделия)* knítted wear [wɛə] (gárments); hо́siery ['həuzɪərɪ]

триллио́н *м* tríllion

трина́дцать thirtéen

три́о *с муз.* trío ['triːəu]

три́ста three húndred

триу́мф *м* tríumph ['traɪəmf]

тро́гать 1. *(прикасаться)* touch [tʌtʃ]; ‹рука́ми не ~!› *(надпись)* "do not touch!" **2.** *(беспокоить)* distúrb; trо́uble ['trʌ-] **3.** *(волновать)* touch, move [muːv]

тро́е three

тро́йка *ж карт.* three; ~ пик *и т. д.* the three of spades, *etc*

тройни́к *м тех.* T-joint ['tiː-]

тройно́й thréefold; triple; of three

тро́йня *ж* tríplets *pl*

троллейбус *м* trólley-bus
тромбóн *м муз.* trombóne
тропá *ж* path
трóпики *мн.* the trópics ['trɔ-] *pl*
тропúнка *ж* path
тропúческий trópical ['trɔ-]
трос *м* (wire) rope, cable [keɪbl]
тростнúк *м* reed; сáхарный ~ súgar-cane ['ʃu-]
трость *ж* wálking stick, cane
тротуáр *м* pávement, *амер.* sídewalk
трубá *ж* 1. pipe, tube 2. *(дымовая)* chímney; *(парохода, паровоза)* smóke-stack; fúnnel 3. *муз.* trúmpet; *(валторна)* horn; *(басовая)* túba
трубка *ж* 1. tube 2. *(для курения)* pipe 3. *(телефонная)* recéiver 4. *(для плавания)* snórkel
трубопровóд *м (вид транспорта)* pípeline; магистрáльный ~ trunk pípeline
труд *м* 1. lábour, work [wək]; физúческий ~ mánual lábour; úмственный ~ méntal lábour 2. *(заботы, хлопоты)* tróuble ['trʌ-]; без ~á withóut ány tróuble (dífficulty); не стóит ~á it's not worth the tróuble; с ~óм with dífficulty; он с ~óм спáсся he escáped by a nárrow márgin 3. *(научное сочинение)* (scientífic [saɪən'tɪ-]) work
трудúться work [wək]; *(тяжело)* work hard, toil ◊ не трудúтесь! don't bóther!
трудный dífficult, hard

трудовóй wórking ['wək-]; lábour
трудодéнь *м* wórk-day ['wək-] únit *(on collective farms)*
трудоёмкий lábour-inténsive
трудолюбúвый indústrious; hard-wórking
трудоспосóбный able-bódied [,eɪbl'bɔ-], able [eɪbl] to work [wək]; fit for work
трудоустрáивать, трудоустрóить place in a job
трудоустрóйство *с* (job) plácement
трудящийся 1. wórking ['wək-] 2. *м* wórker ['wəkə]
труп *м* (dead [ded]) bódy ['bɔ-]; corpse
труппа *ж* troupe [-uːp], cómpany ['kʌm-]
трус *м* cóward
трусц‖**á** *ж*: бег ~óй jógging; бежáть ~óй jog
трусы *мн.* shorts *pl*; *(нижние)* briefs *pl*; *(дамские)* pánties *pl*
трущóба *ж* slum
трюк *м* trick; stunt
трюфель *м* 1. *(гриб)* trúffle 2. *(конфета)* chócolate ['tʃɔ-] trúffle
тряпка *ж* rag; *(для вытирания пыли)* dúster; *(для мытья полов)* flóor-cloth ['flɔ-], mop
трясти shake; *(при езде)* jolt
туалéт *м* 1. *(одежда)* dress; вечéрний ~ évening dress (gown) 2. *(одевание)* dréss-

ing; занима́ться ~ом make one's tóilet **3.** *(уборная)* lávatory ['læ-], *амер.* tóilet; мужско́й ~ men's room; же́нский ~ ládies' room; где здесь ~? *разг.* where is the báth-room ['bɑ:θ-] here?

туале́тн‖ый tóilet; ~ые принадле́жности tóilet árticles; tóilet-set; ~ сто́лик dréssing-table, *амер.* drésser

ту́ба *ж муз.* túba

туберкулёз *м мед.* tuberculósis; ТВ [ˌti:'bi:]; ~ лёгких púlmonary tuberculósis; ~ный: ~ный диспансе́р ТВ prophyláctic céntre

туго́й tight

туда́ there; ~ и сюда́ here and there; ~ и обра́тно there and back; биле́т ~ и обра́тно retúrn tícket; не ~! not that way!

туз *м карт.* ace

тузе́мец *м* nátive

ту́ловище *с* trunk, bódy ['bɔ-]

тулу́п *м* (crude [-u:d]) shéepskin coat

тума́н *м* mist; fog

тума́нн‖ый 1. místy; fóggy; ~ая пого́да fóggy wéather ['weðə] **2.** *(неясный)* vague [veɪg]; obscúre

ту́мбочка *ж* bédside table

тупи́к *м* blind álley, dead [ded] end; *(перен. тж.)* impáss [æm'pɑ:s]; зайти́ в ~ *(о переговорах)* reach a déadlock ['ded-]

тупо́й blunt; ~ у́гол *мат.* obtúse ángle

тур *м* **1.** *(танца)* turn **2.** *спорт. (часть состязания, тж. перен.)* round

турба́за *ж* tóurist hóstel; tóurist camp

турби́на *ж* túrbine [-bɪn]

турбореакти́вный túrbo-jet

тури́зм *м* tóurism ['tuə-]

тури́ст *м* tóurist ['tuə-]; *(пеший)* híker

тури́стский tóurist ['tuə-]; ~ класс tóurist class

туркме́н *м*, ~ка *ж* Túrkmen

турни́к *м* horizóntal [-'zɔ-] bar

турнике́т *м* túrnstile

турни́р *м* tóurnament ['tuə-]

ту́склый dim, dull

тут 1. *(о месте)* here; кто ~? who's there? **2.** *(о времени)* here, now ◊ он (она́) ~ как ~! here he (she) is!

ту́фли *мн.* shoes [ʃu:z]; дома́шние ~ slíppers; лакиро́ванные ~ pátient léather shoes

ту́ча *ж* cloud

туш *м муз.* flóurish ['flʌ-]; сыгра́ть ~ play (sound) a flóurish

тушён‖ка *ж* tinned (*амер.* canned) stew(ed) meat; ~ый stewed, braised

туши́ть I *(гасить)* put [put] (blow [bləu]) out; turn (switch) off; ~ свет put out the light

туши́ть II *(мясо, овощи)* stew, braise

тушь *ж* Índian ink

тща́тельный cáreful; thórough ['θʌrə]

ты you

ты́ква *ж* púmpkin

тысяч‖а ж thóusand; ~и людéй thóusands of people [piːpl]; ~у извинéний! a thóusand apólogies [ə'pɔ-]!

тюбетéйка ж tyubetéika, skúll-cap (embroidered cap worn in Central Asia)

тюбик м tube; ~ вазелина tube of váseline

тюк м bale

тюлéнь м seal

тюль м tulle

тюльпáн м túlip

тюркский Túrkic; ~ язык Túrkic lánguage

тюрьмá ж príson [-'ız-], jail

тяжелоатлéт м спорт. héavy ['hevı] áthlete

тяжеловéс м спорт. héavy- -weight ['hevıweıt]

тяжёл‖ый 1. héavy ['hevı]; ~ чемодáн héavy súit-case **2.** (мучительный) sad; páinful **3.** (трудный) hard, dífficult; ~ труд hard work [wəːk]

тяжесть ж **1.** (груз) load; weight [weıt] **2.** (бремя) búrden

тянýть 1. pull [pul], draw **2.** (влечь): меня тянет I wish (want, long for) ◊ не тяни(те)! quick!, húrry up!; ~ся **1.** (за чем-л.) reach (for) **2.** (простираться) stretch; exténd **3.** (о времени) drag on

тянýчка ж (soft) tóffee

тяпка ж **1.** (сечка) chópper **2.** (мотыга) máttock

У

у 1. (около, возле) at, by, near [nıə]; у сéверной трибýны near the nórthern stand; у гостиницы near (by) the hotél **2.** (у кого-л.) at, with; (в доме) at smb's place; у нас with us; (в доме) at our place; (в стране) in our cóuntry ['kʌ-]; он у себя he is at his place (at home); he is in (в кабинете и т. п.)

убегáть см. убежáть

убедить persuáde, convínce; ~ся get [get] (be) convínced

убежáть run awáy; (спасаясь) escápe

убеждáть(ся) см. убедить(ся)

убеждéние с **1.** convíction; belíef **2.** (взгляды) views [vjuːz], convíctions

убéжищ‖е с réfuge ['refjudʒ]; юр. asýlum; предоставлять прáво ~a grant the right of asýlum

убивáть kill; (предумышленно) múrder

убийство с kílling; (предумышленное) múrder; (непредумышленное) mánslaughter; (в результате заговора) assassinátion; политическое ~ polítical [-'lı-] assassinátion

убирáть см. убрáть

убить см. убивáть

убóрка ж **1.** tídying up **2.** (урожая) hárvesting

убóрная ж **1.** lávatory ['læ-], амер. tóilet; разг. báth-room ['bɑːθ-]; мужскáя ~ men's room; жéнская ~ ládies' room

2. *(актёрская)* dréssing-room

убо́рочн‖ый: ~ая кампа́ния hárvest campáign

убо́рщица *ж* chárwoman [-wu-], cléaner

убра́ть 1. *(прочь)* take awáy; *(спрятать)* put [put] awáy; ~ со стола́ clear [klɪə] the table [teɪbl] **2.** *(комнату)* tídy; *(украсить)* décorate ['de-] **3.** *(урожай)* hárvest, bring in

убы́ток *м* loss

уважа́ем‖ый respécted; *(в письме)* dear [dɪə]; ~ това́рищ! *(в обращении)* dear cómrade ['kɔmrɪd]!; ~ колле́га hónourable cólleague; ~ые да́мы и господа́! distínguished ládies and géntlemen!

уважа́ть respéct

уваже́ние *с* respéct (for); с и́скренним ~м *(в письме)* sincérely yours

увезти́ take awáy

увеличе́ние *с* **1.** íncrease [-s]; *(повышение)* rise; *(расшире-ние)* exténsion **2.** *фото* blów--up ['bləu-]

увели́чивать(ся) *см.* увели́-чить(ся)

увеличи́тель *м фото* enlárger

увели́чить 1. incréase [-s]; *(повысить)* raise **2.** *(расши-рить)* exténd; enlárge *(тж. фото)*; ~ся incréase [-s]; *(по-вышаться)* rise; *(расширять-ся)* enlárge

уве́ренн‖о cónfidently, with cónfidence; ~ость *ж* cónfi-dence; с ~остью with cónfidence; в по́лной ~ости in the firm belíef; ~ый *(в себе)* cónfi-

dent; *(в чём-л.)* cértain, sure [ʃuə]; быть ~ым be pósitive (sure); я уве́рен, что... I am sure that... ◊ бу́дьте уве́рены! you may be sure!

уве́рить 1. *см.* уверя́ть **2.** convínce

увертю́ра *ж* óverture

уверя́ть assúre [ə'ʃuə]; уве-ря́ю вас, что... I assúre you that...

увести́ take awáy

увида́ть, уви́деть see

увлека́тельный fáscinating ['fæsɪ-]

увлека́ться *см.* увле́чься

увлече́ние *с* **1.** pássion ['pæʃn] **2.** *(пыл)* enthúsiasm, pássion; *(влюблённость)* in-fatuátion (with)

увле́чься be cárried awáy (by); *(влюбиться)* fall in love

уводи́ть *см.* увести́

увози́ть *см.* увезти́

уво́лить dischárge, dismíss, fire

увольне́ние *с* dischárge, dis-míssal

увольня́ть *см.* уво́лить

увяда́ть, увя́нуть fade, wíther

угада́ть, уга́дывать guess [ges]

углево́д *м хим.* carbohýdrate [-'haɪ-]

углеводоро́д *м хим.* hydro-cárbon [ˌhaɪ-]

углеро́д *м хим.* cárbon

углово́й córner; ~ уда́р *спорт.* córner (kick)

углуби́ть, углубля́ть déepen; exténd, inténsify

угнета́ть oppréss

угнете́ние *с* oppréssion

угова́ривать, уговори́ть persuáde; не .уговáривайте меня́ don't try to persuáde me

уго́дно I: как вам ~ as you please; что вам ~? what can I do for you?, may I help you, please?

уго́дно II: кто ~ ánybody; что ~ ánything; как ~ ányhow; како́й ~ ány; когда́ ~ whenéver you want (like); где ~ ánywhere

у́гол *м* 1. córner; на углу́ at the córner; в углу́ in the córner; за угло́м round the córner 2. *мат.* angle; о́стрый (тупо́й) ~ acúte (obtúse) angle

уголо́вн‖ый críminal [-ɪ-]; pénal; ~ое преступле́ние críminal offénce; ~ое пра́во pénal law; ~ ко́декс pénal code

у́голь *м* (*каменный*) coal; древе́сный ~ chárcoal; бу́рый ~ brown coal

уго́н *м* (*об автомобиле, самолёте*) híjacking; (*о самолёте тж.*) skýjacking

у́горь *м* (*рыба*) eel

угости́ть, угоща́ть treat (smb to smth); дава́йте пообе́даем (вы́пьем *и т. п.*), я угоща́ю let me buy [baɪ] you a lunch (a drink, *etc*)

угоще́ние *с* 1. (*действие*) tréating (to) 2. (*еда*) treat; refréshments

угрожа́ть thréaten

угро́за *ж* threat [-e-], ménace ['me-]; ~ пораже́ния ménace of deféat

угро́зыск *м* (уголо́вный ро́зыск) Críminal [-ɪ-] Investigátion Depártment

уда́в *м* bóa ['bəuə] (constríctor)

удава́ться *см.* уда́ться

удали́ть: ~ зуб extráct a tooth; ~ с по́ля *спорт.* disquálify; ~ся 1. move [muːv] off (awáy) 2. (*уходить*) retíre; withdráw

уда́рить strike; deal a blow [bləu]; ~ся (*обо что-л.*) hit (agáinst)

уда́рник *м* I (*рабочий*) (shock-)wórker

уда́рник *м* II (*в оркестре*) percússionist [-'kʌʃn-]; drúmmer

ударн‖ый: ~ые инструме́нты percússion ínstruments

ударя́ть(ся) *см.* уда́рить(ся)

уда́ться 1. be a succéss [sək-'ses] 2. *безл.*: мне не удало́сь... I failed...; мне удало́сь... I mánaged ['mæ-] to...

уда́ч‖а *ж* succéss [sək'ses]; good [gud] luck; жела́ю ~и I wish you luck!, good luck!

уда́чн‖ый succéssful [sək-'ses-]; ~ое выступле́ние a) succéssful perfórmance; б) (*речь*) succéssful speech; ~ая попы́тка *спорт.* válid trial

удержа́ть, уде́рживать 1. retáin; hold; not let go; keep (from) 2. (*вычитать*) dedúct

удиви́тельн‖ый wónderful ['wʌn-]; astónishing [-'tɔ-]; ничего́ ~ого small wónder, no wónder

удиви́ть surpríse; astónish

[-'tɔ-]; ~**ся** *(чему-л.)* be surprísed (at); be astónished [-'tɔ-] (at)

удивлён‖ие *с* surpríse; astónishment [-'tɔ-]; **к моему́ ~ию** to my surpríse

удивля́ть(ся) *см.* удиви́ть (-ся)

уди́ть: ~ **ры́бу** fish; *(удочкой)* angle

удо́бн‖о cómfortably ['kʌ-]; it's cómfortable ['kʌ-]; it's convénient; **вам ~?** are you cómfortable?; ~ **ли прийти́ так по́здно?** is it all right (próper) to come [kʌm] so late?; ~ **устро́иться** make onesélf [wʌn-] cómfortable; **~ый** cómfortable ['kʌ-]; *(подходя́щий)* convénient; súitable ['sjuː-]; *(в по́льзовании)* hándy; *(ую́тный)* cósy

удобре́ние *с* fértilizer; *(наво́з)* manúre [-'njuə]

удобств‖о *с* convénience, cómfort ['kʌ-]; **э́то большо́е ~** it's véry ['verɪ] convénient; **со все́ми ~ами** with all convéniences

удовлетвори́ть sátisfy ['sæ-]; ~ **жела́ние** grátify a wish; ~ **про́сьбу** complý with a requést; ~ **потре́бности** sátisfy the requírements; meet the needs; **~ся** be sátisfied ['sæ-]; be contént (with)

удовлетворя́ть(ся) *см.* удовлетвори́ть(ся)

удово́льстви‖е *с* pléasure ['pleʒə]; **с больши́м ~ем** with (great) pléasure

удо́й *м* milk yield

удостовере́ние *с*: ~ **ли́чности** identificátion card, I. D. [ˌaɪ'diː]

у́дочка *ж* físhing rod

уезжа́ть, уе́хать go awáy, leave; **я сего́дня уезжа́ю** I'm léaving todáy; **они́ уе́хали** they've gone

уж *м* gráss-snake

ужа́лить sting; *(о змее)* bite

у́жас *м* hórror

ужа́сный térrible; áwful

уже́ alréady [-'re-]; ~ **12 часо́в** it's twelve (o'clóck) alréady; **я ~ гото́в** well, I'm réady ['re-]

у́жин *м* súpper; **что сего́дня на ~?** what's for súpper toníght?; **~ать** have (take) súpper

узбе́‖к *м*, **~чка** *ж* Uzbék

узде́чка *ж* brídle ['braɪdl]

у́зел *м* 1. knot 2. *(свёрток)* búndle

у́зкий nárrow [-əu]; *(об оде́жде)* tight

узкове́домственный nárrow departméntal

узнава́ть, узна́ть 1. *(получи́ть све́дения)* hear [hɪə], learn; *(выясня́ть)* find [faɪnd] (out) 2. *(призна́ть)* know [nəu], récognize ['rekə-]

у́зни‖к *м*, **~ца** *ж* prísoner ['prɪz-]

узо́р *м* desígn [dɪ'zaɪn], páttern

у́зы *мн.* ties [taɪz], bonds; ~ **дру́жбы** ties of fríendship ['fre-]

уйти́ go awáy; leave; depárt

указ *м* decrée; édict ['i:dɪ-]; ukáse [ju:'keɪz]

указа́тель *м* 1. índex ['ɪn-]; guide [gaɪd] 2. *тех.* índicator ['ɪnd-]; железнодоро́жный ~ ráilway guide

указа́ть, ука́зывать show [ʃəu]; índicate ['ɪnd-]; point out; ~ доро́гу show the way

укача́ть make (séa)sick; *(в самолёте)* make áirsick; eró укача́ло he's (sea)sick

укла́дка *ж (вещей)* pácking; *(волос)* hair sétting

укла́дывать(ся) *см.* уложи́ть(ся)

уко́л *м мед.* injéction; сде́лать ~ make an injéction

уко́р *м* repróach

укра́дкой by stealth [stelθ]

украи́н‖ец *м*, **~ка** *ж* Ukráinian

укра́сить décorate ['dekə-], adórn, órnament; ~ фла́гами (цвета́ми) décorate with flags (flówers)

укра́сть steal

украша́ть *см.* укра́сить

украше́ние *с* 1. *(действие)* decorátion, adórning, ornamentátion 2. *(предмет)* decorátion, adórnment, órnament

укрепи́ть, укрепля́ть stréngthen; *(о положении)* consólidate [-ɔ-]

укро́п *м* dill

укроти́тель *м*, **~ница** *ж* támer

укрупни́ть, укрупня́ть enlárge, exténd; *(объединять)* consólidate [-'sɔ-], amálgamate

укрыва́ть(ся) *см.* укры́ть(ся)

укры́ть 1. *(прикрыть)* cóver ['kʌ-] 2. *(спрятать)* shélter; *(скрыть)* concéal; ~ся 1. *(прикрыться)* cóver ['kʌ-] (wrap) onesélf [wʌn-] 2. *(спрятаться)* find [faɪnd] shélter; ~ся от дождя́ shélter from rain

у́ксус *м* vínegar ['vɪn-]

уку́с *м* bite

ула́дить, ула́живать séttle; arránge [ə'reɪ-]; fix up

у́лей *м* (bée)hIve

ули́ка *ж* évidence ['evɪ-]

ули́тка *ж* snail

у́лиц‖а *ж* street; на ~e in the street; *(вне дома)* out of doors; я живу́ на... ~e I live [lɪv] in... street

у́личн‖ый street; ~ое движе́ние (street) tráffic

уло́в *м* catch, take

уложи́ть 1. lay; ~ в посте́ль put [put] to bed 2. *(упаковать)* pack (up); ~ ве́щи pack up one's things; ~ чемода́н pack the bag; ~ся 1. pack (up) 2. *(уместиться)* go in (ínto ['ɪn-tu]) 3. *(в определённые пределы)* keep (withín)

улучша́ть(ся) *см.* улу́чшить(ся)

улу́чшить impróve [-'pru:v], bétter; ~ результа́т impróve on his (her) prévious perfórmance; ~ся impróve [-'pru:v]; пого́да улу́чшилась the wéather ['weðə] has impróved

улыба́ться smile

улы́бк‖а *ж* smile; с ~ой with a smile

улыбну́ться give [gɪv] a smile

ум *м* mind; íntellect

умéлец *м* skílled cráftsman

умéлый skílful

умéренный móderate ['mɔ-]; témperate; ~ клúмат témperate clímate

умерéть die [daɪ]

умéть can; know [nəu] how

умирáть *см.* умерéть

умножéние *с* multiplicátion

ýмный cléver ['kle-]; íntélligent

умывáльн‖ик *м* wáshstand; ~ый: ~ые принадлéжности wáshing set

умывáться, умы́ться wash (onesélf [wʌn-]); ~ с дорóги wash onesélf áfter ['ɑːftə] a trip; я хочý умы́ться I want to have a wash

унестú cárry (take) awáy

универмáг *м* (универсáльный магазúн) the stores, depártment store

универсáл *м* *авто:* с кýзовом ~ state car; *амер.* státion (wágon ['wæ-])

универсáльный univérsal; ~ магазúн *см.* универмáг

универсáм *м* súpermarket

универсиáда *ж* *спорт.* World Stúdent Games

университéт *м* univérsity; территóрия ~a (univérsity) cámpus

унижáть, унúзить humíliate [-'mɪ-], abáse

уничтожáть, уничтóжить destróy; put an end to; (*упразднять*) abólish

уносúть *см.* унестú

упáдок *м* declíne; (*в искусстве*) décadence ['de-]; ~ сил collápse, bréakdown

упаковáть pack (up); ~ вéщи в чемодáн pack up things in a súitcase; ~ся pack up

упакóвка *ж* pácking ['pæ-]; (*товара в бумагу и т. п.*) wrápping ['ræ-]

упакóвывать *см.* упаковáть

упáсть fall (down)

уплывáть, уплы́ть (*о пловце*) swim awáy; (*о судне*) sail awáy

уполномóченный *м* commíssioner; plenipoténtiary [ˌple-]

упоминáть, упомянýть méntion, refér (to); ~ вскользь méntion in pássing

упóрный persístent; stúbborn

употреблéни‖е *с* use [juːs], úsage; спóсоб ~я diréctions for use; вы́йти из ~я get [get] out of use; ‹пéред ~ем взбáлтывать› (*надпись*) "shake befóre úsing"

управдóм *м* house mánager ['mæ-]; *амер.* superinténdent

управлéние *с* 1. (*руководство*) mánagement ['mæ-]; экономúкой económic [-'nɔ-] mánagement; (*страной*) góvernment ['gʌ-]; оркéстр под ~м... the órchestra ['ɔːkɪstrə] condúcted by... 2. (*учреждение*) óffice; depártment; administrátion 3. *тех.* contról [-'trəul]; кнóпочное ~ púsh-bútton ['puʃ-] contróls

управля́ть 1. (*руководить*) mánage ['mæ-], contról [-'trəul]; run; (*страной*) góvern ['gʌ-] **2.** *тех.* óperate ['ɔpə-]; contról; *(автомобилем)* drive; *(кораблём)* steer [stɪə]

упражнéние *с* éxercise ['eksəsaɪz]; práctice ['præ-]

упражня́ться práctise

упрёк *м* repróach

упрекáть repróach

упрости́ть, упрощáть símplify; *(сверх меры)* oversímplify

упру́гий resílient [-'zɪ-]

упря́жка *ж (лошадей)* team (of horses)

у́пряжь *ж* hárness

упря́мый stúbborn; óbstinate

урá! hurráy [hu'reɪ]!

уравнéние *с мат.* equátion; ~ пéрвой стéпени simple equátion

уравни́ловка *ж* wáge-levelling [-lev-]

урагáн *м* húrricane

урáн *м хим.* uránium

у́рна *ж* **1.** *(для мусора)* dústbin, *амер.* gárbage can **2.** *(с прахом)* urn **3.:** избирáтельная ~ bállot box

у́ров‖ень *м* lével ['le-]; 7000 м над ~нем мóря 7,000 m abóve sea lével; жи́зненный ~ líving stándard; конферéнция на сáмом высóком ~не tóp-level cónference, súmmit (cónference)

урóд *м (чудовище)* mónster; *(некрасивый человек)* úgly pérson

урожáй *м* hárvest, crop, yield; собирáть ~ hárvest

урожáйность *ж* retúrns

урожéнец *м* nátive (of)

урóк *м* lésson; ~ англи́йского языкá Énglish lésson

урони́ть drop, let fall; вы чтó-то урони́ли! you've dropped sómething!; я урони́л платóк (кни́гу) I dropped my hándkerchief (book)

усади́ть, усáживать seat; ask smb to sit down

усéрдие *с* zeal; *(прилежание)* díligence ['dɪ-]

усилéние *с* stréngthening; *(о боли и т. п.)* aggravátion; *(о звуке)* intensificátion; *радио, элк.* amplificátion

усили‖е *с* éffort; óбщими ~ями by joint (cómmon) éfforts

усили́тель *м радио* ámplifier

усили́ть stréngthen, incréase [-s], inténsify

ускорéние *с* accelerátion; эк. more rápid ['ræ-] prógress

ускóрить, ускоря́ть hásten ['heɪsn], quícken; accélerate [-'se-]; step up, speed up; ~ развитие speed up the devélopment [-'ve-]

услáвливаться *см.* условиться

услóви‖е condítion [-'dɪ-]; с ~ем, при ~и províded, on condítion (that); ни при каки́х ~ях únder no círcumstances; по ~ям договóра únder the terms of the tréaty

условиться agrée (upón); arránge [ə'reɪ-]; séttle; условиться о дне отъéзда (о встрéче) fix the day of the depárture (arránge a méeting)

услу́г‖а *ж* sérvice; turn;

оказа́ть ~y do one a turn; к ва́шим ~ам at your sérvice; коммуна́льные ~и públic utílities

услыха́ть, услы́шать hear [hɪə]; я то́лько что об э́том услы́шал I've just heard of it

усмотре́ни‖е с: по ~ю at one's discrétion [-'skreʃn]

усну́ть fall asléep

усоверше́нствовать impróve

успева́емость ж prógress [-əu-]; хоро́шая (ни́зкая) good (poor) prógress

успева́ть, успе́ть be in time; ~ на по́езд be in time for the train; вы успе́ете... you will have time...

успе́х м succéss [sək'ses]; жела́ю ~a good [gud] luck to you; как ва́ши ~и? how are you gétting ['get-] on?; де́лать ~и make prógress (advánce); по́льзоваться ~ом, име́ть ~ be a succéss; не име́ть ~a be a fáilure

успе́шный succéssful [sək'ses-]

успока́ивать(ся) см. успоко́ить(ся)

успоко́ить calm [kɑːm], quíet ['kwaɪət]; soothe; ~ся calm [kɑːm] down, quíet ['kwaɪət] down; успоко́йтесь! calm down!; there, there!; there now!

уста́в м chárter, státute ['stæ-]; (вои́нский) regulá-tions; ~ клу́ба club constitú-tion; ~ ОО́Н UN Chárter

устава́ть см. уста́ть

уста́л‖ость ж tíredness, wéariness ['wɪə-]; чу́вствовать ~ be tíred; ~ый tíred, wéary ['wɪə-]

устана́вливать, установи́ть 1. (поставить) place, set; mount; ~ микрофо́н set a mike 2. (учредить) estáblish, ínsti-tute, set up

устано́вка ж 1. (действие) тех. móunting, installátion 2. (устройство) тех. plant; о́пыт-ная (полупромы́шленная) ~ pílot plant

уста́ть get [get] tíred; вы не уста́ли? aren't you tíred?; я уста́л I'm tíred

у́стный óral ['ɔːrəl]; (на сло-вах) vérbal

устра́ивать(ся) см. уст-ро́ить(ся)

у́стрицы мн. óysters

устро́ить 1. (организовать) arránge [ə'reɪ-]; órganize; ~ банке́т (ве́чер) give [gɪv] a bánquet (a párty); ~ встре́чу spónsor a méeting 2. (подойти) suit [sjuːt]; устро́ит ли э́то вас? will that suit you?; ~ся 1. séttle; ка́к вы устро́ились? have you séttled down? 2. (наладиться) work out; come [kʌm] right [raɪt]

устро́йство с 1. (структура) páttern, strúcture; arránge-ment; обще́ственное ~ sócial sýstem 2. (аппарат) devíce, appliánce [-'laɪəns]

уступа́ть, уступи́ть 1. yield, give [gɪv] in; ~ доро́гу make way for smb; ~ ме́сто óffer one's seat to smb 2. (в цене) take off; abáte

усту́пк‖а ж concéssion

[-'seʃn]; идти́ на ~и cómpro-
mise; m̃ake concéssions; взаи́м-
ные ~и mútual concéssions

у́стье с (реки́) mouth; (эстуа-
рий) éstuary

усы́ мн. moustáche [mə'stɑ:ʃ];
(у живо́тных) whískers

утверди́ть (санкциони́ро-
вать) appróve [-u:v], разг.
okáy

утвержда́ть (выска́зывать
мне́ние) affírm, assért, maintáin; (в спо́ре) conténd

утёнок м dúckling

утёс м rock; (на берегу́)
cliff

уте́чка ж léakage; (га́за)
escápe; ~ информа́ции a leak

утеша́ть, уте́шить consóle,
cómfort ['kʌ-]

ути́ль м, **утильсырьё** с scrap,
sálvage

утиха́ть, ути́хнуть quíet
['kwaɪət] down; (успока́иват-
ся) calm [kɑ:m]; (о шу́ме)
cease; (о бу́ре, бо́ли) abáte,
subsíde

у́тка ж duck ◊ газе́тная ~
canárd [-'nɑ:d]

утоли́ть, утоля́ть (жа́жду)
quench; (го́лод) sátisfy ['sæ-]

утоми́тельный tíring ['taɪə-];
exháusting; (ну́дный) tíresome

утоми́ть tíre; fatígue [-'ti:g];
~ся get [get] tíred; wéary
['wɪə-] onesélf [wʌn-]

утомле́ние с fatígue [-'ti:g]

утомля́ть(ся) см. утоми́ть-
(ся)

утону́ть 1. (о челове́ке) be
drowned 2. (о су́дне) sink, go
down

уточни́ть, уточня́ть spécify
[-'e-], make (it) more áccurate
(precíse)

утра́та ж loss

у́тренний mórning; ~ за́вт-
рак bréakfast

у́тренник м театр. matinée

утр‖о с mórning; в 9 часо́в
~á at nine (o'clock) in the
mórning, at nine a. m.; до́брое
~!, с до́брым ~ом! good [gud]
mórning!; ~ом in the mórning;
сего́дня (за́втра, вчера́) ~ом
this (tomórrow, yésterday
[-dɪ]) mórning

утю́г м íron ['aɪən]; элект-
ри́ческий ~ eléctric íron

уха́ ж (Rússian ['rʌʃn]) fish
soup [su:p]

уха́б м pot hole; bump (on
the road)

уха́живать 1. (за больны́ми,
за детьми́) look áfter ['ɑ:ftə],
nurse 2. (за же́нщиной) court

у́хо с ear [ɪə]

ухо́д I м léaving, depárture;
пе́ред са́мым ~ом just befóre
léaving

ухо́д II м (за кем-л., за
чем-л.) care; (за больны́ми,
за чем-л.) núrsing

уходи́ть см. уйти́

ухудше́ние с deteriorátion,
aggravátion, change [tʃeɪ-] for
the worse [wɜ:s]

уча́ствовать take part (in);
partícipate [-'tɪ-] (in); ~ в кон-
це́рте take part in a cóncert

уча́ст‖ие с 1. participátion;
принима́ть ~ take part (in);
2. (сочу́вствие) sýmpathy
(with); concérn (for); ~ник м

1. *(соревнования)* contéstant; *(концерта)* partícipant [-'tɪ-]; *(съезда)* délegate ['delɪgɪt] **2.** *(член)* mémber

уча́сток *м* **1.** *(земли)* plot; строи́тельный ~ constrúction site; садо́вый ~ allótment for a súmmer house and gárden **2.** *(административный)* dístrict; избира́тельный ~ eléctoral dístrict, *амер.* précinct ['priːsɪŋkt]; *(место голосова́ния)* pólling státion

у́часть *ж* déstiny, fate

уча́щийся *м (школьник)* púpil; *(младших классов школы)* schóolboy ['skuːl-]; *(старших классов школы, студент)* stúdent

учёба *ж* stúdies; tráining

уче́бник *м* téxtbook [-buk]; mánual ['mæ-]; schoolbook ['skuːl-]; *(начальный)* prímer

уче́бн‖ый school(-) [skuːl(-)]; ~ое заведе́ние educátional estáblishment, institútion of léarning; ~ год *(в школе)* schóol year; *(в вузе)* académic [-'de-] year; ~ план currículum [-'rɪ-]

уче́ние *с* **1.** *(занятия)* stúdies ['stʌ-] **2.** *(научная теория)* téaching, théory ['θɪərɪ]

учени́к *м* **1.** púpil **2.** *(последователь)* discíple [dɪ'saɪpl]

учёный 1. léarned [-ɪd] **2.** *м* scíentist ['saɪ-]; man of scíence ['saɪ-]; schólar ['skʌ-] *(особ. филолог)*

уче́сть take ínto ['ɪntu] accóunt [ə'kau-] (considerátion); учти́те, что... mind you that...

учёт *м* registrátion; calculátion; закры́то на ~ closed for stóck-taking

учи́лище *с* school [skul]; профессиона́льно-техни́ческое ~ (ПТУ) vocátional trades school; медици́нское ~ núrsing school

учи́тель *м* téacher, schóolmaster ['skuːl-]; ~ та́нцев dáncing máster; ~ница *ж* téacher, schóolmistress ['skuːl-]

учи́тывать *см.* уче́сть

учи́ть 1. *(кого-л.)* teach **2.** *(изуча́ть)* learn; ~ся stúdy ['stʌ-]; я учу́сь на пе́рвом ку́рсе университе́та I'm a fírst-year stúdent (fréshman) at the univérsity

учреди́тель *м* fóunder

учрежде́ние *с (заведение)* institútion; estáblishment; госуда́рственное ~ state (nátional ['næʃ-]) institútion; специализи́рованное ~ *(в системе ООН)* (UN) spécialized ágency

уша́нка *ж* cap with the ear flaps

уши́б *м* ínjury

ушиба́ться, ушиби́ться hurt (onesélf [wʌn-])

ушко́ *с (иглы́)* eye

уще́лье *с* gorge; ravíne [-'viːn]; cányon ['kæ-]

уще́рб *м* dámage ['dæ-]

ую́т *м* cómfort ['kʌ-], cósiness

ую́тный cósy, cómfortable ['kʌ-]; *разг.* cómfy ['kʌ-]

Ф

фа *с муз.* F [ef]

фа́брика *ж* fáctory; mill

фа́за *ж* phase, stage

фа́кел *м* torch

факт *м* fact; приводи́ть ~ы addúce facts

факультати́вный óptional

факульте́т *м* fáculty ['fæ-], depártment; school [sku:l]

фальста́рт *м спорт.* false start

фальши́вый false; *(о докуме́нте)* forged; *(искусственный)* artifícial, imitátion

фами́лия *ж* name, súrname; как ва́ша ~? what's your (súr)name?; моя́ ~... my (súr)name is...

фана́тик *м* fanátic [-æ-]

фане́ра *ж (однослойная)* venéer; *(клеёная)* plýwood [-wud]

фанта́зия *ж* fáncy; fántasy

фанта́стика *ж (научная фанта́стика)* scíence ['saɪ-] fíction

фанфа́ра *ж муз.* trúmpet, bugle [bju:gl]

фа́ра *ж авто* héadlight ['hed-]

фа́ртук *м* ápron ['eɪprən]

фарфо́р *м* 1. chína, pórcelain ['pɔːslɪn] 2. *(изделия)* chína (-ware)

фарш *м* stúffing; *(рубленое мясо)* ground (minced, chopped) meat (beef); *(готовый для начинки, котлет)* fórce-meat

фарширо́ванный stuffed

фаса́д *м* facáde [-'sɑːd]

фасо́ванный pre-pácked [.priː-]

фасо́ль *ж* háricot ['hærɪkəu] (beans); kídney beans

фасо́н *м* style; *(покрой)* cut

фа́уна *ж* fáuna

фаши́зм *м* fáscism [-ʃ-]

фаши́ст *м* fáscist [-ʃ-]

фая́нс *м* 1. faiénce [faɪ'ɑːns]; póttery 2. *(изделия)* délf(t)-ware [-wɛə]

февра́ль *м* Fébruary

федера́ция *ж* federátion; Всеми́рная федера́ция профсою́зов World [wɜːld] Federátion of Trade Únions

фейерве́рк *м* fíreworks [-wɜːks]

фе́льдшер *м* dóctor's assístant

фельето́н *м* féuilleton ['fɜːɪtɔːŋ], néwspaper satírical sketch

ферзь *м шахм.* queen

фе́рма *ж* farm; моло́чная ~ dáiry ['dɛərɪ-] farm

фестива́ль *м* féstival; Всеми́рный ~ молодёжи и студе́нтов World [wɜːld] Féstival of Youth [juːθ] and Stúdents

фетр *м* felt

фе́тров‖ый felt; ~ая шля́па felt hat

фехтова́льщик *м* féncer, máster of féncing

фехтова́ние *с* féncing

фехтова́ть fence

фе́я *ж* fáiry

фиа́лка *ж* víolet

фигу́ра *ж* 1. fígure ['fɪgə]

2: *шахм.* chéss-man, piece

фигури́ст *м*, **~ка** *ж* fígure ['fɪgə] skáter

фигу́рн‖ый fígured ['fɪgəd]; shaped; **~ое** ката́ние *(на коньках)* fígure skáting

фи́зик *м* phýsicist ['fɪzɪ-]

фи́зика *ж* phýsics ['fɪzɪks]

физиоло́гия *ж* physiólogy

физи́ческ‖ий phýsical ['fɪzɪkəl]; **~ие** да́нные phýsical quálities

физкульту́ра *ж* phýsical ['fɪzɪ-] cúlture

физкульту́рни‖к *м*, **~ца** *ж* áthlete, gýmnast

фикса́ж *м фото* fíxing solú·tion, fíxer

филармо́ния *ж* Philharmónic [-'mɔnɪk] Socíety [sə'saɪ-]

филатели́ст *м* stámp-collector, philátelist [-'læ-]

филе́ *с (вырезка)* sírloin; *кул.* fíllet ['fɪlət; fɪ'leɪ]

филиа́л *м* branch; **~** библиоте́ки branch líbrary ['laɪb-]

фило́лог *м* philólogist [fɪ'lɔ-]

филоло́гия *ж* philólogy [fɪ'lɔ-]

фило́соф *м* philósopher [fɪ'lɔ-]

филосо́фия *ж* philósophy [fɪ'lɔ-]

фильм *м* film; худо́жественный **~** féature (film); документа́льный **~** documéntary; мультипликацио́нный **~** (ánimated) cartóons; цветно́й **~** cólour ['kʌ-] film; широкоэкра́нный **~** wide screen film; cinemascópe; снима́ть **~** film, shoot a film

фильтр *м* fílter

фина́л *м* **1.** *муз.* finále [-'nɑ:lɪ] **2.** *спорт.* fínal; вы́йти в **~** win a sémi-fínal

фина́льн‖ый fínal; **~ая** встре́ча fínal match

фина́нсы *мн.* fínances ['faɪ-]; móney ['mʌ-]

фи́ник *м* date

фи́ниш *м спорт.* fínish ['fɪ-]

финиши́ровать: пе́рвым (вторы́м) финиши́ровал N N came first (sécond ['se-]) to the fínish ['fɪ-]

фи́нишн‖ый: **~ая** пряма́я the straight [-eɪt]; *амер.* the stretch

фиоле́товый blúeish purple; víolet

фи́рма *ж* firm [-ɜ-]

фити́ль *м (лампы)* wick; *(шнур)* fuse

флаг *м* flag; подня́ть **~** hoist a flag

флако́н *м* bottle; **~** духо́в bottle of pérfume (scent)

флане́ль *ж* flánnel

флейта *ж* flute [-u:-]

фло́ра *ж* flóra

флот *м* fleet; maríne [-'ri:n]; вое́нно-морско́й **~** Návy; торго́вый **~** mérchant maríne; возду́шный **~** air fleet; air force

флю́гер *м* wéathercock ['we-], wéather ['we-] vane

флюс *м (опухоль)* swóllen cheek

фойе́ *с* fóyer ['fɔɪeɪ]; lóbby

фокстерье́р *м* fóx-terrier ['fɔks,terɪə]

фокстро́т *м* fóxtrot

фо́кус I _м_ fócus; не в ~e out of fócus

фо́кус II _м_ (_трюк_) trick; ~**ник** _м_ magícian [-'dʒɪ-]; cónjurer ['kʌn-]

фольга́ _ж_ foil

фон _м_ báckground; на ~е... agáinst the báckground of...

фона́р‖ь _м_ lántern; электри́ческий ~ fláshlight, eléctric torch; за́дние ~**й** _авто_ táil-lights

фонд _м_ fund

фоноте́ка _ж_ récord líbrary ['laɪ-]

фонта́н _м_ fóuntain

фо́р‖а _ж_ (_в играх_): дать кому́-л. ~у give [gɪv] _smb_ odds; give _smb_ a start

форе́ль _м_ trout

фо́рм‖а _ж_ 1. shape, form 2. (_одежда_) úniform; спорти́вная ~ (_костюм_) sports dress 3. (_состояние_) form; быть в ~е _спорт._ be in form, be in éxcellent (pérfect, fíghting) trim; э́та кома́нда в отли́чной спорти́вной ~е this team is in éxcellent form

форма́т _м_ size; (_книги_) fórmat

формирова́ть form

фо́рмула _ж_ fórmula

фортепья́но _с_ (úpright) piáno [pɪ'ænəu]; úpright

фо́рточка _ж_ ventilátion wíndow [-əu] ópening

фо́рум _м_ fórum

фо́то‖аппара́т _м_ cámera ['kæm-]; ~**бума́га** _ж_ photográphic [-'græf-] páper

фото́граф _м_ photógrapher

фотографи́ровать phótograph, take píctures

фотогра́фия _ж_ 1. photógraphy 2. (_снимок_) phóto, pícture 3. (_учреждение_) photógrapher's

фо́то‖корреспонде́нт _м_ press photógrapher; ~**плёнка** _ж_ film; ~**телегра́мма** _ж_ phototélegram [-'telɪ-]; ~**хро́ника** _ж_ pictórial [-'tɔːr-] revíew [-'vjuː]

фра́за _ж_ phrase

фрак _м_ dréss coat; táilcoat; _разг._ (swállow [-əu]) tails

фракцио́нный _полит._ fáctional

фра́кция _ж_ 1. (_в партии_) fáction 2. (_в парламенте_) group

францу́‖женка _ж_ Frénchwoman [-wu-]; ~**з** _м_ Frénchman

францу́зский French

фрахт _м_ _мор._ freight [freɪt]

фрахтова́ть (_о судне_) chárter

фрезеро́вщик _м_ mílling-machine [-ʃiːn] óperator ['ɔp-]

френч _м_ sérvice jácket

фре́ска _ж_ frésco

фриз _м_ frieze [-iːz]

фрикаде́лька _ж_ méatball

фронт _м_ front [-ʌ-]

фронтови́к _м_ war véteran ['ve-]

фрукто́в‖ый fruit [fruːt]; ~**ое** де́рево fruit tree; ~ сад órchard

фру́кты _мн._ fruit [fruːt]; (_различные сорта_) fruits

фунда́мент _м_ foundátion, base

фунт *м*: ~ стéрлингов pound (stérling)

фурáжка *ж* (péaked) cap

фут *м* foot

футбóл *м* fóotball; sóccer ['sɔkə]

футболúст *м* fóotball pláyer, fóotballer; sóccer ['sɔkə] pláyer

футбóлка *ж* fóotball jérsey ['dʒəzı], T-shirt; sports shirt

футбóльн‖ый fóotball; · ~ мяч fóotball; ~ое пóле field; ~ая комáнда fóotball (sóccer ['sɔkə]) team

футля́р *м* case; *(для кино-аппарата и т. п.)* (cárrying) case

фуфáйка *ж* jérsey [-zı], swéater ['swe-]

X

хáки *(цвет)* kháki ['kɑ:-]

халáт *м* *(домашний)* dréssing-gown; *(купальный)* báthrobe ['bɑ:θ-]; *(рабочий)* óveralls; *(врача)* dóctor's smock

халáтность *ж* négligence; престу́пная ~ críminal ['krı-] négligence

халвá *ж* halvá [hɑːl'vɑ:]

халту́р‖а *ж* **1.** *(плохая работа)* háck-work **2.** *(побочная работа для заработка)* odd jobs; cátchpenny job; ~щик *м* háck-worker

ханжá *ж* hýpocrite ['·hı-]

хáос *м* mess, cháos ['keıɔs]

харáктер *м* cháracter ['kæ-]; *(человека тж.)* témper, disposítion

характéрн‖ый characterístic [‚kæ-] (of); *(типичный)* týpical ['tı-] (of); ~ая чертá characterístic féature

хáта *ж* hut

хвалúть praise

хвáстать(ся) boast

хватáть I *(схватывать)* seize [si:z]; grasp, catch hold (of)

хватáть II *(быть достаточным)* suffíce; be enóugh [ı'nʌf]; не ~ *(чего-л.)* be insufficient [-'fı-]; lack; не хвáтит врéмени there won't be time enóugh to; хвáтит! that'll do!

хватúть *см.* хватáть II

хвáтка *ж* grip, grasp

хвóйный coníferous [kəu-'nı-]; ~ лес coníferous fórest (wood)

хвóрост *м* **1.** *(сухие ветки)* brúshwood [-wud] **2.** *(печенье)* straws

хвост *м* tail; сидéть на ~é *авто разг.* táilgate

хвоя́ *ж* néedles *pl*

хек *м* hake

хéрес *м* shérry

хибáра *ж* shánty

хúжина *ж* cábin ['kæ-]

хúлый síckly

хúмик *м* chémist ['ke-]

хúмия *ж* chémistry ['ke-]

химчúстка *ж* (химúческая чúстка) **1.** drý-cleaning **2.** *(мастерская)* drý-cleaner's

хиру́рг *м* súrgeon

хúтрый cúnning, sly

хищéние *с* theft; *(растрата)* embézzlement

хи́щник *м (зверь)* beast of prey

хладнокро́в‖ие *с* compósure [-з-], présence [′pre-] of mind; **~ный** cool, compósed

хлеб *м* **1.** *(печёный)* bread [-e-]; чёрный ~ brown bread; *(типа бородинского)* púmpernickel; бе́лый ~ white bread; све́жий ~ frésh-baked bread; ~ с ма́слом bread and bútter; чёрствый ~ stale bread **2.** *(злаки, зерно)* corn, grain

хлев *м* cáttle shed; *(свиной)* pígsty

хло́пать *(аплодировать)* clap, appláud

хло́пок *м* cótton

хлопо́к *м* clap

хлопчатобума́жн‖ый cótton; **~ая ткань** cótton fábric

хло́пья *мн.* flakes; кукуру́зные ~ corn flakes

хму́рить, хму́риться knit one′s brows, frown

хо́бби *с* hóbby

хо́бот *м* trunk

ход *м* **1.** *(движение)* mótion; speed; пусти́ть в ~ start; set góing; дать за́дний ~ back the car; ~ собы́тий course [kɔːs] of evénts **2.** *(проход)* pássage; *(вход)* éntry; ~ со двора́ éntry by the yard; чёрный ~ back éntrance **3.** *(в игре)* *шахм.* move [muːv]; *карт.* lead, turn; сде́лать ~ *шахм.* move a piece; ~ конём move of the knight

хода́тайствовать solícit [-′lɪ-] (for), petítion [-′tɪ-] (for)

ходи́ть 1. go; walk; ~ на лы́жах ski; поезда́ хо́дят ка́ждые 2 часа́ there is a train évery third hour; часы́ не хо́дят the watch stopped **2.** *(в игре)* lead, play; *шахм.* move [muːv]

ходьб‖а́ *ж* wálking; *спорт.* walk [wɔːk]; полчаса́ ~ы́ half [hɑːf] an hour walk

хозрасчёт *м* (operátion on a) self-suppórting básis; **~ный** self-suppórting; self-fináncing

хозя́ин *м* máster; boss; *(владелец)* ówner [′əunə]; propríetor [-′praɪə-]; *(по отношению к гостям)* host [həu-]; *(по отношению к жильцам)* lándlord; ~ до́ма máster of the house; хозя́ева по́ля *спорт.* the home pláyers

хозя́йка *ж (по отношению к гостям)* hóstess [′həu-]; *(по отношению к жильцам)* lándlady; ~ до́ма místress of the house

хозя́йничать 1. *(вести хозяйство)* keep house **2.** *(распоряжаться)* lord it, boss it

хозя́йство *с* **1.** ecónomy [-′kɔ-]; наро́дное ~ nátional [′næʃ-] ecónomy; се́льское ~ agricúlture; подсо́бное ~ subsídiary [-′sɪ-] smállholding **2.** *(домашнее)* house kéeping

хоккеи́ст *м* hóckey pláyer [′hɔkɪ-]

хокке́й *м* hóckey [′hɔkɪ]

холе́ра *ж мед.* chólera [′kɔ-]

холл *м* hall

холм *м* hill

хо́лод *м* cold

холоде́ц *м кул.* meat jélly

холоди́льник *м* refrígerator. [-'fri-]; *разг.* fridge; *амер. тж.* íce-box

хо́лодно cóld(ly); it's cold; сего́дня ~ it's cold todáy; в ко́мнате ~ it's cold in the room; мне ~ I'm cold; ~ встре́тить кого́-л. recéive smb cóldly, give [gɪv] smb the cold shóulder ['ʃəu-], cold-shóulder smb

холо́дн‖ый cold ◊ ~ая война́ cold war

холост‖о́й 1. *(человек)* single **2.** *(заряд)* blank **3.** *авто:* ~ ход ídling ['aɪd-]; рабо́тать на ~о́м ходу́ idle; ~я́к *м* báchelor ['bætʃələ]

холст *м* cánvas

хор *м* chóir ['kwaɪə]; chórus ['kɔ-]; петь ~ом sing in chórus

хореографи́ческий choreográphic [ˌkɔrɪə-]

хореогра́фия *ж* choreógraphy [ˌkɔrɪ-]

хормéйстер *м* léader (of a chórus ['kɔ-])

хорово́д *м* round dance

хоров‖о́й chóral ['kɔ-]; ~ коллекти́в chóir; ~о́е пе́ние chórus sínging, sínging in chórus

хорони́ть búry ['berɪ]

хоро́ш‖ий good [gud]; всего́ ~его! good-býe!

хорошо́ well; о́чень ~! véry ['verɪ] well!; здесь ~ it's a nice place; ~ игра́ть play well

хоте́ть want; *(желать)* wish; хоти́те ча́ю? will you have a cup of tea?; я хочу́... I want (wish)...; что вы хоти́те? what do you want?; как хоти́те! as you like!; ~ся want, like; мне хо́чется уви́деть его́ I want to see him; мне хоте́лось бы... I would like to...; мне не хо́чется идти́ туда́ I don't feel like góing there

хоть, хотя́ though [ðəu]

хо́хот *м* láughter ['lɑːf-]; взрыв ~a burst of láughter

хохота́ть laugh [lɑːf]; гро́мко ~ roar with láughter

хра́брый brave, courágeous [kə'reɪdʒəs]

храм *м* témple

хране́ние *с* kéeping; *(о товарах)* stórage ['stɔrɪdʒ]; сдать ве́щи на ~ régister (clóakroom) one's lúggage; *амер.* check one's bággage; пла́та за ~ stórage fee

храни́лище *с* depósitory [-'pɔzɪ-], stórehouse

храни́ть 1. keep; presérve **2.** *(сберегать)* save; ~ся be kept

храп *м* snore

хребе́т *м* **1.** *анат.* spine **2.** *(горы)* móuntain ridge (range ['reɪ-])

хрен *м* hórseradish

хрестома́тия *ж* réader

хри́плый hoarse; húsky

христиа́нство *с* Christiánity [ˌkrɪstɪ'æ-]

Христо́с *м* Christ [kraɪst]

хрома́ть limp

хро́ника *ж* **1.** *(летопись)* chrónicle ['krɔ-] **2.** *(газетная, радио, телевизионная)* látest news, news ítems; *(кино, телеви́дение, радио)* néws-reel

хроно́метр *м* chronómeter

[krə'nɔmɪtə]; ~а́ж *м* tíming

хру́пк‖ий frágile [-æ-], frail; *(ломкий)* brittle; ~ое здоро́вье délicate ['de-] health [helθ]

хруст *м* crunch

хруста́ль *м* crýstal, cut glass; ~ный crýstal, cút-glass; ~ная посу́да cút-glass ware

хрусте́ть, хру́стнуть crunch

хрю́кать, хрю́кнуть grunt

хрящ *м анат.* cártilage

худе́ть lose [luːz] weight [weɪt], grow [-əu] thin

худо́жественн‖ый artístic; ~ое произведе́ние work [wək] of art

худо́жник *м* ártist; *(живописец тж.)* páinter

худо́й I thin, lean

худо́й II *(рваный)* torn; *(дырявый)* hóley; *(поношенный)* worn out ◊ на ~ коне́ц if the worst [wəst] comes [kʌmz] to the worst

ху́дш‖ий worse [wəs]; the worst [wəst]; в ~ем слу́чае at (the) worst

ху́же worse [wəs]; ~ всего́ worst [wəst] of all; тем ~ so much the worse; ему́ ~ he is worse

хулига́н *м* hóoligan; rówdy

хурма́ *ж (плод и дерево)* persímmon

ху́тор *м* fármstead [-sted]

Ц

ца́пля *ж* héron ['he-]

цара́пина *ж* scratch

ца́рский 1. tsar's; ~ указ tsar's decrée 2. *(монарший)* tsárist 3. *(великолепный)* róyal, régal

ца́рство *с* 1. *(правление)* reign [reɪn] 2. *(область)* kíngdom, realm [relm]; расти́тельное *(животное)* ~ végetable ['ve-] (ánimal ['æ-]) kingdom

царь *м* tsar [zɑː, tsɑː], czar [zɑː]; ~ звере́й king of beasts

цвести́ flówer

цвет *м* 1. flówer 2. *(окраска)* cólour ['kʌ-]

цветни́к *м* flówer gárden, partérre [-'tɛə]

цветн‖о́й cóloured ['kʌ-]; ~а́я плёнка cólour film

цвето́к *м* flówer; *(на кустах, деревьях)* blóssom

цеди́ть strain; fílter

цейтно́т *м шахм.* time tróuble [-ʌ-]

целико́м whólly ['həu-], entírely, complétely

целин‖а́ *ж* vírgin soil; поднима́ть ~у́ plough up the vírgin soil

цели́нн‖ый: ~ые зе́мли vírgin lands

це́литься aim (at)

целлофа́н *м* céllophane

целлюло́зно-бума́жный: ~ комбина́т pulp and páper mill

целова́ть kiss smb; ~ся kiss

це́л‖ый 1. *(полный)* whole [həul]; ~ день all day (long) 2. *(неповреждённый)* intáct; safe ◊ в ~ом on the whole

цель *ж* 1. *(мишень)* tárget [-gɪt] 2. aim; goal; óbject; в це́лях with the aim (of); с како́й ~ю? for what púrpose?;

с э́той ~ю with this aim in view

цеме́нт м cemént [sɪˈment]

цена́ ж price; cost

ценз м qualificátion [ˌkwɔ-]; возрастно́й ~ age qualificátion

цензу́ра ж cénsorship

цени́ть válue [ˈvæ-]; appréciate [əˈpriːʃ-]

це́нник м príce list

це́нн‖ость ж válue [ˈvæ-]; ~ый váluable [ˈvæ-]; ~ое письмо́ (~ая посы́лка) régistered létter (párcel) with státement of válue

цент м (монета) cent

це́нтнер м 1. (метрический, принятый в СССР, равный 100 кг) (métric) céntner 2. (коммерческая мера веса в 50,8 кг): англи́йский ~ húndredweight

центр м céntre [ˈsentə]; культу́рный ~ cúltural céntre; торго́вый ~ shópping céntre; в ~е внима́ния in the límelight, in the céntre of atténtion; в ~е го́рода dówntown

централи́зм м: демократи́ческий ~ democrátic [-æ-] céntralism

центра́льный céntral; Центра́льный Комите́т Céntral Commíttee; ~ напада́ющий спорт. céntre fórward

цепене́ть freeze

це́пкий tenácious

цепн‖о́й chain; ~ мост chain bridge; ~а́я реа́кция физ., хим. chain reáction; ~ пёс wátchdog

цепь ж chain

церемо́ни‖я ж céremony [ˈserɪ-]; без ~й without formálities [-ˈmæ-], infórmally

це́рковь ж church

цех м shop

цивилиза́ция ж civilizátion

цикл м cycle [saɪkl]

цикло́н м cýclon [ˈsaɪ-]

цико́рий м chícory [ˈtʃɪ-]

цили́ндр м 1. мат., тех. cýlinder [ˈsɪ-] 2. (шляпа) top hat

цинга́ ж мед. scúrvy

цино́вка ж mat

цирк м círcus; ~ово́й círcus; ~ово́й арти́ст círcus áctor; ~ово́е представле́ние círcus show [ʃəu]

цита́та ж quotátion, citátion

цити́ровать quote; cite

цифербла́т м díal [ˈdaɪəl]; (у часов тж.) face

ци́фра ж fígure [ˈfɪgə]

цука́т м cándied fruit [-uː-]

цыплёнок м chícken [ˈtʃɪ-]

Ч

чаба́н м shépherd [ˈʃepəd]

чад м (угар) fumes pl; (дым) smoke

чай м tea; кре́пкий (сла́бый) ~ strong (weak) tea

ча́йка ж (séa-)gull

ча́йная téa-room

ча́йник м (для заварки чая) téa-pot; (для кипячения) kettle

чародей *м* magícian [-'ʤɪ-], enchánter

чáры *мн.* (*очарование*) charms

час *м* 1. (*60 минут*) hour [auə]; полторá ~á an hour and a half [hɑːf]; чéрез ~ in an hour 2. (*при обозначении времени*) o'clóck; в 12 ~óв (в 2 ~á, в ~) дня at twelve noon (at two o'clóck, at one o'clóck in the afternóon); в 8 ~óв вéчера (утрá) at eight [eɪt] o'clóck in the afternóon (in the mórning), at eight p.m. (a.m.); уже пя́тый ~ it's past four alréady; котóрый ~? what's the time?

часóвня *ж* chápel ['tʃæ-]

часовóй I *м* séntinel; séntry

часов∥óй II 1. (*о часах*) watch(-), clock(-); ~ механи́зм clóck work 2. (*продолжающийся час*) hóur-long ['auə-], an hour's; ~щи́к *м* wátch-maker

части́ца *ж* párticle

чáстник *м* private cráftsman (ówner, tráder, practítioner)

чáстный (*не общественный*) private

чáст∥о óften ['ɔfn]; fréquently; э́то ~ встречáется it háppens véry óften

частотá *ж* fréquency ['friː-]

чáстый 1. fréquent 2. (*густой*) thick; close [-s]

част∥ь *ж* part; (*доля*) share; запасны́е ~и spare (compónent) parts; составнáя ~ part and párcel; бóльшей ~ю móstly, for the most part

час∥ы́ *мн.* clock; (*карманные, ручные*) watch; нарýчные ~ wrist watch; скóлько на вáших ~áх? what time is it by your watch?

чáхлый (*о растениях*) poor, wilted

чахóтка *ж* consúmption

чáшка *ж* cup; ~ кóфе (чáю) a cup of cóffee (tea)

чáща *ж* thícket

чáще more óften ['ɔfn]; ~ всегó móstly

чебурéк *м* *кул.* cheburék (*a kind of meat pasty*)

чегó what; для ~ э́то? what is it for?

чей whose [huːz]; ~ э́то свёрток whose párcel is it?

чек *м* cheque [tʃek]; *амер.* check

челнóк *м* (*ткацкий*) shúttle

челнóчный shúttle ◊ ~ маршрýт shúttle sérvice

челове́∥к *м* pérson, man; húman béing ['biːɪŋ]; ~ческий húman; ~чество *с* humánity [-'mæ-]; mankínd [-'kaɪnd]

чéлюсть *ж* jaw

чем I (*тв. п. от* что) what; ~ вы зáняты? what are you dóing?

чем II *союз* than

чемодáн *м* súitcase ['sjuː-], bag

чемпиóн *м* chámpion; títle-holder ['taɪ-]; ~ ми́ра world [wəːld] chámpion; ~ по бóксу bóxing chámpion; абсолю́тный ~ áll-round chámpion

чемпионáт *м* chámpionship, tóurnament ['tuə-]

чему́ (to) what; ~ вы удивля́етесь? what are you wóndering (surprísed) at?

чепуха́ ж 1. nónsense 2. *(пустяк)* trífle ['traɪfl]

че́рви *мн. карт.* hearts [-ɑ:-]

червь *м* worm [wə:m]

черда́к *м* gárret

че́рез 1. acróss; óver; *(сквозь)* through [θru:]; перепры́гнуть ~ руче́й jump óver the stream; доро́га идёт ~ лес the road goes through the fórest 2. *(о времени)* in; ~ два (три) часа́ (дня, ме́сяца) in two (three) hours [auəz] (days, months); ~ не́которое вре́мя áfter ['ɑ:ftə] some [sʌm] time

черёмуха ж bird chérry; *(де́рево)* bird chérry-tree

че́реп *м* skull

черепа́ха ж tórtoise [-təs]; *(морска́я)* turtle

черепи́ца ж tile, tíling

чересчу́р too; ~ ма́ло too little

чере́шня ж 1. *(плод)* (sweet) chérry 2. *(де́рево)* chérry-tree

черни́ка ж bílberry

черни́ла *мн.* ink

черни́льница ж ínkstand, ínkpot

черновик *м* rough [rʌf] cópy ['kɔ-]

чернозём *м* chérnozem, black earth

чернорабо́чий *м* unskílled lábourer

черносли́в *м* prune [-u:n]

чёрный black

черпа́к *м* scoop

чёрствый stale

чёрт *м* dévil ['de-]

черт‖а́ ж 1. *(ли́ния)* line; в ~é го́рода withín the cíty ['sɪ-] bóundaries (límits) 2. *(осо́бенность)* féature; trait; в о́бщих ~áх róughly ['rʌf-]

чертёж *м* draught [drɑ:ft], díagram ['daɪ-]; *амер.* draft [-ɑ:-]

черти́ть draw

чеса́ть scratch; ~ся scratch onesélf [wʌn-]; *(об ощуще́нии)* itch ◊ у него́ ру́ки че́шутся сде́лать э́то his fíngers itch to do it

чесно́к *м* gárlic

че́ствовать célebrate ['selɪ-]

че́стн‖ость ж hónesty ['ɔnɪ-]; ~ый hónest ['ɔnɪst]; ~ое сло́во word [wə:d] of hónour ['ɔnə]

честолюби́вый ambítious

честь ж hónour ['ɔnə]; в ~ in hónour; с ~ю вы́полнить что-л. accómplish smth with crédit

чета́ ж couple [kʌ-], pair

четве́рг *м* Thúrsday [-dɪ]

че́тверо four

четвероку́рсник *м* fóurth-year stúdent, *амер.* sénior

четвёртый fourth

че́тверт‖ь ж quárter, one fourth; ~ ча́са a quárter of an hour [auə]; ~ второ́го a quárter (fiftéen) past one; без ~и час a quárter (fiftéen) to one

чёткий clear, cléar-cut; ~ по́черк légible hándwriting

чётный éven

четы́ре four

четы́реста four húndred

четы́рнадцать fourtéen

чехарда́ ж léapfrog; *перен.* mess

чехо́л м cóver ['kʌ-]; *(футля́р)* case

чечётка ж *(танец)* táp-dance

чешу́‖я ж scales *pl*; счища́ть ~ю scale

чин м rank

чини́ть I fix; *(обувь)* repáir; *(бельё)* mend

чини́ть II *(заострять)* point, shárpen

чино́вник м offícial; *(бюрократ)* búreaucrat [-rək-]

числ‖о́ с 1. númber 2. *(дата)* date; како́е сего́дня ~? what is the date (todáy)?; сего́дня пе́рвое ~ todáy is the first ◊ в том ~é inclúding; в ~é прибы́вших... amóng those arríved...; оди́н из их ~á one of them

чи́стильщик м cléaner; ~ сапо́г shóeblack ['ʃuː-]

чи́стить 1. clean; *(щёткой)* brush; ~ боти́нки *(ваксой)* black shoes [ʃuːz]; ~ зу́бы clean (brush) teeth; ~ пла́тье brush clóthes 2. *(фрукты, овощи)* peel; scrape

чи́стк‖а ж cléaning; *(уборка)* clean up; отда́ть что-л. в ~у send smth to the cléaner's

чистопоро́дный thórough-bred ['θʌrə-]; of pure breed

чистосерде́чный frank, open-héarted [-'hɑː-]

чистота́ ж 1. cléanliness ['klenlɪnɪs] 2. *(опрятность)* néatness 3. *(отсутствие примеси)* púrity ['pjuərɪtɪ]

чи́ст‖ый 1. clean; *(опрятный)* neat, tídy; ~ые ру́ки clean hands 2. *(без примеси)* pure [pjuə]; clear [klɪə]; ~ое зо́лото pure gold; ~ во́здух clear air 3. *(о произношении, голосе)* clear 4. *(о прибылях, весе)* net; clear

чита́льня ж réading-room

чита́тель м réader

чита́ть read; ~ ле́кции give [gɪv] (delíver) léctures

чиха́ть, чихну́ть sneeze

член м *(организации)* mémber; действи́тельный ~ (full-)mémber; ~-корреспонде́нт м correspónding mémber

чрезвыча́йный extraórdinary; *(крайний)* extréme

чрезме́рный excéssive, inórdinate

чте́ние с réading

что I what; ~ вы сказа́ли? what did you say?; ~ вы хоти́те? what do you want (wish)?; ~ мы бу́дем де́лать? what shall we do?; ~ э́то тако́е? what is it? ◊ ни за ~! not for the world [wəːld]!; ~ же *(ладно)*! why not!

что II that; он сказал, ~ не придёт he said (that) he wouldn't come [kʌm]

что III *(почему)* why; ~ ты так грустна́? why are you so sad?

чтобы that; so that, so as to; in órder to; вме́сто того́, ~ ... instead of...

что-либо, что-нибудь *(в во-*

просе) ánything ['enı-]; *(в утверждении)* sómething ['sʌm-]

чтó-то 1. sómething ['sʌm-] **2.** *(как-то)* sómehow ['sʌm-]; *(с оттенком сомнения)* it looks as if

чувствительность *ж:* ~ плёнки *фото* speed of film

чувство *с* sense; *(эмоция, ощущение тж.)* féeling; без чувств uncónscious; лишиться чувств faint; привести в ~ bring smb round, bring smb to his (her) sénses

чувствовать feel; ~ гóлод *(жажду, усталость)* feel (be) húngry (thírsty, tired); ~ себя лучше (хуже) feel bétter (worse [wəːs])

чугун *м* **1.** *(металл) (из руды)* pig íron; *(вторичная переплавка)* cast íron **2.** *(вид посуды)* cast-íron pot

чудак *м* crank, eccéntric [ık'sen-]

чудесный, чудный wónderful ['wʌ-], márvellous

чудо *с* míracle

чудовище *с* mónster

чуждый *(кому-л., для кого-л.)* álien (to)

чужой 1. *(посторонний)* strange [streı-] **2.** *(принадлежащий другим)* smb élse's

чулан *м* stóreroom; *(обыкн. при кухне)* pántry; *(в современных домах)* wálk-in clóset ['klɔ-]

чулóк *м* stócking ['stɔ-]

чума *ж* plague [-eıg]

чурбан *м* block, *перен.* blóckhead [-ed]

чуткий 1. sénsitive; *(о слухе)* keen; ~ сон light sleep **2.** *перен.* táctful, délicate ['de-]

чуть hárdly; *(с трудом)* just

чутьё *с (у животных)* scent; *перен.* flair

чуть-чуть álmost, néarly ['nıə-]

чушь *ж* nónsense; rúbbish

чуять smell; feel

чьё, чья whose

Ш

шаблон *м* páttern; témplate; *(форма)* mould [-əu-]; *перен.* clíché ['kliːʃeı]; ~**ный** banál [bə'nɑːl]; háckneyed [-nıd], stéreotyped

шаг *м* step; ~**и** fóotsteps

шагать pace; stride

шáгом at a foot's pace, slówly ['sləu-]

шайб‖а *ж спорт.* puck; забросить ~у shoot the goal

шáйка *ж* gang

шакáл *м* jáckal

шалáш *м* branch (and twig) shélter

шаль *ж* shawl

шамáн *м* sháman ['ʃɑː-], médicine ['medsən] man

шампáнское *с* champágne [ʃæm'peın]; *разг.* fizz

шампиньóн *м* (field) múshroom

шампýн‖ь *м* shampóo; мыть (себé) гóлову ~ем shampóo (one's) hair шанс *м* chance; иметь ~ы на успех (на выигрыш) stand to win; у него нет никаких ~ов на победу he is quite out of the rúnning

шантаж *м* bláckmail

шапк‖а *ж* cap; без ~и cápless

шар *м* ball; sphere; воздушный ~ ballóon

шарж *м* cáricature, cartóon

шарикоподшипник *м* báll-bearing [-bɛə-]

шарить fumble (in, abóut)

шарлатан *м* quack; fraud

шарнир *м* hinge, joint

шарф *м* scarf, múffler; (*вязаный*) cómforter ['kʌm-]

шаткий unstáble; sháky

шах I *м* (*титул*) shah [ʃɑː]

шах II *м* *шахм.* check; объявить ~ check, put [put] in check

шахматист *м*, ~ка *ж* chéss-player

шахматн‖ый chess; ~ турнир chess tóurnament; ~ая доска chéss-board; ~ая партия a game of chess

шахматы *мн.* chess

шаховать *шахм.* check

шахта *ж* mine; pit

шахтёр *м* míner

шашки *мн.* (*игра*) draughts [drɑːfts], *амер.* chéckers

шашлык *м* sháshlyk (*pieces of grilled mutton*); kebáb

швейник *м* clóthing-industry wórker, clóthier

швейцар *м* pórter; dóor-keeper ['dɔː-], *амер.* dóorman

швея *ж* séamstress ['sem-]

швырять, швырнуть fling, hurl, toss

шевелить, ~ся move [muːv], stir

шедевр *м* másterpiece

шезлонг *м* déckchair

шелест *м* rustle [rʌsl]

шёлк *м* silk; искусственный ~ ráyon

шёлков‖ый silk; ~ое платье silk dress

шёлк-сырец *м* raw silk; floss

шелуха *ж* husks *pl*; peel; картофельная ~ potáto péelings *pl*

шельф *м* shelf; континентальный ~ continéntal shelf

шёпот *м* whísper; ~ом in whísper, únder one's breath [-eθ]

шептать, ~ся whísper

шеренга *ж* rank; file

шерсть *ж* wool; (*ткань*) cloth, wóollen matérial (stuff)

шерстяной wóollen

шест *м* pole

шествие *с* procéssion; факельное ~ torch procéssion

шестёрка *ж карт.* six; ~ пик и т. д. the six of spades, *etc*

шестерня *ж тех.* géar [gɪə] (wheel); pínion ['pɪ-]

шестеро six

шестнадцать sixtéen

шестой sixth

шесть six

шестьдесят síxty

шестьсот six húndred

шеф *м* pátron ['peɪ-]; *разг.* chief; ~ство *с* pátronage; vóluntary ['vɔ-] assístance

шея *ж* neck

шиллинг *м* shílling

шило *с* awl

шина *ж* tyre, tire; бескамерная ~ túbeless tire

шинель *ж* gréatcoat ['greɪtkəut]

шип *м* thorn

шиповник *м* dógrose

ширин‖а́ *ж* width, breadth [-e-]; ~о́й в пять ме́тров five métres wide

ши́рма *ж* screen

широ́к‖ий broad [brɔːd]; wide; ~о wide, wídely; ~о распространённый wíde-spread

широкопле́чий bróad-shouldered

широкоуго́льный: ~ объекти́в *фото* wíde-angle lens

широкоформа́тный: ~ фильм wíde-frame film

широкоэкра́нный: ~ фильм wíde-screen film

широта́ *ж геогр.* látitude ['læ-]

ширпотре́б *м* consúmer goods [gudz] *pl*

ши́шка *ж* 1. lump; *(от ушиба)* bump 2. *бот.* cone

шкала́ *ж* scale

шкаф *м* cúpboard ['kʌbəd]; кни́жный ~ bóokcase; несгора́емый ~ safe; платяно́й ~ wárdrobe; посу́дный ~ sídeboard; *(кухонный)* drésser; стенно́й ~ búilt-in clóset ['klɔzɪt]

шквал *м* gust, squall

шква́льный: ~ ве́тер gústy wind [wɪnd]

шки́пер *м* skípper

шко́ла *ж* school [skuːl]; нача́льная (сре́дняя, вы́сшая) ~ eleméntary (sécondary, hígher) school; бале́тная ~ bállet school; театра́льная ~ théatre ['θɪə-] school

шко́льник *м* shóolboy ['skuːl-]

шко́льница *ж* schóolgirl

шко́льный school [skuːl]; ~ учи́тель schóolmaster, schóolteacher

шку́р(к)а *ж* skin

шлагба́ум *м* bárrier; *(на железнодорожном переезде)* gate

шлак *м* slag

шланг *м* hose; пожа́рный ~ fíre-hose

шлем *м* hélmet

шлёпанцы *мн. разг.* (bedroom) slíppers

шлифова́ть grind; pólish ['pɔ-]; *(напильником)* file

шлюз *м* lock

шлю́пка *ж* boat; гребна́я ~ púlling boat; rów-boat ['rəu-]

шля́п‖а *ж* hat; *(женская тж.)* bónnet; наде́ть (снять) ~у put [put] on (take off) one's hat

шмель *м* búmblebee

шни́цель *м кул.* schnítzel ['ʃnɪ-]

шнур *м* 1. cord 2. *(электропровод)* flex

шнур‖о́к *м* lace; ~ки́ для боти́нок shóelaces, shóestrings ['ʃuː-]

шов *м* seam; без шва séamless

шовини́зм *м* cháuvinism ['ʃəu-]

шок *м мед.* shock

шокола́д *м* chócolate ['tʃɔklıt]; плитка ~a bar of chócolate

шоколадн‖ый chócolate ['tʃɔklıt]; ~ые конфе́ты chócolates

шо́рох м rústle ['rʌsl]

шо́рты мн. shorts pl

шоссе́ с híghway; скоростно́е ~ expréssway

шотла́ндка ж (ткань) tártan, plaid [-æ-]

шофёр м dríver, cháuffeur ['ʃəufə]

шпа́га ж спорт. épée ['eɪpeɪ]

шпага́т м string, cord; twine

шпарга́лка ж crib, амер. póny, trot

шпенёк м тех. разг. pin, peg

шпик I м (сало) fat back

шпик II м разг. snóoper

шпиль м spire, stéeple

шпи́лька ж háirpin

шпина́т м spínach ['spınıdʒ]

шпингале́т м (задвижка) latch

шпио́н м spy; ~а́ж м éspionage

шпо́ра ж spur

шприц м sýringe ['sı-]

шпро́ты мн. (консервы) smoked sprats in oil

шрам м scar

шрифт м print, type

штаб м héadquarters ['hed-]

штаны́ мн. tróusers

ста́пель м staple

штат I м полит. state

штат II м staff, personnél

шта́тский 1. cívil ['sı-] **2.** м civílian [-'vı-]

штемпель м stamp; почто́вый ~ póstmark

штепсель м (вилка) plug; (розетка) sócket

штиль м calm [kɑːm]

што́пать darn; mend

што́пор м **1.** córk-screw [-'skruː] **2.** ав. spin

што́р‖а ж **1.** (гардина) cúrtain, drápery **2.** (от солнца) blind, shade; спусти́ть ~ы draw the blinds

шторм м storm

што́рмовка ж ánorak, wéatherproof ['we-] jácket

штраф м fine

штрафова́ть fine; спорт. púnish ['pʌ-]

штрих м strobe; характе́рный ~ characterístic trait

шту́ка ж piece; не́сколько штук séveral píeces; штук де́сять abóut a dózen ['dʌzn]

штукату́р м plásterer; ~ка ж pláster

штурва́л м stéering-wheel

штурм м assáult

шту́рман м návigator [-æ-]

шту́чн‖ый piece; ~ая прода́жа sale by the piece; ~ това́р píece-goods [-gudz]

шу́ба ж fur coat

шум м noise

шуме́ть make noise

шу́мн‖ый nóisy; ~ успе́х loud (great [greıt]) succéss; ~ое одобре́ние accláim

шу́рин м bróther-in-law ['brʌ-]

шурша́ть rústle ['rʌsl]

шут м jéster; fool

шути́ть joke; я шучу́ I'm jóking

шу́тк‖а ж joke; в ~y in jest,

for fun; э́то не ~ it is no joke, it is not a láughing mátter

шутли́вый pláyful, húmorous, jócular ['dʒɔ-]

Щ

щаве́ль *м* sórrel

щади́ть spare

ще́бень *м* grável ['græ-], bróken (crúshed) stone

щебета́ть twítter, chirp; *(о речи)* chátter

щего́л *м* góldfinch

щёголь *м* fop, dándy

ще́дрый génerous, ópen-hánded

щека́ *ж* cheek

щекота́ть tíckle

щёлочь *ж хим.* álkali

щелчо́к *м* flick, fíllip; *(звук)* click

щель *ж* chink, crack, slit

щено́к *м* рúppy

щепа́ *ж* (wood) chips *pl*

щётка *ж* brush; *(половая)* broom; платяна́я ~ clóthes-brush; сапо́жная ~ shóe-brush ['ʃuː-]; ~ для воло́с háir-brush

щи *мн.* cábbage soup [suːp]; ки́слые щи sáuerkraut soup

щи́колотка *ж* ánkle

щипко́вый *муз.* pizzicáto [ˌpɪtsɪˈkɑːtəu]; ~ые инструме́нты pizzicáto músical ínstruments

щипцы́ *мн* (pair of) tongs [tɔŋz]; *(клещи)* píncers; ~ для зави́вки cúrling-irons; ~ для

оре́хов nútcrackers; ~ для са́хара súgar tongs

щит *м* shield

щитови́дн‖ый: ~ая железа́ *анат.* thýroid gland

щито́к *м авто* dáshboard

щу́ка *ж* pike; морска́я ~ ling

щуп *м тех.* probe

щу́пать feel; touch [tʌtʃ]

щу́рить: ~ глаза́ screw [skruː] up one's eyes [aız]; ~ся blink, nárrow [-əu] one's lids

Э

эвкали́пт *м* eucalýptus; ~овый: ~овое ма́сло eucalýptus oil

ЭВМ *см.* электро́нно-вычисли́тельный

эги́д‖а *ж:* под ~ой únder the áegis ['iː-], únder the áuspices

эгои́ст *м,* ~ка *ж* sélfish pérson

эква́тор *м* equátor

эквилибри́ст *м,* ~ка *ж* tíghtrope wálker

экза́мен *м* examinátion [ɪgˌzæmɪˈneɪʃn], exám; *(перен. тж.)* test; ~ на аттеста́т зре́лости Géneral Educátion Certíficate examinátions; держа́ть ~ take an exám; вы́держать ~ pass an exám; приёмные ~ы éntrance exáms

экзаменова́ть exámine [ɪgˈzæmɪn]

экземпля́р *м* сóру ['kɔpɪ]; *(образец)* módel ['mɔ-]; spécimen ['spe-]

экипа́ж *м (команда)* crew

эколо́гия *ж* ecólogy [ɪ'kɔ-]

эконо́мика *ж* 1. *(хозяйство)* ecónomy; economic [-'nɔ-] strúcture 2. *(наука)* económics [-'nɔ-]

экономи́ческий económic [-'nɔ-]

эконо́мия *ж* ecónomy

эконо́мный económical [-'nɔ-]; *(о человеке)* thrífty

экра́н *м* screen

экскава́тор *м* excavátor

экскурса́нт *м* excúrsionist [-'kə:ʃn-], tóurist

экску́рсия *ж* excúrsion [-'kə:ʃn], tour

экскурсово́д *м* guide [gaɪd]

экспеди́ция *ж* 1. expedítion [-'dɪ-] 2. *(в учреждении)* dispátch óffice

экспериме́нт *м* expériment

эксперимента́льный experiméntal; ~ая програ́мма pílot próject

экспе́рт *м* éxpert

эксплуата́ция *ж* 1. exploitátion 2. *тех.* exploitátion; rúnning, operátion

эксплуати́ровать explóit; use

экспози́ция *ж* exposítion [-'zɪ-]; displáy; *(фото)* expósure [-'рəuʒə]

экспона́т *м* exhíbit [ɪg'zɪ-]

э́кспорт *м* éxport

экспорти́ровать expórt

экспре́сс *м ж.-д.* expréss

экстреми́ст *м* extrémist

э́кстренный spécial ['speʃ-]; ~ вы́пуск spécial edítion (íssue)

эласти́чный stretch; ~ые брю́ки (носки́) stretch pants (socks)

элева́тор *м* élevator ['el-]

элега́нтный élegant ['el-], smart

электрифика́ция *ж* electrificátion

электри́ческий eléctric

электри́чество *с* electrícity [-'trɪ-]; зажéчь (потуши́ть) ~ turn on (turn off) the light

электро‖бри́тва *ж* (eléctric) sháver; ~во́з *м* eléctric locomótive; ~гита́ра *ж* eléctric guitár [gɪ-]

электромонтёр *м* electrícian

электро́ника *ж* electrónics [-'trɔ-]

электро́нно - вычисли́тельный: ~ая маши́на (ЭВМ) compúter

электро́нный electrónic [-'trɔ-]

электро‖по́езд *м* eléctric train; ~полотёр *м* eléctric flóor-polisher ['flɔ:pɔ-]; ~сва́рщик *м* eléctrical wélder; ~ста́нция *ж* pówer státion; ~те́хник *м* electrícian [-'trɪʃn]; ~эне́ргия *ж* eléctrical énergy ['en-]

элеме́нт *м* élement ['e-]

эли́та *ж* elíte [eɪ'li:t]

эмалиро́ванный enámelled [-'næ-]; ~ая посу́да enámel cóokware

эма́ль *ж* enámel [-'næ-]

эмбле́ма *ж* émblem

эмигра́нт *м* émigrant ['emɪ-], émigré ['emɪgreɪ]

эмо́ция *ж* emótion

эндшпиль *м шахм.* énd--game

энергичный energétic [-'ʤe-]
энергия *ж* énergy ['en-]
энтузиазм *м* enthúsiasm [ɪn-'θjuːzɪæzm]
энциклопедия *ж* encyclopédia ['en,saɪkləu'piːdɪə]
эпидемия *ж* epidémic [-'de-]
эпизод *м* épisode ['e-]; íncident
эпилог *м* épilogue [-lɔg]
эпоха *ж* époch ['iːpɔk]; age; éra ['ɪərə]
эра *ж* éra ['ɪərə]; нáшей эры A.D. [,eɪ'diː]; до нáшей эры B.C. [,biː'siː]
эскалатор *м* éscalator, móving ['muː-] stáircase
эскиз *м* sketch; draft [-ɑ-]
эспадрон *м* báck-sword [-sɔːd]
эстамп *м* plate, print
эстафет∥а *ж спорт.* reláy(-race); передáть ~y pass (hand) the báton (to)
эстон∥ец *м*, ~ка *ж* Estónian
эстонский Estónian; ~ язык Estónian, the Estónian lánguage
эстрад∥а *ж* 1. *(площадка)* stage, plátform; открытая ~ ópen stage (plátform) 2. *(вид искусства)* varíety [-'raɪə-] art; артист ~ы varíety áctor
эстрадн∥ый varíety [-'raɪə]; ~ концéрт, ~ое представлéние varíety show [ʃəu]
эта this, that; ~ книга моя that book is mine
этаж *м* floor [flɔː], stórey ['stɔːrɪ]; пéрвый ~ ground

floor, *амер.* main floor
этап *м* stage
эти these; ~ местá свобóдны (зáняты) these seats are vácant (óccupied)
этикет *м* etiquétte
этикетка *ж* lábel
этнограф *м* ethnógrapher
этнография *ж* ethnógraphy
это this, that; ~ óчень интерéсно! it's véry ['verɪ] ínteresting!; ~ прáвда? is it true?
этот this, that; на ~ раз this time
этюд *м* 1. *шахм., муз.* etúde [eɪ'tjuːd], éxercise 2. *иск.* sketch, stúdy ['stʌ-]
эфир *м* 1. éther ['iːθə] 2.: в ~e on the rádio
эффект *м* efféct
эхо *с* écho ['ekəu]

Ю

юбилей *м* annivérsary, júbilee ['ʤuːbɪliː] *(особ. пятидесятилетний)*
юбилейный annivérsary
юбка *ж* skirt
ювелир *м* jéweller ['ʤuːələ]
ювелирн∥ый jéwellery ['ʤuː-əlrɪ]; ~ые изделия jéwellery
юг *м* south; поéхать на юг go down South
юго-восток *м* south-éast
юго-запад *м* south-wést
южный south; sóuthern ['sʌð-]
юмор *м* húmour
юмористический húmorous,

cómic ['kɔ-]; ~ журнáл cómic magazíne (páper)

ЮНЕ́СКО *с* (Организáция Объединённых Нáций по вопрóсам образовáния, наýки и культýры) UNÉSCO (Unîted Nátions Educátional, Scientífic [saɪənˈtɪ-] and Cúltural Organizátion)

юниóр *м* júnior; соревновáния среди́ ~ов júnior evénts, júnior áge-group [-uːp] competítions [-ɪ-]

ю́ность *ж* youth [juːθ]

ю́ноша *м* youth [juːθ]

ю́ношеский youth [juːθ], yóuthful

ю́ношество *с* 1. (*пора, время*) youth [juːθ] 2. (*юноши*) young [jʌŋ] people [piːpl]

ю́ны‖й young [jʌŋ], yóuthful ['juːθ-]; *с* ~х лет from youth

юриди́ческий jurídical [-ˈrɪ-]; légal

юри́ст *м* láwyer

юсти́ция *ж* jústice

Я

я I; я хочý есть I am húngry

я́беда *м и ж разг.*, **я́бедник** *м* télltale; *разг.* sneak

я́блоко *с* apple; глазнóе ~ éyeball

я́блоня *ж* ápple-tree

я́блочко *с* 1. (*центр мишени*) bull's eye [aɪ] 2. (*танец*) "Yáblochko" sáilor's dance

яви́ться, явля́ться appéar [əˈpɪə]; show [ʃəu] up

я́вный óbvious, évident ['evɪ-]

ягнёнок *м* lamb [læm]

я́года *ж* bérry

яд *м* póison [-z-]; tóxin, tóxic súbstance; (*змеиный и перен.*) vénom ['ve-]

я́дерный núclear ['njuː-]

ядрó *с* 1. kérnel 2. *физ.* núcleus ['njuːklɪəs] 3. *спорт.* shot

я́зва *ж* úlcer, sore; ~ желýдка stómach ['stʌ-] úlcer

язы́к I *м кул.* tongue [tʌŋ]

язы́к II *м* 1. (*орган*) tongue [tʌŋ] 2. (*речь*) lánguage; я изучáю англи́йский ~ I stúdy Énglish; роднóй ~ nátive lánguage, móther ['mʌ-] tongue; инострáнный ~ fóreign ['fɔrɪn] lánguage ◊ ~ жéстов sign [saɪn] lánguage

языкознáние *с* linguístics

яи́чница *ж* ómelet(te) ['ɔm-lɪt]; ~-болтýнья *ж* scrámbled eggs; ~-глазýнья *ж* fried eggs, *амер.* eggs súnny-side up

яйцó *с* egg; крутóе ~ hard-bóiled egg; ~ всмя́тку soft-bóiled egg; ~ «в мешóчек» half-bóiled (médium-cóoked) egg

я́кобы as if; allégedly [-ˈledʒ-]; он э́то дéлает ~ для нáшей же пóльзы he's dóing it allégedly for our own good [gud]

я́корь *м* ánchor ['æŋkə]; брóсить ~ cast (drop) ánchor

я́ма *ж* pit; воздýшная ~ air pócket

январь *м* Jánuary ['dʒæn-]

янки *м* Yánkee [-kɪ]

янта́рь *м* ámber

ярд *м* yard

я́ркий bright; ~ приме́р stríking (gráphic) exámple

ярлы́к *м* lábel

я́рмарка *ж* fair; междунаро́дная ~ internátional fair

яров‖о́й spring; ~ы́е *(хлеба)* spring corn

я́рост‖ь *ж* fúry, rage; вне себя́ от ~и besíde onesélf with rage

я́рус *м театр.* circle; tier [tɪə]

я́сли *мн.* 1. *(детские)* crèche [kreɪʃ]; núrsery (school [skuːl]) 2. *(для скота)* mánger [ˈmeɪn-dʒə]

ясн‖о: соверше́нно ~, что... it's pérfectly clear [klɪə] that...; ~ый clear [klɪə]; distínct; ~ая пого́да fair (clear) wéather [ˈwe-]; ~ое представле́ние clear idéa [aɪˈdɪə]

я́стреб *м* hawk

я́хта *ж* yacht [jɔt]

яхт-клу́б *м* yácht-club [ˈjɔt-]

ячме́нь I *м (растение)* bárley [ˈbɑːlɪ]

ячме́нь II *м (на глазу)* sty

я́шма *ж* jásper

я́щерица *ж* lízard [ˈlɪzəd]

я́щик *м* 1. box; почто́вый ~ létter-box 2. *(выдвижной)* dráwer

ГЕОГРАФИЧЕСКИЕ НАЗВАНИЯ

GAZETTEER

Абу́-Да́би *(столица Объединённых Арабских Эмиратов)* Abú Dhábi [ɑːˌbuːˈðɑːbɪ]

Австра́лия Austrália

А́встрия Áustria

Адди́с-Абе́ба *(столица Эфиопии)* Áddis Ábaba [-ˈæb-]

А́ден Áden

Азербайджа́н Azerbaiján

А́зия Ásia [ˈeɪʃə]

Азо́вское мо́ре Sea of Ázov [ˈɑːzɔv]

А́ккра *(столица Ганы)* Accrá [əˈkrɑː]

Алба́ния Albánia

Алжи́р 1. *(страна)* Algéria [-ˈdʒɪə-] 2. *(город)* Algíers [-ˈdʒɪəz]

Алма́-Ата́ Álma-Atá [ˌælmə-əˈtɑː]

Алта́й Altái [-ˈtaɪ]

А́льпы Alps

Аля́ска Aláska

Амазо́нка Ámazon [ˈæm-]

Аме́рика América [ə'merıkə]

Амма́н *(столица Иордании)* Ámman

Амстерда́м Ámsterdam

Амударья́ Amú [ɑː'muː] Daryá [dɑːr'jɑː]

Аму́р Amúr [ə'muə]

Ангара́ Angará [ɑːŋgɑː'rɑː]

А́нглия Éngland ['ıŋlənd]

Анго́ла Angóla

Андо́рра Andórra

А́нды Ándes [-diːz]

Анкара́ *(столица Турции)* Ánkara ['æŋkərə]

Антананари́ву *(столица Мадагаскара)* Antananarívo

Антаркти́да Antárctic Cóntinent

Анта́рктика the Antárctic

Апенни́ны Ápennines ['æpı-]

А́пиа *(столица Западного Самоа)* Apía [ə'piːə]

Арави́йское мо́ре Arábian Sea

Аргенти́на Argentína [-'tiːnə]

Арме́ния Arménia

Асунсьо́н *(столица Парагвая)* Asunción [ə,sunsı'əun]

Атланти́ческий океа́н the Atlántic Ócean ['əuʃən]

Афганиста́н Afghánistan

Афи́ны Áthens

А́фрика África

Ашхаба́д Áshkhabad [-,bɑːd]

Баб-эль-Манде́бский проли́в Báb el Mándeb

Бага́мские острова́ the Bahámas [bə'hɑːməz]

Багда́д *(столица Ирака)* Bag(h)dád

Байка́л Baikál [baı'kɑːl]

Баку́ Bakú [-'kuː]

Балка́ны Bálkans ['bɔːl-]

Балти́йское мо́ре Báltic ['bɔ-] Sea

Бамако́ *(столица Мали)* Bamakó

Банги́ *(столица Центральноафриканской Республики)* Bangúi [bɑːŋ'giː]

Бангко́к *(столица Таиланда)* Bángkok

Бангладе́ш Bangladésh [bɑːŋlə'deʃ]

Бан(д)жу́л *(столица Гамбии)* Banjúl

Барба́дос Barbádos [bɑː'beıdəs]

Ба́ренцево мо́ре Bárents ['bɑːr-] Sea

Бату́ми Batúmi [bɑː'tuːmı]

Бахре́йн Bahráin [bɑː'reın]

Бейру́т *(столица Ливана)* Beirút [beı'ruːt]

Белгра́д Belgráde

Бе́лое мо́ре White Sea

Белору́ссия Byelorússia

Бе́льгия Bélgium

Бенга́льский зали́в Bay of Bengál [-'gɔːl]

Бени́н Benín [be'nın]

Бе́рингово мо́ре Béring ['be-] Sea

Берли́н Berlín

Берн Bern(e)

Бирмингем Bírmingham ['bə:-]

Биса́у *(столица Гвинеи-Бисау)* Bissáu [bı'sau]

Богота́ *(столица Колумбии)* Bogotá

Болга́рия Bulgária [-'geə-]

Боли́вия Bolívia [bə'lıvıə]

Бомбе́й Bombáy

Бонн Bonn

Босфо́р Bósp(h)orus

Ботни́ческий зали́в Gulf of Bóthnia

Ботсва́на Botswána [bɔ'tswɑːnə]

Браззави́ль *(столица Конго)* Brazzavílle

Брази́лиа *(столица Брази́лии)* Brasília [-'zılıə]

Брази́лия Brazíl

Бри́джтаун *(столица Барба́доса)* Brídgetown

Брюссе́ль Brússels

Будапе́шт Budapést

Бужумбу́ра *(столица Буру́нди)* Bujumbúra [,buːʤəm'burə]

Буркина́ Фасо́ Burkína Fáso [buə,kiːnə'fɑːsɔ]

Буру́нди Burúndi [-'run-]

Бута́н Bhután [bu'tæn]

Бухаре́ст Bucharést [,bjuːkə'rest]

Буэ́нос-А́йрес Buénos Áires [,bwenəs'aıərız]

Ваду́ц *(столица Лихтенште́йна)* Vadúz [və'duːts]

Валле́тта *(столица Ма́льты)* Vallétta

Варша́ва Wársaw

Ватика́н Vátican

Вашингто́н Wáshington

Великобрита́ния Great [-eıt] Brítain ['brıtn]

Веллингто́н *(столица Но́вой Зела́ндии)* Wéllington

Ве́на Viénna

Ве́нгрия Húngary

Венесуэ́ла Venezuéla [-'zweılə]

Викто́рия *(столица Сейше́льских остро́вов)* Victória

Ви́льнюс Vílnius

Ви́ндхук *(гла́вный го́род Нами́бии)* Wíndhoek ['vınthuːk]

Ви́сла Vístula

Владивосто́к Vladivostók

Во́лга Vólga

Волгогра́д Volgográd

Вьентья́н *(столица Лао́са)* Vientiáne [-'tjɑːn]

Вьетна́м Viét Nám [,vjet-'næm]

Гаа́га the Hague [heıg]

Габо́н Gabón [gæ'bɔn]

Габоро́не *(столица Ботсва́ны)* Gaboróne

Гава́йские о-ва́ Hawáiian Íslands [hɑː'weııən'aıləndz], Hawáii

Гава́на Havána [-'væ-]

Га́ити Háiti ['heı-]

Гайа́на Guyána [gaı'ænə]

Га́мбия Gámbia ['gæmbıə]

Га́на Ghána

Ганг Gánges ['gænʤiːz]

Гваделу́па Guadelóupe [,gwɑːdə'luːp]

Гватема́ла *(страна и город)* Guatemála [,gwætı'mɑːlə]

Гвине́я Guínea ['gınɪ]

Гвине́я-Биса́у Guínea-Bissáu [,gınıbı'sau]

Герма́ния Gérmany

Гибралта́рский проли́в Strait of Gibráltar [-'brɔːltə]

Гимала́и Himaláya(s) [,hımə'leıə(z)]

Гла́зго Glásgow

Гондура́с Hondúras [-'djuə-]

Грена́да Grenáda [-'neı-]

Гренла́ндия Gréenland

Гре́ция Greece

Гру́зия Geórgia

Гудзо́нов зали́в Húdson Bay

Дака́р *(столица Сенега́ла)* Dákar ['dæ-]

Да́кка *(столица Бангладе́ш)* Dácca ['dækə]

Дама́ск *(столица Сирии)* Damáscus

Да́ния Dénmark

Дарданéллы Dardanélles [ˌdɑːdəˈnelz]

Дар-эс-Сала́м *(столица Танзании)* Dár es Saláam, Daressalám

Дéли Délhi [-lɪ]

Джака́рта *(столица Индонезии)* Djakárta

Джибу́ти *(страна и город)* Djibóuti [-ˈbuːtɪ]

Джóрджтаун *(столица Гайаны)* Geórgetown

Днепр Dníeper

Доминика́нская Респу́блика Domínican [-ˈmɪnɪ-] Repúblic

Дон Don

Дóха *(столица Катара)* Dóha [ˈdəuhə]

Ду́блин *(столица Ирландии)* Dúblin

Дуна́й Dánube [ˈdænjuːb]

Душанбé Dyuṣhámbe

Евро́па Éurope [ˈjuə-]

Еги́пет Égypt

Енисéй Yeniséi [ˌjenɪˈseɪ]

Ерева́н Yereván [ˌjereˈvɑːn]

Женéва Genéva [dʒɪˈniːvə]

Заи́р Zaíre [zəˈiːə]

За́мбия Zámbia

За́падное Самóа Wéstern Samóa

Зимба́бве Zimbábwe [zɪmˈbɑːbwɪ]

Иерусали́м Jerúsalem

Израи́ль Ísrael [ˈɪzreɪəl]

Инди́йский океа́н the Índian Ócean [ˈəuʃən]

И́ндия Índia

Индонéзия Indonésia [-ˈniː-]

Иорда́ния Jórdan

Ира́к Iráq [ɪˈrɑːk]

Ира́н Irán [ɪˈrɑːn]

Ирла́ндия Íreland [ˈaɪələnd]

Исламаба́д *(столица Пакистана)* Islámabad

Исла́ндия Íceland [ˈaɪslənd]

Испа́ния Spain

Ита́лия Ítaly [ˈɪtə-]

Йéменская Респу́блика Repúblic of Yémen [ˈjemən]

Ка́бо-Вéрде Cábo Vérde [ˈkɑːvuːˈvəd]

Кабу́л Kabúl [kəˈbul]

Кавка́з the Cáucasus

Казахста́н Kazakhstán

Каи́р Cáiro [ˈkaɪə-]

Кальку́тта Calcútta [kælˈkʌtə]

Ка́ма Káma [ˈkɑːmə]

Камбóджа Cambódia

Камеру́н Cámeroon [-ruːn]

Камча́тка Kamchátka

Кана́да Cánada [ˈkænə-]

Ка́нберра *(столица Австралии)* Cánberra

Кара́кас *(столица Венесуэлы)* Carácas [-ˈrækəs]

Кара́чи Karáchi [-ˈrɑːtʃɪ]

Кари́бское мóре Caribbéan Sea

Карпа́ты Carpáthians [kɑːˈpeɪθjənz]

Ка́рское мóре Kára Sea

Каспи́йское мóре Cáspian Sea

Катáр Qatár [kæˈtɑː]

Катманду́ *(столица Непала)* Katmandú [ˌkætmænˈduː]

Квебéк Quebéc [kwɪˈbek]

Ке́мбридж Cámbridge ['keɪm-]

Ке́ния Kénya

Кига́ли (*столица Руанды*) Kigáli [kɪ'gɑːlɪ]

Ки́ев Kíev ['kiːev]

Ки́нгстон (*столица Ямайки*) Kíngston

Кинша́са (*столица Заира*) Kinshása [kɪn'ʃɑːsə]

Кипр Cýprus ['saɪprəs]

Кирги́зия Kirghízia [-'giːz-]

Кита́й Chína

Ки́то (*столица Эквадора*) Quíto ['kiːtəu]

Кишинёв Kishinév

Ко́вентри Cóventry ['kɔv-]

Коло́мбо (*столица Шри- -Ланки*) Colómbo

Колу́мбия Colómbia

Комо́рские острова́ the Cómoros ['kɔməurəuz]

Ко́накри (*столица Гвинеи*) Cónacry ['kɔnə-]

Ко́нго (*страна и река*) Cóngo

Копенга́ген Copenhágen [ˌkəupn'heɪgən]

Кордилье́ры the Cordilléras [kɔdɪ'ljeərəz]

Коре́я Koréa [-'rɪə]

Ко́ста-Ри́ка Cósta Ríca [-'riː- kə]

Кот-д'Ивуа́р Côte d'Ivóire [ˌkɔtdɪ'vuɑː]

Кра́сное мо́ре Red Sea

Крым the Criméa [kraɪ'mɪə]

Куа́ла-Лу́мпур (*столица Малайзии*) Kuála Lúmpur [ˌkwɑːlə'lumpuə]

Ку́ба Cúba

Куве́йт Kuwáit [ku'weɪt]

Кури́льские о-ва́ Kuríl [ku- 'riːl] Íslands ['aɪləndz], the Kuríls

Ла́гос (*столица Нигерии*) Lágos ['leɪ-]

Ла́дожское о́зеро Lake Ládoga ['læ-]

Ла-Ма́нш Énglish Chánnel

Лао́с Láos ['lauz]

Ла-Па́с (*столица Боливии*) La Páz [lɑː'pæz] (*см. тж.* Су́кре)

Ла́птевых мо́ре Láptev Sea

Ла́твия Látvia

Ле́на Léna ['leɪnə]

Ленингра́д Léningrad ['leningræd]

Лесо́то Lesótho [lə'səutəu]

Либе́рия Libéria [laɪ'bɪərɪə]

Либреви́ль (*столица Габона*) Librevílle [ˌliː-]

Лива́н Lébanon ['lebənən]

Ливерпу́ль Líverpool ['lɪvəpuːl]

Ли́вия Líbia ['lɪ-]

Лило́нгве (*столица Малави*) Lilóngwe

Ли́ма (*столица Перу*) Líma

Лисабо́н Lísbon ['lɪz-]

Литва́ Lithuánia

Лихтенште́йн Líechtenstein

Ломе́ (*столица Того*) Lomé [lɔ'meɪ]

Ло́ндон Lóndon ['lʌ-]

Лос-А́нджелес Los Ángeles [lɔs'ændʒɪliːz]

Луа́нда (*столица Анголы*) Luánda [lu'ændə]

Луса́ка (*столица Замбии*) Lusáka

Люксембу́рг Lúxemburg ['lʌ-]

Маври́кий Maurítius [mə'rɪʃəs]

Маврита́ния Mauritánia [ˌmɔrɪ'teɪnjə]

Магелла́нов проли́в Strait of Magéllan [-'ge-]

Мадагаска́р Madagáskar

Мадри́д Madríd

Мала́бо (*столица Экваториальной Гвинеи*) Malábo

Мала́ви Maláwi [mə'lɑːwɪ]

Мала́йзия Maláysia [mə-'leɪzɪə]

Ма́ле (*столица Мальдивов*) Mále ['mɑːleɪ]

Мали́ Máli ['mɑːlɪ]

Мальди́вские о-ва́ Máldive ['mɔːldɪv] Íslands ['aɪləndz]; **Мальди́вы** the Máldives

Ма́льта Málta ['mɔ-]

Мана́гуа (*столица Никарагуа*) Manágua [mə'nægwɑː]

Мана́ма (*столица Бахрейна*) Manáma [-'næ-]

Мани́ла (*столица Филиппин*) Maníla [-'nɪlə]

Манче́стер Mánchester ['mæntʃɪstə]

Мапу́ту (*столица Мозамбика*) Mapúto [-'puː-]

Маро́кко Morócco

Ма́серу (*столица Лесото*) Máseru [-zəruː]

Маска́т (*столица Омана*) Múscat ['mʌskæt]

Мбаба́не (*столица Свазиленда*) Mbabáne [-'bɑːnɪ]

Ме́ксика México ['meksɪkəu]

Мексика́нский зали́в Gulf of México ['meksɪkəu]

Ме́льбурн Mélbourne ['melbən]

Ме́хико México ['meksɪkəu] Cíty ['sɪtɪ]

Минск Minsk

Миссиси́пи Mississíppi

Миссу́ри Missóuri [-'zuərɪ]

Могади́шо (*столица Сомали*) Mogadíshu [-'dɪʃuː]

Мозамби́к Mozambíque [-'biːk]

Молдо́ва Moldóva

Мона́ко Mónaco ['mɔnə-]

Монго́лия Mongólia

Монреа́ль Montreál [-trɪ'ɔːl]

Монро́вия (*столица Либерии*) Monróvia

Монтеви́део (*столица Уругвая*) Montevidéo [-'deɪəu]

Моро́ни (*столица Коморских островов*) Moróni [-'rəunɪ]

Москва́ 1. (*город*) Móscow ['mɔskəu] **2.** (*река*) the Moskvá [-'kvɑː]

Му́рманск Múrmansk

Мья́нма Múanma ['mjɑːn-]

Мю́нхен Múnich ['mjuːnɪk]

Найро́би (*столица Кении*) Nairóbi [naɪ'rəubɪ]

Нами́бия Namíbia [-'mɪbɪə]

Насса́у (*столица Багамских островов*) Nássau ['næsɔ]

Нджаме́на (*столица Чада*) N'Djaména [ndʒɑː'menə]

Нева́ Néva ['neɪvə]

Непа́л Nepál [nɪ'pɔːl]

Ниаме́й (*столица Нигера*) Niaméy [njɑː'meɪ]

Ни́гер Níger ['naɪdʒə]

Ниге́рия Nigéria [naɪ'dʒɪə-]

Нидерла́нды the Nétherlands

Ни́жний Но́вгород Nízhni Nóvgorod

Никара́гуа Nicarágua [-'ræ-]

Никоси́я (*столица Кипра*) Nicosía

Нил Nile [naɪl]

Но́вая Зела́ндия New Zéaland

Но́вая Земля́ Nóvaya ['nɔvɑːjɑː] Zemlyá [-'ljɑː]

572

Новосиби́рск Novosibírsk

Норве́гия Nórway

Нуакшо́т (*столица Маврита́нии*) Nouakchótt [nwɑːkˈʃɔt]

Нью-Йо́рк New Yórk [ˌnjuːˈjɔːk]

Объединённые Ара́бские Эмира́ты Uníted Árab [ˈærəb] Emírates [-ˈmɪə-]

Обь Ob

Оде́сса Odéssa

О́ксфорд Óxford

Ома́н Omán [əuˈmɑːn]

О́сло Óslo [ˈɔsləu]

Отта́ва Óttawa

Охо́тское мо́ре Sea of Okhótsk

Па-де-Кале́ Strait of Dóver

Пакиста́н Pakistán [-ˈtɑːn]

Пами́р the Pamírs [pəˈmɪəz]

Пана́ма Panamá [-ˈmɑː]

Пана́мский кана́л Panamá [-ˈmɑː] Canál [-ˈnæl]

Па́пуа Но́вая Гвине́я Pápua [ˈpæpjuə] New Guínea [ˈgɪnɪ]

Парагва́й Páraguay [-gwaɪ]

Пари́ж Páris [ˈpæ-]

Пеки́н Pekín(g)

Перу́ Perú [-ˈruː]

Пирене́и Pýrenees

Пномпе́нь (*столица Камбоджи*) Pnompénh, Pnom-Pénh [nɔmˈpen]

Полине́зия Polynésia [-ˈniːʒə]

По́льша Póland

Порт-Луи́ (*столица Маврикия*) Port Lóuis [ˈluːɪs]

Порт-Мо́рсби (*столица Папуа Новой Гвинеи*) Port Móresby

По́рто-Но́во (*столица Бенина*) Pórto-Nóvo

Порт-о-Пре́нс (*столица Гаи-*

ти) Port-au-Prínce [-ˈprɪns]

Порт-оф-Спе́йн (*столица Тринидада и Тобаго*) Port of Spáin

Порт-Саи́д Port Sáid [ˈsaɪd]

Португа́лия Pórtugal

Пра́га Prague [prɑːg]

Пра́я (*столица Кабо-Верде*) Práia [ˈpraɪə]

Прето́рия (*столица Южно-Африканской Республики*) Pretória

Пуэ́рто-Ри́ко Puérto Ríco

Пхенья́н Pyongyáng [ˌpjɔŋˈjæŋ]

Раба́т (*столица Марокко*) Rabát

Рангу́н (*столица Мьянмы*) Rangóon

Ре́йкьявик Réykjavik

Рейн Rhine [raɪn]

Ри́га Ríga [ˈriːgə]

Ри́жский зали́в Gulf of Ríga

Рим Rome

Ри́о-де-Жане́йро Río de Janéiro [ˌriːəudeˈdʒəˈnɪərəu]

Росси́я Rússia [ˈrʌʃə]

Руа́нда Rwánda [ruːˈændə]

Румы́ния Ro(u)mánia [ruːˈmeɪ-]

Сальвадо́р El Sálvador

Сама́ра Samára [səˈmɑːrə]

Сана́ Saná [sɑːˈnɑː]

Сан-Мари́но San Maríno [-ˈriː-]

Сан-Сальвадо́р (*столица Сальвадора*) San Salvadór

Са́нто-Доми́нго (*столица Доминиканской Республики*) Sánto Domíngo

Сан-Томе́ (*столица Сан-Томе и Принсипи*) São Tomé [ˌsəuŋtuːˈme]

Сан-Томе́ и При́нсипи São Tomé and Príncipe [ˌsəuŋtuː-ˌmeənd'prɪːnsiːpɪ]

Сантья́го (*столица Чили*) Santiágo [ˌsæntɪ'ɑːgəu]

Сан-Франци́ско San Francísco

Сан-Хосе́ (*столица Коста-Рики*) San José [ˌsænhəu-'zeɪ]

Сан-Хуа́н (*главный город Пуэрто-Рико*) San Juán [ˌsæn-'hwɑːn]

Сау́довская Ара́вия Sáudi ['saudɪ] Arábia

Сахали́н Sakhalín [ˌsækə-'liːn]

Сва́зиленд Swáziland ['swɑː-]

Свердло́вск Sverdlóvsk [-'lɔvsk]

Севасто́поль Sevástopol

Се́верное мо́ре North Sea

Се́верный Ледови́тый океа́н the Árctic Ócean ['əuʃən]

Сейше́льские острова́ Seychélles [seɪ'ʃelz]

Сенега́л Senegál [-'gɔːl]

Сент-Джо́рджес (*столица Гренады*) Saint Geórge's

Сиби́рь Sibéria [saɪ'bɪərɪə]

Си́дней Sýdney

Сингапу́р Singapóre

Си́рия Sýria ['sɪ-]

Соединённое Короле́вство Великобрита́нии и Се́верной Ирла́ндии United Kíngdom of Great [greɪt] Brítain ['brɪtn] and Nórthern Íreland

Соединённые Шта́ты Аме́рики (США) the United States of América [ə'merɪ-] (USA)

Сомали́ Somália [-'mɑːlɪə]

Со́фия Sófia

Со́чи Sóchi

Сою́з Сове́тских Социали-

стических Респу́блик (СССР) the Únion of Sóviet Sócialist Repúblics (USSR)

Средизе́мное мо́ре Mediterránean Sea

СССР *см.* Сою́з Сове́тских Социалисти́ческих Респу́блик

Стамбу́л Istanbúl [-'buːl]

Стокго́льм Stóckholm [-həum]

Су́ва (*столица Фиджи*) Súva ['suː-]

Суда́н Sudán [suː-]

Су́кре (*столица Боливии*) Súcre ['suːkrə] (*см. тж.* Ла-Па́с)

Суэ́цкий кана́л Súez ['suːɪz] Canál [-'næl]

США *см.* Соединённые Шта́ты Аме́рики

Сье́рра-Лео́не Siérra Leóne [-lɪ'əun]

Таджикиста́н Tadjikistán

Таила́нд Tháiland ['taɪlænd]

Тайва́нь Taiwán [taɪ'wæn]

Та́ллинн Tállinn

Танза́ния Tanzanía [ˌtænzə-'nɪə]

Ташке́нт Tashként

Тбили́си Tbilísi [-'liːsɪ]

Тегера́н (*столица Ирана*) Teh(e)rán [tɪə'rɑːn]

Тегусига́льпа (*столица Гондураса*) Tegucigálpa [-'gɑːlpɑː]

Тель-Ави́в Tel Avív [-ə'viːv]

Те́мза Thames [temz]

Тира́на Tirána [-'rɑːnɑː]

Ти́хий океа́н the Pacífic [-'sɪ-] Ócean ['əuʃən]

То́го Tógo

То́кио Tókyo

Тринида́д и Тоба́го Trínidad and Tobágo

Три́поли *(столица Ливии)* Trípoli

Туни́с 1. *(страна)* Tunísia [-z-] **2.** *(город)* Túnis

Туркмениста́н Turkmenistán

Ту́рция Túrkey

Тхимпху́ *(столица Бутана)* Thímphu ['θɪmpuː]

Тянь-Ша́нь Tien Shan [-'ʃɑːn]

Уагаду́гу *(столица Буркина Фасо)* Ouagadóugou [ˌwɑːgə-'duːguː]

Уга́нда Ugánda

Узбекиста́н Uzbekistán

Украи́на Ukráine

Ула́н-Ба́тор Úlan Bátor ['uːlɑːn'bɑːtɔ]

Улья́новск Uliánovsk

Ура́л Úrals

Уругва́й Úruguay ['urugwaɪ]

Фи́джи Fɪjí [fiː'dʒiː]

Филаде́льфия Philadélphia [ˌfɪlə'delfɪə]

Филиппи́ны Phílippines ['fɪ-lɪ-]

Финля́ндия Fínland

Фи́нский зали́в Gulf of Fínland

Фра́нция France [frɑːns]

Фрита́ун *(столица Сьерра--Леоне)* Fréetown

Хаба́ровск Khabárovsk [-'bɑː-]

Хано́й Hanói

Харáре *(столица Зимбабве)* Hárare ['hɑːrəre]

Харту́м *(столица Судана)* Khart(o)úm [kɑːˈtuːm]

Ха́рьков Khárkov ['kɑː-]

Хе́льсинки Hélsinki

Хуанхэ́ Hwáng Ho

Центральноафрика́нская Респу́блика Céntral Áfrican Repúblic

Чад Chad

Чёрное мо́ре Black Sea

Чехослова́кия Czechoslovákia [-'væ-]

Чика́го Chicágo [ʃɪ'kɑːgəu]

Чи́ли Chíle ['tʃɪlɪ]

Чуко́тское мо́ре Chúckchee ['tʃuktʃɪ] Sea

Швейца́рия Switzerland

Шве́ция Swéden

Шотла́ндия Scótland

Шри-Ла́нка Sri Lánka

Эквадо́р Ecuadór [ˌekwə-]

Экваториа́льная Гвине́я Equatórial Guínea ['gɪnɪ]

Эль-Куве́йт *(столица Кувейта)* Al Kuwáit [ˌælku'weɪt]

Эр-Рия́д *(столица Саудовской Аравии)* Riyádh [rɪ'jɑːd]

Эсто́ния Estónia

Эфио́пия Ethiópia [ˌiːθɪ-]

Юго-За́падная Áфрика Sóuth-West África *(см. Нами́бия)*

Югосла́вия Yugoslávia [ˌjuː-gəu'slɑː-]

Южно-Африка́нская Респу́блика Repúblic of South África

Я́ва Jáva ['dʒɑːvə]

Я́лта Yálta

Яма́йка Jamáica

Янцзы́ Yángtze ['jæŋtsɪ]

Япо́ния Japán [dʒə'pæn]

Япо́нское мо́ре Sea of Japán [dʒə'pæn]

Яунде *(столица Камеруна)* Yaoundé [ˌjɑːuːn'deɪ]